이 책의 전신인 『자바 8 인 액션』에 쏟아진 찬사,


독자 여러분이 실무에 바로 활용할 수 있도록
자바 8의 새로운 기능을 다양한 예제와 함께 설명하는 책입니다.

--제이슨 리, 오라클


지금까지 출판된 최고의 자바 8 가이드 책입니다.

--윌리엄 휠러, 프로데이터 컴퓨터 시스템즈


새로운 스트림 API와 람다 예제가 특히 유용합니다.

--스티브 로저스, CGTek 주식회사


자바 8의 함수형을 활용하려면 반드시 필요한 책입니다.

-- 마유르 S. 파틸, MIT 엔지니어링 아카데미


함수형 인터페이스와 Spliterators가 등장하다니!

--윌 헤이워스, 아틀라시안 개발자

# 모던 자바 인 액션

람다, 스트림, 함수형, 리액티브 프로그래밍으로 새로워진 자바 마스터하기

**초판 1쇄 발행** 2019년 08월 01일
**초판 6쇄 발행** 2024년 11월 20일

**지은이** 라울-게이브리얼 우르마, 마리오 푸스코, 앨런 마이크로프트 / **옮긴이** 우정은 / **펴낸이** 전태호
**펴낸곳** 한빛미디어(주) / **주소** 서울시 서대문구 연희로2길 62 한빛미디어(주) IT출판2부
**전화** 02-325-5544 / **팩스** 02-336-7124
**등록** 1999년 6월 24일 제25100-2017-000058호 / **ISBN** 979-11-6224-202-5   93000

**총괄** 송경석 / **책임편집** 박지영 / **기획** 최현우 / **교정** 이인호 / **진행** 이민혁
**디자인** 표지 박정화 내지 김연정 조판 이경숙
**영업** 김형진, 장경환, 조유미 / **마케팅** 박상용, 한종진, 이행은, 김선아, 고광일, 성화정, 김한솔 / **제작** 박성우, 김정우

이 책에 대한 의견이나 오탈자 및 잘못된 내용은 출판사 홈페이지나 아래 이메일로 알려주십시오.
파본은 구매처에서 교환하실 수 있습니다. 책값은 뒤표지에 표시되어 있습니다.

한빛미디어 홈페이지 www.hanbit.co.kr / 이메일 ask@hanbit.co.kr

지금 하지 않으면 할 수 없는 일이 있습니다.
책으로 펴내고 싶은 아이디어나 원고를 메일(writer@hanbit.co.kr)로 보내주세요.
한빛미디어(주)는 여러분의 소중한 경험과 지식을 기다리고 있습니다.

# Modern
# Java
# in Action

## 모던 자바 인 액션

전문가를 위한 자바 8, 9, 10 기법 가이드

MANNING    한빛미디어 Hanbit Media, Inc.

## 옮긴이 · 지은이 소개

지은이 **라울–게이브리얼 우르마** Raoul-Gabriel Urma

UK의 데이터 과학자와 개발자를 선도하는 교육 커뮤니티인 케임브리지 스파크의 공동 창업자다. 2017년에 자바 챔피언으로 임명되었다. 다수의 스타트업 프로젝트를 포함해 구글, 이베이, 오라클, 골드만삭스 등의 회사와 함께 일했다. 케임브리지 대학교에서 컴퓨터 과학 박사 학위를 마쳤다. 임페리얼 칼리지 런던의 석사 학위를 보유하고 있으며 우등생으로 졸업했고 다수의 기술 혁신 수상 경력이 있다. 국제 컨퍼런스에서 100회 이상의 기술 강연을 했다.


지은이 **마리오 푸스코** Mario Fusco

레드햇에서 Drools 코어 개발, 제이보스JBoss 룰 엔진 관련 작업을 담당하는 선임 개발 엔지니어다. 미디어에서 금융에 이르는 다수의 기업 프로젝트에 자바 개발자로(또는 리더로) 참여했다. 함수형 프로그래밍과 도메인 전용 언어에 관심이 많다. 자신의 관심 분야를 활용해서 오픈소스 라이브러리인 lambdaj를 만들었다. lambdaj는 컬렉션을 제어할 수 있는 국제적 자바 DSL을 제공하며, 자바에 함수형 프로그래밍을 제공하는 것을 목표로 한다.

4

지은이 **앨런 마이크로프트** Alan Mycroft

케임브리지 대학교 컴퓨터 실험실의 컴퓨팅 교수로 1984년부터 교수회의 멤버를 역임했다. 프로그래밍 언어와 시스템 유럽 연합European Association for Programming Languages and Systems의 공동창업자인 로빈슨 대학교Robinson College의 회원이며, 라즈베리 파이 재단의 이사 겸 회원이다. 수학(케임브리지), 컴퓨터과학(에든버러Edinburgh) 학위를 갖고 있다. 100여 편의 연구 저서를 집필했으며 20명이 넘는 박사 과정 학생을 지도했다. 프로그래밍 언어와 의미해석규칙, 최적화, 구현 등이 주요 연구 분야다. AT&T 실험실, 인텔 연구소Intel Research에서 일했던 적이 있으며 노르크로프트Norcroft라는 이름의 ARM C 컴파일러를 만들었던 코드미스트Codemist 유한회사에서도 일한 경험이 있다.


옮긴이 **우정은** realplord@gmail.com

한국에서는 LG전자, 썬마이크로시스템즈, 오라클 등의 대기업에서 임베디드 소프트웨어를 개발했고 2016년부터 뉴질랜드에서 새로운 삶을 즐기고 있다. 현재는 뉴질랜드의 수도 웰링턴에 거주하면서 Flux Federation 사 안드로이드 앱 개발자로 일한다. 아이폰, 안드로이드, 자바 스크립트 등 다양한 분야의 서적을 번역했다.

## 옮긴이의 말

이 책은 내가 번역했던 다른 책들에 비해 많은 지식이 압축되어 있다. 하지만 지식이 많이 압축되어 있다는 것은 그만큼 그 내용을 전달하기가 쉽지 않다는 의미다. 많은 지식을 효과적으로 전달한다는 것은 어려운 일이다. 그럼에도 이 책은 람다, 메서드 참조, 스트림, 리액티브 프로그래밍 등을 포함한 자바의 새로운 내용을 아주 논리적으로 설명한다. 독자 여러분이 졸거나 다른 생각을 하지 않고 집중해서 책을 읽기만 한다면 자바의 새로운 기능을 흥미진진하고 재미있게 학습할 수 있을 거라 확신한다.

좋은 내용을 담고 있는 책인 만큼 독자 여러분이 번역서를 통해 원서에서 제공된 지식을 충분히 즐길 수 있도록 최선을 다했다. 이 책에서 제공하는 지식을 얻는다면 말도 안 될 만큼의 간결한 코드로 멀티코어 CPU를 활용하는 멋진 프로그램을 구현하는 짜릿함을 맛볼 수 있을 것이다. 바로 이것이 개발자인 그리고 개발자가 되려는 독자 여러분이 프로그래밍을 공부하는 이유일 것이다.

개정판 번역에 함께 힘써주신 최현우 차장님께 감사하며, 마지막으로 시련을 함께 견딘 평생의 반려자인 아내에게 감사한다.

우정은

## 지은이의 말

1998년, 8살 무렵에 자바스크립트와 HTML을 설명하는 컴퓨터 서적을 처음으로 접했다. 그때만 해도 그 책의 첫 페이지를 펼치면서 내 인생이 프로그래밍 언어로 가득 차고 프로그래밍 언어로 멋진 일을 할 수 있으리라고는 상상도 못했다. 어쨌든 그날 이후로 난 프로그래밍에 빠졌다. 아직도 이따금 새로운 프로그래밍 언어의 기능을 발견하고는 흥분을 가라앉히기 어려울 때가 있다. 새로운 프로그래밍 언어를 이용하면 더 명확하고, 간결하며, 빠르게 프로그램을 구현할 수 있기 때문이다. 함수형 프로그래밍에서 영감을 받은 자바 8의 새로운 기능을 이 책에서 설명할 때 독자 여러분도 나와 같은 흥분에 빠질 것이라고 살짝 기대한다.

이 책의 탄생 비화가 궁금한 독자도 있을 것이다.

2011년 브라이언 고에즈(오라클의 자바 언어 아키텍트Java Language Architect)는 자바에 람다 표현식 추가와 관련한 여러 제안을 공유하며 커뮤니티의 참여를 독려했다. 이 소식을 접하고는 다양한 개발자 컨퍼런스에서 자바 8 워크숍을 조직하고 케임브리지 대학교에서 학생들에게 강의하는 등 다양한 전파 활동을 개시했다.

소문이 멀리 퍼질 무렵인 2013년 4월에 자바 8 람다를 다루는 책 집필을 매닝으로부터 이메일로 제안받았다. 그 당시 나는 겨우 2년차 박사 과정을 밟고 있었고, 학위논문 제출 때문에 책을 집필하기에 적합한 사람이 아니라고 생각했다. 하지만 마음 한구석에는 '인생을 즐겨라. 책을 집필하는 게 그리 어려운 일은 아니잖아?'라는 생각도 들었다. 하지만 실제 책을 집필하면서 나의 생각이 짧았음을 깨달았다. 결국 나의 박사 과정 감독관인 앨런 마이크로프트Alan Mycroft 교수에게 도움을 요청했고, 앨런은 기꺼이 집필 작업을 도와줬다(박사 과정과 관련도 없는 작업까지 도와주신 교수님께 평생 빚을 졌다). 며칠 후에는 자바 8 에반젤리스트evangelist 마리오 푸스코Mario Fusco를 만났다. 마리오는 자바 8과 관련해서 전문적인 경험을 갖추었으며 주요 개발자 컨퍼런스에서 함수형 프로그래밍 발표자로 유명하다.

여러 다양한 배경의 전문가가 모임으로써 자바 8 람다를 설명하는 단순한 책이 아니라 자바 커뮤니티에서 향후 5년 혹은 10년 동안 참고할 훌륭한 책을 만들 수 있음을 확인했다. 자바 프로그래머에게 도움이 될 여러 주제를 깊이 있게 토론할 기회가 있었다. 물론 함수형 프로그래밍이라는 새로운 세계의 문을 여는 것도 잊지 않았다.

2018년에는 초판이 무려 2만 부나 팔렸고 자바 9가 릴리스되었으며, 자바 10이 곧 릴리스될 예정이었다. 밤을 지새우며 편집했던 기억조차 희미해질 만큼 시간이 흘렀다. 결국 자바 8, 자바 9, 자바 10을 한 번에 소개하는 모던 자바 개정판을 출간하게 되었다. 독자 여러분 모두 이 책을 즐기길 희망한다.

**라울-게이브리얼 우르마**
케임브리지 대학교

자바 8의 새로운 기능은 자바 1.0이 나온 이후 21년을 통틀어 가장 큰 변화다. 없어진 기능은 없으므로 기존의 자바 코드는 모두 그대로 작동되며, 새로운 기능과 문법과 디자인 패턴을 이용해서 더 명확하고 간결한 코드를 구현할 수 있다. 처음에는 '자바에 왜 새로운 기능이 추가되었을까?'라고 생각할 수도 있다. 하지만 책을 좀 더 살펴보면 새로운 기능 덕분에 예상했던 것보다 훨씬 빠르게 명확하고 간결한 코드를 구현할 수 있다는 사실을 알게 될 것이다. 그리고 다시는 '예전의 자바'로 돌아가고 싶지 않을 것이다.

『모던 자바 인 액션』은 '듣기에는 그럴 듯하지만 전부 새롭고 익숙하지 않은 내용이군'이라고 생각하는 독자들의 걱정을 해소해줄 것이다. 어쩌면 일부 독자는 '람다와 함수형 프로그래밍은 실무를 모르는 상아탑 학자들의 주장에 불과하지 않은가?'라고 생각할지도 모르겠다. 어느 정도 그 생각이 맞을 수도 있다. 하지만 자바 8에는 기존의 자바 프로그래머가 실제 활용할 수 있는 유용한 기능이 추가되었다. 이 책은 일반 프로그래머의 관점에서 내용을 설명하며 '이 기능은 왜 추가되었는가'라는 설명도 제공한다.

## '람다? 멋진 그리스 단어네요!'

멋진 단어처럼 들릴지 모르겠지만 람다의 핵심은 좀 더 간결한 자바 프로그램을 구현할 수 있다는 것이다. 대부분 독자는 이미 이벤트 핸들러, 콜백 등을 이용해서 어떤 이벤트가 발생했을 때 호출될 메서드를 포함하는 객체를 등록해본 경험이 있을 것이다. 람다와 함께라면 자바의 더 다양한 분야에서 이 기능을 사용할 수 있다. 즉, 람다와 람다의 친구인 메서드 참조로 어떤 동작 중에 실행될 수 있는 코드나 메서드를 간단하게 인수로 전달할 수 있다. 결국 독자 여러분이 생각했던 것보다 이 같은 기능(메서드를 코드로 파라미터화하는 것뿐 아니라 새로운 스트림 API를 이용해서 데이터를 수집하는 복잡한 질의에 이르기까지의 기능)이 자주 사용된다는 것을 확인하게 될 것이다.

## '스트림이 뭐죠?'

스트림은 자바 8에 새로 추가된 놀라운 축복이다. 스트림은 컬렉션과 비슷하게 동작하지만 새로운 프로그래밍 형식을 지원하는 훌륭한 기능이다. 첫째, SQL 같은 데이터베이스 질의 언어를 사용해본 적이 있는 독자라면 자바로 같은 기능을 구현하는 데 얼마나 많은 행이 필요한지 알 것이다. 자바 8 스트림 덕분에 데이터베이스 질의처럼 간단하게 프로그래밍할 수도 있다. 심지어 데이터베이스를 알 필요도 없으며, 자바 문법이면 충분하다는 것이 스트림의 장점이다. 둘째, 스트림이 처리하는 데이터(심지어 처리된 데이터)를 모두 메모리에 저장하지 않을 수도 있도록 설계되었다. 따라서 스트림을 이용하면 컴퓨터 메모리에 저장할 수 없는 큰 데이터도 문제없이 처리할 수 있다. 또한 자바 8은 컬렉션에서는 할 수 없는 최적화를 스트림 동작에 적용했다. 예를 들어 같은 스트림의 여러 동작을 그룹화해서 데이터를 여러 번 탐색할 필요 없이 한 번만 탐색할 수 있다. 심지어 컬렉션과 달리 자바는 자동으로 스트림 동작을 병렬화할 수 있다.

## '함수형 프로그래밍은 뭔가요?'

함수형 프로그래밍은 프로그래밍 기법을 지칭한다. 함수형 프로그래밍에서는 함수를 값으로 취급한다.

자바 8의 놀라운 점은 함수형 프로그래밍의 여러 장점을 친숙한 자바 문법으로 접목했다는 것이다. 훌륭한 자바 8의 설계 덕분에 함수형 프로그래밍을 자바 8에 새로 추가된 디자인 패턴처럼 사용할 수 있으며 짧은 시간에 더 명확하고 간결한 코드를 구현할 수 있다. 프로그래밍 무기창고에 더 넓은 영역을 커버하는 무기가 추가되었다고 생각하면 된다.

자바 8에 새롭게 추가된 핵심 기능뿐만 아니라 디폴트 메서드, 새로운 Optional 클래스, CompletableFuture, 새로운 날짜와 시간 API 등 유용한 기능도 설명한다.

자바 9에서는 새로운 모듈 시스템, Flow API를 통한 리액티브 프로그래밍 지원 및 다양한 개선 기능이 추가되었다.

독자 여러분이 이 책의 전체 내용을 즐길 수 있도록 요약은 이쯤에서 마무리한다[1].

--------

1 역자주_ 자바 10에서 추가된 기능 중 지역 변수형 추론 기능은 21장에서 소개한다.

## 이 책의 구성

이 책은 크게 '기초', '함수형 데이터 처리', '스트림과 람다를 이용한 효과적 프로그래밍', '매일 자바와 함께', '개선된 자바 동시성', '함수형 프로그래밍과 자바 진화의 미래' 여섯 가지 내용으로 구성되었다. 처음 1부와 2부에서 소개하는 장들은 순서대로 읽어야 앞뒤 문맥을 이해할 수 있으며 나머지 네 개 부는 각각 독립적인 내용으로 구성되어 있으므로 어떤 순서로든 읽을 수 있다. 대부분의 장에는 직접 실습할 수 있도록 다양한 퀴즈를 포함했다.

1부에서는 자바 8을 처음 접하는 독자에게 적합한 내용을 다루는 세 개 장을 제공한다. 1부를 끝낼즈음엔 람다 표현식이 무엇인지 이해할 수 있고, 람다를 이용해서 변화하는 요구사항에 쉽게 대응할 수 있는 간결하면서도 유연한 코드를 구현할 수 있게 될 것이다.

- 1장 : 자바의 주요 변화(람다 표현식, 메서드 참조, 스트림, 디폴트 메서드)가 무엇인지 확인하며, 책 전체의 내용을 설명한다.

- 2장 : 람다가 탄생한 배경과 자바 8에서 광범위하게 사용된 소프트웨어 개발 패턴인 동작 파라미터화를 설명한다.

- 3장 : 코드 예제와 퀴즈를 통해 람다 표현식과 메서드 참조를 완벽하게 이해할 수 있다.

2부에서는 새로운 스트림 API를 자세히 설명한다. 2부를 끝내면 스트림이 무엇이며, 스트림을 이용해서 데이터 컬렉션을 처리하는 간결하고 효율적인 애플리케이션을 구현하는 방법을 알게 될 것이다.

- 4장 : 스트림의 개념을 설명하며, 스트림과 컬렉션의 비슷한 점과 다른 점을 설명한다.

- 5장 : 스트림으로 복잡한 데이터 처리 질의를 표현하는 방법을 자세히 살펴본다. 필터링, 슬라이싱, 검색, 매칭, 매핑, 리듀싱 등 다양한 패턴을 다룬다.

- 6장 : 더 복잡한 데이터 처리 질의를 표현할 수 있도록 스트림 API에서 제공하는 기능인 컬렉터를 살펴본다.

- 7장 : 어떻게 스트림이 자동으로 병렬 실행되면서 멀티코어 아키텍처를 활용할 수 있는지 배운다. 또한 정확하고 효율적으로 병렬 스트림을 사용하기 위해 피해야 할 여러 사항을 살펴본다.

3부에서는 자바를 더 효과적으로 사용하고 최신 기법으로 코드를 개선하는 데 도움을 주는 다양한 자바 8, 자바 9 관련 내용을 살펴본다. 가능한 최신의 프로그래밍 개념을 설명하는 것이 목표로 이 책의 다른 부분에서는 3부에서 다룬 내용을 활용하지는 않는다.

- 8장 : 개정판에서 추가된 내용으로 자바 8과 자바 9의 컬렉션 API 개선Collection API Enhancements 내용을 살펴본다. 컬렉션 팩토리를 사용하는 방법, 리스트와 집합 컬렉션에 자주 사용하는 새로운 패턴과 맵과 관련해 자주 사용하는 패턴을 설명한다.

- 9장 : 자바 8의 새로운 기능과 기법을 이용해서 기존 코드를 개선하는 방법을 설명한다. 또한 디자인 패턴, 리팩터링, 디버깅 등 필수적인 소프트웨어 개발 기법도 살펴본다.

- 10장 : 역시 개정판에 추가된 내용이다. 도메인 특정 언어domain-specific language(DSL) API 기초 사상을 살펴본다. DSL API는 API를 설계하는 강력한 도구일 뿐 아니라 인기가 날로 높아지고 있으며 Comparators, Stream, Collectors 등의 자바 클래스에도 이미 등장하고 있다.

4부에서는 프로젝트를 구성하는 코드를 더 쉽고 안정적으로 만들 수 있도록 자바 8과 자바 9에 추가된 다양한 새 기능을 살펴본다.

- 11장 : 더 좋은 API를 설계하고 널 포인터 예외를 줄이는 데 도움을 주는 새로운 java.util. Optional 클래스를 설명한다.

- 12장 : 날짜와 시간 API를 설명한다. 기존에 에러가 많이 발생했던 날짜와 시간 관련 API를 크게 개선했다.

- 13장 : 디폴트 메서드가 무엇이며, 어떻게 디폴트 메서드로 변화할 수 있는 API를 만들 수 있는지 배운다. 실용적인 디폴트 메서드 사용 패턴과 효과적으로 디폴트 메서드를 사용하는 방법을 설명한다.

- 14장 : 새로 추가된 장이다. 기존의 '패키지 모음'을 넘어서 거대한 시스템을 문서화하고, 쉽게 통제할 수 있도록 자바 9에 추가된 자바 모듈 시스템을 설명한다.

5부에서는 6장과 7장에서 설명한 스트림을 이용한 쉬운 병렬 처리 방법에서 한 걸음 더 나아가 자바로 병렬 프로그래밍을 구조화하는 고급 기법을 살펴본다.

- 15장 : 개정판에 추가된 내용으로 Future, 리액티브 프로그래밍의 근간을 구성하며 자바 9 플로 API에 캡슐화된 Publish-Subscribe 프로토콜 등의 개념을 포함한 비동기 API의 '큰 그림'을 설명한다.

- 16장 : 선언 방식으로 복잡한 비동기 동작을 표현할 수 있는 스트림 API의 설계와 연관성이 있는 CompletableFuture를 설명한다.

- 17장 : 역시 개정판에 새로 추가된 내용으로 실용적인 리액티브 프로그래밍 코드와 함께 자바 9 플로 API를 설명한다.

6부에서는 주제를 조금 전환해 스칼라와 자바 8의 기능을 비교하면서 효과적으로 함수형 프로그래밍을 자바로 구현하는 방법을 살펴본다.

- 18장 : 함수형 프로그래밍의 용어를 포함해 함수형 프로그래밍이 무엇인지 파헤친다. 자바 8로 함수형 프로그램을 구현하는 방법도 설명한다.

- 19장 : 고차원 함수, 커링, 자료구조 영구 저장, 게으른 리스트, 패턴 매칭 등 고급 함수형 프로그래밍 기법을 설명한다. 19장은 실전에서 적용할 수 있는 실용적인 프로그램 기법뿐 아니라 프로그래머로서의 지식의 깊이를 더할 수 있는 학문적인 내용을 동시에 제공한다.

- 20장 : 자바 8과 스칼라 언어의 기능을 비교한다. 스칼라는 JVM 위에 구현된 자바 같은 언어로, 빠르게 변화하면서 프로그래밍 언어 생태계에서 자바가 담당했던 일부 영역을 잠식하고 있는 언어다.

- 21장 : 지금까지 배운 자바 8을 되돌아보면서 함수형 프로그래밍을 적극적으로 사용할 수 있도록 격려한다. 자바 8, 자바 9의 새로운 기능과 자바 10에 적용된 약간의 개선에 더해 미래에는 자바에 어떤 기능이 추가될 수 있는지 살펴본다.

마지막에는 자바 8의 다양한 분야를 설명하는 네 개의 부록이 있다. 부록 A에서는 책에서 살펴보지 않은 자바 8 언어의 작은 특징을 요약한다. 부록 B에서는 유용하게 사용할 수 있도록 자바 라이브러리에 추가된 기능을 설명한다. 부록 C에서는 2부의 연장으로 스트림의 고급 사용법을 설명한다. 부록 D에서는 자바 컴파일러가 람다 표현식을 구현한 내막을 설명한다.

## 예제 코드 안내

이 책의 예제 코드는 한빛미디어와 매닝 홈페이지에서 내려받을 수 있다.

- 역서 코드 : http://www.hanbit.co.kr/src/10202
- 원서 코드 : https://www.manning.com/books/modern-java-in-action

## 표지 그림 소개

이 책의 표지 그림은 '1700년대 중국 타타르의 고급관리 전쟁 복장'으로 화려하게 장식되어 있다. 고급관리는 검과 활을 지니고 있으며, 등에는 화살집을 멘다. 그림의 벨트를 자세히 보면 람다 버클(책의 디자이너가 위트로 추가한 것임)을 발견할 수 있다. 이 그림은 토마스 제프리Thomas Jefferys의 『A Collection of the Dresses of Different Nations, Ancient and Modern』(London, 1757~1772에 출간됨)에서 가져온 것이다. 책의 설명에 의하면 원본 그림은 동판에 수작업으로 색을 새겨 넣은 형태며 아라비아고무로 입체감을 주었다. 토마스 제프리(1719-1771)는 '킹 조지 3세King George III의 지리학자'로 알려져 있다. 그는 당시 혁신적인 지도를 제작한 잉글랜드 지도 제작자다. 정부가 공식 기관을 대신해서 지도를 새기고 인쇄했으며 특히 북아메리카와 관련한 다양한 상업용 지도와 지도책을 생산했다. 지도 제작을 하면서 그가 지도를 제작하고 연구했던 지역의 드레스 풍습에 깊은 관심을 갖게 되었다. 4개의 모음집으로 다양한 의상을 소개했다.

이국적인 매력과 여행의 즐거움은 18세기에 새롭게 시작된 현상으로 실제 여행자나 다른 사람에게 보고 듣는 간접 여행자 모두에게 새로 수집한 물품은 많은 인기를 끌었다. 제프리의 책에 있는 다양한 그림은 수세기 전의 세계 부족의 고유성과 개성을 분명히 보여준다. 점점 드레스 코드가 바뀌며 지역과 국가마다 존재했던 다양성 또한 사라졌다. 현재는 겉모습만으로는 어떤 대륙에 사는 사람인지 구별하기 어려울 정도다. 긍정적으로 생각하면 아마도 우리는 문화의 다양성과 시각의 다양성을 개인 생활의 다양성(또는 좀 더 다양하고 흥미로운 지적이고 기술적인 삶)과 맞바꾼 것인지도 모른다.

우리는 구별하기 어려울 정도로 수많은 컴퓨터 책이 출판되는 시대에 살고 있다. 그럴수록 매닝은 제프리가 만든 3세기 이전의 다양한 국가 의상을 책 표지로 사용하는 독창성과 결단력을 자랑스럽게 생각한다.

# CONTENTS

PART **Ⅰ** **기초**

CHAPTER **1 자바 8, 9, 10, 11 : 무슨 일이 일어나고 있는가?**

CHAPTER **2 동작 파라미터화 코드 전달하기**

# CONTENTS

CHAPTER **3 람다 표현식**

## PART II 함수형 데이터 처리

### CHAPTER 4 스트림 소개

# CONTENTS

CHAPTER **5** 스트림 활용

## CHAPTER 6 스트림으로 데이터 수집

# CONTENTS

## CHAPTER 7 병렬 데이터 처리와 성능

## CHAPTER 8 컬렉션 API 개선

# CONTENTS

# CONTENTS

# CONTENTS

CHAPTER **14 자바 모듈 시스템**

CHAPTER **15 CompletableFuture와 리액티브 프로그래밍 컨셉의 기초**

# CONTENTS

CHAPTER **16 CompletableFuture : 안정적 비동기 프로그래밍**

CHAPTER **17** 리액티브 프로그래밍

# CONTENTS

CHAPTER **20 OOP와 FP의 조화 : 자바와 스칼라 비교**

# CONTENTS

# 기초

1부에서는 자바 8을 배우는 데 필요한 기본 정보를 제공한다. 1부를 학습하면 람다 표현식이 무엇인지 확실하게 이해할 수 있으며, 자주 바뀌는 요구사항에 쉽게 대응할 수 있도록 유연하면서도 간결한 코드를 구현할 수 있는 능력을 갖게 될 것이다.

1장에서는 핵심적으로 바뀐 자바 기능(람다 표현식, 메서드 참조, 스트림, 디폴트 메서드)과 책의 전체 흐름을 설명한다.

2장에서는 동작 파라미터화(람다 표현식이 탄생한 이유이기도 하며, 자바 8에 광범위하게 적용된 소프트웨어 개발 패턴)를 살펴본다.

3장에서는 단계별로 코드 예제와 퀴즈를 이용해서 람다 표현식과 메서드 참조의 개념을 완벽하게 정리한다.

# Part I

## 기초

# CHAPTER 1

# 자바 8, 9, 10, 11 : 무슨 일이 일어나고 있는가?

---

**이 장의 내용**

◆ 자바가 거듭 변화하는 이유

◆ 컴퓨팅 환경의 변화

◆ 자바에 부여되는 시대적 변화 요구

◆ 자바 8과 자바 9의 새로운 핵심 기능 소개

---

1996년에 자바 개발 키트Java Development Kit(JDK 1.0)가 발표된 이후로 수많은 프로그래머, 프로젝트 관리자, 학생 등이 크고 작은 프로젝트에서 표현 언어인 자바를 적극적으로 활용했다. 자바 1.1(1997)에서 자바 7(2011)에 이르기까지 자바는 새로운 기능과 더불어 계속 발전했다. 2018년 3월에는 자바 10, 2018년 9월에는 자바 11이 릴리스되었다. 자바의 변화를 우리가 눈여겨봐야 하는 이유가 뭘까?

## 1.1 역사의 흐름은 무엇인가?

자바 역사를 통틀어 가장 큰 변화가 자바 8에서 일어났다. 자바 9에서도 중요한 변화가 있었다. 하지만 곧 책에서 살펴볼 수 있듯이 자바 8만큼 획기적이거나 생산성이 바뀌는 것은 아니다. 자바 10에서는 형 추론과 관련해 약간의 변화만 일어났다. 이런 크고 작은 변화 덕분에 프로그램을 더 쉽게 구현할 수 있게 되었다. 예를 들어 다음은 사과 목록을 무게순으로 정렬하는 고전적 코드다.

```
Collections.sort(inventory, new Comparator<Apple>() {
    public int compare(Apple a1, Apple a2) {
        return a1.getWeight().compareTo(a2.getWeight());
    }
});
```

자바 8을 이용하면 자연어에 더 가깝게 간단한 방식으로 코드를 구현할 수 있다.

```
inventory.sort(comparing(Apple::getWeight));   ◁── 이 책에 등장한 첫 번째 자바 8 코드
```

위 코드는 사과의 무게를 비교해서 목록에서 정렬한다. 코드가 어떻게 작동하는지는 나중에 설명할 것이므로 지금은 신경 쓰지 말자. 이 책은 독자 여러분이 위 코드를 이해하고 나아가 스스로 예제와 같은 코드를 구현할 수 있도록 도움을 줄 것이다.

멀티코어 CPU 대중화와 같은 하드웨어적인 변화도 자바 8에 영향을 미쳤다. 여러분이 사용하는 랩톱이나 데스크톱에는 아마 듀얼 혹은 쿼드 코어 이상을 지원하는 CPU가 내장되어 있을 것이다. 지금까지의 대부분의 자바 프로그램은 코어 중 하나만을 사용했다(즉, 나머지 코어는 유휴 idle 상태로 두거나, 운영체제나 바이러스 검사 프로그램과 프로세스 파워를 나눠서 사용했다).

자바 8이 등장하기 이전에는 나머지 코어를 활용하려면 스레드를 사용하는 것이 좋다고 누군가 조언했을 것이다. 하지만 스레드를 사용하면 관리하기 어렵고 많은 문제가 발생할 수 있다는 단점이 있다. 자바는 이러한 병렬 실행 환경을 쉽게 관리하고 에러가 덜 발생하는 방향으로 진화하려 노력했다. 자바 1.0에서는 스레드와 락lock, 심지어 메모리 모델까지 지원했다. 당시로서는 최상의 선택이었을지도 모르지만, 특별 전문가로 구성된 프로젝트팀이 아닌 한 이와 같은 저수준 기능을 온전히 활용하기 어려웠다. 자바 5에서는 스레드 풀thread pool, 병렬 실행 컬렉션concurrent collection 등 아주 강력한 도구를 도입했다. 자바 7에서는 병렬 실행에 도움을 줄 수 있는 포크/조인 프레임워크를 제공했지만 여전히 개발자가 활용하기는 쉽지 않았다. 자바 8에서는 병렬 실행을 새롭고 단순한 방식으로 접근할 수 있는 방법을 제공한다. 하지만 세상에 공짜는 없는 법! 자바 8의 새로운 기법을 이용하려면 몇 가지 규칙을 지켜야 하는데 바로 이 책에서 그 규칙을 설명한다.

이 책의 뒷부분에서 설명하듯이 자바 9에서는 리액티브 프로그래밍이라는 병렬 실행 기법을 지원한다. 이 기법을 사용할 수 있는 상황은 한정되어 있지만 요즘 수요가 많은 고성능 병렬 시스템에서 특히 인기를 얻고 있는 RxJava(리액티브 스트림 툴킷이라고도 불림)를 표준적인 방

식으로 지원한다.

자바 8은 간결한 코드, 멀티코어 프로세서의 쉬운 활용이라는 두 가지 요구사항을 기반으로 한다. 일단 자바 8에서 제공하는 새로운 기술이 어떤 것인지 확인하자. 정말 간단하게 설명할 것이므로 흥미를 불러일으킬 수는 있겠지만 각각의 기능이 어떤 것인지 요약하기엔 약간 부족할 것이다.

- 스트림 API
- 메서드에 코드를 전달하는 기법
- 인터페이스의 디폴트 메서드

자바 8은 데이터베이스 질의 언어에서 표현식을 처리하는 것처럼 병렬 연산을 지원하는 스트림이라는 새로운 API를 제공한다. 데이터베이스 질의 언어에서 고수준 언어로 원하는 동작을 표현하면, 구현(자바에서는 스트림 라이브러리가 이 역할을 수행)에서 최적의 저수준 실행 방법을 선택하는 방식으로 동작한다. 즉, 스트림을 이용하면 에러를 자주 일으키며 멀티코어 CPU를 이용하는 것보다 비용이 훨씬 비싼 키워드 synchronized를 사용하지 않아도 된다[1].

조금 다른 관점에서 보면 결국 자바 8에 추가된 스트림 API 덕분에 다른 두 가지 기능, 즉 메서드에 **코드를 전달하는 간결 기법**(메서드 참조와 람다)과 인터페이스의 **디폴트 메서드**가 존재할 수 있음을 알 수 있다.

하지만 스트림 API 때문에 메서드에 코드를 전달하는 기법이 생겼다고 추리하는 것은 메서드에 코드를 전달하는 기법의 활용성을 제한할 수 있는 위험한 생각이다. 메서드에 코드를 전달하는 기법을 이용하면 새롭고 간결한 방식으로 동작 파라미터화behavior parameterization를 구현할 수 있다. 예를 들어 약간만 다른 두 메서드가 있다고 가정하자. 이때 두 메서드를 그대로 유지하는 것보다는 인수를 이용해서 다른 동작을 하도록 하나의 메서드로 합치는 것이 바람직할 수 있다(그러면 복사 및 붙여넣기를 하는 기법에 비해 프로그램이 짧고 간결해지며, 불필요한 에러도 줄일 수 있다). 조금 경험이 있는 프로그래머라면 자바 8 이전 상황에서는 익명 클래스를 이용해서 동작 파라미터화를 구현할 수 있다고 생각할 것이다. 하지만 독자 여러분은 1장을 시작하면서 소개한 한 줄의 자바 8 코드가 얼마나 간단하며 명료한지 기억하길 바란다.

메서드에 코드를 전달(뿐만 아니라 결과를 반환하고 다른 자료구조로 전달할 수도 있음)하는

---

1 멀티코어 CPU의 각 코어는 별도의 캐시(빠른 메모리)를 포함하고 있다. 락을 사용하면 이러한 캐시가 동기화되어야 하므로 속도가 느린 캐시 일관성 프로토콜 인터코어 통신(cache-coherency-protocol intercore communication)이 이루어진다.

자바 8 기법은 **함수형 프로그래밍**functional-style programming에서 위력을 발휘한다. (함수형 프로그래밍 커뮤니티에서 함수function라 부르는) 코드를 전달하거나 조합해서 자바의 강력한 프로그래밍 도구로 활용할 수 있다는 것을 이 책 전반에서 확인할 수 있다.

본론에서는 먼저 왜 언어가 진화하는가와 관련한 피상적인 토론을 펼친 다음에, 자바 8의 핵심 기능을 소개하고, 간단하게 사용할 수 있으며 새로운 컴퓨터 아키텍처로 떠오르는 새로운 기능인 함수형 프로그래밍의 개념을 소개한다. 각 절에서 다루는 내용은 다음과 같다.

- **1.1절** : 자바가 멀티코어 병렬성(기존의 자바에서 부족했던 특성)을 더 쉽게 이용할 수 있도록 진화하는 과정과 관련 개념을 설명한다.

- **1.2절** : 자바 8에서 제공하는 코드를 메서드로 전달하는 기법이 어떻게 강력한 새로운 프로그래밍 노구가 될 수 있는지 설명한다.

- **1.3절** : 스트림 API(병렬형 데이터를 표현하고 이들 데이터를 병렬로 처리할 수 있음을 유연하게 보여주는)가 어째서 강력하고 새로운 프로그래밍 도구인지 설명한다.

- **1.4절** : 디폴트 메서드라는 새로운 자바 8의 기능을 인터페이스, 라이브러리의 간결성 유지 및 재컴파일을 줄이는 데 어떻게 활용할 수 있는지 설명한다.

- **1.5절** : JVM을 구성하는 자바 및 기타 언어에서 함수형 프로그래밍이라는 존재가 어떤 영향을 미치는지 제시한다.

요약하자면 1장은 이 책의 나머지 장을 살펴볼 수 있도록 밑거름을 제공한다. 이제 이 책에서 제공하는 내용을 천천히 즐기자!


## 1.2 왜 아직도 자바는 변화하는가?

1960년대에 사람들은 완벽한 프로그래밍 언어를 찾고자 노력했다. 컴퓨터 과학자로 유명한 피터 랜딘Peter Landin은 1966년에 기사[2]에서 이미 프로그래밍 언어가 700개에 이르며 앞으로 어떤 700개의 프로그래밍 언어가 나올 것인지(자바 8에 소개된 함수형 프로그래밍과 비슷한 논쟁을 포함해서) 논의했다.

......................................

2 「The Next 700 Programming Languages」(P.J. 랜딘, CACM 9(3) : 157~65, 1966년 3월).

이후로 수천 개의 언어가 쏟아져 나왔고 학계에서는 프로그래밍 언어가 마치 생태계와 닮았다고 결론을 내렸다. 즉, 새로운 언어가 등장하면서 진화하지 않은 기존 언어는 사장되었다. 우리는 시공을 초월하는 완벽한 언어를 원하지만 현실적으로 그런 언어는 존재하지 않으며 모든 언어가 장단점을 갖고 있다. 예를 들어 C, C++는 프로그래밍 안전성은 부족하지만 작은 런타임 풋프린트footprint 덕분에 운영체제와 다양한 임베디드 시스템에서 여전히 인기를 끌고 있다. 하지만 C, C++의 낮은 안정성 때문에 프로그램이 예기치 않게 종료되거나 바이러스 등이 침투할 수 있는 보안 구멍이 있을 수 있다. 실제로 런타임 풋프린트에 여유가 있는 애플리케이션에서는 자바, C# 같이 안전한 형식의 언어가 C, C++를 압도한다.

특정 분야에서 장점을 가진 언어는 다른 경쟁 언어를 도태시킨다. 단지 새로운 하나의 기능 때문에 기존 언어를 버리고 새로운 언어와 툴 체인으로 바꾼다는 것은 쉽지 않은 일이다. 하지만 새로 프로그래밍을 배우는 사람은 (기존 언어가 재빠르게 진화하지 않는다면) 자연스럽게 새로운 언어를 선택하게 되며 기존 언어는 도태된다(조금 연배가 있는 독자라면 이렇게 도태되고 있는 에이다Ada, 알골Algol, 코볼, 파스칼, 델파이, 스노볼SNOBOL 등의 언어를 알고 있을 것이다).

독자 여러분은 자바 프로그래머일 것이다. 자바는 지난 1995년 첫 베타 버전이 공개된 이후로 경쟁 언어를 대신하며 커다란 생태계를 성공적으로 구축했다. 이제 자바가 어떻게 그러한 성공을 거둘 수 있었는지 살펴보자.

## 1.2.1 프로그래밍 언어 생태계에서 자바의 위치

자바는 출발이 좋았다. 즉, 처음부터 많은 유용한 라이브러리를 포함하는 잘 설계된 객체지향 언어로 시작했다. 자바는 처음부터 스레드와 락을 이용한 소소한 동시성도 지원했다(자바의 하드웨어 중립적인 메모리 모델 때문에 멀티코어 프로세서에서 병렬적으로 수행되는 스레드는 싱글코어에서의 동작과 달리 예기치 못한 상황을 일으킬 수 있다). 코드를 JVM 바이트 코드로 컴파일하는 특징(그리고 모든 브라우저에서 가상 머신 코드를 지원하기) 때문에 자바는 인터넷 애플릿 프로그램의 주요 언어가 되었다. 사실 자바 가상 머신(JVM)과 바이트 코드를 자바 언어보다 중요시하는 일부 애플리케이션에서는 JVM에서 실행되는 경쟁 언어인 스칼라, 그루비 등이 자바를 대체했다. JVM의 최신 업데이트(예를 들어 JDK7에는 새로운 invokedynamic이라는 바이트 코드가 추가됨) 덕분에 경쟁 언어는 JVM에서 더 부드럽게 실행될 수 있으며, 자바와 상호동작할 수 있게 되었다. 또한 자바는 다양한 임베디드 컴퓨팅 분야(스마트카드, 토스터, 셋톱박스, 자동차 브레이크 시스템 등)를 성공적으로 장악하고 있다.

---

### 자바는 어떻게 대중적인 프로그래밍 언어로 성장했는가?

객체지향은 1990년대에 두 가지 이유로 각광받았다. 하나는 캡슐화 덕분에 C에 비해 소프트웨어 엔지니어링적인 문제가 훨씬 적다는 점이고, 다른 하나는 객체지향의 정신적인 모델 덕분에 윈도우 95 및 그 이후의 WIMP 프로그래밍 모델에 쉽게 대응할 수 있다는 사실이다. 이것은 '모든 것은 객체다'로 요약할 수 있다. 마우스를 클릭하면 핸들러로 메시지가 전송된다(Mouse 객체의 Clicked 메서드가 호출됨). 일단 만들면 모든 곳에서 실행할 수 있었다write-once run-anywhere. 자바 모델과 자바 코드 애플릿을 안전하게 실행할 수 있었던 초기 브라우저 덕분에 자바가 대학오료 깊숙이 자리 잡을 수 있었고, 졸업생들이 자비를 업계에서 활용하기 시작했다. 처음에는 C/C++에 비해 (애플리케이션을 실행하는 데) 추가적으로 드는 비용(시간) 때문에 자바에 대한 반감이 있었다. 하지만 하드웨어가 발전하면서 프로그래머의 시간이 더욱 중요한 요소로 부각되었다.

마이크로소프트의 C#은 자바 형식의 객체지향 모델의 힘을 깊이 있게 검증해주었다.

---

하지만 프로그래밍 언어 생태계에 변화의 바람이 불었다. 프로그래머는 빅데이터(테라바이트 이상의 데이터셋)라는 도전에 직면하면서 멀티코어 컴퓨터나 컴퓨팅 클러스터를 이용해서 빅데이터를 효과적으로 처리할 필요성이 커졌다. 즉, 병렬 프로세싱을 활용해야 하는 데 지금까지의 자바로는 충분히 대응할 수 없었다.

여러분은 다른 프로그래밍 영역에서 대용량 데이터와 멀티코어 CPU를 효과적으로 활용하는 모습을 목격한 적이 있을 것이다(예를 들어 구글 지도는 SQL 같은 데이터베이스 질의 언어를 이용해서 데이터 조작 과정을 줄이거나 편리화했다). [그림 1-1]은 언어 생태계를 잘 묘사하고 있다. 그림의 배경은 프로그래밍 문제가 산재하는 공간이고 진하게 표현된 식물은 해당 문제를 해결하는 프로그램에서 선호하는 언어다. 새로운 하드웨어, 새로운 프로그래밍이 등장하는 것처럼 기후가 변하고 식물에 영향을 미치면서 기존 식물을 대신해서 새로운 식물을 길러야 하는 것처럼 새로운 프로젝트에는 다른 언어를 선택해야 한다. 마치 어떤 지역의 온도가 상승하면 열대과일이 더 잘 자라는 것과 비슷한 이치다. 물론 변화는 어려운 것이다. 기후가 변해도 많은 농부가 기존의 작물을 계속 재배하고 싶어 할 것이다. 생태계를 요약하자면 새로운 언어가 등장하고 새로운 언어는 변화하는 환경에 빠르게 적응하면서 점점 대중화된다는 것이다.

자바 8은 더 다양한 프로그래밍 도구 그리고 다양한 프로그래밍 문제를 더 빠르고 정확하며 쉽게 유지보수할 수 있다는 장점을 제공한다. 자바 8에 추가된 기능은 자바에 없던 완전히 새로운 개념이지만 현재 시장에서 요구하는 기능을 효과적으로 제공한다. 이 책은 독자 여러분이 병렬성을 활용하는 코드, 간결한 코드를 구현할 수 있도록 자바 8에서 제공하는 기능의 모태인 세 가지 프로그래밍 개념을 자세히 설명한다. 다른 장과는 달리 '필요성'을 곁들여 세 가지 개념을 설명하면서 유닉스 기반 환경과 비슷한 점은 무엇이며, 자바 8의 새로운 멀티코어 병렬성이 강화된 이유를 자연스럽게 풀어갈 것이다.

**그림 1-1** 프로그래밍 언어 생태계와 환경 변화

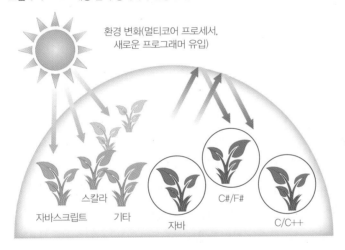

---

### 자바의 또 다른 기후 변화 요소

큰 시스템의 설계 방식도 환경 변화의 한 요소다. 최근에는 외부에서 큰 하위시스템 컴포넌트를 추가하고 다른 벤더가 만든 컴포넌트를 이용해 개발하는 사례가 늘어나고 있다. 자바 8, 자바 9에서는 이런 설계 스타일에 적응할 수 있도록 디폴트 메소드와 모듈을 제공한다.

---

지금부터 소개하는 세 개의 절에서는 자바 8 설계의 밑바탕을 이루는 세 가지 프로그래밍 개념을 소개한다.

## 1.2.2 스트림 처리

첫 번째 프로그래밍 개념은 **스트림 처리**stream processing다. 스트림이란 한 번에 한 개씩 만들어지는 연속적인 데이터 항목들의 모임이다. 이론적으로 프로그램은 입력 스트림에서 데이터를 한 개씩 읽어 들이며 마찬가지로 출력 스트림으로 데이터를 한 개씩 기록한다. 즉, 어떤 프로그램의 출력 스트림은 다른 프로그램의 입력 스트림이 될 수 있다.

일례로 유닉스나 리눅스의 많은 프로그램은 표준 입력(유닉스와 C의 stdin, 자바의 System. in)에서 데이터를 읽은 다음에, 데이터를 처리하고, 결과를 표준 출력(유닉스와 C의 stdout, 자바의 System.out)으로 기록한다. 유닉스의 cat 명령은 두 파일을 연결해서 스트림을 생성하며, tr은 스트림의 문자를 번역하고, sort는 스트림의 행을 정렬하며, tail −3은 스트림의 마지막 3개 행을 제공한다. 다음 예제처럼 유닉스 명령행에서는 파이프(|)를 이용해서 명령을 연결할 수 있다.

```
cat file1 file2 | tr "[A-Z]" "[a-z]" | sort | tail -3
```

이 예제는 파일의 단어를 소문자로 바꾼 다음에 사전순으로 단어를 정렬했을 때 가장 마지막에 위치한 세 단어를 출력하는 프로그램이다(file1, file2는 한 행에 한 개의 단어를 포함하고 있다고 가정한다). [그림 1−2]에서 보여주는 것처럼 sort는 여러 행의 스트림[3]을 입력으로 받아 여러 행의 스트림을 출력으로 만들어낸다. 유닉스에서는 여러 명령(cat, tr, sort, tail)을 병렬로 실행한다. 따라서 cat이나 tr이 완료되지 않은 시점에서 sort가 행을 처리하기 시작할 수 있다. 이를 기계적인 예로 자동차 생산 공장 라인에 비유할 수 있다. 자동차 생산 공장은 여러 자동차로 구성된 스트림을 처리하는데, 각각의 작업장에서는 자동차를 받아서 수리한 다음에, 다음 작업장에서 다른 작업을 처리할 수 있도록 넘겨준다. 조립 라인은 자동차를 물리적인 순서로 한 개씩 운반하지만 각각의 작업장에서는 동시에 작업을 처리한다.

**그림 1-2** 스트림과 관련된 유닉스 명령

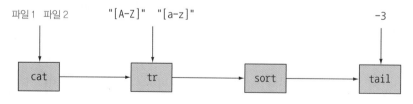

---

**3** 엄밀히 말해 따지기를 좋아하는 사람은 행의 스트림이 아니라 '문자의 스트림'이라고 주장할 수도 있다. 하지만 sort가 행을 재정렬한다고 간주하는 것이 개념상 단순하다.

자바 8에는 java.util.stream 패키지에 스트림 API가 추가되었다. 스트림 패키지에 정의된 Stream⟨T⟩는 T 형식으로 구성된 일련의 항목을 의미한다(Streams의 S는 대문자임). 우선은 스트림 API가 조립 라인처럼 어떤 항목을 연속으로 제공하는 어떤 기능이라고 단순하게 생각하자. 이전 예제에서 유닉스 명령어로 복잡한 파이프라인을 구성했던 것처럼 스트림 API는 파이프라인을 만드는 데 필요한 많은 메서드를 제공한다.

스트림 API의 핵심은 기존에는 한 번에 한 항목을 처리했지만 이제 자바 8에서는 우리가 하려는 작업을 (데이터베이스 질의처럼) 고수준으로 추상화해서 일련의 스트림으로 만들어 처리할 수 있다는 것이다. 또한 스트림 파이프라인을 이용해서 입력 부분을 여러 CPU 코어에 쉽게 할당할 수 있다는 부가적인 이득도 얻을 수 있다. 스레드라는 복잡한 작업을 사용하지 않으면서도 **공짜**로 병렬성을 얻을 수 있다. 자바 8 스트림 API는 4장부터 7장에 걸쳐 더 자세히 설명한다.

## 1.2.3 동작 파라미터화로 메서드에 코드 전달하기

자바 8에 추가된 두 번째 프로그램 개념은 코드 일부를 API로 전달하는 기능이다. 이게 무슨 말인지 전혀 감이 잡히지 않아 어리둥절할 것이다. 유닉스 예제에서 sort 명령에 파라미터를 추가하고 싶은 사용자도 있을 것이다. sort에 파라미터를 제공해서 역순 정렬 등 다양한 정렬을 수행할 수는 있지만 어쨌든 sort로 수행할 수 있는 동작은 미리 정해져 있다.

예를 들어 2013UK0001, 2014US0002, … 등의 형식을 갖는 송장 ID가 있다고 가정하자. 처음 네 개의 숫자는 연도를, 다음 두 글자는 국가 코드를, 마지막 네 개의 숫자는 고객 ID를 의미한다. 이제 우리는 이 송장 ID를 고객 ID 또는 국가 코드순으로 정렬해야 한다. sort 명령을 이용하려면 sort가 고객 ID나 국가 코드로 송장 ID를 정렬하도록 sort에 따로 코드를 제공해야 한다.

우리가 지정하는 순서대로 자료를 정리하도록 sort 메서드에 명령을 내려야 한다. 우선은 두 송장 ID를 비교하는 compareUsingCustomerId 메서드를 구현할 수 있다. 그런데 자바 8 이전의 자바에서는 메서드를 다른 메서드로 전달할 방법이 없었다. 1장을 시작하면서 보여준 예제처럼 Comparator 객체를 만들어서 sort에 넘겨주는 방법도 있지만 이는 너무 복잡하며 기존 동작을 단순하게 재활용한다는 측면에서도 맞지 않다. 자바 8에서는 메서드(우리 코드)를 다른 메서드의 인수로 넘겨주는 기능을 제공한다. [그림 1–2]에 이어 [그림 1–3]은 이와 같은 개념을 잘 보여준다. 이러한 기능을 이론적으로 **동작 파라미터화**<sup>behavior parameterization</sup>라고 부른다. 동작 파라미터화가 왜 중요할까? compareUsingCustomerId를 이용해 sort의 동작을 파라미터화했던 것처럼 스트림 API는 연산의 동작을 파라미터화할 수 있는 코드를 전달한다는 사상에 기초하기 때문이다.

**그림 1-3** compareUsingCustomerId 메서드를 sort의 인수로 전달

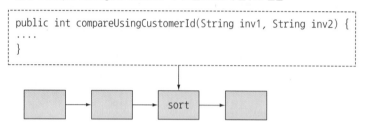

지금까지 동작 파라미터가 어떻게 작동하는지 간단하게 설명했다. 더 자세한 내용은 2장과 3장에서 다룬다. 18장과 19장에서는 **함수형 프로그래밍** 커뮤니티에서 성행하는 기술을 응용해서 동작 파라미터를 활용하는 방법을 자세히 살펴본다.

## 1.2.4 병렬성과 공유 가변 데이터

세 번째 프로그래밍의 개념은 '병렬성을 공짜로 얻을 수 있다'라는 말에서 시작된다. 세상에 공짜는 없다고 했는데 그럼 병렬성을 얻는 대신 무엇을 포기해야 할까? 스트림 메서드로 전달하는 코드의 동작 방식을 조금 바꿔야 한다. 처음에는 이런 변화가 불편하게 느껴질 수 있으나 일단 익숙해지면 변화된 방식을 더 선호하게 될 것이다. 스트림 메서드로 전달하는 코드는 다른 코드와 동시에 실행하더라도 안전하게 실행될 수 있어야 한다. 보통 다른 코드와 동시에 실행하더라도 **안전하게 실행**할 수 있는 코드를 만들려면 공유된 가변 데이터<sup>shared mutable data</sup>에 접근하지 않아야 한다. 이러한 함수를 순수<sup>pure</sup> 함수, 부작용 없는<sup>side-effect-free</sup> 함수, 상태 없는<sup>stateless</sup> 함수라 부르며 18장과 19장에서 이들 함수를 자세히 설명한다. 지금까지는 독립적으로 실행될 수 있는 다중 코드 사본과 관련된 병렬성을 고려했다. 하지만 공유된 변수나 객체가 있으면 병렬성에 문제가 발생한다. 예를 들어 두 프로세스가 공유된 변수를 동시에 바꾸려 하면 어떻게 될까(1.4절 참조)? 이 책 전체에서 이와 같은 유형의 문제를 어떻게 해결하는지 확인할 수 있다.

물론 기존처럼 synchronized를 이용해서 공유된 가변 데이터를 보호하는 규칙을 만들 수 있을 것이다(일반적으로 synchronized는 시스템 성능에 악영향을 미친다). 하지만 자바 8 스트림을 이용하면 기존의 자바 스레드 API보다 쉽게 병렬성을 활용할 수 있다. 다중 프로세싱 코어에서 synchronized를 사용하면 (다중 처리 코어에서는 코드가 순차적으로 실행되어야 하므로 병렬이라는 목적을 무력화시키면서) 생각보다 훨씬 더 비싼 대가를 치러야 할 수 있다.

공유되지 않은 가변 데이터no shared mutable data, 메서드, 함수 코드를 다른 메서드로 전달하는 두 가지 기능은 **함수형 프로그래밍** 패러다임의 핵심적인 사항이며 18장과 19장에서 자세히 설명할 것이다. 반면 **명령형 프로그래밍**imperative programming 패러다임에서는 일련의 가변 상태로 프로그램을 정의한다. 공유되지 않은 가변 데이터 요구사항이란 인수를 결과로 변환하는 기능과 관련된다. 즉, 이 요구사항은 수학적인 함수처럼 함수가 정해진 기능만 수행하며 (겉으로 보이는) 다른 부작용은 일으키지 않음을 의미한다.

## 1.2.5 자바가 진화해야 하는 이유

지금까지 자바는 진화해왔다. 예를 들어 갑자기 제네릭generic이 나타나고, List가 List〈String〉 등으로 바뀌었을 때 당황했을 독자도 있었을 것이다. 하지만 많은 이가 자바의 변화에 이미 익숙해져있으며 그것이 가져다주는 편리함(컴파일을 할 때 더 많은 에러를 검출할 수 있으며, 리스트의 유형을 알 수 있어 가독성도 좋아졌다)을 누리고 있다.

또 다른 변화의 예로, 틀에 박힌 Iterator 대신 for-each 루프를 사용할 수 있게 되었다. 기존 값을 변화시키는 데 집중했던 고전적인 객체지향에서 벗어나 함수형 프로그래밍으로 다가섰다는 것이 자바 8의 가장 큰 변화다. 함수형 프로그래밍에서는 우리가 하려는 작업(예를 들어 주어진 비용 이하로 A에서 B로 이동할 수 있는 모든 경로를 대표하는 값 생성)이 최우선시되며 그 작업을 어떻게 수행하는지(예를 들어 자료구조를 탐색하면서 컴포넌트를 **수정**함)는 별개의 문제로 취급한다. 극단적으로 생각하면 전통적인 객체지향 프로그래밍과 함수형 프로그래밍은 완전 상극이다. 자바 8에서 함수형 프로그래밍을 도입함으로써 두 가지 프로그래밍 패러다임의 장점을 모두 활용할 수 있게 되었다. 즉, 어떤 문제를 더 효율적으로 해결할 수 있는 다양한 도구를 얻게 된 것이다. 1.3절 '자바 함수'와 1.4절 '스트림'에서 함수형 프로그래밍을 더 자세히 설명한다.

이 절의 내용을 한 줄로 요약하면 언어는 하드웨어나 프로그래머 기대의 변화에 부응하는 방향으로 변화해야 한다는 것이다(일례로 현재는 비인기 언어 신세인 코볼이 한때는 상업적으로 엄청 중요한 언어였다). 자바는 계속 새로운 기능을 추가하면서 인기 언어의 자리를 유지하고 있다. 하지만 새로운 기능이 추가되었다고 하더라도 아무도 이용하지 않는다면 아무 소용이 없다. 따라서 자바 8의 새로운 기능에 관심을 가짐으로써 스스로 자바 프로그래머로서의 삶을 유지할 수 있도록 자신을 보호할 수 있다. 하지만 무엇보다도 필자는 여러분 모두가 자바 8의 새로운 기능을 사랑하게 될 것이라 믿는다. 자바 8을 사용했던 모든 사람에게 자바 8 이전으로 돌아가고 싶은지 물어보라! 또한 자바 8에 추가된 새로운 기능 덕분에 기존에 다른 언어가 담당하던 생태계 영역을 자바 8이 정복하면서 자바 8 프로그래머에게는 더 많은 기회가 열릴 것이다.

이제 자바 8에 추가된 새로운 개념을 하나씩 자세히 살펴보자.

# 1.3 자바 함수

프로그래밍 언어에서 **함수**function라는 용어는 **메서드**method 특히 정적 메서드static method와 같은 의미로 사용된다. 자바의 함수는 이에 더해 **수학적인 함수**처럼 사용되며 부작용을 일으키지 않는 함수를 의미한다. 곧 살펴보겠지만 다행히 자바 8에서 함수 사용법은 일반적인 프로그래밍 언어의 함수 사용법과 아주 비슷하다.

자바 8에서는 함수를 새로운 값의 형식으로 추가했다. 이는 1.4절에서 설명할 멀티코어에서 병렬 프로그래밍을 활용할 수 있는 스트림과 연계될 수 있도록 함수를 만들었기 때문이다. 먼저 함수를 값처럼 취급한다고 했는데 이 특징이 어떤 장점을 제공하는지 살펴보자.

자바 프로그램에서 조작할 수 있는 값을 생각해보자. 첫 번째로 42(int 형식), 3.14(double 형식) 등의 기본값이 있다. 두 번째로 객체(엄밀히 따지면 객체의 참조)도 값이다. new 또는 팩토리 메서드 또는 라이브러리 함수를 이용해서 객체의 값을 얻을 수 있다. 객체 참조는 클래스의 **인스턴스**instance를 가리킨다. 예를 들어 "abc"(String 형식), new Integer(1111)(Integer 형식), new HashMap⟨Integer, String⟩(100)(HashMap의 생성자를 호출) 등으로 객체 참조를 얻을 수 있다. 심지어 배열도 객체다. 그런데 왜 함수가 필요할까?

프로그래밍 언어의 핵심은 값을 바꾸는 것이다. 역사적으로 그리고 전통적으로 프로그래밍 언어에서는 이 값을 일급<sup>first-class: 퍼스트클래스</sup>값(또는 시민<sup>citizens</sup>, 1960년대 미국 시민 권리에서 유래)이라고 부른다. 자바 프로그래밍 언어의 다양한 구조체(메서드, 클래스 같은)가 값의 구조를 표현하는 데 도움이 될 수 있다. 하지만 프로그램을 실행하는 동안 이러한 모든 구조체를 자유롭게 전달할 수는 없다. 이렇게 전달할 수 없는 구조체는 이급 시민이다. 위에서 언급한 값은 모두 일급 자바 시민이지만 메서드, 클래스 등은 이급 자바 시민에 해당한다. 인스턴스화한 결과가 값으로 귀결되는 클래스를 정의할 때 메서드를 아주 유용하게 활용할 수 있지만 여전히 메서드와 클래스는 그 자체로 값이 될 수 없다. 하지만 이게 중요할까? 그렇다. 예를 들어 런타임에 메서드를 전달할 수 있다면, 즉 메서드를 일급 시민으로 만들면 프로그래밍에 유용하게 활용할 수 있다. 따라서 자바 8 설계자들은 이급 시민을 일급 시민으로 바꿀 수 있는 기능을 추가했다. 클래스 같은 이급 시민도 일급시민으로 바꿀 수 있다면 좋지 않을까? 이미 스몰토크, 자바스크립트 같은 다양한 언어에서 일급 시민으로 가득 찬 세계를 성공적으로 만들어가고 있다.

## 1.3.1 메서드와 람다를 일급 시민으로

스칼라와 그루비 같은 언어에서 메서드를 일급값으로 사용하면 프로그래머가 활용할 수 있는 도구가 다양해지면서 프로그래밍이 수월해진다는 사실을 이미 실험을 통해 확인했다. 또한 이러한 강력한 기능에 일단 익숙해지면 오히려 일급 시민이 부족한 다른 언어의 사용을 기피하는 현상까지 발생한다. 그래서 자바 8의 설계자들은 메서드를 값으로 취급할 수 있게, 그리하여 프로그래머들이 더 쉽게 프로그램을 구현할 수 있는 환경이 제공되도록 자바 8을 설계하기로 결정했다. 더불어 자바 8에서 메서드를 값으로 취급할 수 있는 기능은 스트림 같은 다른 자바 8 기능의 토대를 제공했다.

첫 번째로 **메서드 참조**<sup>method reference</sup>라는 새로운 자바 8의 기능을 소개한다. 디렉터리에서 모든 숨겨진 파일을 필터링한다고 가정하자. 우선 주어진 파일이 숨겨져 있는지 여부를 알려주는 메서드를 구현해야 한다. 다행히 File 클래스는 이미 isHidden 메서드를 제공한다. isHidden은 File 클래스를 인수로 받아 boolean을 반환하는 함수다. 다음 예제처럼 FileFilter 객체 내부에 위치한 isHidden의 결과를 File.listFiles 메서드로 전달하는 방법으로 숨겨진 파일을 필터링할 수 있다.

```
File[] hiddenFiles = new File(".").listFiles(new FileFilter() {
    public boolean accept(File file) {
        return file.isHidden();   ←──  숨겨진
    }                                  파일 필터링!
});
```

그런데 완성한 코드가 마음에 들지 않는다. 단 세 행의 코드지만 각 행이 무슨 작업을 하는지 투명하지 않다. '정말로 저렇게 프로그래밍을 해야 하나?' File 클래스에는 이미 isHidden이라는 메서드가 있는데 왜 굳이 FileFilter로 isHidden을 복잡하게 감싼 다음에 FileFilter를 인스턴스화해야 할까? 자바 8이 나타나기 전까지는 달리 방법이 없었기 때문이었다.

이제 자바 8에서는 다음처럼 코드를 구현할 수 있다.

```
File[] hiddenFiles = new File(".").listFiles(File::isHidden);
```

아주 멋지지 않은가? 이미 isHidden이라는 함수는 준비되어 있으므로 자바 8의 **메서드 참조**method reference :: ('이 메서드를 값으로 사용하라'는 의미)를 이용해서 listFiles에 직접 전달할 수 있다. 여기서 메서드가 아닌 함수라는 용어를 사용했다는 사실도 주목하자. 코드가 작동하는 방법은 나중에 설명할 것이다. 기존에 비해 문제 자체를 더 직접적으로 설명한다는 점이 자바 8 코드의 장점이다.

이쯤에서 여러분도 눈치챘겠지만 자바 8에서는 더 이상 메서드가 이급값이 아닌 일급값이라는 것이다. 기존에 객체 참조object reference (new로 객체 참조를 생성함)를 이용해서 객체를 이리저리 주고받았던 것처럼 자바 8에서는 File::isHidden을 이용해서 메서드 참조를 만들어 전달할 수 있게 되었다. 메서드 참조 개념은 3장에서 자세히 설명한다. 메서드는 코드를 포함하고 있으므로 [그림 1-3]에서 보여주는 것처럼 코드를 마음대로 전달할 수 있다. [그림 1-4]는 이 개념을 보여준다. 다음 절에서는 자세한 예제(목록에서 사과를 선택)를 제공한다.

## 람다 : 익명 함수

자바 8에서는 (기명named) 메서드를 일급값으로 취급할 뿐 아니라 **람다**[4] (또는 익명 함수anonymous functions)를 포함하여 함수도 값으로 취급할 수 있다. 예를 들어 (int x) -> x + 1, 즉 'x라는 인수로 호출하면 x + 1을 반환'하는 동작을 수행하도록 코드를 구현할 수 있다. MyMathUtils라는

---

**4** 그리스 글자 λ(람다)에서 유래했다. 자바에서는 람다 기호는 사용하지 않고 람다라는 이름만 쓴다.

클래스를 만든 다음에 클래스 내부에 add1이라는 메서드를 정의해서 Utils::add1을 만들 수 있으므로 군이 왜 이와 같은 코드가 필요한지 의아한 독자도 있을 것이다. 물론 직접 메서드를 정의할 수도 있지만, 이용할 수 있는 편리한 클래스나 메서드가 없을 때 새로운 람다 문법을 이용하면 더 간결하게 코드를 구현할 수 있다. 3장에서는 람다를 자세히 설명한다. 람다 문법 형식으로 구현된 프로그램을 함수형 프로그래밍, 즉 '함수를 일급값으로 넘겨주는 프로그램을 구현한다'라고 한다.

**그림 1-4** 메서드 참조 File::isHidden을 listFiles 메서드로 전달

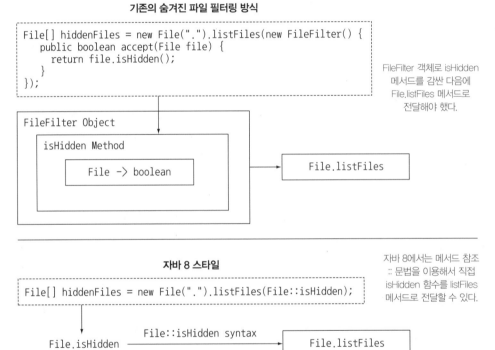

**기존의 숨겨진 파일 필터링 방식**

```
File[] hiddenFiles = new File(".").listFiles(new FileFilter() {
    public boolean accept(File file) {
        return file.isHidden();
    }
});
```

FileFilter 객체로 isHidden 메서드를 감싼 다음에 File.listFiles 메서드로 전달해야 했다.

FileFilter Object

isHidden Method

File -> boolean

File.listFiles

**자바 8 스타일**

```
File[] hiddenFiles = new File(".").listFiles(File::isHidden);
```

자바 8에서는 메서드 참조 :: 문법을 이용해서 직접 isHidden 함수를 listFiles 메서드로 전달할 수 있다.

File.isHidden

File::isHidden syntax

File.listFiles

## 1.3.2 코드 넘겨주기 : 예제

코드를 넘겨주는 예제를 살펴보자(2장에서 더 자세히 살펴볼 것이다). 이 책의 모든 예제는 한빛미디어 웹페이지에서 내려받을 수 있다.

- http://www.hanbit.co.kr/src/10202

Apple 클래스와 getColor 메서드가 있고, Apples 리스트를 포함하는 변수 inventory가 있다고 가정하자. 이때 모든 녹색 사과를 선택해서 리스트를 반환하는 프로그램을 구현하려 한다. 이처럼 특정 항목을 선택해서 반환하는 동작을 **필터**filter라고 한다. 자바 8 이전에는 다음처럼 filterGreenApples라는 메서드를 구현했을 것이다.

```
public static List<Apple> filterGreenApples(List<Apple> inventory) {
    List<Apple> result = new ArrayList<>();        ◁── 반환되는 result는 List로,
                                                       처음에는 비어 있지만 점점
    for (Apple apple: inventory) {                     녹색 사과로 채워진다.
        if (GREEN.equals(apple.getColor())) {      ◁── 굵은 문자로 표시된 코드는
            result.add(apple);                         녹색 사과만 선택한다.
        }
    } return result;
}
```

하지만 누군가는 사과를 무게(예를 들면 150그램 이상)로 필터링하고 싶을 수 있다. 그러면 우리는 다음처럼 코드를 구현할 수 있을 것이다(아마 전체 코드를 복사&붙여넣기해서).

```
public static List<Apple> filterHeavyApples(List<Apple> inventory) {
    List<Apple> result = new ArrayList<>();
    for (Apple apple: inventory) {
        if (apple.getWeight() > 150) {        ◁── 굵은 문자로 표시된 코드는
            result.add(apple);                    무거운 애플만 선택한다.
        }
    }
    return result;
}
```

여러분은 소프트웨어공학적인 면에서 복사&붙여넣기의 단점이 무엇인지 이미 알고 있을 것이다(어떤 코드에 버그가 있다면 복사&붙여넣기한 모든 코드를 고쳐야 한다). 이 예제에서 두 메서드는 굵게 표시된 한 줄의 코드만 다르다. 만약 두 메서드가 단순히 크기를 기준으로 사과를 필터링하는 상황이었다면 인수로 (150, 1000)을 넘겨주어 150그램 이상의 사과를 선택하거나, (0, 80)을 넘겨주어 80그램 이하의 사과를 선택할 수 있을 것이다.

이전에도 언급했지만 다행히 자바 8에서는 코드를 인수로 넘겨줄 수 있으므로 filter 메서드를 중복으로 구현할 필요가 없다. 앞의 코드를 다음처럼 자바 8에 맞게 구현할 수 있다.

```
public static boolean isGreenApple(Apple apple) {
    return GREEN.equals(apple.getColor());
}
```

```java
public static boolean isHeavyApple(Apple apple) {
    return apple.getWeight() > 150;
}
public interface Predicate<T>{
    boolean test(T t);
}
```

명확히 하기 위해 추가함(보통 java.util.function에서 임포트함).

```java
static List<Apple> filterApples(List<Apple> inventory,
                                Predicate<Apple> p) {
    List<Apple> result = new ArrayList<>();
    for (Apple apple: inventory) {
        if (p.test(apple)) {
            result.add(apple);
        }
    }
    return result;
}
```

메서드가 p라는 이름의 프레디 케이트 파라미터로 전달됨(아래의 '프레디케이트란 무엇인가?' 글상자 참조).

사과는 p가 제시하는 조건에 맞는가?

다음처럼 메서드를 호출할 수 있다.

```java
filterApples(inventory, Apple::isGreenApple);
```

또는 다음과 같이 호출해도 된다.

```java
filterApples(inventory, Apple::isHeavyApple);
```

코드가 어떻게 작동하는지는 2장과 3장에서 자세히 설명한다. 여기서 핵심은 자바 8에서는 메서드를 전달할 수 있다는 사실이다.

---

### 프레디케이트(predicate)란 무엇인가?

앞에서 다룬 예제에서는 Apple::isGreenApple 메서드를 filterApples로 넘겨주었다 (filterApples는 (Predicate<Apple>를 파라미터로 받음). 수학에서는 인수로 값을 받아 true 나 false를 반환하는 함수를 프레디케이트라고 한다. 나중에 설명하겠지만 자바 8에서도 Function<Apple, Boolean> 같이 코드를 구현할 수 있지만 Predicate<Apple>을 사용하는 것이 더 표준적인 방식이다(또한 boolean을 Boolean으로 변환하는 과정이 없으므로 더 효율적이기도 하다).

---

### 1.3.3 메서드 전달에서 람다로

메서드를 값으로 전달하는 것은 분명 유용한 기능이다. 하지만 isHeavyApple, isGreenApple처럼 한두 번만 사용할 메서드를 매번 정의하는 것은 귀찮은 일이다. 자바 8에서는 이 문제도 간단히 해결할 수 있다. 자바 8에서는 다음처럼 (익명 함수 또는 람다라는) 새로운 개념을 이용해서 코드를 구현할 수 있다.

```
filterApples(inventory, (Apple a) -> GREEN.equals(a.getColor()) );
```

또는 다음과 같이 구현한다.

```
filterApples(inventory, (Apple a) -> a.getWeight() > 150 );
```

심지어 다음과 같이 구현할 수도 있다.

```
filterApples(inventory, (Apple a) -> a.getWeight() < 80 ||
                                     RED.equals(a.getColor()) );
```

즉, 한 번만 사용할 메서드는 따로 정의를 구현할 필요가 없다. 위 코드는 우리가 넘겨주려는 코 드를 애써 찾을 필요가 없을 정도로 더 짧고 간결하다.

하지만 람다가 몇 줄 이상으로 길어진다면(즉, 조금 복잡한 동작을 수행하는 상황) 익명 람다 보다는 코드가 수행하는 일을 잘 설명하는 이름을 가진 메서드를 정의하고 메서드 참조를 활용하는 것이 바람직하다. 코드의 명확성이 우선시되어야 한다.

멀티코어 CPU가 아니었다면 원래 자바 8 설계자들의 계획은 여기까지였을 것이다. 곧 살펴보겠지만 지금까지 등장한 함수형 프로그래밍은 함수형 프로그래밍이 얼마나 강력한지 증명해왔다. 아마도 자바는 filter 그리고 다음과 같은 몇몇 일반적인 라이브러리 메서드를 추가하는 방향으로 발전했을 수도 있었다.

```
static <T> Collection<T> filter(Collection<T> c, Predicate<T> p);
```

예를 들어 이전 메서드에서는 다음처럼 filterApples를 사용했다.

```
filterApples(inventory, (Apple a) -> a.getWeight() > 150 );
```

하지만 다음처럼 라이브러리 메서드 filter를 이용하면 filterApples 메서드를 구현할 필요가 없다.

```
filter(inventory, (Apple a) -> a.getWeight() > 150 );
```

하지만 병렬성이라는 중요성 때문에 설계자들은 이와 같은 설계를 포기했다. 대신 자바 8에서는 filter와 비슷한 동작을 수행하는 연산집합을 포함하는 새로운 스트림 API(컬렉션^Collection과 비슷하며 함수형 프로그래머에게 더 익숙한 API)를 제공한다. 또한 컬렉션과 스트림 간에 변환할 수 있는 메서드(map, reduce 등)도 제공한다. 이제 스트림을 살펴보자.

## 1.4 스트림

거의 모든 자바 애플리케이션은 컬렉션을 **만들고 활용**한다. 하지만 컬렉션으로 모든 문제가 해결되는 것은 아니다. 예를 들어 리스트에서 고가의 트랜잭션^Transaction(거래)만 필터링한 다음에 통화로 결과를 그룹화해야 한다고 가정하자. 다음 코드처럼 많은 기본 코드를 구현해야 한다.

```
Map<Currency, List<Transaction>> transactionsByCurrencies =
    new HashMap<>();      ◁— 그룹화된 트랜잭션을 더할 Map 생성
for (Transaction transaction : transactions) {   ◁—| 트랜잭션의 리스트를 반복
    if (transaction.getPrice() > 1000) {   ◁—| 고가의 트랜잭션을 필터링
        Currency currency = transaction.getCurrency();   ◁—| 트랜잭션의 통화 추출
        List<Transaction> transactionsForCurrency =
            transactionsByCurrencies.get(currency);          현재 통화의 그룹화된
        if (transactionsForCurrency == null) {      ◁—|   맵에 항목이 없으면
            transactionsForCurrency = new ArrayList<>();      새로 만든다.
            transactionsByCurrencies.put(currency,
                            transactionsForCurrency);
        }                                            현재 탐색된 트랜잭션을
        transactionsForCurrency.add(transaction);   ◁—| 같은 통화의 트랜잭션
    }                                                리스트에 추가한다.
}
```

게다가 위 예제 코드에는 중첩된 제어 흐름 문장이 많아서 코드를 한 번에 이해하기도 어렵다.

스트림 API를 이용하면 다음처럼 문제를 해결할 수 있다.

```
import static java.util.stream.Collectors.groupingBy;
Map<Currency, List<Transaction>> transactionsByCurrencies =
    transactions.stream()
            .filter((Transaction t) -> t.getPrice() > 1000)   ◁—| 고가의 트랜잭션 필터링
            .collect(groupingBy(Transaction::getCurrency));   ◁—| 통화로 그룹화함
```

지식이 없는 상태에서는 위 예제 코드가 마술처럼 보일 수도 있다. 4장에서 7장에 걸쳐 스트림 API를 자세히 설명할 것이므로 걱정하지 말자. 우선은 스트림 API를 이용하면 컬렉션 API와는 상당히 다른 방식으로 데이터를 처리할 수 있다는 사실만 기억하자. 컬렉션에서는 반복 과정을 직접 처리해야 했다. 즉, for-each 루프를 이용해서 각 요소를 반복하면서 작업을 수행했다. 이런 방식의 반복을 **외부 반복**external iteration이라고 한다. 반면 스트림 API를 이용하면 루프를 신경 쓸 필요가 없다. 스트림 API에서는 라이브러리 내부에서 모든 데이터가 처리된다. 이와 같은 반복을 **내부 반복**internal iteration이라고 한다. 4장에서 내부 반복을 자세히 설명한다.

컬렉션을 이용했을 때 다른 문제도 생길 수 있다. 예를 들어 많은 요소를 가진 목록을 반복한다면 오랜 시간이 걸릴 수 있다. 거대한 리스트는 어떻게 처리할 수 있을까? 단일 CPU로는 거대한 데이터를 처리하기 힘들 것이다 하지만 여러분의 책상에는 이미 멀티코어 컴퓨터가 놓여있을 것이다. 따라서 서로 다른 CPU 코어에 작업을 각각 할당해서 처리 시간을 줄일 수 있다면 좋을 것이다. 이론적으로 8개 코어를 가진 컴퓨터라면 8개 코어를 활용해서 병렬로 작업을 수행하여 단일 CPU 컴퓨터에 비해 8배 빨리 작업을 처리할 수 있다[5].

---

### 멀티코어 컴퓨터

최신 데스크톱과 랩톱 컴퓨터는 모두 멀티코어를 장착했다. 즉, 단일 CPU가 아닌 넷 또는 여덟 개 이상의 CPU(일반적으로 코어라 불리는)를 갖는다. 전통적인 자바 프로그램은 이렇게 많은 CPU 중 단 하나만 사용하면서 나머지 CPU를 낭비시키는 것이 문제였다. 많은 회사에서 컴퓨팅 클러스터computing cluster(고속 네트워크로 서로 연결된 컴퓨터)를 이용해서 대량의 데이터를 효과적으로 처리한다. 자바 8에서는 이런 컴퓨터를 더 잘 활용할 수 있는 새로운 프로그래밍 스타일을 제공한다.

구글의 검색 엔진은 하나의 컴퓨터로는 수행할 수 없는 종류의 코드를 실행하는 좋은 예제다. 구글 검색 엔진은 인터넷의 모든 페이지를 읽어 인터넷 페이지에 등장한 모든 단어를 관련 URL과 매핑하는 인덱스를 만든다. 우리가 구글 검색에 몇 가지 단어를 입력하면 소프트웨어는 만들어진 인덱스를 이용해서 입력한 단어를 포함하는 몇 가지 웹페이지를 보여준다. 자바로 이런 프로그램을 어떻게 구현할 수 있을까? 구글보다 작은 인덱스를 구성하더라도 컴퓨터의 모든 코어를 활용해야 할 만큼 만만치 않은 작업이다.

---

**5** 코어라는 용어는 조금 애매하게 사용된다. 멀티코어 칩에서 각 코어는 완전히 독립적인 CPU를 가리킨다. 하지만 '멀티코어 CPU'라는 말이 통용되면서 코어라는 단어는 각각의 CPU를 가리키는 말이 되었다.

### 1.4.1 멀티스레딩은 어렵다

이전 자바 버전에서 제공하는 스레드 API로 **멀티스레딩** 코드를 구현해서 병렬성을 이용하는 것은 쉽지 않다. 멀티스레딩 환경에서 각각의 스레드는 동시에 공유된 데이터에 접근하고, 데이터를 갱신할 수 있다. 결과적으로 스레드를 잘 제어하지 못하면 원치 않는 방식으로 데이터가 바뀔 수 있다[6]. 멀티스레딩 모델은 순차적인 모델보다 다루기가 어렵다[7]. 예를 들어 [그림 1-5]는 두 스레드가 적절하게 제어되지 않은 상황에서 공유된 sum 변수에 숫자를 더하면 문제가 일어날 수 있음을 보여준다.

**그림 1-5** 두 스레드가 공유된 sum 변수에 덧셈을 시도하면서 발생할 수 있는 문제. 결과는 108이 아닌 105가 된다.

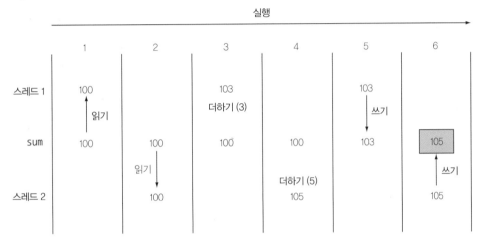

자바 8은 스트림 API(java.util.stream)로 '컬렉션을 처리하면서 발생하는 모호함과 반복적인 코드 문제' 그리고 '멀티코어 활용 어려움'이라는 두 가지 문제를 모두 해결했다. 기존의 컬렉션에서는 데이터를 처리할 때 반복되는 패턴(예를 들어 1.2절에서 살펴본 filterApples나 SQL과 같은 데이터베이스 질의 언어 동작과 비슷한)이 너무 많았다. 따라서 라이브러리에서 이러한 반복되는 패턴을 제공한다면 좋을 것이라는 아이디어가 변화의 동기가 되었다. 즉, 자

---

**6** 전통적으로 멀티스레딩 환경에서는 synchronized를 자주 활용한다. 하지만 synchronized를 활용하더라도 많은 미묘한 버그가 발생할 수 있다. 자바 8에서는 synchronized가 필요치 않은 함수형 프로그래밍 형식의 스트림 기반 병렬성을 이용하도록 권고한다. 자바 8에서는 데이터 접근 방법을 제어하는 것이 아니라 어떻게 데이터를 분할할지 고민하게 된다.

**7** 바로 이것이 언어를 변화하게 하는 원동력이다.

주 반복되는 패턴으로 주어진 조건에 따라 데이터를 **필터링**filtering하거나(예를 들면 무게에 따라 사과 선택), 데이터를 **추출**extracting하거나(예를 들면 리스트에서 각 사과의 무게 필드 추출), 데이터를 **그룹화**grouping하는(예를 들면 숫자 리스트의 숫자를 홀수와 짝수로 그룹화함) 등의 기능이 있다. 또한 이러한 동작들을 쉽게 병렬화할 수 있다는 점도 변화의 동기가 되었다. 예를 들어 [그림 1-6]에서 보여주는 것처럼 두 CPU를 가진 환경에서 리스트를 필터링할 때 한 CPU는 리스트의 앞부분을 처리하고, 다른 CPU는 리스트의 뒷부분을 처리하도록 요청할 수 있다. 이 과정을 **포킹 단계**forking step라고 한다(❶). 그리고 각각의 CPU는 자신이 맡은 절반의 리스트를 처리한다(❷). 마지막으로 하나의 CPU가 두 결과를 정리한다(❸, 구글 검색도 이와 같은 방식으로 작동하면서 빠르게 검색 결과를 제공한다. 물론 구글 검색은 두 개 이상의 프로세서를 사용한다).

그림 1-6 filter를 두 개의 CPU로 포킹한 다음에 결과를 합침

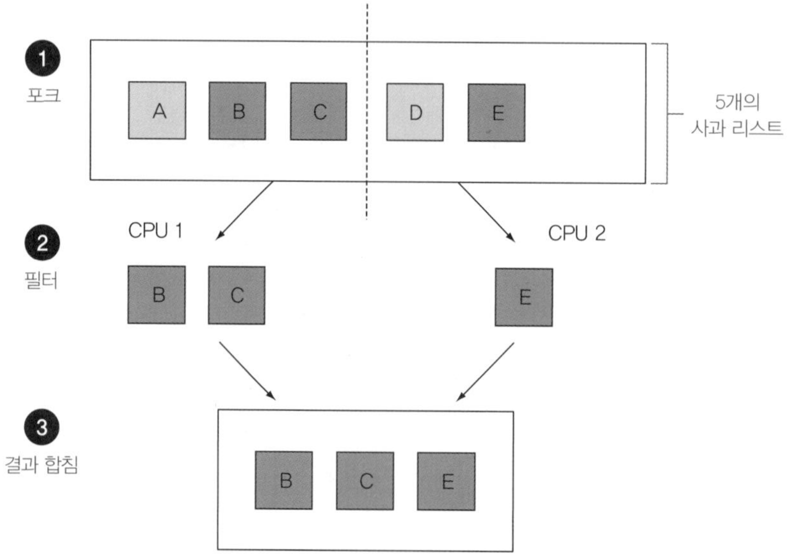

지금은 새로운 스트림 API도 기존의 컬렉션 API와 아주 비슷한 방식으로 동작한다고(즉, 두 방식 모두 순차적인 데이터 항목 접근 방법을 제공한다고) 간주할 것이다. 다만 컬렉션은 어떻게 데이터를 저장하고 접근할지에 중점을 두는 반면 스트림은 데이터에 어떤 계산을 할 것인지 묘사하는 것에 중점을 둔다는 점을 기억하자. 스트림은 스트림 내의 요소를 쉽게 병렬로 처리할 수 있는 환경을 제공한다는 것이 핵심이다. 처음에는 이상하게 들릴 수 있겠지만 컬렉션을

필터링할 수 있는 가장 빠른 방법은 컬렉션을 스트림으로 바꾸고, 병렬로 처리한 다음에, 리스트로 다시 복원하는 것이다. 이전에도 언급했듯이 스트림과 람다 표현식을 이용하면 '병렬성을 공짜로' 얻을 수 있으며 리스트에서 무거운 사과를 순차적으로 또는 병렬로 필터링할 수 있다.

다음은 순차 처리 방식의 코드다.

```
import static java.util.stream.Collectors.toList;
List<Apple> heavyApples =
    inventory.stream().filter((Apple a) -> a.getWeight() > 150)
                      .collect(toList());
```

다음은 병렬 처리 방식의 코드다.

```
import static java.util.stream.Collectors.toList;
List<Apple> heavyApples =
    inventory.parallelStream().filter((Apple a) -> a.getWeight() > 150)
                              .collect(toList());
```

---

### 자바의 병렬성과 공유되지 않은 가변 상태

흔히 사람들은 자바의 병렬성은 어렵고 synchronized는 쉽게 에러를 일으킨다고 생각한다. 자바 8은 어떤 요술방망이를 제공할까?

자바 8은 두 가지 요술방망이를 제공한다. 우선 라이브러리에서 분할을 처리한다. 즉, 큰 스트림을 병렬로 처리할 수 있도록 작은 스트림으로 분할한다. 또한 filter 같은 라이브러리 메서드로 전달된 메서드가 상호작용을 하지 않는다면 가변 공유 객체를 통해 공짜로 병렬성을 누릴 수 있다. 상호작용을 하지 않는다는 제약은 프로그래머 입장에서 상당히 자연스러운 일이다(예를 들어 Apple::isGreenApple을 생각해보자). 함수형 프로그래밍에서 함수형이란 '함수를 일급값으로 사용한다'라는 의미도 있지만 부가적으로 '프로그램이 실행되는 동안 컴포넌트 간에 상호작용이 일어나지 않는다'라는 의미도 포함한다.

---

7장에서는 자바 8의 병렬 데이터 처리와 성능을 자세히 살펴본다. 자바의 변화 과정에서 자바 8 개발자들이 겪는 어려움 중 하나는 기존 인터페이스의 변경이다. 예를 들어 Collections.sort는 사실 List 인터페이스에 포함되지만 실제로 List로 포함된 적은 없다. 이론적으로는 Collection.list(list, comparator)가 아니라 list.sort(comparator)를 수행하는 것이 적절하다. 사소한 문제처럼 보일 수 있다. 하지만 자바 8이 등장하기 전까지는 이 문제를 해결한

다는 것은 (인터페이스를 업데이트하려면 해당 인터페이스를 구현하는 모든 클래스도 업데이트해야 하므로) 불가능에 가까웠다. 자바 8에서는 **디폴트 메서드**<sup>default method</sup>로 이 문제를 해결할 수 있다.

## 1.5 디폴트 메서드와 자바 모듈

이전에 설명한 것처럼 요즘은 외부에서 만들어진 컴포넌트를 이용해 시스템을 구축하는 경향이 있다. 이와 관련해 지금까지 자바에서는 특별한 구조가 아닌 평범한 자바 패키지 집합을 포함하는 JAR 파일을 제공하는 것이 전부였다. 게다가 이러한 패키지의 인터페이스를 바꿔야 하는 상황에서는 인터페이스를 구현하는 모든 클래스의 구현을 바꿔야 했으므로 여간 고통스러운 작업이 아니었다. 자바 8, 자바 9는 이 문제를 다른 방법으로 해결한다.

우선 자바 9의 모듈 시스템은 모듈을 정의하는 문법을 제공하므로 이를 이용해 패키지 모음을 포함하는 **모듈**을 정의할 수 있다. 모듈 덕분에 JAR 같은 컴포넌트에 구조를 적용할 수 있으며 문서화와 모듈 확인 작업이 용이해졌다. 이 부분은 14장에서 자세히 설명한다. 또한 자바 8에서는 인터페이스를 **쉽게 바꿀 수 있도록** 디폴트 메서드를 지원한다. 디폴트 메서드는 13장에서 설명한다. 앞으로 인터페이스에서 디폴트 메서드를 자주 접하게 될 것이므로 디폴트 메서드가 무엇인지 확실히 알아두어야 한다. 하지만 프로그래머가 직접 디폴트 메서드를 구현하는 상황은 흔치 않다. 디폴트 메서드는 특정 프로그램을 구현하는 데 도움을 주는 기능이 아니라 미래에 프로그램이 쉽게 변화할 수 있는 환경을 제공하는 기능이므로 여기서는 예제를 이용해서 간단히 디폴트 메서드를 설명한다.

1.4절에서 다음과 같은 자바 8 예제 코드를 제공했다.

```
List<Apple> heavyApples1 =
inventory.stream().filter((Apple a) -> a.getWeight() > 150)
                  .collect(toList()); List<Apple> heavyApples2 =
inventory.parallelStream().filter((Apple a) -> a.getWeight() > 150)
                  .collect(toList());
```

자바 8 이전에는 List<T>(List가 구현하는 인터페이스인 Collection<T>도 마찬가지)가 stream이나 parallelStream 메서드를 지원하지 않는다는 것이 문제다. 따라서 위 예제는 컴파일할 수 없는 코드다. 가장 간단한 해결책은 직접 인터페이스를 만들어서 자바 8 설계자들이 했던 것처럼 Collection 인터페이스에 stream 메서드를 추가하고 ArrayList 클래스에서 메서드를 구현하는 것이다.

하지만 이 방법은 사용자에게 너무 큰 고통을 안겨준다. 이미 컬렉션 API의 인터페이스를 구현하는 많은 컬렉션 프레임워크가 존재한다. 인터페이스에 새로운 메서드를 추가한다면 인터페이스를 구현하는 모든 클래스는 새로 추가된 메서드를 구현해야 한다. 현실적으로 언어 설계자들이 컬렉션 인터페이스를 구현한 모든 코드를 책임질 수는 없다. 그래서 우리는 딜레마에 빠진다. 어떻게 기존의 구현을 고치지 않고도 이미 공개된 인터페이스를 변경할 수 있을까?

결정적으로 자바 8은 구현 클래스에서 구현하지 않아도 되는 메서드를 인터페이스에 추가할 수 있는 기능을 제공한다. 메서드 본문bodies은 클래스 구현이 아니라 인터페이스의 일부로 포함된다(그래서 이를 디폴트 메서드default method라고 부른다).

디폴트 메서드를 이용하면 기존의 코드를 건드리지 않고도 원래의 인터페이스 설계를 자유롭게 확장할 수 있다. 자바 8에서는 인터페이스 규격명세에 default라는 새로운 키워드를 지원한다.

예를 들어 자바 8에서는 List에 직접 sort 메서드를 호출할 수 있다. 이는 자바 8의 List 인터페이스에 다음과 같은 디폴트 메서드 정의가 추가되었기 때문이다(이 디폴트 메서드는 정적 메서드인 Collections.sort를 호출한다).

```
default void sort(Comparator<? super E> c) {
    Collections.sort(this, c);
}
```

따라서 자바 8 이전에는 List를 구현하는 모든 클래스가 sort를 구현해야 했지만 자바 8부터는 디폴트 sort를 구현하지 않아도 된다.

그런데 하나의 클래스에서 여러 인터페이스를 구현할 수 있지 않은가? 그러므로 여러 인터페이스에 다중 디폴트 메서드가 존재할 수 있다는 것은 결국 다중 상속이 허용된다는 의미일까? 엄밀히 다중 상속은 아니지만 어느 정도는 '그렇다'라고 말할 수 있다. 9장에서는 특히 C++에서 악명 높은 **다이아몬드 상속 문제**diamond inheritance problems를 피할 수 있는 방법을 설명한다.

# 1.6 함수형 프로그래밍에서 가져온 다른 유용한 아이디어

지금까지 자바에 포함된 함수형 프로그래밍의 핵심적인 두 아이디어를 살펴봤다. 하나는 메서드와 람다를 일급값으로 사용하는 것이고, 다른 하나는 가변 공유 상태가 없는 병렬 실행을 이용해서 효율적이고 안전하게 함수나 메서드를 호출할 수 있다는 것이다. 1.4절에서 설명한 스트림 API는 이 두 가지 아이디어를 모두 활용한다.

일반적인 함수형 언어(SML, 오캐멀OCaml, 하스켈)도 프로그램을 돕는 여러 장치를 제공한다. 일례로 명시적으로 서술형의 데이터 형식을 이용해 null을 회피하는 기법이 있다. 컴퓨터 거장인 토니 호아레Tony Hoare는 2009년 QCon London의 프레젠테이션에서 다음과 같은 말을 했다.

> **1965년에 널 참조를 발명했던 일을 회상하며 '그 결정은 정말 뼈아픈 실수였다'고 반성하고 있다... 단지 구현이 편리하단 이유로 널 참조를 만들어야겠다는 유혹을 뿌리치지 못했다.**

자바 8에서는 NullPointer 예외를 피할 수 있도록 도와주는 Optional⟨T⟩ 클래스를 제공한다. Optional⟨T⟩는 값을 갖거나 갖지 않을 수 있는 컨테이너 객체다. Optional⟨T⟩는 값이 없는 상황을 어떻게 처리할지 명시적으로 구현하는 메서드를 포함하고 있다. 따라서 Optional⟨T⟩를 사용하면 NullPointer 예외를 피할 수 있다. 즉, 형식 시스템을 이용해서 어떤 변수에 값이 없을 때 어떻게 처리할지 명시할 수 있다. 11장에서 Optional⟨T⟩를 자세히 설명한다.

또한 (**구조적**structural) **패턴 매칭** 기법도 있다[8]. 패턴 매칭은 수학에서 다음 예제처럼 사용한다.

```
f(0) = 1
f(n) = n*f(n-1) 그렇지 않으면
```

자바에서는 if-then-else나 switch문을 이용했을 것이다. 다른 언어에서는 if-then-else보다 패턴 매칭으로 더 정확한 비교를 구현할 수 있다는 사실을 증명했다. 물론 자바에서도 다형성, 메서드 오버라이딩method overriding을 이용해서 if-then-else를 대신하는 비교문을 만들 수 있다. 하지만 지금 우리는 기능을 구현할 수 있는가가 아닌 언어 설계를 논하고 있음을 기억하자[9]. 두 가지 모두 유용한 도구이므로 머릿속에 기억해두는 것이 좋다. 19장에서 패턴 매칭을 사용하는 방법을 자세히 설명하겠지만 아쉽게도 자바 8은 패턴 매칭을 완벽하게 지원하지 않는다. 현재는 자바 개선안(http://openjdk.java.net/jeps/305 참고)으로 제안된 상태다.

---

**8** 패턴 매칭을 두 가지 의미로 해석할 수 있다. 여기서 말하는 패턴 매칭은 if-then-else가 아닌 케이스로 정의하는 수학과 함수형 프로그래밍의 기능을 의미한다. 다른 의미로는 '주어진 디렉터리에서 모든 'IMG*.JPG' 파일을 검색하시오'와 같은 정규표현식을 가리킨다.

**9** 자세한 사항은 위키피디아 기사에서 필 와들러(Phil Wadler)가 제안한 용어 'expression problem(표현 문제)'를 참고하자.

그런 이유로 우선은 스칼라 프로그래밍 언어(JVM을 사용하는 자바와 비슷한 언어로 자바의 변화에 일부 영향을 미친 언어. 자세한 내용은 20장에서 설명)로 패턴 매칭을 사용하는 방법을 살펴본다. 예를 들어 트리로 구성된 수식을 단순화하는 프로그램을 구현한다고 가정하자. Expr 은 수식을 가리킨다. 다음 예제처럼 Expr을 분석해서 새로운 Expr로 반환하는 코드를 스칼라로 구현할 수 있다.

```scala
def simplifyExpression(expr: Expr): Expr = expr match {
    case BinOp("+", e, Number(0)) => e    <--| 0 추가
    case BinOp("-", e, Number(0)) => e    <--| 0 빼기
    case BinOp("*", e, Number(1)) => e    <--| 1로 곱하기
    case BinOp("/", e, Number(1)) => e    <--| 1로 나누기
    case _ => expr    <--| 표현식을 단순화할 수 없음
}
```

스칼라의 expr match는 자바의 switch(expr)과 같은 기능을 수행한다. 19장에서 패턴 매칭을 자세히 설명하므로 일단 문법은 걱정하지 말자. 지금은 패턴 매칭이 switch를 확장한 것으로 데이터 형식 분류와 분석을 한 번에 수행할 수 있다는 정도로만 생각하자.

왜 자바의 switch문에는 문자열과 기본값만 이용할 수 있는 걸까? 함수형 언어는 보통 패턴 매칭을 포함한 다양한 데이터 형식을 switch에 사용할 수 있다(스칼라에서는 match를 활용). 일반적으로 객체지향 설계에서 클래스 패밀리를 방문할 때 방문자 패턴visitor pattern을 이용해서 각 객체를 방문한 다음에 원하는 작업을 수행한다. 패턴 매칭을 이용하면 "Brakes 클래스는 Car 클래스를 구성하는 클래스 중 하나입니다. Brakes를 어떻게 처리해야 할지 설정하지 않았습니다."와 같은 에러를 검출할 수 있다.

18장과 19장에서는 자바 8 라이브러리에서 어떤 함수 툴킷을 제공하며, 어떻게 함수형 프로그래밍을 구현할 수 있는지 등에 대한 함수형 프로그래밍을 자세히 소개한다. 20장에서는 자바와 비슷하게 JVM 위에 구현된 언어로 프로그래밍 생태계에서 자바의 영역 일부를 빠르게 잠식한 스칼라의 기능을 자바 8의 기능과 비교한다. 책의 마지막 부분에서는 스칼라 소개와 함께 자바 8과 자바 9에 왜 새로운 기능이 추가되었는지 이해할 수 있는 통찰력을 제공한다.

# 1.7 마치며

- 언어 생태계의 모든 언어는 변화해서 살아남거나 그대로 머물면서 사라지게 된다. 지금은 자바의 위치가 견고하지만 코볼과 같은 언어의 선례를 떠올리면 자바가 영원히 지배적인 위치를 유지할 수 있는 것은 아닐 수 있다.

- 자바 8은 프로그램을 더 효과적이고 간결하게 구현할 수 있는 새로운 개념과 기능을 제공한다.

- 기존의 자바 프로그래밍 기법으로는 멀티코어 프로세서를 온전히 활용하기 어렵다.

- 함수는 일급값이다. 메서드를 이렇게 함수형값으로 넘겨주는지, 익명 함수(람다)를 어떻게 구현하는지 기억하자.

- 자바 8의 스트림 개념 중 일부는 컬렉션에서 가져온 것이다. 스트림과 컬렉션을 적절하게 활용하면 스트림의 인수를 병렬로 처리할 수 있으며 더 가독성이 좋은 코드를 구현할 수 있다.

---

**10** 역자주_ 자바 11은 예정대로 2018년 9월에 릴리스되었으며 HTTP 클라이언트 라이브러리를 제공한다.

- 기존 자바 기능으로는 대규모 컴포넌트 기반 프로그래밍 그리고 진화하는 시스템의 인터페이스를 적절하게 대응하기 어려웠다. 자바 9에서는 모듈을 이용해 시스템의 구조를 만들 수 있고 디폴트 메소드를 이용해 기존 인터페이스를 구현하는 클래스를 바꾸지 않고도 인터페이스를 변경할 수 있다.

- 함수형 프로그래밍에서 null 처리 방법과 패턴 매칭 활용 등 흥미로운 기법을 발견했다.

# CHAPTER 2

# 동작 파라미터화 코드 전달하기

---

**이 장의 내용**

◆ 변화하는 요구사항에 대응

◆ 동작 파라미터화

◆ 익명 클래스

◆ 람다 표현식 미리보기

◆ 실전 예제 : Comparator, Runnable, GUI

---

우리가 어떤 상황에서 일을 하든 소비자 요구사항은 항상 바뀐다. 변화하는 요구사항은 소프트웨어 엔지니어링에서 피할 수 없는 문제다. 예를 들어 농부가 재고목록 조사를 쉽게 할 수 있도록 돕는 애플리케이션이 있다고 가정하자. 농부는 이렇게 말할 것이다. '녹색 사과를 모두 찾고 싶어요' 그런데 하룻밤을 자고 일어났더니 농부가 다시 이렇게 말하는 것이다. '150그램 이상인 사과를 모두 찾고 싶어요' 또 하룻밤을 자고 일어났더니 '150그램 이상이면서 녹색인 사과를 모두 찾을 수 있다면 좋겠네요'라고 말하는 것이었다. 이렇게 시시각각 변하는 사용자 요구사항에 어떻게 대응해야 할까? 특히 우리의 엔지니어링적인 비용이 가장 최소화될 수 있으면 좋을 것이다. 그뿐 아니라 새로 추가한 기능은 쉽게 구현할 수 있어야 하며 장기적인 관점에서 유지보수가 쉬워야 한다.

**동작 파라미터화**behavior parameterization를 이용하면 자주 바뀌는 요구사항에 효과적으로 대응할 수 있다. 동작 파라미터화란 아직은 어떻게 실행할 것인지 결정하지 않은 코드 블록을 의미한다. 이 코드 블록은 나중에 프로그램에서 호출한다. 즉, 코드 블록의 실행은 나중으로 미뤄진다. 예를 들어 나중에 실행될 메서드의 인수로 코드 블록을 전달할 수 있다. 결과적으로 코드 블록에 따라 메서드의 동작이 파라미터화된다. 예를 들어 컬렉션을 처리할 때 다음과 같은 메서드를 구현한다고 가정하자.

- 리스트의 모든 요소에 대해서 '어떤 동작'을 수행할 수 있음
- 리스트 관련 작업을 끝낸 다음에 '어떤 다른 동작'을 수행할 수 있음
- 에러가 발생하면 '정해진 어떤 다른 동작'을 수행할 수 있음

**동작 파라미터화**로 이처럼 다양한 기능을 수행할 수 있다. 예를 들어 우리의 룸메이트는 차로 운전해서 슈퍼마켓에 갔다가 집으로 돌아오는 길을 알고 있다. 그래서 룸메이트에게 빵, 치즈, 와인 등의 식료품을 사다 달라고 부탁했다. 이 동작은 goAndBuy라는 메서드를 호출하면서 사려는 물품을 인수로 제공하는 것에 비유할 수 있다. 그런데 어느 날 너무 급한 일이 생겨서 룸메이트에게 우체국에서 소포를 빨리와 달리고 부딕해야 했는데 지금까지 룸메이트는 우체국에서 소포를 가져온 경험이 없다. 따라서 룸메이트에게 '우체국에 가서, 이 고객 번호를 사용하고, 관리자에게 이야기한 다음에, 소포를 가져오면 된다'라고 상세하게 부탁한다. 이메일로 상세한 부탁 내용을 룸메이트에게 전달하면 룸메이트는 이메일을 확인하는 즉시 부탁을 들어줄 것이다. 이를 좀 더 포괄적인 작업을 수행할 수 있는 go 메서드에 비유할 수 있다. 원하는 동작을 go 메서드의 인수로 전달할 수 있다.

먼저 변화하는 요구사항에 유연하게 대응할 수 있게 코드를 구현하는 방법을 예제를 이용해서 살펴본다. 또한 몇 가지 실전 예제를 이용해서 동작 파라미터화를 사용하는 방법을 설명한다. 기존의 자바 API에 포함된 클래스와 인터페이스를 이용해서 리스트를 정렬하거나, 파일 이름을 필터링하거나, 스레드로 코드 블록을 실행하거나, GUI 이벤트를 처리하면서 이미 동작 파라미터화 패턴을 사용해본 독자도 있을 것이다. 동작 파라미터화를 추가하려면 쓸데없는 코드가 늘어난다. 자바 8은 람다 표현식으로 이 문제를 해결한다. 3장에서는 람다 표현식을 어떻게 만들며, 어디에 사용하고, 람다 표현식으로 코드를 간결하게 만드는 방법을 설명한다.

## 2.1 변화하는 요구사항에 대응하기

변화에 대응하는 코드를 구현하는 것은 어려운 일이다. 일단 하나의 예제를 선정한 다음 예제 코드를 점차 개선하면서 유연한 코드를 만드는 모범사례를 보여줄 것이다. 기존의 농장 재고목록 애플리케이션에 리스트에서 녹색green 사과만 필터링하는 기능을 추가한다고 가정하자. 비교

적 간단한 작업이라는 생각이 들 것이다.

### 2.1.1 첫 번째 시도 : 녹색 사과 필터링

1장과 마찬가지로 사과 색을 정의하는 다음과 같은 Color num이 존재한다고 가정하자.

```
enum Color { RED, GREEN }
```

다음은 첫 번째 시도 결과 코드다.

```
public static List<Apple> filterGreenApples(List<Apple> inventory) {
    List<Apple> result = new ArrayList<>();    ◁── 사과 누적 리스트
    for (Apple apple: inventory) {
        if (GREEN.equals(apple.getColor())) {    ◁── 녹색 사과만 선택
            result.add(apple);
        }
    }
    return result;
}
```

굵게 표시한 행의 코드는 녹색 사과를 선택하는 데 필요한 조건을 가리킨다. 그런데 갑자기 농부가 변심하여 녹색 사과 말고 **빨간**red 사과도 필터링하고 싶어졌다. 어떻게 고쳐야 할까? 크게 고민하지 않은 사람이라면 메서드를 복사해서 filterRedApples라는 새로운 메서드를 만들고, if문의 조건을 빨간 사과로 바꾸는 방법을 선택할 수 있다. 이와 같은 방법으로 빨간 사과를 필터링할 수는 있겠지만 나중에 농부가 좀 더 다양한 색(옅은 녹색, 어두운 빨간색, 노란색 등)으로 필터링하는 등의 변화에는 적절하게 대응할 수 없다. 이런 상황에서는 다음과 같은 좋은 규칙이 있다.

거의 비슷한 코드가 반복 존재한다면 그 코드를 추상화한다.

### 2.1.2 두 번째 시도 : 색을 파라미터화

어떻게 해야 filterGreenApples의 코드를 반복 사용하지 않고 filterRedApples를 구현할 수 있을까? 색을 파라미터화할 수 있도록 메서드에 파라미터를 추가하면 변화하는 요구사항에 좀 더 유연하게 대응하는 코드를 만들 수 있다.

```
public static List<Apple> filterApplesByColor(List<Apple> inventory, Color color)
{
    List<Apple> result = new ArrayList<>();
    for (Apple apple: inventory) {
        if ( apple.getColor().equals(color) ) {
            result.add(apple);
        }
    }
    return result;
}
```

이제 농부도 만족할 것이다. 다음처럼 구현한 메서드를 호출할 수 있다.

```
List<Apple> greenApples = filterApplesByColor(inventory, GREEN);
List<Apple> redApples = filterApplesByColor(inventory, RED);
...
```

정말 쉽지 않은가? 예제를 컴파일해보자. 그런데 갑자기 농부가 다시 나타나서는 '색 이외에도 가벼운 사과와 무거운 사과로 구분할 수 있다면 정말 좋겠네요. 보통 무게가 150그램 이상인 사과가 무거운 사과입니다'라고 요구한다.

농부의 다양한 요구사항을 듣다보면 색과 마찬가지로 앞으로 무게의 기준도 얼마든지 바뀔 수 있다는 사실을 눈치 챘을 것이다. 그래서 다음 코드에서 확인할 수 있는 것처럼 앞으로 바뀔 수 있는 다양한 무게에 대응할 수 있도록 무게 정보 파라미터도 추가했다.

```
public static List<Apple> filterApplesByWeight(List<Apple> inventory, int weight)
{
    List<Apple> result = new ArrayList<>();
    for (Apple apple: inventory) {
        if ( apple.getWeight() > weight ) {
            result.add(apple);
        }
    }
    return result;
}
```

위 코드도 좋은 해결책이라 할 수 있다. 하지만 구현 코드를 자세히 보면 목록을 검색하고, 각 사과에 필터링 조건을 적용하는 부분의 코드가 색 필터링 코드와 대부분 중복된다. 이는 소프트웨어 공학의 DRY<sup>don't repeat yourself</sup> (같은 것을 반복하지 말 것) 원칙을 어기는 것이다. 탐색 과정을 고쳐서 성능을 개선하려면 무슨 일이 일어날까? 한 줄이 아니라 메서드 전체 구현을 고쳐야 한다. 즉, 엔지니어링적으로 비싼 대가를 치러야 한다.

색과 무게를 filter라는 메서드로 합치는 방법도 있다. 그러면 어떤 기준으로 사과를 필터링할지 구분하는 또 다른 방법이 필요하다. 따라서 색이나 무게 중 어떤 것을 기준으로 필터링할지 가리키는 플래그를 추가할 수 있다(하지만 실전에서는 절대 이 방법을 사용하지 말아야 한다. 이유는 조금 뒤에 설명한다).

## 2.1.3 세 번째 시도 : 가능한 모든 속성으로 필터링

다음은 만류에도 불구하고 모든 속성을 메서드 파라미터로 추가한 모습이다.

```java
public static List<Apple> filterApples(List<Apple> inventory, Color color,
                                        int weight, boolean flag) {
    List<Apple> result = new ArrayList<>();
    for (Apple apple: inventory) {
        if ((flag && apple.getColor().equals(color)) ||
            (!flag && apple.getWeight() > weight)) {    ◁── 색이나 무게를 선택
            result.add(apple);                               하는 방법이 마음에
        }                                                    들지 않는다.
    }
    return result;
}
```

다음처럼 위 메서드를 사용할 수 있다(정말 마음에 들지 않는 코드다).

```java
List<Apple> greenApples = filterApples(inventory, GREEN, 0, true);
List<Apple> heavyApples = filterApples(inventory, null, 150, false);
...
```

형편없는 코드다. 대체 true와 false는 뭘 의미하는 걸까? 게다가 앞으로 요구사항이 바뀌었을 때 유연하게 대응할 수도 없다. 예를 들어 사과의 크기, 모양, 출하지 등으로 사과를 필터링하고 싶다면 어떻게 될까? 심지어 녹색 사과 중에 무거운 사과를 필터링하고 싶다면? 결국 여러 중복된 필터 메서드를 만들거나 아니면 모든 것을 처리하는 거대한 하나의 필터 메서드를 구현해야 한다. 지금까지는 문자열, 정수, 불리언 등의 값으로 filterApples 메서드를 파라미터화했다. 문제가 잘 정의되어 있는 상황에서는 이 방법이 잘 동작할 수 있다. 하지만 filterApples에 어떤 기준으로 사과를 필터링할 것인지 효과적으로 전달할 수 있다면 더 좋을 것이다. 2.2절에서는 **동작 파라미터화**를 이용해서 유연성을 얻는 방법을 설명한다.

## 2.2 동작 파라미터화

2.1절에서 파라미터를 추가하는 방법이 아닌 변화하는 요구사항에 좀 더 유연하게 대응할 수 있는 방법이 절실하다는 것을 확인했다. 한 걸음 물러서서 전체를 보자. 우리의 선택 조건을 다음처럼 결정할 수 있다. 사과의 어떤 속성에 기초해서 불리언값을 반환(예를 들어 사과가 녹색인가? 150그램 이상인가?)하는 방법이 있다. 참 또는 거짓을 반환하는 함수를 **프레디케이트**라고 한다. **선택 조건을 결정하는 인터페이스**를 정의하자.

```java
public interface ApplePredicate {
    boolean test (Apple apple);
}
```

다음 예제처럼 다양한 선택 조건을 대표하는 여러 버전의 ApplePredicate를 정의할 수 있다 (그림 2-1).

```java
public class AppleHeavyWeightPredicate implements ApplePredicate {    ◁─── 무거운 사과만
    public boolean test(Apple apple) {                                      선택
        return apple.getWeight() > 150;
    }
}

public class AppleGreenColorPredicate implements ApplePredicate {    ◁─── 녹색 사과만
    public boolean test(Apple apple) {                                      선택
        return GREEN.equals(apple.getColor());
    }
}
```

**그림 2-1** 사과를 선택하는 다양한 전략

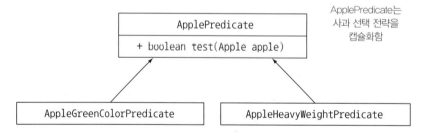

위 조건에 따라 filter 메서드가 다르게 동작할 것이라고 예상할 수 있다. 이를 전략 디자인 패턴strategy design pattern(자세한 내용은 http://en.wikipedia.org/wiki/Strategy_pattern 참고)

이라고 부른다. 전략 디자인 패턴은 각 알고리즘(전략이라 불리는)을 캡슐화하는 알고리즘 패밀리를 정의해둔 다음에 런타임에 알고리즘을 선택하는 기법이다. 우리 예제에서는 AplePredicate가 알고리즘 패밀리고 AppleHeavyWeightPredicate와 AppleGreenColorPredicate가 전략이다.

그런데 ApplePredicate는 어떻게 다양한 동작을 수행할 수 있을까? filterApples에서 ApplePredicate 객체를 받아 애플의 조건을 검사하도록 메서드를 고쳐야 한다. 이렇게 **동작 파라미터화**, 즉 메서드가 다양한 동작(또는 전략)을 **받아서** 내부적으로 다양한 동작을 **수행**할 수 있다.

이제 filterApples 메서드가 ApplePredicate 객체를 인수로 받도록 고치자. 이렇게 하면 filterApples 메서드 내부에서 컬렉션을 반복하는 로직과 컬렉션의 각 요소에 적용할 동작(우리 예제에서는 프레디케이트)을 분리할 수 있다는 점에서 소프트웨어 엔지니어링적으로 큰 이득을 얻는다.

## 2.2.1 네 번째 시도 : 추상적 조건으로 필터링

다음은 ApplePredicate를 이용한 필터 메서드다.

```
public static List<Apple> filterApples(List<Apple> inventory,
                                               ApplePredicate p) {
    List<Apple> result = new ArrayList<>();
    for(Apple apple: inventory) {
        if(p.test(apple)) {          ← 프레디케이트 객체로
            result.add(apple);         사과 검사 조건을
        }                              캡슐화했다.
    }
    return result;
}
```

### 코드/동작 전달하기

잠시 자축할 시간을 갖자. 첫 번째 코드에 비해 더 유연한 코드를 얻었으며 동시에 가독성도 좋아졌을 뿐 아니라 사용하기도 쉬워졌다. 이제 필요한 대로 다양한 ApplePredicate를 만들어서 filterApples 메서드로 전달할 수 있다. 유연성을 마음껏 누리자! 예를 들어 농부가 150그램

이 넘는 빨간 사과를 검색해달라고 부탁하면 우리는 ApplePredicate를 적절하게 구현하는 클래스만 만들면 된다. 이제 Apple의 속성과 관련한 모든 변화에 대응할 수 있는 유연한 코드를 준비한 것이다.

```java
public class AppleRedAndHeavyPredicate implements ApplePredicate {
    public boolean test(Apple apple) {
        return RED.equals(apple.getColor())
                && apple.getWeight() > 150;
    }
}

List<Apple> redAndHeavyApples =
    filterApples(inventory, new AppleRedAndHeavyPredicate());
```

**우리가 전달한** ApplePredicate 객체에 의해 filterApples 메서드의 동작이 결정된다니 정말 멋지지 않은가! 즉, 우리는 filterApples 메서드의 동작을 파라미터화한 것이다.

**그림 2-2** filterApples의 동작을 파라미터화하고 다양한 필터 전달하기

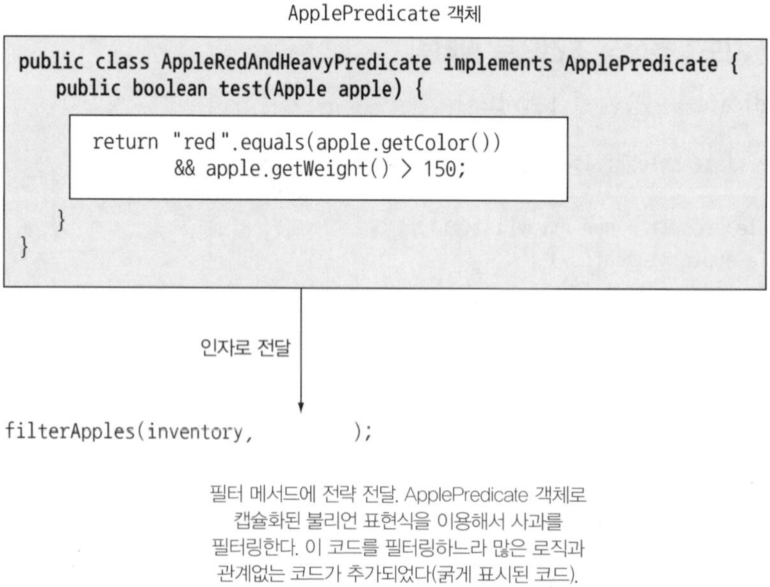

AplePredicate 객체

```
public class AppleRedAndHeavyPredicate implements ApplePredicate {
    public boolean test(Apple apple) {

        return "red".equals(apple.getColor())
                && apple.getWeight() > 150;

    }
}
```

인자로 전달

```
filterApples(inventory,          );
```

필터 메서드에 전략 전달. ApplePredicate 객체로
캡슐화된 불리언 표현식을 이용해서 사과를
필터링한다. 이 코드를 필터링하느라 많은 로직과
관계없는 코드가 추가되었다(굵게 표시된 코드).

[그림 2-2]에서 보여주는 것처럼 위 예제에서 가장 중요한 구현은 test 메서드다. filterApples 메서드의 새로운 동작을 정의하는 것이 test 메서드다. 안타깝게도 메서드는 객

체만 인수로 받으므로 test 메서드를 ApplePredicate 객체로 감싸서 전달해야 한다. test 메서드를 구현하는 객체를 이용해서 불리언 표현식 등을 전달할 수 있으므로 이는 '코드를 전달'할 수 있는 것이나 다름없다. 2.3절에서는 람다를 이용해서 여러 개의 ApplePredicate 클래스를 정의하지 않고도 "red".equals(apple.getColor()) && apple.getWeight() > 150 같은 표현식을 filterApples 메서드로 전달하는 방법을 설명한다(3장 참조).

## 한 개의 파라미터, 다양한 동작

지금까지 살펴본 것처럼 컬렉션 탐색 로직과 각 항목에 적용할 동작을 분리할 수 있다는 것이 **동작 파라미터화**의 강점이다. 따라서 [그림 2-3]에서 보여주는 것처럼 한 메서드가 다른 동작을 수행하도록 재활용할 수 있다. 따라서 유연한 API를 만들 때 동작 파라미터화가 중요한 역할을 한다.

**그림 2-3** filterApples의 동작을 파라미터화하고 다양한 필터 전략을 전달

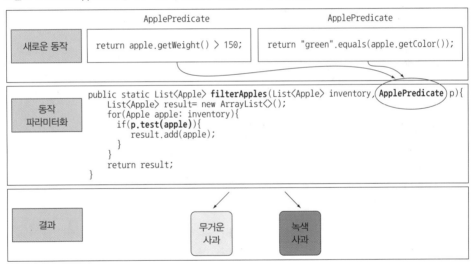

[퀴즈 2-1]을 살펴보면서 동작 파라미터화의 개념을 좀 더 확실하게 익히자!

사과 리스트를 인수로 받아 다양한 방법으로 문자열을 생성(커스터마이즈된 다양한 toString 메서드와 같이)할 수 있도록 파라미터화된 prettyPrintApple 메서드를 구현하시오. 예를 들어 prettyPrintApple 메서드가 각각의 사과 무게를 출력하도록 지시할 수 있다. 혹은 각각의 사과 가 무거운지, 가벼운지 출력하도록 지시할 수 있다. prettyPrintApple 메서드는 지금까지 살펴 본 필터링 예제와 비슷한 방법으로 구현할 수 있다. 독자 여러분이 좀 더 쉽게 문제를 해결할 수 있도록 대략적인 코드를 공개한다.

```java
public static void prettyPrintApple(List<Apple> inventory, ???) {
    for(Apple apple: inventory) {
        String output = ???.???(apple);
        System.out.println(output);
    }
}
```

**정답**

우선 Apple을 인수로 받아 정해진 형식의 문자열로 반환할 수단이 있어야 한다. 이는 우리가 살 펴본 ApplePredicate 인터페이스를 떠올리면 된다.

```java
public interface AppleFormatter {
    String accept(Apple a);
}
```

이제 AppleFormatter 인터페이스를 구현해 여러 포맷 동작을 만들 수 있다.

```java
public class AppleFancyFormatter implements AppleFormatter {
    public String accept(Apple apple) {
        String characteristic = apple.getWeight() > 150 ? "heavy" :
            "light";
        return "A " + characteristic +
            " " + apple.getColor() +" apple";
    }
}
public class AppleSimpleFormatter implements AppleFormatter {
    public String accept(Apple apple) {
        return "An apple of " + apple.getWeight() + "g";
    }
}
```

마지막으로 prettyPrintApple 메서드가 AppleFormatter 객체를 인수로 받아 내부적으로 사용 하도록 지시한다. 즉, prettyPrintApple에 파라미터를 추가한다.

```java
public static void prettyPrintApple(List<Apple> inventory,
                                    AppleFormatter formatter) {
    for(Apple apple: inventory) {
        String output = formatter.accept(apple);
        System.out.println(output);
    }
}
```

그렇다. 이제 다양한 동작을 prettyPrintApple 메서드로 전달할 수 있다. AppleFormatter의 구현을 객체화한 다음에 prettyPrintApple의 인수로 전달한다.

```java
prettyPrintApple(inventory, new AppleFancyFormatter());
```

다음은 코드를 실행한 결과다.

```
A light green apple
A heavy red apple
...
```

또는 다음과 같이 코드를 구현할 수 있다.

```java
prettyPrintApple(inventory, new AppleSimpleFormatter());
```

다음은 코드를 실행한 결과다.

```
An apple of 80g
An apple of 155g
...
```

지금까지 동작을 추상화해서 변화하는 요구사항에 대응할 수 있는 코드를 구현하는 방법을 살펴봤다. 하지만 여러 클래스를 구현해서 인스턴스화하는 과정이 조금은 거추장스럽게 느껴질 수 있다. 이 부분을 어떻게 개선할 수 있는지 확인하자.

## 2.3 복잡한 과정 간소화

사용하기 복잡한 기능이나 개념을 사용하고 싶은 사람은 아무도 없다. 다음 예제에서 요약하는 것처럼 현재 filterApples 메서드로 새로운 동작을 전달하려면 ApplePredicate 인터페이스를 구현하는 여러 클래스를 정의한 다음에 인스턴스화해야 한다. 이는 상당히 번거로운 작업이며 시간 낭비다.

**예제 2-1 동작 파라미터화 : 프레디케이트로 사과 필터링**

```
public class AppleHeavyWeightPredicate implements ApplePredicate {          무거운 사과
    public boolean test(Apple apple) {                                       선택
        return apple.getWeight() > 150;
    }
}

public class AppleGreenColorPredicate implements ApplePredicate {           녹색 사과
    public boolean test(Apple apple) {                                       선택
        return GREEN.equals(apple.getColor());
    }
}

public class FilteringApples {
    public static void main(String...args) {
        List<Apple> inventory = Arrays.asList(new Apple(80, GREEN),
                                              new Apple(155, GREEN),
                                              new Apple(120, RED));
        List<Apple> heavyApples =
            filterApples(inventory, new AppleHeavyWeightPredicate());
        List<Apple> greenApples =
            filterApples(inventory, new AppleGreenColorPredicate());
    }

    public static List<Apple> filterApples(List<Apple> inventory,
                                           ApplePredicate p) {
        List<Apple> result = new ArrayList<>();
        for (Apple apple : inventory) {
            if (p.test(apple)) {
                result.add(apple);
            }
        }
        return result;
    }
}
```

결과 리스트는 155 그램의 사과 한 개를 포함한다.

결과 리스트는 녹색 사과 두 개 를 포함한다.

로직과 관련 없는 코드가 많이 추가되었다. 독자 여러분은 이를 개선할 수 있는가? 자바는 클래스의 선언과 인스턴스화를 동시에 수행할 수 있도록 **익명 클래스**anonymous class라는 기법을 제

공한다. 익명 클래스를 이용하면 코드의 양을 줄일 수 있다. 하지만 익명 클래스가 모든 것을 해결하는 것은 아니다. 2.3.3절에서는 간단하게 람다 표현식으로 더 가독성 있는 코드를 구현하는 방법을 설명한다.

### 2.3.1 익명 클래스

**익명 클래스**는 자바의 지역 클래스local class(블록 내부에 선언된 클래스)와 비슷한 개념이다. 익명 클래스는 말 그대로 이름이 없는 클래스다. 익명 클래스를 이용하면 클래스 선언과 인스턴스화를 동시에 할 수 있다. 즉, 즉석에서 필요한 구현을 만들어서 사용할 수 있다.

### 2.3.2 다섯 번째 시도 : 익명 클래스 사용

다음은 익명 클래스를 이용해서 ApplePredicate를 구현하는 객체를 만드는 방법으로 필터링 예제를 다시 구현한 코드다.

```
List<Apple> redApples = filterApples(inventory, new ApplePredicate() {      ◁────
    public boolean test(Apple apple){                          filterApples
        return RED.equals(apple.getColor());                  메서드의 동작을
    }                                                       직접 파라미터화했다!
});
```

GUI 애플리케이션에서 이벤트 핸들러 객체를 구현할 때는 익명 클래스를 종종 사용한다. 스윙 라이브러리를 이용했던 예전 시절의 고통스러운 기억을 떠올리긴 싫지만 여전히 실생활에서 다음과 같은 코드를 자주 접할 수 있다(예제에서는 자바의 최신 UI 플랫폼인 자바FX JavaFX 를 사용했다).

```
button.setOnAction(new EventHandler<ActionEvent>() {
    public void handle(ActionEvent event) {
        System.out.println("Whoooo a click!!");
    }
});
```

익명 클래스로도 아직 부족한 점이 있다. 첫째, 아래 굵은 글씨로 표현한 부분에서 알 수 있는 것처럼 익명 클래스는 여전히 많은 공간을 차지한다.

```
List<Apple> redApples = filterApples(inventory, new ApplePredicate() {
    public boolean test(Apple a) {
        return RED.equals(a.getColor());
    }
});
button.setOnAction(new EventHandler<ActionEvent>() {
    public void handle(ActionEvent event) {
        System.out.println("Whoooo a click!!");
    }
```

반복되어
지저분한
코드

둘째, 많은 프로그래머가 익명 클래스의 사용에 익숙하지 않다. 예를 들어 [퀴즈 2-2]는 많은 프로그래머를 곤경에 빠뜨리는 고전 자바 문제다. 직접 풀어보자.

---

**퀴즈 2-2** 익명 클래스 문제

다음 코드를 실행한 결과는 4, 5, 6, 42 중 어느 것일까?

```
public class MeaningOfThis {
    public final int value = 4;
    public void doIt() {
        int value = 6;
        Runnable r = new Runnable() {
            public final int value = 5;
            public void run(){
                int value = 10;
                System.out.println(this.value);
            }
        };
        r.run();
    }

    public static void main(String...args) {
        MeaningOfThis m = new MeaningOfThis();
        m.doIt();   <─┤ 이 행의 출력 결과는?
    }
}
```

**정답**

코드에서 this는 MeaningOfThis가 아니라 Runnable을 참조하므로 5가 정답이다.

---

코드의 장황함verbosity은 나쁜 특성이다. 장황한 코드는 구현하고 유지보수하는 데 시간이 오래 걸릴 뿐 아니라 읽는 즐거움을 빼앗는 요소로, 개발자로부터 외면받는다. 한눈에 이해할 수 있어야 좋은 코드다. 익명 클래스로 인터페이스를 구현하는 여러 클래스를 선언하는 과정을 조금 줄일 수 있지만 여전히 만족스럽지 않다. 코드 조각(예를 들면 선택 기준을 가리키는 불리언 표현식)을 전달하는 과정에서 결국은 객체를 만들고 명시적으로 새로운 동작을 정의하는 메서드(Predicate의 test 메서드나 EventHandler의 handle 메서드)를 구현해야 한다는 점은 변하지 않는다.

지금까지 살펴본 것처럼 동작 파라미터화를 이용하면 요구사항 변화에 더 유연하게 대응할 수 있으므로 모든 프로그래머가 동작 파라미터화를 사용하도록 권장한다. 3장에서는 자바 8 언어 설계자가 람다 표현식이라는 더 간단한 코드 전달 기법을 도입해서 이 문제를 해결했음을 보게 될 것이다. 우선은 람다 표현식을 이용해서 어떻게 코드를 간결하게 정리할 수 있는지 간단히 살펴보자.

### 2.3.3 여섯 번째 시도 : 람다 표현식 사용

자바 8의 람다 표현식을 이용해서 위 예제 코드를 다음처럼 간단하게 재구현할 수 있다.

```
List<Apple> result =
    filterApples(inventory, (Apple apple) -> RED.equals(apple.getColor()));
```

이전 코드보다 훨씬 간단해지지 않았는가! 간결해지면서 문제를 더 잘 설명하는 코드가 되었다. 이렇게 복잡성 문제를 해결할 수 있다. [그림 2-4]는 지금까지 살펴본 내용을 한눈에 요약한다.

그림 2-4 동작 파라미터화와 값 파라미터화

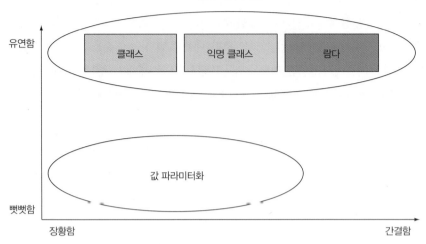

## 2.3.4 일곱 번째 시도 : 리스트 형식으로 추상화

```java
public interface Predicate<T> {
    boolean test(T t);
}

public static <T> List<T> filter(List<T> list, Predicate<T> p) {   ◁──  형식 파라미터 T
    List<T> result = new ArrayList<>();                                    등장
    for(T e: list) {
        if(p.test(e)) {
            result.add(e);
        }
    }
    return result;
}
```

이제 바나나, 오렌지, 정수, 문자열 등의 리스트에 필터 메서드를 사용할 수 있다. 다음은 람다
표현식을 사용한 예제다.

```java
List<Apple> redApples =
    filter(inventory, (Apple apple) -> RED.equals(apple.getColor()));

List<Integer> evenNumbers =
```

```
filter(numbers, (Integer i) -> i % 2 == 0);
```

멋지지 않은가? 이렇게 해서 유연성과 간결함이라는 두 마리 토끼를 모두 잡을 수 있었다. 자바 8이 아니면 불가능한 일이다.


## 2.4 실전 예제

지금까지 동작 파라미터화가 변화하는 요구사항에 쉽게 적응하는 유용한 패턴임을 확인했다. 동작 파라미터화 패턴은 동작을 (한 조각의 코드로) 캡슐화한 다음에 메서드로 전달해서 메서드의 동작을 파라미터화한다(예를 들면 사과의 다양한 프레디케이트). 이미 실전에서 이와 같은 패턴을 사용한 독자도 있을 것이다. 자바 API의 많은 메서드를 다양한 동작으로 파라미터화할 수 있다. 또한 이들 메서드를 익명 클래스와 자주 사용하기도 한다. 이 절에서는 코드 전달 개념을 더욱 확실히 익힐 수 있도록 Comparator로 정렬하기, Runnable로 코드 블록 실행하기, Callable을 결과로 반환하기, GUI 이벤트 처리하기 예제를 소개한다.


### 2.4.1 Comparator로 정렬하기

컬렉션 정렬은 반복되는 프로그래밍 작업이다. 예를 들어 처음에는 농부가 무게를 기준으로 목록에서 사과를 정렬하고 싶다고 말할 것이다. 하지만 곧 마음을 바꿔 색을 기준으로 사과를 정렬하고 싶어질 수 있다. 일상에서 흔히 일어나는 일이지 않은가? 따라서 개발자에게는 변화하는 요구사항에 쉽게 대응할 수 있는 다양한 정렬 동작을 수행할 수 있는 코드가 절실하다.

자바 8의 List에는 sort 메서드가 포함되어 있다(물론 Collections.sort도 존재한다). 다음과 같은 인터페이스를 갖는 java.util.Comparator 객체를 이용해서 sort의 동작을 파라미터화할 수 있다.

```
// java.util.Comparator
public interface Comparator<T> {
    int compare(T o1, T o2);
}
```

Comparator를 구현해서 sort 메서드의 동작을 다양화할 수 있다. 예를 들어 익명 클래스를 이용해서 무게가 적은 순서로 목록에서 사과를 정렬할 수 있다.

```java
inventory.sort(new Comparator<Apple>() {
    public int compare(Apple a1, Apple a2) {
        return a1.getWeight().compareTo(a2.getWeight());
    }
});
```

농부의 요구사항이 바뀌면 새로운 요구사항에 맞는 Comparator를 만들어 sort 메서드에 전달할 수 있다. 실제 정렬 세부사항은 추상화되어 있으므로 신경 쓸 필요가 없다. 람다 표현식을 이용하면 다음처럼 간단하게 코드를 구현할 수 있다.

```java
inventory.sort(
(Apple a1, Apple a2) -> a1.getWeight().compareTo(a2.getWeight()));
```

일단 새로운 문법은 걱정할 필요가 없다. 3장에서는 람다 표현식을 구현하는 방법을 자세히 설명하기 때문이다.

## 2.4.2 Runnable로 코드 블록 실행하기

자바 스레드를 이용하면 병렬로 코드 블록을 실행할 수 있다. 어떤 코드를 실행할 것인지를 스레드에게 알려줄 수 있을까? 여러 스레드가 각자 다른 코드를 실행할 수 있다. 나중에 실행할 수 있는 코드를 구현할 방법이 필요하다. 자바 8까지는 Thread 생성자에 객체만을 전달할 수 있었으므로 보통 결과를 반환하지 않는 void run 메소드를 포함하는 익명 클래스가 Runnable 인터페이스를 구현하도록 하는 것이 일반적인 방법이었다.

자바에서는 Runnable 인터페이스를 이용해서 실행할 코드 블록을 지정할 수 있다. 아래 코드에서 볼 수 있는 것처럼 코드 블록을 실행한 결과는 void다.

```java
// java.lang.Runnable
public interface Runnable {
    void run();
}
```

Runnable을 이용해서 다양한 동작을 스레드로 실행할 수 있다.

```java
Thread t = new Thread(new Runnable() {
    public void run() {
```

```
        System.out.println("Hello world");
    }
});
```

자바 8부터 지원하는 람다 표현식을 이용하면 다음처럼 스레드 코드를 구현할 수 있다.

```
Thread t = new Thread(() -> System.out.println("Hello world"));
```

## 2.4.3 Callable을 결과로 반환하기

자바 5부터 지원하는 ExecutorService 추상화 개념을 접해본 독자도 있을 것이
다. ExecutorService 인터페이스는 태스크 제출과 실행 과정의 연관성을 끊어준다.
ExecutorService를 이용하면 태스크를 스레드 풀로 보내고 결과를 Future로 저장할 수 있다
는 점이 스레드와 Runnable을 이용하는 방식과는 다르다. 이 개념이 낯설더라도 걱정할 필요
는 없다. 뒷부분에서 병렬 실행을 자세히 살펴볼 때 더 자세히 살펴볼 것이기 때문이다. 당장은
Callable 인터페이스를 이용해 결과를 반환하는 태스크를 만든다는 사실만 알아두자. 이 방식
은 Runnable의 업그레이드 버전이라고 생각할 수 있다.

```
// java.util.concurrent.Callable
public interface Callable<V> {
    V call();
}
```

아래 코드에서 볼 수 있듯이 실행 서비스에 태스크를 제출해서 위 코드를 활용할 수 있다. 다음
예제는 태스크를 실행하는 스레드의 이름을 반환한다.

```
ExecutorService executorService = Executors.newCachedThreadPool();
Future<String> threadName = executorService.submit(new Callable<String>() {
    @Override
        public String call() throws Exception {
        return Thread.currentThread().getName();
    }
});
```

람다를 이용하면 다음처럼 코드를 줄일 수 있다.

```
Future<String> threadName = executorService.submit(
        () -> Thread.currentThread().getName());
```

### 2.4.4 GUI 이벤트 처리하기

일반적으로 GUI 프로그래밍은 마우스 클릭이나 문자열 위로 이동하는 등의 이벤트에 대응하는 동작을 수행하는 식으로 동작한다. 예를 들어 사용자가 전송 버튼을 클릭하면 팝업을 표시하거나 동작 로그를 파일로 저장할 수 있다. GUI 프로그래밍에서도 변화에 대응할 수 있는 유연한 코드가 필요하다. 모든 동작에 반응할 수 있어야 하기 때문이다. 자바FX에서는 setOnAction 메서드에 EventHandler를 전달함으로써 이벤트에 어떻게 반응할지 설정할 수 있다.

```java
Button button = new Button("Send");
button.setOnAction(new EventHandler<ActionEvent>() {
    public void handle(ActionEvent event) {
        label.setText("Sent!!");
    }
});
```

즉, EventHandler는 setOnAction 메서드의 동작을 파라미터화한다. 람다 표현식으로 다음처럼 구현할 수 있다.

```java
button.setOnAction((ActionEvent event) -> label.setText("Sent!!"));
```

## 2.5 마치며

- 동작 파라미터화에서는 메서드 내부적으로 다양한 동작을 수행할 수 있도록 코드를 메서드 인수로 전달한다.

- 동작 파라미터화를 이용하면 변화하는 요구사항에 더 잘 대응할 수 있는 코드를 구현할 수 있으며 나중에 엔지니어링 비용을 줄일 수 있다.

- 코드 전달 기법을 이용하면 동작을 메서드의 인수로 전달할 수 있다. 하지만 자바 8 이전에는 코드를 지저분하게 구현해야 했다. 익명 클래스로도 어느 정도 코드를 깔끔하게 만들 수 있지만 자바 8에서는 인터페이스를 상속받아 여러 클래스를 구현해야 하는 수고를 없앨 수 있는 방법을 제공한다.

- 자바 API의 많은 메서드는 정렬, 스레드, GUI 처리 등을 포함한 다양한 동작으로 파라미터화할 수 있다.

# 람다 표현식

> **이 장의 내용**
> - ◆ 람다란 무엇인가?
> - ◆ 어디에, 어떻게 람다를 사용하는가?
> - ◆ 실행 어라운드 패턴
> - ◆ 함수형 인터페이스, 형식 추론
> - ◆ 메서드 참조
> - ◆ 람다 만들기

동작 파라미터화를 이용해서 변화하는 요구사항에 효과적으로 대응하는 코드를 구현할 수 있음을 2장에서 확인했다. 또한 정의한 코드 블록을 다른 메서드로 전달할 수 있다. 정의한 코드 블록을 특정 이벤트(예를 들면 마우스 클릭)가 발생할 때 실행되도록 설정하거나 알고리즘의 일부('150그램 이상의 사과'와 같은 프레디케이트)로 실행되도록 설정할 수 있다. 따라서 동작 파라미터화를 이용하면 더 유연하고 재사용할 수 있는 코드를 만들 수 있다.

익명 클래스로 다양한 동작을 구현할 수 있지만 만족할 만큼 코드가 깔끔하지는 않았다. 깔끔하지 않은 코드는 동작 파라미터를 실전에 적용하는 것을 막는 요소다. 3장에서는 더 깔끔한 코드로 동작을 구현하고 전달하는 자바 8의 새로운 기능인 람다 표현식을 설명한다. 람다 표현식은 익명 클래스처럼 이름이 없는 함수면서 메서드를 인수로 전달할 수 있으므로 일단은 람다 표현식이 익명 클래스와 비슷하다고 생각하자.

이 장에서는 람다 표현식을 어떻게 만드는지, 어떻게 사용하는지, 어떻게 코드를 간결하게 만들 수 있는지 설명한다. 또한 자바 8 API에 추가된 중요한 인터페이스와 형식 추론 등의 기능도 확인한다. 마지막으로 람다 표현식과 함께 위력을 발휘하는 새로운 기능인 메서드 참조를 설명한다.

이 장에서는 더 간결하고 유연한 코드를 구현하는 방법을 단계적으로 설명한다. 이 장의 끝부분에서는 배운 개념을 종합한 예제를 보여준다. 2장에서 소개한 정렬 예제를 더 간단하고 가독성 좋은 코드로 바꿀 것이다. 이 장에서 설명하는 내용 자체도 중요하지만 이 장에서 설명하는 람다 표현식은 전체 책에서 광범위하게 사용하므로 이 장의 내용을 완벽하게 이해해야 한다.


# 3.1 람다란 무엇인가?

**람다 표현식**은 메서드로 전달할 수 있는 익명 함수를 단순화한 것이라고 할 수 있다. 람다 표현식에는 이름은 없지만, 파라미터 리스트, 바디, 반환 형식, 발생할 수 있는 예외 리스트는 가질 수 있다. 람다의 특징을 하나씩 자세히 살펴보자.

- **익명**
  보통의 메서드와 달리 이름이 없으므로 **익명**이라 표현한다. 구현해야 할 코드에 대한 걱정거리가 줄어든다.
- **함수**
  람다는 메서드처럼 특정 클래스에 종속되지 않으므로 함수라고 부른다. 하지만 메서드처럼 파라미터 리스트, 바디, 반환 형식, 가능한 예외 리스트를 포함한다.
- **전달**
  람다 표현식을 메서드 인수로 전달하거나 변수로 저장할 수 있다.
- **간결성**
  익명 클래스처럼 많은 자질구레한 코드를 구현할 필요가 없다.

**람다**lambda라는 용어는 람다 **미적분학** 학계에서 개발한 시스템에서 유래했다. 람다 표현식이 왜 중요할까? 2장에서 확인한 것처럼 코드를 전달하는 과정에서 자질구레한 코드가 많이 생긴다. 다행히 람다로 이 문제를 해결할 수 있다. 즉, 람다를 이용해서 간결한 방식으로 코드를 전달할 수 있다. 람다가 기술적으로 자바 8 이전의 자바로 할 수 없었던 일을 제공하는 것은 아니다. 다만 동작 파라미터를 이용할 때 익명 클래스 등 판에 박힌 코드를 구현할 필요가 없다. 람다 표현식을 이용하면 2장에서 살펴본 동작 파라미터 형식의 코드를 더 쉽게 구현할 수 있다. 결과적으로 코드가 간결하고 유연해진다. 예를 들어 커스텀 Comparator 객체를 기존보다 간단하게 구현할 수 있다.

다음은 기존 코드다.

```java
Comparator<Apple> byWeight = new Comparator<Apple>() {
    public int compare(Apple a1, Apple a2) {
        return a1.getWeight().compareTo(a2.getWeight());
    }
};
```

다음은 람다를 이용한 코드다.

```java
Comparator<Apple> byWeight =
    (Apple a1, Apple a2) -> a1.getWeight().compareTo(a2.getWeight());
```

코드가 훨씬 간단해졌다. 람다 표현식은 천천히 설명할 것이므로 (코드가 이해가지 않더라도) 자세한 코드까지 신경 쓰지 말자. 중요한 것은 사과 두 개의 무게를 비교하는 데 필요한 코드를 전달할 수 있다는 점이다. 람다 표현식을 이용하면 compare 메서드의 바디를 직접 전달하는 것처럼 코드를 전달할 수 있다. 잠시 뒤에는 코드를 더 간단하게 만드는 방법을 살펴본다. 3.2절에서는 정확하게 어디에서 그리고 어떻게 람다 표현식을 사용할 수 있는지 설명한다.

[그림 3-1]에서 볼 수 있듯 람다는 세 부분으로 이루어진다.

**그림 3-1** 람다 표현식은 파라미터, 화살표, 바디로 이루어진다.

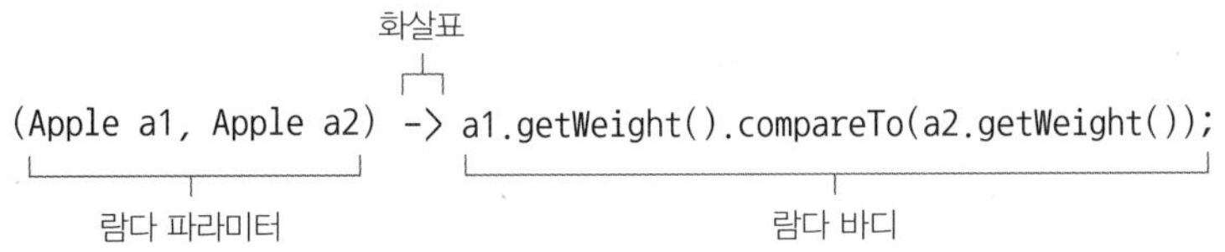

```
                        화살표
                        ┌─┐
(Apple a1, Apple a2)  -> a1.getWeight().compareTo(a2.getWeight());
└─────────────────┘    └──────────────────────────────────┘
     람다 파라미터                    람다 바디
```

- **파라미터 리스트**
  Comparator의 compare 메서드 파라미터(사과 두 개)
- **화살표**
  화살표(->)는 람다의 파라미터 리스트와 바디를 구분한다.
- **람다 바디**
  두 사과의 무게를 비교한다. 람다의 반환값에 해당하는 표현식이다.

다음은 자바 8에서 지원하는 다섯 가지 람다 표현식 예제다.

```
  (String s) -> s.length()              ←    String 형식의 파라미터 하나를 가지며 int를 반환
⟶ (Apple a) -> a.getWeight() > 150            한다. 람다 표현식에는 return이 함축되어 있으므
  (int x, int y) -> {                          로 return 문을 명시적으로 사용하지 않아도 된다.

      System.out.println("Result:");      int 형식의 파라미터 두 개를 가지며 리턴값이 없다
      System.out.println(x + y);    ←     (void 리턴). 이 예제에서 볼 수 있듯이 람다 표현식은
  }                                        여러 행의 문장을 포함할 수 있다.
  () -> 42   ←—  파라미터가 없으며 int 42를 반환한다.
  (Apple a1, Apple a2) -> a1.getWeight().compareTo(a2.getWeight())  ←
```

Apple 형식의 파라미터 하나를 가지며 boolean(사과가 150그램 보다 무거운지 결정)을 반환한다.

Apple 형식의 파라미터 두 개를 가지며 int(두 사과의 무게 비교 결과)를 반환한다.

자바 설계자는 이미 C#이나 스칼라 같은 비슷한 기능을 가진 다른 언어와 비슷한 문법을 자바에 적용하기로 했다. 다음은 표현식 스타일expression style 람다라고 알려진 람다의 기본 문법이다.

    (parameters) -> expression

또는 다음처럼 표현할 수 있다(블록 스타일block-style).

    (parameters) -> { statements; }

람다 표현식의 문법은 단순하다. [퀴즈 3-1]을 풀면서 람다 표현식 문법을 제대로 이해했는지 확인하자.

---

**퀴즈 3-1 람다 문법**

앞에서 설명한 람다 규칙에 맞지 않는 람다 표현식을 고르시오.

  **1.** () -> {}
  **2.** () -> "Raoul"
  **3.** () -> {return "Mario";}
  **4.** (Integer i) -> return "Alan" + i;
  **5.** (String s) -> {"Iron Man";}

**정답**

4번과 5번이 유효하지 않은 람다 표현식이다.

---

1. 파라미터가 없으며 void를 반환하는 람다 표현식이다. 이는 public void run() {}처럼 바디가 없는 메서드와 같다.

2. 파라미터가 없으며 문자열을 반환하는 표현식이다.

3. 파라미터가 없으며 (명시적으로 return 문을 이용해서) 문자열을 반환하는 표현식이다.

4. return은 흐름 제어문이다. (Integer i) -> {return "Alan" + i;}처럼 되어야 올바른 람다 표현식이다.

5. "Iron Man"은 구문(statement)이 아니라 표현식(expression)이다. (String s) -> "Iron Man"처럼 되어야 올바른 람다 표현식이다. 또는 (String s) -> {return "Iron Man";} 처럼 명시적으로 return 문을 사용해야 한다.

[표 3-1]은 람다 예제와 사용 사례를 보여준다.

**표 3-1** 람다 예제

| 사용 사례 | 람다 예제 |
| --- | --- |
| 불리언 표현식 | `(List<String> list) -> list.isEmpty()` |
| 객체 생성 | `() -> new Apple(10)` |
| 객체에서 소비 | `(Apple a) -> {`<br>`    System.out.println(a.getWeight());`<br>`}` |
| 객체에서 선택/추출 | `(String s) -> s.length()` |
| 두 값을 조합 | `(int a, int b) -> a * b` |
| 두 객체 비교 | `(Apple a1, Apple a2) ->`<br>`    a1.getWeight().compareTo(a2.getWeight())` |

## 3.2 어디에, 어떻게 람다를 사용할까?

람다 표현식을 어디에 사용할 수 있는지 궁금할 것이다. 이전 예제에서는 Comparator<Apple> 형식의 변수에 람다를 할당했다. 2장에서 구현했던 필터 메서드에도 람다를 활용할 수 있었다.

```
List<Apple> greenApples =
    filter(inventory, (Apple a) -> GREEN.equals(a.getColor()));
```

그래서 정확히 어디에서 람다를 사용할 수 있다는 건가? 함수형 인터페이스라는 문맥에서 람다 표현식을 사용할 수 있다. 위 예제에서는 함수형 인터페이스 Predicate⟨T⟩를 기대하는 filter 메서드의 두 번째 인수로 람다 표현식을 전달했다. 당장은 무슨 의미인지 정확히 이해하기 어렵더라도 걱정하지 말자. 일단 함수형 인터페이스가 무엇인지 자세히 살펴보자.

## 3.2.1 함수형 인터페이스

2장에서 만든 Predicate⟨T⟩ 인터페이스로 필터 메서드를 파라미터화할 수 있었음을 기억하는가? 바로 Predicate⟨T⟩가 함수형 인터페이스다. Predicate⟨T⟩는 오직 하나의 추상 메서드만 지정하기 때문이다.

```java
public interface Predicate<T> {
    boolean test (T t);
}
```

간단히 말해 **함수형 인터페이스**는 정확히 하나의 추상 메서드를 지정하는 인터페이스다. 지금까지 살펴본 자바 API의 함수형 인터페이스로 Comparator, Runnable 등이 있다.

```java
public interface Comparator<T> {    ◁── java.util.Comparator
    int compare(T o1, T o2);
}
public interface Runnable {    ◁── java.lang.Runnable
    void run();
}

public interface ActionListener extends EventListener {    ◁── java.awt.event.ActionListener
    void actionPerformed(ActionEvent e);
}

public interface Callable<V> {    ◁── java.util.concurrent.Callable
    V call() throws Exception;
}

public interface PrivilegedAction<T> {    ◁── java.security.PrivilegedAction
    T run();
}
```

[퀴즈 3-2]를 풀면서 함수형 인터페이스의 개념을 제대로 이해했는지 확인해보자.

---

**퀴즈 3-2** 함수형 인터페이스

다음 인터페이스 중 함수형 인터페이스는 어느 것인가?

```
public interface Adder {
    int add(int a, int b);
}

public interface SmartAdder extends Adder {
    int add(double a, double b);
}

public interface Nothing {
}
```

**정답**

Adder만 함수형 인터페이스다.

SmartAdder는 두 추상 add 메서드(하나는 Adder에서 상속받음)를 포함하므로 함수형 인터페이스가 아니다.

Nothing은 추상 메서드가 없으므로 함수형 인터페이스가 아니다.

---

함수형 인터페이스로 뭘 할 수 있을까? 람다 표현식으로 함수형 인터페이스의 추상 메서드 구현을 직접 전달할 수 있으므로 **전체 표현식을 함수형 인터페이스의 인스턴스로 취급**(기술적으로 따지면 함수형 인터페이스를 **구현한** 클래스의 인스턴스)할 수 있다. 함수형 인터페이스보다는 덜 깔끔하지만 익명 내부 클래스로도 같은 기능을 구현할 수 있다. 다음 예제는 Runnable이 오직 하나의 추상 메서드 run을 정의하는 함수형 인터페이스이므로 올바른 코드다.

```
Runnable r1 = () -> System.out.println("Hello World 1");  ←┤ 람다 사용

Runnable r2 = new Runnable() {  ←┤ 익명 클래스 사용
    public void run() {
        System.out.println("Hello World 2");
    }
};

public static void process(Runnable r) {
    r.run();
}
process(r1);  ←┤ 'Hello World 1' 출력
process(r2);  ←┤ 'Hello World 2' 출력                       직접 전달된 람다 표현식으로
process(() -> System.out.println("Hello World 3"));  ←┘    'Hello World 3' 출력
```

## 3.2.2 함수 디스크립터

함수형 인터페이스의 추상 메서드 시그니처signature는 람다 표현식의 시그니처를 가리킨다. 람다 표현식의 시그니처를 서술하는 메서드를 **함수 디스크립터**function descriptor라고 부른다. 예를 들어 Runnable 인터페이스의 유일한 추상 메서드 run은 인수와 반환값이 없으므로(void 반환) Runnable 인터페이스는 인수와 반환값이 없는 시그니처로 생각할 수 있다[1].

이 장에서는 람다와 함수형 인터페이스를 가리키는 특별한 표기법을 사용한다. () -> void 표기는 파라미터 리스트가 없으며 void를 반환하는 함수를 의미한다. 즉, 앞에서 설명한 Runnable이 이에 해당한다. (Apple, Apple) -> int는 두 개의 Apple을 인수로 받아 int를 반환하는 함수를 가리킨다. 3.4절과 [표 3-2]에서 더 다양한 종류의 함수 디스크립터를 소개한다.

람다 표현식의 형식을 어떻게 검사하는지 궁금한 독자도 있을 것이다. 3.5절 '형시 검사, 형시 추론, 제약'에서 컴파일러가 람다 표현식의 유효성을 확인하는 방법을 설명한다. 일단은 람다 표현식은 변수에 할당하거나 함수형 인터페이스를 인수로 받는 메서드로 전달할 수 있으며, 함수형 인터페이스의 추상 메서드와 같은 시그니처를 갖는다는 사실을 기억하는 것으로 충분하다. 예를 들어 이전 예제에서는 다음처럼 process 메서드에 직접 람다 표현식을 전달했다.

---

1 스칼라 등의 일부 언어는 함수 형식을 명시적으로 기술할 수 있도록 형식 어노테이션을 제공한다. 자바는 내부적으로 함수형 인터페이스에서 제공하는 기존의 형식을 재활용해서 함수 형식으로 매핑한다.

```
public void process(Runnable r) {
    r.run();
}

process(() -> System.out.println("This is awesome!!"));
```

위 코드를 실행하면 'This is awesome!!'이 출력된다. () -> System.out.println("This is awesome!!")은 인수가 없으며 void를 반환하는 람다 표현식이다. 이는 Runnable 인터페이스의 run 메서드 시그니처와 같다.

---

### 람다와 메소드 호출

조금 이상해 보일 수 있지만 아래는 정상적인 람다 표현식이다.

```
process(() -> System.out.println("This is awesome"));
```

위 코드에서는 중괄호를 사용하지 않았고 System.out.println은 void를 반환하므로 완벽한 표현식이 아닌 것처럼 보인다. 그럼 다음처럼 코드를 중괄호로 감싸면 어떨까?

```
process(() -> { System.out.println("This is awesome"); });
```

결론적으로 이미 살펴본 것처럼 중괄호는 필요 없다. 자바 언어 명세에서는 void를 반환하는 메소드 호출과 관련한 특별한 규칙을 정하고 있기 때문이다. 즉 한 개의 void 메소드 호출은 중괄호로 감쌀 필요가 없다.

---

'왜 함수형 인터페이스를 인수로 받는 메서드에만 람다 표현식을 사용할 수 있을까?'라는 의문이 생길 수 있다. 언어 설계자들은 자바에 함수 형식(람다 표현식을 표현하는 데 사용한 시그니처와 같은 특별한 표기법. 이 부분은 20장과 21장에서 다시 살펴본다)을 추가하는 방법도 대안으로 고려했다. 하지만 언어 설계자들은 언어를 더 복잡하게 만들지 않는 현재 방법을 선택했다. 또한 대부분의 자바 프로그래머가 하나의 추상 메서드를 갖는 인터페이스(예를 들면 이벤트 처리 인터페이스)에 이미 익숙하다는 점도 고려했다. [퀴즈 3-3]을 풀면서 어디에 람다를 사용할 수 있는가를 잘 이해했는지 확인하자.

**퀴즈 3-3** 어디에 람다를 사용할 수 있는가?

다음 중 람다 표현식을 올바로 사용한 코드는?

1. ```
   execute(() -> {});
   public void execute(Runnable r) {
       r.run();
   }
   ```

2. ```
   public Callable<String> fetch() {
       return () -> "Tricky example ;-)";
   }
   ```

3. ```
   Predicate<Apple> p = (Apple a) -> a.getWeight();
   ```

**징팁**

1번과 2번은 유효한 람다 표현식이다.

첫 번째 예제에서 람다 표현식 () -> {}의 시그니처는 () -> void며 Runnable의 추상 메서드 run의 시그니처와 일치하므로 유효한 람다 표현식이다. 다만 람다의 바디가 비어있으므로 이 코드를 실행하면 아무 일도 일어나지 않는다.

두 번째 예제도 유효한 람다 표현식이다. fetch 메서드의 반환 형식은 Callable<String>이다. T를 String으로 대치했을 때 Callable<String> 메서드의 시그니처는 () -> String이 된다. () -> "Tricky example ;-)"는 () -> String 시그니처이므로 문맥상 유효한 람다 표현식이다.

세 번째 예제에서 람다 표현식 (Apple a) -> a.getWeight()의 시그니처는 (Apple) -> Integer 이므로 Predicate<Apple>: (Apple) -> boolean의 test 메서드의 시그니처와 일치하지 않는다. 따라서 유효한 람다 표현식이 아니다.

---

### @FunctionalInterface는 무엇인가?

새로운 자바 API를 살펴보면 함수형 인터페이스에 @FunctionalInterface 어노테이션이 추가되어 있다(3.4절에서 함수형 인터페이스를 자세히 살펴보면서 더 많은 리스트를 소개할 것이다). @FunctionalInterface는 함수형 인터페이스임을 가리키는 어노테이션이다. @FunctionalInterface로 인터페이스를 선언했지만 실제로 함수형 인터페이스가 아니면 컴파일러가 에러를 발생시킨다. 예를 들어 추상 메서드가 한 개 이상이라면 "Multiple nonoverriding abstract methods found in interface Foo(인터페이스 Foo에 오버라이드 하지 않은 여러 추상 메서드가 있음)" 같은 에러가 발생할 수 있다.
   ```

## 3.3 람다 활용 : 실행 어라운드 패턴

람다와 동작 파라미터화로 유연하고 간결한 코드를 구현하는 데 도움을 주는 실용적인 예제를 살펴보자. 자원 처리(예를 들면 데이터베이스의 파일 처리)에 사용하는 순환 패턴recurrent pattern 은 자원을 열고, 처리한 다음에, 자원을 닫는 순서로 이루어진다. 설정setup과 정리cleanup 과정은 대부분 비슷하다. 즉, 실제 자원을 처리하는 코드를 설정과 정리 두 과정이 둘러싸는 형태를 갖는다. [그림 3-2]와 같은 형식의 코드를 **실행 어라운드 패턴**execute around pattern이라고 부른다. 다음 예제에서 굵은 글씨는 파일에서 한 행을 읽는 코드다(예제는 자바 7에 새로 추가된 try-with-resources 구문을 사용했다. 이를 사용하면 자원을 명시적으로 닫을 필요가 없으므로 간결한 코드를 구현하는 데 도움을 준다).

```java
public String processFile() throws IOException {
    try (BufferedReader br =
            new BufferedReader(new FileReader("data.txt"))) {
        return br.readLine();   ⟵ 실제 필요한 작업을 하는 행이다.
    }
}
```

**그림 3-2** 중복되는 준비 코드와 정리 코드가 작업 A와 작업 B를 감싸고 있다.

### 3.3.1 1단계 : 동작 파라미터화를 기억하라

현재 코드는 파일에서 한 번에 한 줄만 읽을 수 있다. 한 번에 두 줄을 읽거나 가장 자주 사용되는 단어를 반환하려면 어떻게 해야 할까? 기존의 설정, 정리 과정은 재사용하고 processFile 메서드만 다른 동작을 수행하도록 명령할 수 있다면 좋을 것이다. 이미 익숙한 시나리오 아닌가? 그렇다. processFile의 동작을 파라미터화하는 것이다. processFile 메서드가

BufferedReader를 이용해서 다른 동작을 수행할 수 있도록 processFile 메서드로 동작을 전달해야 한다.

람다를 이용해서 동작을 전달할 수 있다. processFile 메서드가 한 번에 두 행을 읽게 하려면 코드를 어떻게 고쳐야 할까? 우선 BufferedReader를 인수로 받아서 String을 반환하는 람다가 필요하다. 다음은 BufferedReader에서 두 행을 출력하는 코드다.

```java
String result = processFile((BufferedReader br) ->
                              br.readLine() + br.readLine());
```

### 3.3.2 2단계 : 함수형 인터페이스를 이용해서 동작 전달

함수형 인터페이스 자리에 람다를 사용할 수 있다. 따라서 BufferedReader -> String과 IOException을 던질throw 수 있는 시그니처와 일치하는 함수형 인터페이스를 만들어야 한다. 이 인터페이스를 BufferedReaderProcessor라고 정의하자.

```java
@FunctionalInterface
public interface BufferedReaderProcessor {
    String process(BufferedReader b) throws IOException;
}
```

정의한 인터페이스를 processFile 메서드의 인수로 전달할 수 있다.

```java
public String processFile(BufferedReaderProcessor p) throws IOException {
    ...
}
```

### 3.3.3 3단계 : 동작 실행

이제 BufferedReaderProcessor에 정의된 process 메서드의 시그니처(BufferedReader -> String)와 일치하는 람다를 전달할 수 있다. 람다의 코드가 processFile 내부에서 어떻게 실행되는지 기억하고 있는가? 람다 표현식으로 함수형 인터페이스의 추상 메서드 구현을 직접 전달할 수 있으며 전달된 코드는 함수형 인터페이스의 인스턴스로 전달된 코드와 같은 방식으로 처리한다. 따라서 processFile 바디 내에서 BufferedReaderProcessor 객체의 process를 호출할 수 있다.

```
public String processFile(BufferedReaderProcessor p) throws
        IOException {
    try  (BufferedReader br =
                    new BufferedReader(new FileReader("data.txt"))) {
        return p.process(br);   ◁─┤ BufferedReader 객체 처리
    }
}
```

### 3.3.4 4단계 : 람다 전달

이제 람다를 이용해서 다양한 동작을 processFile 메서드로 전달할 수 있다.

다음은 한 행을 처리하는 코드다.

```
String oneLine =
    processFile((BufferedReader br) -> br.readLine());
```

다음은 두 행을 처리하는 코드다.

```
String twoLines =
    processFile((BufferedReader br) -> br.readLine() + br.readLine());
```

[그림 3-3]은 procesFile 메서드를 더 유연하게 만드는 과정을 보여준다.

지금까지 함수형 인터페이스를 이용해서 람다를 전달하는 방법을 확인했다. 이때 인터페이스
도 정의했다. 다음 절에서는 다양한 람다를 전달하는 데 재활용할 수 있도록 자바 8에 추가된
새로운 인터페이스를 살펴본다.

**그림 3-3** 실행 어라운드 패턴을 적용하는 네 단계의 과정

```
public String processFile() throws IOException {           ①
    try (BufferedReader br =
            new BufferedReader(new FileReader("data.txt"))) {
        return br.readLine();
    }
}
```

```
public interface BufferedReaderProcessor {                  ②
    String process(BufferedReader b) throws IOException;
}

public String processFile(BufferedReaderProcessor p) throws IOException {
    ...
}
```

```
public String processFile(BufferedReaderProcessor p)        ③
        throws IOException {
    try (BufferedReader br =
            new BufferedReader(new FileReader("data.txt"))) {
        return p.process(br);
    }
}
```

```
String oneLine = processFile((BufferedReader br) ->         ④
                             br.readLine());
String twoLines = processFile((BufferedReader br) ->
                             br.readLine + br.readLine());
```

# 3.4 함수형 인터페이스 사용

3.2.1절 '함수형 인터페이스'에서 살펴본 것처럼 함수형 인터페이스는 오직 하나의 추상 메서드를 지정한다. 함수형 인터페이스의 추상 메서드는 람다 표현식의 시그니처를 묘사한다. 함수형 인터페이스의 추상 메서드 시그니처를 **함수 디스크립터**<sup>function descriptor</sup>라고 한다. 다양한 람다 표

현식을 사용하려면 공통의 함수 디스크립터를 기술하는 함수형 인터페이스 집합이 필요하다. 3.2절에서 살펴본 것처럼 이미 자바 API는 Comparable, Runnable, Callable 등의 다양한 함수형 인터페이스를 포함하고 있다.

자바 8 라이브러리 설계자들은 java.util.function 패키지로 여러 가지 새로운 함수형 인터페이스를 제공한다. 이 절에서는 Predicate, Consumer, Function 인터페이스를 설명하며, [표 3-2]에서는 더 다양한 함수형 인터페이스를 소개한다.

## 3.4.1 Predicate

java.util.function.Predicate⟨T⟩ 인터페이스는 test라는 추상 메서드를 정의하며 test는 제네릭 형식 T의 객체를 인수로 받아 불리언을 반환한다. 우리가 만들었던 인터페이스와 같은 형태인데 따로 정의할 필요 없이 바로 사용할 수 있다는 점이 특징이다. T 형식의 객체를 사용하는 불리언 표현식이 필요한 상황에서 Predicate 인터페이스를 사용할 수 있다. 다음 예제처럼 String 객체를 인수로 받는 람다를 정의할 수 있다.

예제 3-2 Predicate 예제

```java
@FunctionalInterface
public interface Predicate<T> {
    boolean test(T t);
}
public <T> List<T> filter(List<T> list, Predicate<T> p) {
    List<T> results = new ArrayList<>();
    for(T t: list) {
        if(p.test(t)) {
            results.add(t);
        }
    }
    return results;
}
Predicate<String> nonEmptyStringPredicate = (String s) -> !s.isEmpty();
List<String> nonEmpty = filter(listOfStrings, nonEmptyStringPredicate);
```

Predicate 인터페이스의 자바독 명세Javadoc specification를 보면 and나 or 같은 메서드도 있음을 알 수 있다. 자세한 내용은 3.8절 '람다 표현식을 조합할 수 있는 유용한 메서드'에서 살펴볼 것이므로 지금은 신경 쓰지 말자.

### 3.4.2 Consumer

java.util.function.Consumer⟨T⟩ 인터페이스는 제네릭 형식 T 객체를 받아서 void를 반환하는 accept라는 추상 메서드를 정의한다. T 형식의 객체를 인수로 받아서 어떤 동작을 수행하고 싶을 때 Consumer 인터페이스를 사용할 수 있다. 예를 들어 Integer 리스트를 인수로 받아서 각 항목에 어떤 동작을 수행하는 forEach 메서드를 정의할 때 Consumer를 활용할 수 있다.

다음은 forEach와 람다를 이용해서 리스트의 모든 항목을 출력하는 예제다.

예제 3-3 Consumer 예제

```
@FunctionalInterface
public interface Consumer<T> {
    void accept(T t);
}

public <T> void forEach(List<T> list, Consumer<T> c) {
    for(T t: list) {
        c.accept(t);
    }
}
forEach(
        Arrays.asList(1,2,3,4,5),
        (Integer i) -> System.out.println(i)          ◁── Consumer의
);                                                          accept 메서드를
                                                            구현하는 람다
```

### 3.4.3 Function

java.util.function.Function⟨T, R⟩ 인터페이스는 제네릭 형식 T를 인수로 받아서 제네릭 형식 R 객체를 반환하는 추상 메서드 apply를 정의한다. 입력을 출력으로 매핑하는 람다를 정의할 때 Function 인터페이스를 활용할 수 있다(예를 들면 사과의 무게 정보를 추출하거나

문자열을 길이와 매핑). 다음은 String 리스트를 인수로 받아 각 String의 길이를 포함하는 Integer 리스트로 변환하는 map 메서드를 정의하는 예제다.

**예제 3-4** Function 예제

```
@FunctionalInterface
public interface Function<T, R> {
    R apply(T t);
}

public <T, R> List<R> map(List<T> list, Function<T, R> f) {
    List<R> result = new ArrayList<>();
    for(T t: list) {
        result.add(f.apply(t));
    }
    return result;
}

// [7, 2, 6]
List<Integer> l = map(
        Arrays.asList("lambdas", "in", "action"),
        (String s) -> s.length()   <─┤ Function의 apply 메서드를 구현하는 람다
);
```

## 기본형 특화

지금까지 세 개의 제네릭 함수형 인터페이스 Predicate<T>, Consumer<T>, Function<T, R>을 살펴봤다. 하지만 특화된 형식의 함수형 인터페이스도 있다.

자바의 모든 형식은 참조형<sup>reference type</sup>(예를 들면 Byte, Integer, Object, List) 아니면 기본형<sup>primitive type</sup>(예를 들면 int, double, byte, char)에 해당한다. 하지만 제네릭 파라미터(예를 들면 Consumer<T>의 T)에는 참조형만 사용할 수 있다. 제네릭의 내부 구현 때문에 어쩔 수 없는 일이다[2]. 자바에서는 기본형을 참조형으로 변환하는 기능을 제공한다. 이 기능을 **박싱**<sup>boxing</sup>이라고 한다. 참조형을 기본형으로 변환하는 반대 동작을 **언박싱**<sup>unboxing</sup>이라고 한다. 또한 프로

---

**2** C#에는 이런 제약이 없다. 스칼라 같은 언어에는 참조형만 존재한다. 이 문제는 20장에서 다시 살펴본다.

그래머가 편리하게 코드를 구현할 수 있도록 박싱과 언박싱이 자동으로 이루어지는 **오토박싱**autoboxing이라는 기능도 제공한다. 예를 들어 다음은 유효한 코드다(int가 Integer로 박싱됨).

```java
List<Integer> list = new ArrayList<>();
for (int i = 300; i < 400; i++) {
    list.add(i);
}
```

하지만 이런 변환 과정은 비용이 소모된다. 박싱한 값은 기본형을 감싸는 래퍼며 힙에 저장된다. 따라서 박싱한 값은 메모리를 더 소비하며 기본형을 가져올 때도 메모리를 탐색하는 과정이 필요하다.

자바 8에서는 기본형을 입출력으로 사용하는 상황에서 오토박싱 동작을 피할 수 있도록 특별한 버전의 함수형 인터페이스를 제공한다. 예를 들어 아래 예제에서 IntPredicate는 1000이라는 값을 박싱하지 않지만, Predicate<Integer>는 1000이라는 값을 Integer 객체로 박싱한다.

```java
public interface IntPredicate {
    boolean test(int t);
}

IntPredicate evenNumbers = (int i) -> i % 2 == 0;
evenNumbers.test(1000);    ◁─┤ 참(박싱 없음)

Predicate<Integer> oddNumbers = (Integer i) -> i % 2 != 0;
oddNumbers.test(1000);    ◁─┤ 거짓(박싱)
```

일반적으로 특정 형식을 입력으로 받는 함수형 인터페이스의 이름 앞에는 DoublePredicate, IntConsumer, LongBinaryOperator, IntFunction처럼 형식명이 붙는다. Function 인터페이스는 ToIntFunction<T>, IntToDoubleFunction 등의 다양한 출력 형식 파라미터를 제공한다.

[표 3-2]는 자바 API에서 제공하는 대표적인 함수형 인터페이스와 함수 디스크립터를 보여준다. [표 3-2]는 자바에서 제공하는 함수형 인터페이스 중 일부에 불과하다는 사실을 기억하자. 필요하다면 우리가 직접 함수형 인터페이스를 만들 수 있다. (T, U) -> R 같은 표기법으로 함수 디스크립터를 설명할 수 있음을 기억하자. 표에서 왼쪽 코드는 인수 형식을 가리킨다. 예제의 표기법은 제네릭 형식 T와 U를 인수로 받으며 R을 반환하는 함수다.

지금까지 다양한 람다 표현식의 시그니처를 묘사하는 여러 함수형 인터페이스를 살펴봤다.

[퀴즈 3-4]를 풀면서 지금까지 배운 내용을 제대로 이해했는지 확인하자.

**표 3-2** 자바 8에 추가된 함수형 인터페이스

| 함수형 인터페이스 | 함수 디스크립터 | 기본형 특화 |
| --- | --- | --- |
| Predicate\<T\> | T -\> boolean | IntPredicate, LongPredicate, DoublePredicate |
| Consumer\<T\> | T -\> void | IntConsumer, LongConsumer, DoubleConsumer |
| Function\<T, R\> | T -\> R | IntFunction\<R\>, IntToDoubleFunction, IntToLongFunction, LongFunction\<R\>, LongToDoubleFunction, LongToIntFunction, DoubleFunction\<R\>, DoubleToIntFunction, DoubleToLongFunction, ToIntFunction\<T\>, ToDoubleFunction\<T\>, ToLongFunction\<T\> |
| Supplier\<T\> | () -\> T | BooleanSupplier, IntSupplier, LongSupplier, DoubleSupplier |
| UnaryOperator\<T\> | T -\> T | IntUnaryOperator, LongUnaryOperator, DoubleUnaryOperator |
| BinaryOperator\<T\> | (T, T) -\> T | IntBinaryOperator, LongBinaryOperator, DoubleBinaryOperator |
| BiPredicate\<L, R\> | (T, U) -\> boolean | |
| BiConsumer\<T, U\> | (T, U) -\> void | ObjIntConsumer\<T\>, ObjLongConsumer\<T\>, ObjDoubleConsumer\<T\> |
| BiFunction\<T, U, R\> | (T, U) -\> R | ToIntBiFunction\<T, U\>, ToLongBiFunction\<T, U\>, ToDoubleBiFunction\<T, U\> |

다음과 같은 함수형 디스크립터(즉, 람다 표현식의 시그니처)가 있을 때 어떤 함수형 인터페이스를 사용할 수 있는가? [표 3-2]에서 대부분의 해답을 찾을 수 있다. 또한 이들 함수형 인터페이스에 사용할 수 있는 유효한 람다 표현식을 제시하시오.

1. T -> R
2. (int, int) -> int
3. T -> void
4. () -> T
5. (T, U) -> R

**정답**

1. Function⟨T, R⟩이 대표적인 예제다. T 형식의 객체를 R 형식의 객체로 변환할 때 사용한다(예를 들면 Function⟨Apple, Integer⟩로 사과의 무게 정보를 추출할 수 있다).

2. IntBinaryOperator는 (int, int) -> int 형식의 시그니처를 갖는 추상 메서드 applyAsInt를 정의한다.

3. Consumer⟨T⟩는 T -> void 형식의 시그니처를 갖는 추상 메서드 accept를 정의한다.

4. Supplier⟨T⟩는 () -> T 형식의 시그니처를 갖는 추상 메서드 get을 정의한다. 또한 Callable⟨T⟩도 () -> T 형식의 시그니처를 갖는 추상 메서드 call을 정의한다.

5. BiFunction⟨T, U, R⟩은 (T, U) -> R 형식의 시그니처를 갖는 추상 메서드 apply를 정의한다.

[표 3-3]에 함수형 인터페이스와 람다를 요약했다. 사용 사례, 람다 예제, 사용할 수 있는 함수형 인터페이스 등을 총체적으로 제공한다.

**표 3-3** 람다와 함수형 인터페이스 예제

| 사용 사례 | 람다 예제 | 대응하는 함수형 인터페이스 |
|---|---|---|
| 불리언 표현 | (List⟨String⟩ list) -> list.isEmpty() | Predicate⟨List⟨String⟩⟩ |
| 객체 생성 | () ->new Apple(10) | Supplier⟨Apple⟩ |
| 객체에서 소비 | (Apple a) -> System.out.println(a.getWeight()) | Consumer⟨Apple⟩ |
| 객체에서 선택/추출 | (String s) -> s.length() | Function⟨String,Integer⟩ 또는 ToIntFunction⟨String⟩ |

| 사용 사례 | 람다 예제 | 대응하는 함수형 인터페이스 |
|---|---|---|
| 두 값 조합 | `(int a, int b) -> a * b` | IntBinaryOperator |
| 두 객체 비교 | `(Apple a1, Apple a2) -> a1.getWeight().compareTo(a2. getWeight ())` | Comparator<Apple> 또는 BiFunction<Apple, Apple, Integer> 또는 ToIntBiFunction<Apple,Apple> |

---

### 예외, 람다, 함수형 인터페이스의 관계

함수형 인터페이스는 확인된 예외를 던지는 동작을 허용하지 않는다. 즉, 예외를 던지는 람다 표현식을 만들려면 확인된 예외를 선언하는 함수형 인터페이스를 직접 정의하거나 람다를 try/catch 블록으로 감싸야 한다.

예를 들어 3.3절에서 등장했던 IOException을 명시적으로 선언하는 함수형 인터페이스 BufferedReaderProcessor를 살펴보자.

```
@FunctionalInterface
public interface BufferedReaderProcessor {
    String process(BufferedReader b) throws IOException;
}
BufferedReaderProcessor p = (BufferedReader br) -> br.readLine();
```

그러나 우리는 Function<T, R> 형식의 함수형 인터페이스를 기대하는 API를 사용하고 있으며 직접 함수형 인터페이스를 만들기 어려운 상황이다(4장에서는 [표 3-2]에서 소개하는 함수형 인터페이스를 많이 사용한다). 이런 상황에서는 다음 예제처럼 명시적으로 확인된 예외를 잡을 수 있다.

```
Function<BufferedReader, String> f = (BufferedReader b) -> {
    try {
        return b.readLine();
    }
    catch(IOException e) {
        throw new RuntimeException(e);
    }
};
```

지금까지 람다를 만드는 방법과 람다를 사용하는 방법을 살펴봤다. 이번에는 컴파일러가 람다의 형식을 어떻게 확인하는지, 피해야 할 사항은 무엇인지(예를 들면 람다 표현식에서 바디 안에 있는 지역 변수를 참조하지 않아야 한다든가 void 호환 람다는 멀리해야 한다) 등 더 깊이 있는 내용을 살펴본다. 3.5절이 바로 이해되지 않으면 그냥 3.6절로 넘어간 다음에 나중에 살펴봐도 무방하다.

## 3.5 형식 검사, 형식 추론, 제약

람다 표현식을 처음 설명할 때 람다로 함수형 인터페이스의 인스턴스를 만들 수 있다고 언급했다. 람다 표현식 자체에는 람다가 어떤 함수형 인터페이스를 구현하는지의 정보가 포함되어 있지 않다. 따라서 람다 표현식을 더 제대로 이해하려면 람다의 실제 형식을 파악해야 한다.

### 3.5.1 형식 검사

람다가 사용되는 콘텍스트$^{context}$를 이용해서 람다의 형식$^{type}$을 추론할 수 있다. 어떤 콘텍스트(예를 들면 람다가 전달될 메서드 파라미터나 람다가 할당되는 변수 등)에서 기대되는 람다 표현식의 형식을 **대상 형식**$^{target\ type}$이라고 부른다. 람다 표현식을 사용할 때 실제 어떤 일이 일어나는지 보여주는 예제를 확인하자.

```
List<Apple> heavierThan150g =
filter(inventory, (Apple apple) -> apple.getWeight() > 150);
```

[그림 3-4]는 위 코드의 형식 확인 과정을 보여준다. 다음과 같은 순서로 형식 확인 과정이 진행된다.

1. filter 메서드의 선언을 확인한다.

2. filter 메서드는 두 번째 파라미터로 Predicate<Apple> 형식(대상 형식)을 기대한다.

3. Predicate<Apple>은 test라는 한 개의 추상 메서드를 정의하는 함수형 인터페이스다.

4. test 메서드는 Apple을 받아 boolean을 반환하는 함수 디스크립터를 묘사한다.

5. filter 메서드로 전달된 인수는 이와 같은 요구사항을 만족해야 한다.

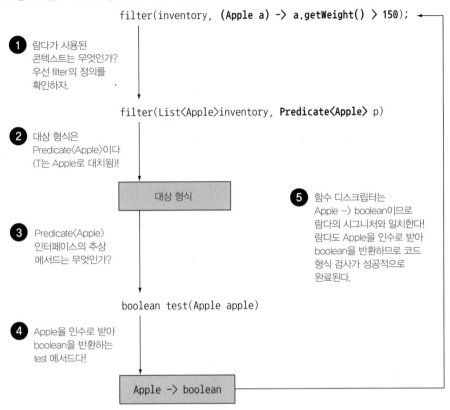

**그림 3-4** 람다 표현식의 형식 검사 과정의 재구성

```
filter(inventory, (Apple a) -> a.getWeight() > 150);
```

**①** 람다가 사용된
콘텍스트는 무엇인가?
우선 filter의 정의를
확인하자.

```
filter(List<Apple>inventory, Predicate<Apple> p)
```

**②** 대상 형식은
Predicate<Apple>이다
(T는 Apple로 대치됨)!

대상 형식

**⑤** 함수 디스크립터는
Apple -> boolean이므로
람다의 시그니처와 일치한다!
람다도 Apple을 인수로 받아
boolean을 반환하므로 코드
형식 검사가 성공적으로
완료된다.

**③** Predicate<Apple>
인터페이스의 추상
메서드는 무엇인가?

```
boolean test(Apple apple)
```

**④** Apple을 인수로 받아
boolean을 반환하는
test 메서드다!

Apple -> boolean

위 예제에서 람다 표현식은 Apple을 인수로 받아 boolean을 반환하므로 유효한 코드다. 람다 표현식이 예외를 던질 수 있다면 추상 메서드도 같은 예외를 던질 수 있도록 throws로 선언해야 한다.

## 3.5.2 같은 람다, 다른 함수형 인터페이스

대상 형식target typing이라는 특징 때문에 같은 람다 표현식이더라도 호환되는 추상 메서드를 가진 다른 함수형 인터페이스로 사용될 수 있다. 예를 들어 이전에 살펴본 Callable과 PrivilegedAction 인터페이스는 인수를 받지 않고 제네릭 형식 T를 반환하는 함수를 정의한다. 따라서 다음 두 할당문은 모두 유효한 코드다.

```
Callable<Integer> c = () -> 42;
PrivilegedAction<Integer> p = () -> 42;
```

위 코드에서 첫 번째 할당문의 대상 형식은 Callable⟨Integer⟩고, 두 번째 할당문의 대상 형식은 PrivilegedAction⟨Integer⟩다.

[표 3-3]에도 이와 비슷한 예제가 있었다. 즉, 하나의 람다 표현식을 다양한 함수형 인터페이스에 사용할 수 있다.

```
Comparator⟨Apple⟩ c1 =
    (Apple a1, Apple a2) -> a1.getWeight().compareTo(a2.getWeight());
ToIntBiFunction⟨Apple, Apple⟩ c2 =
    (Apple a1, Apple a2) -> a1.getWeight().compareTo(a2.getWeight());
BiFunction⟨Apple, Apple, Integer⟩ c3 =
    (Apple a1, Apple a2) -> a1.getWeight().compareTo(a2.getWeight());
```

### 다이아몬드 연산자

자바의 변화에 익숙한 독자라면 이미 자바 7에서도 다이아몬드 연산자(◇)로 콘텍스트에 따른 제네릭 형식을 추론할 수 있다는 사실을 기억할 것이다(제네릭 메서드에서 이런 개념을 쉽게 찾아볼 수 있다). 주어진 클래스 인스턴스 표현식을 두 개 이상의 다양한 콘텍스트에 사용할 수 있다. 이때 인스턴스 표현식의 형식 인수는 콘텍스트에 의해 추론된다.

```
List⟨String⟩ listOfStrings = new ArrayList◇();
List⟨Integer⟩ listOfIntegers = new ArrayList◇();
```

### 특별한 void 호환 규칙

람다의 바디에 일반 표현식이 있으면 void를 반환하는 함수 디스크립터와 호환된다(물론 파라미터 리스트도 호환되어야 함). 예를 들어 다음 두 행의 예제에서 List의 add 메서드는 Consumer 콘텍스트(T -> void)가 기대하는 void 대신 boolean을 반환하지만 유효한 코드다.

```
// Predicate는 불리언 반환값을 갖는다.
Predicate⟨String⟩ p = s -> list.add(s);
// Consumer는 void 반환값을 갖는다.
Consumer⟨String⟩ b = s -> list.add(s);
```

지금까지 언제, 어디서 람다 표현식을 사용할 수 있는지 이해했다. 할당문 콘텍스트, 메서드 호출 콘텍스트(파라미터, 반환값), 형변환$^{cast}$ 콘텍스트 등으로 람다 표현식의 형식을 추론할 수 있다. [퀴즈 3-5]를 통해 여러분의 지식을 확인하자.

**퀴즈 3-5** 형식 검사 문제. 다음 코드를 컴파일할 수 없는 이유는?

다음 코드의 문제를 해결하시오.

```
Object o = () -> { System.out.println("Tricky example"); };
```

**정답**

람다 표현식의 콘텍스트는 Object(대상 형식)다. 하지만 Object는 함수형 인터페이스가 아니다. 따라서 () -> void 형식의 함수 디스크립터를 갖는 Runnable로 대상 형식을 바꿔서 문제를 해결할 수 있다.

```
Runnable r = () -> { System.out.println("Tricky example"); };
```

람다 표현식을 명시적으로 대상 형식을 제공하는 Runnable로 캐스팅해서 문제를 해결할 수도 있다.

```
Object o = (Runnable) () -> { System.out.println("Tricky example"); };
```

같은 함수형 디스크립터를 가진 두 함수형 인터페이스를 갖는 메소드를 오버로딩할 때 이와 같은 기법을 활용할 수 있다. 어떤 메소드의 시그니처가 사용되어야 하는지를 명시적으로 구분하도록 람다를 캐스트할 수 있다.

예를 들어 execute(() -> {}) 라는 람다 표현식이 있다면 Runnable과 Action의 함수 디스크립터가 같으므로 누구를 가리키는지가 명확하지 않다.

```
public void execute(Runnable runnable) {
    runnable.run();
}
public void execute(Action<T> action) {
    action.act();
}
@FunctionalInterface
interface Action {
    void act();
}
```

하지만 다음처럼 캐스트를 하면 누구를 호출할 것인지가 명확해진다.

```
execute((Action) () -> {});
```

지금까지 대상 형식을 이용해서 람다 표현식을 특정 콘텍스트에 사용할 수 있는지 확인할 수 있었다. 또한 대상 형식으로 람다의 파라미터 형식도 추론할 수 있다.

### 3.5.3 형식 추론

우리 코드를 좀 더 단순화할 수 있는 방법이 있다. 자바 컴파일러는 람다 표현식이 사용된 콘텍스트(대상 형식)를 이용해서 람다 표현식과 관련된 함수형 인터페이스를 추론한다. 즉, 대상 형 식을 이용해서 함수 디스크립터를 알 수 있으므로 컴파일러는 람다의 시그니처도 추론할 수 있다. 결과적으로 컴파일러는 람다 표현식의 파라미터 형식에 접근할 수 있으므로 람다 문법에서 이를 생략할 수 있다. 즉, 자바 컴파일러는 다음처럼 람다 파라미터 형식을 추론할 수 있다[3].

```
List<Apple> greenApples =
    filter(inventory, apple -> GREEN.equals(apple.getColor()));
```
파라미터 apple에 형식을 명시적으로 지정하지 않았다.

여러 파라미터를 포함하는 람다 표현식에서는 코드 가독성 향상이 더 두드러진다. 예를 들어 다음은 Comparator 객체를 만드는 코드다.

```
Comparator<Apple> c =
    (Apple a1, Apple a2) -> a1.getWeight().compareTo(a2.getWeight());
Comparator<Apple> c =
    (a1, a2) -> a1.getWeight().compareTo(a2.getWeight());
```
형식을 추론 하지 않음
형식을 추론함

상황에 따라 명시적으로 형식을 포함하는 것이 좋을 때도 있고 형식을 배제하는 것이 가독성을 향상시킬 때도 있다. 어떤 방법이 좋은지 정해진 규칙은 없다. 개발자 스스로 어떤 코드가 가독성을 향상시킬 수 있는지 결정해야 한다.

### 3.5.4 지역 변수 사용

지금까지 살펴본 모든 람다 표현식은 인수를 자신의 바디 안에서만 사용했다. 하지만 람다 표현식에서는 익명 함수가 하는 것처럼 **자유 변수**free variable(파라미터로 넘겨진 변수가 아닌 외부에서 정의된 변수)를 활용할 수 있다. 이와 같은 동작을 **람다 캡처링**capturing lambda이라고 부른

---

**3** 람다에 형식 추론 대상 파라미터가 하나뿐일 때는 해당 파라미터명을 감싸는 괄호도 생략할 수 있다.

다. 다음은 portNumber 변수를 캡처하는 람다 예제다.

```
int portNumber = 1337;
Runnable r = () -> System.out.println(portNumber);
```

하지만 자유 변수에도 약간의 제약이 있다. 람다는 인스턴스 변수와 정적 변수를 자유롭게 캡처(자신의 바디에서 참조할 수 있도록)할 수 있다. 하지만 그러려면 지역 변수는 명시적으로 final로 선언되어 있어야 하거나 실질적으로 final로 선언된 변수와 똑같이 사용되어야 한다. 즉, 람다 표현식은 한 번만 할당할 수 있는 지역 변수를 캡처할 수 있다(참고 : 인스턴스 변수 캡처는 final 지역 변수 this를 캡처하는 것과 마찬가지다). 예를 들어 다음 예제는 portNumber에 값을 두 번 할당하므로 컴파일할 수 없는 코드다.

```
int portNumber = 1337;
Runnable r = () -> System.out.println(portNumber); ←   에러: 람다에서 참고하는 지역 변수는
portNumber = 31337;                                     final로 선언되거나 실질적으로 final
                                                        처럼 취급되어야 한다.
```

## 지역 변수의 제약

왜 지역 변수에 이런 제약이 필요한지 이해할 수 없는 독자도 있을 것이다. 우선 내부적으로 인스턴스 변수와 지역 변수는 태생부터 다르다. 인스턴스 변수는 힙에 저장되는 반면 지역 변수는 스택에 위치한다. 람다에서 지역 변수에 바로 접근할 수 있다는 가정하에 람다가 스레드에서 실행된다면 변수를 할당한 스레드가 사라져서 변수 할당이 해제되었는데도 람다를 실행하는 스레드에서는 해당 변수에 접근하려 할 수 있다. 따라서 자바 구현에서는 원래 변수에 접근을 허용하는 것이 아니라 자유 지역 변수의 복사본을 제공한다. 따라서 복사본의 값이 바뀌지 않아야 하므로 지역 변수에는 한 번만 값을 할당해야 한다는 제약이 생긴 것이다.

또한 지역 변수의 제약 때문에 외부 변수를 변화시키는 일반적인 명령형 프로그래밍 패턴(병렬화를 방해하는 요소로 나중에 설명한다)에 제동을 걸 수 있다.

---

**클로저**

클로저closure라는 단어를 들어본 독자라면 람다가 클로저(Clojure라는 프로그래밍 언어를 가리키는 것이 아니다)의 정의에 부합하는지 궁금할 것이다. 원칙적으로 클로저란 함수의 비지역 변수를 자유롭게 참조할 수 있는 함수의 인스턴스를 가리킨다. 예를 들어 클로저를 다른 함수의 인수로 전달할 수 있다. 클로저는 클로저 외부에 정의된 변수의 값에 접근하고, 값을 바꿀 수 있다. 자바 8의 람다와 익명 클래스는 클로저와 비슷한 동작을 수행한다. 람다와 익명 클래스 모두 메서드의 인수로 전달될 수 있으며 자신의 외부 영역의 변수에 접근할 수 있다. 다만 람다와 익명 클래스는 람다가 정의된 메서드의 지역 변수의 값은 바꿀 수 없다. 람다가 정의된 메서드의 지역 변숫값은 final 변수여야 한다. 덕분에 람다는 변수가 아닌 값에 국한되어 어떤 동작을 수행한다는 사실이 명확해진다. 이전에도 설명한 것처럼 지역 변숫값은 스택에 존재하므로 자신을 정의한 스레드와 생존을 같이 해야 하며 따라서 지역 변수는 final이어야 한다. 가변 지역 변수를 새로운 스레드에서 캡처할 수 있다면 안전하지 않은 동작을 수행할 가능성이 생긴다(인스턴스 변수는 스레드가 공유하는 힙에 존재하므로 특별한 제약이 없다).

---

이번에는 자바 8 코드의 또 하나의 새로운 기능인 **메서드 참조**method reference를 살펴보자. 메서드 참조는 특정 람다 표현식을 축약한 것이라고 생각하면 된다.

## 3.6 메서드 참조

메서드 참조를 이용하면 기존의 메서드 정의를 재활용해서 람다처럼 전달할 수 있다. 때로는 람다 표현식보다 메서드 참조를 사용하는 것이 더 가독성이 좋으며 자연스러울 수 있다. 다음은 메서드 참조와 새로운 자바 8 API(자세한 기능은 3.7절에서 살펴봄)를 활용한 정렬 예제다.

다음은 기존 코드다.

```
inventory.sort((Apple a1, Apple a2) ->
            a1.getWeight().compareTo(a2.getWeight()));
```

다음은 메서드 참조와 java.util.Comparator.comparing을 활용한 코드다.

```
inventory.sort(comparing(Apple::getWeight));    ◁─┤ 첫 번째 메서드 참조!
```

일단 생소한 문법이 등장했지만 걱정하지 마라. 지금부터 이 문법의 의미를 배울 것이다.

## 3.6.1 요약

메서드 참조가 왜 중요한가? 메서드 참조는 특정 메서드만을 호출하는 람다의 축약형이라고 생각할 수 있다. 예를 들어 람다가 '이 메서드를 직접 호출해'라고 명령한다면 메서드를 어떻게 호출해야 하는지 설명을 참조하기보다는 메서드명을 직접 참조하는 것이 편리하다. 실제로 메서드 참조를 이용하면 기존 메서드 구현으로 람다 표현식을 만들 수 있다. 이때 명시적으로 메서드명을 참조함으로써 **가독성을 높일 수 있다.** 메서드 참조는 어떻게 활용할까? 메서드명 앞에 구분자(::)를 붙이는 방식으로 메서드 참조를 활용할 수 있다. 예를 들어 Apple::getWeight는 Apple 클래스에 정의된 getWeight의 메서드 참조다. 실제로 메서드를 호출하는 것은 아니므로 괄호는 필요 없음을 기억하자. 결과적으로 메서드 참조는 람다 표현식 (Apple a) -> a.getWeight()를 축약한 것이다. [표 3-4]는 자바 8에서 사용할 수 있는 다양한 메서드 참조 예제를 보여준다.

표 3-4 람다와 메서드 참조 단축 표현 예제

| 람다 | 메서드 참조 단축 표현 |
| --- | --- |
| (Apple apple) -> apple.getWeight() | Apple::getWeight |
| () -> Thread.currentThread().dumpStack() | Thread.currentThread()::dumpStack |
| (str, i) -> str.substring(i) | String::substring |
| (String s) -> System.out.println(s) (String s) -> this.isValidName(s) | System.out::println  this::isValidName |

메서드 참조를 새로운 기능이 아니라 하나의 메서드를 참조하는 람다를 편리하게 표현할 수 있는 문법으로 간주할 수 있다. 메서드 참조를 이용하면 같은 기능을 더 간결하게 구현할 수 있다.

### 메서드 참조를 만드는 방법

메서드 참조는 세 가지 유형으로 구분할 수 있다.

**1. 정적 메서드 참조**

예를 들어 Integer의 parseInt 메서드는 Integer::parseInt로 표현할 수 있다.

**2. 다양한 형식의 인스턴스 메서드 참조**

예를 들어 String의 length 메서드는 String::length로 표현할 수 있다.

**3. 기존 객체의 인스턴스 메서드 참조**

예를 들어 Transaction 객체를 할당받은 expensiveTransaction 지역 변수가 있고, Transaction 객체에는 getValue 메서드가 있다면, 이를 expensiveTransaction::getValue라고 표현할 수 있다.

두 번째와 세 번째 유형의 메서드 참조를 어떤 상황에서 활용할 수 있는지 감이 오지 않는 독자도 있을 것이다. String::length 같은 두 번째 유형의 메서드 참조를 이용해서 람다 표현식의 파라미터로 전달할 수 있다. 예를 들어 (String s) -> s.toUpperCase()라는 람다 표현식을 String::toUpperCase로 줄여서 표현할 수 있다. 반면 세 번째 유형의 메서드 참조는 람다 표현식에서 현존하는 외부 객체의 메서드를 호출할 때 사용된다. 예를 들어 () -> expensiveTransaction.getValue()라는 람다 표현식을 expensiveTransaction::getValue로 줄여서 표현할 수 있다. [그림 3-5]는 람다 표현식을 메서드 참조로 줄여서 표현하는 단축 규칙을 보여준다. 세 번째 유형의 메서드 참조는 비공개 헬퍼 메서드를 정의한 상황에서 유용하게 활용할 수 있다. 예를 들어 다음처럼 isValidName이라는 헬퍼 메서드를 정의했다고 가정하자.

```
private boolean isValidName(String string) {
    return Character.isUpperCase(string.charAt(0));
}
```

이제 Predicate⟨String⟩를 필요로 하는 적당한 상황에서 메서드 참조를 사용할 수 있다.

```
filter(words, this::isValidName)
```

지금까지 내용을 요약해서 [그림 3-5]는 람다 표현식을 메서드 참조로 줄여서 표현하는 단축 규칙을 보여준다.

생성자, 배열 생성자, super 호출 등에 사용할 수 있는 특별한 형식의 메서드 참조도 있다. 예제를 통해 메서드 참조 활용법을 확인하자. List에 포함된 문자열을 대소문자를 구분하지 않고 정렬하는 프로그램을 구현하려 한다. List의 sort 메서드는 인수로 Comparator를 기대한다.

이전에도 살펴본 것처럼 Comparator는 (T, T) -> int라는 함수 디스크립터를 갖는다. 다음 예제에서 보여주는 것처럼 String 클래스에 정의되어 있는 compareToIgnoreCase 메서드로 람다 표현식을 정의할 수 있다.

```
List<String> str = Arrays.asList("a","b","A","B");
str.sort((s1, s2) -> s1.compareToIgnoreCase(s2));
```

**그림 3-5** 세 가지 종류의 람다 표현식을 메서드 참조로 바꾸는 방법

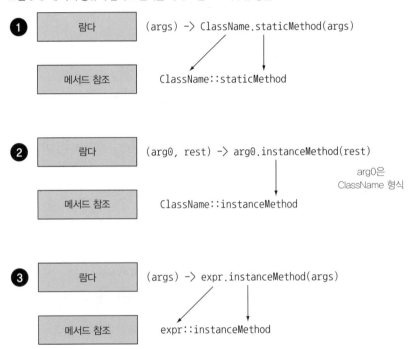

Comparator의 함수 디스크립터와 호환되는 람다 표현식 시그니처도 있다. 위에서 설명한 기법을 이용하면 람다 표현식을 메서드 참조를 사용해서 다음처럼 줄일 수 있다.

```
List<String> str = Arrays.asList("a","b","A","B");
str.sort(String::compareToIgnoreCase);
```

컴파일러는 람다 표현식의 형식을 검사하던 방식과 비슷한 과정으로 메서드 참조가 주어진 함수형 인터페이스와 호환하는지 확인한다. 즉, 메서드 참조는 콘텍스트의 형식과 일치해야 한다.

[퀴즈 3-6]을 풀면서 메서드 참조를 제대로 이해했는지 확인하자!

---

**퀴즈 3-6** 메서드 참조

다음의 람다 표현식과 일치하는 메서드 참조를 구현하시오.

```
1. ToIntFunction<String> stringToInt =
                    (String s) -> Integer.parseInt(s);
2. BiPredicate<List<String>, String> contains =
                    (list, element) -> list.contains(element);
3. Predicate<String> startsWithNumber =
                    (String string) -> this.startsWithNumber(string);
```

**정답**

1. 이 람다 표현식은 자신의 인수를 Integer의 정적 메서드 parseInt로 전달한다. 이 메서드는 String을 인수로 받아 파싱한 다음에 Integer를 반환한다. 따라서 [그림 3-5]의 방법 ❶(정적 메서드를 호출하는 람다 표현식)을 이용하여 다음 코드처럼 람다 표현식을 고칠 수 있다.

   ```
   Function<String, Integer> stringToInteger = Integer::parseInt;
   ```

2. 이 람다는 첫 번째 인수의 contains 메서드를 호출한다. 첫 번째 인수가 List 형식이므로 [그림 3-5]의 방법 ❷를 이용해서 다음 코드처럼 람다 표현식을 고칠 수 있다.

   ```
   BiPredicate<List<String>, String> contains = List::contains;
   ```

   즉, (List<String>, String) -> boolean과 List::contains가 합쳐지면 위 함수 디스크립터와 같다.

3. 이 람다 표현식은 비공개 헬퍼 메서드를 호출한다. [그림 3-5]의 방법 ❸을 이용해서 다음처럼 코드를 고칠 수 있다.

   ```
   Predicate<String> startsWithNumber = this::startsWithNumber
   ```

---

지금까지는 기존의 메서드 구현을 재활용해서 메서드 참조를 만드는 방법을 살펴봤다. 이제 클래스의 생성자를 이용하는 방법을 살펴보자.

## 3.6.2 생성자 참조

ClassName::new처럼 클래스명과 new 키워드를 이용해서 기존 생성자의 참조를 만들 수 있다. 이것은 정적 메서드의 참조를 만드는 방법과 비슷하다. 예를 들어 인수가 없는 생성자, 즉 Supplier의 () -> Apple과 같은 시그니처를 갖는 생성자가 있다고 가정하자.

```
Supplier<Apple> c1 = Apple::new;
Apple a1 = c1.get();   ◁─┤ Supplier의 get 메서드를 호출해서 새로운 Apple 객체를 만들 수 있다.
```

위 예제는 다음 코드와 같다.

```
Supplier<Apple> c1 = () -> new Apple();   ◁─┤ 람다 표현식은 디폴트 생성자를 가진 Apple을 만든다.
Apple a1 = c1.get();   ◁─┤ Supplier의 get 메서드를 호출해서 새로운 Apple 객체를 만들 수 있다.
```

Apple(Integer weight)라는 시그니처를 갖는 생성자는 Function 인터페이스의 시그니처와 같다. 따라서 다음과 같은 코드를 구현할 수 있다.

```
Function<Integer, Apple> c2 = Apple::new;   ◁─┤ Apple(Integer weight)의 생성자 참조
Apple a2 = c2.apply(110);   ◁─┤ Function의 apply 메서드에 무게를 인수로
                              호출해서 새로운 Apple 객체를 만들 수 있다.
```

이 코드는 다음과 같다.

```
Function<Integer, Apple> c2 = (weight) -> new Apple(weight);   ◁─┤ 특정 무게의 사과를
Apple a2 = c2.apply(110);   ◁─┤ Function의 apply 메서드에 무게를 인수로    만드는 람다 표현식
                              호출해서 새로운 Apple 객체를 만들 수 있다.
```

다음 코드에서 Integer를 포함하는 리스트의 각 요소를 우리가 정의했던 map 같은 메서드를 이용해서 Apple 생성자로 전달한다. 결과적으로 다양한 무게를 포함하는 사과 리스트가 만들어진다.

```
List<Integer> weights = Arrays.asList(7, 3, 4, 10);
List<Apple> apples = map(weights, Apple::new);   ◁─┤ map 메서드로 생성자 참조 전달
public List<Apple> map(List<Integer> list, Function<Integer, Apple> f) {
    List<Apple> result = new ArrayList<>();
    for(Integer i: list) {
        result.add(f.apply(i));
    }
    return result;
}
```

Apple(String color, Integer weight)처럼 두 인수를 갖는 생성자는 BiFunction 인터페이스

와 같은 시그니처를 가지므로 다음처럼 할 수 있다.

```
BiFunction<Color, Integer, Apple> c3 = Apple::new;    ← Apple(String color, Integer
Apple a3 = c3.apply(GREEN, 110);    ←                    weight)의 생성자 참조
```

> Apple(String color, Integer weight)의 생성자 참조

> BiFunction의 apply 메서드에 색과 무게를 인수로 제공해서 새로운 Apple 객체를 만들 수 있다.

이 코드는 다음과 같다.

```
BiFunction<String, Integer, Apple> c3 =
    (color, weight) -> new Apple(color, weight);    ←
Apple a3 = c3.apply(GREEN, 110);    ←
```

> 특정 색과 무게를 가진 사과를 만드는 람다 표현식

> BiFunction의 apply 메서드에 색과 무게를 인수로 제공해서 새로운 Apple 객체를 만들 수 있다.

인스턴스화하지 않고도 생성자에 접근할 수 있는 기능을 다양한 상황에 응용할 수 있다. 예를 들어 Map으로 생성자와 문자열값을 관련시킬 수 있다. 그리고 String과 Integer가 주어졌을 때 다양한 무게를 갖는 여러 종류의 과일을 만드는 giveMeFruit라는 메서드를 만들 수 있다.

```
static Map<String, Function<Integer, Fruit>> map = new HashMap<>();
static {
    map.put("apple", Apple::new);
    map.put("orange", Orange::new);
    // 등등
}

public static Fruit giveMeFruit(String fruit, Integer weight){
    return map.get(fruit.toLowerCase())    ←    map에서 Function<Integer, Fruit>를 얻었다.
                .apply(weight);    ←
}
```

> Function의 apply 메서드에 정수 무게 파라미터를 제공해서 Fruit를 만들 수 있다.

[퀴즈 3-7]을 풀면서 메서드 참조와 생성자 참조를 제대로 이해했는지 확인하자.

---

**퀴즈 3-7** 생성자 참조

지금까지 인수가 없거나, 하나 또는 둘인 생성자를 생성자 참조로 바꾸는 방법을 살펴봤다. Color(int, int, int)처럼 인수가 세 개인 생성자의 생성자 참조를 사용하려면 어떻게 해야 할까?

---

생성자 참조 문법은 ClassName::new이므로 Color 생성자의 참조는 Color::new가 된다. 하지만 이를 사용하려면 생성자 참조와 일치하는 시그니처를 갖는 함수형 인터페이스가 필요하다. 현재 이런 시그니처를 갖는 함수형 인터페이스는 제공되지 않으므로 우리가 직접 다음과 같은 함수형 인터페이스를 만들어야 한다.

```java
public interface TriFunction<T, U, V, R> {
    R apply(T t, U u, V v);
}
```

이제 다음처럼 새로운 생성자 참조를 사용할 수 있다.

```java
TriFunction<Integer, Integer, Integer, Color> colorFactory = Color::new;
```

지금까지 람다, 함수형 인터페이스, 메서드 참조 등 많은 새로운 개념을 배웠다. 3.7절에서는 지금까지 배운 모든 내용을 실제 활용해본다.

# 3.7 람다, 메서드 참조 활용하기

처음에 다룬 사과 리스트를 다양한 정렬 기법으로 정렬하는 문제로 다시 돌아가서 이 문제를 더 세련되고 간결하게 해결하는 방법을 보여주면서 3장에서 배운 람다를 마무리한다. 사과 리스트 정렬 문제를 해결하면서 지금까지 배운 동작 파라미터화, 익명 클래스, 람다 표현식, 메서드 참조 등을 총동원한다. 최종 목표는 다음과 같은 코드를 만드는 것이다(모든 소스코드는 http://www.hanbit.co.kr/src/10202에서 내려받을 수 있다).

```java
inventory.sort(comparing(Apple::getWeight));
```

## 3.7.1 1단계 : 코드 전달

다행히 자바 8의 List API에서 sort 메서드를 제공하므로 정렬 메서드를 직접 구현할 필요는 없다. 덕분에 어려운 부분은 자동으로 해결됐다. 그런데 어떻게 sort 메서드에 정렬 전략을 전달할 수 있을까? sort 메서드는 다음과 같은 시그니처를 갖는다.

```
void sort(Comparator<? super E> c)
```

이 코드는 Comparator 객체를 인수로 받아 두 사과를 비교한다. 객체 안에 동작을 포함시키는 방식으로 다양한 전략을 전달할 수 있다. 이제 'sort의 **동작**은 **파라미터화**되었다'라고 말할 수 있다. 즉, sort에 전달된 정렬 전략에 따라 sort의 동작이 달라질 것이다.

1단계의 코드는 다음과 같이 완성할 수 있다.

```
public class AppleComparator implements Comparator<Apple> {
    public int compare(Apple a1, Apple a2){
        return a1.getWeight().compareTo(a2.getWeight());
    }
}
inventory.sort(new AppleComparator());
```

## 3.7.2 2단계 : 익명 클래스 사용

한 번만 사용할 Comparator를 위 코드처럼 구현하는 것보다는 **익명 클래스**를 이용하는 것이 좋다.

```
inventory.sort(new Comparator<Apple>() {
    public int compare(Apple a1, Apple a2){
        return a1.getWeight().compareTo(a2.getWeight());
    }
});
```

## 3.7.3 3단계 : 람다 표현식 사용

하지만 아지도 코드가 장황한 편이다. 자바 8에서는 람다 표현식이라는 경량화된 문법을 이용해서 **코드를 전달**할 수 있다. **함수형 인터페이스**를 기대하는 곳 어디에서나 람다 표현식을 사용할 수 있음을 배웠다. 이미 설명했듯이 함수형 인터페이스란 오직 하나의 추상 메서드를 정의하는 인터페이스다. 추상 메서드의 시그니처(**함수 디스크립터**라 불림)는 람다 표현식의 시그니처를 정의한다. Comparator의 함수 디스크립터는 (T, T) –> int다. 우리는 사과를 사용할 것이므로 더 정확히는 (Apple, Apple) –> int로 표현할 수 있다. 이제 다음처럼 코드를 개선할 수 있다.

```
inventory.sort((Apple a1, Apple a2) ->
                    a1.getWeight().compareTo(a2.getWeight())
    );
```

자바 컴파일러는 람다 표현식이 사용된 콘텍스트를 활용해서 람다의 파라미터 **형식**을 추론한 다고 설명했다. 따라서 코드를 다음처럼 더 줄일 수 있다.

```
inventory.sort((a1, a2) -> a1.getWeight().compareTo(a2.getWeight()));
```

이 코드의 가독성을 더 향상시킬 수 없을까? Comparator는 Comparable 키를 추출해서 Comparator 객체로 만드는 Function 함수를 인수로 받는 정적 메서드 comparing을 포함한다 (이 메서드가 정적 메서드인 이유는 9장에서 설명함). 다음처럼 comparing 메서드를 사용할 수 있다(람다 표현식은 사과를 비교하는 데 사용할 키를 어떻게 추출할 것인지 지정하는 한 개의 인수만 포함한다).

```
Comparator<Apple> c = Comparator.comparing((Apple a) -> a.getWeight());
```

이제 코드를 다음처럼 간소화할 수 있다.

```
import static java.util.Comparator.comparing;
inventory.sort(comparing(apple -> apple.getWeight()));
```

### 3.7.4 4단계 : 메서드 참조 사용

메서드 참조를 이용하면 람다 표현식의 인수를 더 깔끔하게 전달할 수 있다는 것도 설명했다. 메서드 참조를 이용해서 코드를 조금 더 간소화할 수 있다(java.util.Comparator.comparing 은 정적으로 임포트했다고 가정).

```
inventory.sort(comparing(Apple::getWeight));
```

드디어 최적의 코드를 만들었다. 자바 8 이전의 코드에 비해 어떤 점이 개선되었을까? 단지 코드만 짧아진 것이 아니라 코드의 의미도 명확해졌다. 즉, 코드 자체로 'Apple을 weight별로 비교해서 inventory를 sort하라'는 의미를 전달할 수 있다.

# 3.8 람다 표현식을 조합할 수 있는 유용한 메서드

자바 8 API의 몇몇 함수형 인터페이스는 다양한 유틸리티 메서드를 포함한다. 예를 들어 Comparator, Function, Predicate 같은 함수형 인터페이스는 람다 표현식을 조합할 수 있도록 유틸리티 메서드를 제공한다. 이것은 무슨 의미일까? 간단히 말해, 간단한 여러 개의 람다 표현식을 조합해서 복잡한 람다 표현식을 만들 수 있다는 것이다. 예를 들어 두 프레디케이트를 조합해서 두 프레디케이트의 or 연산을 수행하는 커다란 프레디케이트를 만들 수 있다. 또한 한 함수의 결과가 다른 함수의 입력이 되도록 두 함수를 조합할 수도 있다. 도대체 함수형 인터페이스에서는 어떤 메서드를 제공하기에 이런 일이 가능한지 궁금할 것이다(게다가 함수형 인터페이스에서 추가로 메서드를 제공한다는 것 자체가 함수형 인터페이스의 정의에 어긋나지 않는가!). 여기서 등장하는 것이 바로 **디폴트 메서드**default method (추상 메서드가 아니므로 함수형 인터페이스의 정의를 벗어나지 않음)다. 디폴트 메서드는 9장에서 자세히 설명한다. 우선은 디폴트 메서드가 어떤 메서드인지 이해하는 것으로 충분하다.

## 3.8.1 Comparator 조합

이전에도 보았듯이, 정적 메서드 Comparator.comparing을 이용해서 비교에 사용할 키를 추출하는 Function 기반의 Comparator를 반환할 수 있다.

```
Comparator<Apple> c = Comparator.comparing(Apple::getWeight);
```

### 역정렬

사과의 무게를 내림차순으로 정렬하고 싶다면 어떻게 해야 할까? 다른 Comparator 인스턴스를 만들 필요가 없다. 인터페이스 자체에서 주어진 비교자의 순서를 뒤바꾸는 reverse라는 디폴트 메서드를 제공하기 때문이다. 따라서 다음 코드처럼 처음 비교자 구현을 그대로 재사용해서 사과의 무게를 기준으로 역정렬할 수 있다.

```
inventory.sort(comparing(Apple::getWeight).reversed());    ◁─┤ 무게를 내림차순으로 정렬
```

## Comperator 연결

정렬이 잘 동작하는 것 같다. 하지만 무게가 같은 두 사과가 존재한다면 어떻게 해야 할까? 정렬된 리스트에서 어떤 사과를 먼저 나열해야 할까? 이럴 땐 비교 결과를 더 다듬을 수 있는 두 번째 Comparator를 만들 수 있다. 예를 들어 무게로 두 사과를 비교한 다음에 무게가 같다면 원산지 국가별로 사과를 정렬할 수 있다. thenComparing 메서드로 두 번째 비교자를 만들 수 있다. thenComparing은 (comparing 메서드처럼) 함수를 인수로 받아 첫 번째 비교자를 이용해서 두 객체가 같다고 판단되면 두 번째 비교자에 객체를 전달한다. 즉, 다음처럼 문제를 해결할 수 있다.

```
inventory.sort(comparing(Apple::getWeight)
        .reversed()    ◁─┤ 무게를 내림차순으로 정렬
        .thenComparing(Apple::getCountry));   ◁─┤ 두 사과의 무게가 같으면 국가별로 정렬
```

## 3.8.2 Predicate 조합

Predicate 인터페이스는 복잡한 프레디케이트를 만들 수 있도록 negate, and, or 세 가지 메서드를 제공한다. 예를 들어 '빨간색이 아닌 사과'처럼 특정 프레디케이트를 반전시킬 때 negate 메서드를 사용할 수 있다.

```
Predicate<Apple> notRedApple = redApple.negate();   ◁─┤ 기존 프레디케이트 객체
                                                        redApple의 결과를
                                                        반전시킨 객체를 만든다.
```

또한 and 메서드를 이용해서 빨간색이면서 무거운 사과를 선택하도록 두 람다를 조합할 수 있다.

```
Predicate<Apple> redAndHeavyApple =
    redApple.and(apple -> apple.getWeight() > 150);   ◁─┤ 두 프레디케이트를 연결해서 새로운
                                                          프레디케이트 객체를 만든다.
```

그뿐만 아니라 or을 이용해서 '빨간색이면서 무거운(150그램 이상) 사과 또는 그냥 녹색 사과' 등 다양한 조건을 만들 수 있다.

```
Predicate<Apple> redAndHeavyAppleOrGreen =
    redApple.and(apple -> apple.getWeight() > 150)
        .or(apple -> GREEN.equals(a.getColor()));   ◁─┤ 프레디케이트 메서드를 연결해서 더
                                                          복잡한 프레디케이트 객체를 만든다.
```

이것이 대단한 일인 이유는 뭘까? 단순한 람다 표현식을 조합해서 더 복잡한 람다 표현식을 만들 수 있기 때문이다. 심지어 람다 표현식을 조합해도 코드 자체가 문제를 잘 설명한다는 점

은 변치 않는다. 여기서 소개한 and, or 등은 왼쪽에서 오른쪽으로 연결되었다. 즉, a.or(b). and(c)는 (a || b) && c와 같다.

### 3.8.3 Function 조합

마지막으로 Function 인터페이스에서 제공하는 람다 표현식도 조합할 수 있다. Function 인터페이스는 Function 인스턴스를 반환하는 andThen, compose 두 가지 디폴트 메서드를 제공한다.

andThen 메서드는 주어진 함수를 먼저 적용한 결과를 다른 함수의 입력으로 전달하는 함수를 반환한다. 예를 들어 숫자를 증가(x -> x + 1)시키는 f라는 함수가 있고, 숫자에 2를 곱하는 g라는 함수가 있다고 가정하자. 이제 다음처럼 f와 g를 조립해서 숫자를 증가시킨 뒤 결과에 2를 곱하는 h라는 함수를 만들 수 있다.

```
Function<Integer, Integer> f = x -> x + 1;
Function<Integer, Integer> g = x -> x * 2;
Function<Integer, Integer> h = f.andThen(g);    ◁── 수학으로는 write g(f(x)) 또는 (g o
int result = h.apply(1);    ◁── 4를 반환               f)(x)라고 표현
```

compose 메서드는 인수로 주어진 함수를 먼저 실행한 다음에 그 결과를 외부 함수의 인수로 제공한다. 즉, f.andThen(g)에서 andThen 대신에 compose를 사용하면 g(f(x))가 아니라 f(g(x))라는 수식이 된다.

```
Function<Integer, Integer> f = x -> x + 1;
Function<Integer, Integer> g = x -> x * 2;
Function<Integer, Integer> h = f.compose(g);    ◁── 수학으로는 f(g(x)) 또는 (f o g)(x)라고 표현
int result = h.apply(1);    ◁── 3을 반환
```

[그림 3-6]은 andThen과 compose의 차이를 보여준다.

무슨 말인지 이해가 잘 되지 않는 독자도 있을 것이다. 예를 들어 다음처럼 문자열로 구성된 편지 내용을 변환하는 다양한 유틸리티 메서드가 있다고 가정하자.

```
public class Letter{
    public static String addHeader(String text) {
        return "From Raoul, Mario and Alan: " + text;
    }
```

```java
    public static String addFooter(String text) {
        return text + " Kind regards";
    }
    public static String checkSpelling(String text) {
        return text.replaceAll("labda", "lambda");
    }
}
```

**그림 3-6** andThen 사용과 compose 사용

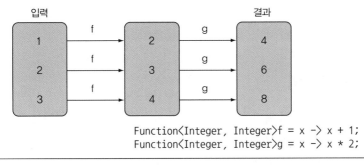

f.andThen(g)

```
Function<Integer, Integer>f = x -> x + 1;
Function<Integer, Integer>g = x -> x * 2;
```

f.compose(g)

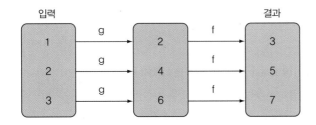

여러 유틸리티 메서드를 조합해서 다양한 변환 파이프라인을 만들 수 있다. 예를 들어 [그림 3-7]에서 보여주는 것처럼 헤더를 추가(addHeader)한 다음에, 철자 검사(checkSpelling)를 하고, 마지막에 푸터를 추가(addFooter)할 수 있다.

```java
Function<String, String> addHeader = Letter::addHeader;
Function<String, String> transformationPipeline =
    addHeader.andThen(Letter::checkSpelling)
            .andThen(Letter::addFooter);
```

**그림 3-7** andThen을 이용한 파이프라인 변환

변환 파이프라인

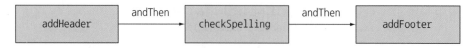

철자 검사는 빼고 헤더와 푸터만 추가하는 파이프라인도 만들 수 있다.

```
Function<String, String> addHeader = Letter::addHeader;
Function<String, String> transformationPipeline =
    addHeader.andThen(Letter::addFooter);
```

# 3.9 비슷한 수학적 개념

학교에서 수학을 즐겼던 독자라면 이 절에서 람다 표현식과 함수 전달과 관련한 색다른 재미를 느낄 수 있을 것이다. 이 절은 책의 다른 부분과 전혀 관련이 없는 내용이므로 수학을 좋아하지 않는 독자라면 건너뛰어도 된다. 하지만 잘 읽어보면 색다른 재미를 얻을 수 있다.

## 3.9.1 적분

다음과 같은 함수(자바의 함수가 아닌 수학의 함수) $f$가 있다고 가정하자.

$$f(x) = x + 10$$

공학에서는 함수가 차지하는 영역을 묻는 질문이 자주 등장한다(일반적으로 x축이 기준선이 됨). 예를 들어 [그림 3-8]의 영역을 구하는 공식은 다음과 같다.

$$\int_3^7 f(x)dx \text{ 또는 } \int_3^7 (x+10)dx$$

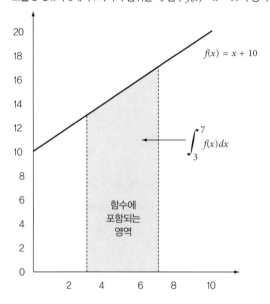

**그림 3-8** $x$가 3에서 7까지의 범위일 때 함수 $f(x) = x + 10$의 영역

이 예제에서 함수 f는 직선이므로 사다리꼴 기법(기본적으로 삼각형으로 구성되는)으로 정답을 쉽게 찾을 수 있다.

$$1/2 \times ((3+10)+(7+10)) \times (7-3) = 60$$

이제 이 공식을 어떻게 자바로 표현할 수 있을까? 먼저 적분 기호나 dy/dx 등 이상한 기호를 어떻게 처리할 것인지가 문제다.

우선은 f와 한계값(여기서는 3.0과 7.0)을 인수로 받는 integrate라는 함수를 만들어야 한다. 즉, 다음처럼 함수 f를 인수로 받는 함수를 자바로 구현할 수 있다.

```
integrate(f, 3, 7)
```

그러나 다음처럼 간단히 구현할 수는 없다.

```
integrate(x + 10, 3, 7)
```

우선 이 식에서 x의 범위가 불분명하며, f를 전달하는 것이 아니라 x+10이라는 값을 전달하게 되기 때문에 잘못된 식이다.

수학에서 dx의 정체는 'x를 인수로 받아 x+10의 결과를 만드는 함수'로 정리할 수 있다.

## 3.9.2 자바 8 람다로 연결

이전에 언급했듯이 자바 8에서는 (double x) -> x+10 같은 람다 표현식을 사용할 수 있다.

따라서 함수 f를 다음처럼 구현할 수 있다.

```
integrate((double x) -> x + 10, 3, 7)
```

또는 다음처럼 구현할 수 있다.

```
integrate((double x) -> f(x), 3, 7)
```

C가 정적 메서드 f를 포함하는 클래스라 가정하면 메서드 참조를 사용해서 코드를 더 간단하게 만들 수 있다. f의 코드를 integrate 메서드로 전달한다는 것이 이 예제의 핵심이다.

```
integrate(C::f, 3, 7)
```

이제 integrate 메서드를 어떻게 구현할지 궁금할 것이다. f를 선형 함수(직선)라 가정하자. 따라서 수학식과 비슷한 코드를 구현할 수 있다.

```
public double integrate((double -> double) f, double a, double b) {   ⟵
    return (f(a) + f(b)) * (b - a) / 2.0
}
```
**틀린 자바 코드! (자바 코드를 수학 함수처럼 구현할 수 없다.)**

하지만 함수형 인터페이스(여기서는 DoubleFunction[4])를 기대하는 콘텍스트에서만 람다 표현식을 사용할 수 있으므로 다음처럼 코드를 구현해야 한다.

```
public double integrate(DoubleFunction<Double> f, double a, double b) {
    return (f.apply(a) + f.apply(b)) * (b - a) / 2.0;
}
```

또는 DoubleUnaryOperator를 이용해도 결과를 박싱할 필요가 없다.

```
public double integrate(DoubleUnaryOperator f, double a, double b) {
    return (f.applyAsDouble(a) + f.applyAsDouble(b)) * (b - a) / 2.0;
}
```

참고로 수학처럼 f(a)라고 표현할 수 없고 f.apply(a)라고 구현했는데, 이는 자바가 진정으로 함수를 허용하지 않고 모든 것을 객체로 여기는 것을 포기할 수 없기 때문이다.

---

**4** DoubleFunction⟨Double⟩를 이용하면 결과를 박싱하지 않아도 되므로 Function⟨Double,Double⟩ 함수보다 효율적이다.

## 3.10 마치며

- **람다 표현식**은 익명 함수의 일종이다. 이름은 없지만, 파라미터 리스트, 바디, 반환 형식을 가지며 예외를 던질 수 있다.

- 람다 표현식으로 간결한 코드를 구현할 수 있다.

- **함수형 인터페이스**는 하나의 추상 메서드만을 정의하는 인터페이스다.

- 함수형 인터페이스를 기대하는 곳에서만 람다 표현식을 사용할 수 있다.

- 람다 표현식을 이용해서 함수형 인터페이스의 추상 메서드를 즉석으로 제공할 수 있으며 **람다 표현식 전체가 함수형 인터페이스의 인스턴스로 취급된다.**

- java.util.function 패키지는 [표 3-2]에서 소개하는 Predicate⟨T⟩, Function⟨T, R⟩, Supplier⟨T⟩, Consumer⟨T⟩, BinaryOperator⟨T⟩ 등을 포함해서 자주 사용하는 다양한 함수형 인터페이스를 제공한다.

- 자바 8은 Predicate⟨T⟩와 Function⟨T, R⟩ 같은 제네릭 함수형 인터페이스와 관련한 박싱 동작을 피할 수 있는 IntPredicate, IntToLongFunction 등과 같은 기본형 특화 인터페이스도 제공한다.

- 실행 어라운드 패턴(예를 들면 자원 할당, 자원 정리 등 코드 중간에 실행해야 하는 메서드에 꼭 필요한 코드)을 람다와 활용하면 유연성과 재사용성을 추가로 얻을 수 있다.

- 람다 표현식의 기대 형식type expected을 **대상** 형식target type이라고 한다.

- 메서드 참조를 이용하면 기존의 메서드 구현을 재사용하고 직접 전달할 수 있다.

- Comparator, Predicate, Function 같은 함수형 인터페이스는 람다 표현식을 조합할 수 있는 다양한 디폴트 메서드를 제공한다.

# 함수형 데이터 처리

2부에서는 스트림 API로 데이터 컬렉션을 처리하는 강력한 선언형 코드 구현 방법(declar-ative way)을 자세히 살펴본다. 2부를 학습하고 나면 스트림이 무엇인지와 스트림으로 간결하고 효율적으로 데이터 컬렉션을 처리하는 방법을 알게 된다.

4장에서는 스트림의 개념을 설명하고 스트림과 컬렉션을 비교 설명한다.

5장에서는 복잡한 데이터 처리 질의를 표현하는 데 사용하는 스트림 연산을 자세히 설명한다. 필터링, 슬라이싱, 검색, 매칭, 매핑, 리듀싱 등 다양한 패턴이 등장한다.

6장에서는 더 복잡한 데이터 처리를 표현할 수 있도록 스트림 API에서 제공하는 컬렉터를 설명한다.

7장에서는 어떻게 스트림이 자동으로 병렬 실행되면서 하드웨어의 멀티코어 아키텍처를 활용하는지 설명한다. 또한 병렬 스트림을 정확하고 효율적으로 사용하는 데 있어 주의해야 할 점도 배우게 된다.

# Part II

## 함수형 데이터 처리

# 스트림 소개

컬렉션collections이 없다면 무슨 일이 벌어질까? 거의 모든 자바 애플리케이션은 컬렉션을 만들고 처리하는 과정을 포함한다. 컬렉션으로 데이터를 그룹화하고 처리할 수 있다. 컬렉션은 대부분의 프로그래밍 작업에 사용된다. 예를 들어 메뉴를 구성하는 요리 컬렉션이 있는데 컬렉션의 요리를 반복하면서 각 요리의 칼로리양을 더한다. 어떤 사람은 컬렉션에서 칼로리가 적은 요리만 골라 특별 건강 메뉴를 구성하고 싶을지도 모른다. 대부분의 자바 애플리케이션에서는 컬렉션을 많이 사용하지만 완벽한 컬렉션 관련 연산을 지원하려면 한참 멀었다.

■ 대부분의 비즈니스 로직에는 요리를 카테고리(예를 들면 채식주의자용)로 그룹화한다든가 가장 비싼 요리를 찾는 등의 연산이 포함된다. 독자 여러분은 지금까지 이런 연산을 몇 번이나 구현했는가? 대부분의 데이터베이스에서는 선언형으로 이와 같은 연산을 표현할 수 있다. 예를 들어 SELECT name FROM dishes WHERE calorie 〈 400이라는 문장은 칼로리가 낮은 요리명을 선택하라는 SQL 질의다. SQL 질의에서 알 수 있듯이 요리의 속성을 이용하여 어떻게 필터링할 것인지는 구현할 필요가 없다(예를 들어 자바처럼 반복자, 누적자 등을 이용할 필요가 없다). SQL 질의 언어에서는 우리가 기대하는 것이 무엇인지 직접 표현할 수 있다. 즉, SQL에서는 질의를 어떻게 구현해야 할지 명시할 필요

가 없으며 구현은 자동으로 제공된다. 컬렉션으로도 이와 비슷한 기능을 만들 수 있지 않을까?

- 많은 요소를 포함하는 커다란 컬렉션은 어떻게 처리해야 할까? 성능을 높이려면 멀티코어 아키텍처를 활용해서 병렬로 컬렉션의 요소를 처리해야 한다. 하지만 병렬 처리 코드를 구현하는 것은 단순 반복 처리 코드에 비해 복잡하고 어렵다. 게다가 복잡한 코드는 디버깅도 어렵다.

프로그래머가 귀중한 시간을 절약하고, 편리한 삶을 누릴 수 있도록 자바 언어 설계자들은 어떤 결정을 내렸을까? 이미 눈치 챈 독자도 있겠지만 이 질문의 답은 스트림이다.

# 4.1 스트림이란 무엇인가?

**스트림**Streams은 자바 8 API에 새로 추가된 기능이다. 스트림을 이용하면 선언형(즉, 데이터를 처리하는 임시 구현 코드 대신 질의로 표현할 수 있다)으로 컬렉션 데이터를 처리할 수 있다. 일단 스트림이 데이터 컬렉션 반복을 멋지게 처리하는 기능이라고 생각하자. 또한 스트림을 이용하면 멀티스레드 코드를 구현하지 않아도 데이터를 **투명하게** 병렬로 처리할 수 있다. 스트림의 병렬 처리는 7장에서 자세히 설명한다. 우선은 스트림이 어떤 유용한 기능을 제공하는지 확인하자. 다음 예제는 저칼로리의 요리명을 반환하고, 칼로리를 기준으로 요리를 정렬하는 자바 7 코드다. 이 코드를 자바 8의 스트림을 이용해서 다시 구현할 것이다. 자바 8의 코드는 바로 뒤에서 자세히 설명할 것이므로 지금은 크게 신경 쓰지 말자!

다음은 기존 코드다(자바 7).

```
List<Dish> lowCaloricDishes = new ArrayList<>();
for(Dish dish: menu) {          ◁─┤ 누적자로 요소 필터링
    if(dish.getCalories() < 400) {
        lowCaloricDishes.add(dish);
    }
}
Collections.sort(lowCaloricDishes, new Comparator<Dish>() {   ◁─┤ 익명 클래스로 요리 정렬
    public int compare(Dish dish1, Dish dish2) {
        return Integer.compare(dish1.getCalories(), dish2.getCalories());
    }
```

```
    });
List<String> lowCaloricDishesName = new ArrayList<>();
for(Dish dish: lowCaloricDishes) {
    lowCaloricDishesName.add(dish.getName());   ←┤ 정렬된 리스트를 처리하면서 요리 이름 선택
}
```

위 코드에서는 lowCaloricDishes라는 '가비지 변수'를 사용했다. 즉, lowCaloricDishes는 컨테이너 역할만 하는 중간 변수다. 자바 8에서 이러한 세부 구현은 라이브러리 내에서 모두 처리한다.

다음은 최신 코드다(자바 8).

```
import static java.util.Comparator.comparing;
import static java.util.stream.Collectors.toList;
List<String> lowCaloricDishesName =
        menu.stream()
            .filter(d -> d.getCalories() < 400)         ←┤ 400칼로리 이하의 요리 선택
            .sorted(comparing(Dish::getCalories))       ←┤ 칼로리로 요리 정렬
            .map(Dish::getName)    ←┤ 요리명 추출
            .collect(toList());    ←┤ 모든 요리명을 리스트에 저장
```

stream()을 parallelStream()으로 바꾸면 이 코드를 멀티코어 아키텍처에서 병렬로 실행할 수 있다.

```
List<String> lowCaloricDishesName =
        menu.parallelStream()
            .filter(d -> d.getCalories() < 400)
            .sorted(comparing(Dishes::getCalories))
            .map(Dish::getName)
            .collect(toList());
```

parallelStream()을 호출했을 때 정확히 어떤 일이 일어날까? 얼마나 많은 스레드가 사용되는 걸까? 얼마나 성능이 좋을까? 7장에서는 이 모든 질문의 답을 자세히 설명한다. 자세한 사항은 나중에 설명할 것이므로 일단은 스트림의 새로운 기능이 소프트웨어공학적으로 다음의 다양한 이득을 준다는 사실만 기억하자.

- 선언형으로 코드를 구현할 수 있다. 즉, 루프와 if 조건문 등의 제어 블록을 사용해서 어떻게 동작을 구현할지 지정할 필요 없이 '저칼로리의 요리만 선택하라' 같은 동작의 수행을 지정할 수 있다. 3장에서 살펴본 것처럼 선언형 코드와 동작 파라미터화를 활용하면 변하는 요구사항에 쉽게 대응할 수 있다. 즉, 기존 코드를 복사하여 붙여 넣는 방식을 사

용하지 않고 람다 표현식을 이용해서 저칼로리 대신 고칼로리의 요리만 필터링하는 코드도 쉽게 구현할 수 있다.

- [그림 4-1]에서처럼 filter, sorted, map, collect 같은 여러 빌딩 블록 연산을 연결해서 복잡한 데이터 처리 파이프라인을 만들 수 있다. 여러 연산을 파이프라인으로 연결해도 여전히 가독성과 명확성이 유지된다. filter 메서드의 결과는 sorted 메서드로, 다시 sorted 결과는 map 메서드로, map 메서드의 결과는 collect로 연결된다.

filter (또는 sorted, map, collect) 같은 연산은 **고수준 빌딩 블록**high-level building block으로 이루어져 있으므로 특정 스레딩 모델에 제한되지 않고 자유롭게 어떤 상황에서든 사용할 수 있다 (또한 이들은 내부적으로 단일 스레드 모델에 사용할 수 있지만 멀티코어 아키텍처를 최대한 투명하게 활용할 수 있게 구현되어 있다). 결과적으로 우리는 데이터 처리 과정을 병렬화하면서 스레드와 락을 걱정할 필요가 없다. 이 모든 것이 스트림 API 덕분이다.

**그림 4-1** 스트림 연산을 연결해서 스트림 파이프라인 형성

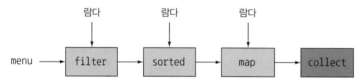

스트림 API는 매우 비싼 연산이다. 예를 들어 4, 5, 6장을 학습하고 나면 여러분은 다음과 같은 코드를 구현할 수 있게 된다.

```
Map<Dish.Type, List<Dish>> dishesByType =
    menu.stream().collect(groupingBy(Dish::getType));
```

이 예제는 6장 '스트림으로 데이터 수집'에서 자세히 설명한다. 기본적으로 위 코드는 Map 내부의 형식에 따라 요리를 그룹화한다. 예를 들어 Map은 다음과 같은 결과를 포함할 수 있다.

```
{
    FISH=[prawns, salmon],
    OTHER=[french fries, rice, season fruit, pizza],
    MEAT=[pork, beef, chicken]
}
```

일반적인 명령형 프로그래밍의 루프를 이용한다면 이 문제를 어떻게 해결했을지 생각해보라.

하지만 너무 많은 시간을 허비할 필요는 없다. 이제 스트림의 진정한 힘을 느껴볼 차례다.

---

### 기타 라이브러리: 구아바, 아파치, 람다제이

자바 프로그래머가 컬렉션을 제어하는 데 도움이 되는 다양한 라이브러리가 있다. 예를 들어 구글에서 만든 인기 라이브러리 구아바<sup>Guava</sup>는 멀티맵<sup>Multimap</sup>, 멀티셋<sup>Multiset</sup> 등 추가적인 컨테이너 클래스를 제공한다. 아파치 공통 컬렉션<sup>Apache Commons Collections</sup> 라이브러리도 비슷한 기능을 제공한다. 마지막으로 이 책의 공동저자인 마리오 푸스코가 만든 람다제이<sup>lambdaj</sup>는 함수형 프로그래밍에서 영감을 받은 선언형으로 컬렉션을 제어하는 다양한 유틸리티를 제공한다.

드디어 자바 8 덕분에 좀 더 선언형으로 컬렉션을 제어하는 공식 라이브러리가 생겼다.

---

자바 8의 스트림 API의 특징을 다음처럼 요약할 수 있다.

- **선언형** : 더 간결하고 가독성이 좋아진다.
- **조립할 수 있음** : 유연성이 좋아진다.
- **병렬화** : 성능이 좋아진다.

지금부터 당분간은 다음 코드의 요리 리스트, 즉 메뉴<sup>menu</sup>를 주요 예제로 사용한다.

```
List<Dish> menu = Arrays.asList(
    new Dish("pork", false, 800, Dish.Type.MEAT),
    new Dish("beef", false, 700,    Dish.Type.MEAT),
    new Dish("chicken", false, 400, Dish.Type.MEAT),
    new Dish("french fries", true, 530, Dish.Type.OTHER),
    new Dish("rice", true, 350, Dish.Type.OTHER),
    new Dish("season fruit", true, 120, Dish.Type.OTHER),
    new Dish("pizza", true, 550, Dish.Type.OTHER),
    new Dish("prawns", false, 300, Dish.Type.FISH),
    new Dish("salmon", false, 450, Dish.Type.FISH)
);
```

Dish는 다음과 같이 불변형 클래스다.

```
public class Dish {
    private final String name;
    private final boolean vegetarian;
    private final int calories;
    private final Type type;
```

```java
    public Dish(String name, boolean vegetarian, int calories, Type type) {
        this.name = name;
        this.vegetarian = vegetarian;
        this.calories = calories;
        this.type = type;
    }

    public String getName() {
        return name;
    }

    public boolean isVegetarian() {
        return vegetarian;
    }

    public int getCalories() {
        return calories;
    }

    public Type getType() {
        return type;
    }

    @Override
    public String toString() {
        return name;
    }

    public enum Type { MEAT, FISH, OTHER }
}
```

이제 스트림 API를 사용하는 방법을 자세히 살펴볼 것이다. 스트림과 컬렉션의 차이점과 배경도 설명한다. 5장에서는 복잡한 데이터 처리 질의를 표현하는 스트림 기능을 자세히 살펴본다. 필터링, 슬라이싱, 검색, 매칭, 매핑, 리듀싱 등의 많은 패턴을 다룰 것이다. 또한 독자 여러분이 자신의 이해도를 점검할 수 있도록 많은 퀴즈와 연습문제도 제공한다.

이제 숫자 스트림을 만들고 조작하는 방법을 알아보자. 예를 들어 짝수 스트림이나 피타고라스 삼각형 숫자 스트림은 어떻게 만들까? 마지막으로 파일 등의 소스를 이용해서 스트림을 만드는 방법도 설명한다. 또한 무제한의 요소로 스트림을 만드는 방법 등 컬렉션으로는 불가능한 작업을 처리하는 방법도 살펴본다.

## 4.2 스트림 시작하기

간단한 스트림 작업인 컬렉션 스트림부터 살펴보자. 자바 8 컬렉션에는 스트림을 반환하는 stream 메서드가 추가됐다(스트림의 인터페이스 정의는 java.util.stream.Stream 참고). 나중에 살펴보겠지만 예를 들어 숫자 범위나 I/O 자원에서 스트림 요소를 만드는 등 stream 메서드 이외에도 다양한 방법으로 스트림을 얻을 수 있다.

스트림이란 정확히 뭘까? 스트림이란 '데이터 처리 연산을 지원하도록 소스에서 추출된 연속된 요소Sequence of elements'로 정의할 수 있다. 이 정의를 하나씩 살펴보자.

- **연속된 요소** : 컬렉션과 마찬가지로 스트림은 특정 요소 형식으로 이루어진 연속된 값 집합의 인터페이스를 제공한다. 컬렉션은 자료구조이므로 컬렉션에서는 (예를 들어 ArrayList를 사용할 것인지 아니면 LinkedList를 사용할 것인지에 대한) 시간과 공간의 복잡성과 관련된 요소 저장 및 접근 연산이 주를 이룬다. 반면 스트림은 filter, sorted, map처럼 표현 계산식이 주를 이룬다. 즉, 컬렉션의 주제는 데이터고 스트림의 주제는 계산이다. 4.3절에서 이 둘의 차이점을 더 자세히 살펴본다.

- **소스** : 스트림은 컬렉션, 배열, I/O 자원 등의 데이터 제공 소스로부터 데이터를 소비한다. 정렬된 컬렉션으로 스트림을 생성하면 정렬이 그대로 유지된다. 즉, 리스트로 스트림을 만들면 스트림의 요소는 리스트의 요소와 같은 순서를 유지한다.

- **데이터 처리 연산** : 스트림은 함수형 프로그래밍 언어에서 일반적으로 지원하는 연산과 데이터베이스와 비슷한 연산을 지원한다. 예를 들어 filter, map, reduce, find, match, sort 등으로 데이터를 조작할 수 있다. 스트림 연산은 순차적으로 또는 병렬로 실행할 수 있다.

또한 스트림에는 다음과 같은 두 가지 중요 특징이 있다.

- **파이프라이닝**Pipelining : 대부분의 스트림 연산은 스트림 연산끼리 연결해서 커다란 파이프라인을 구성할 수 있도록 스트림 자신을 반환한다. 그 덕분에 **게으름**laziness, **쇼트서킷**short-circuiting 같은 최적화도 얻을 수 있다(5장에서 설명함). 연산 파이프라인은 데이터 소스에 적용하는 데이터베이스 질의와 비슷하다.

- **내부 반복** : 반복자를 이용해서 명시적으로 반복하는 컬렉션과 달리 스트림은 내부 반복을 지원한다. 4.3.2절에서 내부 반복을 자세히 설명한다.

지금까지 설명한 내용을 예제로 확인하자.

```
import static java.util.stream.Collectors.toList;
List<String> threeHighCaloricDishNames =
    menu.stream()          ←┤ 메뉴(요리 리스트)에서 스트림을 얻는다.
        .filter(dish -> dish.getCalories() > 300) ←┤ 파이프라인 연산 만들기. 첫 번째로
                                                      고칼로리 요리를 필터링한다.
        .map(Dish::getName)    ←┤ 요리명 추출
        .limit(3)              ←┤ 선착순 세 개만 선택
        .collect(toList());    ←┤ 결과를 다른 리스트로 저장
System.out.println(threeHighCaloricDishNames);  ←┤ 결과는 [pork, beef, chicken]이다.
```

우선 요리 리스트를 포함하는 menu에 stream 메서드를 호출해서 스트림을 얻었다. 여기서 **데이터 소스**는 요리 리스트(메뉴)다. 데이터 소스는 **연속된 요소**를 스트림에 제공한다. 다음으로 스트림에 filter, map, limit, collect로 이어지는 일련의 **데이터 처리 연산**을 적용한다. collect를 제외한 모든 연산은 서로 **파이프라인**을 형성할 수 있도록 스트림을 반환한다. 파이프라인은 소스에 적용하는 질의 같은 존재다. 마지막으로 collect 연산으로 파이프라인을 처리해서 결과를 반환한다(collect는 스트림이 아니라 List를 반환한다). 마지막에 collect를 호출하기 전까지는 menu에서 무엇도 선택되지 않으며 출력 결과도 없다. 즉, collect가 호출되기 전까지 메서드 호출이 저장되는 효과가 있다. [그림 4-2]는 일련의 스트림 연산이 적용되는 모습을 보여준다. filter, map, limit, collect는 각각 다음 작업을 수행한다.

- **filter** : 람다를 인수로 받아 스트림에서 특정 요소를 제외시킨다. 예제에서는 d -> d.getCalories( ) > 300이라는 람다를 전달해서 300칼로리 이상의 요리를 선택한다.

- **map** : 람다를 이용해서 한 요소를 다른 요소로 변환하거나 정보를 추출한다. 예제에서는 메서드 참조 Dish::getName (람다 표현식으로는 d -> d.getName())을 전달해서 각각의 요리명을 추출한다.

- **limit** : 정해진 개수 이상의 요소가 스트림에 저장되지 못하게 스트림 크기를 축소 truncate한다.

- **collect** : 스트림을 다른 형식으로 변환한다. 예제에서는 스트림을 리스트로 변환했다. 변환 과정이 마치 마법처럼 신기해 보일 수 있다. 6장에서 collect 연산 방법을 더 자세히 설명할 것이다. 일단 collect가 다양한 변환 방법을 인수로 받아 스트림에 누적된 요소를 특정 결과로 변환시키는 기능을 수행하는 정도로 이해하자. 예제의 toList()는 스트림을 리스트로 변환하라고 지시하는 인수다.

그림 4-2 스트림에서 메뉴를 필터링해서 세 개의 고칼로리 요리명 찾기

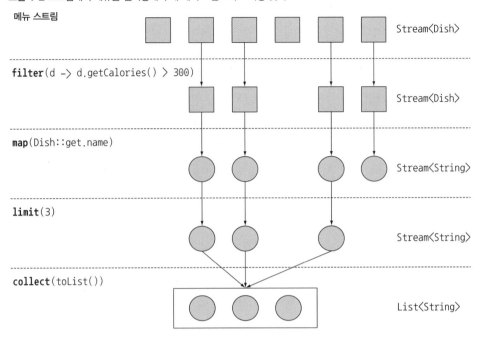

자바 8 이전의 방식으로 구현했을 코드를 상상하면서 현재 구현한 자바 8 코드와 비교해보자. 우선 '고칼로리 요리 3개를 찾아라'처럼 좀 더 선언형으로 데이터를 처리할 수 있었다. 스트림 라이브러리에서 필터링filter, 추출map, 축소limit 기능을 제공하므로 직접이 기능을 구현할 필요가 없었다. 결과적으로 스트림 API는 파이프라인을 더 최적화할 수 있는 유연성을 제공한다. 예를 들어 필터링, 추출, 축소 각각의 단계를 한 과정으로 합친 다음에 요리 3개를 찾으면 프로그램 실행을 중단시킬 수 있다. 5장에서 이 예제를 설명한다.

스트림으로 어떤 연산을 수행할 수 있는지 더 자세히 살펴보기 전에 잠시 한발 물러나 컬렉션 API와 새로운 스트림 API의 개념적인 차이를 확인하자.

## 4.3 스트림과 컬렉션

자바의 기존 컬렉션과 새로운 스트림 모두 연속된 요소 형식의 값을 저장하는 자료구조의 인터페이스를 제공한다. 여기서 '**연속된**sequenced'이라는 표현은 순서와 상관없이 아무 값에나 접속

하는 것이 아니라 순차적으로 값에 접근한다는 것을 의미한다. 이제 컬렉션과 스트림의 차이를 살펴보자.

시각적으로 차이를 알아보자. DVD에 어떤 영화가 저장되어 있다 하자. DVD에 전체 자료구조가 저장되어 있으므로 DVD도 컬렉션이다(아마 프레임이나 바이트로 이루어져 있겠지만 우리가 신경 쓸 일은 아니다). 이번에는 DVD가 아니라 **인터넷 스트리밍**으로 같은 비디오를 시청한다고 하자. 스트리밍, 즉 (바이트나 프레임으로 구성된) 스트림이 등장했다. 스트리밍으로 비디오를 재생할 때는 사용자가 시청하는 부분의 몇 프레임을 미리 내려받는다. 그러면 스트림의 다른 대부분의 값을 처리하지 않은 상태에서 미리 내려받은 프레임부터 재생할 수 있다. 특히 비디오 재생기에는 모든 프레임을 메모리에 컬렉션으로 저장할 수 있는 충분한 메모리가 없을 수도 있으며, 충분한 메모리가 있더라도 모든 프레임을 내려받은 다음에 재생을 시작하면 재생을 시작하기까지 아주 오랜 시간이 걸릴 수 있다. 스트림 일부를 컬렉션으로 저장하도록 할 수 있지만 이 부분은 주제에서 벗어나는 이야기다.

데이터를 **언제** 계산하느냐가 컬렉션과 스트림의 가장 큰 차이다. 컬렉션은 현재 자료구조가 포함하는 **모든** 값을 메모리에 저장하는 자료구조다. 즉, 컬렉션의 모든 요소는 컬렉션에 추가하기 전에 계산되어야 한다(컬렉션에 요소를 추가하거나 컬렉션의 요소를 삭제할 수 있다. 이런 연산을 수행할 때마다 컬렉션의 모든 요소를 메모리에 저장해야 하며 컬렉션에 추가하려는 요소는 미리 계산되어야 한다).

반면 스트림은 이론적으로 **요청할 때만 요소를 계산**하는 고정된 자료구조다(스트림에 요소를 추가하거나 스트림에서 요소를 제거할 수 없다). 이러한 스트림의 특성은 프로그래밍에 큰 도움을 준다. 6장에서는 얼마나 간단하게 무제한의 소수(2, 3, 5, 7, 11, …)를 포함하는 스트림을 만들 수 있는지 설명한다. 사용자가 요청하는 값만 스트림에서 추출한다는 것이 핵심이다. 물론 사용자 입장에서는 이러한 변화를 알 수 없다. 결과적으로 스트림은 생산자producer와 소비자consumer 관계를 형성한다. 또한 스트림은 게으르게 만들어지는 컬렉션과 같다. 즉, 사용자가 데이터를 요청할 때만 값을 계산한다(경영학에서는 이를 요청 중심 제조demand-driven manufacturing 또는 즉석 제조just-in-time manufacturing라고 부른다).

반면 컬렉션은 적극적으로 생성된다(생산자 중심supplier-driven : 팔기도 전에 창고를 가득 채움). 소수 예제에 이를 적용해보자. 컬렉션은 끝이 없는 모든 소수를 포함하려 할 것이므로 무한 루프를 돌면서 새로운 소수를 계산하고 추가하기를 반복할 것이다. 결국 소비자는 영원히 결과를 볼 수 없게 된다.

[그림 4-3]은 DVD, 인터넷 스트리밍 예제에 반영된 스트림과 컬렉션의 차이를 보여준다.

또 다른 예로 브라우저 인터넷 검색이 있다. 구글이나 전자상거래 온라인상점에서 검색어를 입력했다고 가정하자. 그림을 포함한 모든 검색 결과를 내려받을 때까지 기다리지 않아도 가장 비슷한 10개 또는 20개의 결과 요소를 포함하는 스트림을 얻을 수 있다(다음 10개 또는 20개의 결과를 확인할 수 있는 버튼과 함께). 여러분(소비자)이 다음 10개 버튼을 누르면 발행자는 여러분의 요청을 받아서 이를 계산한 다음에 여러분 브라우저에 표시할 것이다.

**그림 4-3** 스트림과 컬렉션

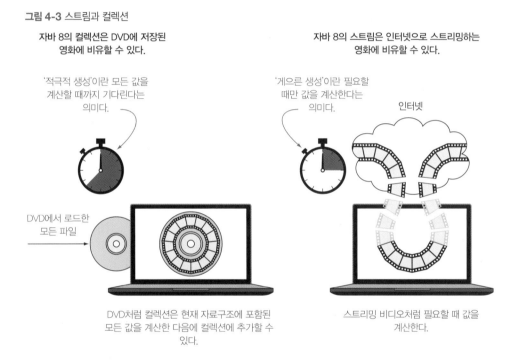

**4.3.1 딱 한 번만 탐색할 수 있다**

반복자와 마찬가지로 스트림도 한 번만 탐색할 수 있다. 즉, 탐색된 스트림의 요소는 소비된다. 반복자와 마찬가지로 한 번 탐색한 요소를 다시 탐색하려면 초기 데이터 소스에서 새로운 스트림을 만들어야 한다(그러려면 컬렉션처럼 반복 사용할 수 있는 데이터 소스여야 한다. 만일 데이터 소스가 I/O 채널이라면 소스를 반복 사용할 수 없으므로 새로운 스트림을 만들 수 없다).

```
List<String> title = Arrays.asList("Java8", "In", "Action");
Stream<String> s = title.stream();
s.forEach(System.out::println);   ←─┤ title의 각 단어를 출력
s.forEach(System.out::println);   ←─┐ java.lang.IllegalStateException: 스
                                     트림이 이미 소비되었거나 닫힘
```

스트림은 단 한 번만 소비할 수 있다는 점을 명심하자!

---

### 스트림과 컬렉션의 철학적 접근

철학적인 고찰을 좋아하는 독자라면 스트림을 시간적으로 흩어진 값의 집합으로 간주할 수 있다. 반면 컬렉션은 특정 시간에 모든 것이 존재하는 공간(컴퓨터 메모리)에 흩어진 값으로 비유할 수 있다. 우리는 for-each 루프 내에서 반복자를 이용해서 공간에 흩어진 요소에 접근할 수 있다.

---

컬렉션과 스트림의 또 다른 차이점은 데이터 반복 처리 방법이다.

## 4.3.2 외부 반복과 내부 반복

컬렉션 인터페이스를 사용하려면 사용자가 직접 요소를 반복해야 한다(예를 들면 for-each 등을 사용해서). 이를 **외부 반복**external iteration이라고 한다. 반면 스트림 라이브러리는 (반복을 알아서 처리하고 결과 스트림값을 어딘가에 저장해주는) **내부 반복**internal iteration을 사용한다. 함수에 어떤 작업을 수행할지만 지정하면 모든 것이 알아서 처리된다. 다음 코드를 살펴보자.

**예제 4-1** 컬렉션: for-each 루프를 이용하는 외부 반복

---

```
List<String> names = new ArrayList<>();
for(Dish dish: menu) {   ←─┤ 메뉴 리스트를 명시적으로 순차 반복한다.
    names.add(dish.getName());   ←─┤ 이름을 추출해서 리스트에 추가한다.
}
```

---

for-each 구문은 반복자를 사용하는 불편함을 어느 정도 해결해준다. for-each를 이용하면

Iterator 객체를 이용하는 것보다 더 쉽게 컬렉션을 반복할 수 있다.

**예제 4-2** 컬렉션: 내부적으로 숨겨졌던 반복자를 사용한 외부 반복

```
List<String> names = new ArrayList<>();
Iterator<String> iterator = menu.iterator();
while(iterator.hasNext()) {   ◁─┤ 명시적 반복
    Dish dish = iterator.next();
    names.add(dish.getName());
}
```

**예제 4-3** 스트림: 내부 반복

```
List<String> names = menu.stream()
                        .map(Dish::getName)    ◁─  map 메서드를 getName 메서드로
                        .collect(toList());         파라미터화해서 요리명을 추출한다.
```
파이프라인을 실행한다. 반복자는 필요 없다.

내부 반복은 외부 반복과 어떤 점이 다르며 어떤 이득을 주는지 예제를 통해 살펴보자. 필자가 두 살배기 딸 소피아와 얘기하고 있다. 소피아에게 인형을 정리하라고 말하는 상황이다.

**마리오 :** "소피아, 장난감 좀 정리하렴. 방바닥에 장난감이 있지?"

**소피아 :** "네, 공이 있어요."

**마리오 :** "좋아, 그럼 공을 상자에 담자. 또 어떤 장난감이 있지?"

**소피아 :** "인형이 있어요."

**마리오 :** "그럼 인형을 상자에 담자. 또 어떤 장난감이 있지?"

**소피아 :** "책이 있어요."

**마리오 :** "그럼 책을 상자에 담자. 또 어떤 장난감이 있지?"

**소피아 :** "아무것도 없어요."

**마리오 :** "참 잘했어."

우리는 위 대화처럼 자바 컬렉션을 사용한다. 컬렉션은 **외부적으로** 반복, 즉 명시적으로 컬렉션 항목을 하나씩 가져와서 처리한다. '소피아, 바닥에 있는 모든 장난감을 상자에 담자'라고 말

할수 있다면 얼마나 좋을까? 내부 반복이 더 좋은 다른 두 가지 이유가 더 있다. 첫째로 소피아가 한 손에는 인형을 다른 한 손에는 공을 동시에 들 수 있다는 점이고, 둘째로 먼저 모든 장난감을 상자 가까이 이동시킨 다음에 장난감을 상자에 넣을 수 있다는 점이다. 이렇듯 내부 반복을 이용하면 작업을 투명하게 병렬로 처리하거나 더 최적화된 다양한 순서로 처리할 수 있다. 기존 자바에서처럼 컬렉션을 외부 반복으로 처리한다면 이와 같은 최적화를 달성하기 어렵다. 하지만 내부 반복뿐 아니라 자바 8에서 스트림을 제공하는 더 다양한 이유가 있다. 스트림 라이브러리의 내부 반복은 데이터 표현과 하드웨어를 활용한 병렬성 구현을 자동으로 선택한다. 반면 for-each를 이용하는 외부 반복에서는 병렬성을 **스스로 관리**해야 한다(병렬성을 스스로 관리한다는 것은 병렬성을 포기하든지 아니면 synchronized로 시작하는 힘들고 긴 전쟁을 시작함을 의미한다). 자바 8에서는 컬렉션 인터페이스와 비슷하면서도 반복자가 없는 무엇이 절실했으며, 결국 스트림이 탄생했다. [그림 4-4]는 스트림(내부 반복)과 컬렉션(외부 반복)의 차이를 보여준다.

그림 4-4 내부 반복과 외부 반복

**스트림**

내부 반복

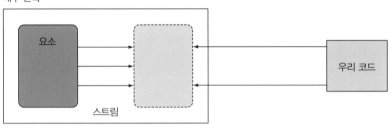

**컬렉션**

외부 반복

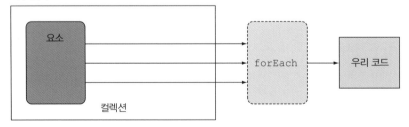

지금까지 컬렉션과 스트림의 개념적 차이를 살펴봤다. 특히 스트림은 내부 반복을 사용하므로 반복 과정을 우리가 신경 쓰지 않아도 된다. 하지만 이와 같은 이점을 누리려면 (filter나 map 같이) 반복을 숨겨주는 연산 리스트가 미리 정의되어 있어야 한다. 반복을 숨겨주는 대부분의 연산은 람다 표현식을 인수로 받으므로 3장에서 배운 동작 파라미터화를 활용할 수 있다. 자바 언어 설계자들은 우리가 복잡한 데이터 처리 질의를 표현할 수 있도록 다양한 추가 연산을 제공한다. 다음 절에서는 스트림이 어떤 추가 연산을 제공하는지 간단히 확인하고 각 연산의 자세한 내용은 5장에서 살펴본다. [퀴즈 4-1]을 풀면서 내부 반복과 외부 반복의 차이를 제대로 이해했는지 확인하자.

---

**퀴즈 4-1** **외부 반복 vs 내부 반복**

지금까지 [예제 4-1], [예제 4-2]에서 배운 외부 반복을 참고해서 어떤 스트림 동작을 사용해 다음 코드를 리팩터링할 수 있을지 생각해보자.

```
List<String> highCaloricDishes = new ArrayList<>();
Iterator<String> iterator = menu.iterator();
while(iterator.hasNext()) {
    Dish dish = iterator.next();
    if(dish.getCalories() > 300) {
        highCaloricDishes.add(d.getName());
    }
}
```

**정답**

filter 패턴을 사용한다.

```
List<String> highCaloricDish = menu.stream()
    .filter(dish -> dish.getCalories() > 300)
    .map(Dish::getName)
    .collect(toList());
```

다음 장에서 더 자세히 살펴볼 것이므로 아직 스트림 질의를 구현하기 어렵더라도 걱정하지 말자.

# 4.4 스트림 연산

java.util.stream.Stream 인터페이스는 많은 연산을 정의한다. 스트림 인터페이스의 연산을 크게 두 가지로 구분할 수 있다. 다음은 이전에 등장했던 예제다.

```
List<String> names = menu.stream()      ◁── 요리 리스트에서 스트림 얻기
                       .filter(dish -> dish.getCalories() > 300)   ◁── 중간 연산
                       .map(Dish::getName)   ◁── 중간 연산
                       .limit(3)   ◁── 중간 연산
                       .collect(toList());   ◁── 스트림을 리스트로 변환
```

위 예제에서 연산을 두 그룹으로 구분할 수 있다.

- filter, map, limit는 서로 연결되어 파이프라인을 형성한다.
- collect로 파이프라인을 실행한 다음에 닫는다.

연결할 수 있는 스트림 연산을 **중간 연산**intermediate operation이라고 하며, 스트림을 닫는 연산을 **최종 연산**terminal operation이라고 한다. [그림 4-5]는 이 두 그룹을 보여준다. 왜 스트림의 연산을 두 가지로 구분하는 것일까?

**그림 4-5** 중간 연산과 최종 연산

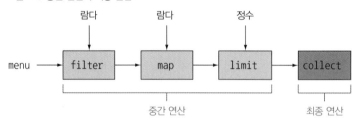

## 4.4.1 중간 연산

filter나 sorted 같은 중간 연산은 다른 스트림을 반환한다. 따라서 여러 중간 연산을 연결해서 질의를 만들 수 있다. 중간 연산의 중요한 특징은 단말 연산을 스트림 파이프라인에 실행하기 전까지는 아무 연산도 수행하지 않는다는 것, 즉 게으르다lazy는 것이다. 중간 연산을 합친 다음에 합쳐진 중간 연산을 최종 연산으로 한 번에 처리하기 때문이다.

스트림 파이프라인에서 어떤 일이 일어나는지 쉽게 확인할 수 있도록 람다가 현재 처리 중인

요리를 출력하자(여러 데모, 디버깅 기법과 마찬가지로 제품 코드에는 이와 같은 출력 코드를
추가하지 않는 것이 좋다. 하지만 출력문 덕분에 프로그램 실행 과정을 쉽게 확인할 수 있으므
로 학습용으로는 매우 좋은 기법이다).

```
List<String> names =
    menu.stream()
    .filter(dish -> {
            System.out.println("filtering:" + dish.getName());
            return dish.getCalories() > 300;
    })    ◁─┤ 필터링한 요리명을 출력한다.
    .map(dish -> {
            System.out.println("mapping:" + dish.getName());
            return dish.getName();
    })    ◁─┤ 추출한 요리명을 출력한다.
    .limit(3)
    .collect(toList());
System.out.println(names);
```

다음은 프로그램 실행 결과다.

```
filtering:pork
mapping:pork
filtering:beef
mapping:beef
filtering:chicken
mapping:chicken
[pork, beef, chicken]
```

스트림의 게으른 특성 덕분에 몇 가지 최적화 효과를 얻을 수 있었다. 첫째, 300칼로리가 넘는
요리는 여러 개지만 오직 처음 3개만 선택되었다. 이는 limit 연산 그리고 **쇼트서킷**이라 불리
는 기법 덕분이다(5장에서 자세히 설명한다). 둘째, filter와 map은 서로 다른 연산이지만 한
과정으로 병합되었다(이 기법을 **루프 퓨전**loop fusion이라고 한다).


## 4.4.2 최종 연산

최종 연산은 스트림 파이프라인에서 결과를 도출한다. 보통 최종 연산에 의해 List, Integer,
void 등 스트림 이외의 결과가 반환된다. 예를 들어 다음 파이프라인에서 forEach는 소스의 각
요리에 람다를 적용한 다음에 void를 반환하는 최종 연산이다. System.out.println를 forEach
에 넘겨주면 menu에서 만든 스트림의 모든 요리를 출력한다.

```
menu.stream().forEach(System.out::println);
```

[퀴즈 4-2]을 풀면서 지금까지 배운 중간 연산과 최종 연산을 제대로 이해했는지 확인하자.

---

**퀴즈 4-2 중간 연산과 최종 연산**

다음 스트림 파이프라인에서 중간 연산과 최종 연산을 구별하시오.

```
long count = menu.stream()
                 .filter(d -> d.getCalories() > 300)
                 .distinct()
                 .limit(3)
                 .count();
```

**정답**

스트림 파이프라인의 마지막 연산 count는 스트림이 아닌 long을 반환한다. 따라서 count는 최종 연산이다. filter, distinct, limit는 스트림을 반환하며 서로 연결할 수 있다. 따라서 이들은 중간 연산이다.

---

## 4.4.3 스트림 이용하기

스트림 이용 과정은 다음과 같이 세 가지로 요약할 수 있다.

- 질의를 수행할 (컬렉션 같은) 데이터 소스
- 스트림 파이프라인을 구성할 중간 연산 연결
- 스트림 파이프라인을 실행하고 결과를 만들 최종 연산

스트림 파이프라인의 개념은 빌더 패턴<sup>builder pattern</sup>과 비슷하다(http://en.wikipedia.org/wiki/Builder_pattern 참고). 빌더 패턴에서는 호출을 연결해서 설정을 만든다(스트림에서 중간 연산을 연결하는 것과 같다). 그리고 준비된 설정에 build 메서드를 호출한다(스트림에서는 최종 연산에 해당함).

[표 4-1]과 [표 4-2]는 지금까지 살펴본 코드에서 누가 중간 연산이고 누가 최종 연산인지 요약해서 보여준다. 물론 이것이 스트림 API에서 제공하는 모든 기능은 아니다. 5장에서 더 많은 기능을 만나보자!

**표 4-1 중간 연산**

| 연산 | 형식 | 반환 형식 | 연산의 인수 | 함수 디스크립터 |
|------|------|-----------|-------------|-----------------|
| filter | 중간 연산 | Stream&lt;T&gt; | Predicate&lt;T&gt; | T -> boolean |
| map | 중간 연산 | Stream&lt;R&gt; | Function&lt;T, R&gt; | T -> R |
| limit | 중간 연산 | Stream&lt;T&gt; | | |
| sorted | 중간 연산 | Stream&lt;T&gt; | Comparator&lt;T&gt; | (T, T) -> int |
| distinct | 중간 연산 | Stream&lt;T&gt; | | |

**표 4-2 최종 연산**

| 연산 | 형식 | 반환 형식 | 목적 |
|------|------|-----------|------|
| forEach | 최종 연산 | void | 스트림의 각 요소를 소비하면서 람다를 적용한다. |
| count | 최종 연산 | long (generic) | 스트림의 요소 개수를 반환한다. |
| collect | 최종 연산 | | 스트림을 리듀스해서 리스트, 맵, 정수 형식의 컬렉션을 만든다. 자세한 내용은 6장 참조. |

## 4.5 로드맵

5장에서는 스트림에서 제공하는 연산을 더 자세히 살펴보고 어떤 종류의 질의를 표현할 수 있는지 사용 사례를 확인한다. 그리고 복잡한 데이터 처리 질의를 표현하는 데 사용하는 필터링, 슬라이싱, 검색, 매칭, 매핑, 리듀싱 등 다양한 패턴도 살펴본다.

데이터 수집 방법은 6장에서 본격적으로 살펴본다. 4장에서는 스트림의 요소를 리스트로 만드는 최종 연산으로 collect(toList())만 사용했다([표 4-2] 참고).

## 4.6 마치며

- 스트림은 소스에서 추출된 연속 요소로, 데이터 처리 연산을 지원한다.
- 스트림은 내부 반복을 지원한다. 내부 반복은 filter, map, sorted 등의 연산으로 반복을 추상화한다.

- 스트림에는 중간 연산과 최종 연산이 있다.

- 중간 연산은 filter와 map처럼 스트림을 반환하면서 다른 연산과 연결되는 연산이다. 중간 연산을 이용해서 파이프라인을 구성할 수 있지만 중간 연산으로는 어떤 결과도 생성할 수 없다.

- forEach나 count처럼 스트림 파이프라인을 처리해서 스트림이 아닌 결과를 반환하는 연산을 최종 연산이라고 한다.

- 스트림의 요소는 요청할 때 게으르게[lazily] 계산된다.

# 스트림 활용

4장에서는 스트림을 이용해서 **외부 반복**을 **내부 반복**으로 바꾸는 방법을 살펴봤다. 다음은 데이터 컬렉션 반복을 명시적으로 관리하는 외부 반복 코드다.

```
List<Dish> vegetarianDishes = new ArrayList<>();
for(Dish d: menu) {
    if(d.isVegetarian()) {
        vegetarianDishes.add(d);
    }
}
```

명시적 반복 대신 filter와 collect 연산을 지원하는 스트림 API를 이용해서 데이터 컬렉션 반복을 내부적으로 처리할 수 있다. 다음처럼 filter 메서드에 필터링 연산을 인수로 넘겨주면 된다.

```
import static java.util.stream.Collectors.toList;
List<Dish> vegetarianDishes =
    menu.stream()
        .filter(Dish::isVegetarian)
        .collect(toList());
```

데이터를 어떻게 처리할지는 스트림 API가 관리하므로 편리하게 데이터 관련 작업을 할 수 있다. 따라서 스트림 API 내부적으로 다양한 최적화가 이루어질 수 있다. 스트림 API는 내부 반복 뿐 아니라 코드를 병렬로 실행할지 여부도 결정할 수 있다. 이러한 일은 순차적인 반복을 단일 스레드로 구현하는 외부 반복으로는 달성할 수 없다.

이 장에서는 스트림 API가 지원하는 다양한 연산을 살펴본다. 자바 8과 자바 9에서 추가된 다양한 연산을 살펴보자. 스트림 API가 지원하는 연산을 이용해서 필터링, 슬라이싱, 매핑, 검색, 매칭, 리듀싱 등 다양한 데이터 처리 질의를 표현할 수 있다. 다음으로 숫자 스트림, 파일과 배열 등 다양한 소스로 스트림을 만드는 방법과, 무한 스트림 등 스트림의 특수한 경우도 살펴본다.

# 5.1 필터링

5.1절에서는 스트림의 요소를 선택하는 방법, 즉 프레디케이트 필터링 방법과 고유 요소만 필터링하는 방법을 배운다.

### 5.1.1 프레디케이트로 필터링

스트림 인터페이스는 filter 메서드를 지원한다(이젠 이 메서드에 익숙할 것이다). filter 메서드는 **프레디케이트**(불리언을 반환하는 함수)를 인수로 받아서 프레디케이트와 일치하는 모든 요소를 포함하는 스트림을 반환한다. 예를 들어 다음 코드와 [그림 5-1]에서 보여주는 것처럼 모든 채식요리를 필터링해서 채식 메뉴를 만들 수 있다.

```
List<Dish> vegetarianMenu = menu.stream()
                    .filter(Dish::isVegetarian)          채식 요리인지 확인하는
                    .collect(toList());                  메서드 참조
```

**그림 5-1** 프레디케이트로 스트림 필터링하기

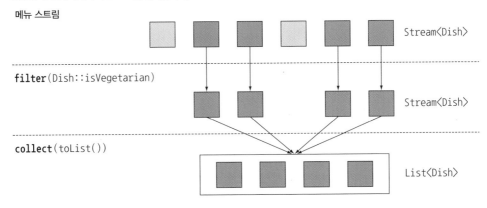

## 5.1.2 고유 요소 필터링

스트림은 고유 요소로 이루어진 스트림을 반환하는 distinct 메서드도 지원한다(고유 여부는 스트림에서 만든 객체의 hashCode, equals로 결정된다). 예를 들어 다음 코드는 리스트의 모든 짝수를 선택하고 중복을 필터링한다. [그림 5-2]는 이를 그림으로 보여준다.

```java
List<Integer> numbers = Arrays.asList(1, 2, 1, 3, 3, 2, 4);
numbers.stream()
       .filter(i -> i % 2 == 0)
       .distinct()
       .forEach(System.out::println);
```

**그림 5-2** 스트림에서 고유 요소만 필터링

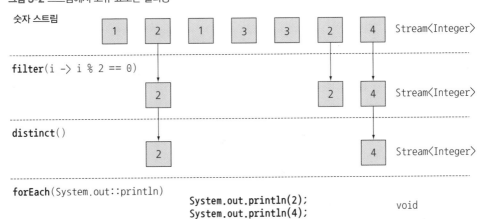

## 5.2 스트림 슬라이싱

5.2절에서는 스트림의 요소를 선택하거나 스킵하는 다양한 방법을 설명한다. 프레디케이트를 이용하는 방법, 스트림의 처음 몇 개의 요소를 무시하는 방법, 특정 크기로 스트림을 줄이는 방법 등 다양한 방법을 이용해 효율적으로 이런 작업을 수행할 수 있다.

### 5.2.1 프레디케이트를 이용한 슬라이싱

자바 9은 스트림의 요소를 효과적으로 선택할 수 있도록 takeWhile, dropWhile 두 가지 새로운 메서드를 지원한다.

### TAKEWHILE 활용

다음과 같은 특별한 요리 목록을 갖고 있다고 가정하자.

```
List<Dish> specialMenu = Arrays.asList(
    new Dish("seasonal fruit", true, 120, Dish.Type.OTHER),
    new Dish("prawns", false, 300, Dish.Type.FISH),
    new Dish("rice", true, 350, Dish.Type.OTHER),
    new Dish("chicken", false, 400, Dish.Type.MEAT),
    new Dish("french fries", true, 530, Dish.Type.OTHER));
```

어떻게 320칼로리 이하의 요리를 선택할 수 있을까? 본능적으로 앞에서 배운 filter를 다음처럼 이용할 수 있다는 생각이 들 것이다.

```
List<Dish> filteredMenu
    = specialMenu.stream()
            .filter(dish -> dish.getCalories() < 320)
            .collect(toList());   ←┤ seasonal fruit, prawns 목록
```

위 리스트는 이미 칼로리 순으로 정렬되어 있다는 사실에 주목하자. filter 연산을 이용하면 전체 스트림을 반복하면서 각 요소에 프레디케이트를 적용하게 된다. 따라서 리스트가 이미 정렬되어 있다는 사실을 이용해 320칼로리보다 크거나 같은 요리가 나왔을 때 반복 작업을 중단할 수 있다. 작은 리스트에서는 이와 같은 동작이 별거 아닌 것처럼 보일 수 있지만 아주 많은 요소를 포함하는 큰 스트림에서는 상당한 차이가 될 수 있다. 이를 어떻게 지정할 수 있을까? 바로 takeWhile 연산을 이용하면 이를 간단하게 처리할 수 있다. takeWhile을 이용하면 무한

스트림을 포함한 모든 스트림에 프레디케이트를 적용해 스트림을 슬라이스할 수 있다.

```
List<Dish> slicedMenu1
    = specialMenu.stream()
                .takeWhile(dish -> dish.getCalories() < 320)
                .collect(toList());   ←┤ Seasonal fruit, prawns 목록
```

## DROPWHILE 활용

나머지 요소를 선택하려면 어떻게 해야 할까? 즉 320칼로리보다 큰 요소는 어떻게 탐색할까?
dropWhile을 이용해 이 작업을 완료할 수 있다.

```
List<Dish> slicedMenu2
    = specialMenu.stream()
                .dropWhile(dish -> dish.getCalories() < 320)
                .collect(toList());   ←┤ rice, chicken, french fries 목록
```

dropWhile은 takeWhile과 정반대의 작업을 수행한다. dropWhile은 프레디케이트가 처음으로
거짓이 되는 지점까지 발견된 요소를 버린다. 프레디케이트가 거짓이 되면 그 지점에서 작업을
중단하고 남은 모든 요소를 반환한다. dropWhile은 무한한 남은 요소를 가진 무한 스트림에서
도 동작한다.

## 5.2.2 스트림 축소

스트림은 주어진 값 이하의 크기를 갖는 새로운 스트림을 반환하는 limit(n) 메서드를 지원한
다. 스트림이 정렬되어 있으면 최대 요소 n개를 반환할 수 있다. 예를 들어 다음처럼 300칼로
리 이상의 세 요리를 선택해서 리스트를 만들 수 있다.

```
List<Dish> dishes = specialMenu.stream()
                            .filter(dish -> dish.getCalories() > 300)
                            .limit(3)
                            .collect(toList());   ←┤ rice, chicken, french fries 목록
```

[그림 5-3]은 filter와 limit를 조합한 모습을 보여준다. 프레디케이트와 일치하는 처음 세
요소를 선택한 다음에 즉시 결과를 반환한다.

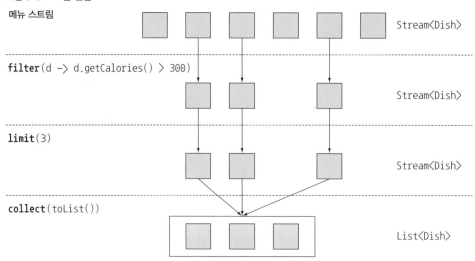

**그림 5-3** 스트림 연결

메뉴 스트림

`filter`(d -> d.getCalories() > 300)

`limit`(3)

`collect`(toList())

Stream〈Dish〉

Stream〈Dish〉

Stream〈Dish〉

List〈Dish〉

정렬되지 않은 스트림(예를 들면 소스가 Set)에도 limit를 사용할 수 있다. 소스가 정렬되어 있지 않았다면 limit의 결과도 정렬되지 않은 상태로 반환된다.

### 5.2.3 요소 건너뛰기

스트림은 처음 n개 요소를 제외한 스트림을 반환하는 skip(n) 메서드를 지원한다. n개 이하의 요소를 포함하는 스트림에 skip(n)을 호출하면 빈 스트림이 반환된다. limit(n)과 skip(n)은 상호 보완적인 연산을 수행한다. 예를 들어 다음 코드는 300칼로리 이상의 처음 두 요리를 건너뛴 다음에 300칼로리가 넘는 나머지 요리를 반환한다. [그림 5-4]는 이 질의가 처리되는 과정을 보여준다.

```
List<Dish> dishes = menu.stream()
                        .filter(d -> d.getCalories() > 300)
                        .skip(2)
                        .collect(toList());
```

**그림 5-4** 스트림의 요소 건너뛰기

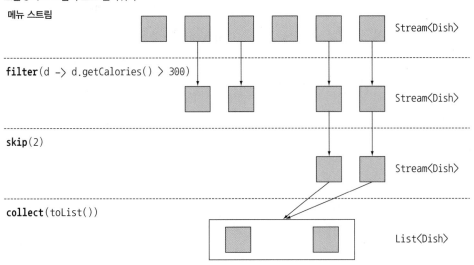

매핑 연산을 살펴보기 전에 [퀴즈 5-1]을 통해 지금까지 배운 내용을 확인하자.

---

**퀴즈 5-1** 필터링

스트림을 이용해서 처음 등장하는 두 고기 요리를 필터링하시오.

**정답**

다음 코드에서 볼 수 있는 것처럼 filter와 limit 메서드를 조합한 다음에 collect(toList())
를 이용해서 스트림을 리스트로 변환한다.

```
List<Dish> dishes =
    menu.stream()
        .filter(d -> d.getType() == Dish.Type.MEAT)
        .limit(2)
        .collect(toList());
```

---

## 5.3 매핑

특정 객체에서 특정 데이터를 선택하는 작업은 데이터 처리 과정에서 자주 수행되는 연산이다. 예를 들어 SQL의 테이블에서 특정 열만 선택할 수 있다. 스트림 API의 map과 flatMap 메서드는 특정 데이터를 선택하는 기능을 제공한다.

### 5.3.1 스트림의 각 요소에 함수 적용하기

스트림은 함수를 인수로 받는 map 메서드를 지원한다. 인수로 제공된 함수는 각 요소에 적용되며 함수를 적용한 결과가 새로운 요소로 매핑된다(이 과정은 기존의 값을 '고친다modify'라는 개념보다는 '새로운 버전을 만든다'라는 개념에 가까우므로 '**변환**transforming'에 가까운 '**매핑**mapping'이라는 단어를 사용한다). 예를 들어 다음은 Dish::getName을 map 메서드로 전달해서 스트림의 요리명을 추출하는 코드다.

```
List<String> dishNames = menu.stream()
                             .map(Dish::getName)
                             .collect(toList());
```

getName은 문자열을 반환하므로 map 메서드의 출력 스트림은 Stream<String> 형식을 갖는다.

다른 예제를 살펴보면 map 메서드가 어떤 일을 수행하는지 더 잘 이해할 수 있다. 단어 리스트가 주어졌을 때 각 단어가 포함하는 글자 수의 리스트를 반환한다고 가정하자. 어떻게 이 작업을 구현할 수 있을까? 리스트의 각 요소에 함수를 적용해야 한다. 이전 예제에서 확인했던 것처럼 map을 이용할 수 있다. 각 요소에 적용할 함수는 단어를 인수로 받아서 길이를 반환해야 한다. 결론적으로 다음처럼 메서드 참조 String::length를 map에 전달해서 문제를 해결할 수 있다.

```
List<String> words = Arrays.asList("Modern", "Java", "In", "Action");
List<Integer> wordLengths = words.stream()
                                 .map(String::length)
                                 .collect(toList());
```

다시 요리명을 추출하는 예제를 돌아가자. 각 요리명의 길이를 알고 싶다면 어떻게 해야 할까? 다음처럼 다른 map 메서드를 연결chaining할 수 있다.

```
List<Integer> dishNameLengths = menu.stream()
                                    .map(Dish::getName)
                                    .map(String::length)
                                    .collect(toList());
```

### 5.3.2 스트림 평면화

메서드 map을 이용해서 리스트의 각 단어의 길이를 반환하는 방법을 확인했다. 이를 응용해서 리스트에서 **고유 문자**로 이루어진 리스트를 반환해보자. 예를 들어 ["Hello", "World"] 리스트가 있다면 결과로 ["H", "e", "l", "o", "W", "r", "d"]를 포함하는 리스트가 반환되어야 한다.

리스트에 있는 각 단어를 문자로 매핑한 다음에 distinct로 중복된 문자를 필터링해서 쉽게 문제를 해결할 수 있을 것이라고 추측한 독자도 있을 것이다. 즉, 다음처럼 문제를 해결할 수 있다.

```
words.stream()
     .map(word -> word.split(""))
     .distinct()
     .collect(toList());
```

위 코드에서 map으로 전달한 람다는 각 단어의 String[](문자열 배열)을 반환한다는 점이 문제다. 따라서 map 메소드가 반환한 스트림의 형식은 Stream<String[]>이다. 우리가 원하는 것은 문자열의 스트림을 표현할 Stream<String>이다. [그림 5-5]는 이 문제를 보여준다.

**그림 5-5** map을 이용해서 단어 리스트에서 고유 문자를 찾는 데 실패한 사례

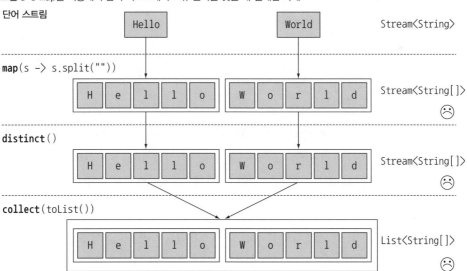

다행히 flatMap이라는 메서드를 이용해서 이 문제를 해결할 수 있다. 다음 과정을 살펴보자.

## map과 Arrays.stream 활용

우선 배열 스트림 대신 문자열 스트림이 필요하다. 다음 코드에서 보여주는 것처럼 문자열을 받아 스트림을 만드는 Arrays.stream() 메서드가 있다.

```
String[] arrayOfWords = {"Goodbye", "World"};
Stream<String> streamOfwords = Arrays.stream(arrayOfWords);
```

위 예제의 파이프라인에 Arrays.stream() 메서드를 적용해보자.

```
words.stream()
     .map(word -> word.split(""))    ◁─┤ 각 단어를 개별 문자열 배열로 변환
     .map(Arrays::stream)◁─┤ 각 배열을 별도의 스트림으로 생성
     .distinct()
     .collect(toList());
```

결국 스트림 리스트(엄밀히 따지면 List<Stream<String>>)가 만들어지면서 문제가 해결되지 않았다. 문제를 해결하려면 먼저 각 단어를 개별 문자열로 이루어진 배열로 만든 다음에 각 배열을 별도의 스트림으로 만들어야 한다.

## flatMap 사용

flatMap을 사용하면 다음처럼 문제를 해결할 수 있다.

```
List<String> uniqueCharacters =
    words.stream()
         .map(word -> word.split(""))    ◁─┤ 각 단어를 개별 문자를 포함하는 배열로 변환
         .flatMap(Arrays::stream)    ◁─┤ 생성된 스트림을 하나의 스트림으로 평면화
         .distinct()
         .collect(toList());
```

flatMap은 각 배열을 스트림이 아니라 스트림의 콘텐츠로 매핑한다. 즉, map(Arrays::stream)과 달리 flatMap은 하나의 평면화된 스트림을 반환한다. [그림 5-6]은 flatMap 효과를 보여준다. [그림 5-5]의 map 메서드 연산과 [그림 5-6]의 flatMap 메서드 연산을 천천히 비교해보자.

요약하면 flatMap 메서드는 스트림의 각 값을 다른 스트림으로 만든 다음에 모든 스트림을 하

나의 스트림으로 연결하는 기능을 수행한다.

**그림 5-6** flatMap을 이용해서 단어 리스트에서 고유 문자 찾기

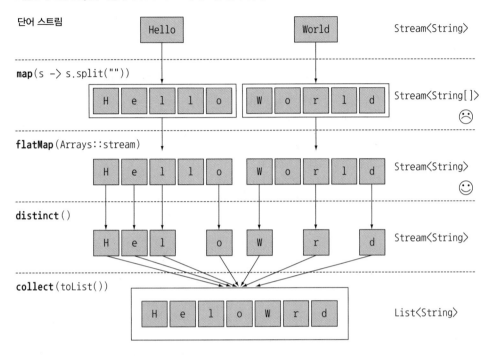

10장에서는 null을 확인하는 새로운 라이브러리 클래스인 Optional이라는 고급 자바 8 패턴을 설명하면서 flatMap을 다시 설명한다. [퀴즈 5-2]를 풀면서 map과 flatMap을 제대로 이해했는지 확인하자.

---

**퀴즈 5-2** 매핑

**1.** 숫자 리스트가 주어졌을 때 각 숫자의 제곱근으로 이루어진 리스트를 반환하시오. 예를 들어 [1, 2, 3, 4, 5]가 주어지면 [1, 4, 9, 16, 25]를 반환해야 한다.

**정답**

숫자를 인수로 받아 제곱근을 반환하는 람다를 map에 넘겨주는 방법으로 문제를 해결할 수 있다.

```
List<Integer> numbers = Arrays.asList(1, 2, 3, 4, 5);
List<Integer> squares = numbers.stream()
                               .map(n -> n * n)
                               .collect(toList());
```

**2.** 두 개의 숫자 리스트가 있을 때 모든 숫자 쌍의 리스트를 반환하시오. 예를 들어 두 개의 리스트 [1, 2, 3]과 [3, 4]가 주어지면 [(1, 3), (1, 4), (2, 3), (2, 4), (3, 3), (3, 4)]를 반환해야 한다.

**[정답]**

두 개의 map을 이용해서 두 리스트를 반복한 다음에 숫자 쌍을 만들 수 있다. 하지만 결과로 Stream⟨Stream⟨Integer[]⟩⟩가 반환된다. 따라서 결과를 Stream⟨Integer[]⟩로 평면화한 스트림이 필요하다. 바로 flatMap을 사용해야 한다.

```
List<Integer> numbers1 = Arrays.asList(1, 2, 3);
List<Integer> numbers2 = Arrays.asList(3, 4);
List<int[]> pairs = numbers1.stream()
                        .flatMap(i -> numbers2.stream()
                                            .map(j -> new int[]{i, j})
                        )
                        .collect(toList());
```

**3.** 이전 예제에서 합이 3으로 나누어떨어지는 쌍만 반환하려면 어떻게 해야 할까? 예를 들어 (2, 4), (3, 3)을 반환해야 한다.

**[정답]**

filter를 프레디케이트와 함께 사용하면 스트림의 요소를 필터링할 수 있다. flatMap을 실행하면 숫자 쌍을 포함하는 int[] 스트림이 반환되므로 프레디케이트를 이용해서 숫자 쌍의 합이 3으로 나누어떨어지는지 확인할 수 있다.

```
List<Integer> numbers1 = Arrays.asList(1, 2, 3);
List<Integer> numbers2 = Arrays.asList(3, 4);
List<int[]> pairs =
    numbers1.stream()
            .flatMap(i ->
                    numbers2.stream()
                        .filter(j -> (i + j) % 3 == 0)
                        .map(j -> new int[]{i, j})
            )
            .collect(toList());
```

결과는 [(2, 4), (3, 3)]이다.

## 5.4 검색과 매칭

특정 속성이 데이터 집합에 있는지 여부를 검색하는 데이터 처리도 자주 사용된다. 스트림 API는 allMatch, anyMatch, noneMatch, findFirst, findAny 등 다양한 유틸리티 메서드를 제공한다.

### 5.4.1 프레디케이트가 적어도 한 요소와 일치하는지 확인

프레디케이트가 주어진 스트림에서 적어도 한 요소와 일치하는지 확인할 때 anyMatch 메서드를 이용한다. 예를 들어 다음 코드는 menu에 채식요리가 있는지 확인하는 예제다.

```
if(menu.stream().anyMatch(Dish::isVegetarian)) {
    System.out.println("The menu is (somewhat) vegetarian friendly!!");
}
```

anyMatch는 불리언을 반환하므로 최종 연산이다.

### 5.4.2 프레디케이트가 모든 요소와 일치하는지 검사

allMatch 메서드는 anyMatch와 달리 스트림의 모든 요소가 주어진 프레디케이트와 일치하는지 검사한다. 예를 들어 메뉴가 건강식(모든 요리가 1000칼로리 이하면 건강식으로 간주)인지 확인할 수 있다.

```
boolean isHealthy = menu.stream()
                        .allMatch(dish -> dish.getCalories() < 1000);
```

### NONEMATCH

noneMatch는 allMatch와 반대 연산을 수행한다. 즉, noneMatch는 주어진 프레디케이트와 일치하는 요소가 없는지 확인한다. 예를 들어 이전 예제를 다음처럼 noneMatch로 다시 구현할 수 있다.

```
boolean isHealthy = menu.stream()
                        .noneMatch(d -> d.getCalories() >= 1000);
```

anyMatch, allMatch, noneMatch 세 메서드는 스트림 **쇼트서킷** 기법, 즉 자바의 &&, ||와 같은 연산을 활용한다.

### 5.4.3 요소 검색

findAny 메서드는 현재 스트림에서 임의의 요소를 반환한다. findAny 메서드를 다른 스트림연산과 연결해서 사용할 수 있다. 예를 들어 다음 코드처럼 filter와 findAny를 이용해서 채식 요리를 선택할 수 있다.

```
Optional<Dish> dish =
    menu.stream()
        .filter(Dish::isVegetarian)
        .findAny();
```

스트림 파이프라인은 내부적으로 단일 과정으로 실행할 수 있도록 최적화된다. 즉, 쇼트서킷을 이용해서 결과를 찾는 즉시 실행을 종료한다. 그런데 위 코드에 사용된 Optional은 무엇일까?

### Optional이란?

Optional<T> 클래스(java.util.Optional)는 값의 존재나 부재 여부를 표현하는 컨테이너 클래스다. 이전 예제에서 findAny는 아무 요소도 반환하지 않을 수 있다. null은 쉽게 에러를 일으킬 수 있으므로 자바 8 라이브러리 설계자는 Optional<T>를 만들었다. Optional을 이용해서 null 확인 관련 버그를 피하는 방법은 10장에서 자세히 설명하므로 여기서는 자세히 설명하지 않는다. 일단 Optional은 값이 존재하는지 확인하고 값이 없을 때 어떻게 처리할지 강제하는 기능을 제공한다는 사실만 알아두자.

- isPresent()는 Optional이 값을 포함하면 참(true)을 반환하고, 값을 포함하지 않으면 거짓(false)을 반환한다.

- ifPresent(Consumer⟨T⟩ block)은 값이 있으면 주어진 블록을 실행한다. Consumer 함수형 인터페이스는 3장에서 설명했다. Consumer 함수형 인터페이스에는 T 형식의 인수를 받으며 void를 반환하는 람다를 전달할 수 있다.

- T get()은 값이 존재하면 값을 반환하고, 값이 없으면 NoSuchElementException을 일으킨다.

- T orElse(T other)는 값이 있으면 값을 반환하고, 값이 없으면 기본값을 반환한다.

예를 들어 이전 예제의 Optional⟨Dish⟩에서는 요리명이 null인지 검사할 필요가 없었다.

```
menu.stream()
    .filter(Dish::isVegetarian)
    .findAny()       ⟵─┤ Optional⟨Dish⟩ 반환
    .ifPresent(dish -> System.out.println(dish.getName()));  ⟵─┐
```
값이 있으면 출력되고,
값이 없으면 아무 일도
일어나지 않는다.

## 5.4.4 첫 번째 요소 찾기

리스트 또는 정렬된 연속 데이터로부터 생성된 스트림처럼 일부 스트림에는 **논리적인 아이템 순서**가 정해져 있을 수 있다. 이런 스트림에서 첫 번째 요소를 찾으려면 어떻게 해야 할까? 예를 들어 숫자 리스트에서 3으로 나누어떨어지는 첫 번째 제곱값을 반환하는 다음 코드를 살펴보자.

```
List<Integer> someNumbers = Arrays.asList(1, 2, 3, 4, 5);
Optional<Integer> firstSquareDivisibleByThree =
    someNumbers.stream()
             .map(n -> n * n)
             .filter(n -> n % 3 == 0)
             .findFirst(); // 9
```

---

**findFirst와 findAny는 언제 사용하나?**

그런데 왜 findFirst와 findAny 메서드가 모두 필요할까? 바로 병렬성 때문이다. 병렬 실행에서는 첫 번째 요소를 찾기 어렵다. 따라서 요소의 반환 순서가 상관없다면 병렬 스트림에서는 제약이 적은 findAny를 사용한다.

---

# 5.5 리듀싱

지금까지 살펴본 최종 연산은 불리언(allMatch 등), void(forEach), 또는 Optional 객체 (findAny 등)를 반환했다. 또한 collect로 모든 스트림의 요소를 리스트로 모으는 방법도 살펴봤다.

이 절에서는 리듀스<sup>reduce</sup> 연산을 이용해서 '메뉴의 모든 칼로리의 합계를 구하시오', '메뉴에서 칼로리가 가장 높은 요리는?' 같이 스트림 요소를 조합해서 더 복잡한 질의를 표현하는 방법을 설명한다. 이러한 질의를 수행하려면 Integer 같은 결과가 나올 때까지 스트림의 모든 요소를 반복적으로 처리해야 한다. 이런 질의를 **리듀싱 연산**(모든 스트림 요소를 처리해서 값으로 도출하는)이라고 한다. 함수형 프로그래밍 언어 용어로는 이 과정이 마치 종이(우리의 스트림)를 작은 조각이 될 때까지 반복해서 접는 것과 비슷하다는 의미로 **폴드**<sup>fold</sup>라고 부른다.

## 5.5.1 요소의 합

reduce 메서드를 살펴보기 전에 for-each 루프를 이용해서 리스트의 숫자 요소를 더하는 코드를 확인하자.

```
int sum = 0;
for (int x : numbers) {
    sum += x;
}
```

numbers의 각 요소는 결과에 반복적으로 더해진다. 리스트에서 하나의 숫자가 남을 때까지 reduce 과정을 반복한다. 코드에는 파라미터를 두 개 사용했다.

- sum 변수의 초깃값 0
- 리스트의 모든 요소를 조합하는 연산(+)

위 코드를 복사&붙여넣기하지 않고 모든 숫자를 곱하는 연산을 구현할 수 있다면 좋을 것이다. 이런 상황에서 reduce를 이용하면 애플리케이션의 반복된 패턴을 추상화할 수 있다. reduce를 이용해서 다음처럼 스트림의 모든 요소를 더할 수 있다.

```
int sum = numbers.stream().reduce(0, (a, b) -> a + b);
```

reduce는 두 개의 인수를 갖는다.

- 초깃값 0
- 두 요소를 조합해서 새로운 값을 만드는 BinaryOperator⟨T⟩. 예제에서는 람다 표현식 (a, b) -> a + b를 사용했다.

reduce로 다른 람다, 즉 (a, b) -> a * b를 넘겨주면 모든 요소에 곱셈을 적용할 수 있다.

```
int product = numbers.stream().reduce(1, (a, b) -> a * b);
```

[그림 5-7]은 스트림에서의 reduce 연산 과정을 보여준다. 스트림이 하나의 값으로 줄어들 때까지 람다는 각 요소를 반복해서 조합한다.

**그림 5-7** reduce를 이용해서 스트림의 모든 숫자 더하기

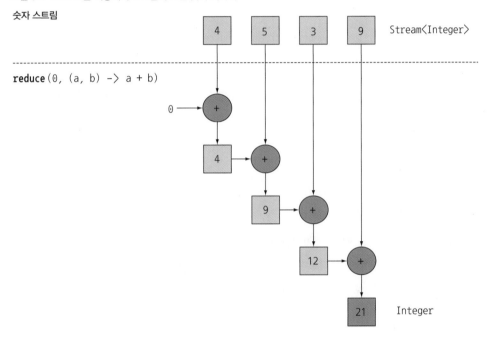

어떤 식으로 reduce가 스트림의 모든 숫자를 더하는지 자세히 살펴보자. 우선 람다의 첫 번째 파라미터(a)에 0이 사용되었고, 스트림에서 4를 소비해서 두 번째 파라미터(b)로 사용했다. 0 + 4의 결과인 4가 새로운 누적값$^{accumulated\ value}$이 되었다. 이제 누적값으로 람다를 다시 호출하며 다음 요소인 5를 소비한다. 결과는 9가 된다. 이런 식으로 다음 요소 3을 소비하면서 누적값은 12가 된다. 마지막으로 누적값 12와 스트림의 마지막 요소 9로 람다를 호출하면 최종

적으로 21이 도출된다.

메서드 참조를 이용해서 이 코드를 좀 더 간결하게 만들 수 있다. 자바 8에서는 Integer 클래스에 두 숫자를 더하는 정적 sum 메서드를 제공한다. 따라서 직접 람다 코드를 구현할 필요가 없다.

```
int sum = numbers.stream().reduce(0, Integer::sum);
```

**초깃값 없음**

초깃값을 받지 않도록 오버로드된 reduce도 있다. 그러나 이 reduce는 Optional 객체를 반환한다.

```
Optional<Integer> sum = numbers.stream().reduce((a, b) -> (a + b));
```

왜 Optional<Integer>를 반환하는 걸까? 스트림에 아무 요소도 없는 상황을 생각해보자. 이런 상황이라면 초깃값이 없으므로 reduce는 합계를 반환할 수 없다. 따라서 합계가 없음을 가리킬 수 있도록 Optional 객체로 감싼 결과를 반환한다. 이제 reduce로 어떤 다른 작업을 할 수 있는지 살펴보자.

## 5.5.2 최댓값과 최솟값

최댓값과 최솟값을 찾을 때도 reduce를 활용할 수 있다. reduce를 이용해서 스트림에서 최댓값과 최솟값을 찾는 방법을 살펴보자. reduce는 두 인수를 받는다.

- 초깃값
- 스트림의 두 요소를 합쳐서 하나의 값으로 만드는 데 사용할 람다

[그림 5-7]은 스트림의 각 요소에 덧셈 계산을 수행하는 람다가 적용되는 모습을 보여준다. 따라서 두 요소에서 최댓값을 반환하는 람다만 있으면 최댓값을 구할 수 있다. 즉, reduce 연산은 새로운 값을 이용해서 스트림의 모든 요소를 소비할 때까지 람다를 반복 수행하면서 최댓값을 생산한다. 다음처럼 reduce를 이용해서 스트림의 최댓값을 찾을 수 있으며 [그림 5-8]은 이 과정을 보여준다.

```
Optional<Integer> max = numbers.stream().reduce(Integer::max);
```

Integer.max 대신 Integer.min을 reduce로 넘겨주면 최솟값을 찾을 수 있다.

```
Optional<Integer> min = numbers.stream().reduce(Integer::min);
```

Integer::min 대신 람다 표현식 (x, y) -> x<y ? x:y를 사용해도 무방하지만 메서드 참조 표현이 더 읽기 쉽다.

그림 5-8 리듀싱 연산: 최댓값 계산

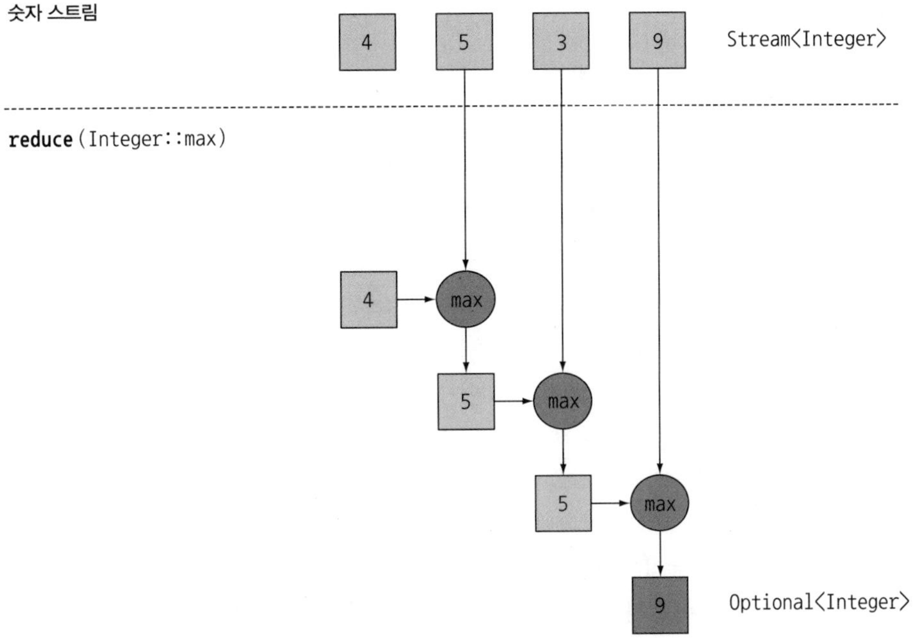

숫자 스트림

[퀴즈 5-3]을 풀면서 reduce 연산을 제대로 이해했는지 확인하자.

---

### 퀴즈 5-3 리듀스

map과 reduce 메서드를 이용해서 스트림의 요리 개수를 계산하시오.

### 정답

스트림의 각 요소를 1로 매핑한 다음에 reduce로 이들의 합계를 계산하는 방식으로 문제를 해결할 수 있다. 즉, 스트림에 저장된 숫자를 차례로 더한다.

```
int count =
    menu.stream()
        .map(d -> 1)
        .reduce(0, (a, b) -> a + b);
```

map과 reduce를 연결하는 기법을 맵 리듀스map-reduce 패턴이라 하며, 쉽게 병렬화하는 특징 덕분
에 구글이 웹 검색에 적용하면서 유명해졌다. 4장에서는 count로 스트림 요소 수를 세는 방법을
살펴봤다.

```
long count = menu.stream().count();
```

### reduce 메서드의 장점과 병렬화

기존의 단계적 반복으로 합계를 구하는 것과 reduce를 이용해서 합계를 구하는 것은 어떤 차이
가 있을까? reduce를 이용하면 내부 반복이 추상화되면서 내부 구현에서 병렬로 reduce를 실행
할 수 있게 된다. 반복적인 합계에서는 sum 변수를 공유해야 하므로 쉽게 병렬화하기 어렵다. 강
제적으로 동기화시키더라도 결국 병렬화로 얻어야 할 이득이 스레드 간의 소모적인 경쟁 때문
에 상쇄되어 버린다는 사실을 알게 될 것이다. 사실 이 작업을 병렬화하려면 입력을 분할하고,
분할된 입력을 더한 다음에, 더한 값을 합쳐야 한다. 지금까지 살펴본 코드와는 조금 다른 코드
가 나타난다. 7장에서는 포크/조인 프레임워크fork/join framework를 이용하는 방법을 살펴본다. 지
금 중요한 사실은 가변 누적자 패턴mutable accumulator pattern은 병렬화와 거리가 너무 먼 기법이라
는 점이다. 우리에겐 reduce라는 새로운 패턴이 필요하다. 7장에서는 스트림의 모든 요소를 더
하는 코드를 병렬로 만드는 방법도 설명한다. 바로 stream()을 parallelStream()으로 바꾸면
된다.

```
int sum = numbers.parallelStream().reduce(0, Integer::sum);
```

나중에 자세히 설명하겠지만 위 코드를 병렬로 실행하려면 대가를 지불해야 한다. 즉, reduce에
넘겨준 람다의 상태(인스턴스 변수 같은)가 바뀌지 말아야 하며, 연산이 어떤 순서로 실행되더
라도 결과가 바뀌지 않는 구조여야 한다.

지금까지 정수, 즉 스트림의 합계, 스트림의 최댓값, 스트림에 있는 요소 수 등을 생성하는 리
듀스 예제를 확인했다. 5.6절에서는 공통적인 리듀스 패턴에 사용할 수 있도록 sum, max 등의

내장 메서드가 제공된다는 사실을 설명한다. 6장에서는 collect 메서드를 이용한 더 복잡한 형식의 리듀스도 살펴본다. 예를 들어 요리를 종류별로 그룹화할 때 스트림을 정수로 리듀스하는 것이 아니라 Map으로 리듀스할 수도 있다.

---

### 스트림 연산 : 상태 없음과 상태 있음

지금까지 다양한 스트림 연산을 살펴봤다. 스트림 연산은 마치 만병통치약 같은 존재다. 스트림을 이용해서 원하는 모든 연산을 쉽게 구현할 수 있으며 컬렉션으로 스트림을 만드는 stream 메서드를 parallelStream으로 바꾸는 것만으로도 별다른 노력 없이 병렬성을 얻을 수 있다. 우리 예제에서 사용한 기법을 많은 애플리케이션에서도 이용한다. 요리 리스트를 스트림으로 변환할 수 있고, filter로 원하는 종류의 요리만 선택할 수 있으며, map을 이용해서 칼로리를 추가한 다음에, reduce로 요리의 칼로리 총합을 계산한다. 심지어 이런 계산을 병렬로 실행할 수 있다. 하지만 이들은 각각 다양한 연산을 수행한다. 따라서 각각의 연산은 내부적인 상태를 고려해야 한다.

map, filter 등은 입력 스트림에서 각 요소를 받아 0 또는 결과를 출력 스트림으로 보낸다. 따라서 (사용자가 제공한 람다나 메서드 참조가 내부적인 가변 상태를 갖지 않는다는 가정하에) 이들은 보통 상태가 없는, 즉 내부 상태를 갖지 않는 연산stateless operation이다.

하지만 reduce, sum, max 같은 연산은 결과를 누적할 내부 상태가 필요하다. 예제의 내부 상태는 작은 값이다. 우리 예제에서는 int 또는 double을 내부 상태로 사용했다. 스트림에서 처리하는 요소 수와 관계없이 내부 상태의 크기는 **한정**bounded: 바운드되어 있다.

반면 sorted나 distinct 같은 연산은 filter나 map처럼 스트림을 입력으로 받아 다른 스트림을 출력하는 것처럼 보일 수 있다. 하지만 sorted나 distinct는 filter나 map과는 다르다. 스트림의 요소를 정렬하거나 중복을 제거하려면 과거의 이력을 알고 있어야 한다. 예를 들어 어떤요소를 출력 스트림으로 추가하려면 **모든 요소가 버퍼에 추가되어 있어야 한다.** 연산을 수행하는 데 필요한 저장소 크기는 정해져있지 않다. 따라서 데이터 스트림의 크기가 크거나 무한이라면 문제가 생길 수 있다(예를 들어 모든 소수를 포함하는 스트림을 역순으로 만들면 어떤 일이 일어날까? 첫 번째 요소로 가장 큰 소수, 즉 세상에 존재하지 않는 수를 반환해야 한다). 이러한 연산을 **내부 상태를 갖는 연산**stateful operation이라 한다.

---

지금까지 복잡한 데이터 처리 질의를 표현하는 데 사용하는 다양한 스트림 연산을 살펴봤다. [표 5-1]에 지금까지 배운 연산을 요약했다. 다음 절에서는 이들 연산을 실제로 사용한다.

**표 5-1** 중간 연산과 최종 연산

| 연산 | 형식 | 반환 형식 | 사용된 함수형 인터페이스 형식 | 함수 디스크립터 |
|---|---|---|---|---|
| filter | 중간 연산 | Stream⟨T⟩ | Predicate⟨T⟩ | T -> boolean |
| distinct | 중간 연산 (상태 있는 언바운드) | Stream⟨T⟩ | | |
| takeWhile | 중간 연산 | Stream⟨T⟩ | Predicate⟨T⟩ | T -> boolean |
| dropWhile | 중간 연산 | Stream⟨T⟩ | Predicate⟨T⟩ | T -> boolean |
| skip | 중간 연산 (상태 있는 바운드) | Stream⟨T⟩ | long | |
| limit | 중간 연산 (상태 있는 바운드) | Stream⟨T⟩ | long | |
| map | 중간 연산 | Stream⟨R⟩ | Function⟨T, R⟩ | T -> R |
| flatMap | 중간 연산 | Stream⟨R⟩ | Function⟨T, Stream⟨R⟩⟩ | T -> Stream⟨R⟩ |
| sorted | 중간 연산 (상태 있는 언바운드) | Stream⟨T⟩ | Comparator⟨T⟩ | (T, T) -> int |
| anyMatch | 최종 연산 | boolean | Predicate⟨T⟩ | T -> boolean |
| noneMatch | 최종 연산 | boolean | Predicate⟨T⟩ | T -> boolean |
| allMatch | 최종 연산 | boolean | Predicate⟨T⟩ | T -> boolean |
| findAny | 최종 연산 | Optional⟨T⟩ | | |
| findFirst | 최종 연산 | Optional⟨T⟩ | | |
| forEach | 최종 연산 | void | Consumer⟨T⟩ | T -> void |
| collect | 최종 연산 | R | Collector⟨T, A, R⟩ | |
| reduce | 최종 연산 (상태 있는 바운드) | Optional⟨T⟩ | BinaryOperator⟨T⟩ | (T, T) -> T |
| count | 최종 연산 | long | | |

## 5.6 실전 연습

이 절에서는 지금까지 배운 스트림을 실제 사용한다. 이번에는 트랜잭션(거래)을 실행하는 거래자 예제를 살펴본다. 우리의 관리자가 여덟 가지 질문의 답을 찾으라고 요청했다. 정답을 제공할 수 있겠는가? 5.5.2절에서 정답을 제공하지만 지금까지 배운 내용을 이용해서 스스로 해결해보자.

1. 2011년에 일어난 모든 트랜잭션을 찾아 값을 오름차순으로 정리하시오.

2. 거래자가 근무하는 모든 도시를 중복 없이 나열하시오.

3. 케임브리지에서 근무하는 모든 거래자를 찾아서 이름순으로 정렬하시오.

4. 모든 거래자의 이름을 알파벳순으로 정렬해서 반환하시오.

5. 밀라노에 거래자가 있는가?

6. 케임브리지에 거주하는 거래자의 모든 트랜잭션값을 출력하시오.

7. 전체 트랜잭션 중 최댓값은 얼마인가?

8. 전체 트랜잭션 중 최솟값은 얼마인가?


## 5.6.1 거래자와 트랜잭션

실전 연습에서는 다음과 같은 거래자Trader 리스트와 트랜잭션Transaction 리스트를 이용한다.

```
Trader raoul = new Trader("Raoul", "Cambridge");
Trader mario = new Trader("Mario","Milan");
Trader alan = new Trader("Alan","Cambridge");
Trader brian = new Trader("Brian","Cambridge");

List<Transaction> transactions = Arrays.asList(
    new Transaction(brian, 2011, 300),
    new Transaction(raoul, 2012, 1000),
    new Transaction(raoul, 2011, 400),
    new Transaction(mario, 2012, 710),
    new Transaction(mario, 2012, 700),
    new Transaction(alan, 2012, 950)
);
```

다음은 Trader와 Transaction 클래스 정의다.

```java
public class Trader {
    private final String name; private final String city;
    public Trader(String n, String c) {
        this.name = n;
        this.city = c;
    }

    public String getName() {
        return this.name;
    }

    public String getCity() {
        return this.city;
    }

    public String toString() {
        return "Trader:"+this.name + " in " + this.city;
    }
}

public class Transaction {
    private final Trader trader;
    private final int year;
    private final int value;

    public Transaction(Trader trader, int year, int value) {
        this.trader = trader;
        this.year = year; this.value = value;
    }

    public Trader getTrader(){
        return this.trader;
    }

    public int getYear(){
        return this.year;
    }

    public int getValue(){
        return this.value;
    }
```

```java
    public String toString(){
        return "{" + this.trader + ", " +
                "year: "+this.year+", " +
                "value:" + this.value +"}";
    }
}
```

## 5.6.2 실전 연습 정답

실전 연습의 정답을 공개한다. 자신이 작성한 코드와 비교해보자.

**예제 5-1** 2011년에 일어난 모든 트랜잭션을 찾아서 값을 오름차순으로 정렬하시오.

```java
List<Transaction> tr2011 =
    transactions.stream()                                      2011년에 발생한 트랜잭션을 필터
                                                               링하도록 프레디케이트를 넘겨줌
            .filter(transaction -> transaction.getYear() == 2011) ←
    트랜잭션값으로
    요소 정렬 ├──→ .sorted(comparing(Transaction::getValue))
            .collect(toList());   ←── 결과 스트림의 모든 요소를 리스트로 반환
```

**예제 5-2** 거래자가 근무하는 모든 도시를 중복 없이 나열하시오.

```java
List<String> cities =
        transactions.stream()
트랜잭션과 관련한 각 ├──→ .map(transaction -> transaction.getTrader().getCity())
거래자의 도시 추출
            .distinct()   ←── 고유 도시만 선택
            .collect(toList());
```

아직 배우지 않았지만 distinct() 대신에 스트림을 집합으로 변환하는 toSet()을 사용할 수 있다. toSet()은 6장에서 설명한다.

```java
Set<String> cities =
    transactions.stream()
                .map(transaction -> transaction.getTrader().getCity())
                .collect(toSet());
```

**예제 5-3** 케임브리지에서 근무하는 모든 거래자를 찾아서 이름순으로 정렬하시오.

```
List<Trader> traders =
    transactions.stream()
            .map(Transaction::getTrader)      ◁─┤ 트랜잭션의 모든 거래자 추출
            .filter(trader -> trader.getCity().equals("Cambridge"))
            .distinct()   ◁─┤ 중복이 없도록 확인
            .sorted(comparing(Trader::getName))
            .collect(toList());
```

케임브리지의
거래자만 선택

결과 스트림의 거래자를
이름으로 정렬

**예제 5-4** 모든 거래자의 이름을 알파벳순으로 정렬해서 반환하시오.

```
String traderStr =
    transactions.stream()
            .map(transaction -> transaction.getTrader().getName())
            .distinct()
            .sorted()   ◁─┤ 중복된 이름 제거
            .reduce("", (n1, n2) -> n1 + n2);   ◁─┤ 이름을 알파벳으로 정렬
```

모든 거래자명을
문자열 스트림으로 추출

각각의 이름을 하나의
문자열로 연결하여
결국 모든 이름 연결

각 반복 과정에서 모든 문자열을 반복적으로 연결해서 새로운 문자열 객체를 만든다. 따라서 위 코드는 효율성이 부족하다. 6장에서는 다음 코드에서 보여주는 것처럼 joining()을 이용해서 더 효율적으로 문제를 해결하는 방법을 설명한다(joining은 내부적으로 StringBuilder를 이용한다).

```
String traderStr =
    transactions.stream()
            .map(transaction -> transaction.getTrader().getName())
            .distinct()
            .sorted()
            .collect(joining());
```

**예제 5-5** 밀라노에 거래자가 있는가?

```
boolean milanBased =
    transactions.stream()
            .anyMatch(transaction -> transaction.getTrader()
                                                .getCity()
                                                .equals("Milan"));
```

anyMatch에 프레디케이트를 전달해서
밀라노에 거래자가 있는지 확인

**예제 5-6** 케임브리지에 거주하는 거래자의 모든 트랜잭션값을 출력하시오.

```
transactions.stream()
         .filter(t -> "Cambridge".equals(t.getTrader().getCity()))
         .map(Transaction::getValue)    <—| 각 값을 출력
         .forEach(System.out::println);   <—— 이 거래자들의 값 추출
```

케임브리지에 거주하는 거래자의 트랜잭션을 선택

**예제 5-7** 전체 트랜잭션 중 최댓값은 얼마인가?

```
Optional<Integer> highestValue =
    transactions.stream()
              .map(Transaction::getValue)   <—| 각 트랜잭션의 값 추출
              .reduce(Integer::max);   <—| 결과 스트림의 최댓값 계산
```

**예제 5-8** 전체 트랜잭션 중 최솟값은 얼마인가?

```
Optional<Transaction> smallestTransaction =
    transactions.stream()
              .reduce((t1, t2) ->
                      t1.getValue() < t2.getValue() ? t1 : t2);
```

각 트랜잭션값을 반복 비교해서
가장 작은 트랜잭션 검색

스트림은 최댓값이나 최솟값을 계산하는 데 사용할 키를 지정하는 Comparator를 인수로 받는 min과 max 메서드를 제공한다. 따라서 min과 max를 이용하면 더 쉽게 문제를 해결할 수 있다.

```
Optional<Transaction> smallestTransaction =
transactions.stream()
          .min(comparing(Transaction::getValue));
```

# 5.7 숫자형 스트림

5.4절에서 reduce 메서드로 스트림 요소의 합을 구하는 예제를 살펴봤다. 예를 들어 다음처럼 메뉴의 칼로리 합계를 계산할 수 있다.

```
int calories = menu.stream()
                   .map(Dish::getCalories)
                   .reduce(0, Integer::sum);
```

사실 위 코드에는 박싱 비용이 숨어있다. 내부적으로 합계를 계산하기 전에 Integer를 기본형으로 언박싱해야 한다. 다음 코드처럼 직접 sum 메서드를 호출할 수 있다면 더 좋지 않을까?

```
int calories = menu.stream()
                   .map(Dish::getCalories)
                   .sum();
```

하지만 위 코드처럼 sum 메서드를 직접 호출할 수 없다. map 메서드가 Stream〈T〉를 생성하기 때문이다. 스트림의 요소 형식은 Integer지만 인터페이스에는 sum 메서드가 없다. 왜 sum 메서드가 없을까? 예를 들어 menu처럼 Stream〈Dish〉 형식의 요소만 있다면 sum이라는 연산을 수행할 수 없기 때문이다. 다행히도 스트림 API 숫자 스트림을 효율적으로 처리할 수 있도록 **기본형 특화 스트림**primitive stream specialization을 제공한다.

## 5.7.1 기본형 특화 스트림

자바 8에서는 세 가지 기본형 특화 스트림을 제공한다. 스트림 API는 박싱 비용을 피할 수 있도록 'int 요소에 특화된 IntStream', 'double 요소에 특화된 DoubleStream', 'long 요소에 특화된 LongStream'을 제공한다. 각각의 인터페이스는 숫자 스트림의 합계를 계산하는 sum, 최댓값 요소를 검색하는 max 같이 자주 사용하는 숫자 관련 리듀싱 연산 수행 메서드를 제공한다. 또한 필요할 때 다시 객체 스트림으로 복원하는 기능도 제공한다. 특화 스트림은 오직 박싱 과정에서 일어나는 효율성과 관련 있으며 스트림에 추가 기능을 제공하지는 않는다는 사실을 기억하자.

### 숫자 스트림으로 매핑

스트림을 특화 스트림으로 변환할 때는 mapToInt, mapToDouble, mapToLong 세 가지 메서드를 가장 많이 사용한다. 이들 메서드는 map과 정확히 같은 기능을 수행하지만, Stream〈T〉 대신 특화된 스트림을 반환한다.

```
int calories = menu.stream()    ◁─┤ Stream〈Dish〉 반환
                   .mapToInt(Dish::getCalories)    ◁─┤ IntStream 반환
                   .sum();
```

mapToInt 메서드는 각 요리에서 모든 칼로리(Integer 형식)를 추출한 다음에 IntStream을

(Stream⟨Integer⟩가 아님) 반환한다. 따라서 IntStream 인터페이스에서 제공하는 sum 메서드를 이용해서 칼로리 합계를 계산할 수 있다. 스트림이 비어있으면 sum은 기본값 0을 반환한다. IntStream은 max, min, average 등 다양한 유틸리티 메서드도 지원한다.

## 객체 스트림으로 복원하기

숫자 스트림을 만든 다음에, 원상태인 특화되지 않은 스트림으로 복원할 수 있을까? 예를 들어 IntStream은 기본형의 정수값만 만들 수 있다. IntStream의 map 연산은 'int를 인수로 받아서 int를 반환하는 람다(IntUnaryOperator)'를 인수로 받는다. 하지만 정수가 아닌 Dish 같은 다른 값을 반환하고 싶으면 어떻게 해야 할까? 그러려면 스트림 인터페이스에 정의된 일반적인 연산을 사용해야 한다. 다음 예제처럼 boxed 메서드를 이용해서 특화 스트림을 일반 스트림으로 변환할 수 있다.

```
IntStream intStream = menu.stream().mapToInt(Dish::getCalories);    ← 스트림을 숫자
Stream<Integer> stream = intStream.boxed();    ← 숫자 스트림을       스트림으로 변환
                                                   스트림으로 변환
```

5.7.2절에서는 일반 스트림으로 박싱할 숫자 범위의 값을 다룰 때 boxed를 유용하게 활용할 수 있음을 설명한다.

## 기본값 : OptionalInt

합계 예제에서는 0이라는 기본값이 있었으므로 별 문제가 없었다. 하지만 IntStream에서 최댓값을 찾을 때는 0이라는 기본값 때문에 잘못된 결과가 도출될 수 있다. 스트림에 요소가 없는 상황과 실제 최댓값이 0인 상황을 어떻게 구별할 수 있을까? 이전에 값이 존재하는지 여부를 가리킬 수 있는 컨테이너 클래스 Optional을 언급한 적이 있다. Optional을 Integer, String 등의 참조 형식으로 파라미터화할 수 있다. 또한 OptionalInt, OptionalDouble, OptionalLong 세 가지 기본형 특화 스트림 버전도 제공한다.

예를 들어 다음처럼 OptionalInt를 이용해서 IntStream의 최댓값 요소를 찾을 수 있다.

```
OptionalInt maxCalories = menu.stream()
                            .mapToInt(Dish::getCalories)
                            .max();
```

이제 OptionalInt를 이용해서 최댓값이 없는 상황에 사용할 기본값을 명시적으로 정의할 수 있다.

```
int max = maxCalories.orElse(1);    ←┤ 값이 없을 때 기본 최댓값을 명시적으로 설정
```

## 5.7.2 숫자 범위

프로그램에서는 특정 범위의 숫자를 이용해야 하는 상황이 자주 발생한다. 예를 들어 1에서 100 사이의 숫자를 생성하려 한다고 가정하자. 자바 8의 IntStream과 LongStream에서는 range와 rangeClosed라는 두 가지 정적 메서드를 제공한다. 두 메서드 모두 첫 번째 인수로 시작값을, 두 번째 인수로 종료값을 갖는다. range 메서드는 시작값과 종료값이 결과에 포함되지 않는 반면 rangeClosed는 시작값과 종료값이 결과에 포함된다는 점이 다르다. 다음 예제를 살펴보자.

```
IntStream evenNumbers = IntStream.rangeClosed(1, 100)    ←┤ [1, 100]의 범위를 나타낸다.
        1부터 100까지의 짝수 스트림├─→   .filter(n -> n % 2 == 0);
System.out.println(evenNumbers.count());    ←┤ 1부터 100까지에는 50개의 짝수가 있다.
```

위 코드처럼 rangeClosed를 이용해서 1부터 100까지의 숫자를 만들 수 있다. rangeClosed의 결과는 스트림으로 filter 메서드를 이용해서 짝수만 필터링할 수 있다. filter를 호출해도 실제로는 아무 계산도 이루어지지 않는다. 최종적으로 결과 스트림에 count를 호출한다. count는 최종 연산이므로 스트림을 처리해서 1부터 100까지의 숫자 범위에서 짝수 50개를 반환한다. 이때 rangeClosed 대신에 IntStream.range(1, 100)을 사용하면 1과 100을 포함하지 않으므로 짝수 49개를 반환한다.

## 5.7.3 숫자 스트림 활용 : 피타고라스 수

지금까지 배운 숫자 스트림과 스트림 연산을 더 활용할 수 있는 어려운 예제를 살펴보자. 우리 임무는 '피타고라스 수' 스트림을 만드는 것이다.

### 피타고라스 수

피타고라스 수가 무엇인지 기억하고 있는가? 피타고라스 수를 떠올리려면 중학교 시절로 거슬

러 올라가야 한다. 아마 독자 여러분은 수학 시간에 유명한 그리스 수학자 피타고라스를 배웠을 것이다. 피타고라스는 a * a + b * b = c * c 공식을 만족하는 세 개의 정수 (a, b, c)가 존재함을 발견했다. 예를 들어 (3, 4, 5)를 공식에 대입하면 3 * 3 + 4 * 4 = 5 * 5, 즉 9 + 16 = 25이므로 유효한 피타고라스 수다. 특히 피타고라스 수를 그림으로 그리면 [그림 5-9]에서 보여주는 것처럼 직각삼각형이 만들어진다.

## 세 수 표현하기

그러면 어디서부터 시작해야 할까? 우선 세 수를 정의해야 한다. 세 수를 표현할 클래스를 정의하는 것보다는 세 요소를 갖는 int 배열을 사용하는 것이 좋을 것 같다. 예를 들어 (3, 4, 5)를 new int[ ]{3, 4, 5}로 표현할 수 있다. 이제 인덱스로 배열의 각 요소에 접근할 수 있다.

## 좋은 필터링 조합

누군가 세 수 중에서 a, b 두 수만 제공했다고 가정하자. 두 수가 피타고라스 수의 일부가 될 수 있는 좋은 조합인지 어떻게 확인할 수 있을까? a * a + b * b의 제곱근이 정수인지 확인할 수 있다. 자바 코드로는 다음과 같이 구현할 수 있다.

```
Math.sqrt(a*a + b*b) % 1 == 0;
```

이때 x가 부동 소숫점 수라면 x % 1.0이라는 자바 코드로 소숫점 이하 부분을 얻을 수 있다. 예를 들어 5.0이라는 수에 이 코드를 적용하면 소숫점 이하는 0이 된다.

**그림 5-9** 피타고라스 이론

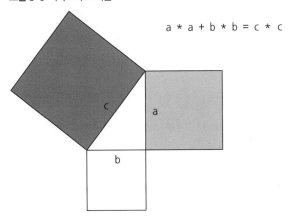

$$a * a + b * b = c * c$$

이를 filter에 다음처럼 활용할 수 있다.

```
filter(b -> Math.sqrt(a*a + b*b) % 1 == 0)
```

위 코드에서 a라는 값이 주어지고 b는 스트림으로 제공된다고 가정할 때 filter로 a와 함께 피타고라스 수를 구성하는 모든 b를 필터링할 수 있다.

## 집합 생성

필터를 이용해서 좋은 조합을 갖는 a, b를 선택할 수 있게 되었다. 이제 마지막 세 번째 수를 찾아야 한다. 다음처럼 map을 이용해서 각 요소를 피타고라스 수로 변환할 수 있다.

```
stream.filter(b -> Math.sqrt(a*a + b*b) % 1 == 0)
    .map(b -> new int[]{a, b, (int) Math.sqrt(a * a + b * b)});
```

## b값 생성

한 단계씩 문제를 해결하고 있다. 이제 b값을 생성해야 한다. Stream.rangeClosed로 주어진 범위의 수를 만들 수 있음을 배웠다. 다음처럼 1부터 100까지의 b값을 생성할 수 있다.

```
IntStream.rangeClosed(1, 100)
        .filter(b -> Math.sqrt(a*a + b*b) % 1 == 0)
        .boxed()
        .map(b -> new int[]{a, b, (int) Math.sqrt(a * a + b * b)});
```

filter 연산 다음에 rangeClosed가 반환한 IntStream을 boxed를 이용해서 Stream<Integer>로 복원했다. map은 스트림의 각 요소를 int 배열로 변환하기 때문이다. IntStream의 map 메서드는 스트림의 각 요소로 int가 반환될 것을 기대하지만 이는 우리가 원하는 연산이 아니다. 개체값 스트림을 반환하는 IntStream의 mapToObj 메서드를 이용해서 이 코드를 재구현할 수 있다.

```
IntStream.rangeClosed(1, 100)
        .filter(b -> Math.sqrt(a*a + b*b) % 1 == 0)
        .mapToObj(b -> new int[]{a, b, (int) Math.sqrt(a * a + b * b)});
```

## a값 생성

마지막으로 a값을 생성하는 코드를 추가한다. 그러면 피타고라스 수를 생성하는 스트림을 완성할 수 있다. b와 비슷한 방법으로 a값을 생성할 수 있다. 다음은 최종 완성 코드다.

```
Stream<int[]> pythagoreanTriples =
    IntStream.rangeClosed(1, 100).boxed()
            .flatMap(a ->
                IntStream.rangeClosed(a, 100)
                        .filter(b -> Math.sqrt(a*a + b*b) % 1 == 0)
                        .mapToObj(b ->
                            new int[]{a, b, (int)Math.sqrt(a * a + b * b)})
            );
```

여기서 flatMap은 어떤 연산을 수행하는 것일까? 우선 a에 사용할 1부터 100까지의 숫자를 만들었다. 그리고 주어진 a를 이용해서 세 수의 스트림을 만든다. 스트림 a의 값을 매핑하면 스트림의 스트림이 만들어질 것이다. 따라서 flatMap 메서드는 생성된 각각의 스트림을 하나의 평준화된 스트림으로 만들어준다. 결과적으로 세 수로 이루어진 스트림을 얻을 수 있다. 또한 b의 범위가 a에서 100으로 바뀐 점도 유의하자. b를 1부터 시작하면 중복된 세 수(예를 들면 (3, 4, 5)와 (4, 3, 5))가 생성될 수도 있다.

## 코드 실행

이제 코드 구현은 완료되었고 limit를 이용해서 얼마나 많은 세 수를 포함하는 스트림을 만들 것인지만 결정하면 된다.

```
pythagoreanTriples.limit(5)
                .forEach(t ->
                    System.out.println(t[0] + ", " + t[1] + ", " + t[2]));
```

다음은 프로그램 실행 결과다.

```
3, 4, 5
5, 12, 13
6, 8, 10
7, 24, 25
8, 15, 17
```

## 개선할 점?

현재 문제 해결 코드에서는 제곱근을 두 번 계산한다. 따라서 (a*a, b*b, a*a+b*b) 형식을 만족하는 세 수를 만든 다음에 우리가 원하는 조건에 맞는 결과만 필터링하는 것이 더 최적화된 방법이다.

```
Stream<double[]> pythagoreanTriples2 =
    IntStream.rangeClosed(1, 100).boxed()
            .flatMap(a -> IntStream.rangeClosed(a, 100)
            .mapToObj(
                b -> new double[]{a, b, Math.sqrt(a*a + b*b)})   <─┤ 만들어진 세 수
            .filter(t -> t[2] % 1 == 0));   <─┤ 세 수의 세 번째 요소는 반드시 정수여야 한다.
```

# 5.8 스트림 만들기

스트림이 데이터 처리 질의를 표현하는 강력한 노구임을 충분히 확인했을 것이다. stream 메서드로 컬렉션에서 스트림을 얻을 수 있었다. 그뿐만 아니라 범위의 숫자에서 스트림을 만드는 방법도 설명했다. 이밖에도 다양한 방식으로 스트림을 만들 수 있다. 이 절에서는 일련의 값, 배열, 파일, 심지어 함수를 이용한 무한 스트림 만들기 등 다양한 방식으로 스트림을 만드는 방법을 설명한다.

## 5.8.1 값으로 스트림 만들기

임의의 수를 인수로 받는 정적 메서드 Stream.of를 이용해서 스트림을 만들 수 있다. 예를 들어 다음 코드는 Stream.of로 문자열 스트림을 만드는 예제다. 스트림의 모든 문자열을 대문자로 변환한 후 문자열을 하나씩 출력한다.

```
Stream<String> stream = Stream.of("Modern ", "Java ", "In ", "Action"); stream.
map(String::toUpperCase).forEach(System.out::println);
```

다음처럼 empty 메서드를 이용해서 스트림을 비울 수 있다.

```
Stream<String> emptyStream = Stream.empty();
```

## 5.8.2 null이 될 수 있는 객체로 스트림 만들기

자바 9에서는 null이 될 수 있는 개체를 스트림으로 만들 수 있는 새로운 메소드가 추가되었

다. 때로는 null이 될 수 있는 객체를 스트림(객체가 null이라면 빈 스트림)으로 만들어야 할 수 있다. 예를 들어 System.getProperty는 제공된 키에 대응하는 속성이 없으면 null을 반환한다. 이런 메소드를 스트림에 활용하려면 다음처럼 null을 명시적으로 확인해야 했다.

```
String homeValue = System.getProperty("home");
Stream<String> homeValueStream
    = homeValue == null ? Stream.empty() : Stream.of(value);
```

Stream.ofNullable을 이용해 다음처럼 코드를 구현할 수 있다.

```
Stream<String> homeValueStream
    = Stream.ofNullable(System.getProperty("home"));
```

null이 될 수 있는 객체를 포함하는 스트림값을 flatMap과 함께 사용하는 상황에서는 이 패턴을 더 유용하게 사용할 수 있다.

```
Stream<String> values =
    Stream.of("config", "home", "user")
          .flatMap(key -> Stream.ofNullable(System.getProperty(key)));
```

## 5.8.3 배열로 스트림 만들기

배열을 인수로 받는 정적 메서드 Arrays.stream을 이용해서 스트림을 만들 수 있다. 예를 들어 다음처럼 기본형 int로 이루어진 배열을 IntStream으로 변환할 수 있다.

```
int[] numbers = {2, 3, 5, 7, 11, 13};
int sum = Arrays.stream(numbers).sum();    ←— 합계는 41
```

## 5.8.4 파일로 스트림 만들기

파일을 처리하는 등의 I/O 연산에 사용하는 자바의 NIO API(비블록 I/O)도 스트림 API를 활용할 수 있도록 업데이트되었다. java.nio.file.Files의 많은 정적 메서드가 스트림을 반환한다. 예를 들어 Files.lines는 주어진 파일의 행 스트림을 문자열로 반환한다. 지금까지 배운 스트림 연산을 활용하면 다음 코드처럼 파일에서 고유한 단어 수를 찾는 프로그램을 만들 수 있다.

```
long uniqueWords = 0;
try(Stream<String> lines =                          스트림은 자원을 자동으로 해제할 수 있는
        Files.lines(Paths.get("data.txt"), Charset.defaultCharset())) {  ◁  AutoCloseable이므로 try-finally가 필요없다.
    uniqueWords = lines.flatMap(line -> Arrays.stream(line.split(" ")))  ◁
                    .distinct()   ◁─┤ 중복 제거                    고유 단어 수
                    .count();   ◁─┤ 단어 스트림 생성                  계산
}
    catch(IOException e){
    ◁─┤ 파일을 열다가 예외가 발생하면 처리한다.
}
```

Files.lines로 파일의 각 행 요소를 반환하는 스트림을 얻을 수 있다. 스트림의 소스가 I/O 자원이므로 이 메소드를 try/catch 블록으로 감쌌고 메모리 누수를 막으려면 자원을 닫아야 한다. 기존에는 finally 블록에서 자원을 닫았다. Stream 인터페이스는 AutoCloseable 인터페이스를 구현한다. 따라서 try 블록 내의 자원은 자동으로 관리된다. line에 split 메소드를 호출해서 각 행의 단어를 분리할 수 있다. 각 행의 단어를 여러 스트림으로 만드는 것이 아니라 flatMap으로 스트림을 하나로 평면화했다. 마지막으로 distinct와 count를 연결해서 스트림의 고유 단어 수를 계산한다.

## 5.8.5 함수로 무한 스트림 만들기

스트림 API는 함수에서 스트림을 만들 수 있는 두 정적 메서드 Stream.iterate와 Stream.generate를 제공한다. 두 연산을 이용해서 **무한 스트림**infinite stream, 즉 고정된 컬렉션에서 고정된 크기로 스트림을 만들었던 것과는 달리 크기가 고정되지 않은 스트림을 만들 수 있다. iterate와 generate에서 만든 스트림은 요청할 때마다 주어진 함수를 이용해서 값을 만든다. 따라서 무제한으로 값을 계산할 수 있다. 하지만 보통 무한한 값을 출력하지 않도록 limit(n) 함수를 함께 연결해서 사용한다.

### iterate 메서드

먼저 iterate를 사용하는 방법을 살펴보자.

```
Stream.iterate(0, n -> n + 2)
    .limit(10)
    .forEach(System.out::println);
```

iterate 메서드는 초깃값(예제에서는 0)과 람다(예제에서는 UnaryOperator⟨T⟩ 사용)를 인수로 받아서 새로운 값을 끊임없이 생산할 수 있다. 예제에서는 람다 n → n+2, 즉 이전 결과에 2를 더한 값을 반환한다. 결과적으로 iterate 메서드는 짝수 스트림을 생성한다. 스트림의 첫 번째 요소는 0이다. 다음에는 2를 더해 2가 된다. 그리고 2를 다시 더해 4가 되는 식이다. 기본적으로 iterate는 기존 결과에 의존해서 순차적으로 연산을 수행한다. iterate는 요청할 때마다 값을 생산할 수 있으며 끝이 없으므로 **무한 스트림**infinite stream을 만든다. 이러한 스트림을 **언바운드 스트림**unbounded stream이라고 표현한다. 이전에도 설명한 것처럼 바로 이런 특징이 스트림과 컬렉션의 가장 큰 차이점이다. 예제에서는 limit 메서드를 이용해서 스트림의 크기를 명시적으로 처음 10개의 짝수로 제한한다. 그리고 최종 연산인 forEach를 호출해서 스트림을 소비하고 개별 요소를 출력한다.

일반적으로 연속된 일련의 값을 만들 때는 iterate를 사용한다. 예를 들어 1월 13일, 2월 1일 등의 날짜를 생성할 수 있다. [퀴즈 5-4]를 풀면서 더 복잡한 iterate 사용 예제를 확인하자.

---

**퀴즈 5-4** 피보나치수열 집합

피보나치수열은 유명한 고전 프로그래밍 문제다. 피보나치수열은 0, 1, 1, 2, 3, 5, 8, 13, 21, 34, 55... 같은 식으로 구성된다. 수열은 0, 1로 시작하며 이후의 숫자는 이전 두 숫자를 더한 값이다.

피보나치수열의 집합도 비슷한 형태로 구성된다. 즉, (0, 1), (1, 1), (1, 2), (2, 3), (3, 5), (5, 8), (8, 13), (13, 21)...처럼 연속적인 숫자로 이루어진다.

우리가 해야 할 일은 iterate 메서드를 이용해서 피보나치수열의 집합을 20개 만드는 것이다.

어디서부터 손을 대야 할지 막막한 독자를 고려해서 더 쉽게 퀴즈를 풀 수 있도록 추가로 설명을 제공하겠다. 우선 UnaryOperator⟨T⟩를 인수로 받는 iterate 메서드를 이용해서 (0, 1) 같은 집합을 만들어야 한다. 우선 두 요소를 포함하는 배열로 대충 집합을 만들어볼 수 있다. 즉, new int[]{0, 1}로 피보나치수열 집합 (0, 1)을 표현할 수 있다. 이를 iterate 메서드의 초깃값으로 사용한다.

```
Stream.iterate(new int[]{0, 1}, ???)
    .limit(20)
    .forEach(t -> System.out.println("(" + t[0] + "," + t[1] +")"));
```

위 코드에서 ???로 표시된 부분을 해결해야 한다. iterate는 ??? 자리에 주어지는 람다를 연속

---

적으로 적용하는 함수라는 사실을 기억하며 퀴즈를 풀어보자.

**정답**

```
Stream.iterate(new int[]{0, 1},
               t -> new int[]{t[1], t[0]+t[1]})
      .limit(20)
      .forEach(t -> System.out.println("(" + t[0] + "," + t[1] +")"));
```

위 코드는 어떻게 수행될까? iterate는 요소를 생산할 때 적용할 람다가 필요하다. (3, 5) 집합 이 있다면 다음 요소는 (5, 3+5), 즉 (5, 8)이다. 그리고 또 다음 요소는 (8, 5+8)일 것이다. 패턴을 이해했는가? 따라서 주어진 집합이 있을 때 다음 요소는 (t[1], t[0] + t[1])이 된다. 이를 람다로는 t -> new int[]{t[1],t[0] + t[1]}처럼 표현할 수 있다. 위 코드를 실행하면 (0, 1), (1,1), (1, 2), (2, 3), (3, 5), (5, 8), (8, 13), (13, 21)...로 이루어진 수열 집합을 얻을 수 있다. 일반적인 피보나치수열을 얻으려면 map으로 각 집합의 첫 번째 요소만 추출한다.

```
Stream.iterate(new int[]{0, 1},
               t -> new int[]{t[1],t[0] + t[1]})
      .limit(10)
      .map(t -> t[0])
      .forEach(System.out::println);
```

이 코드를 실행하면 0, 1, 1, 2, 3, 5, 8, 13, 21, 34... 같은 피보나치수열을 얻을 수 있다.

자바 9의 iterate 메소드는 프레디케이트를 지원한다. 예를 들어 0에서 시작해서 100보다 크면 숫자 생성을 중단하는 코드를 다음처럼 구현할 수 있다.

```
IntStream.iterate(0, n -> n < 100, n -> n + 4)
         .forEach(System.out::println);
```

iterate 메소드는 두 번째 인수로 프레디케이트를 받아 언제까지 작업을 수행할 것인지의 기준으로 사용한다. filter 동작으로도 같은 결과를 얻을 수 있다고 생각한 독자도 있을 것이다.

```
IntStream.iterate(0, n -> n + 4)
         .filter(n -> n < 100)
         .forEach(System.out::println);
```

안타깝게도 이와 같은 방법으로는 같은 결과를 얻을 수 없다. 실제로 위 코드는 종료되지 않는다. filter 메소드는 언제 이 작업을 중단해야 하는지를 알 수 없기 때문이다. 스트림 쇼트서킷을 지원하는 takeWhile을 이용하는 것이 해법이다.

```
IntStream.iterate(0, n -> n + 4)
        .takeWhile(n -> n < 100)
        .forEach(System.out::println);
```

## generate 메서드

iterate와 비슷하게 generate도 요구할 때 값을 계산하는 무한 스트림을 만들 수 있다. 하지만 iterate와 달리 generate는 생산된 각 값을 연속적으로 계산하지 않는다. generate는 Supplier⟨T⟩를 인수로 받아서 새로운 값을 생산한다. 다음 예제를 살펴보자.

```
Stream.generate(Math::random)
        .limit(5)
        .forEach(System.out::println);
```

이 코드는 0에서 1 사이에서 임의의 더블 숫자 다섯 개를 만든다. 예를 들어 다음은 프로그램 실행 결과다.

```
0.9410810294106129
0.6586270755634592
0.9592859117266873
0.13743396659487006
0.3942776037651241
```

Math.random은 임의의 새로운 값을 생성하는 정적 메서드다. 이번에도 명시적으로 limit 메서드를 이용해서 스트림의 크기를 한정했다. limit가 없다면 스트림은 언바운드 상태가 된다.

도대체 generate를 어떤 상황에서 활용할 수 있을지 궁금한 독자도 있을 것이다. 우리가 사용한 발행자supplier(메서드 참조 Math.random)는 상태가 없는 메서드, 즉 나중에 계산에 사용할 어떤 값도 저장해두지 않는다. 하지만 발행자에 꼭 상태가 없어야 하는 것은 아니다. 발행자가 상태를 저장한 다음에 스트림의 다음 값을 만들 때 상태를 고칠 수도 있다. 예를 들어 generate를 이용해서 [퀴즈 5-4]의 피보나치수열을 구현해보면서 iterate 메서드와 generate를 비교할 수 있다. 여기서 중요한 점은 병렬 코드에서는 발행자에 상태가 있으면 안전하지 않다는 것이다. 따라서 상태를 갖는 발행자는 단지 설명에 필요한 예제일 뿐 실제로는 피해야 한다. 7장에서는 발행자가 상태를 가지면서 생기는 부작용과 병렬 스트림을 자세히 설명한다.

우리 예제에 IntStream을 이용하면 박싱 연산 문제를 피할 수 있다. IntStream의 generate 메서드는 Supplier⟨T⟩ 대신에 IntSupplier를 인수로 받는다. 다음은 무한 스트림을 생성하는 코드다.

```
IntStream ones = IntStream.generate(() -> 1);
```

3장에서 람다로 함수형 인터페이스의 인스턴스를 바로 만들어 전달할 수 있음을 살펴봤다. 다음처럼 IntSupplier 인터페이스에 정의된 getAsInt를 구현하는 객체를 명시적으로 전달할 수도 있다(갑자기 3장 얘기가 왜 나오는지 의아해할 독자도 있을 것이다. 그 이유는 곧 설명할 것이니 조금만 기다리자).

```
IntStream twos = IntStream.generate(new IntSupplier(){
    public int getAsInt(){
        return 2;
    }
});
```

generate 메서드는 주어진 발행자를 이용해서 2를 반환하는 getAsInt 메서드를 반복적으로 호출할 것이다. 여기서 사용한 익명 클래스와 람다는 비슷한 연산을 수행하지만 익명 클래스에서는 getAsInt 메서드의 연산을 커스터마이즈할 수 있는 상태 필드를 정의할 수 있다는 점이 다르다. 바로 부작용이 생길 수 있음을 보여주는 예제다. 지금까지 살펴본 람다는 부작용이 없었다. 즉, 람다는 상태를 바꾸지 않는다.

피보나치수열 작업으로 돌아와서 이제 기존의 수열 상태를 저장하고 getAsInt로 다음 요소를 계산하도록 IntSupplier를 만들어야 한다. 또한 다음에 호출될 때는 IntSupplier의 상태를 갱신할 수 있어야 한다. 아래는 다음 피보나치 요소를 반환하도록 IntSupplier를 구현한 코드다.

```
IntSupplier fib = new IntSupplier() {
    private int previous = 0;
    private int current = 1;
    public int getAsInt() {
        int oldPrevious = this.previous;
        int nextValue = this.previous + this.current;
        this.previous = this.current;
        this.current = nextValue;
        return oldPrevious;
    }
};
IntStream.generate(fib).limit(10).forEach(System.out::println);
```

위 코드에서는 IntSupplier 인스턴스를 만들었다. 만들어진 객체는 기존 피보나치 요소와 누 인스턴스 변수에 어떤 피보나치 요소가 들어있는지 추직하므로 **가변**mutable 상태 객체다. getAsInt를 호출하면 객체 상태가 바뀌며 새로운 값을 생산한다. iterate를 사용했을 때는 각 과정에서 새로운 값을 생성하면서도 기존 상태를 바꾸지 않는 순수한 **불변**immutable 상태를 유지 했다. 스트림을 병렬로 처리하면서 올바른 결과를 얻으려면 **불변 상태 기법**을 고수해야 한다는 사실을 7장 에서 배울 것이다.

우리는 무한한 크기를 가진 스트림을 처리하고 있으므로 limit를 이용해서 명시적으로 스트림 의 크기를 제한해야 한다. 그렇지 않으면 최종 연산(예제에서는 forEach)을 수행했을 때 아무 결과도 계산되지 않는다. 마찬가지로 무한 스트림의 요소는 무한적으로 계산이 반복되므로 정 렬하거나 리듀스할 수 없다.

## 5.9 마치며

이 장은 내용이 좀 길었지만 중요한 개념을 설명한 장이었다. 이제 여러분은 컬렉션을 더 효율 적으로 처리할 수 있게 되었다. 스트림을 이용하면 복잡한 데이터 처리 질의를 간결하게 표현 할 수 있다.

- 스트림 API를 이용하면 복잡한 데이터 처리 질의를 표현할 수 있다. [표 5-1]은 자주 사 용하는 스트림 연산을 보여준다.

- filter, distinct, takeWhile(자바 9), dropWhile(자바 9), skip, limit 메서드로 스트 림을 필터링하거나 자를 수 있다.

- 소스가 정렬되어 있다는 사실을 알고 있을 때 takeWhile과 dropWhile 메소드를 효과적 으로 사용할 수 있다.

- map, flatMap 메서드로 스트림의 요소를 추출하거나 변환할 수 있다.

- findFirst, findAny 메서드로 스트림의 요소를 검색할 수 있다. allMatch, noneMatch, anyMatch 메서드를 이용해서 주어진 프레디케이트와 일치하는 요소를 스트림에서 검색 할 수 있다.

- 이들 메서드는 쇼트서킷short-circuit, 즉 결과를 찾는 즉시 반환하며, 전체 스트림을 처리하지는 않는다.

- reduce 메서드로 스트림의 모든 요소를 반복 조합하며 값을 도출할 수 있다. 예를 들어 reduce로 스트림의 최댓값이나 모든 요소의 합계를 계산할 수 있다.

- filter, map 등은 상태를 저장하지 않는 상태 없는 연산stateless operation이다. reduce 같은 연산은 값을 계산하는 데 필요한 상태를 저장한다. sorted, distinct 등의 메서드는 새로운 스트림을 반환하기에 앞서 스트림의 모든 요소를 버퍼에 저장해야 한다. 이런 메서드를 상태 있는 연산stateful operation이라고 부른다.

- IntStream, DoubleStream, LongStream은 기본형 특화 스트림이다. 이들 연산은 각각의 기본형에 맞게 특화되어 있다.

- 컬렉션뿐 아니라 값, 배열, 파일, iterate와 generate 같은 메서드로도 스트림을 만들 수 있다.

- 무한한 개수의 요소를 가진 스트림을 무한 스트림이라 한다.

# 스트림으로 데이터 수집

5장에서는 스트림을 이용해서 데이터베이스 같은 연산을 수행할 수 있음을 배웠다. 자바 8의 스트림은 데이터 집합을 멋지게 처리하는 게으른 반복자라고 설명할 수 있다. 스트림의 연산은 filter 또는 map 같은 중간 연산과 count, findFirst, forEach, reduce 등의 최종 연산으로 구분할 수 있다. 중간 연산은 한 스트림을 다른 스트림으로 변환하는 연산으로서, 여러 연산을 연결할 수 있다. 중간 연산은 스트림 파이프라인을 구성하며, 스트림의 요소를 **소비**consume하지 않는다. 반면 최종 연산은 스트림의 요소를 소비해서 최종 결과를 도출한다(예를 들어 스트림의 가장 큰 값 반환). 최종 연산은 스트림 파이프라인을 최적화하면서 계산 과정을 짧게 생략하기도 한다.

4장과 5장에서는 스트림에서 최종 연산 collect를 사용하는 방법을 확인했다. 하지만 4장과 5장의 예제에서는 toList로 스트림 요소를 항상 리스트로만 변환했다. 이 장에서는 reduce가 그랬던 것처럼 collect 역시 다양한 요소 누적 방식을 인수로 받아서 스트림을 최종 결과로 도출하는 리듀싱 연산을 수행할 수 있음을 설명한다. 다양한 요소 누적 방식은 Collector 인터페이스에 정의되어 있다. 지금부터 컬렉션Collection, 컬렉터Collector, collect를 헷갈리지 않도록 주의하자!

다음은 collect와 컬렉터로 구현할 수 있는 질의 예제다.

- 통화별로 트랜잭션을 그룹화한 다음에 해당 통화로 일어난 모든 트랜잭션 합계를 계산하시오(Map⟨Currency, Integer⟩ 반환).

- 트랜잭션을 비싼 트랜잭션과 저렴한 트랜잭션 두 그룹으로 분류하시오(Map⟨Boolean, List⟨Transaction⟩⟩ 반환).

- 트랜잭션을 도시 등 다수준으로 그룹화하시오. 그리고 각 트랜잭션이 비싼지 저렴한지 구분하시오(Map⟨String, Map⟨Boolean, List⟨Transaction⟩⟩⟩ 반환).

당장 도전해보고 싶지 않은가? 우선 컬렉터를 어떻게 활용할 수 있는지 살펴보자. 어떤 트랜잭션 리스트가 있는데 이들을 액면 통화로 그룹화한다고 가정하자. 다음 코드에서 보여주는 것처럼 자바 8의 람다가 없었다면 이와 같은 단순한 요구사항을 구현하는 것도 쉬운 일이 아니다.

**예제 6-1** 통화별로 트랜잭션을 그룹화한 코드(명령형 버전)

```
Map<Currency, List<Transaction>> transactionsByCurrencies =
                                    new HashMap<>();      ◀  그룹화한 트랜잭
                                                             션을 저장할
for (Transaction transaction : transactions) {  ◀  트랜잭션 리스트를   맵을 생성한다.
    Currency currency = transaction.getCurrency();  반복한다.
    List<Transaction> transactionsForCurrency =
            transactionsByCurrencies.get(currency);
    if (transactionsForCurrency == null) {  ◀  현재 통화를 그룹화하는
        transactionsForCurrency = new ArrayList<>();  맵에 항목이 없으면 항목을 만든다.
        transactionsByCurrencies.put(currency, transactionsForCurrency);
    }
    transactionsForCurrency.add(transaction);  ◀  같은 통화를 가진 트랜잭션 리스트에 현
}                                                 재 탐색 중인 트랜잭션을 추가한다.
```

트랜잭션의 통화를 추출한다.

경험이 많은 자바 개발자라면 위와 같은 코드에 익숙할 것이다. 하지만 간단한 작업임에도 코드가 너무 길다는 사실은 부정하기 어렵다. 어렵게 구현은 했는데 이해하기 어려운 코드가 되어버렸다. '통화별로 트랜잭션 리스트를 그룹화하시오'라고 간단히 표현할 수 있지만 코드가 무엇을 실행하는지 한눈에 파악하기 어렵다. Stream에 toList를 사용하는 대신 더 범용적인 컬렉터 파라미터를 collect 메서드에 전달함으로써 원하는 연산을 간결하게 구현할 수 있음을

지금부터 배우게 될 것이다.

```
Map<Currency, List<Transaction>> transactionsByCurrencies =
    transactions.stream().collect(groupingBy(Transaction::getCurrency));
```

어떤가, 비교해보니 당황스러울 정도로 간결하지 않은가?

# 6.1 컬렉터란 무엇인가?

위 예제는 명령형 프로그래밍에 비해 함수형 프로그래밍이 얼마나 편리한지 명확하게 보여준다. 함수형 프로그래밍에서는 '무엇'을 원하는지 직접 명시할 수 있어서 어떤 방법으로 이를 얻을지는 신경 쓸 필요가 없다. 이전 예제에서 collect 메서드로 Collector 인터페이스 구현을 전달했다. Collector 인터페이스 구현은 스트림의 요소를 어떤 식으로 도출할지 지정한다. 5장에서는 '각 요소를 리스트로 만들어라'를 의미하는 toList를 Collector 인터페이스의 구현으로 사용했다. 여기서는 groupingBy를 이용해서 '각 키(통화) 버킷bucket 그리고 각 키 버킷에 대응하는 요소 리스트를 값으로 포함하는 맵Map을 만들라'는 동작을 수행한다.

다수준multilevel으로 그룹화를 수행할 때 명령형 프로그래밍과 함수형 프로그래밍의 차이점이 더욱 두드러진다. 명령형 코드에서는 문제를 해결하는 과정에서 다중 루프와 조건문을 추가하며 가독성과 유지보수성이 크게 떨어진다. 반면 6.3절에서 확인할 수 있겠지만 함수형 프로그래밍에서는 필요한 컬렉터를 쉽게 추가할 수 있다.

## 6.1.1 고급 리듀싱 기능을 수행하는 컬렉터

훌륭하게 설계된 함수형 API의 또 다른 장점으로 높은 수준의 조합성과 재사용성을 꼽을 수 있다. collect로 결과를 수집하는 과정을 간단하면서도 유연한 방식으로 정의할 수 있다는 점이 컬렉터의 최대 강점이다. 구체적으로 설명해서 스트림에 collect를 호출하면 스트림의 요소에 (컬렉터로 파라미터화된) 리듀싱 연산이 수행된다. [그림 6-1]은 내부적으로 **리듀싱 연산**이 일어나는 모습을 보여준다. [예제 6-1]의 명령형 프로그래밍에서는 우리가 직접 구현해야 했던 작업이 자동으로 수행된다. collect에서는 리듀싱 연산을 이용해서 스트림의 각 요소를 방문하면서 컬렉터가 작업을 처리한다.

보통 함수를 요소로 변환(toList처럼 데이터 자체를 변환하는 것보다는 데이터 저장 구조를 변환할 때가 많다)할 때는 컬렉터를 적용하며 최종 결과를 저장하는 자료구조에 값을 누적한다. 예를 들어 이전 트랜잭션 그룹화 예제에서 변환 함수는 각 트랜잭션에서 통화를 추출한 다음에 통화를 키로 사용해서 트랜잭션 자체를 결과 맵에 누적했다.

**그림 6-1** 통화별로 트랜잭션을 그룹화하는 리듀싱 연산

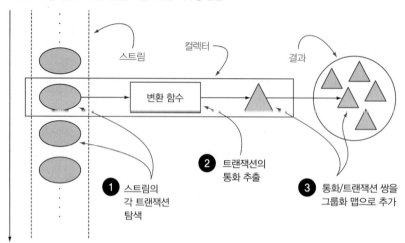

통화 예제에서 보여주는 것처럼 Collector 인터페이스의 메서드를 어떻게 구현하느냐에 따라 스트림에 어떤 리듀싱 연산을 수행할지 결정된다. 6.5절과 6.6절에서는 커스텀 컬렉터를 구현하는 방법을 살펴본다. Collectors 유틸리티 클래스는 자주 사용하는 컬렉터 인스턴스를 손쉽게 생성할 수 있는 정적 팩토리 메서드를 제공한다. 예를 들어 가장 많이 사용하는 직관적인 정적 메서드로 toList를 꼽을 수 있다. toList는 스트림의 모든 요소를 리스트로 수집한다.

```
List<Transaction> transactions =
    transactionStream.collect(Collectors.toList());
```

## 6.1.2 미리 정의된 컬렉터

6장에서는 미리 정의된 컬렉터, 즉 groupingBy 같이 Collectors 클래스에서 제공하는 팩토리 메서드의 기능을 설명한다. Collectors에서 제공하는 메서드의 기능은 크게 세 가지로 구분할 수 있다.

- 스트림 요소를 하나의 값으로 리듀스하고 요약

- 요소 그룹화

- 요소 분할

먼저 리듀싱과 요약<sup>summarize</sup> 관련 기능을 수행하는 컬렉터부터 살펴보자. 이전 예제처럼 트랜잭션 리스트에서 트랜잭션 총합을 찾는 등의 다양한 계산을 수행할 때 이들 컬렉터를 유용하게 활용할 수 있다.

다음으로 스트림 요소를 그룹화하는 방법을 살펴보자. 이전 예제를 다수준으로 그룹화하거나 각각의 결과 서브그룹에 추가로 리듀싱 연산을 적용할 수 있도록 다양한 컬렉터를 조합하는 방법을 배울 것이다. 또한 그룹화의 특별한 연산인 **분할**<sup>partitioning</sup>도 설명한다. 분할은 한 개의 인수를 받아 불리언을 반환하는 함수, 즉 프레디케이트를 그룹화 함수로 사용한다.

6.4절의 마지막에서는 이 장에서 설명한 미리 정의된 모든 컬렉터를 요약하는 표를 제공한다. 마지막으로 6.5절에서는 Collector 인터페이스를 자세히 설명하며, 6.6절에서는 커스텀 컬렉터를 만들어서 Collectors 클래스의 팩토리 메서드로 해결할 수 없는 작업을 해결하는 방법을 설명한다.


## 6.2 리듀싱과 요약

5장에서 사용한 맛있는 요리 리스트, 즉 메뉴 예제를 활용해서 Collector 팩토리 클래스로 만든 컬렉터 인스턴스로 어떤 일을 할 수 있는지 살펴보자!

이미 배웠듯이 컬렉터(Stream.collect 메서드의 인수)로 스트림의 항목을 컬렉션으로 재구성할 수 있다. 좀 더 일반적으로 말해 컬렉터로 스트림의 모든 항목을 하나의 결과로 합칠 수 있다. 트리를 구성하는 다수준 맵, 메뉴의 칼로리 합계를 가리키는 단순한 정수 등 다양한 형식으로 결과가 도출될 수 있다. 정수 형식은 6.2.2절에서 설명하고, 다수준 그룹화 맵 형식은 6.3.1절에서 설명한다.

첫 번째 예제로 counting()이라는 팩토리 메서드가 반환하는 컬렉터로 메뉴에서 요리 수를 계산한다.

```
long howManyDishes = menu.stream().collect(Collectors.counting());
```

다음처럼 불필요한 과정을 생략할 수 있다.

```
long howManyDishes = menu.stream().count();
```

뒤에서 설명하겠지만 counting 컬렉터는 다른 컬렉터와 함께 사용할 때 위력을 발휘한다.

지금부터는 예제 코드에 따로 설명을 하지 않더라도 다음과 같은 Collectors 클래스의 정적 팩
토리 메서드를 모두 임포트했다고 가정한다.

```
import static java.util.stream.Collectors.*;
```

그러므로 Collectors.counting()을 간단하게 counting()으로 표현할 수 있다.

이제 본격적으로 미리 정의된 컬렉터를 이용해서 스트림의 최댓값과 최솟값을 찾는 방법을 살
펴보자.

## 6.2.1 스트림값에서 최댓값과 최솟값 검색

메뉴에서 칼로리가 가장 높은 요리를 찾는다고 가정하자. Collectors.maxBy, Collectors.
minBy 두 개의 메서드를 이용해서 스트림의 최댓값과 최솟값을 계산할 수 있다. 두 컬렉터는
스트림의 요소를 비교하는 데 사용할 Comparator를 인수로 받는다. 다음은 칼로리로 요리를 비
교하는 Comparator를 구현한 다음에 Collectors.maxBy로 전달하는 코드다.

```
Comparator<Dish> dishCaloriesComparator =
    Comparator.comparingInt(Dish::getCalories);

Optional<Dish> mostCalorieDish =
    menu.stream()
        .collect(maxBy(dishCaloriesComparator));
```

Optional<Dish>는 무슨 역할을 수행하는 것일까? 만약 menu가 비어있다면 그 어떤 요리
도 반환되지 않을 것이다. 자바 8은 값을 포함하거나 또는 포함하지 않을 수 있는 컨테이너
Optional을 제공한다. 우리 예제에서는 반환되는 요리가 있을 수도 있고 없을 수도 있다. 5장
에서 findAny를 설명하면서 Optional을 간단히 언급했었다. Optional<T> 그리고 이와 관련된
연산은 11장에서 자세히 설명하므로 지금은 크게 신경 쓰지 말자.

또한 스트림에 있는 객체의 숫자 필드의 합계나 평균 등을 반환하는 연산에도 리듀싱 기능이 자주 사용된다. 이러한 연산을 **요약**summarization 연산이라 부른다.

## 6.2.2 요약 연산

Collectors 클래스는 Collectors.summingInt라는 특별한 요약 팩토리 메서드를 제공한다. summingInt는 객체를 int로 매핑하는 함수를 인수로 받는다. summingInt의 인수로 전달된 함수는 객체를 int로 매핑한 컬렉터를 반환한다. 그리고 summingInt가 collect 메서드로 전달되면 요약 작업을 수행한다. 다음은 메뉴 리스트의 총 칼로리를 계산하는 코드다.

```
int totalCalories = menu.stream().collect(summingInt(Dish::getCalories));
```

[그림 6-2]는 데이터 수집 과정을 보여준다. 칼로리로 매핑된 각 요리의 값을 탐색하면서 초깃 값(여기서는 0)으로 설정되어 있는 누적자에 칼로리를 더한다.

그림 6-2 summingInt 컬렉터의 누적 과정

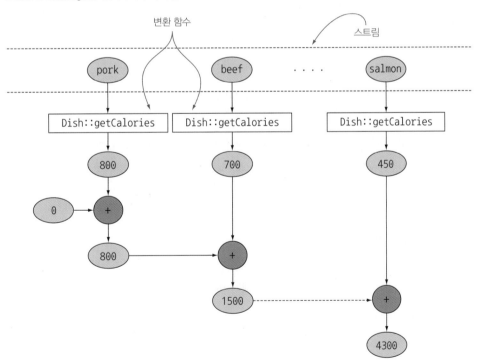

Collectors.summingLong과 Collectors.summingDouble 메서드는 같은 방식으로 동작하며 각각 long 또는 double 형식의 데이터로 요약한다는 점만 다르다.

이러한 단순 합계 외에 평균값 계산 등의 연산도 요약 기능으로 제공된다. 즉, Collectors.averagingInt, averagingLong, averagingDouble 등으로 다양한 형식으로 이루어진 숫자 집합의 평균을 계산할 수 있다.

```
double avgCalories =
    menu.stream().collect(averagingInt(Dish::getCalories));
```

지금까지 컬렉터로 스트림의 요소 수를 계산하고, 최댓값과 최솟값을 찾고, 합계와 평균을 계산하는 방법을 살펴봤다. 종종 이들 중 두 개 이상의 연산을 한 번에 수행해야 할 때도 있다. 이런 상황에서는 팩토리 메서드 summarizingInt가 반환하는 컬렉터를 사용할 수 있다. 예를 들어 다음은 하나의 요약 연산으로 메뉴에 있는 요소 수, 요리의 칼로리 합계, 평균, 최댓값, 최솟값 등을 계산하는 코드다.

```
IntSummaryStatistics menuStatistics =
    menu.stream().collect(summarizingInt(Dish::getCalories));
```

위 코드를 실행하면 IntSummaryStatistics 클래스로 모든 정보가 수집된다. menuStatistics 객체를 출력하면 다음과 같은 정보를 확인할 수 있다.

```
IntSummaryStatistics{count=9, sum=4300, min=120,
                     average=477.777778, max=800}
```

마찬가지로 int뿐 아니라 long이나 double에 대응하는 summarizingLong, summarizingDouble 메서드와 관련된 LongSummaryStatistics, DoubleSummaryStatistics 클래스도 있다.


### 6.2.3 문자열 연결

컬렉터에 joining 팩토리 메서드를 이용하면 스트림의 각 객체에 toString 메서드를 호출해서 추출한 모든 문자열을 하나의 문자로 연결해서 반환한다. 즉, 다음은 메뉴의 모든 요리명을 연결하는 코드다.

```
String shortMenu = menu.stream().map(Dish::getName).collect(joining());
```

joining 메서드는 내부적으로 StringBuilder를 이용해서 문자열을 하나로 만든다. Dish 클래스가 요리명을 반환하는 toString 메서드를 포함하고 있다면 다음 코드에서 보여주는 것처럼 map으로 각 요리의 이름을 추출하는 과정을 생략할 수 있다.

```
String shortMenu = menu.stream().collect(joining());
```

위 두 코드 모두 다음과 같은 결과를 도출한다.

```
porkbeefchickenfrench friesriceseason fruitpizzaprawnssalmon
```

하지만 결과 문자열을 해석할 수가 없다. 다행히 연결된 두 요소 사이에 구분 문자열을 넣을 수 있도록 오버로드된 joining 팩토리 메서드도 있다. 따라서 다음 코드처럼 요리명 리스트를 콤마로 구분할 수 있다.

```
String shortMenu = menu.stream().map(Dish::getName).collect(joining(", "));
```

다음은 위 코드를 실행한 결과다.

```
pork, beef, chicken, french fries, rice, season fruit, pizza, prawns, salmon
```

지금까지 스트림을 하나의 값으로 리듀스하는 다양한 컬렉터를 살펴봤다. 다음 절에서는 Collectors.reducing 팩토리 메서드가 제공하는 범용 리듀싱 컬렉터로도 지금까지 살펴본 모든 리듀싱을 재현할 수 있음을 설명한다.

## 6.2.4 범용 리듀싱 요약 연산

지금까지 살펴본 모든 컬렉터는 reducing 팩토리 메서드로도 정의할 수 있다. 즉, 범용 Collectors.reducing으로도 구현할 수 있다. 그럼에도 이전 예제에서 범용 팩토리 메서드 대신 특화된 컬렉터를 사용한 이유는 프로그래밍적 편의성 때문이다(하지만 프로그래머의 편의성 뿐만 아니라 가독성도 중요하다는 사실을 기억하자!). 예를 들어 다음 코드처럼 reducing 메서드로 만들어진 컬렉터로도 메뉴의 모든 칼로리 합계를 계산할 수 있다.

```
int totalCalories = menu.stream().collect(reducing(
                                  0, Dish::getCalories, (i, j) -> i + j));
```

reducing은 인수 세 개를 받는다.

- 첫 번째 인수는 리듀싱 연산의 시작값이거나 스트림에 인수가 없을 때는 반환값이다(숫자 합계에서는 인수가 없을 때 반환값으로 0이 적합하다).
- 두 번째 인수는 6.2.2절에서 요리를 칼로리 정수로 변환할 때 사용한 변환 함수다.
- 세 번째 인수는 같은 종류의 두 항목을 하나의 값으로 더하는 BinaryOperator다. 예제에서는 두 개의 int가 사용되었다.

다음처럼 한 개의 인수를 가진 reducing 버전을 이용해서 가장 칼로리가 높은 요리를 찾는 방법도 있다.

```
Optional<Dish> mostCalorieDish =
    menu.stream().collect(reducing(
        (d1, d2) -> d1.getCalories() > d2.getCalories() ? d1 : d2));
```

한 개의 인수를 갖는 reducing 팩토리 메서드는 세 개의 인수를 갖는 reducing 메서드에서 스트림의 첫 번째 요소를 시작 요소, 즉 첫 번째 인수로 받으며, 자신을 그대로 반환하는 **항등 함수**identity function를 두 번째 인수로 받는 상황에 해당한다. 즉, 한 개의 인수를 갖는 reducing 컬렉터는 시작값이 없으므로 빈 스트림이 넘겨졌을 때 시작값이 설정되지 않는 상황이 벌어진다. 그래서 6.2.1절에서 설명한 것처럼 한 개의 인수를 갖는 reducing은 Optional<Dish> 객체를 반환한다.

---

### collect와 reduce

지금까지 다양한 collect와 reduce 예제를 살펴봤다. 지금쯤 Stream 인터페이스의 collect와 reduce 메서드는 무엇이 다른지 궁금할 것이다. 특히 이들 메서드로 같은 기능을 구현할 수 있으므로 더욱 그러할 것이다. 예를 들어 다음 코드에서 보여주는 것처럼 toList 컬렉터를 사용하는 collect 대신 reduce 메서드를 사용할 수 있다.

```
Stream<Integer> stream = Arrays.asList(1, 2, 3, 4, 5, 6).stream();
List<Integer> numbers = stream.reduce(
                    new ArrayList<Integer>(),
                    (List<Integer> l, Integer e) -> {
                        l.add(e);
                        return l; },
                    (List<Integer> l1, List<Integer> l2) -> {
                        l1.addAll(l2);
                        return l1; });
```

위 코드에는 의미론적인 문제와 실용성 문제 등 두 가지 문제가 발생한다. collect 메서드는 도출하려는 결과를 누적하는 컨테이너를 바꾸도록 설계된 메서드인 반면 reduce는 두 값을 하나로 도출하는 불변형 연산이라는 점에서 의미론적인 문제가 일어난다. 즉, 위 예제에서 reduce 메서드는 누적자로 사용된 리스트를 변환시키므로 reduce를 잘못 활용한 예에 해당한다. 7장에서 자세히 설명하겠지만 의미론적으로 reduce 메서드를 잘못 사용하면서 실용성 문제도 발생한다. 여러 스레드가 동시에 같은 데이터 구조체를 고치면 리스트 자체가 망가져버리므로 리듀싱 연산을 병렬로 수행할 수 없다는 점도 문제다. 이 문제를 해결하려면 매번 새로운 리스트를 할당해야 하고 따라서 객체를 할당하느라 성능이 저하될 것이다. 7장에서 자세히 알게 되겠지만 가변 컨테이너 관련 작업이면서 병렬성을 확보하려면 collect 메서드로 리듀싱 연산을 구현하는 것이 바람직하다.

## 컬렉션 프레임워크 유연성 : 같은 연산도 다양한 방식으로 수행할 수 있다.

reducing 컬렉터를 사용한 이전 예제에서 람다 표현식 대신 Integer 클래스의 sum 메서드 참조를 이용하면 코드를 좀 더 단순화할 수 있다. 다음 코드를 확인하자.

```
int totalCalories = menu.stream().collect(reducing(0,      ←┤ 초깃값
                         Dish::getCalories,    ←┤ 변환 함수
                         Integer::sum));  ←┤ 합계 함수
```

[그림 6-3]은 리듀싱 연산 과정을 논리적으로 설명한다. 누적자를 초깃값으로 초기화하고, 합계 함수를 이용해서 각 요소에 변환 함수를 적용한 결과 숫자를 반복적으로 조합한다.

그림 6-3 메뉴의 모든 칼로리를 더하는 리듀싱 과정

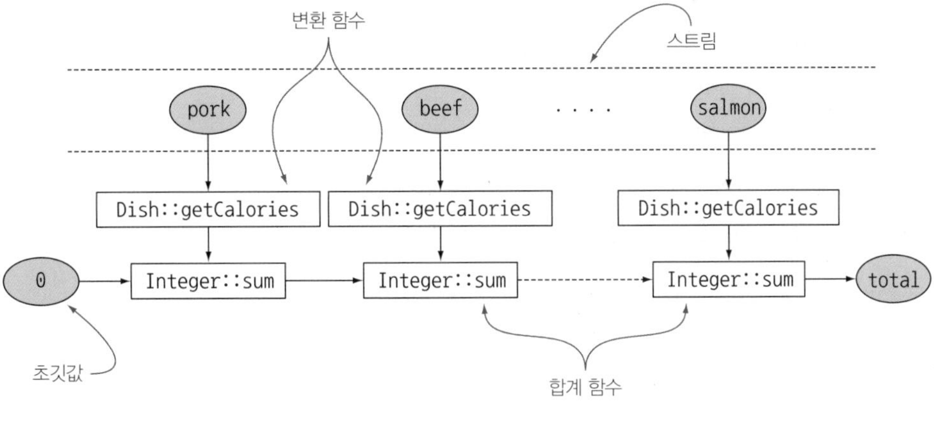

6.2절에서 언급했던 counting 컬렉터도 세 개의 인수를 갖는 reducing 팩토리 메서드를 이용해서 구현할 수 있다. 즉, 다음 코드처럼 스트림의 Long 객체 형식의 요소를 1로 변환한 다음에 모두 더할 수 있다.

```
public static <T> Collector<T, ?, Long> counting() {
    return reducing(0L, e -> 1L, Long::sum);
}
```

---

### 제네릭 와일드카드 '?' 사용법

위 예제에서 counting 팩토리 메서드가 반환하는 컬렉터 시그니처의 두 번째 제네릭 형식으로 와일드카드 ?이 사용되었다. 자바 컬렉션 프레임워크Java Collection Framework를 자주 사용했던 독자라면 와일드카드 형식이 익숙할 것이다. 이 예제에서 ?는 컬렉터의 누적자 형식이 알려지지 않았음을, 즉 누적자의 형식이 자유로움을 의미한다. 위 예제에서는 Collectors 클래스에서 원래 정의된 메서드 시그니처를 그대로 사용했을 뿐이다. 하지만 이후부터는 오해의 소지가 생기지 않도록 와일드카드 개념은 사용하지 않을 것이다.

---

5장에서는 컬렉터를 이용하지 않고도 다른 방법(요리 스트림을 요리의 칼로리로 매핑한 다음에 이전 버전의 예제에서 사용한 메서드 참조로 결과 스트림을 리듀싱)으로 같은 연산을 수행할 수 있음을 살펴봤다.

```
int totalCalories =
    menu.stream().map(Dish::getCalories).reduce(Integer::sum).get
```

한 개의 인수를 갖는 reduce를 스트림에 적용한 다른 예제와 마찬가지로 reduce(Integer::sum)도 빈 스트림과 관련한 널 문제를 피할 수 있도록 int가 아닌 Optional<Integer>를 반환한다. 그리고 get으로 Optional 객체 내부의 값을 추출했다. 요리 스트림은 비어있지 않다는 사실을 알고 있으므로 get을 자유롭게 사용할 수 있다. 10장에서 자세히 설명하겠지만 일반적으로는 기본값을 제공할 수 있는 orElse, orElseGet 등을 이용해서 Optional의 값을 얻어오는 것이 좋다. 마지막으로 스트림을 IntStream으로 매핑한 다음에 sum 메서드를 호출하는 방법으로도 결과를 얻을 수 있다.

```
int totalCalories = menu.stream().mapToInt(Dish::getCalories).sum();
```

## 자신의 상황에 맞는 최적의 해법 선택

지금까지 살펴본 예제는 함수형 프로그래밍(특히 자바 8의 컬렉션 프레임워크에 추가된 함수형 원칙에 기반한 새로운 API)에서는 하나의 연산을 다양한 방법으로 해결할 수 있음을 보여준다. 또한 스트림 인터페이스에서 직접 제공하는 메서드를 이용하는 것에 비해 컬렉터를 이용하는 코드가 더 복잡하다는 사실도 보여준다. 코드가 좀 더 복잡한 대신 재사용성과 커스터마이즈 가능성을 제공하는 높은 수준의 추상화와 일반화를 얻을 수 있다.

문제를 해결할 수 있는 다양한 해결 방법을 확인한 다음에 가장 일반적으로 문제에 특화된 해결책을 고르는 것이 바람직하다. 이렇게 해서 가독성과 성능이라는 두 마리 토끼를 잡을 수 있다. 예를 들어 메뉴의 전체 칼로리를 계산하는 예제에서는 (IntStream을 사용한) 가장 마지막에 확인한 해결 방법이 가독성이 가장 좋고 간결하다. 또한 IntStream 덕분에 **자동 언박싱**autounboxing 연산을 수행하거나 Integer를 int로 변환하는 과정을 피할 수 있으므로 성능까지 좋다.

이제 [퀴즈 6-1]을 풀면서 범용 reducing으로 다양한 컬렉터를 구현하는 방법을 제대로 학습했는지 확인하자.

---

**퀴즈 6-1** 리듀싱으로 문자열 연결하기

아래 joining 컬렉터를 6.2.3절에서 사용한 reducing 컬렉터로 올바르게 바꾼 코드를 모두 선택하시오.

```
String shortMenu = menu.stream().map(Dish::getName).collect(joining());
```

1. ```
String shortMenu = menu.stream().map(Dish::getName)
    .collect(reducing( (s1, s2) -> s1 + s2 ) ).get();
```
2. ```
String shortMenu = menu.stream()
    .collect(reducing( (d1, d2) -> d1.getName() + d2.getName())).get();
```
3. ```
String shortMenu = menu.stream()
    .collect(reducing( "", Dish::getName, (s1, s2) -> s1 + s2));
```

**정답**

1번과 3번이 정답이며, 2번은 컴파일되지 않는 코드다.

1. 원래의 joining 컬렉터처럼 각 요리를 요리명으로 변환한 다음에 문자열을 누적자로 사용해서 문자열 스트림을 리듀스하면서 요리명을 하나씩 연결한다.

---
```

**2.** reducing은 BinaryOperator⟨T⟩, 즉 BiFunction⟨T, T, T⟩를 인수로 받는다. 즉, reducing 은 두 인수를 받아 같은 형식을 반환하는 함수를 인수로 받는다. 하지만 2번 람다 표현식은 두 개의 요리를 인수로 받아 문자열을 반환한다.

**3.** 빈 문자열을 포함하는 누적자를 이용해서 리듀싱 과정을 시작하며, 스트림의 요리를 방문 하면서 각 요리를 요리명으로 변환한 다음에 누적자로 추가한다. 이전에도 설명한 것처럼 세 개의 인수를 갖는 reducing은 누적자 초깃값을 설정할 수 있으므로 Optional을 반환할 필요가 없다.

1번과 3번이 올바른 코드이기는 하지만 단지 범용 reducing으로 joining을 구현할 수 있음을 보여주는 예제일 뿐이다. 실무에서는 joining을 사용하는 것이 가독성과 성능에 좋다.

# 6.3 그룹화

데이터 집합을 하나 이상의 특성으로 분류해서 그룹화하는 연산도 데이터베이스에서 많이 수 행되는 작업이다. 트랜잭션 통화 그룹화 예제에서 확인했듯이 명령형으로 그룹화를 구현하려 면 까다롭고, 할일이 많으며, 에러도 많이 발생한다. 하지만 자바 8의 함수형을 이용하면 가독 성 있는 한 줄의 코드로 그룹화를 구현할 수 있다. 이번에는 메뉴를 그룹화한다고 가정하자. 예 를 들어 고기를 포함하는 그룹, 생선을 포함하는 그룹, 나머지 그룹으로 메뉴를 그룹화할 수 있다. 다음처럼 팩토리 메서드 Collectors.groupingBy를 이용해서 쉽게 메뉴를 그룹화할 수 있다.

```
Map<Dish.Type, List<Dish>> dishesByType =
        menu.stream().collect(groupingBy(Dish::getType));
```

다음은 Map에 포함된 결과다.

```
{FISH=[prawns, salmon], OTHER=[french fries, rice, season fruit, pizza],
 MEAT=[pork, beef, chicken]}
```

스트림의 각 요리에서 Dish.Type과 일치하는 모든 요리를 추출하는 함수를 groupingBy 메서 드로 전달했다. 이 함수를 기준으로 스트림이 그룹화되므로 이를 **분류 함수**classification function라고 부른다. [그림 6-4]에서 보여주는 것처럼 그룹화 연산의 결과로 그룹화 함수가 반환하는 키

그리고 각 키에 대응하는 스트림의 모든 항목 리스트를 값으로 갖는 맵이 반환된다. 메뉴 그룹
화 예제에서 키는 요리 종류고, 값은 해당 종류에 포함되는 모든 요리다.

**그림 6-4** 그룹화로 스트림의 항목을 분류하는 과정

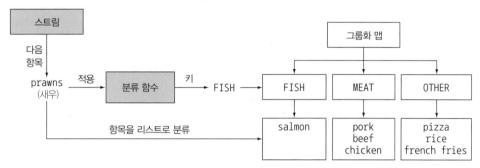

단순한 속성 접근자 대신 더 복잡한 분류 기준이 필요한 상황에서는 메서드 참조를 분류 함수
로 사용할 수 없다. 예를 들어 400칼로리 이하를 'diet'로, 400~700칼로리를 'normal'로, 700
칼로리 초과를 'fat' 요리로 분류한다고 가정하자. Dish 클래스에는 이러한 연산에 필요한 메서
드가 없으므로 메서드 참조를 분류 함수로 사용할 수 없다. 따라서 다음 예제에서 보여주는 것
처럼 메서드 참조 대신 람다 표현식으로 필요한 로직을 구현할 수 있다.

```
public enum CaloricLevel { DIET, NORMAL, FAT }

Map<CaloricLevel, List<Dish>> dishesByCaloricLevel = menu.stream().collect(
        groupingBy(dish -> {
            if (dish.getCalories() <= 400) return CaloricLevel.DIET;
            else if (dish.getCalories() <= 700) return CaloricLevel.NORMAL;
            else return CaloricLevel.FAT;
        }));
```

지금까지 메뉴의 요리를 종류 또는 칼로리로 그룹화하는 방법을 살펴봤다. 그러면 요리 종류와
칼로리 두 가지 기준으로 동시에 그룹화할 수 있을까? 그룹화의 진정한 능력은 지금부터 발휘
된다. 다음 내용을 살펴보자.

## 6.3.1 그룹화된 요소 조작

요소를 그룹화 한 다음에는 각 결과 그룹의 요소를 조작하는 연산이 필요하다. 예를 들어 500

칼로리가 넘는 요리만 필터한다고 가정하자. 다음 코드처럼 그룹화를 하기 전에 프레디케이트로 필터를 적용해 문제를 해결할 수 있다고 생각할 것이다.

```
Map<Dish.Type, List<Dish>> caloricDishesByType =
        menu.stream().filter(dish -> dish.getCalories() > 500)
                    .collect(groupingBy(Dish::getType));
```

위 코드로 문제를 해결할 수 있지만 단점도 존재한다. 우리의 메뉴 요리는 다음처럼 맵 형태로 되어 있으므로 우리 코드에 위 기능을 사용하려면 맵에 코드를 적용해야 한다.

```
{OTHER=[french fries, pizza], MEAT=[pork, beef]}
```

문제가 무엇인지 발견했는가? 우리의 필터 프레디케이트를 만족하는 FISH 종류 요리는 없으므로 결과 맵에서 해당 키 자체가 사라진다. Collectors 클래스는 일반적인 분류 함수에 Collector 형식의 두 번째 인수를 갖도록 groupingBy 팩토리 메서드를 오버로드해 이 문제를 해결한다. 다음 코드에서 보여주는 것처럼 두 번째 Collector 안으로 필터 프레디케이트를 이동함으로 이 문제를 해결할 수 있다.

```
Map<Dish.Type, List<Dish>> caloricDishesByType =
    menu.stream()
        .collect(groupingBy(Dish::getType,
                    filtering(dish -> dish.getCalories() > 500, toList())));
```

filtering 메소드는 Collectors 클래스의 또 다른 정적 팩토리 메서드로 프레디케이트를 인수로 받는다. 이 프레디케이트로 각 그룹의 요소와 필터링 된 요소를 재그룹화 한다. 이렇게 해서 아래 결과 맵에서 볼 수 있는 것처럼 목록이 비어있는 FISH도 항목으로 추가된다.

```
{OTHER=[french fries, pizza], MEAT=[pork, beef], FISH=[]}
```

그룹화된 항목을 조작하는 다른 유용한 기능 중 또 다른 하나로 매핑 함수를 이용해 요소를 변환하는 작업이 있다. filtering 컬렉터와 같은 이유로 Collectors 클래스는 매핑 함수와 각 항목에 적용한 함수를 모으는 데 사용하는 또 다른 컬렉터를 인수로 받는 mapping 메서드를 제공한다. 예를 들어 이 함수를 이용해 그룹의 각 요리를 관련 이름 목록으로 변환할 수 있다.

```
Map<Dish.Type, List<String>> dishNamesByType =
    menu.stream()
        .collect(groupingBy(Dish::getType, mapping(Dish::getName, toList())));
```

이전 예제와 달리 결과 맵의 각 그룹은 요리가 아니라 문자열 리스트다. groupingBy와 연계해 세 번째 컬렉터를 사용해서 일반 맵이 아닌 flatMap 변환을 수행할 수 있다. 다음처럼 태그 목록을 가진 각 요리로 구성된 맵이 있다고 가정하자.

```
Map<String, List<String>> dishTags = new HashMap<>(); dishTags.put("pork",
asList("greasy", "salty")); dishTags.put("beef", asList("salty", "roasted"));
dishTags.put("chicken", asList("fried", "crisp")); dishTags.put("french fries",
asList("greasy", "fried")); dishTags.put("rice", asList("light", "natural"));
dishTags.put("season fruit", asList("fresh", "natural")); dishTags.put("pizza",
asList("tasty", "salty")); dishTags.put("prawns", asList("tasty", "roasted"));
dishTags.put("salmon", asList("delicious", "fresh"));
```

flatMapping 컬렉터를 이용하면 각 형식의 요리의 태그를 간편하게 추출할 수 있다.

```
Map<Dish.Type, Set<String>> dishNamesByType =
    menu.stream()
        .collect(groupingBy(Dish::getType,
                flatMapping(dish -> dishTags.get( dish.getName() ).stream(),
toSet())));
```

각 요리에서 태그 리스트를 얻어야 한다. 따라서 5장에서 했던 것처럼 두 수준의 리스트를 한 수준으로 평면화하려면 flatMap을 수행해야 한다. 이전처럼 각 그룹에 수행한 flatMapping 연산 결과를 수집해서 리스트가 아니라 집합으로 그룹화해 중복 태그를 제거한다는 사실을 주목하자. 다음은 위 연산의 결과다.

```
{MEAT=[salty, greasy, roasted, fried, crisp], FISH=[roasted, tasty, fresh, delicious],
 OTHER=[salty, greasy, natural, light, tasty, fresh, fried]}
```

지금까지는 칼로리 같은 한 가지 기준으로 메뉴의 요리를 그룹화했는데 두 가지 이상의 기준을 동시에 적용할 수 있을까? 효과적으로 조합할 수 있다는 것이 그룹화의 장점이다. 이제 조합 기능을 살펴본다.

## 6.3.2 다수준 그룹화

두 인수를 받는 팩토리 메서드 Collectors.groupingBy를 이용해서 항목을 다수준으로 그룹화할 수 있다. Collectors.groupingBy는 일반적인 분류 함수와 컬렉터를 인수로 받는다. 즉, 바깔쪽 groupingBy 메서드에 스트림의 항목을 분류할 두 번째 기준을 정의하는 내부 groupingBy를 전달해서 두 수준으로 스트림의 항목을 그룹화할 수 있다.

**예제 6-2** 다수준 그룹화

```
Map<Dish.Type, Map<CaloricLevel, List<Dish>>> dishesByTypeCaloricLevel =
menu.stream().collect(
    groupingBy(Dish::getType,    ⟵┤ 첫 번째 수준의 분류 함수
        groupingBy(dish -> {     ⟵┤ 두 번째 수준의 분류 함수
            if (dish.getCalories() <= 400)
                return CaloricLevel.DIET;
            else if (dish.getCalories() <= 700)
                return CaloricLevel.NORMAL; else return CaloricLevel.FAT;
        })
    )
);
```

그룹화의 결과로 다음과 같은 두 수준의 맵이 만들어진다.

```
{MEAT={DIET=[chicken], NORMAL=[beef], FAT=[pork]}, FISH={DIET=[prawns],
NORMAL=[salmon]},
OTHER={DIET=[rice, seasonal fruit], NORMAL=[french fries, pizza]}}
```

외부 맵은 첫 번째 수준의 분류 함수에서 분류한 키값 'fish, meat, other'를 갖는다. 그리고 외부 맵의 값은 두 번째 수준의 분류 함수의 기준 'normal, diet, fat'을 키값으로 갖는다. 최종적으로 두 수준의 맵은 첫 번째 키와 두 번째 키의 기준에 부합하는 요소 리스트를 값(salmon, pizza 등)으로 갖는다. 다수준 그룹화 연산은 다양한 수준으로 확장할 수 있다. 즉, n수준 그룹화의 결과는 n수준 트리 구조로 표현되는 n수준 맵이 된다.

[그림 6-5]는 그룹화 연산의 결과로 항목이 분류된 결과를 n차원의 표로 잘 보여준다.

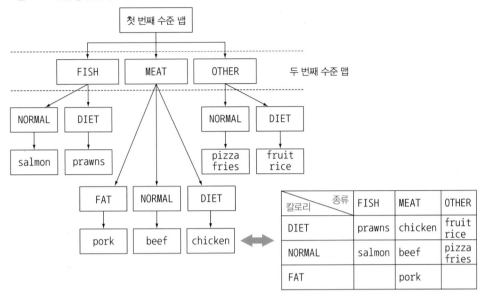

그림 6-5 $n$수준 중첩 맵과 $n$차원 분류표

보통 groupingBy의 연산을 '버킷^bucket (물건을 담을 수 있는 양동이)' 개념으로 생각하면 쉽다. 첫 번째 groupingBy는 각 키의 버킷을 만든다. 그리고 준비된 각각의 버킷을 서브스트림 컬렉터로 채워가기를 반복하면서 n수준 그룹화를 달성한다.

## 6.3.3 서브그룹으로 데이터 수집

6.3.2절에서는 두 번째 groupingBy 컬렉터를 외부 컬렉터로 전달해서 다수준 그룹화 연산을 구현했다. 사실 첫 번째 groupingBy로 넘겨주는 컬렉터의 형식은 제한이 없다. 예를 들어 다음 코드처럼 groupingBy 컬렉터에 두 번째 인수로 counting 컬렉터를 전달해서 메뉴에서 요리의 수를 종류별로 계산할 수 있다.

```
Map<Dish.Type, Long> typesCount = menu.stream().collect(
                groupingBy(Dish::getType, counting()));
```

다음은 결과 맵이다.

```
{MEAT=3, FISH=2, OTHER=4}
```

분류 함수 한 개의 인수를 갖는 groupingBy(f)는 사실 groupingBy(f, toList())의 축약형이다.

요리의 **종류**를 분류하는 컬렉터로 메뉴에서 가장 높은 칼로리를 가진 요리를 찾는 프로그램도 다시 구현할 수 있다.

```
Map<Dish.Type, Optional<Dish>> mostCaloricByType =
    menu.stream()
        .collect(groupingBy(Dish::getType,
                         maxBy(comparingInt(Dish::getCalories)))));
```

그룹화의 결과로 요리의 종류를 키[key]로, Optional<Dish>를 값[value]으로 갖는 맵이 반환된다.

Optional<Dish>는 해당 종류의 음식 중 가장 높은 칼로리를 래핑한다.

```
{FISH=Optional[salmon], OTHER=Optional[pizza], MEAT=Optional[pork]}
```

> **NOTE_** 팩토리 메서드 maxBy가 생성하는 컬렉터의 결과 형식에 따라 맵의 값이 Optional 형식이 되었다. 실제로 메뉴의 요리 중 Optional.empty()를 값으로 갖는 요리는 존재하지 않는다. 처음부터 존재하지 않는 요리의 키는 맵에 추가되지 않기 때문이다. groupingBy 컬렉터는 스트림의 첫 번째 요소를 찾은 이후에야 그룹화 맵에 새로운 키를 (게으르게) 추가한다. 리듀싱 컬렉터가 반환하는 형식을 사용하는 상황이므로 굳이 Optional 래퍼를 사용할 필요가 없다.

## 컬렉터 결과를 다른 형식에 적용하기

마지막 그룹화 연산에서 맵의 모든 값을 Optional로 감쌀 필요가 없으므로 Optional을 삭제할 수 있다. 즉, 다음처럼 팩토리 메서드 Collectors.collectingAndThen으로 컬렉터가 반환한 결과를 다른 형식으로 활용할 수 있다.

**예제 6-3** 각 서브그룹에서 가장 칼로리가 높은 요리 찾기

```
Map<Dish.Type, Dish> mostCaloricByType =
    menu.stream()
        .collect(groupingBy(Dish::getType,    ◁── 분류 함수
                collectingAndThen(
                    maxBy(comparingInt(Dish::getCalories)),   ◁── 감싸인 컬렉터
                Optional::get)));   ◁── 변환 함수
```

팩토리 메서드 collectingAndThen은 적용할 컬렉터와 변환 함수를 인수로 받아 다른 컬렉터를 반환한다. 반환되는 컬렉터는 기존 컬렉터의 래퍼 역할을 하며 collect의 마지막 과정에서 변환 함수로 자신이 반환하는 값을 매핑한다. 이 예제에서는 maxBy로 만들어진 컬렉터가 감싸지는 컬렉터며 변환 함수 Optional::get으로 반환된 Optional에 포함된 값을 추출한다. 이미 언급했듯이 리듀싱 컬렉터는 절대 Optional.empty()를 반환하지 않으므로 안전한 코드다. 다음은 맵의 결과다.

```
{FISH=salmon, OTHER=pizza, MEAT=pork}
```

**그림 6-6** 여러 컬렉터를 중첩한 효과

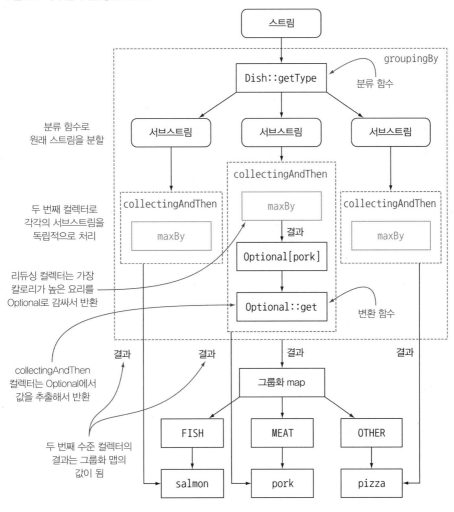

중첩 컬렉터는 앞으로도 자주 등장할 것이다. 하지만 처음에는 중첩 컬렉터가 어떤 식으로 작동하는지 명확하게 파악하기 어려울 때도 있다. [그림 6-6]은 중첩 컬렉터가 어떻게 작동하는지 보여준다. 가장 외부 계층에서 안쪽으로 다음과 같은 작업이 수행된다.

- 컬렉터는 점선으로 표시되어 있으며 groupingBy는 가장 바깥쪽에 위치하면서 요리의 종류에 따라 메뉴 스트림을 세 개의 서브스트림으로 그룹화한다.

- groupingBy 컬렉터는 collectingAndThen 컬렉터를 감싼다. 따라서 두 번째 컬렉터는 그룹화된 세 개의 서브스트림에 적용된다.

- collectingAndThen 컬렉터는 세 번째 컬렉터 maxBy를 감싼다.

- 리듀싱 컬렉터가 서브스트림에 연산을 수행한 결과에 collectingAndThen의 Optional::get 변환 함수가 적용된다.

- groupingBy 컬렉터가 반환하는 맵의 분류 키에 대응하는 세 값이 각각의 요리 형식에서 가장 높은 칼로리다.

## groupingBy와 함께 사용하는 다른 컬렉터 예제

일반적으로 스트림에서 같은 그룹으로 분류된 모든 요소에 리듀싱 작업을 수행할 때는 팩토리 메서드 groupingBy에 두 번째 인수로 전달한 컬렉터를 사용한다. 예를 들어 메뉴에 있는 모든 요리의 칼로리 합계를 구하려고 만든 컬렉터를 재사용할 수 있다. 물론 여기서는 각 그룹으로 분류된 요리에 이 컬렉터를 활용한다.

```
Map<Dish.Type, Integer> totalCaloriesByType =
    menu.stream().collect(groupingBy(Dish::getType,
        summingInt(Dish::getCalories)));
```

이 외에도 mapping 메서드로 만들어진 컬렉터도 groupingBy와 자주 사용된다. mapping 메서드는 스트림의 인수를 변환하는 함수와 변환 함수의 결과 객체를 누적하는 컬렉터를 인수로 받는다. mapping은 입력 요소를 누적하기 전에 매핑 함수를 적용해서 다양한 형식의 객체를 주어진 형식의 컬렉터에 맞게 변환하는 역할을 한다. 예를 들어 각 요리 형식에 존재하는 모든 CaloricLevel값을 알고 싶다고 가정하자. 다음 코드처럼 groupingBy와 mapping 컬렉터를 합쳐서 이 기능을 구현할 수 있다.

```
Map<Dish.Type, Set<CaloricLevel>> caloricLevelsByType =
```

```
menu.stream().collect(
    groupingBy(Dish::getType, mapping(dish -> {
            if (dish.getCalories() <= 400) return CaloricLevel.DIET;
            else if (dish.getCalories() <= 700) return CaloricLevel.NORMAL;
            else return CaloricLevel.FAT; },
        toSet() )));
```

mapping 메서드에 전달한 변환 함수는 Dish를 CaloricLevel로 매핑한다. 그리고 CaloricLevel 결과 스트림은 (toList와 비슷한) toSet 컬렉터로 전달되면서 리스트가 아닌 집합으로 스트림의 요소가 누적된다(따라서 중복된 값은 저장되지 않는다). 이전 예제와 마찬가지로 그룹화 함수로 생성된 서브스트림에 mapping 함수를 적용하면서 다음과 같은 맵 결과가 생성된다.

{OTHER=[DIET, NORMAL], MEAT=[DIET, NORMAL, FAT], FISH=[DIET, NORMAL]}

이렇게 해서 우리가 원하는 결과를 얻었다. 생선을 먹으면서 다이어트를 하고 싶다면 어떤 메뉴를 선택해야 할지 쉽게 구분할 수 있다. 마찬가지로 너무 배가 고파서 높은 칼로리를 섭취하고 싶다면 고기(MEAT) 그룹에서 메뉴를 선택하면 된다. 이전 예제에서는 Set의 형식이 정해져 있지 않았다. 이때 toCollection을 이용하면 원하는 방식으로 결과를 제어할 수 있다. 예를 들어 다음처럼 메서드 참조 HashSet::new를 toCollection에 전달할 수 있다.

Map〈Dish.Type, Set〈CaloricLevel〉〉 caloricLevelsByType =

```
menu.stream().collect(
    groupingBy(Dish::getType, mapping(dish -> {
            if (dish.getCalories() <= 400) return CaloricLevel.DIET;
            else if (dish.getCalories() <= 700) return CaloricLevel.NORMAL;
            else return CaloricLevel.FAT; },
        toCollection(HashSet::new) )));
```

# 6.4 분할

분할은 **분할 함수**partitioning function라 불리는 프레디케이트를 분류 함수로 사용하는 특수한 그룹화 기능이다. 분할 함수는 불리언을 반환하므로 맵의 키 형식은 Boolean이다. 결과적으로 그룹화 맵은 최대 (참 아니면 거짓의 값을 갖는) 두 개의 그룹으로 분류된다. 예를 들어 채식주의자 친구를 저녁에 초대했다고 가정하자. 그러면 이제 모든 요리를 채식 요리와 채식이 아닌 요리로 분류해야 한다.

```
Map<Boolean, List<Dish>> partitionedMenu =
            menu.stream().collect(partitioningBy(Dish::isVegetarian));  ◁── 분할 함수
```

위 코드를 실행하면 다음과 같은 맵이 반환된다.

```
{false=[pork, beef, chicken, prawns, salmon],
 true=[french fries, rice, season fruit, pizza]}
```

이제 참값의 키로 맵에서 모든 채식 요리를 얻을 수 있다.

```
List<Dish> vegetarianDishes = partitionedMenu.get(true);
```

물론 메뉴 리스트로 생성한 스트림을 이전 예제에서 사용한 프레디케이트로 필터링한 다음에 별도의 리스트에 결과를 수집해도 같은 결과를 얻을 수 있다.

```
List<Dish> vegetarianDishes =
        menu.stream().filter(Dish::isVegetarian).collect(toList());
```

## 6.4.1 분할의 장점

분할 함수가 반환하는 참, 거짓 두 가지 요소의 스트림 리스트를 모두 유지한다는 것이 분할의 장점이다. 이전 예제에서 partitionedMenu 맵에 거짓 키를 이용해서(즉, 프레디케이트와 그 결과를 반전시키는 두 가지 필터링 연산을 적용해서) 채식이 아닌 모든 요리 리스트를 얻을 수 있다. 또한 다음 코드에서 보여주는 것처럼 컬렉터를 두 번째 인수로 전달할 수 있는 오버로드된 버전의 partitioningBy 메서드도 있다.

```
Map<Boolean, Map<Dish.Type, List<Dish>>> vegetarianDishesByType = menu.stream().
collect(
    partitioningBy(Dish::isVegetarian,   ◁── 분할 함수
                groupingBy(Dish::getType)));   ◁── 두 번째 컬렉터
```

다음은 위 코드를 실행한 두 수준의 맵 결과다.

```
{false={FISH=[prawns, salmon], MEAT=[pork, beef, chicken]},
 true={OTHER=[french fries, rice, season fruit, pizza]}}
```

결과에서 확인할 수 있는 것처럼 채식 요리의 스트림과 채식이 아닌 요리의 스트림을 각각 요리 종류로 그룹화해서 두 수준의 맵이 반환되었다. 이는 6.3.1절에서 다룬 두 수준 그룹화 결과와 비슷하다. 또한 이전 코드를 활용하면 채식 요리와 채식이 아닌 요리 각각의 그룹에서 가장 칼로리가 높은 요리도 찾을 수 있다.

```
Map<Boolean, Dish> mostCaloricPartitionedByVegetarian =
menu.stream().collect(
    partitioningBy(Dish::isVegetarian,
            collectingAndThen(maxBy(comparingInt(Dish::getCalories)),
                        Optional::get)));
```

다음은 프로그램 실행 결과다.

```
{false=pork, true=pizza}
```

6.4절을 시작하면서 분할이란 특수한 종류의 그룹화라고 설명했다. partitioningBy가 반환한 맵 구현은 참과 거짓 두 가지 키만 포함하므로 더 간결하고 효과적이다. 사실 내부적으로 partitioningBy는 특수한 맵과 두 개의 필드로 구현되었다. 이 외에도 groupingBy와 partitioningBy 컬렉터의 비슷한 점이 또 있다. 잠시 후 퀴즈에서 확인하겠지만 6.3.1절에서 다수준으로 그룹화를 수행했던 것처럼 다수준으로 분할하는 기법도 있다.

이번에는 메뉴 데이터 모델 예제가 아닌 숫자를 소수와 비소수로 분할하는 더 복잡하고 재미있는 예제를 이용해서 partitioningBy 컬렉터 활용 방법을 살펴보자.

---

**퀴즈 6-2** partitioningBy 사용

groupingBy 컬렉터와 마찬가지로 partitioningBy 컬렉터도 다른 컬렉터와 조합해서 사용할 수 있다. 특히 두 개의 partitioningBy 컬렉터를 이용해서 다수준 분할을 수행할 수 있다. 다음 코드의 다수준 분할 결과를 예측해보자.

1. `menu.stream().collect(partitioningBy(Dish::isVegetarian,`
   `                    partitioningBy(d -> d.getCalories() > 500)));`
2. `menu.stream().collect(partitioningBy(Dish::isVegetarian,`
   `                    partitioningBy(Dish::getType)));`
3. `menu.stream().collect(partitioningBy(Dish::isVegetarian,`
   `                    counting()));`

---

## 6.4.2 숫자를 소수와 비소수로 분할하기

정수 n을 인수로 받아서 2에서 n까지의 자연수를 소수$^{prime}$와 비소수$^{nonprime}$로 나누는 프로그램을 구현하자. 먼저 주어진 수가 소수인지 아닌지 판단하는 프레디케이트를 구현하면 편리할 것이다.

```
public boolean isPrime(int candidate) {
    return IntStream.range(2, candidate)     ◁── 2부터 candidate 미만
                                                사이의 자연수를 생성한다.
                    .noneMatch(i -> candidate % i == 0);  ◁── 스트림의 모든 정수로
}                                                            candidate를 나눌 수
                                                             없으면 참을 반환한다.
```

다음처럼 소수의 대상을 주어진 수의 제곱근 이하의 수로 제한할 수 있다.

```
public boolean isPrime(int candidate) {
    int candidateRoot = (int) Math.sqrt((double)candidate);
    return IntStream.rangeClosed(2, candidateRoot)
                    .noneMatch(i -> candidate % i == 0);
}
```

이렇게 하여 가장 중요한 작업을 완성했다. 이제 n개의 숫자를 포함하는 스트림을 만든 다음에 우리가 구현한 isPrime 메서드를 프레디케이트로 이용하고 partitioningBy 컬렉터로 리듀스해서 숫자를 소수와 비소수로 분류할 수 있다.

```
public Map<Boolean, List<Integer>> partitionPrimes(int n) {
    return IntStream.rangeClosed(2, n).boxed()
```

```
                    .collect(
                        partitioningBy(candidate -> isPrime(candidate)));
    }
```

지금까지 Collectors에서 제공하는 정적 팩토리 메서드로 만들 수 있는 모든 컬렉터를 예제와
함께 살펴봤다. [표 6-1]은 지금까지 배운 모든 컬렉터, 이를 Stream⟨T⟩에 적용했을 때 반환
하는 형식, menuStream이라는 Stream⟨Dish⟩에 적용한 예제 등을 보여준다.

**표 6-1** Collectors 클래스의 정적 팩토리 메서드

| 팩토리 메서드 | 반환 형식 | 사용 예제 |
|---|---|---|
| toList | List⟨T⟩ | 스트림의 모든 항목을 리스트로 수집 |
| 활용 예 : List⟨Dish⟩ dishes = menuStream.collect(toList()); | | |
| toSet | Set⟨T⟩ | 스트림의 모든 항목을 중복이 없는 집합으로 수집 |
| 활용 예 : Set⟨Dish⟩ dishes = menuStream.collect(toSet()); | | |
| toCollection | Collection⟨T⟩ | 스트림의 모든 항목을 발행자가 제공하는 컬렉션으로 수집 |
| 활용 예 : Collection⟨Dish⟩ dishes = menuStream.collect(toCollection(), ArrayList::new); | | |
| counting | Long | 스트림의 항목 수 계산 |
| 활용 예 : long howManyDishes = menuStream.collect(counting()); | | |
| summingInt | Integer | 스트림의 항목에서 정수 프로퍼티값을 더함 |
| 활용 예 : int totalCalories = menuStream.collect(summingInt(Dish::getCalories)); | | |
| averagingInt | Double | 스트림 항목의 정수 프로퍼티의 평균값 계산 |
| 활용 예 : double avgCalories = menuStream.collect(averagingInt(Dish::getCalories)); | | |
| summarizingInt | IntSummaryStatistics | 스트림 내 항목의 최댓값, 최솟값, 합계, 평균 등의 정수 정보 통계 수집 |
| 활용 예 : IntSummaryStatistics menuStatistics =<br>          menuStream.collect(summarizingInt(Dish::getCalories)); | | |
| joining | String | 스트림의 각 항목에 toString 메서드를 호출한 결과 문자열 연결 |
| 활용 예 : String shortMenu = menuStream.map(Dish::getName).collect(joining(", ")); | | |
| maxBy | Optional⟨T⟩ | 주어진 비교자를 이용해서 스트림의 최댓값 요소를 Optional로 감싼 값을 반환. 스트림에 요소가 없을 때는 Optional.empty() 반환 |
| 활용 예 : Optional⟨Dish⟩ fattest =<br>          menuStream.collect(maxBy(comparingInt(Dish::getCalories))); | | |
| minBy | Optional⟨T⟩ | 주어진 비교자를 이용해서 스트림의 최솟값 요소를 Optional로 감싼 값을 반환. 스트림에 요소가 없을 때는 Optional.empty() 반환 |

| 팩토리 메서드 | 반환 형식 | 사용 예제 |
|---|---|---|
| 활용 예 : Optional⟨Dish⟩ lightest = menuStream.collect(minBy(comparingInt(Dish::getCalories))); | | |
| reducing | The type produced by the reduction operation | 누적자를 초깃값으로 설정한 다음에 BinaryOperator로 스트림의 각 요소를 반복적으로 누적자와 합쳐 스트림을 하나의 값으로 리듀싱 |
| 활용 예 : int totalCalories = menuStream.collect(reducing(0, Dish::getCalories, Integer::sum)); | | |
| collectingAndThen | The type returned by the transforming function | 다른 컬렉터를 감싸고 그 결과에 변환 함수 적용 |
| 활용 예 : int howManyDishes = menuStream.collect(collectingAndThen(toList(), List::size)); | | |
| groupingBy | Map⟨K, List⟨T⟩⟩ | 하나의 프로퍼티값을 기준으로 스트림의 항목을 그룹화하며 기준 프로퍼티값을 결과 맵의 키로 사용 |
| 활용 예 : Map⟨Dish.Type, List⟨Dish⟩⟩ dishesByType = menuStream.collect(groupingBy(Dish::getType)); | | |
| partitioningBy | Map⟨Boolean, List⟨T⟩⟩ | 프레디케이트를 스트림의 각 항목에 적용한 결과로 항목 분할 |
| 활용 예 : Map⟨Boolean, List⟨Dish⟩⟩ vegetarianDishes = menuStream.collect(partitioningBy(Dish::isVegetarian)); | | |

6장을 시작하면서 설명한 것처럼 이들 모든 컬렉터는 Collector 인터페이스를 구현한다. 이제 Collector 인터페이스를 자세히 살펴보자. 먼저 Collector 인터페이스의 메서드를 살펴본 다음에 자신만의 커스텀 컬렉터를 구현하는 방법을 설명한다.

# 6.5 Collector 인터페이스

Collector 인터페이스는 리듀싱 연산(즉, 컬렉터)을 어떻게 구현할지 제공하는 메서드 집합으로 구성된다. 지금까지 toList나 groupingBy 등 Collector 인터페이스를 구현하는 많은 컬렉터를 살펴봤다. 물론 우리가 Collector 인터페이스를 구현하는 리듀싱 연산을 만들 수도 있다. 6.6절에서는 소수 분류 문제를 다른 방법으로 해결하는 방법을 설명한다. 즉, Collector 인터페이스를 직접 구현해서 더 효율적으로 문제를 해결하는 컬렉터를 만드는 방법을 살펴본다.

Collector 인터페이스를 살펴보기 전에 6장을 시작하면서 살펴본 팩토리 메서드인 toList (스트림의 요소를 리스트로 수집)를 자세히 확인하자. toList는 앞으로 일상에서 자주 사용하는 컬렉터 중 하나다. 동시에 toList는 가장 구현하기 쉬운 컬렉터이기도 하다. toList가 어떻게 구현되었는지 살펴보면서 Collector는 어떻게 정의되어 있고, 내부적으로 collect 메서드는 toList가 반환하는 함수를 어떻게 활용했는지 이해할 수 있다.

다음 코드는 Collector 인터페이스의 시그니처와 다섯 개의 메서드 정의를 보여준다.

**예제 6-4** Collector 인터페이스

```
public interface Collector<T, A, R> {
    Supplier<A> supplier();
    BiConsumer<A, T> accumulator();
    Function<A, R> finisher();
    BinaryOperator<A> combiner();
    Set<Characteristics> characteristics();
}
```

위 코드를 다음처럼 설명할 수 있다.

- T는 수집될 스트림 항목의 제네릭 형식이다.
- A는 누적자, 즉 수집 과정에서 중간 결과를 누적하는 객체의 형식이다.
- R은 수집 연산 결과 객체의 형식(항상 그런 것은 아니지만 대개 컬렉션 형식)이다.

예를 들어 Stream<T>의 모든 요소를 List<T>로 수집하는 ToListCollector<T>라는 클래스를 구현할 수 있다.

```
public class ToListCollector<T> implements Collector<T, List<T>, List<T>>
```

곧 설명하겠지만 누적 과정에서 사용되는 객체가 수집 과정의 최종 결과로 사용된다.


## 6.5.1 Collector 인터페이스의 메서드 살펴보기

이제 Collector 인터페이스에 정의된 다섯 개의 메서드를 하나씩 살펴보자. 먼저 살펴볼 네 개의 메서드는 collect 메서드에서 실행하는 함수를 반환하는 반면, 다섯 번째 메서드

characteristics는 collect 메서드가 어떤 최적화(예를 들면 병렬화 같은)를 이용해서 리듀싱 연산을 수행할 것인지 결정하도록 돕는 힌트 특성 집합을 제공한다.

## supplier 메서드: 새로운 결과 컨테이너 만들기

supplier 메서드는 빈 결과로 이루어진 Supplier를 반환해야 한다. 즉, supplier는 수집 과정에서 빈 누적자 인스턴스를 만드는 파라미터가 없는 함수다. ToListCollector처럼 누적자를 반환하는 컬렉터에서는 빈 누적자가 비어있는 스트림의 수집 과정의 결과가 될 수 있다. ToListCollector에서 supplier는 다음처럼 빈 리스트를 반환한다.

```
public Supplier<List<T>> supplier() {
    return () -> new ArrayList<T>();
}
```

생성자 참조를 전달하는 방법도 있다.

```
public Supplier<List<T>> supplier() {
    return ArrayList::new;
}
```

## accumulator 메서드 : 결과 컨테이너에 요소 추가하기

accumulator 메서드는 리듀싱 연산을 수행하는 함수를 반환한다. 스트림에서 n번째 요소를 탐색할 때 두 인수, 즉 누적자(스트림의 첫 n−1개 항목을 수집한 상태)와 n번째 요소를 함수에 적용한다. 함수의 반환값은 void, 즉 요소를 탐색하면서 적용하는 함수에 의해 누적자 내부상태가 바뀌므로 누적자가 어떤 값일지 단정할 수 없다. ToListCollector에서 accumulator가 반환하는 함수는 이미 탐색한 항목을 포함하는 리스트에 현재 항목을 추가하는 연산을 수행한다.

```
public BiConsumer<List<T>, T> accumulator() {
    return (list, item) -> list.add(item);
}
```

다음처럼 메서드 참조를 이용하면 코드가 더 간결해진다.

```
public BiConsumer<List<T>, T> accumulator() {
    return List::add;
}
```

## finisher 메서드 : 최종 변환값을 결과 컨테이너로 적용하기

finisher 메서드는 스트림 탐색을 끝내고 누적자 객체를 최종 결과로 변환하면서 누적 과정을 끝낼 때 호출할 함수를 반환해야 한다. 때로는 ToListCollector에서 볼 수 있는 것처럼 누적자 객체가 이미 최종 결과인 상황도 있다. 이런 때는 변환 과정이 필요하지 않으므로 finisher 메서드는 항등 함수를 반환한다.

```java
public Function<List<T>, List<T>> finisher() {
    return Function.identity();
}
```

지금까지 살펴본 세 가지 메서드로도 [그림 6-7]에서 보여주는 순차적 스트림 리듀싱 기능을 수행할 수 있다. 실제로는 collect가 동작하기 전에 다른 중간 연산과 파이프라인을 구성할 수 있게 해주는 게으른 특성 그리고 병렬 실행 등도 고려해야 하므로 스트림 리듀싱 기능 구현은 생각보다 복잡하다.

**그림 6-7** 순차 리듀싱 과정의 논리적 순서

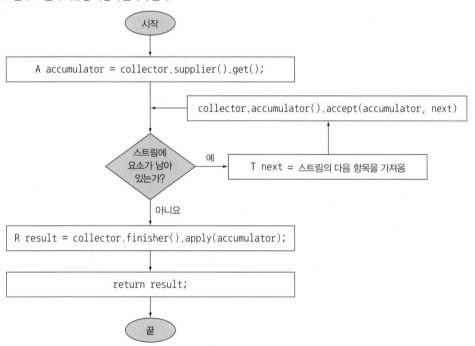

## combiner 메서드 : 두 결과 컨테이너 병합

마지막으로 리듀싱 연산에서 사용할 함수를 반환하는 네 번째 메서드 combiner를 살펴본다. combiner는 스트림의 서로 다른 서브파트를 병렬로 처리할 때 누적자가 이 결과를 어떻게 처리할지 정의한다. toList의 combiner는 비교적 쉽게 구현할 수 있다. 즉, 스트림의 두 번째 서브파트에서 수집한 항목 리스트를 첫 번째 서브파트 결과 리스트의 뒤에 추가하면 된다.

```java
public BinaryOperator<List<T>> combiner() {
    return (list1, list2) -> {
        list1.addAll(list2);
        return list1;
    }
}
```

**그림 6-8** 병렬화 리듀싱 과정에서 combiner 메서드 활용

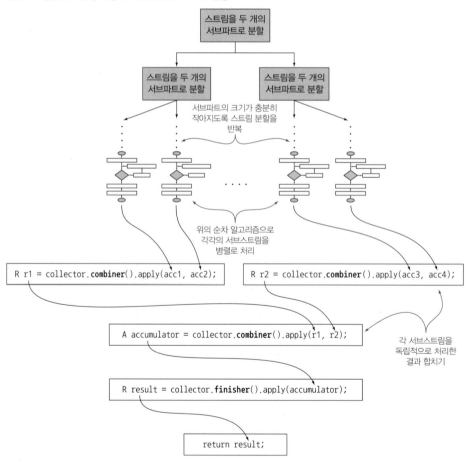

네 번째 메서드를 이용하면 스트림의 리듀싱을 병렬로 수행할 수 있다. 스트림의 리듀싱을 병렬로 수행할 때 자바 7의 포크/조인 프레임워크와 7장에서 배울 Spliterator를 사용한다. [그림 6-8]은 스트림의 병렬 리듀싱 수행 과정을 보여준다.

- 스트림을 분할해야 하는지 정의하는 조건이 거짓으로 바뀌기 전까지 원래 스트림을 재귀적으로 분할한다(보통 분산된 작업의 크기가 너무 작아지면 병렬 수행의 속도는 순차 수행의 속도보다 느려진다. 즉, 병렬 수행의 효과가 상쇄된다. 일반적으로 프로세싱 코어의 개수를 초과하는 병렬 작업은 효율적이지 않다).
- 이제 [그림 6-7]에서 보여주는 것처럼 모든 서브스트림<sup>substream</sup>의 각 요소에 리듀싱 연산을 순차적으로 적용해서 서브스트림을 병렬로 처리할 수 있다.
- 마지막에는 컬렉터의 combiner 메서드가 반환하는 함수로 모든 부분결과를 쌍으로 합친다. 즉, 분할된 모든 서브스트림의 결과를 합치면서 연산이 완료된다.

## Characteristics 메서드

마지막으로 characteristics 메서드는 컬렉터의 연산을 정의하는 Characteristics 형식의 불변 집합을 반환한다. Characteristics는 스트림을 병렬로 리듀스할 것인지 그리고 병렬로 리듀스한다면 어떤 최적화를 선택해야 할지 힌트를 제공한다. Characteristics는 다음 세 항목을 포함하는 열거형이다.

- UNORDERED : 리듀싱 결과는 스트림 요소의 방문 순서나 누적 순서에 영향을 받지 않는다.
- CONCURRENT : 다중 스레드에서 accumulator 함수를 동시에 호출할 수 있으며 이 컬렉터는 스트림의 병렬 리듀싱을 수행할 수 있다. 컬렉터의 플래그에 UNORDERED를 함께 설정하지 않았다면 데이터 소스가 정렬되어 있지 않은(즉, 집합처럼 요소의 순서가 무의미한) 상황에서만 병렬 리듀싱을 수행할 수 있다.
- IDENTITY_FINISH : finisher 메서드가 반환하는 함수는 단순히 identity를 적용할 뿐이므로 이를 생략할 수 있다. 따라서 리듀싱 과정의 최종 결과로 누적자 객체를 바로 사용할 수 있다. 또한 누적자 A를 결과 R로 안전하게 형변환할 수 있다.

지금까지 개발한 ToListCollector에서 스트림의 요소를 누적하는 데 사용한 리스트가 최종 결과 형식이므로 추가 변환이 필요 없다. 따라서 ToListCollector는 IDENTITY_FINISH다. 하지만 리스트의 순서는 상관이 없으므로 UNORDERED다. 마지막으로 ToListCollector는 CONCURRENT
다. 하지만 이미 설명했듯이 요소의 순서가 무의미한 데이터 소스여야 병렬로 실행할 수 있다.

## 6.5.2 응용하기

지금까지 살펴본 다섯 가지 메서드를 이용해서 자신만의 커스텀 ToListCollector를 구현할 수
있다. [예제 6-5]에서 보여주는 것처럼 지금까지 배운 메서드를 이용해서 ToListCollector를
구현해보자.

예제 6-5 ToListCollector

```
import java.util.*;
import java.util.function.*;
import java.util.stream.Collector;
import static java.util.stream.Collector.Characteristics.*;

public class ToListCollector<T> implements Collector<T, List<T>, List<T>> {
    @Override
    public Supplier<List<T>> supplier() {
        return ArrayList::new;   ◁─┤ 수집 연산의 시발점
    }

    @Override
    public BiConsumer<List<T>, T> accumulator() {
        return List::add;   ◁─┤ 탐색한 항목을 누적하고 바로 누적자를 고친다.
    }

    @Override
    public Function<List<T>, List<T>> finisher() {
        return Function.identity();   ◁─┤ 항등 함수
    }

    @Override
    public BinaryOperator<List<T>> combiner() {
        return (list1, list2) -> {   ◁─┤ 두 번째 콘텐츠와 합쳐서 첫 번째 누적자를 고친다.
            list1.addAll(list2);   ◁─┤ 변경된 첫 번째 누적자를 반환한다.
            return list1;
        };
    }
```

```java
    @Override
    public Set<Characteristics> characteristics() {
        return Collections.unmodifiableSet(EnumSet.of(
            IDENTITY_FINISH, CONCURRENT));
    }
}
```

컬렉터의 플래그를 IDENTITY_FINISH, CONCURRENT로 설정한다.

위 구현이 Collectors.toList 메서드가 반환하는 결과와 완전히 같은 것은 아니지만 사소한 최적화를 제외하면 대체로 비슷하다. 특히 자바 API에서 제공하는 컬렉터는 싱글턴 Collections.emptyList()로 빈 리스트를 반환한다. 이제 자바에서 제공하는 API 대신 우리가 만든 컬렉터를 메뉴 스트림의 모든 요리를 수집하는 예제에 사용할 수 있다.

```java
List<Dish> dishes = menuStream.collect(new ToListCollector<Dish>());
```

다음은 기존의 코드다.

```java
List<Dish> dishes = menuStream.collect(toList());
```

기존 코드의 toList는 팩토리지만 우리 ToListCollector는 new로 인스턴스화한다는 점이 다르다.

## 컬렉터 구현을 만들지 않고도 커스텀 수집 수행하기

IDENTITY_FINISH 수집 연산에서는 Collector 인터페이스를 완전히 새로 구현하지 않고도 같은 결과를 얻을 수 있다. Stream은 세 함수(발행, 누적, 합침)를 인수로 받는 collect 메서드를 오버로드하며 각각의 메서드는 Collector 인터페이스의 메서드가 반환하는 함수와 같은 기능을 수행한다. 예를 들어 다음처럼 스트림의 모든 항목을 리스트에 수집하는 방법도 있다.

```java
List<Dish> dishes = menuStream.collect(
        ArrayList::new,    ← 발행
        List::add,         ← 누적
        List::addAll);     ← 합침
```

위 두 번째 코드가 이전 코드에 비해 좀 더 간결하고 축약되어 있지만 가독성은 떨어진다. 적절한 클래스로 커스텀 컬렉터를 구현하는 편이 중복을 피하고 재사용성을 높이는 데 도움이 된다. 또한 두 번째 collect 메서드로는 Characteristics를 전달할 수 없다. 즉, 두 번째 collect 메서드는 IDENTITY_FINISH와 CONCURRENT지만 UNORDERED는 아닌 컬렉터로만 동작한다.

다음 절에서는 컬렉터를 구현하는 데 도움을 주는 새로운 내용을 소개한다. 다음 절을 살펴보면서 독특하면서도 실용적이지만 더 복잡한 커스텀 컬렉터를 구현할 수 있다.

## 6.6 커스텀 컬렉터를 구현해서 성능 개선하기

6.4절에서 분할을 설명하면서 Collectors 클래스가 제공하는 다양한 팩토리 메서드 중 하나를 이용해서 커스텀 컬렉터를 만들었다. 다음 코드에서 보여주는 것처럼 커스텀 컬렉터로 n까지의 자연수를 소수와 비소수로 분할할 수 있다.

**예제 6-6** n 이하의 자연수를 소수와 비소수로 분류하기

```
public Map<Boolean, List<Integer>> partitionPrimes(int n) {
    return IntStream.rangeClosed(2, n).boxed()
                    .collect(partitioningBy(candidate -> isPrime(candidate)));
}
```

그리고 제곱근 이하로 대상^candidate의 숫자 범위를 제한해서 isPrime 메서드를 개선했다.

```
public boolean isPrime(int candidate) {
    int candidateRoot = (int) Math.sqrt((double) candidate);
    return IntStream.rangeClosed(2, candidateRoot)
                    .noneMatch(i -> candidate % i == 0);
}
```

성능을 더 개선할 수 있을까? 커스텀 컬렉터를 이용하면 성능을 더 개선할 수 있다.

### 6.6.1 소수로만 나누기

우선 소수로 나누어떨어지는지 확인해서 대상의 범위를 좁힐 수 있다. 제수^devisor가 소수가 아니면 소용없으므로 제수를 현재 숫자 이하에서 발견한 소수로 제한할 수 있다. 주어진 숫자가 소수인지 아닌지 판단해야 하는데, 그러려면 지금까지 발견한 소수 리스트에 접근해야 한다. 하지만 우리가 살펴본 컬렉터로는 컬렉터 수집 과정에서 부분결과에 접근할 수 없다. 바로 커스텀 컬렉터 클래스로 이 문제를 해결할 수 있다.

중간 결과 리스트가 있다면 isPrime 메서드로 중간 결과 리스트를 전달하도록 다음과 같이 코드를 구현할 수 있다.

```java
public static boolean isPrime(List<Integer> primes, int candidate) {
    return primes.stream().noneMatch(i -> candidate % i == 0);
}
```

이번에도 대상 숫자의 제곱근보다 작은 소수만 사용하도록 코드를 최적화해야 한다. 즉, 다음 소수가 대상의 루트보다 크면 소수로 나누는 검사를 멈춰야 한다. 안타깝게도 스트림 API에는 이런 기능을 제공하는 메서드가 없다. filter(p -> p <= candidateRoot)를 이용해서 대상의 루트보다 작은 소수를 필터링할 수 있다. 하지만 결국 filter는 전체 스트림을 처리한 다음에 결과를 반환하게 된다. 소수 리스트와 대상 숫자의 범위가 아주 크다면 성능 문제가 발생할 수 있다. 대상의 제곱보다 큰 소수를 찾으면 검사를 중단함으로써 성능 문제를 없앨 수 있다. 따라서 다음 코드처럼 정렬된 리스트와 프레디케이트를 인수로 받아 리스트의 첫 요소에서 시작해서 프레디케이트를 만족하는 가장 긴 요소로 이루어진 리스트를 반환하는 takeWhile이라는 메서드를 구현한다.

```java
public static boolean isPrime(List<Integer> primes, int candidate){
    int candidateRoot = (int) Math.sqrt((double) candidate);
    return primes.stream()
                .takeWhile(i -> i <= candidateRoot)
                .noneMatch(i -> candidate % i == 0);
}
```

---

**퀴즈 6-3 자바 8로 takeWhile 흉내내기**

takeWhile 메소드는 자바 9에서 지원하므로 자바 8에서는 이 기능을 사용할 수 없다. 자바 8에서 takeWhile의 기능을 이용하려면 어떻게 해야 할까?

**정답**

정렬된 리스트와 프레디케이트를 인수로 받아 프레디케이트를 만족하는 가장 긴 첫 요소 리스트를 반환하도록 직접 takeWhile 메서드를 구현할 수 있다.

```java
public static <A> List<A> takeWhile(List<A> list, Predicate<A> p) {
    int i = 0;
    for (A item : list) {                    리스트의 현재 항목이 프레디
        if (!p.test(item)) {          ◁──  케이트를 만족하는지 확인
            return list.subList(0, i);  ◁──  만족하지 않으면 현재 검사한 항목의
                                              이전 항목 하위 리스트를 반환
```

```
        }
        i++;
    }
    return list;   ←┤ 리스트의 모든 항목이 프레디케이트를 만족하므로 리스트 자체를 반환
}
```

이 메소드를 이용해 isPrime 메소드를 자시 구현할 수 있다. 그리고 이번에도 대상 숫자의 제곱근보다 작은 소수만 검사한다.

```
public static boolean isPrime(List<Integer> primes, int candidate){
    int candidateRoot = (int) Math.sqrt((double) candidate);
    return takeWhile(primes, i -> i <= candidateRoot)
                .stream()
                .noneMatch(p -> candidate % p == 0);
}
```

스트림 API와는 달리 직접 구현한 takeWhile 메소드는 적극적<sup>eager</sup>으로 동작한다. 따라서 가능하면 nonMatch 동작과 조화를 이룰 수 있도록 자바 9의 스트림에서 제공하는 게으른 버전의 takeWhile을 사용하는 것이 좋다.

새로운 isPrime 메서드를 구현했으니 본격적으로 커스텀 컬렉터를 구현하자. 우선 Collector 인터페이스를 구현하는 새로운 클래스를 선언한 다음에 Collector 인터페이스에서 요구하는 메서드 다섯 개를 구현한다.

## 1단계 : Collector 클래스 시그니처 정의

다음의 Collector 인터페이스 정의를 참고해서 클래스 시그니처를 만들자.

```
public interface Collector<T, A, R>
```

위 코드에서 T는 스트림 요소의 형식, A는 중간 결과를 누적하는 객체의 형식, R은 collect 연산의 최종 결과 형식을 의미한다. 우리는 정수로 이루어진 스트림에서 누적자와 최종 결과의 형식이 Map<Boolean, List<Integer>>인(예제 6-6의 분할 연산의 결과와 같은 맵 형식) 컬렉터를 구현해야 한다. 즉, Map<Boolean, List<Integer>>는 참과 거짓을 키로, 소수와 소수가 아닌 수를 값으로 갖는다.

```
public class PrimeNumbersCollector
            implements Collector<Integer,   ←┤ 스트림 요소의 형식
```

```
Map<Boolean, List<Integer>>,      ◁──┤ 누적자 형식
Map<Boolean, List<Integer>>>  ◁──┤ 수집 연산의 결과 형식
```

## 2단계 : 리듀싱 연산 구현

이번에는 Collector 인터페이스에 선언된 다섯 메서드를 구현해야 한다. supplier 메서드는 누적자를 만드는 함수를 반환해야 한다.

```java
public Supplier<Map<Boolean, List<Integer>>> supplier() {
    return () -> new HashMap<Boolean, List<Integer>>() {{
        put(true, new ArrayList<Integer>());
        put(false, new ArrayList<Integer>());
    }};
}
```

위 코드에서는 누적자로 사용할 맵을 만들면서 true, false 키와 빈 리스트로 초기화를 했다. 수집 과정에서 빈 리스트에 각각 소수와 비소수를 추가할 것이다. 스트림의 요소를 어떻게 수집할지 결정하는 것은 accumulator 메서드이므로 우리 컬렉터에서 가장 중요한 메서드라 할 수 있다. 물론 이미 설명한 것처럼 accumulator는 최적화의 핵심이기도 하다. 이제 언제든지 원할 때 수집 과정의 중간 결과, 즉 지금까지 발견한 소수를 포함하는 누적자에 접근할 수 있다.

```java
public BiConsumer<Map<Boolean, List<Integer>>, Integer> accumulator() {
    return (Map<Boolean, List<Integer>> acc, Integer candidate) -> {
        acc.get( isPrime(acc.get(true), candidate) )   ◁─┐  isPrime의 결과에
            .add(candidate);        ◁─┐ candidate를 알맞은   │  따라 소수 리스트와
    };                                │ 리스트에 추가한다.      │  비소수 리스트를 만든다.
}
```

위 코드에서 지금까지 발견한 소수 리스트(누적 맵의 true 키로 이들 값에 접근할 수 있다)와 소수 여부를 확인하는 candidate를 인수로 isPrime 메서드를 호출했다. isPrime의 호출 결과로 소수 리스트 또는 비소수 리스트 중 알맞은 리스트로 candidate를 추가한다.


## 3단계 : 병렬 실행할 수 있는 컬렉터 만들기(가능하다면)

이번에는 병렬 수집 과정에서 두 부분 누적자를 합칠 수 있는 메서드를 만든다. 예제에서는 단순하게 두 번째 맵의 소수 리스트와 비소수 리스트의 모든 수를 첫 번째 맵에 추가하는 연산이면 충분하다.

```
public BinaryOperator<Map<Boolean, List<Integer>>> combiner() {
    return (Map<Boolean, List<Integer>> map1, Map<Boolean, List<Integer>> map2) -> {
                map1.get(true).addAll(map2.get(true));
                map1.get(false).addAll(map2.get(false));
                return map1;
    };
}
```

참고로 알고리즘 자체가 순차적이어서 컬렉터를 실제 병렬로 사용할 순 없다. 따라서 combiner 메서드는 호출될 일이 없으므로 빈 구현으로 남겨둘 수 있다(또는 UnsupportedOperationException을 던지도록 구현하는 방법도 좋다). 실제로 이 메서드는 사용할 일이 없지만 학습을 목적으로 구현한 것이다.

## 4단계 : finisher 메서드와 컬렉터의 characteristics 메서드

나머지 두 메서드는 쉽게 구현할 수 있다. 이전에 설명했듯이 accumulator의 형식은 컬렉터 결과 형식과 같으므로 변환 과정이 필요 없다. 따라서 항등 함수 identity를 반환하도록 finisher 메서드를 구현한다.

```
public Function<Map<Boolean, List<Integer>>,
                Map<Boolean, List<Integer>>> finisher() {
    return Function.identity();
}
```

이미 언급한 것처럼 커스텀 컬렉터는 CONCURRENT도 아니고 UNORDERED도 아니지만 IDENTITY_FINISH이므로 다음처럼 characteristics 메서드를 구현할 수 있다.

```
public Set<Characteristics> characteristics() {
    return Collections.unmodifiableSet(EnumSet.of(IDENTITY_FINISH));
}
```

다음은 PrimeNumbersCollector의 최종 구현 코드다.

**예제 6-7** PrimeNumbersCollector

```
public class PrimeNumbersCollector implements Collector<Integer,
        Map<Boolean, List<Integer>>,
        Map<Boolean, List<Integer>>> {
    @Override
```

```
    public Supplier<Map<Boolean, List<Integer>>> supplier() {
        return () -> new HashMap<Boolean, List<Integer>>() {{
            put(true, new ArrayList<Integer>());
            put(false, new ArrayList<Integer>());
        }};
    }
    @Override
    public BiConsumer<Map<Boolean, List<Integer>>, Integer> accumulator() {
        return (Map<Boolean, List<Integer>> acc, Integer candidate) -> {
            acc.get( isPrime( acc.get(true),
                candidate) )
                .add(candidate);
        };
    }
    @Override
    public BinaryOperator<Map<Boolean, List<Integer>>> combiner() {
        return (Map<Boolean, List<Integer>> map1,
            Map<Boolean, List<Integer>> map2) -> {
                map1.get(true).addAll(map2.get(true));
                map1.get(false).addAll(map2.get(false));
                return map1;
        };
    }
    @Override
    public Function<Map<Boolean, List<Integer>>,
        Map<Boolean, List<Integer>>> finisher() {
            return Function.identity();
    }
    @Override
    public Set<Characteristics> characteristics() {
        return Collections.unmodifiableSet(EnumSet.of(IDENTITY_FINISH));
    }
}
```

두 개의 빈 리스트를 포함하는 맵으로 수집 동작을 시작한다.

지금까지 발견한 소수 리스트를 isPrime 메서드로 전달한다.

isPrime 메서드의 결과에 따라 맵에서 알맞은 리스트를 받아 현재 candidate를 추가한다.

두 번째 맵을 첫 번째 맵에 병합한다.

최종 수집 과정에서 데이터 변환이 필요하지 않으므로 항등 함수를 반환한다.

발견한 소수의 순서에 의미가 있으므로 컬렉터는 IDENTITY_FINISH지만 UNORDERED, CONCURRENT는 아니다.

이제 6.4절에서 팩토리 메서드 partitioningBy를 이용했던 예제를 다음처럼 우리가 만든 커스텀 컬렉터로 교체할 수 있다.

```
public Map<Boolean, List<Integer>>
                    partitionPrimesWithCustomCollector(int n) {
    return IntStream.rangeClosed(2, n).boxed()
                    .collect(new PrimeNumbersCollector());
}
```

## 6.6.2 컬렉터 성능 비교

팩토리 메서드 partitioningBy로 만든 코드와 커스텀 컬렉터로 만든 코드의 기능은 같다. 기능은 같지만 partitioningBy에 비해 우리가 만든 커스텀 컬렉터의 성능이 좋을까? 다음처럼 컬렉터 성능을 확인할 수 있는 간단한 하니스harness를 만들 수 있다.

```
public class CollectorHarness {
    public static void main(String[] args) {
        long fastest = Long.MAX_VALUE;
        for (int i = 0; i < 10; i++) {      ← 테스트를 10번 반복한다.
            long start = System.nanoTime();
            partitionPrimes(1_000_000);      ← 백만 개의 숫자를 소수와 비소수로 분할한다.
            long duration = (System.nanoTime() - start) / 1_000_000;
            if (duration < fastest) fastest = duration;← 가장 빨리 실행되었는지 확인한다.
        }
        System.out.println(
            "Fastest execution done in " + fastest + " msecs");
    }
}
```

duration을 밀리초 단위로 측정한다.

JMH 같은 더 과학적인 벤치마킹을 사용할 수도 있지만 간단한 예제이므로 작은 벤치마킹 클래스로도 충분히 정확한 결과를 얻을 수 있다. 이 프로그램은 partitioningBy로 백만 개의 자연수를 소수와 비소수로 분류하는 작업을 10회 반복하면서 가장 빨리 실행된 속도를 기록한다. 인텔 i5 2.4GHz로 프로그램을 실행하면 다음 결과가 출력된다.

partitionPrimes를 partitionPrimesWithCustomCollector로 바꾼 다음에 프로그램을 다시 실행하면 다음과 같이 출력된다.

```
Fastest execution done in 3201 msecs
```

나쁘지 않은 결과다. 필요할 때 직접 커스텀 클래스를 개발하는 방법을 배웠으며, 더불어 성능을 약 32퍼센트까지 향상시켰으므로 두 마리 토끼를 모두 잡았다.

이번에는 [예제 6-5]의 ToListCollector에서 했던 것처럼 오버로드된 버전의 collect 메서드로 PrimeNumbersCollector의 핵심 로직을 구현하는 세 함수를 전달해서 같은 결과를 얻을 수 있다.

```
public Map<Boolean, List<Integer>> partitionPrimesWithCustomCollector
        (int n) {
    IntStream.rangeClosed(2, n).boxed()
```

```
    .collect(
            () -> new HashMap<Boolean, List<Integer>>() {{    ◁─┤ 발행
                put(true, new ArrayList<Integer>());
                put(false, new ArrayList<Integer>());
            }},
        (acc, candidate) -> {    ◁─┤ 누적
            acc.get( isPrime(acc.get(true), candidate) )
                .add(candidate);
        },
        (map1, map2) -> {    ◁─┤ 합침
            map1.get(true).addAll(map2.get(true));
            map1.get(false).addAll(map2.get(false));
    });
}
```

위 코드에서 볼 수 있는 것처럼 Collector 인터페이스를 구현하는 새로운 클래스를 만들 필요가 없다. 결과 코드는 간결하지만 가독성과 재사용성은 떨어진다.

## 6.7 마치며

- collect는 스트림의 요소를 요약 결과로 누적하는 다양한 방법(컬렉터라 불리는)을 인수로 갖는 최종 연산이다.
- 스트림의 요소를 하나의 값으로 리듀스하고 요약하는 컬렉터뿐 아니라 최솟값, 최댓값, 평균값을 계산하는 컬렉터 등이 미리 정의되어 있다.
- 미리 정의된 컬렉터인 groupingBy로 스트림의 요소를 그룹화하거나, partitioningBy로 스트림의 요소를 분할할 수 있다.
- 컬렉터는 다수준의 그룹화, 분할, 리듀싱 연산에 적합하게 설계되어 있다.
- Collector 인터페이스에 정의된 메서드를 구현해서 커스텀 컬렉터를 개발할 수 있다.

# 병렬 데이터 처리와 성능

4~6장에서는 새로운 스트림 인터페이스를 이용해서 데이터 컬렉션을 선언형으로 제어하는 방법을 살펴봤다. 또한 외부 반복을 내부 반복으로 바꾸면 네이티브 자바 라이브러리가 스트림 요소의 처리를 제어할 수 있음을 확인했다. 따라서 자바 개발자는 컬렉션 데이터 처리 속도를 높이려고 따로 고민할 필요가 없다. 무엇보다도 컴퓨터의 멀티코어를 활용해서 파이프라인 연산을 실행할 수 있다는 점이 가장 중요한 특징이다.

예를 들어 자바 7이 등장하기 전에는 데이터 컬렉션을 병렬로 처리하기가 어려웠다. 우선 데이터를 서브파트로 분할해야 한다. 그리고 분할된 서브파트를 각각의 스레드로 할당한다. 스레드로 할당한 다음에는 의도치 않은 레이스 컨디션<sup>race condition</sup>[1]이 발생하지 않도록 적절한 동기화를 추가해야 하며, 마지막으로 부분 결과를 합쳐야 한다. 자바 7은 더 쉽게 병렬화를 수행하면서 에러를 최소화할 수 있도록 **포크/조인 프레임워크**<sup>fork/join framework</sup> 기능을 제공한다. 포크/조인 프레임워크는 7.2절에서 살펴본다.

이 장에서는 스트림으로 데이터 컬렉션 관련 동작을 얼마나 쉽게 병렬로 실행할 수 있는지 설

---

**1 역자주_** 경쟁 상태라고도 한다. 자세한 정보는 위키백과(http://goo.gl/ey9o3T)를 참고하자.

명한다. 스트림을 이용하면 순차 스트림을 병렬 스트림으로 자연스럽게 바꿀 수 있다. 어떻게 이런 마법 같은 일이 일어날 수 있는지, 더 나아가 자바 7에 추가된 포크/조인 프레임워크와 내부적인 병렬 스트림 처리는 어떤 관계가 있는지 살펴본다. 병렬 스트림이 내부적으로 어떻게 처리되는지 알아야만 스트림을 잘못 사용하는 상황을 피할 수 있다.

우선 여러 청크를 병렬로 처리하기 전에 병렬 스트림이 요소를 여러 청크로 분할하는 방법을 설명할 것이다. 이 원리를 이해하지 못하면 의도치 않은, 설명하기 어려운 결과가 발생할 수 있다. 따라서 커스텀 Spliterator를 직접 구현하면서 분할 과정을 우리가 원하는 방식으로 제어하는 방법도 설명한다.

# 7.1 병렬 스트림

4장에서 스트림 인터페이스를 이용하면 아주 간단하게 요소를 병렬로 처리할 수 있다고 설명했다. 컬렉션에 parallelStream을 호출하면 **병렬 스트림**<sup>parallel stream</sup>이 생성된다. 병렬 스트림이란 각각의 스레드에서 처리할 수 있도록 스트림 요소를 여러 청크로 분할한 스트림이다. 따라서 병렬 스트림을 이용하면 모든 멀티코어 프로세서가 각각의 청크를 처리하도록 할당할 수 있다. 간단한 예제로 이를 직접 확인해보자.

숫자 n을 인수로 받아서 1부터 n까지의 모든 숫자의 합계를 반환하는 메서드를 구현한다고 가정하자. 조금 투박한 방식이지만 다음 코드에서 보여주는 것처럼 숫자로 이루어진 무한 스트림을 만든 다음에 인수로 주어진 크기로 스트림을 제한하고, 두 숫자를 더하는 BinaryOperator로 리듀싱 작업을 수행할 수 있다.

```java
public long sequentialSum(long n) {
    return Stream.iterate(1L, i -> i + 1)     ◁── 무한 자연수 스트림 생성
            .limit(n)     ◁── n개 이하로 제한
            .reduce(0L, Long::sum);     ◁── 모든 숫자를 더하는 스트림 리듀싱 연산
}
```

전통적인 자바에서는 다음과 같이 반복문으로 이를 구현할 수 있다.

```
public long iterativeSum(long n) {
    long result = 0;
    for (long i = 1L; i <= n; i++) {
        result += i;
    }
    return result;
}
```

특히 n이 커진다면 이 연산을 병렬로 처리하는 것이 좋을 것이다. 무엇부터 건드려야 할까? 결과 변수는 어떻게 동기화해야 할까? 몇 개의 스레드를 사용해야 할까? 숫자는 어떻게 생성할까? 생성된 숫자는 누가 더할까?

병렬 스트림을 이용하면 걱정, 근심 없이 모든 문제를 쉽게 해결할 수 있다.

## 7.1.1 순차 스트림을 병렬 스트림으로 변환하기

순차 스트림에 parallel 메서드를 호출하면 기존의 함수형 리듀싱 연산(숫자 합계 계산)이 병렬로 처리된다.

```
public long parallelSum(long n) {
    return Stream.iterate(1L, i -> i + 1)
                 .limit(n)
                 .parallel()    ◁── 스트림을 병렬 스트림으로 변환
                 .reduce(0L, Long::sum);
}
```

위 코드에서는 5.4.1절에서 설명한 방법처럼 리듀싱 연산으로 스트림의 모든 숫자를 더한다. 이전 코드와 다른 점은 스트림이 여러 청크로 분할되어 있다는 것이다. 따라서 [그림 7-1]에서 보여주는 것처럼 리듀싱 연산을 여러 청크에 병렬로 수행할 수 있다. 마지막으로 리듀싱 연산으로 생성된 부분 결과를 다시 리듀싱 연산으로 합쳐서 전체 스트림의 리듀싱 결과를 도출한다.

그림 7-1 병렬 리듀싱 연산

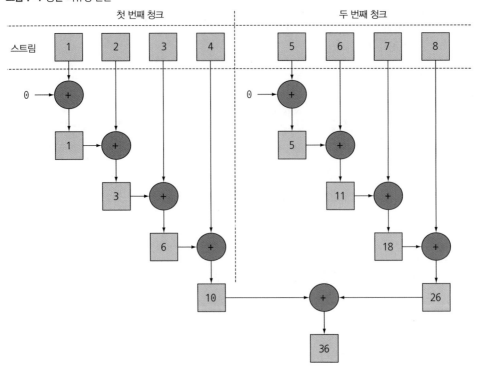

사실 순차 스트림에 parallel을 호출해도 스트림 자체에는 아무 변화도 일어나지 않는다. 내부적으로는 parallel을 호출하면 이후 연산이 병렬로 수행해야 함을 의미하는 불리언 플래그가 설정된다. 반대로 sequential로 병렬 스트림을 순차 스트림으로 바꿀 수 있다. 이 두 메서드를 이용해서 어떤 연산을 병렬로 실행하고 어떤 연산을 순차로 실행할지 제어할 수 있다. 예를 들어 다음 코드를 살펴보자.

```
stream.parallel()
      .filter(...)
      .sequential()
      .map(...)
      .parallel()
      .reduce();
```

parallel과 sequential 두 메서드 중 최종적으로 호출된 메서드가 전체 파이프라인에 영향을 미친다. 이 예제에서 파이프라인의 마지막 호출은 parallel이므로 파이프라인은 전체적으로 병렬로 실행된다.

숫자 합계 예제에서 멀티코어 프로세서를 이용하는 병렬 실행으로 성능을 개선할 수 있다고 설명했었다. 지금까지 하나의 연산을 세 가지(반복형, 순차 리듀싱, 병렬 리듀싱) 방법으로 실행하는 방법을 살펴봤다. 이것들 중 어느 것이 가장 빠른지 확인해보자!

## 7.1.2 스트림 성능 측정

병렬화를 이용하면 순차나 반복 형식에 비해 성능이 더 좋아질 것이라 추측했다. 하지만 소프트웨어 공학에서 추측은 위험한 방법이다. 특히 성능을 최적화할 때는 세 가지 황금 규칙을 기억해야 한다. 첫째도 측정, 둘째도 측정, 셋째도 측정! 따라서 자바 마이크로벤치마크 하니스Java Microbenchmark Harness(JMH)라는 라이브러리를 이용해 작은 벤치마크를 구현할 것이다. JMH를 이용하면 간단하고, 어노테이션 기반 방식을 지원하며, 안정적으로 자바 프로그램이나 자바 가상 머신(JVM)을 대상으로 하는 다른 언어용 벤치마크를 구현할 수 있다. 사실 JVM으로 실행되는 프로그램을 벤치마크하는 작업은 쉽지 않다. 핫스팟Hotspot이 바이트코드를 최적화하는데 필요한 준비warm-up 시간, 가비지 컬렉터로 인한 오버헤드 등과 같은 여러 요소를 고려해야 하기 때문이다. 메이븐Maven 빌드 도구를 사용한다면 메이븐 빌드 과정을 정의하는 pom.xml 파일에 몇 가지 의존성을 추가해 프로젝트에서 JMH를 사용할 수 있다.

```
<dependency>
  <groupId>org.openjdk.jmh</groupId>
  <artifactId>jmh-core</artifactId>
  <version>1.17.4</version>
</dependency>
<dependency>
  <groupId>org.openjdk.jmh</groupId>
  <artifactId>jmh-generator-annprocess</artifactId>
  <version>1.17.4</version>
</dependency>
```

첫 번째 라이브러리는 핵심 JMH 구현을 포함하고 두 번째 라이브러리는 자바 아카이브<sup>Java</sup> <sup>Archive</sup>(JAR) 파일을 만드는 데 도움을 주는 어노테이션 프로세서를 포함한다. 메이븐 설정에 다음 플러그인도 추가한 다음 자바 아카이브 파일을 이용해서 벤치마크를 편리하게 실행할 수 있다.

```
<build>
  <plugins>
    <plugin>
      <groupId>org.apache.maven.plugins</groupId>
      <artifactId>maven-shade-plugin</artifactId>
      <executions>
        <execution>
          <phase>package</phase>
          <goals><goal>shade</goal></goals>
          <configuration>
            <finalName>benchmarks</finalName>
            <transformers>
              <transformer implementation=
                  "org.apache.maven.plugins.shade.resource.ManifestResourceTransformer">
                <mainClass>org.openjdk.jmh.Main</mainClass>
              </transformer>
            </transformers>
          </configuration>
        </execution>
      </executions>
    </plugin>
  </plugins>
</build>
```

[예제 7-1]의 코드에서 보여주는 것처럼 이전에 소개한 sequentialSum 메서드를 간단하게 벤치마크할 수 있다.

```
@BenchmarkMode(Mode.AverageTime)     ←┤ 벤치마크 대상 메서드를 실행하는 데 걸린 평균 시간 측정
@OutputTimeUnit(TimeUnit.MILLISECONDS)  ←┤ 벤치마크 결과를 밀리초 단위로 출력
@Fork(2, jvmArgs={"-Xms4G", "-Xmx4G"})    ┌ 4Gb의 힙 공간을 제공한 환경에서 두 번
public class ParallelStreamBenchmark {    └ 벤치마크를 수행해 결과의 신뢰성 확보
    private static final long N= 10_000_000L;

    @Benchmark    ←┤ 벤치마크 대상 메서드
    public long sequentialSum() {
        return Stream.iterate(1L, i -> i + 1).limit(N)
                     .reduce( 0L, Long::sum);
    }

    @TearDown(Level.Invocation)     ←┐ 매 번 벤치마크를 실행한 다음에는
    public void tearDown() {         ┘ 가비지 컬렉터 동작 시도
        System.gc();
    }
}
```

클래스를 컴파일하면 이전에 설정한 메이븐 플러그인이 benchmarks.jar라는 두 번째 파일을 만든다. 이 파일을 다음처럼 실행할 수 있다.

```
java -jar ./target/benchmarks.jar ParallelStreamBenchmark
```

벤치마크가 가능한 가비지 컬렉터의 영향을 받지 않도록 힙의 크기를 충분하게 설정했을 뿐 아니라 벤치마크가 끝날 때마다 가비지 컬렉터가 실행되도록 강제했다. 이렇게 주의를 기울였지만 여전히 결과는 정확하지 않을 수 있음을 기억하자. 기계가 지원하는 코어의 갯수 등이 실행 시간에 영향을 미칠 수 있기 때문이다. 책의 저장소에서 제공하는 코드를 직접 독자 여러분의 컴퓨터에서 실행해보자.

이 코드를 실행할 때 JMH 명령은 핫스팟이 코드를 최적화 할 수 있도록 20 번을 실행하며 벤치마크를 준비한 다음 20번을 더 실행해 최종 결과를 계산한다. 즉 JMH는 기본적으로 20+20 회 프로그램을 반복 실행한다. JMH의 특정 어노테이션이나 -w, -i 플래그를 명령행에 추가해서 이 기본 동작 횟수를 조절할 수 있다. 다음은 인텔 i7-4600U 2.1GHz 쿼드 코어에서 실행한 결과다.

```
Benchmark                               Mode  Cnt  Score      Error   Units
ParallelStreamBenchmark.sequentialSum   avgt   40  121.843  ± 3.062   ms/op
```

전통적인 for 루프를 사용해 반복하는 방법이 더 저수준으로 동작할 뿐 아니라 특히 기본값을 박싱하거나 언박싱할 필요가 없으므로 더 빠를 것이라 예상할 수 있다. [예제 7-1]의 코드에 두 번째 메서드를 추가하고 @Benchmark 어노테이션을 붙여서 우리의 예상이 맞는지 확인할 수 있다.

```java
@Benchmark
public long iterativeSum() {
    long result = 0;
    for (long i = 1L; i <= N; i++) {
        result += i;
    }
    return result;
}
```

같은 컴퓨터로 두 번째 벤치마크 코드(첫 번째 코드를 실행할 필요가 없으므로 주석 처리)를 돌렸더니 다음과 같은 결과가 나왔다.

```
Benchmark                             Mode  Cnt  Score     Error   Units
ParallelStreamBenchmark.iterativeSum  avgt   40  3.278  ±  0.192   ms/op
```

예상대로 순차적 스트림을 사용하는 버전에 비해 거의 4배가 빠르다는 것을 확인할 수 있다. 이번에는 벤치마크 클래스에 또 다른 메서드를 추가해 병렬 스트림을 사용하는 버전을 만든다. 다음은 실행 결과다.

```
Benchmark                            Mode  Cnt Score       Error    Units
ParallelStreamBenchmark.parallelSum  avgt   40  604.059  ± 55.288   ms/op
```

병렬 버전이 쿼드 코어 CPU를 활용하지 못하고 순차 버전에 비해 다섯 배나 느린 실망스러운 결과가 나왔다. 이 의외의 결과를 어떻게 설명해야 할까? 두 가지 문제를 발견할 수 있다.

- 반복 결과로 박싱된 객체가 만들어지므로 숫자를 더하려면 언박싱을 해야 한다.
- 반복 작업은 병렬로 수행할 수 있는 독립 단위로 나누기가 어렵다.

두 번째 문제는 예사롭게 넘길 수 없다. 우리에겐 병렬로 수행될 수 있는 스트림 모델이 필요하기 때문이다. 특히 [그림 7-2]에서 보여주는 것처럼 이전 연산의 결과에 따라 다음 함수의 입력이 달라지기 때문에 iterate 연산을 청크로 분할하기가 어렵다.

**그림 7-2** iterate는 본질적으로 순차적이다.

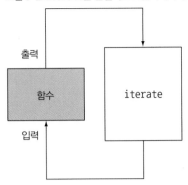

이와 같은 상황에서는 [그림 7-1]에서 보여주는 것처럼 리듀싱 연산이 수행되지 않는다. 리듀싱 과정을 시작하는 시점에 전체 숫자 리스트가 준비되지 않았으므로 스트림을 병렬로 처리할 수 있도록 청크로 분할할 수 없다. 스트림이 병렬로 처리되도록 지시했고 각각의 합계가 다른 스레드에서 수행되었지만 결국 순차처리 방식과 크게 다른 점이 없으므로 스레드를 할당하는 오버헤드만 증가하게 된다.

이처럼 병렬 프로그래밍은 까다롭고 때로는 이해하기 어려운 함정이 숨어 있다. 심지어 병렬 프로그래밍을 오용(예를 들어 병렬과 거리가 먼 반복 작업)하면 오히려 전체 프로그램의 성능이 더 나빠질 수도 있다. 따라서 마법 같은 parallel 메서드를 호출했을 때 내부적으로 어떤 일이 일어나는지 꼭 이해해야 한다.

## 더 특화된 메서드 사용

멀티코어 프로세서를 활용해서 효과적으로 합계 연산을 병렬로 실행하려면 어떻게 해야 할까? 5장에서 LongStream.rangeClosed라는 메서드를 소개했다. 이 메서드는 iterate에 비해 다음과 같은 장점을 제공한다.

- LongStream.rangeClosed는 기본형 long을 직접 사용하므로 박싱과 언박싱 오버헤드가 사라진다.
- LongStream.rangeClosed는 쉽게 청크로 분할할 수 있는 숫자 범위를 생산한다. 예를 들어 1-20 범위의 숫자를 각각 1-5, 6-10, 11-15, 16-20 범위의 숫자로 분할할 수 있다.

언박싱과 관련한 오버헤드가 얼마나 될까? 우선 다음과 같은 순차 스트림을 처리하는 시간을 측정하자.

```
@Benchmark
public long rangedSum() {
    return LongStream.rangeClosed(1, N)
                     .reduce(0L, Long::sum);
}
```

다음은 출력 결과다.

| Benchmark | Mode | Cnt | Score | | Error | Units |
|---|---|---|---|---|---|---|
| ParallelStreamBenchmark.rangedSum | avgt | 40 | 5.315 | ± | 0.285 | ms/op |

기존의 iterate 팩토리 메서드로 생성한 순차 버전에 비해 이 예제의 숫자 스트림 처리 속도가 더 빠르다. 특화되지 않은 스트림을 처리할 때는 오토박싱, 언박싱 등의 오버헤드를 수반하기 때문이다. 상황에 따라서는 어떤 알고리즘을 병렬화하는 것보다 적절한 자료구조를 선택하는 것이 더 중요하다는 사실을 단적으로 보여준다. 하지만 다음과 같은 새로운 버전에 병렬 스트림을 적용하면 무슨 일이 일어날까?

```
@Benchmark
public long parallelRangedSum() {
    return LongStream.rangeClosed(1, N)
                     .parallel()
                     .reduce(0L, Long::sum);
}
```

벤치마킹 클래스에 이 메서드를 추가한다.

| Benchmark | Mode | Cnt | Score | | Error | Units |
|---|---|---|---|---|---|---|
| ParallelStreamBenchmark.parallelRangedSum | avgt | 40 | 2.677 | ± | 0.214 | ms/op |

드디어 순차 실행보다 빠른 성능을 갖는 병렬 리듀싱을 만들었다. 이번에는 [그림 7-1]에서 보여주는 것처럼 실질적으로 리듀싱 연산이 병렬로 수행된다. 올바른 자료구조를 선택해야 병렬 실행도 최적의 성능을 발휘할 수 있다는 사실을 확인할 수 있다. 가상 마지막 벤치마크는 첫 번째 벤치마크보다 20퍼센트 정도 빠르다. 결국 함수형 프로그래밍을 올바로 사용하면 반복적으로 코드를 실행하는 방법에 비해 최신 멀티 코어 CPU가 제공하는 병렬 실행의 힘을 단순하게 직접적으로 얻을 수 있다.

하지만 병렬화가 완전 공짜는 아니라는 사실을 기억하자. 병렬화를 이용하려면 스트림을 재귀적으로 분할해야 하고, 각 서브스트림을 서로 다른 스레드의 리듀싱 연산으로 할당하고, 이들 결과를 하나의 값으로 합쳐야 한다. 멀티코어 간의 데이터 이동은 우리 생각보다 비싸다. 따라서 코어 간에 데이터 전송 시간보다 훨씬 오래 걸리는 작업만 병렬로 다른 코어에서 수행하는 것이 바람직하다. 또한 상황에 따라 쉽게 병렬화를 이용할 수 있거나 아니면 아예 병렬화를 이용할 수 없는 때도 있다. 그리고 스트림을 병렬화해서 코드 실행 속도를 빠르게 하고 싶으면 항상 병렬화를 올바르게 사용하고 있는지 확인해야 한다. 병렬화와 관련해서 흔히 일어나는 실수를 살펴보자.

## 7.1.3 병렬 스트림의 올바른 사용법

병렬 스트림을 잘못 사용하면서 발생하는 많은 문제는 공유된 상태를 바꾸는 알고리즘을 사용하기 때문에 일어난다. 다음은 n까지의 자연수를 더하면서 공유된 누적자를 바꾸는 프로그램을 구현한 코드다.

```java
public long sideEffectSum(long n) {
    Accumulator accumulator = new Accumulator();
    LongStream.rangeClosed(1, n).forEach(accumulator::add);
    return accumulator.total;
}

public class Accumulator {
    public long total = 0;
    public void add(long value) { total += value; }
}
```

명령행 프로그래밍 패러다임에 익숙한 개발자라면 위와 같은 코드를 자주 구현할 것이다. 리스트의 숫자를 반복할 때의 코드와 비슷하다. 즉, 누적자를 초기화하고, 리스트의 각 요소를 하나씩 탐색하면서 누적자에 숫자를 추가할 수 있다.

코드에 무슨 문제라도 있는가? 위 코드는 본질적으로 순차 실행할 수 있도록 구현되어 있으므로 병렬로 실행하면 참사가 일어난다. 특히 total을 접근할 때마다 (다수의 스레드에서 동시에 데이터에 접근하는) 데이터 레이스 문제가 일어난다. 동기화로 문제를 해결하다보면 결국 병렬화라는 특성이 없어져 버릴 것이다. 스트림을 병렬로 만들어서 어떤 문제가 일어나는지 확인하자.

```
public long sideEffectParallelSum(long n) {
    Accumulator accumulator = new Accumulator();
    LongStream.rangeClosed(1, n).parallel().forEach(accumulator::add);
    return accumulator.total;
}
```

[예제 7-1]에서 소개한 하니스로 위 코드를 실행하면서 각 실행 결과를 출력하자.

```
System.out.println("SideEffect parallel sum done in: " +
    measurePerf(ParallelStreams::sideEffectParallelSum, 10_000_000L) + " msecs" );
```

결과는 다음과 같을 것이다.

```
Result: 5959989000692
Result: 7425264100768
Result: 6827235020033
Result: 7192970417739
Result: 6714157975331
Result: 7497810541907
Result: 6435348440385
Result: 6999349840672
Result: 7435914379978
Result: 7715125932481
        SideEffect parallel sum done in: 49 msecs
```

메서드의 성능은 둘째 치고, 올바른 결과값(50000005000000)이 나오지 않는다. 여러 스레드에서 동시에 누적자, 즉 total += value를 실행하면서 이런 문제가 발생한다. 얼핏 보면 아토믹 연산atomic operation 같지만 total += value는 아토믹 연산이 아니다. 결국 여러 스레드에서 공유하는 객체의 상태를 바꾸는 forEach 블록 내부에서 add 메서드를 호출하면서 이 같은 문제가 발생한다. 이 예제처럼 병렬 스트림을 사용했을 때 이상한 결과에 당황하지 않으려면 상태 공유에 따른 부작용을 피해야 한다.

지금까지 병렬 스트림과 병렬 계산에서는 공유된 가변 상태를 피해야 한다는 사실을 확인했다. 18장과 19장에서 함수형 프로그래밍을 자세히 살펴보면서 상태 변화를 피하는 방법을 설명한다. 우선은 병렬 스트림이 올바로 동작하려면 공유된 가변 상태를 피해야 한다는 사실만 기억하자. 이제 어떤 상황에서 병렬 스트림을 사용해야 적절한 성능 개선을 얻을 수 있는지 살펴보자.

## 7.1.4 병렬 스트림 효과적으로 사용하기

'천 개 이상의 요소가 있을 때만 병렬 스트림을 사용하라'와 같이 양을 기준으로 병렬 스트림 사용을 결정하는 것은 적절하지 않다. 정해진 기기에서 정해진 연산을 수행할 때는 이와 같은 기준을 사용할 수 있지만 상황이 달라지면 이와 같은 기준이 제 역할을 하지 못한다. 그래도 어떤 상황에서 병렬 스트림을 사용할 것인지 약간의 수량적 힌트를 정하는 것이 도움이 될 때도 있다.

- 확신이 서지 않으면 직접 측정하라. 순차 스트림을 병렬 스트림으로 쉽게 바꿀 수 있다. 하지만 무조건 병렬 스트림으로 바꾸는 것이 능사는 아니다. 이미 살펴본 것처럼 언제나 병렬 스트림이 순차 스트림보다 빠른 것은 아니기 때문이다. 더욱이 병렬 스트림의 수행 과정은 투명하지 않을 때가 많다. 따라서 순차 스트림과 병렬 스트림 중 어떤 것이 좋을지 모르겠다면 적절한 벤치마크로 직접 성능을 측정하는 것이 바람직하다.

- 박싱을 주의하라. 자동 박싱과 언박싱은 성능을 크게 저하시킬 수 있는 요소다. 자바 8은 박싱 동작을 피할 수 있도록 기본형 특화 스트림(IntStream, LongStream, DoubleStream)을 제공한다. 따라서 되도록이면 기본형 특화 스트림을 사용하는 것이 좋다.

- 순차 스트림보다 병렬 스트림에서 성능이 떨어지는 연산이 있다. 특히 limit나 findFirst처럼 요소의 순서에 의존하는 연산을 병렬 스트림에서 수행하려면 비싼 비용을 치러야 한다. 예를 들어 findAny는 요소의 순서와 상관없이 연산하므로 findFirst보다 성능이 좋다. 정렬된 스트림에 unordered를 호출하면 비정렬된 스트림을 얻을 수 있다. 스트림에 N개 요소가 있을 때 요소의 순서가 상관없다면(예를 들어 소스가 리스트라면) 비정렬된 스트림에 limit를 호출하는 것이 더 효율적이다.

- 스트림에서 수행하는 전체 파이프라인 연산 비용을 고려하라. 처리해야 할 요소 수가 N이고 하나의 요소를 처리하는 데 드는 비용을 Q라 하면 전체 스트림 파이프라인 처리 비용을 N*Q로 예상할 수 있다. Q가 높아진다는 것은 병렬 스트림으로 성능을 개선할 수 있는 가능성이 있음을 의미한다.

- 소량의 데이터에서는 병렬 스트림이 도움 되지 않는다. 소량의 데이터를 처리하는 상황에서는 병렬화 과정에서 생기는 부가 비용을 상쇄할 수 있을 만큼의 이득을 얻지 못하기 때문이다.

- 스트림을 구성하는 자료구조가 적절한지 확인하라. 예를 들어 ArrayList를 LinkedList 보다 효율적으로 분할할 수 있다. LinkedList를 분할하려면 모든 요소를 탐색해야 하지만 ArrayList는 요소를 탐색하지 않고도 리스트를 분할할 수 있기 때문이다. 또한 range 팩토리 메서드로 만든 기본형 스트림도 쉽게 분해할 수 있다. 마지막으로 7.3절에서 설명하는 것처럼 커스텀 Spliterator를 구현해서 분해 과정을 완벽하게 제어할 수 있다.

- 스트림의 특성과 파이프라인의 중간 연산이 스트림의 특성을 어떻게 바꾸는지에 따라 분해 과정의 성능이 달라질 수 있다. 예를 들어 SIZED 스트림은 정확히 같은 크기의 두 스트림으로 분할할 수 있으므로 효과적으로 스트림을 병렬 처리할 수 있다. 반면 필터 연산이 있으면 스트림의 길이를 예측할 수 없으므로 효과적으로 스트림을 병렬 처리할 수 있을지 알 수 없게 된다.

- 최종 연산의 병합 과정(예를 들면 Collector의 combiner 메서드) 비용을 살펴보라. 병합 과정의 비용이 비싸다면 병렬 스트림으로 얻은 성능의 이익이 서브스트림의 부분 결과를 합치는 과정에서 상쇄될 수 있다.

[표 7-1]에 분해와 관련해서 다양한 스트림 소스의 병렬화 친밀도를 요약 설명했다.

표 7-1 스트림 소스와 분해성

| 소스 | 분해성 |
| --- | --- |
| ArrayList | 훌륭함 |
| LinkedList | 나쁨 |
| IntStream.range | 훌륭함 |
| Stream.iterate | 나쁨 |
| HashSet | 좋음 |
| TreeSet | 좋음 |

마지막으로 병렬 스트림이 수행되는 내부 인프라구조도 살펴봐야 한다. 자바 7에서 추가된 포크/조인 프레임워크로 병렬 스트림이 처리된다. 병렬 합계 예제에서는 병렬 스트림을 제대로 사용하려면 병렬 스트림의 내부 구조를 잘 알아야 함을 보여줬다. 다음 절에서 포크/조인 프레임워크를 자세히 살펴보자.

## 7.2 포크/조인 프레임워크

포크/조인 프레임워크는 병렬화할 수 있는 작업을 재귀적으로 작은 작업으로 분할한 다음에 서브태스크 각각의 결과를 합쳐서 전체 결과를 만들도록 설계되었다. 포크/조인 프레임워크에서는 서브태스크를 스레드 풀(ForkJoinPool)의 작업자 스레드에 분산 할당하는 ExecutorService 인터페이스를 구현한다.

### 7.2.1 RecursiveTask 활용

스레드 풀을 이용하려면 RecursiveTask⟨R⟩의 서브클래스를 만들어야 한다. 여기서 R은 병렬화된 태스크가 생성하는 결과 형식 또는 결과가 없을 때(결과가 없더라도 다른 비지역 구조를 바꿀 수 있다)는 RecursiveAction 형식이다. RecursiveTask를 정의하려면 추상 메서드 compute를 구현해야 한다.

```
protected abstract R compute();
```

compute 메서드는 태스크를 서브태스크로 분할하는 로직과 더 이상 분할할 수 없을 때 개별 서브태스크의 결과를 생산할 알고리즘을 정의한다. 따라서 대부분의 compute 메서드 구현은 다음과 같은 의사코드 형식을 유지한다.

```
if (태스크가 충분히 작거나 더 이상 분할할 수 없으면) {
    순차적으로 태스크 계산
} else {
    태스크를 두 서브태스크로 분할
    태스크가 다시 서브태스크로 분할되도록 이 메서드를 재귀적으로 호출함
    모든 서브태스크의 연산이 완료될 때까지 기다림
    각 서브태스크의 결과를 합침
}
```

태스크를 더 분할할 것인지 말 것인지 정해진 기준은 없지만 몇 가지 경험적으로 얻은 좋은 데이터가 있다. 이 절에서 자세히 설명할 것이다. [그림 7-3]은 재귀적인 태스크 분할 과정을 보여준다.

눈치 챈 독자도 있겠지만 이 알고리즘은 분할 후 정복divide-and-conquer 알고리즘의 병렬화 버전이다. 포크/조인 프레임워크를 이용해서 범위의 숫자를 더하는 문제(예제에서는 long[]으로 이

루어진 숫자 배열 사용)를 구현하면서 포크/조인 프레임워크를 사용하는 방법을 확인하자. 다음 [예제 7-2]의 ForkJoinSumCalculator 코드에서 보여주는 것처럼 먼저 RecursiveTask를 구현해야 한다.

**그림 7-3** 포크/조인 과정

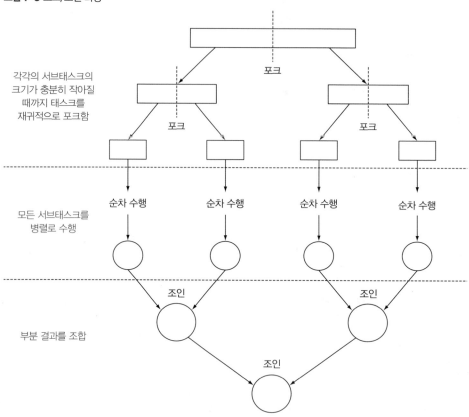

**예제 7-2** 포크/조인 프레임워크를 이용해서 병렬 합계 수행

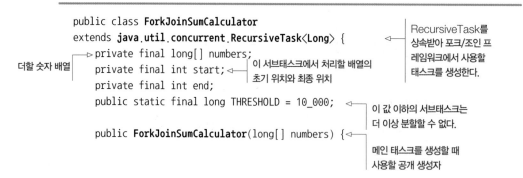

```
                    this(numbers, 0, numbers.length);        메인 태스크의 서브태스크를 재귀적으로
                }                                            만들 때 사용할 비공개 생성자
            private ForkJoinSumCalculator(long[] numbers, int start, int end) { ←
                this.numbers = numbers;
                this.start = start;
                this.end = end;
            }
            @Override                                    RecursiveTask의
            protected Long compute() { ←                 추상 메서드 오버라이드
                int length = end - start; ←─┤ 이 태스크에서 더할 배열의 길이
                if (length <= THRESHOLD) {
                    return computeSequentially(); ←─      기준값과 같거나 작으면
                }                                          순차적으로 결과를 계산한다.
                ForkJoinSumCalculator leftTask =
                    new ForkJoinSumCalculator(numbers, start, start + length/2);
                leftTask.fork();
                ForkJoinSumCalculator rightTask =                배열의 나머지 절반을 더하도록
                    new ForkJoinSumCalculator(numbers, start + length/2, end); ←  서브태스크를 생성한다.
                Long rightResult = rightTask.compute(); ←─
                Long leftResult = leftTask.join(); ←─            두 번째 서브태스크를 동기 실행한다.
                return leftResult + rightResult; ←─             이때 추가로 분할이 일어날 수 있다.
            }
            private long computeSequentially() {                첫 번째 서브태스크의 결과를 읽거나
                long sum = 0;                                   아직 결과가 없으면 기다린다.
                for (int i = start; i < end; i++) {             두 서브태스크의 결과를 조합한 값이
                    sum += numbers[i];                          이 태스크의 결과다.
                }
                return sum;
            }
        }
```

위 메서드는 n까지의 자연수 덧셈 작업을 병렬로 수행하는 방법을 더 직관적으로 보여준다. 다음 코드처럼 ForkJoinSumCalculator의 생성자로 원하는 수의 배열을 넘겨줄 수 있다.

```
public static long forkJoinSum(long n) {
    long[] numbers = LongStream.rangeClosed(1, n).toArray();
    ForkJoinTask<Long> task = new ForkJoinSumCalculator(numbers);
    return new ForkJoinPool().invoke(task);
}
```

LongStream으로 n까지의 자연수를 포함하는 배열을 생성했다. 그리고 [예제 7-2]에서 보여주는 것처럼 생성된 배열을 ForkJoinSumCalculator의 생성자로 전달해서 ForkJoinTask를

만들었다. 마지막으로 생성한 태스크를 새로운 ForkJoinPool의 invoke 메서드로 전달했다. ForkJoinPool에서 실행되는 마지막 invoke 메서드의 반환값은 ForkJoinSumCalculator에서 정의한 태스크의 결과가 된다.

일반적으로 애플리케이션에서는 둘 이상의 ForkJoinPool을 사용하지 않는다. 즉, 소프트웨어의 필요한 곳에서 언제든 가져다 쓸 수 있도록 ForkJoinPool을 한 번만 인스턴스화해서 정적 필드에 싱글턴으로 저장한다. ForkJoinPool을 만들면서 인수가 없는 디폴트 생성자를 이용했는데, 이는 JVM에서 이용할 수 있는 모든 프로세서가 자유롭게 풀에 접근할 수 있음을 의미한다. 더 정확하게는 Runtime.availableProcessors의 반환값으로 풀에 사용할 스레드 수를 결정한다. availableProcessors, 즉 '사용할 수 있는 프로세서'라는 이름과는 달리 실제 프로세서 외에 하이퍼스레딩과 관련된 가상 프로세서도 개수에 포함한다

## ForkJoinSumCalculator 실행

ForkJoinSumCalculator를 ForkJoinPool로 전달하면 풀의 스레드가 ForkJoinSumCalculator의 compute 메서드를 실행하면서 작업을 수행한다. compute 메서드는 병렬로 실행할 수 있을 만큼 태스크의 크기가 충분히 작아졌는지 확인하며, 아직 태스크의 크기가 크다고 판단되면 숫자 배열을 반으로 분할해서 두 개의 새로운 ForkJoinSumCalculator로 할당한다. 그러면 다시 ForkJoinPool이 새로 생성된 ForkJoinSumCalculator를 실행한다. 결국 이 과정이 재귀적으로 반복되면서 주어진 조건(예제에서는 덧셈을 수행할 항목이 만 개 이하여야 함)을 만족할 때까지 태스크 분할을 반복한다. 이제 각 서브태스크는 순차적으로 처리되며 포킹 프로세스로 만들어진 이진트리의 태스크를 루트에서 역순으로 방문한다. 즉, 각 서브태스크의 부분 결과를 합쳐서 태스크의 최종 결과를 계산한다. [그림 7-4]는 이 과정을 보여준다.

**그림 7-4** 포크/조인 알고리즘

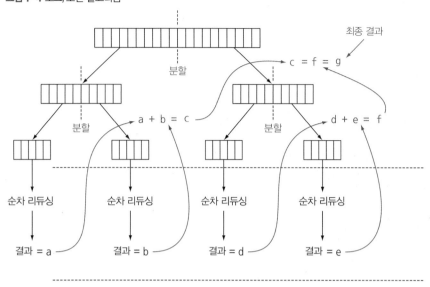

이 장의 처음 부분에서 개발한 하니스로 포크/조인 프레임워크의 합계 메서드 성능을 확인한다.

```
System.out.println("ForkJoin sum done in: " + measureSumPerf(
    ForkJoinSumCalculator::forkJoinSum, 10_000_000) + " msecs" );
```

다음은 출력 결과다.

```
ForkJoin sum done in: 41 msecs
```

병렬 스트림을 이용할 때보다 성능이 나빠졌다. 하지만 이는 ForkJoinSumCalculator 태스크에서 사용할 수 있도록 전체 스트림을 long[]으로 변환했기 때문이다.

## 7.2.2 포크/조인 프레임워크를 제대로 사용하는 방법

포크/조인 프레임워크는 쉽게 사용할 수 있는 편이지만 항상 주의를 기울여야 한다. 다음은 포크/조인 프레임워크를 효과적으로 사용하는 방법이다.

- join 메서드를 태스크에 호출하면 태스크가 생산하는 결과가 준비될 때까지 호출자를 블록시킨다. 따라서 두 서브태스크가 모두 시작된 다음에 join을 호출해야 한다. 그렇지 않으면 각각의 서브태스크가 다른 태스크가 끝나길 기다리는 일이 발생하며 원래 순차 알

고리즘보다 느리고 복잡한 프로그램이 되어버릴 수 있다.

- RecursiveTask 내에서는 ForkJoinPool의 invoke 메서드를 사용하지 말아야 한다. 대신 compute나 fork 메서드를 직접 호출할 수 있다. 순차 코드에서 병렬 계산을 시작할 때만 invoke를 사용한다.

- 서브태스크에 fork 메서드를 호출해서 ForkJoinPool의 일정을 조절할 수 있다. 왼쪽 작업과 오른쪽 작업 모두에 fork 메서드를 호출하는 것이 자연스러울 것 같지만 한쪽 작업에는 fork를 호출하는 것보다는 compute를 호출하는 것이 효율적이다. 그러면 두 서브태스크의 한 태스크에는 같은 스레드를 재사용할 수 있으므로 풀에서 불필요한 태스크를 할당하는 오버헤드를 피할 수 있다.

- 포크/조인 프레임워크를 이용하는 병렬 계산은 디버깅하기 어렵다. 보통 IDE로 디버깅할 때 스택 트레이스stack trace로 문제가 일어난 과정을 쉽게 확인할 수 있는데, 포크/조인 프레임워크에서는 fork라 불리는 다른 스레드에서 compute를 호출하므로 스택 트레이스가 도움이 되지 않는다.

- 병렬 스트림에서 살펴본 것처럼 멀티코어에 포크/조인 프레임워크를 사용하는 것이 순차 처리보다 무조건 빠를 거라는 생각은 버려야 한다. 병렬 처리로 성능을 개선하려면 태스크를 여러 독립적인 서브태스크로 분할할 수 있어야 한다. 각 서브태스크의 실행시간은 새로운 태스크를 포킹하는 데 드는 시간보다 길어야 한다. 예를 들어 I/O를 한 서브태스크에 할당하고 다른 서브태스크에서는 계산을 실행, 즉 I/O와 계산을 병렬로 실행할 수 있다. 또한 순차 버전과 병렬 버전의 성능을 비교할 때는 다른 요소도 고려해야 한다. 다른 자바 코드와 마찬가지로 JIT 컴파일러에 의해 최적화되려면 몇 차례의 '준비 과정warmed up' 또는 실행 과정을 거쳐야 한다. 따라서 성능을 측정할 때는 지금까지 살펴본 하니스에서 그랬던 것처럼 여러 번 프로그램을 실행한 결과를 측정해야 한다. 또한 컴파일러 최적화는 병렬 버전보다는 순차 버전에 집중될 수 있다는 사실도 기억하자(예를 들어 순차 버전에서는 죽은 코드를 분석해서 사용되지 않는 계산은 아예 삭제하는 등의 최적화를 달성하기 쉽다).

포크/조인 분할 전략에서는 주어진 서브태스크를 더 분할할 것인지 결정할 기준을 정해야 한다. 다음 절에서는 분할 기준과 관련한 몇 가지 힌트를 제공한다.

## 7.2.3 작업 훔치기

ForkJoinSumCalculator 예제에서는 덧셈을 수행할 숫자가 만 개 이하이면 서브태스크 분할을 중단했다. 기준값을 바꿔가면서 실험해보는 방법 외에는 좋은 기준을 찾을 뾰족한 방법이 없다. 우선 천만 개 항목을 포함하는 배열을 사용하면 ForkJoinSumCalculator는 천 개 이상의 서브 태스크를 포크할 것이다. 대부분의 기기에는 코어가 네 개뿐이므로 천 개 이상의 서브태스크는 자원만 낭비하는 것 같아 보일 수 있다. 실제로 각각의 태스크가 CPU로 할당되는 상황이라면 어차피 천 개 이상의 서브태스크로 분할한다고 해서 성능이 좋아지지는 않을 것이다.

하지만 실제로는 코어 개수와 관계없이 적절한 크기로 분할된 많은 태스크를 포킹하는 것이 바람직하다. 이론적으로는 코어 개수만큼 병렬화된 태스크로 작업부하를 분할하면 모든 CPU 코어에서 태스크를 실행할 것이고 크기가 같은 각각의 태스크는 같은 시간에 종료될 것이라 생각할 수 있다. 하지만 이 예제보다 복잡한 시나리오가 사용되는 현실에서는 각각의 서브태스크의 작업완료 시간이 크게 달라질 수 있다. 분할 기법이 효율적이지 않았기 때문일 수도 있고 아니면 예기치 않게 디스크 접근 속도가 저하되었거나 외부 서비스와 협력하는 과정에서 지연이 생길 수 있기 때문이다.

포크/조인 프레임워크에서는 **작업 훔치기**work stealing라는 기법으로 이 문제를 해결한다. 작업 훔치기 기법에서는 ForkJoinPool의 모든 스레드를 거의 공정하게 분할한다. 각각의 스레드는 자신에게 할당된 태스크를 포함하는 이중 연결 리스트doubly linked list를 참조하면서 작업이 끝날 때마다 큐의 헤드에서 다른 태스크를 가져와서 작업을 처리한다. 이때 한 스레드는 다른 스레드보다 자신에게 할당된 태스크를 더 빨리 처리할 수 있다. 즉, 다른 스레드는 바쁘게 일하고 있는데 한 스레드는 할일이 다 떨어진 상황이다. 이때 할일이 없어진 스레드는 유휴 상태로 바뀌는 것이 아니라 다른 스레드 큐의 꼬리tail에서 작업을 훔쳐온다. 모든 태스크가 작업을 끝낼 때까지, 즉 모든 큐가 빌 때까지 이 과정을 반복한다. 따라서 태스크의 크기를 작게 나누어야 작업자 스레드 간의 작업부하를 비슷한 수준으로 유지할 수 있다.

풀에 있는 작업자 스레드의 태스크를 재분배하고 균형을 맞출 때 작업 훔치기 알고리즘을 사용한다. [그림 7-5]는 이 과정을 보여준다. 작업자의 큐에 있는 태스크를 두 개의 서브 태스크로 분할했을 때 둘 중 하나의 태스크를 다른 유휴 작업자가 훔쳐갈 수 있다. 그리고 주어진 태스크를 순차 실행할 단계가 될 때까지 이 과정을 재귀적으로 반복한다.

**그림 7-5** 포크/조인 프레임워크에서 사용하는 작업 훔치기 알고리즘

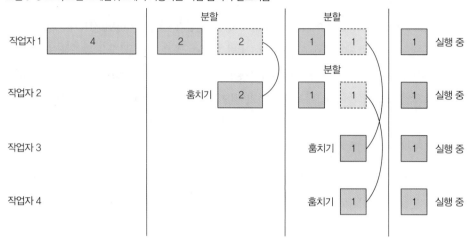

지금까지 포크/조인 프레임워크가 어떻게 작업을 병렬로 처리하는지 살펴봤는데 아직 살펴보지 못한 내용이 있다. 이번 절에서는 숫자 배열을 여러 태스크로 분할하는 로직을 개발하며 예제를 살펴봤다. 그러나 7장 앞부분에서는 분할 로직을 개발하지 않고도 병렬 스트림을 이용할 수 있었다. 즉, 스트림을 자동으로 분할해주는 기능이 있다는 사실을 이미 확인했다. 다음 절에서는 자동으로 스트림을 분할하는 기법인 Spliterator를 설명한다.

## 7.3 Spliterator 인터페이스

자바 8은 Spliterator라는 새로운 인터페이스를 제공한다. Spliterator는 '분할할 수 있는 반복자splitable iterator'라는 의미다. Iterator처럼 Spliterator는 소스의 요소 탐색 기능을 제공한다는 점은 같지만 Spliterator는 병렬 작업에 특화되어 있다. 커스텀 Spliterator를 꼭 직접 구현해야 하는 것은 아니지만 Spliterator가 어떻게 동작하는지 이해한다면 병렬 스트림 동작과 관련한 통찰력을 얻을 수 있다. 자바 8은 컬렉션 프레임워크에 포함된 모든 자료구조에 사용할 수 있는 디폴트 Spliterator 구현을 제공한다. 컬렉션은 spliterator라는 메서드를 제공하는 Spliterator 인터페이스를 구현한다. 다음 [예제 7-3]에서 확인할 수 있는 것처럼 Spliterator 인터페이스는 여러 메서드를 정의한다.

```java
public interface Spliterator<T> {
    boolean tryAdvance(Consumer<? super T> action);
    Spliterator<T> trySplit();
    long estimateSize();
    int characteristics();
}
```

여기서 T는 Spliterator에서 탐색하는 요소의 형식을 가리킨다. tryAdvance 메서드는 Spliterator의 요소를 하나씩 순차적으로 소비하면서 탐색해야 할 요소가 남아있으면 참을 반환한다(즉, 일반적인 Iterator 동작과 같다). 반면 trySplit 메서드는 Spliterator의 일부 요소(자신이 반환한 요소)를 분할해서 두 번째 Spliterator를 생성하는 메서드다. Spliterator에서는 estimateSize 메서드로 탐색해야 할 요소 수 정보를 제공할 수 있다. 특히 탐색해야 할 요소 수가 정확하진 않더라도 제공된 값을 이용해서 더 쉽고 공평하게 Spliterator를 분할할 수 있다.

이 기능을 더 효과적으로 이용하려면 분할 과정이 어떻게 진행되는지 이해하는 것이 좋다. 다음 절에서 분할 과정을 더 자세히 살펴보자.

## 7.3.1 분할 과정

[그림 7-6]에서 보여주는 것처럼 스트림을 여러 스트림으로 분할하는 과정은 재귀적으로 일어난다. 1단계에서 첫 번째 Spliterator에 trySplit을 호출하면 두 번째 Spliterator가 생성된다. 2단계에서 두 개의 Spliterator에 trySplit를 다시 호출하면 네 개의 Spliterator가 생성된다. 이처럼 trySplit의 결과가 null이 될 때까지 이 과정을 반복한다. [그림 7-6]의 3단계에서 보여주는 것처럼 trySplit이 null을 반환했다는 것은 더 이상 자료구조를 분할할 수 없음을 의미한다. 4단계에서 Spliterator에 호출한 모든 trySplit의 결과가 null이면 재귀 분할 과정이 종료된다.

**그림 7-6** 재귀 분할 과정

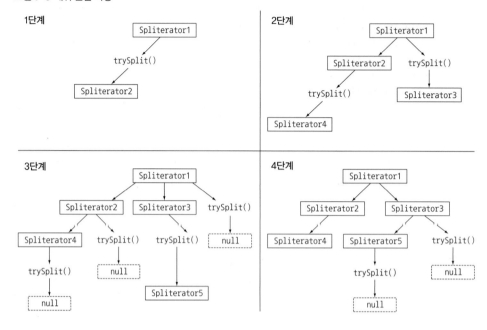

이 분할 과정은 characteristics 메서드로 정의하는 Spliterator의 특성에 영향을 받는다.

## Spliterator 특성

Spliterator는 characteristics라는 추상 메서드도 정의한다. Characteristics 메서드는 Spliterator 자체의 특성 집합을 포함하는 int를 반환한다. Spliterator를 이용하는 프로그램은 이들 특성을 참고해서 Spliterator를 더 잘 제어하고 최적화할 수 있다. [표 7-2]는 Spliterator의 특성 정보를 보여준다(안타깝게도 일부 특성은 컬렉터와 개념상 비슷함에도 다른 방식으로 정의되었다).

**표 7-2** Spliterator 특성

| 특성 | 의미 |
| --- | --- |
| ORDERED | 리스트처럼 요소에 정해진 순서가 있으므로 Spliterator는 요소를 탐색하고 분할할 때 이 순서에 유의해야 한다. |
| DISTINCT | x, y 두 요소를 방문했을 때 x.equals(y)는 항상 false를 반환한다. |
| SORTED | 탐색된 요소는 미리 정의된 정렬 순서를 따른다. |
| SIZED | 크기가 알려진 소스(예를 들면 Set)로 Spliterator를 생성했으므로 estimatedSize()는 정확한 값을 반환한다. |
| NON-NULL | 탐색하는 모든 요소는 null이 아니다. |
| IMMUTABLE | 이 Spliterator의 소스는 불변이다. 즉, 요소를 탐색하는 동안 요소를 추가하거나, 삭제하거나, 고칠 수 없다. |
| CONCURRENT | 동기화 없이 Spliterator의 소스를 여러 스레드에서 동시에 고칠 수 있다. |
| SUBSIZED | 이 Spliterator 그리고 분할되는 모든 Spliterator는 SIZED 특성을 갖는다. |

지금까지 Spliterator 인터페이스와 Spliterator가 정의하는 메서드를 살펴봤다. 이번에는 커스텀 Spliterator를 구현해보자.

## 7.3.2 커스텀 Spliterator 구현하기

Spliterator를 구현하는 예제를 살펴보자. 문자열의 단어 수를 계산하는 단순한 메서드를 구현할 것이다. 다음은 반복 버전으로 메서드를 구현한 예제다.

**예제 7-4** 반복형으로 단어 수를 세는 메서드

```
public int countWordsIteratively(String s) {
    int counter = 0;
    boolean lastSpace = true;
    for (char c : s.toCharArray()) {   ◁── 문자열의 모든 문자를 하나씩 탐색한다.
        if (Character.isWhitespace(c)) {
            lastSpace = true;
        } else {
            if (lastSpace) counter++;   ◁── 문자를 하나씩 탐색하다 공백 문자를
            lastSpace = false;              만나면 지금까지 탐색한 문자를 단어로
        }                                   간주하여(공백 문자는 제외) 단어 수를
    }                                       증가시킨다.
    return counter;
}
```

단테의 인페르노<sup>Inferno</sup>의 첫 문장으로 위 메서드를 실행시켜보자(http://en.wikipedia.org/wiki/Inferno_(Dante) 참고)

```
final String SENTENCE =
    "Nel     mezzo del cammin di nostra vita " +
    "mi ritrovai in una  selva oscura" +
    "ch  la dritta via era  smarrita ";
System.out.println("Found " + countWordsIteratively(SENTENCE) + " words");
```

단어 사이에 공백이 여러 개일 때도 반복 구현이 제대로 작동된다는 것을 보이고자(즉, 여러 개의 공백을 공백 하나로 간주함) 문장에 임의로 공백을 추가했다. 다음은 프로그램 실행 결과다.

```
Found 19 words
```

이미 살펴본 것처럼 반복형 대신 함수형을 이용하면 직접 스레드를 동기화하지 않고도 병렬 스트림으로 작업을 병렬화할 수 있다.


## 함수형으로 단어 수를 세는 메서드 재구현하기

우선 String을 스트림으로 변환해야 한다. 안타깝게도 스트림은 int, long, double 기본형만 제공하므로 Stream⟨Character⟩를 사용해야 한다.

```
Stream<Character> stream = IntStream.range(0, SENTENCE.length())
                                    .mapToObj(SENTENCE::charAt);
```

스트림에 리듀싱 연산을 실행하면서 단어 수를 계산할 수 있다. 이때 지금까지 발견한 단어 수를 계산하는 int 변수와 마지막 문자가 공백이었는지 여부를 기억하는 Boolean 변수 등 두 가지 변수가 필요하다. 자바에는 튜플(래퍼 객체 없이 다형 요소의 정렬 리스트를 표현할 수 있는 구조체)이 없으므로 [예제 7-5]에서 보여주는 것처럼 이들 변수 상태를 캡슐화하는 새로운 클래스 WordCounter를 만들어야 한나.

예제 7-5 문자열 스트림을 탐색하면서 단어 수를 세는 클래스

```
class WordCounter {
    private final int counter;
    private final boolean lastSpace;
    public WordCounter(int counter, boolean lastSpace) {
        this.counter = counter;
```

```
            this.lastSpace = lastSpace;
    }
    public WordCounter accumulate(Character c) {      ◁─ 반복 알고리즘처럼 accumulate
        if (Character.isWhitespace(c)) {                  메서드는 문자열의 문자를 하나씩
            return lastSpace ?                            탐색한다.
                this :
                new WordCounter(counter, true);       문자를 하나씩 탐색하다 공백
        } else {                                       문자를 만나면 지금까지 탐색
            return lastSpace ?                          한 문자를 단어로 간주하여(공
                new WordCounter(counter+1, false) :  ◁─ 백 문자는 제외) 단어 수를 증
                this;                                      가시킨다.
        }
    }
    public WordCounter combine(WordCounter wordCounter) {   ┌─ 두 WordCounter의
        return new WordCounter(counter + wordCounter.counter, ◁┘  counter값을 더한다.
                        wordCounter.lastSpace);  ◁─┐ counter 값만 더할
    }                                                것이므로 마지막 공백은
    public int getCounter() {                         신경 쓰지 않는다.
        return counter;
    }
}
```

accumulate 메서드는 WordCounter의 상태를 어떻게 바꿀 것인지, 또는 엄밀히 WordCounter는
(속성을 바꿀 수 없는) 불변 클래스이므로 새로운 WordCounter 클래스를 어떤 상태로 생성할
것인지 정의한다. 스트림을 탐색하면서 새로운 문자를 찾을 때마다 accumulate 메서드를 호출
한다. [예제 7-4]의 countWordsIteratively에서처럼 새로운 비공백 문자를 탐색한 다음에
마지막 문자가 공백이면 counter를 증가시킨다. [그림 7-7]은 accumulate 메서드에서 새로운
문자를 탐색했을 때 WordCounter의 상태 변이를 보여준다.

그림 7-7 새로운 문자 c를 탐색했을 때 WordCounter의 상태 변화

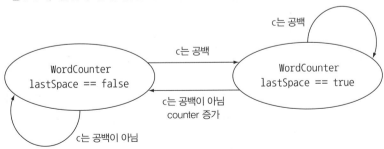

두 번째 메서드 combine은 문자열 서브 스트림을 처리한 WordCounter의 결과를 합친다. 즉, combine은 WordCounter의 내부 counter값을 서로 합친다.

WordCounter가 어떻게 문자의 개수를 누적하고 합치는지 살펴봤다. 이제 다음 코드처럼 문자 스트림의 리듀싱 연산을 직관적으로 구현할 수 있다.

```java
private int countWords(Stream<Character> stream) {
    WordCounter wordCounter = stream.reduce(new WordCounter(0, true),
                                            WordCounter::accumulate,
                                            WordCounter::combine);
    return wordCounter.getCounter();
}
```

단테의 인페르노Inferno의 첫 문장에 포함된 문자열을 이용해서 만든 스트림으로 이 메서드를 호출할 수 있다.

```java
Stream<Character> stream = IntStream.range(0, SENTENCE.length())
                                    .mapToObj(SENTENCE::charAt);
System.out.println("Found " + countWords(stream) + " words");
```

다음처럼 반복 버전과 같은 결과가 출력된다.

```
Found 19 words
```

하지만 WordCounter를 구현했던 원래의 이유는 병렬 수행이었음을 잊으면 안 된다. 이번에는 이 동작을 어떻게 병렬로 수행할 수 있는지 살펴보자.


## WordCounter 병렬로 수행하기

다음처럼 단어 수를 계산하는 연산을 병렬 스트림으로 처리하자.

```java
System.out.println("Found " + countWords(stream.parallel()) + " words");
```

안타깝게도 원하는 결과가 나오지 않는다.

```
Found 25 words
```

뭐가 잘못되었을까? 조금만 생각해보면 쉽게 문제를 찾을 수 있다. 원래 문자열을 임의의 위치에서 둘로 나누다보니 예상치 못하게 하나의 단어를 둘로 계산하는 상황이 발생할 수 있다. 즉, 순차 스트림을 병렬 스트림으로 바꿀 때 스트림 분할 위치에 따라 잘못된 결과가 나올 수 있다.

어떻게 이 문제를 해결할 수 있을까? 문자열을 임의의 위치에서 분할하지 말고 단어가 끝나는 위치에서만 분할하는 방법으로 이 문제를 해결할 수 있다. 그러려면 단어 끝에서 문자열을 분할하는 문자 Spliterator가 필요하다. [예제 7-6]은 문자 Spliterator를 구현한 다음에 병렬 스트림으로 전달하는 코드다.

예제 7-6 WordCounterSpliterator

```java
class WordCounterSpliterator implements Spliterator<Character> {
    private final String string;
    private int currentChar = 0;
    public WordCounterSpliterator(String string) {
        this.string = string;
    }
    @Override
    public boolean tryAdvance(Consumer<? super Character> action) {
        action.accept(string.charAt(currentChar++));       // 현재 문자를 소비한다.
        return currentChar < string.length();              // 소비할 문자가 남아있으면
    }                                                      // true를 반환한다.
    @Override
    public Spliterator<Character> trySplit() {
        int currentSize = string.length() - currentChar;
        if (currentSize < 10) {                            // 파싱할 문자열을 순차 처리할 수
            return null;                                   // 있을 만큼 충분히 작아졌음을
        }                                                  // 알리는 null을 반환한다.
        for (int splitPos = currentSize / 2 + currentChar;
                splitPos < string.length(); splitPos++) {
            if (Character.isWhitespace(string.charAt(splitPos))) {
                Spliterator<Character> spliterator =
                    new WordCounterSpliterator(string.substring(currentChar,
                    splitPos));
                currentChar = splitPos;
                return spliterator;
            }
        }
        return null;
    }
    @Override
    public long estimateSize() {
        return string.length() - currentChar;
    }
    @Override
    public int characteristics() {
```

파싱할 문자열의 중간을 분할 위치로 설정한다.

다음 공백이 나올 때까지 분할 위치를 뒤로 이동시킨다.

처음부터 분할 위치까지 문자열을 파싱할 새로운 WordCounterSpliterator를 생성한다.

이 WordCounterSpliterator의 시작 위치를 분할 위치로 설정한다.

공백을 찾았고 문자열을 분리했으므로 루프를 종료한다.

```
            return ORDERED + SIZED + SUBSIZED + NON-NULL + IMMUTABLE;
    }
}
```

분석 대상 문자열로 Spliterator를 생성한 다음에 현재 탐색 중인 문자를 가리키는 인덱스를 이용해서 모든 문자를 반복 탐색한다. Spliterator를 구현하는 WordCounterSpliterator의 메서드를 더 자세히 살펴보자.

- tryAdvance 메서드는 문자열에서 현재 인덱스에 해당하는 문자를 Consumer에 제공한 다음에 인덱스를 증가시킨다. 인수로 전달된 Consumer는 스트림을 탐색하면서 적용해야 하는 함수 집합이 작업을 처리할 수 있도록 소비한 문자를 전달하는 자바 내부 클래스다. 예제에서는 스트림을 탐색하면서 하나의 리듀싱 함수, 즉 WordCounter의 accumulate 메서드만 적용한다. tryAdvance 메서드는 새로운 커서 위치가 전체 문자열 길이보다 작으면 참을 반환하며 이는 반복 탐색해야 할 문자가 남아있음을 의미한다.

- trySplit은 반복될 자료구조를 분할하는 로직을 포함하므로 Spliterator에서 가장 중요한 메서드다. [예제 7-1]에서 구현한 RecursiveTask의 compute 메서드에서 했던 것처럼 우선 분할 동작을 중단할 한계를 설정해야 한다. 여기서는 아주 작은 한계값(10개의 문자)을 사용했지만 실전의 애플리케이션에서는 너무 많은 태스크를 만들지 않도록 더 높은 한계값을 설정해야 한다. 분할 과정에서 남은 문자 수가 한계값 이하면 null을 반환, 즉 분할을 중지하도록 지시한다. 반대로 분할이 필요한 상황에는 파싱해야 할 문자열 청크의 중간 위치를 기준으로 분할하도록 지시한다. 이때 단어 중간을 분할하지 않도록 빈 문자가 나올때까지 분할 위치를 이동시킨다. 분할할 위치를 찾았으면 새로운 Spliterator를 만든다. 새로 만든 Spliterator는 현재 위치(currentChar)부터 분할된 위치까지의 문자를 탐색한다.

- 탐색해야 할 요소의 개수(estimatedSize)는 Spliterator가 파싱할 문자열 전체 길이 (string.length())와 현재 반복 중인 위치(currentChar)의 차다.

- 마지막으로 characteristic 메서드는 프레임워크에 Spliterator가 ORDERED (문자열의 문자 등장 순서가 유의미함), SIZED (estimatedSize 메서드의 반환값이 정확함), SUBSIZED (trySplit으로 생성된 Spliterator도 정확한 크기를 가짐), NONNULL (문자열에는 null 문자가 존재하지 않음), IMMUTABLE (문자열 자체가 불변 클래스이므로 문자

열을 파싱하면서 속성이 추가되지 않음) 등의 특성임을 알려준다.

## WordCounterSpliterator 활용

이제 새로운 WordCounterSpliterator를 병렬 스트림에 사용할 수 있다.

```
Spliterator<Character> spliterator = new WordCounterSpliterator(SENTENCE);
Stream<Character> stream = StreamSupport.stream(spliterator, true);
```

StreamSupport.stream 팩토리 메서드로 전달한 두 번째 불리언 인수는 병렬 스트림 생성 여부를 지시한다. 이제 병렬 스트림을 countWords 메서드로 전달한다.

```
System.out.println("Found " + countWords(stream) + " words");
```

예상대로 다음과 같은 출력 결과가 나왔다.

```
Found 19 words
```

지금까지 Spliterator에서 어떻게 자료구조 분할 과정을 제어할 수 있는지 살펴봤다. 특히 Spliterator는 첫 번째 탐색 시점, 첫 번째 분할 시점, 또는 첫 번째 예상 크기 (estimatedSize) 요청 시점에 요소의 소스를 바인딩할 수 있다. 이와 같은 동작을 늦은 바인딩 Spliterator라고 부른다. 부록 C에서는 늦은 바인딩을 이용해서 같은 병렬 스트림에 여러 동작을 수행할 수 있는 유틸리티 클래스를 개발하는 방법을 설명한다.

## 7.4 마치며

- 내부 반복을 이용하면 명시적으로 다른 스레드를 사용하지 않고도 스트림을 병렬로 처리할 수 있다.
- 간단하게 스트림을 병렬로 처리할 수 있지만 항상 병렬 처리가 빠른 것은 아니다. 병렬 소프트웨어 동작 방법과 성능은 직관적이지 않을 때가 많으므로 병렬 처리를 사용했을 때 성능을 직접 측정해봐야 한다.
- 병렬 스트림으로 데이터 집합을 병렬 실행할 때 특히 처리해야 할 데이터가 아주 많거나 각 요소를 처리하는 데 오랜 시간이 걸릴 때 성능을 높일 수 있다.

- 가능하면 기본형 특화 스트림을 사용하는 등 올바른 자료구조 선택이 어떤 연산을 병렬로 처리하는 것보다 성능적으로 더 큰 영향을 미칠 수 있다.

- 포크/조인 프레임워크에서는 병렬화할 수 있는 태스크를 작은 태스크로 분할한 다음에 분할된 태스크를 각각의 스레드로 실행하며 서브태스크 각각의 결과를 합쳐서 최종 결과를 생산한다.

- Spliterator는 탐색하려는 데이터를 포함하는 스트림을 어떻게 병렬화할 것인지 정의한다.

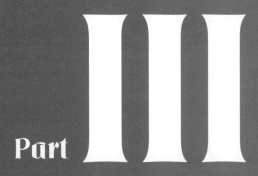

Part **III**

# 스트림과 람다를 이용한 효과적 프로그래밍

3부에서는 자바 8, 자바 9의 기능을 이용해 더 효과적으로 사용할 수 있는 방법과 최신 기법으로 코드를 개선하는 방법을 살펴본다. 3부에서 다루는 내용은 한층 심화된 프로그래밍 개념을 지향하므로 책의 나머지 부분에서 사용하는 기술과는 다른 영역을 다룬다.

8장은 개정판에 추가된 장으로 자바 8과 자바 9의 컬렉션 API 개선 사항 그리고 컬렉션 팩토리 사용 방법, 리스트 및 집합 컬렉션, 맵과 함께 활용하는 새로운 관용 패턴도 설명한다.

9장에서는 새로운 자바 8 기능과 기법을 이용해 기존 코드를 개선하는 방법을 설명한다. 또한 디자인 패턴, 리팩터링, 테스팅, 디버깅 같은 필수적인 소프트웨어 개발 기법도 설명한다.

10장 역시 개정판에 추가된 장이다. 10장에서는 도메인 지정 언어domain-specific language(DSL) API에 기반한 내용을 살펴본다. DSL은 API를 설계하는 데 도움을 줄 뿐 아니라 Comparator, Stream, Collector 인터페이스 등 자바 구현에 이미 유행하는 기능이다.

# Part III

## 스트림과 람다를 이용한
## 효과적 프로그래밍

# CHAPTER 8

# 컬렉션 API 개선

---

### 이 장의 내용

- ◆ 컬렉션 팩토리 사용하기
- ◆ 리스트 및 집합과 사용할 새로운 관용 패턴 배우기
- ◆ 맵과 사용할 새로운 관용 패턴 배우기

---

컬렉션 API가 없었다면 자바 개발자의 삶은 많이 외로웠을 것이다. 거의 모든 자바 애플리케이션에서 컬렉션을 사용한다. 지금까지 컬렉션과 스트림 API를 이용해 데이터 처리 쿼리를 어떻게 효율적으로 처리할 수 있는지 살펴봤다. 하지만 여전히 컬렉션 API에는 성가시며, 에러를 유발하는 여러 단점이 존재한다.

8장에서는 자바 8, 자바 9에서 추가되어 우리의 삶을 편리하게 만들어 줄 새로운 컬렉션 API의 기능을 배운다. 먼저 작은 리스트, 집합, 맵을 쉽게 만들 수 있도록 자바 9에 새로 추가된 컬렉션 팩토리를 살펴본다. 다음으로 자바 8의 개선 사항으로 리스트와 집합에서 요소를 삭제하거나 바꾸는 관용 패턴을 적용하는 방법을 배운다. 마지막으로 맵 작업과 관련해 추가된 새로운 편리 기능을 살펴본다.

9장에서는 기존 형식의 자바 코드를 리팩터링하는 다양한 기법을 설명한다.

## 8.1 컬렉션 팩토리

자바 9에서는 작은 컬렉션 객체를 쉽게 만들 수 있는 몇 가지 방법을 제공한다. 우선 왜 프로그래머에게 이와 같은 기능이 필요한지 살펴본 다음 새 팩토리 메서드를 사용하는 방법을 설명한다.

자바에서는 적은 요소를 포함하는 리스트를 어떻게 만들까? 휴가를 함께 보내려는 친구 이름을 포함하는 그룹을 만들려 한다고 가정하자.

```
List<String> friends = new ArrayList<>();
friends.add("Raphael");
friends.add("Olivia");
friends.add("Thibaut");
```

세 문자열을 저장하는데도 많은 코드가 필요하다. 다음처럼 Arrays.asList() 팩토리 메서드를 이용하면 코드를 간단하게 줄일 수 있다.

```
List<String> friends
    = Arrays.asList("Raphael", "Olivia", "Thibaut");
```

고정 크기의 리스트를 만들었으므로 요소를 갱신할 순 있지만 새 요소를 추가하거나 요소를 삭제할 순 없다. 예를 들어 요소를 갱신하는 작업은 괜찮지만 요소를 추가하려 하면 Unsupported OperationException이 발생한다.

```
List<String> friends = Arrays.asList("Raphael", "Olivia");
friends.set(0, "Richard");
friends.add("Thibaut");
```

### UnsupportedOperationException 예외 발생

내부적으로 고정된 크기의 변환할 수 있는 배열로 구현되었기 때문에 이와 같은 일이 일어난다.

그럼 집합은 어떨까? 안타깝게도 Arrays.asSet()이라는 팩토리 메서드는 없으므로 다른 방법이 필요하다. 리스트를 인수로 받는 HashSet 생성자를 사용할 수 있다.

```
Set<String> friends
    = new HashSet<>(Arrays.asList("Raphael", "Olivia", Thibaut"));
```

또는 다음처럼 스트림 API를 사용할 수 있다.

```
Set<String> friends
    = Stream.of("Raphael", "Olivia", "Thibaut")
            .collect(Collectors.toSet());
```

하지만 두 방법 모두 매끄럽지 못하며 내부적으로 불필요한 객체 할당을 필요로 한다. 그리고 결과는 변환할 수 있는 집합이라는 사실도 주목하자.

맵은 어떨까? 작은 맵을 만들 수 있는 멋진 방법은 따로 없지만 걱정할 필요가 없다. 자바 9에서 작은 리스트, 집합, 맵을 쉽게 만들 수 있도록 팩토리 메서드를 제공하기 때문이다.

먼저 리스트의 새로운 기능부터 시작해 컬렉션을 만드는 새로운 방법을 살펴본다.

---

**컬렉션 리터럴**

파이썬Python, 그루비Groovy 등을 포함한 일부 언어는 컬렉션 리터럴 즉 [42, 1, 5] 같은 특별한 문법을 이용해 컬렉션을 만들 수 있는 기능을 지원한다. 자바에서는 너무 큰 언어 변화와 관련된 비용이 든다는 이유로 이와 같은 기능을 지원하지 못했다. 자바 9에서는 대신 컬렉션 API를 개선했다.

---

## 8.1.1 리스트 팩토리

List.of 팩토리 메소드를 이용해서 간단하게 리스트를 만들 수 있다.

```
List<String> friends = List.of("Raphael", "Olivia", "Thibaut");
System.out.println(friends); ◁── [Raphael, Olivia, Thibaut]
```

하지만 뭔가 이상한 점을 발견할 수 있다. friends 리스트에 요소를 추가해보자.

```
List<String> friends = List.of("Raphael", "Olivia", "Thibaut");
friends.add("Chih-Chun");
```

위 코드를 실행하면 java.lang.UnsupportedOperationException이 발생한다. 사실 변경할 수 없는 리스트가 만들어졌기 때문이다. set() 메서드로 아이템을 바꾸려해도 비슷한 예외가 발생한다. 따라서 set 메서드로도 리스트를 바꿀 수 없다. 하지만 이런 제약이 꼭 나쁜 것은 아니다. 컬렉션이 의도치 않게 변하는 것을 막을 수 있기 때문이다. 하지만 요소 자체가 변하는 것을 막을 수 있는 방법은 없다. 리스트를 바꿔야 하는 상황이라면 직접 리스트를 만들면 된다. 마지막으로 null 요소는 금지하므로 의도치 않은 버그를 방지하고 조금 더 간결한 내부 구현을 달성했다.

---

### 오버로딩 vs 가변 인수

List 인터페이스를 조금 더 살펴보면 List.of의 다양한 오버로드 버전이 있다는 사실을 알 수 있다.

```
static <E> List<E> of(E e1, E e2, E e3, E e4)
static <E> List<E> of(E e1, E e2, E e3, E e4, E e5)
```

아마 여러분은 왜 다음처럼 다중 요소를 받을 수 있도록 자바 API를 만들지 않은 것인지 궁금할 것이다.

```
static <E> List<E> of(E... elements)
```

내부적으로 가변 인수 버전은 추가 배열을 할당해서 리스트로 감싼다. 따라서 배열을 할당하고 초기화하며 나중에 가비지 컬렉션을 하는 비용을 지불해야 한다. 고정된 숫자의 요소(최대 열개까지)를 API로 정의하므로 이런 비용을 제거할 수 있다. List.of로 열 개 이상의 요소를 가진 리스트를 만들 수도 있지만 이 때는 가변 인수를 이용하는 메소드가 사용된다. Set.of와 Map.of에서도 이와 같은 패턴이 등장함을 확인할 수 있다.

---

어떤 상황에서 새로운 컬렉션 팩토리 메서드 대신 스트림 API를 사용해 리스트를 만들어야 하는지 궁금할 것이다. 7장에서 살펴본것처럼 Collectors.toList() 컬렉터로 스트림을 리스트로 변환할 수 있다. 데이터 처리 형식을 설정하거나 데이터를 변환할 필요가 없다면 사용하기 간편한 팩토리 메서드를 이용할 것을 권장한다. 팩토리 메서드 구현이 더 단순하고 목적을 달성하는데 충분하기 때문이다.

리스트의 새 팩토리 메서드를 배웠으므로 8.1.2절에서는 집합과 관련된 내용을 살펴본다.

## 8.1.2 집합 팩토리

List.of와 비슷한 방법으로 바꿀 수 없는 집합을 만들 수 있다.

```
Set<String> friends = Set.of("Raphael", "Olivia", "Thibaut"); System.out.
println(friends);   ◁─┤ [Raphael, Olivia, Thibaut]
```

중복된 요소를 제공해 집합을 만들려고 하면 Olivia라는 요소가 중복되어 있다는 설명과 함께 IllegalArgumentException이 발생한다. 집합은 오직 고유의 요소만 포함할 수 있다는 원칙을 상기시킨다.

```
Set<String> friends = Set.of("Raphael", "Olivia", "Olivia");
```

자바의 유용한 자료구조로 맵이 있다. 8.1.3절에서는 맵을 만드는 여러 새로운 방법을 배운다.

## 8.1.3 맵 팩토리

맵을 만드는 것은 리스트나 집합을 만드는 것에 비해 조금 복잡한데 맵을 만들려면 키와 값이 있어야 하기 때문이다. 자바 9에서는 두 가지 방법으로 바꿀 수 없는 맵을 초기화할 수 있다. Map.of 팩토리 메서드에 키와 값을 번갈아 제공하는 방법으로 맵을 만들 수 있다.

```
Map<String, Integer> ageOfFriends
    = Map.of("Raphael", 30, "Olivia", 25, "Thibaut", 26);
    System.out.println(ageOfFriends);   ◁─┤ {Olivia=25, Raphael=30, Thibaut=26}
```

열 개 이하의 키와 값 쌍을 가진 작은 맵을 만들 때는 이 메소드가 유용하다. 그 이상의 맵에서는 Map.Entry<K, V> 객체를 인수로 받으며 가변 인수로 구현된 Map.ofEntries 팩토리 메서드를 이용하는 것이 좋다. 이 메서드는 키와 값을 감쌀 추가 객체 할당을 필요로한다.

```
import static java.util.Map.entry; Map<String, Integer> ageOfFriends
    = Map.ofEntries(entry("Raphael", 30),
                    entry("Olivia", 25),
                    entry("Thibaut", 26));
System.out.println(ageOfFriends);   ◁─┤ {Olivia=25, Raphael=30, Thibaut=26}
```

Map.entry는 Map.Entry 객체를 만드는 새로운 팩토리 메서드다.

지금까지 자바 9의 새로운 팩토리 메서드를 이용해 컬렉션을 쉽게 만드는 방법을 살펴봤다. 보통 컬렉션을 만들었으면 이를 처리해야 한다. 8.2절에서는 리스트와 집합을 쉽게 처리할 수 있는 일반 패턴을 구현하는 새로운 개선사항을 배운다.

## 8.2 리스트와 집합 처리

자바 8에서는 List, Set 인터페이스에 다음과 같은 메서드를 추가했다.

- removeIf : 프레디케이트를 만족하는 요소를 제거한다. List나 Set을 구현하거나 그 구현을 상속받은 모든 클래스에서 이용할 수 있다.

- replaceAll : 리스트에서 이용할 수 있는 기능으로 UnaryOperator 함수를 이용해 요소를 바꾼다.

- sort : List 인터페이스에서 제공하는 기능으로 리스트를 정렬한다.

이들 메서드는 호출한 컬렉션 자체를 바꾼다. 새로운 결과를 만드는 스트림 동작과 달리 이들 메서드는 기존 컬렉션을 바꾼다. 왜 이런 메서드가 추가되었을까? 컬렉션을 바꾸는 동작은 에러를 유발하며 복잡함을 더한다. 자바 8에 removeIf와 replaceAll를 추가한 이유가 바로 이 때문이다.

## 8.2.1 removeIf 메서드

다음은 숫자로 시작되는 참조 코드를 가진 트랜잭션을 삭제하는 코드다.

```
for (Transaction transaction : transactions) {
    if(Character.isDigit(transaction.getReferenceCode().charAt(0))) {
        transactions.remove(transaction);
    }
}
```

무엇이 문제인지 알겠는가? 안타깝게도 위 코드는 ConcurrentModificationException을 일으킨다. 왜 그럴까? 내부적으로 for-each 루프는 Iterator 객체를 사용하므로 위 코드는 다음과 같이 해석된다.

```
for (Iterator<Transaction> iterator = transactions.iterator();
     iterator.hasNext(); ) {
    Transaction transaction = iterator.next();
    if(Character.isDigit(transaction.getReferenceCode().charAt(0))) {
        transactions.remove(transaction);   ◁─┐ 반복하면서 별도의
    }                                           두 객체를 통해 컬렉션을
}                                               바꾸고 있는 문제
```

두 개의 개별 객체가 컬렉션을 관리한다는 사실을 주목하자.

- Iterator 객체, next(), hasNext()를 이용해 소스를 질의한다.
- Collection 객체 자체, remove()를 호출해 요소를 삭제한다.

결과적으로 반복자의 상태는 컬렉션의 상태와 서로 동기화되지 않는다. Iterator 객체를 명시적으로 사용하고 그 객체의 remove() 메서드를 호출함으로 이 문제를 해결할 수 있다.

```
for (Iterator<Transaction> iterator = transactions.iterator();
     iterator.hasNext(); ) {
    Transaction transaction = iterator.next();
    if(Character.isDigit(transaction.getReferenceCode().charAt(0))) {
        iterator.remove();
    }
}
```

코드가 조금 복잡해졌다. 이 코드 패턴은 자바 8의 removeIf 메서드로 바꿀 수 있다. 그러면 코드가 단순해질 뿐 아니라 버그도 예방할 수 있다. removeIf 메서드는 삭제할 요소를 가리키는 프레디케이트를 인수로 받는다.

```
transactions.removeIf(transaction ->
    Character.isDigit(transaction.getReferenceCode().charAt(0)));
```

하지만 때로는 요소를 제거하는 게 아니라 바꿔야 하는 상황이 있다. 이런 상황에 사용할 수 있
도록 자바 8에서는 replaceAll을 제공한다.

## 8.2.2 replaceAll 메서드

List 인터페이스의 replaceAll 메서드를 이용해 리스트의 각 요소를 새로운 요소로 바꿀 수
있다. 스트림 API를 사용하면 다음처럼 문제를 해결할 수 있었다.

```
referenceCodes.stream()    ←─┤ [a12, C14, b13]
              .map(code -> Character.toUpperCase(code.charAt(0)) +
    code.substring(1))
        .collect(Collectors.toList())       ┤ outputs A12,
        .forEach(System.out::println);   ←─ ┘ C14, B13
```

하지만 이 코드는 새 문자열 컬렉션을 만든다. 우리가 원하는 것은 기존 컬렉션을 바꾸는 것이
다. 다음처럼 ListIterator 객체(요소를 바꾸는 set() 메서드를 지원)를 이용할 수 있다.

```
for (ListIterator<String> iterator = referenceCodes.listIterator();
    iterator.hasNext(); ) {
    String code = iterator.next();
    iterator.set(Character.toUpperCase(code.charAt(0)) + code.substring(1));
}
```

코드가 조금 복잡해졌다. 이전에 설명한 것처럼 컬렉션 객체를 Iterator 객체와 혼용하면 반복
과 컬렉션 변경이 동시에 이루어지면서 쉽게 문제를 일으킨다. 자바 8의 기능을 이용하면 다음
처럼 간단하게 구현할 수 있다.

```
referenceCodes.replaceAll(code -> Character.toUpperCase(code.charAt(0)) + code.
substring(1));
```

지금까지 리스트, 집합과 관련한 새로운 기능을 배웠는데 맵도 있다는 사실을 잊지 말자. 8.3절
에서는 Map 인터페이스에 추가된 새 기능을 설명한다.

## 8.3 맵 처리

자바 8에서는 Map 인터페이스에 몇 가지 디폴트 메서드를 추가했다. 디폴트 메서드는 13장에서 자세히 다룬다. 여기서는 디폴트 메서드가 기본적인 구현을 인터페이스에 제공하는 기능 정도로 생각해두자. 자주 사용되는 패턴을 개발자가 직접 구현할 필요가 없도록 이들 메서드를 추가한 것이다. forEach를 시작으로 다양한 메서드를 살펴보자.

### 8.3.1 forEach 메서드

맵에서 키와 값을 반복하면서 확인하는 작업은 잘 알려진 귀찮은 작업 중 하나다. 실제로는 Map.Entry⟨K, V⟩의 반복자를 이용해 맵의 항목 집합을 반복할 수 있다.

```java
for(Map.Entry<String, Integer> entry: ageOfFriends.entrySet()) {
    String friend = entry.getKey();
    Integer age = entry.getValue();
    System.out.println(friend + " is " + age + " years old");
}
```

자바 8서부터 Map 인터페이스는 BiConsumer(키와 값을 인수로 받음)를 인수로 받는 forEach 메서드를 지원하므로 코드를 조금 더 간단하게 구현할 수 있다.

```java
ageOfFriends.forEach((friend, age) -> System.out.println(friend + " is " +
    age + " years old"));
```

정렬은 반복과 관련한 오래된 고민거리다. 자바 8에서는 맵의 항목을 쉽게 비교할 수 있는 몇 가지 방법을 제공한다.

### 8.3.2 정렬 메서드

다음 두 개의 새로운 유틸리티를 이용하면 맵의 항목을 값 또는 키를 기준으로 정렬할 수 있다.

- Entry.comparingByValue
- Entry.comparingByKey

코드를 살펴보자.

```
Map<String, String> favouriteMovies
        = Map.ofEntries(entry("Raphael", "Star Wars"),
        entry("Cristina", "Matrix"),
        entry("Olivia",
        "James Bond"));
```

```
favouriteMovies
    .entrySet()
    .stream()
    .sorted(Entry.comparingByKey())
    .forEachOrdered(System.out::println);
```
← 사람의 이름을 알파벳 순으로 스트림 요소를 처리한다.

위 코드는 다음과 같은 결과를 출력한다.

```
Cristina=Matrix
Olivia=James Bond
Raphael=Star Wars
```

---

### HashMap 성능

자바 8에서는 HashMap의 내부 구조를 바꿔 성능을 개선했다. 기존에 맵의 항목은 키로 생성한 해시코드로 접근할 수 있는 버킷에 저장했다. 많은 키가 같은 해시코드를 반환하는 상황이 되면 O(n)의 시간이 걸리는 LinkedList로 버킷을 반환해야 하므로 성능이 저하된다. 최근에는 버킷이 너무 커질 경우 이를 O(log(n))의 시간이 소요되는 정렬된 트리를 이용해 동적으로 치환해 충돌이 일어나는 요소 반환 성능을 개선했다. 하지만 키가 String, Number 클래스 같은 Comparable의 형태여야만 정렬된 트리가 지원된다.

---

요청한 키가 맵에 존재하지 않을 때 이를 어떻게 처리하느냐도 흔히 발생하는 문제다. 새로 추가된 getOrDefault 메서드를 이용하면 이를 쉽게 해결할 수 있다.


## 8.3.3 getOrDefault 메서드

기존에는 찾으려는 키가 존재하지 않으면 널이 반환되므로 NullPointerException을 방지하려면 요청 결과가 널인지 확인해야 한다. 기본값을 반환하는 방식으로 이 문제를 해결할 수 있다. getOrDefault 메서드를 이용하면 쉽게 이 문제를 해결할 수 있다. 이 메서드는 첫 번째 인수로 키를, 두 번째 인수로 기본값을 받으며 맵에 키가 존재하지 않으면 두 번째 인수로 받은 기본값을 반환한다.

```java
Map<String, String> favouriteMovies
    = Map.ofEntries(entry("Raphael", "Star Wars"),
      entry("Olivia", "James Bond"));

System.out.println(favouriteMovies.getOrDefault("Olivia", "Matrix"));
System.out.println(favouriteMovies.getOrDefault("Thibaut", "Matrix"));
```

James Bond 출력 ←

Matrix 출력 ←

키가 존재하더라도 값이 널인 상황에서는 getOrDefault가 널을 반환할 수 있다는 사실을 주목
하자. 즉 키가 존재하느냐의 여부에 따라서 두 번째 인수가 반환될지 결정된다.

자바 8에서는 키의 값이 존재하는지 여부를 확인할 수 있는 더 복잡한 몇 개의 패턴도 제공한
다. 8.3.4절에서 이를 살펴보자.

## 8.3.4 계산 패턴

맵에 키가 존재하는지 여부에 따라 어떤 동작을 실행하고 결과를 저장해야 하는 상황이 필요한
때가 있다. 예를 들어 키를 이용해 값비싼 동작을 실행해서 얻은 결과를 캐시하려 한다. 키가
존재하면 결과를 다시 계산할 필요가 없다. 다음의 세 가지 연산이 이런 상황에서 도움을 준다.

- computeIfAbsent : 제공된 키에 해당하는 값이 없으면(값이 없거나 널), 키를 이용해 새
  값을 계산하고 맵에 추가한다.

- computeIfPresent : 제공된 키가 존재하면 새 값을 계산하고 맵에 추가한다.

- compute : 제공된 키로 새 값을 계산하고 맵에 저장한다.

정보를 캐시할 때 computeIfAbsent를 활용할 수 있다. 파일 집합의 각 행을 파싱해 SHA-256을
계산한다고 가정하자. 기존에 이미 데이터를 처리했다면 이 값을 다시 계산할 필요가 없다.

맵을 이용해 캐시를 구현했다고 가정하면 다음처럼 MessageDigest 인스턴스로 SHA-256 해시
를 계산할 수 있다.

```java
Map<String, byte[]> dataToHash = new HashMap<>();
MessageDigest messageDigest = MessageDigest.getInstance("SHA-256");
```

이제 데이터를 반복하면서 결과를 캐시한다.

```
lines.forEach(line ->
    dataToHash.computeIfAbsent(line,        ◁─┤ line은 맵에서 찾을 키
                                     ┌─▷this::calculateDigest));
            키가 존재하지 ┘
            않으면 동작을 실행

private byte[] calculateDigest(String key) {   ◁─┤ 헬퍼가 제공된 키의 해시를 계산할 것이다.
    return messageDigest.digest(key.getBytes(StandardCharsets.UTF_8));
}
```

여러 값을 저장하는 맵을 처리할 때도 이 패턴을 유용하게 활용할 수 있다. Map⟨K, List⟨V⟩⟩에 요소를 추가하려면 항목이 초기화되어 있는지 확인해야 한다. 이 부분은 조금 귀찮은 작업이다. Raphael에게 줄 영화 목록을 만든다고 가정하자.

```
String friend = "Raphael";
List<String> movies = friendsToMovies.get(friend);
if(movies == null) {   ◁─┤ 리스트가 초기화되었는지 확인
    movies = new ArrayList<>();
    friendsToMovies.put(friend, movies);
}
movies.add("Star Wars");   ◁─┤ 영화를 추가

System.out.println(friendsToMovies);   ◁─┤ {Raphael: [Star Wars]}
```

어떻게 computeIfAbsent를 여기 활용할 수 있을까? computeIfAbsent는 키가 존재하지 않으면 값을 계산해 맵에 추가하고 키가 존재하면 기존 값을 반환한다. 이를 이용해 다음처럼 코드를 구현할 수 있다.

```
friendsToMovies.computeIfAbsent("Raphael", name -> new ArrayList<>())
               .add("Star Wars");   ◁─┤ {Raphael: [Star Wars]}
```

computeIfPresent 메서드는 현재 키와 관련된 값이 맵에 존재하며 널이 아닐 때만 새 값을 계산한다. 이 메서드의 미묘한 실행 과정에 주목하자. 값을 만드는 함수가 널을 반환하면 현재 매핑을 맵에서 제거한다. 하지만 매핑을 제거할 때는 remove 메서드를 오버라이드하는 것이 더 적합하다. 8.3.5절에서는 remove 메서드를 설명한다.

## 8.3.5 삭제 패턴

제공된 키에 해당하는 맵 항목을 제거하는 remove 메서드는 이미 알고 있다. 자바 8에서는 키

가 특정한 값과 연관되었을 때만 항목을 제거하는 오버로드 버전 메서드를 제공한다. 기존에는 다음처럼 코드를 구현했다(탐 크루즈를 비난할 생각은 없지만 Jack Reacher 2가 형편없는 리뷰를 받았다는 사실은 어쩔 수 없다).

```
String key = "Raphael";
String value = "Jack Reacher 2";
if (favouriteMovies.containsKey(key) &&
        Objects.equals(favouriteMovies.get(key), value)) {
    favouriteMovies.remove(key);
    return true;
}
else {
    return false;
}
```

이견이 없이 다음처럼 코드를 간결하게 구현할 수 있다.

```
favouriteMovies.remove(key, value);
```

8.3.6절에서는 맵의 요소를 바꾸고 맵에서 요소를 삭제하는 방법을 배운다.

## 8.3.6 교체 패턴

맵의 항목을 바꾸는 데 사용할 수 있는 두 개의 메서드가 맵에 추가되었다.

- replaceAll : BiFunction을 적용한 결과로 각 항목의 값을 교체한다. 이 메서드는 이전에 살펴본 List의 replaceAll과 비슷한 동작을 수행한다.
- Replace : 키가 존재하면 맵의 값을 바꾼다. 키가 특정 값으로 매핑되었을 때만 값을 교체하는 오버로드 버전도 있다.

다음과 같은 방법으로 맵의 모든 값의 형식을 바꿀 수 있다.

```
Map<String, String> favouriteMovies = new HashMap<>();   ◁── replaceAll을 적용할 것이므로
favouriteMovies.put("Raphael", "Star Wars");                  바꿀 수 있는 맵을 사용해야 한다
favouriteMovies.put("Olivia", "james bond");
favouriteMovies.replaceAll((friend, movie) -> movie.toUpperCase());
System.out.println(favouriteMovies);   ◁── {Olivia=JAMES BOND,
                                              Raphael=STAR WARS}
```

지금까지 배운 replace 패턴은 한 개의 맵에만 적용할 수 있다. 두 개의 맵에서 값을 합치거나 바꿔야 한다면 어떻게 해야할까? 새로운 merge 메서드를 이용하면 이 문제를 해결할 수 있다.

### 8.3.7 합침

두 그룹의 연락처를 포함하는 두 개의 맵을 합친다고 가정하자. 다음처럼 putAll을 사용할 수 있다.

```
Map<String, String> family = Map.ofEntries(
    entry("Teo", "Star Wars"), entry("Cristina", "James Bond"));
Map<String, String> friends = Map.ofEntries(
    entry("Raphael", "Star Wars"));
Map<String, String> everyone = new HashMap<>(family);
everyone.putAll(friends);    ◁── friends의 모든 항목을 everyone으로 복사
System.out.println(everyone); ◁── {Cristina=James Bond, Raphael=Star
                                   Wars, Teo=Star Wars}
```

중복된 키가 없다면 위 코드는 잘 동작한다. 값을 좀 더 유연하게 합쳐야 한다면 새로운 merge 메서드를 이용할 수 있다. 이 메서드는 중복된 키를 어떻게 합칠지 결정하는 BiFunction을 인수로 받는다. family와 friends 두 맵 모두에 Cristina가 다른 영화 값으로 존재한다고 가정하자.

```
Map<String, String> family = Map.ofEntries(
    entry("Teo", "Star Wars"), entry("Cristina", "James Bond")); Map<String,
String> friends = Map.ofEntries(
    entry("Raphael", "Star Wars"), entry("Cristina", "Matrix"));
```

forEach와 merge 메서드를 이용해 충돌을 해결할 수 있다. 다음 코드는 두 영화의 문자열을 합치는 방법으로 문제를 해결한다.

```
Map<String, String> everyone = new HashMap<>(family);   중복된 키가 있으면
friends.forEach((k, v) ->                                 두 값을 연결
    everyone.merge(k, v, (movie1, movie2) -> movie1 + " & " + movie2)); ◁──
System.out.println(everyone); ◁── Outputs {Raphael=Star Wars, Cristina=James
                                  Bond & Matrix, Teo=Star Wars}
```

자바독에서 설명하는 것처럼 merge 메서드는 널값과 관련된 복잡한 상황도 처리한다.

"지정된 키와 연관된 값이 없거나 값이 널이면 [merge]는 키를 널이 아닌 값과 연결한
다. 아니면 [merge]는 연결된 값을 주어진 매핑 함수의 [결과] 값으로 대치하거나 결과
가 널이면 [항목]을 제거한다."

merge를 이용해 초기화 검사를 구현할 수도 있다. 영화를 몇 회 시청했는지 기록하는 맵이 있
다고 가정하자. 해당 값을 증가시키기 전에 관련 영화가 이미 맵에 존재하는지 확인해야 한다.

```java
Map<String, Long> moviesToCount = new HashMap<>();
String movieName = "JamesBond";
long count = moviesToCount.get(movieName);
if(count == null) {
    moviesToCount.put(movieName, 1);
}
else {
    moviesToCount.put(movieName, count + 1);
}
```

위 코드를 다음처럼 구현할 수 있다.

```java
moviesToCount.merge(movieName, 1L, (count, increment) -> count + 1L);
```

위 코드에서 merge의 두 번째 인수는 1L이다. 자바독에 따르면 이 인수는 "키와 연관된 기존 값
에 합쳐질 널이 아닌 값 또는 값이 없거나 키에 널 값이 연관되어 있다면 이 값을 키와 연결"하
는데 사용된다. 키의 반환값이 널이므로 처음에는 1이 사용된다. 그 다음부터는 값이 1로 초기
화되어 있으므로 BiFunction을 적용해 값이 증가된다.

지금까지 Map 인터페이스에 추가된 기능을 확인했다. 맵의 사촌인 ConcurrentHashMap의 기능
도 개선되었다. 이제 어떤 기능이 개선되었는지 살펴본다.

---

### 퀴즈 8-2

다음 코드가 어떤 작업을 수행하는지 파악한 다음 코드를 단순화할 수 있는 방법을 설명하시오.

```java
Map<String, Integer> movies = new HashMap<>();
movies.put("JamesBond", 20);
movies.put("Matrix", 15);
movies.put("Harry Potter", 5);
Iterator<Map.Entry<String, Integer>> iterator =
        movies.entrySet().iterator();
```

```
while(iterator.hasNext()) {
    Map.Entry<String, Integer> entry = iterator.next();
    if(entry.getValue() < 10) {
        iterator.remove();
    }
}
System.out.println(movies);   ◁─┤ {Matrix=15, JamesBond=20}
```

**〔정답〕**

맵의 항목 집합에 프레디케이트를 인수로 받아 항목을 삭제하는 removeIf 메서드를 사용할 수
있다.

```
movies.entrySet().removeIf(entry -> entry.getValue() < 10);
```

# 8.4 개선된 ConcurrentHashMap

ConcurrentHashMap 클래스는 동시성 친화적이며 최신 기술을 반영한 HashMap 버전이다.
ConcurrentHashMap은 내부 자료구조의 특정 부분만 잠궈 동시 추가, 갱신 작업을 허용한
다. 따라서 동기화된 Hashtable 버전에 비해 읽기 쓰기 연산 성능이 월등하다(참고로, 표준
HashMap은 비동기로 동작함).

## 8.4.1 리듀스와 검색

ConcurrentHashMap은 스트림에서 봤던 것과 비슷한 종류의 세 가지 새로운 연산을 지원한다.

- forEach : 각 (키, 값) 쌍에 주어진 액션을 실행
- reduce : 모든 (키, 값) 쌍을 제공된 리듀스 함수를 이용해 결과로 합침
- search : 널이 아닌 값을 반환할 때까지 각 (키, 값) 쌍에 함수를 적용

다음처럼 키에 함수 받기, 값, Map.Entry, (키, 값) 인수를 이용한 네 가지 연산 형태를 지원
한다.

- 키, 값으로 연산(forEach, reduce, search)
- 키로 연산(forEachKey, reduceKeys, searchKeys)
- 값으로 연산(forEachValue, reduceValues, searchValues)
- Map.Entry 객체로 연산(forEachEntry, reduceEntries, searchEntries)

이들 연산은 ConcurrentHashMap의 상태를 잠그지 않고 연산을 수행한다는 점을 주목하자. 따라서 이들 연산에 제공한 함수는 계산이 진행되는 동안 바뀔 수 있는 객체, 값, 순서 등에 의존하지 않아야 한다.

또한 이들 연산에 병렬성 기준값$^{threshold}$을 지정해야 한다. 맵의 크기가 주어진 기준값보다 작으면 순차적으로 연산을 실행한다. 기준값을 1로 지정하면 공통 스레드 풀을 이용해 병렬성을 극대화한다. Long.MAX_VALUE를 기준값으로 설정하면 한 개의 스레드로 연산을 실행한다. 여러분의 소프트웨어 아키텍처가 고급 수준의 자원 활용 최적화를 사용하고 있지 않다면 기준값 규칙을 따르는 것이 좋다.

이 예제에서는 reduceValues 메서드를 이용해 맵의 최댓값을 찾는다.

```
ConcurrentHashMap<String, Long> map = new ConcurrentHashMap<>();   ◁─┐
long parallelismThreshold = 1;                       여러 키와 값을 포함하도록 갱신될
Optional<Integer> maxValue =                            ConcurrentHashMap
    Optional.ofNullable(map.reduceValues(parallelismThreshold, Long::max));
```

int, long, double 등의 기본값에는 전용 each reduce 연산이 제공되므로 reduceValuesToInt, reduceKeysToLong 등을 이용하면 박싱 작업을 할 필요가 없고 효율적으로 작업을 처리할 수 있다.


## 8.4.2 계수

ConcurrentHashMap 클래스는 맵의 매핑 개수를 반환하는 mappingCount 메서드를 제공한다. 기존의 size 메서드 대신 새 코드에서는 long을 반환하는 mappingCount 메서드를 사용하는 것이 좋다. 그래야 매핑의 개수가 int의 범위를 넘어서는 이후의 상황을 대처할 수 있기 때문이다.

### 8.4.3 집합뷰

ConcurrentHashMap 클래스는 ConcurrentHashMap을 집합 뷰로 반환하는 keySet이라는 새 메서드를 제공한다. 맵을 바꾸면 집합도 바뀌고 반대로 집합을 바꾸면 맵도 영향을 받는다. newKeySet이라는 새 메서드를 이용해 ConcurrentHashMap으로 유지되는 집합을 만들 수도 있다.


## 8.5 마치며

- 자바 9는 적은 원소를 포함하며 바꿀 수 없는 리스트, 집합, 맵을 쉽게 만들 수 있도록 List.of, Set.of, Map.of, Map.ofEntries 등의 컬렉션 팩토리를 지원한다.

- 이들 컬렉션 팩토리가 반환한 객체는 만들어진 다음 바꿀 수 없다.

- List 인터페이스는 removeIf, replaceAll, sort 세 가지 디폴트 메서드를 지원한다.

- Set 인터페이스는 removeIf 디폴드 메서드를 지원한다.

- Map 인터페이스는 자주 사용하는 패턴과 버그를 방지할 수 있도록 다양한 디폴트 메서드를 지원한다.

- ConcurrentHashMap은 Map에서 상속받은 새 디폴트 메서드를 지원함과 동시에 스레드 안전성도 제공한다.

# CHAPTER 9

# 리팩터링, 테스팅, 디버깅

### 이 장의 내용

◆ 람다 표현식으로 코드 리팩터링하기

◆ 람다 표현식이 객체지향 설계 패턴에 미치는 영향

◆ 람다 표현식 테스팅

◆ 람다 표현식과 스트림 API 사용 코드 디버깅

지금까지 람다와 스트림 API의 강력한 표현력을 살펴봤다. 람다와 스트림 API의 기능을 이용해서 새로운 코드도 구현했다. 이제 독자 여러분은 람다와 스트림 API를 활용하는 새로운 자바 프로젝트를 시작할 수 있을 것이다.

하지만 새 프로젝트라고 모든 것을 처음부터 시작하는 것은 아니다. 많은 새 프로젝트는 예전 자바로 구현된 기존 코드를 기반으로 시작한다.

이 장에서는 기존 코드를 이용해서 새로운 프로젝트를 시작하는 상황을 가정한다. 즉, 람다 표현식을 이용해 가독성과 유연성을 높이려면 기존 코드를 어떻게 리팩터링해야 하는지 설명할 것이다. 또한 람다 표현식으로 전략strategy, 템플릿 메서드template method, 옵저버observer, 의무 체인 chain of responsibility, 팩토리factory 등의 객체지향 디자인 패턴을 어떻게 간소화할 수 있는지도 살펴본다. 마지막으로 람다 표현식과 스트림 API를 사용하는 코드를 테스트하고 디버깅하는 방법을 설명한다.

10장에서는 도메인 지정 언어를 만들어서 애플리케이션 로직의 가독성을 높이도록 코드를 리팩터링하는 다양한 방법을 살펴본다.

# 9.1 가독성과 유연성을 개선하는 리팩터링

지금까지 람다 표현식을 이용해서 간결하고 유연한 코드를 구현하는 방법을 설명했다. 람다 표현식은 익명 클래스보다 코드를 좀 더 간결하게 만든다. 3장에서 인수로 전달하려는 메서드가 이미 있을 때는 메서드 참조를 이용해서 람다보다 더 간결한 코드를 구현할 수 있다는 사실을 확인했다.

그뿐만 아니라 람다 표현식은 2장에서 소개한 동작 파라미터화의 형식을 지원하므로 람다 표현식을 이용한 코드는 더 큰 유연성을 갖출 수 있다. 즉, 람다 표현식을 이용한 코드는 다양한 요구사항 변화에 대응할 수 있도록 동작을 파라미터화한다.

9.1절에서는 지금까지 배운 람다, 메서드 참조, 스트림 등의 기능을 이용해서 더 가독성이 좋고 유연한 코드로 **리팩터링**하는 방법을 설명한다.

## 9.1.1 코드 가독성 개선

코드 가독성이란 무엇을 의미할까? 코드 가독성이 좋다는 것은 추상적인 표현이므로 이를 정확하게 정의하긴 어렵다. 일반적으로 코드 가독성이 좋다는 것은 '어떤 코드를 다른 사람도 쉽게 이해할 수 있음'을 의미한다. 즉, 코드 가독성을 개선한다는 것은 우리가 구현한 코드를 다른 사람이 쉽게 이해하고 유지보수할 수 있게 만드는 것을 의미한다. 코드 가독성을 높이려면 코드의 문서화를 잘하고, 표준 코딩 규칙을 준수하는 등의 노력을 기울여야 한다.

자바 8의 새 기능을 이용해 코드의 가독성을 높일 수 있다. 코드를 간결하고 이해하기 쉽게 만들 수 있다. 또한 메서드 참조와 스트림 API를 이용해 코드의 의도를 명확하게 보여줄 수 있다.

9장에서는 람다, 메서드 참조, 스트림을 활용해서 코드 가독성을 개선할 수 있는 간단한 세 가지 리팩터링 예제를 소개한다.

- 익명 클래스를 람다 표현식으로 리팩터링하기
- 람다 표현식을 메서드 참조로 리팩터링하기
- 명령형 데이터 처리를 스트림으로 리팩터링하기

## 9.1.2 익명 클래스를 람다 표현식으로 리팩터링하기

하나의 추상 메서드를 구현하는 익명 클래스는 람다 표현식으로 리팩터링할 수 있다. 익명 클래스를 람다 표현식으로 리팩터링하는 이유가 뭘까? 지금쯤이면 독자 여러분도 익명 클래스가 얼마나 코드를 장황하게 만들고 쉽게 에러를 일으키는지 이해했으리라 확신한다. 람다 표현식을 이용해서 간결하고, 가독성이 좋은 코드를 구현할 수 있었다. 예를 들어 3장에서는 Runnable 객체를 만드는 익명 클래스와 이에 대응하는 람다 표현식을 비교했다.

```
Runnable r1 = new Runnable() {      ◁──┐ 익명 클래스를 사용한
    public void run(){                  │ 이전 코드
        System.out.println("Hello");
    }
};
Runnable r2 = () -> System.out.println("Hello");   ◁──┐ 람다 표현식을 사용한
                                                        최신 코드
```

하지만 모든 익명 클래스를 람다 표현식으로 변환할 수 있는 것은 아니다[1]. 첫째, 익명 클래스에서 사용한 this와 super는 람다 표현식에서 다른 의미를 갖는다. 익명 클래스에서 this는 익명클래스 자신을 가리키지만 람다에서 this는 람다를 감싸는 클래스를 가리킨다. 둘째, 익명 클래스는 감싸고 있는 클래스의 변수를 가릴 수 있다(섀도 변수$^{shadow\ variable}$). 하지만 다음 코드에서 보여주는 것처럼 람다 표현식으로는 변수를 가릴 수 없다(아래 코드는 컴파일되지 않는다).

```
int a = 10;
Runnable r1 = () -> {
    int a = 2;      ◁──┤ 컴파일 에러
    System.out.println(a);
};

Runnable r2 = new Runnable(){
    public void run(){
        int a = 2;      ◁──┤ 모든 것이 잘 작동한다.
        System.out.println(a);
    }
};
```

마지막으로 익명 클래스를 람다 표현식으로 바꾸면 콘텍스트 오버로딩에 따른 모호함이 초래될 수 있다. 익명 클래스는 인스턴스화할 때 명시적으로 형식이 정해지는 반면 람다의 형식은

---

**1** 더 자세한 사항은 https://goo.gl/GJCoLp(http://dig.cs.illinois.edu/papers/lambdaRefactoring.pdf)를 참고하자.

콘텍스트에 따라 달라지기 때문이다. 다음은 이와 같은 문제가 일어날 수 있음을 보여주는 예제 코드다. 아래 코드에서는 Task라는 Runnable과 같은 시그니처를 갖는 함수형 인터페이스를 선언한다(실제 업무에서는 Task라는 이름을 자주 사용한다).

```
interface Task {
    public void execute();
}
public static void doSomething(Runnable r){ r.run(); }
public static void doSomething(Task a){ r.execute(); }
```

Task를 구현하는 익명 클래스를 전달할 수 있다.

```
doSomething(new Task() {
    public void execute() {
        System.out.println("Danger danger!!");
    }
});
```

하지만 익명 클래스를 람다 표현식으로 바꾸면 메서드를 호출할 때 Runnable과 Task 모두 대상 형식이 될 수 있으므로 문제가 생긴다.

```
doSomething(() -> System.out.println("Danger danger!!"));
```

즉, doSomething(Runnable)과 doSomething(Task) 중 어느 것을 가리키는지 알 수 없는 모호함이 발생한다.

명시적 형변환 (Task )를 이용해서 모호함을 제거할 수 있다.

```
doSomething((Task)() -> System.out.println("Danger danger!!"));
```

하지만 좋은 소식이 있으므로 낙담할 필요가 없다. 넷빈즈와 IntelliJ 등을 포함한 대부분의 통합 개발 환경integrated development environments(IDE)에서 제공하는 리팩터링 기능을 이용하면 이와 같은 문제가 자동으로 해결된다.


### 9.1.3 람다 표현식을 메서드 참조로 리팩터링하기

람다 표현식은 쉽게 전달할 수 있는 짧은 코드다. 하지만 람다 표현식 대신 메서드 참조를 이용하면 가독성을 높일 수 있다. 메서드 참조의 메서드명으로 코드의 의도를 명확하게 알릴 수 있기 때문이다. 예를 들어 다음은 6장에서 소개했던 칼로리 수준으로 요리를 그룹화하는 코드다.

```
Map<CaloricLevel, List<Dish>> dishesByCaloricLevel =
    menu.stream()
        .collect(
            groupingBy(dish -> {
                if (dish.getCalories() <= 400) return CaloricLevel.DIET;
                else if (dish.getCalories() <= 700) return CaloricLevel.NORMAL;
                else return CaloricLevel.FAT;
            }));
```

람다 표현식을 별도의 메서드로 추출한 다음에 groupingBy에 인수로 전달할 수 있다. 다음처럼 코드가 간결하고 의도도 명확해진다.

```
Map<CaloricLevel, List<Dish>> dishesByCaloricLevel =
    menu.stream().collect(groupingBy(Dish::getCaloricLevel));   ← 람다 표현식을
                                                                   메서드로 추출했다.
```

이제 Dish 클래스에 getCaloricLevel 메서드를 추가해야 한다.

```
public class Dish{
    ...
    public CaloricLevel getCaloricLevel() {
        if (this.getCalories() <= 400) return CaloricLevel.DIET;
        else if (this.getCalories() <= 700) return CaloricLevel.NORMAL;
        else return CaloricLevel.FAT;
    }
}
```

또한 comparing과 maxBy 같은 정적 헬퍼 메서드를 활용하는 것도 좋다. 이들은 메서드 참조와 조화를 이루도록 설계되었다. 3장에서 살펴본 것처럼 람다 표현식보다는 메서드 참조가 코드의 의도를 더 명확하게 보여준다.

```
                                                      비교 구현에
                                                      신경 써야 한다.
inventory.sort(
    (Apple a1, Apple a2) -> a1.getWeight().compareTo(a2.getWeight()));   ←
inventory.sort(comparing(Apple::getWeight));   ← 코드가 문제 자체를 설명한다.
```

sum, maximum 등 자주 사용하는 리듀싱 연산은 메서드 참조와 함께 사용할 수 있는 내장 헬퍼 메서드를 제공한다. 예를 들어 이미 살펴본 것처럼 최댓값이나 합계를 계산할 때 람다 표현식과 저수준 리듀싱 연산을 조합하는 것보다 Collectors API를 사용하면 코드의 의도가 더 명확해진다. 다음은 저수준 리듀싱 연산을 조합한 코드다.

```
int totalCalories =
    menu.stream().map(Dish::getCalories)
                 .reduce(0, (c1, c2) -> c1 + c2);
```

내장 컬렉터를 이용하면 코드 자체로 문제를 더 명확하게 설명할 수 있다. 다음 코드에서는 컬렉터 summingInt를 사용했다(자신이 어떤 동작을 수행하는지 메서드 이름으로 설명함).

```
int totalCalories = menu.stream().collect(summingInt(Dish::getCalories));
```

## 9.1.4 명령형 데이터 처리를 스트림으로 리팩터링하기

이론적으로는 반복자를 이용한 기존의 모든 컬렉션 처리 코드를 스트림 API로 바꿔야 한다. 이 유가 뭘까? 스트림 API는 데이터 처리 파이프라인의 의도를 더 명확하게 보여준다. 스트림은 5장에서 설명한 것처럼 쇼트서킷과 게으름이라는 강력한 최적화뿐 아니라 멀티코어 아키텍처를 활용할 수 있는 지름길을 제공한다.

예를 들어 다음 명령형 코드는 두 가지 패턴(필터링과 추출)으로 엉킨 코드다. 이 코드를 접한 프로그래머는 전체 구현을 자세히 살펴본 이후에야 전체 코드의 의도를 이해할 수 있다. 게다가 이 코드를 병렬로 실행시키는 것은 매우 어렵다(7.2절 '포크/조인 프레임워크' 참조).

```
List<String> dishNames = new ArrayList<>();
for(Dish dish: menu) {
    if(dish.getCalories() > 300) {
        dishNames.add(dish.getName());
    }
}
```

스트림 API를 이용하면 문제를 더 직접적으로 기술할 수 있을 뿐 아니라 쉽게 병렬화할 수 있다.

```
menu.parallelStream()
    .filter(d -> d.getCalories() > 300)
    .map(Dish::getName)
    .collect(toList());
```

명령형 코드의 break, continue, return 등의 제어 흐름문을 모두 분석해서 같은 기능을 수행하는 스트림 연산으로 유추해야 하므로 명령형 코드를 스트림 API로 바꾸는 것은 쉬운 일이 아니다. 다행히도 명령형 코드를 스트림 API로 바꾸도록 도움을 주는 몇 가지 도구(예를 들어 http://goo.gl/Ma15w9(http://refactoring.info/tools/LambdaFicator))가 있다.

## 9.1.5 코드 유연성 개선

2장과 3장에서 람다 표현식을 이용하면 동작 파라미터화<sup>behaviour parameterization</sup>를 쉽게 구현할 수 있음을 살펴봤다. 즉, 다양한 람다를 전달해서 다양한 동작을 표현할 수 있다. 따라서 변화하는 요구사항에 대응할 수 있는 코드를 구현할 수 있다(예를 들어 프레디케이트로 다양한 필터링 기능을 구현하거나 비교자로 다양한 비교 기능을 만들 수 있다).

### 함수형 인터페이스 적용

먼저 람다 표현식을 이용하려면 함수형 인터페이스가 필요하다. 따라서 함수형 인터페이스를 코드에 추가해야 한다. 이번에는 조건부 연기 실행<sup>conditional deferred execution</sup>과 실행 어라운드<sup>execute around</sup>, 즉 두 가지 자주 사용하는 패턴으로 람다 표현식 리팩터링을 살펴본다. 또한 8.2절에서는 전략, 템플릿 메서드 등 다양한 객체지향 디자인 패턴도 람다 표현식으로 간결하게 재구현할 수 있음을 설명한다.

### 조건부 연기 실행

실제 작업을 처리하는 코드 내부에 제어 흐름문이 복잡하게 얽힌 코드를 흔히 볼 수 있다. 흔히 보안 검사나 로깅 관련 코드가 이처럼 사용된다. 다음은 내장 자바 Logger 클래스를 사용하는 예제다.

```
if (logger.isLoggable(Log.FINER)) {
    logger.finer("Problem: " + generateDiagnostic());
}
```

위 코드는 다음과 같은 사항에 문제가 있다.

- logger의 상태가 isLoggable이라는 메서드에 의해 클라이언트 코드로 노출된다.
- 메시지를 로깅할 때마다 logger 객체의 상태를 매번 확인해야 할까? 이들은 코드를 어지럽힐 뿐이다.

다음처럼 메시지를 로깅하기 전에 logger 객체가 적절한 수준으로 설정되었는지 내부적으로 확인하는 log 메서드를 사용하는 것이 바람직하다.

```
logger.log(Level.FINER, "Problem: " + generateDiagnostic());
```

덕분에 불필요한 if문을 제거할 수 있으며 logger의 상태를 노출할 필요도 없으므로 위 코드가 더 바람직한 구현이다. 안타깝게도 위 코드로 모든 문제가 해결된 것은 아니다. 즉, 인수로 전달된 메시지 수준에서 logger가 활성화되어 있지 않더라도 항상 로깅 메시지를 평가하게 된다.

람다를 이용하면 이 문제를 쉽게 해결할 수 있다. 특정 조건(예제에서는 logger 수준을 FINER로 설정)에서만 메시지가 생성될 수 있도록 메시지 생성 과정을 연기<sup>defer</sup>할 수 있어야 한다. 자바 8 API 설계자는 이와 같은 logger 문제를 해결할 수 있도록 Supplier를 인수로 갖는 오버로드된 log메서드를 제공했다. 다음은 새로 추가된 log 메서드의 시그니처다.

```
public void log(Level level, Supplier<String> msgSupplier)
```

다음처럼 log 메서드를 호출할 수 있다.

```
logger.log(Level.FINER, () -> "Problem: " + generateDiagnostic());
```

log 메서드는 logger의 수준이 적절하게 설정되어 있을 때만 인수로 넘겨진 람다를 내부적으로 실행한다. 다음은 log 메서드의 내부 구현 코드다.

```
public void log(Level level, Supplier<String> msgSupplier) {
    if(logger.isLoggable(level)){
        log(level, msgSupplier.get());   ←┤ 람다 실행
    }
}
```

이 기법으로 어떤 문제를 해결할 수 있을까? 만일 클라이언트 코드에서 객체 상태를 자주 확인하거나(예를 들면 logger의 상태), 객체의 일부 메서드를 호출하는 상황(예를 들면 메시지 로깅)이라면 내부적으로 객체의 상태를 확인한 다음에 메서드를 호출(람다나 메서드 참조를 인수로 사용)하도록 새로운 메서드를 구현하는 것이 좋다. 그러면 코드 가독성이 좋아질 뿐 아니라 캡슐화도 강화된다(객체 상태가 클라이언트 코드로 노출되지 않는다)!

**실행 어라운드**

3장에서는 실행 어라운드라는 패턴을 살펴봤다. 매번 같은 준비, 종료 과정을 반복적으로 수행하는 코드가 있다면 이를 람다로 변환할 수 있다. 준비, 종료 과정을 처리하는 로직을 재사용함으로써 코드 중복을 줄일 수 있다.

다음은 3장에서 소개했던 코드다. 이 코드는 파일을 열고 닫을 때 같은 로직을 사용했지만 람다를 이용해서 다양한 방식으로 파일을 처리할 수 있도록 파라미터화되었다.

```
String oneLine =
    processFile((BufferedReader b) -> b.readLine());  ◄─┤ 람다 전달
String twoLines =
    processFile((BufferedReader b) -> b.readLine() + b.readLine());  ◄─┤ 다른 람다 전달
public static String processFile(BufferedReaderProcessor p) throws
    IOException {
    try(BufferedReader br = new BufferedReader(new
        FileReader("ModernJavaInAction/chap9/data.txt"))) {
        return p.process(br);  ◄─── 인수로 전달된
    } │ IOException을 던질 수 있는         BufferedReaderProcessor를 실행
}     └─┤ 람다의 함수형 인터페이스
public interface BufferedReaderProcessor {
    String process(BufferedReader b) throws IOException;
}
```

람다로 BufferedReader 객체의 동작을 결정할 수 있는 것은 함수형 인터페이스 BufferedReaderProcessor 덕분이다.

이 절에서는 기존 코드의 가독성과 유연성을 개선하는 다양한 기법을 살펴봤다. 다음 절에서는 람다로 객체지향 디자인 패턴과 관련된 표준 코드를 제거하는 방법을 설명한다.

## 9.2 람다로 객체지향 디자인 패턴 리팩터링하기

언어에 새로운 기능이 추가되면서 기존 코드 패턴이나 관용코드의 인기가 식기도 한다. 예를 들어 자바 5에서 추가된 for-each 루프는 에러 발생률이 적으며 간결하므로 기존의 반복자 코드를 대체했다. 자바 7에 추가된 다이아몬드 연산자 <> 때문에 기존의 제네릭 인스턴스를 명시적으로 생성하는 빈도가 줄었다(서서히 자바 프로그래머에게 형식 추론의 세계가 열렸다).

다양한 패턴을 유형별로 정리한 것이 디자인 패턴<sup>design pattern</sup>이다[2]. 디자인 패턴은 공통적인 소프트웨어 문제를 설계할 때 재사용할 수 있는, 검증된 청사진을 제공한다. 디자인 패턴은 재사용할 수 있는 부품으로 여러 가지 다리(현수교, 아치교 등)를 건설하는 엔지니어링에 비유할 수 있다. 예를 들어 구조체와 동작하는 알고리즘을 서로 분리하고 싶을 때 방문자 디자인 패턴<sup>visitor design pattern</sup>을 사용할 수 있다. 또 다른 예제로 싱글턴 패턴<sup>singleton pattern</sup>을 이용해서 클래스 인스턴스화를 하나의 객체로 제한할 수 있다.

디자인 패턴에 람다 표현식이 더해지면 색다른 기능을 발휘할 수 있다. 즉, 람다를 이용하면 이전에 디자인 패턴으로 해결하던 문제를 더 쉽고 간단하게 해결할 수 있다. 또한 람다 표현식으로 기존의 많은 객체지향 디자인 패턴을 제거하거나 간결하게 재구현할 수 있다.

이절에서는 다음 다섯 가지 패턴을 살펴본다.

- 전략(strategy)
- 템플릿 메서드(template method)
- 옵저버(observer)
- 의무 체인(chain of responsibility)
- 팩토리(factory)

각 디자인 패턴에서 람다를 어떻게 활용할 수 있는지 설명한다.


## 9.2.1 전략

전략 패턴은 한 유형의 알고리즘을 보유한 상태에서 런타임에 적절한 알고리즘을 선택하는 기법이다. 2장에서 다양한 프레디케이트로 목록을 필터링(예를 들어 무거운 사과 또는 녹색 사과)하는 방법을 설명하면서 전략 패턴을 잠깐 살펴봤다. 다양한 기준을 갖는 입력값을 검증하거나, 다양한 파싱 방법을 사용하거나, 입력 형식을 설정하는 등 다양한 시나리오에 전략 패턴을 활용할 수 있다.

[그림 9-1]에서 보여주는 것처럼 전략 패턴은 세 부분으로 구성된다.

---

**2** 에릭 감마 저, 『GoF의 디자인 패턴(개정판)』(프로텍미디어, 2015)

**그림 9-1** 전략 디자인 패턴

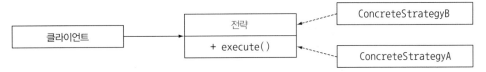

- 알고리즘을 나타내는 인터페이스(Strategy 인터페이스)
- 다양한 알고리즘을 나타내는 한 개 이상의 인터페이스 구현(ConcreteStrategyA, ConcreteStrategyB 같은 구체적인 구현 클래스)
- 전략 객체를 사용하는 한 개 이상의 클라이언트

예를 들어 오직 소문자 또는 숫자로 이루어져야 하는 등 텍스트 입력이 다양한 조건에 맞게 포맷되어 있는지 검증한다고 가정하자. 먼저 String 문자열을 검증하는 인터페이스부터 구현한다.

```java
public interface ValidationStrategy {
    boolean execute(String s);
}
```

이번에는 위에서 정의한 인터페이스를 구현하는 클래스를 하나 이상 정의한다.

```java
public class IsAllLowerCase implements ValidationStrategy {
    public boolean execute(String s) {
        return s.matches("[a-z]+");
    }
}

public class IsNumeric implements ValidationStrategy {
    public boolean execute(String s) {
        return s.matches("\\d+");
    }
}
```

지금까지 구현한 클래스를 다양한 검증 전략으로 활용할 수 있다.

```java
public class Validator {
    private final ValidationStrategy strategy;
    public Validator(ValidationStrategy v) {
        this.strategy = v;
    }
    public boolean validate(String s) {
        return strategy.execute(s);
```

```
    }
  }
  Validator numericValidator = new Validator(new IsNumeric());
  boolean b1 = numericValidator.validate("aaaa");     ←─┤ false 반환
  Validator lowerCaseValidator = new Validator(new IsAllLowerCase ());
  boolean b2 = lowerCaseValidator.validate("bbbb");   ←─┤ true 반환
```

## 람다 표현식 사용

ValidationStrategy는 함수형 인터페이스며 Predicate⟨String⟩과 같은 함수 디스크립터를 갖고 있음을 파악했을 것이다. 따라서 다양한 전략을 구현하는 새로운 클래스를 구현할 필요 없이 람다 표현식을 직접 전달하면 코드가 간결해진다.

```
  Validator numericValidator =
      new Validator((String s) -> s.matches("\\d+"));  ←┐
  boolean b1 = numericValidator.validate("aaaa");       │  람다를
  Validator lowerCaseValidator =                        │  직접 전달
      new Validator((String s) -> s.matches("[a-z]"));  ←┘
  boolean b2 = lowerCaseValidator.validate("bbbb");
```

위 코드에서 확인할 수 있듯이 람다 표현식을 이용하면 전략 디자인 패턴에서 발생하는 자잘한 코드를 제거할 수 있다. 람다 표현식은 코드 조각(또는 전략)을 캡슐화한다. 즉, 람다 표현식으로 전략 디자인 패턴을 대신할 수 있다. 따라서 이와 비슷한 문제에서는 람다 표현식을 사용할것을 추천한다.

## 9.2.2 템플릿 메서드

알고리즘의 개요를 제시한 다음에 알고리즘의 일부를 고칠 수 있는 유연함을 제공해야 할 때 템플릿 메서드 디자인 패턴을 사용한다. 너무 추상적으로 들리는가? 다시 밀해, 템플릿 메서드는 '이 알고리즘을 사용하고 싶은데 그대로는 안 되고 조금 고쳐야 하는' 상황에 적합하다.

템플릿 메서드가 어떻게 작동하는지 예제를 살펴보자. 간단한 온라인 뱅킹 애플리케이션을 구현한다고 가정하자. 사용자가 고객 ID를 애플리케이션에 입력하면 은행 데이터베이스에서 고객 정보를 가져오고 고객이 원하는 서비스를 제공할 수 있다. 예를 들어 고객 계좌에 보너스를 입금한다고 가정하자. 은행마다 다양한 온라인 뱅킹 애플리케이션을 사용하며 동작 방법도 다

르다. 다음은 온라인 뱅킹 애플리케이션의 동작을 정의하는 추상 클래스다.

```java
abstract class OnlineBanking {
    public void processCustomer(int id) {
        Customer c = Database.getCustomerWithId(id);
        makeCustomerHappy(c);
    }
    abstract void makeCustomerHappy(Customer c);
}
```

processCustomer 메서드는 온라인 뱅킹 알고리즘이 해야 할 일을 보여준다. 우선 주어진 고객 ID를 이용해서 고객을 만족시켜야 한다. 각각의 지점은 OnlineBanking 클래스를 상속받아 makeCustomerHappy 메서드가 원하는 동작을 수행하도록 구현할 수 있다.

## 람다 표현식 사용

이번에도 해결사 람다를 이용해서 문제를 해결할 수 있다(즉, 알고리즘의 개요를 만든 다음에 구현자가 원하는 기능을 추가할 수 있게 만들어보자)! 람다나 메서드 참조로 알고리즘에 추가할 다양한 컴포넌트를 구현할 수 있다.

이전에 정의한 makeCustomerHappy의 메서드 시그니처와 일치하도록 Consumer⟨Customer⟩ 형식을 갖는 두 번째 인수를 processCustomer에 추가한다.

```java
public void processCustomer(int id, Consumer<Customer> makeCustomerHappy) {
    Customer c = Database.getCustomerWithId(id);
    makeCustomerHappy.accept(c);
}
```

이제 onlineBanking 클래스를 상속받지 않고 직접 람다 표현식을 전달해서 다양한 동작을 추가할 수 있다.

```java
new OnlineBankingLambda().processCustomer(1337, (Customer c) ->
    System.out.println("Hello " + c.getName()));
```

람다 표현식을 이용하면 템플릿 메서드 디자인 패턴에서 발생하는 자잘한 코드도 제거할 수 있다.

### 9.2.3 옵저버

어떤 이벤트가 발생했을 때 한 객체(**주제**subject라 불리는)가 다른 객체 리스트(**옵저버**observer라 불리는)에 자동으로 알림을 보내야 하는 상황에서 옵저버 디자인 패턴을 사용한다. GUI 애플리케이션에서 옵저버 패턴이 자주 등장한다. 버튼 같은 GUI 컴포넌트에 옵저버를 설정할 수 있다. 그리고 사용자가 버튼을 클릭하면 옵저버에 알림이 전달되고 정해진 동작이 수행된다. 꼭 GUI에서만 옵저버 패턴을 사용하는 것은 아니다. 예를 들어 주식의 가격(주제) 변동에 반응하는 다수의 거래자(옵저버) 예제에서도 옵저버 패턴을 사용할 수 있다. [그림 9-2]는 옵저버 패턴의 UML 다이어그램을 보여준다.

**그림 9-2** 옵저버 디자인 패턴

실제 코드로 옵저버 패턴이 어떻게 동작하는지 살펴보자. 옵저버 패턴으로 트위터 같은 커스터마이즈된 알림 시스템을 설계하고 구현할 수 있다. 다양한 신문 매체(뉴욕타임스, 가디언, 르몽드)가 뉴스 트윗을 구독하고 있으며 특정 키워드를 포함하는 트윗이 등록되면 알림을 받고 싶어 한다.

우선 다양한 옵저버를 그룹화할 Observer 인터페이스가 필요하다. Observer 인터페이스는 새로운 트윗이 있을 때 주제(Feed)가 호출할 수 있도록 notify라고 하는 하나의 메서드를 제공한다.

```
interface Observer {
    void notify(String tweet);
}
```

이제 트윗에 포함된 다양한 키워드에 다른 동작을 수행할 수 있는 여러 옵저버를 정의할 수 있다.

```
class NYTimes implements Observer {
    public void notify(String tweet) {
        if(tweet != null && tweet.contains("money")){
            System.out.println("Breaking news in NY! " + tweet);
```

```
            }
        }
    }
    class Guardian implements Observer {
        public void notify(String tweet) {
            if(tweet != null && tweet.contains("queen")){
                System.out.println("Yet more news from London... " + tweet);
            }
        }
    }
    class LeMonde implements Observer {
        public void notify(String tweet) {
            if(tweet != null && tweet.contains("wine")){
                System.out.println("Today cheese, wine and news! " + tweet);
            }
        }
    }
```

그리고 주제도 구현해야 한다. 다음은 Subject 인터페이스의 정의다.

```
    interface Subject {
        void registerObserver(Observer o);
        void notifyObservers(String tweet);
    }
```

주제는 registerObserver 메서드로 새로운 옵저버를 등록한 다음에 notifyObservers 메서드로 트윗의 옵저버에 이를 알린다.

```
    class Feed implements Subject {
        private final List<Observer> observers = new ArrayList<>();
        public void registerObserver(Observer o) {
            this.observers.add(o);
        }
        public void notifyObservers(String tweet) {
            observers.forEach(o -> o.notify(tweet));
        }
    }
```

구현은 간단하다. Feed는 트윗을 받았을 때 알림을 보낼 옵저버 리스트를 유지한다. 이제 주제와 옵저버를 연결하는 데모 애플리케이션을 만들 수 있다.

```
Feed f = new Feed();
f.registerObserver(new NYTimes());
f.registerObserver(new Guardian());
f.registerObserver(new LeMonde());
f.notifyObservers("The queen said her favourite book is Modern Java in Action!");
```

가디언도 우리의 트윗을 받아볼 수 있게 되었다.

## 람다 표현식 사용하기

아직까지 람다 표현식을 옵저버 디자인 패턴에서 어떻게 사용할 수 있는지 감이 잡히지 않을 것이다. 여기서 Observer 인터페이스를 구현하는 모든 클래스는 하나의 메서드 notify를 구현했다. 즉, 트윗이 도착했을 때 어떤 동작을 수행할 것인지 감싸는 코드를 구현한 것이다. 지금까지 살펴본 것처럼 람다는 불필요한 감싸는 코드 제거 전문가다. 즉, 세 개의 옵저버를 명시적으로 인스턴스화하지 않고 람다 표현식을 직접 전달해서 실행할 동작을 지정할 수 있다.

```
f.registerObserver((String tweet) -> {
    if(tweet != null && tweet.contains("money")){
        System.out.println("Breaking news in NY! " + tweet);
    }
});
f.registerObserver((String tweet) -> {
    if(tweet != null && tweet.contains("queen")){
        System.out.println("Yet more news from London... " + tweet);
    }
});
```

그렇다면 항상 람다 표현식을 사용해야 할까? 물론 아니다. 이 예제에서는 실행해야 할 동작이 비교적 간단하므로 람다 표현식으로 불필요한 코드를 제거하는 것이 바람직하다. 하지만 옵저버가 상태를 가지며, 여러 메서드를 정의하는 등 복잡하다면 람다 표현식보다 기존의 클래스 구현방식을 고수하는 것이 바람직할 수도 있다.

## 9.2.4 의무 체인

작업 처리 객체의 체인(동작 체인 등)을 만들 때는 의무 체인 패턴을 사용한다. 한 객체가 어떤 작업을 처리한 다음에 다른 객체로 결과를 전달하고, 다른 객체도 해야 할 작업을 처리한 다음에 또 다른 객체로 전달하는 식이다.

일반적으로 다음으로 처리할 객체 정보를 유지하는 필드를 포함하는 작업 처리 추상 클래스로 의무 체인 패턴을 구성한다. 작업 처리 객체가 자신의 작업을 끝냈으면 다음 작업 처리 객체로 결과를 전달한다. 다음은 작업 처리 객체 예제 코드다.

```java
public abstract class ProcessingObject<T> {
    protected ProcessingObject<T> successor;
    public void setSuccessor(ProcessingObject<T> successor){
        this.successor = successor;
    }
    public T handle(T input) {
        T r = handleWork(input);
        if(successor != null){
            return successor.handle(r);
        }
        return r;
    }
    abstract protected T handleWork(T input);
}
```

[그림 9-3]은 의무 체인 패턴을 UML로 보여준다.

**그림 9-3** 의무 체인 디자인 패턴

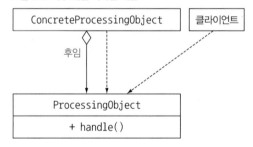

그림을 자세히 보면 9.2.2절에서 살펴본 템플릿 메서드 디자인 패턴이 사용되었음을 알 수 있다. handle 메서드는 일부 작업을 어떻게 처리해야 할지 전체적으로 기술한다. ProcessingObject 클래스를 상속받아 handleWork 메서드를 구현하여 다양한 종류의 작업 처리 객체를 만들 수 있다.

이 패턴을 어떻게 활용할 수 있는지 실질적인 예제를 살펴보자. 다음의 두 작업 처리 객체는 텍스트를 처리하는 예제다.

```
public class HeaderTextProcessing extends ProcessingObject<String> {
    public String handleWork(String text) {
        return "From Raoul, Mario and Alan: " + text;
    }
}

public class SpellCheckerProcessing extends ProcessingObject<String> {
    public String handleWork(String text) {
        return text.replaceAll("labda", "lambda");  ◁── 이런 'lambda'에서
    }                                                      'm'을 빠뜨렸네!
}
```

두 작업 처리 객체를 연결해서 작업 체인을 만들 수 있다.

```
ProcessingObject<String> p1 = new HeaderTextProcessing();
ProcessingObject<String> p2 = new SpellCheckerProcessing();
p1.setSuccessor(p2);  ◁─┤ 두 작업 처리 객체를 연결한다.
String result = p1.handle("Aren't labdas really sexy?!!");
System.out.println(result);  ◁── 'From Raoul, Mario and Alan: Aren't
                                 lambdas really sexy?!!' 출력
```

## 람다 표현식 사용

잠깐! 이 패턴은 함수 체인(즉, 함수 조합)과 비슷하지 않은가! 람다 표현식을 조합하는 방법
은 3장에서 살펴봤다. 작업 처리 객체를 Function<String, String>, 더 정확히 표현하자면
UnaryOperator<String> 형식의 인스턴스로 표현할 수 있다. andThen 메서드로 이들 함수를
조합해서 체인을 만들 수 있다.

```
UnaryOperator<String> headerProcessing =
    (String text) -> "From Raoul, Mario and Alan: " + text;  ◁─┤ 첫 번째 작업 처리 객체
UnaryOperator<String> spellCheckerProcessing =
    (String text) -> text.replaceAll("labda", "lambda");  ◁─┤ 두 번째 작업 처리 객체
Function<String, String> pipeline =
    headerProcessing.andThen(spellCheckerProcessing);  ◁─┤ 동작 체인으로 두 함수를 조합한다.
String result = pipeline.apply("Aren ' t labdas really sexy?!!");
```

## 9.2.5 팩토리

인스턴스화 로직을 클라이언트에 노출하지 않고 객체를 만들 때 팩토리 디자인 패턴을 사용한
다. 예를 들어 우리가 은행에서 일하고 있는데 은행에서 취급하는 대출, 채권, 주식 등 다양한

상품을 만들어야 한다고 가정하자.

다음 코드에서 보여주는 것처럼 다양한 상품을 만드는 Factory 클래스가 필요하다.

```
public class ProductFactory {
    public static Product createProduct(String name) {
        switch(name){
            case "loan": return new Loan();
            case "stock": return new Stock();
            case "bond": return new Bond();
            default: throw new RuntimeException("No such product " + name);
        }
    }
}
```

여기서 Loan, Stock, Bond는 모두 Product의 서브형식이다. createProduct 메서드는 생산된 상품을 설정하는 로직을 포함할 수 있다. 이는 부가적인 기능일 뿐 위 코드의 진짜 장점은 생성자와 설정을 외부로 노출하지 않음으로써 클라이언트가 단순하게 상품을 생산할 수 있다는 것이다.

```
Product p = ProductFactory.createProduct("loan");
```

## 람다 표현식 사용

3장에서 설명한 것처럼 생성자도 메서드 참조처럼 접근할 수 있다. 예를 들어 다음은 Loan 생성자를 사용하는 코드다.

```
Supplier<Product> loanSupplier = Loan::new; Loan loan = loanSupplier.get();
```

이제 다음 코드처럼 상품명을 생성자로 연결하는 Map을 만들어서 코드를 재구현할 수 있다.

```
final static Map<String, Supplier<Product>> map = new HashMap<>();
static {
    map.put("loan", Loan::new);
    map.put("stock", Stock::new);
    map.put("bond", Bond::new);
}
```

이제 Map을 이용해서 팩토리 디자인 패턴에서 했던 것처럼 다양한 상품을 인스턴스화할 수 있다.

```java
public static Product createProduct(String name){
    Supplier<Product> p = map.get(name);
    if(p != null) return p.get();
    throw new IllegalArgumentException("No such product " + name);
}
```

팩토리 패턴이 수행하던 작업을 자바 8의 새로운 기능으로 깔끔하게 정리했다. 하지만 팩토리 메서드 createProduct가 상품 생성자로 여러 인수를 전달하는 상황에서는 이 기법을 적용하기 어렵다. 단순한 Supplier 함수형 인터페이스로는 이 문제를 해결할 수 없다.

예를 들어 세 인수(Integer 둘, 문자열 하나)를 받는 상품의 생성자가 있다고 가정하자. 세 인수를 지원하려면 TriFunction이라는 특별한 함수형 인터페이스를 만들어야 한다. 결국 다음 코드처럼 Map의 시그니처가 복잡해진다

```java
public interface TriFunction<T, U, V, R> {
    R apply(T t, U u, V v);
}
Map<String, TriFunction<Integer, Integer, String, Product>> map
    = new HashMap<>();
```

지금까지 람다 표현식으로 코드를 리팩터링하는 방법을 살펴봤다. 이번에는 새로 구현한 코드가 올바른지 어떻게 검증할 수 있는지 살펴보자.

## 9.3 람다 테스팅

이제 람다 표현식을 실무에 적용해서 멋지고 간단한 코드를 구현할 수 있다. 하지만 개발자의 최종 업무 목표는 제대로 작동하는 코드를 구현하는 것이지 깔끔한 코드를 구현하는 것이 아니다.

일반적으로 좋은 소프트웨어 공학자라면 프로그램이 의도대로 동작하는지 확인할 수 있는 **단위 테스팅**unit testing을 진행한다. 우리는 소스 코드의 일부가 예상된 결과를 도출할 것이라 단언하는 테스트 케이스를 구현한다. 예를 들어 다음처럼 그래픽 애플리케이션의 일부인 Point 클래스가 있다고 가정하자.

```java
public class Point {
    private final int x;
    private final int y;
```

```java
    private Point(int x, int y) {
        this.x = x;
        this.y = y;
    }
    public int getX() { return x; }
    public int getY() { return y; }
    public Point moveRightBy(int x) {
        return new Point(this.x + x, this.y);
    }
}
```

다음은 moveRightBy 메서드가 의도한 대로 동작하는지 확인하는 단위 테스트다.

```java
@Test
public void testMoveRightBy() throws Exception {
    Point p1 = new Point(5, 5);
    Point p2 = p1.moveRightBy(10);
    assertEquals(15, p2.getX());
    assertEquals(5, p2.getY());
}
```

## 9.3.1 보이는 람다 표현식의 동작 테스팅

moveRightBy는 public이므로 위 코드는 문제없이 작동한다. 따라서 테스트 케이스 내부에서 Point 클래스 코드를 테스트할 수 있다. 하지만 람다는 익명(결국 익명 함수)이므로 테스트 코드 이름을 호출할 수 없다.

따라서 필요하다면 람다를 필드에 저장해서 재사용할 수 있으며 람다의 로직을 테스트할 수 있다. 이제 무엇을 할 수 있을까? 메서드를 호출하는 것처럼 람다를 사용할 수 있다. 예를 들어 Point 클래스에 compareByXAndThenY라는 정적 필드를 추가했다고 가정하자 (compareByXAndThenY를 이용하면 메서드 참조로 생성한 Comparator 객체에 접근할 수 있다).

```java
public class Point {
    public final static Comparator<Point> compareByXAndThenY =
        comparing(Point::getX).thenComparing(Point::getY);
    ...
}
```

람다 표현식은 함수형 인터페이스의 인스턴스를 생성한다는 사실을 기억하자. 따라서 생성된 인스턴스의 동작으로 람다 표현식을 테스트할 수 있다. 다음은 Comparator 객체 compareByXAndThenY에 다양한 인수로 compare 메서드를 호출하면서 예상대로 동작하는지 테스트하는 코드다.

```
@Test
public void testComparingTwoPoints() throws Exception {
    Point p1 = new Point(10, 15);
    Point p2 = new Point(10, 20);
    int result = Point.compareByXAndThenY.compare(p1 , p2);
    assertTrue(result < 0);
}
```

## 9.3.2 람다를 사용하는 메서드의 동작에 집중하라

람다의 목표는 정해진 동작을 다른 메서드에서 사용할 수 있도록 하나의 조각으로 캡슐화하는 것이다. 그러려면 세부 구현을 포함하는 람다 표현식을 공개하지 말아야 한다. 람다 표현식을 사용하는 메서드의 동작을 테스트함으로써 람다를 공개하지 않으면서도 람다 표현식을 검증할 수 있다. 예를 들어 다음 moveAllPointsRightBy 메서드를 살펴보자.

```
public static List<Point> moveAllPointsRightBy(List<Point> points, int x) {
    return points.stream()
                 .map(p -> new Point(p.getX() + x, p.getY()))
                 .collect(toList());
}
```

위 코드에 람다 표현식 p -> new Point(p.getX() + x, p.getY());를 테스트하는 부분은 없다. 그냥 moveAllPointsRightBy 메서드를 구현한 코드일 뿐이다. 이제 moveAllPointsRightBy 메서드의 동작을 확인할 수 있다.

```
@Test
public void testMoveAllPointsRightBy() throws Exception {
    List<Point> points =
        Arrays.asList(new Point(5, 5), new Point(10, 5));
    List<Point> expectedPoints =
        Arrays.asList(new Point(15, 5), new Point(20, 5));
    List<Point> newPoints = Point.moveAllPointsRightBy(points, 10);
    assertEquals(expectedPoints, newPoints);
}
```

위 단위 테스트에서 보여주는 것처럼 Point 클래스의 equals 메서드는 중요한 메서드다. 따라서 Object의 기본적인 equals 구현을 그대로 사용하지 않으려면 equals 메서드를 적절하게 구현해야 한다.

### 9.3.3 복잡한 람다를 개별 메서드로 분할하기

머지않아 독자 여러분은 많은 로직을 포함하는 복잡한 람다 표현식을 접하게 될 것이다. 그런데 테스트 코드에서 람다 표현식을 참조할 수 없는데, 복잡한 람다 표현식을 어떻게 테스트할 것인가? 한 가지 해결책은 8.1.3절에서 설명한 것처럼 람다 표현식을 메서드 참조로 바꾸는 것이다(새로운 일반 메서드 선언). 그러면 일반 메서드를 테스트하듯이 람다 표현식을 테스트할 수 있다.

### 9.3.4 고차원 함수 테스팅

함수를 인수로 받거나 다른 함수를 반환하는 메서드(이를 고차원 함수higher-order functions라고 하며 19장에서 자세히 설명함)는 좀 더 사용하기 어렵다. 메서드가 람다를 인수로 받는다면 다른 람다로 메서드의 동작을 테스트할 수 있다. 예를 들어 다양한 프레디케이트로 2장에서 만든 filter 메서드를 테스트할 수 있다.

```java
@Test
public void testFilter() throws Exception {
    List<Integer> numbers = Arrays.asList(1, 2, 3, 4);
    List<Integer> even = filter(numbers, i -> i % 2 == 0);
    List<Integer> smallerThanThree = filter(numbers, i -> i < 3);
    assertEquals(Arrays.asList(2, 4), even);
    assertEquals(Arrays.asList(1, 2), smallerThanThree);
}
```

테스트해야 할 메서드가 다른 함수를 반환한다면 어떻게 해야 할까? 이때는 Comparator에서 살펴봤던 것처럼 함수형 인터페이스의 인스턴스로 간주하고 함수의 동작을 테스트할 수 있다.

모든 일이 한 번에 잘 되는 법은 없다. 코드를 테스트하면서 람다 표현식에 어떤 문제가 있음을 발견하게 될 것이다. 그래서 디버깅이 필요하다.

# 9.4 디버깅

문제가 발생한 코드를 디버깅할 때 개발자는 다음 두 가지를 가장 먼저 확인해야 한다.

- 스택 트레이스
- 로깅

하지만 람다 표현식과 스트림은 기존의 디버깅 기법을 무력화한다. 8.4절에서는 람다 표현식과 스트림 디버깅 방법을 살펴본다.

## 9.4.1 스택 트레이스 확인

예를 들어 예외 발생으로 프로그램 실행이 갑자기 중단되었다면 먼저 어디에서 멈췄고 어떻게 멈추게 되었는지 살펴봐야 한다. 바로 스택 프레임stack frame에서 이 정보를 얻을 수 있다. 프로그램이 메서드를 호출할 때마다 프로그램에서의 호출 위치, 호출할 때의 인수값, 호출된 메서드의 지역 변수 등을 포함한 호출 정보가 생성되며 이들 정보는 스택 프레임에 저장된다.

따라서 프로그램이 멈췄다면 프로그램이 어떻게 멈추게 되었는지 프레임별로 보여주는 스택 트레이스stack trace를 얻을 수 있다. 즉, 문제가 발생한 지점에 이르게 된 메서드 호출 리스트를 얻을 수 있다. 메서드 호출 리스트를 통해 문제가 어떻게 발생했는지 이해할 수 있다.

### 람다와 스택 트레이스

유감스럽게도 람다 표현식은 이름이 없기 때문에 조금 복잡한 스택 트레이스가 생성된다. 다음은 고의적으로 문제를 일으키도록 구현한 간단한 코드다.

```
import java.util.*;
public class Debugging{
    public static void main(String[] args) {
        List<Point> points = Arrays.asList(new Point(12, 2), null);
        points.stream().map(p -> p.getX()).forEach(System.out::println);
    }
}
```

프로그램을 실행하면 다음과 같은 스택 트레이스가 출력된다.

```
Exception in thread "main" java.lang.NullPointerException
    at Debugging.lambda$main$0(Debugging.java:6)   ←┤ 여기 $0은 무슨 의미일까?
    at Debugging$$Lambda$5/284720968.apply(Unknown Source)
    at java.util.stream.ReferencePipeline$3$1.accept(ReferencePipeline
        .java:193)
    at java.util.Spliterators$ArraySpliterator.forEachRemaining(Spliterators
        .java:948)
...
```

무슨 일이 일어난 걸까? 물론 의도했던 대로 points 리스트의 둘째 인수가 null이므로 프로그램의 실행이 멈췄다. 스트림 파이프라인에서 에러가 발생했으므로 스트림 파이프라인 작업과 관련된 전체 메서드 호출 리스트가 출력되었다. 메서드 호출 리스트에 다음처럼 수수께끼 같은 정보도 포함되어 있다.

```
    at Debugging.lambda$main$0(Debugging.java:6)
        at Debugging$$Lambda$5/284720968.apply(Unknown Source)
```

이와 같은 이상한 문자는 람다 표현식 내부에서 에러가 발생했음을 가리킨다. 람다 표현식은 이름이 없으므로 컴파일러가 람다를 참조하는 이름을 만들어낸 것이다. lambda$main$0는 다소 생소한 이름이다. 클래스에 여러 람다 표현식이 있을 때는 꽤 골치 아픈 일이 벌어진다.

메서드 참조를 사용해도 스택 트레이스에는 메서드명이 나타나지 않는다. 기존의 람다 표현식 p -> p.getX( )를 메서드 참조 Point::getX로 고쳐도 여전히 스택 트레이스로는 이상한 정보가 출력된다.

```
    points.stream().map(Point::getX).forEach(System.out::println);

Exception in thread "main" java.lang.NullPointerException
    at Debugging$$Lambda$5/284720968.apply(Unknown Source)   ←┤ 이것은 무슨 의미일까?
    at java.util.stream.ReferencePipeline$3$1.accept(ReferencePipeline
        .java:193)
...
```

메서드 참조를 사용하는 클래스와 같은 곳에 선언되어 있는 메서드를 참조할 때는 메서드 참조 이름이 스택 트레이스에 나타난다. 다음 예제를 살펴보자.

```
import java.util.*;
public class Debugging{
    public static void main(String[] args) {
        List<Integer> numbers = Arrays.asList(1, 2, 3);
```

```
        numbers.stream().map(Debugging::divideByZero).forEach(System
            .out::println);
    }
    public static int divideByZero(int n){
        return n / 0;
    }
}
```

divideByZero 메서드는 스택 트레이스에 제대로 표시된다.

```
Exception in thread "main" java.lang.ArithmeticException: / by zero
    at Debugging.divideByZero(Debugging.java:10)◀─┤ 스택 트레이스에 divideByZero가 보인다.
    at Debugging$$Lambda$1/999966131.apply(Unknown Source)
    at java.util.stream.ReferencePipeline$3$1.accept(ReferencePipeline
        .java:193)
    ...
```

따라서 람다 표현식과 관련한 스택 트레이스는 이해하기 어려울 수 있다는 점을 염두에 두자.
이는 미래의 자바 컴파일러가 개선해야 할 부분이다.


## 9.4.2 정보 로깅

스트림의 파이프라인 연산을 디버깅한다고 가정하자. 무엇을 할 수 있을까? 다음처럼 forEach
로 스트림 결과를 출력하거나 로깅할 수 있다.

```
List<Integer> numbers = Arrays.asList(2, 3, 4, 5);

numbers.stream()
        .map(x -> x + 17)
        .filter(x -> x % 2 == 0)
        .limit(3)
        .forEach(System.out::println);
```

다음은 프로그램 출력 결과다.

```
20
22
```

안타깝게도 forEach를 호출하는 순간 전체 스트림이 소비된다. 스트림 파이프라인에 적용된
각각의 연산(map, filter, limit)이 어떤 결과를 도출하는지 확인할 수 있다면 좋을 것 같다.

바로 peek이라는 스트림 연산을 활용할 수 있다. peek은 스트림의 각 요소를 소비한 것처럼 동작을 실행한다. 하지만 forEach처럼 실제로 스트림의 요소를 소비하지는 않는다. peek은 자신이 확인한 요소를 파이프라인의 다음 연산으로 그대로 전달한다. [그림 8-4]는 peek 연산 동작 모습을 보여준다. 다음 코드에서는 peek으로 스트림 파이프라인의 각 동작 전후의 중간값을 출력한다.

그림 9-4 peek으로 스트림 파이프라인을 흐르는 값 확인

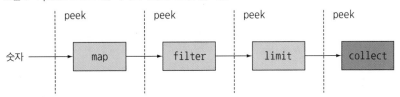

다음은 파이프라인의 각 단계별 상태를 보여준다.

```
List<Integer> result =

    numbers.stream()
                                                                  소스에서 처음
                                                                  소비한 요소를
                                                                  출력한다.
            .peek(x -> System.out.println("from stream: " + x)) ◄┘
            .map(x -> x + 17)
            .peek(x -> System.out.println("after map: " + x))   ◄─ map 동작 실행
            .filter(x -> x % 2 == 0)                                결과를 출력한다.
 filter 동작 후
 선택된 숫자를 ┌─►.peek(x -> System.out.println("after filter: " + x))
 출력한다.    │  .limit(3)                                         limit 동작 후
            └─                                                    선택된 숫자를
            .peek(x -> System.out.println("after limit: " + x)) ◄─ 출력한다.
            .collect(toList());
```

다음은 파이프라인의 각 단계별 상태를 보여준다.

```
from stream: 2
after map: 19
from stream: 3
after map: 20
after filter: 20
after limit: 20
from stream: 4
after map: 21
from stream: 5
```

```
after map: 22
after filter: 22
after limit: 22
```

## 9.5 마치며

- 람다 표현식으로 가독성이 좋고 더 유연한 코드를 만들 수 있다.

- 익명 클래스는 람다 표현식으로 바꾸는 것이 좋다. 하지만 이때 this, 변수 섀도 등 미묘하게 의미상 다른 내용이 있음을 주의하자.

- 메서드 참조로 람다 표현식보다 더 가독성이 좋은 코드를 구현할 수 있다.

- 반복적으로 컬렉션을 처리하는 루틴은 스트림 API로 대체할 수 있을지 고려하는 것이 좋다.

- 람다 표현식으로 전략, 템플릿 메서드, 옵저버, 의무 체인, 팩토리 등의 객체지향 디자인 패턴에서 발생하는 불필요한 코드를 제거할 수 있다.

- 람다 표현식도 단위 테스트를 수행할 수 있다. 하지만 람다 표현식 자체를 테스트하는 것보다는 람다 표현식이 사용되는 메서드의 동작을 테스트하는 것이 바람직하다.

- 복잡한 람다 표현식은 일반 메서드로 재구현할 수 있다.

- 람다 표현식을 사용하면 스택 트레이스를 이해하기 어려워진다.

- 스트림 파이프라인에서 요소를 처리할 때 peek 메서드로 중간값을 확인할 수 있다.

# 람다를 이용한 도메인 전용 언어

---

### 이 장의 내용

- ◆ 도메인 전용 언어(domain-specific languages, DSL)란 무엇이며 어떤 형식으로 구성되는가?
- ◆ DSL을 API에 추가할 때의 장단점
- ◆ JVM에서 활용할 수 있는 자바 기반 DSL을 깔끔하게 만드는 대안
- ◆ 최신 자바 인터페이스와 클래스에 적용된 DSL에서 배움
- ◆ 효과적인 자바 기반 DSL을 구현하는 패턴과 기법
- ◆ 이들 패턴을 자바 라이브러리와 도구에서 얼마나 흔히 사용하는가?

---

개발자들은 보통 프로그래밍 언어도 결국 언어라는 사실을 잊곤 한다. 언어의 주요 목표는 메시지를 명확하고, 안정적인 방식으로 전달하는 것이다. 저명한 컴퓨터 과학자 하롤드 아벨슨Harold Abelson이 "프로그램은 사람들이 이해할 수 있도록 작성되어야 하는 것이 중요하며 기기가 실행하는 부분은 부차적일 뿐"이라 말한 것처럼 무엇보다 의도가 명확하게 전달되어야 한다.

애플리케이션의 핵심 비즈니스를 모델링하는 소프트웨어 영역에서 읽기 쉽고, 이해하기 쉬운 코드는 특히 중요하다. 개발팀과 도메인 전문가가 공유하고 이해할 수 있는 코드는 생산성과 직결되기 때문이다. 도메인 전문가는 소프트웨어 개발 프로세스에 참여할 수 있고 비즈니스 관점에서 소프트웨어가 제대로 되었는지 확인할 수 있다. 결과적으로 버그와 오해를 미리 방지할 수 있다.

도메인 전용 언어(DSL)로 애플리케이션의 비즈니스 로직을 표현함으로 이 문제를 해결할 수 있다. DSL은 작은, 범용이 아니라 특정 도메인을 대상으로 만들어진 특수 프로그래밍 언어다. DSL은 도메인의 많은 특성 용어를 사용한다. 메이븐Maven, 앤트Ant 등을 들어봤을 것이다. 이들

은 빌드 과정을 표현하는 DSL로 간주할 수 있다. HTML은 웹페이지의 구조를 정의하도록 특화된 언어다. 역사적으로 자바의 완고함, 장황함 등의 특성 때문에 기술 배경이 없는 사람들이 사용하기에 부적절한 언어로 간주되었다. 하지만 요즘은 자바가 람다 표현식을 지원하면서 달라지고 있다. 3장에서 람다 표현식을 배우면서 코드를 간결하게 만들어 프로그램의 신호 대비 잡음 비율을 줄일 수 있음을 배웠다.

자바로 구현한 데이터베이스를 생각해보자. 데이터베이스 내부에서 주어진 레코드를 디스크의 어디에 저장해야 할지, 테이블의 인덱스를 어떻게 구성할지, 병렬 트랜잭션을 어떻게 처리할지를  계산하는 많은 코드가 존재한다. 데이터베이스는 보통 전문가가 프로그램할 것이다. 4장, 5장에서 배운 "메뉴에서 400 칼로리 이하의  모든 요리를 찾으시오" 같은 쿼리를 프로그램으로 구현한다고 가정하자

아마 전문가는 다음처럼 저수준 코드를 눈 깜짝할 사이에 구현하고 별로 어려운 작업은 아니라고 단정할 것이다.

```
while (block != null) {
    read(block, buffer)
    for (every record in buffer) {
        if (record.calorie < 400) {
            System.out.println (record.name);
        }
    }
    block = buffer.next();
}
```

위 코드에는 두 가지 문제가 있다. 로킹locking, I/O, 디스크 할당 등과 같은 지식이 필요하므로 경험이 부족한 프로그래머가 구현하기엔 조금 어렵다는 점, 그리고 더 중요한 문제는 애플리케이션 수준이 아니라 시스템 수준의 개념을 다루어야 한다는 점이다.

사용자를 상대하는 직종으로 새로 입사한 프로그래머는 "SQL의 menu라는 테이블에서 데이터를 찾는 것처럼 SELECT name FROM menu WHERE calorie < 400 표현하면 안 될까요? 그러면 훨씬 효과적일텐데요."라고 물을 수 있다. 새로 입사한 프로그래머의 말이 아주 틀린 말은 아니다. 사실 이 프로그래머가 말한 것은 자바가 아닌 DSL을 이용해 데이터베이스를 조작하자는 의미로 통한다. 기술적으로 이런 종류의 DSL을 외부적external이라 하는데, 이는 데이터베이스가 텍스트로 구현된 SQL 표현식을 파싱하고 평가하는 API를 제공하는 것이 일반적이기 때

문이다. 내부적internal DSL과 외부적 DSL의 차이는 뒤에서 자세히 설명한다.

4장, 5장에서 배운 내용인 자바의 스트림 API를 이용해 다음처럼 코드를 간단히 줄일 수 있다.

```
menu.stream()
    .filter(d -> d.getCalories() < 400)
    .map(Dish::getName)
    .forEach(System.out::println)
```

스트림의 API의 특성인 메서드 체인을 보통 자바의 루프의 복잡합 제어와 비교해 유창함을 의미하는 **플루언트 스타일**fluent style이라고 부른다.

이런 스타일은 쉽게 DSL에 적용할 수 있다. 위 예제에서 DSL은 외부적이 아니라 내부적이다. **내부적**internal DSL에서는 위에서 언급한 SQL의 SELECT FROM 구문처럼 애플리케이션 수준의 기본값이 자바 메서드가 사용할 수 있도록 데이터베이스를 대표하는 한 개 이상의 클래스 형식으로 노출된다.

기본적으로 DSL을 만들려면 애플리케이션 수준 프로그래머에 어떤 동작이 필요하며 이들을 어떻게 프로그래머에게 제공하는지 고민이 필요하다(동시에 시스템 수준의 개념으로 인해 불필요한 오염이 발생하지 않도록 해야함).

내부적 DSL에서는 유창하게 코드를 구현할 수 있도록 적절하게 클래스와 메서드를 노출하는 과정이 필요하다. 외부 DSL은 DSL 문법 뿐 아니라 DSL을 평가하는 파서도 구현해야 한다. 하지만 이를 제대로 설계한다면 숙련도가 떨어지는 프로그래머 일지라도 아름답지만 비전문가가 이해하긴 어려운 기존 시스템 수준 코드 환경에서 새 코드를 빠르고 효과적으로 구현할 수 있다.

10장에서는 여러 예제와 사례를 이용해 DSL이 무엇인지 배운다. 직접 DSL을 구현하면서 장점이 무엇인지 살펴본다. 그리고 자바 8 API에 등장한 작은 DSL 몇 개를 확인한다. 자신만의 DSL을 만들 때 어떻게 이런 패턴을 적용할 수 있는지 배운다. 마지막으로 자바 라이브러리와 프레임워크에 광범위하게 적용된 DSL 집합을 통해 이들이 더 접근하기 쉽고 사용하기 쉬운 API를 만드는데 어떻게 기여했는지 확인한다.

# 10.1 도메인 전용 언어

DSL은 특정 비즈니스 도메인의 문제를 해결하려고 만든 언어다. 예를 들어 회계 전용 소프트웨어 애플리케이션을 개발한다고 가정하자. 이 상황에서 비즈니스 도메인에는 통장 입출금 내역서, 계좌 통합 같은 개념이 포함된다. 이런 문제를 표현할 수 있는 DSL을 만들 수 있다. 자바에서는 도메인을 표현할 수 있는 클래스와 메서드 집합이 필요하다. DSL이란 특정 비즈니스 도메인을 인터페이스로 만든 API라고 생각할 수 있다.

DSL은 범용 프로그래밍 언어가 아니다. DSL에서 동작과 용어는 특정 도메인에 국한되므로 다른 문제는 걱정할 필요가 없고 오직 자신의 앞에 놓인 문제를 어떻게 해결할지에만 집중할 수 있다. DSL을 이용하면 사용자가 특정 도메인의 복잡성을 더 잘 다룰 수 있다. 저수준 구현 세부 사항 메서드는 클래스의 비공개로 만들어서 저수준 구현 세부 내용은 숨길 수 있다. 그렇게 하면 사용자 친화적인 DSL을 만들 수 있다.

DSL과 거리가 먼 특징은 뭘까? DSL은 평문 영어가 아니다. 도메인 전문가가 저수준 비즈니스 로직을 구현하도록 만드는 것은 DSL의 역할이 아니다. 다음의 두 가지 필요성을 생각하면서 DSL을 개발해야 한다.

- **의사 소통의 왕** : 우리의 코드의 의도가 명확히 전달되어야 하며 프로그래머가 아닌 사람도 이해할 수 있어야 한다. 이런 방식으로 코드가 비즈니스 요구사항에 부합하는지 확인할 수 있다.
- **한 번 코드를 구현하지만 여러 번 읽는다** : 가독성은 유지보수의 핵심이다. 즉 항상 우리의 동료가 쉽게 이해할 수 있도록 코드를 구현해야 한다.

잘 설계한 DSL은 여러 장점을 제공한다. 하지만 DSL을 개발하고 사용하는데는 장점과 단점이 있다. 10.1.1절에서는 DSL이 특정 시나리오에 적합한지 아닌지 결정하는데 도움이 되도록 장점과 단점을 더 자세히 살펴본다.

## 10.1.1 DSL의 장점과 단점

모든 소프트웨어 개발 기술, 솔루션이 그렇듯 DSL은 만병통치약이 아니다. DSL을 도메인에 이용하면 약이 되거나 독이 될 수 있다. DSL은 코드의 비즈니스 의도를 명확하게 하고 가독성을 높인다는 점에서 약이 된다. 반면 DSL 구현은 코드이므로 올바로 검증하고 유지보수해야 하는 책임이 따른다. 따라서 DSL의 장점과 비용을 모두 확인해야만 프로젝트에 DSL을 추가하는 것이 투자대비 긍정적인 결과를 가져올 것인지 올바로 평가할 수 있다.

DSL은 다음과 같은 장점을 제공한다.

- **간결함** : API는 비즈니스 로직을 간편하게 캡슐화하므로 반복을 피할 수 있고 코드를 간결하게 만들 수 있다.
- **가독성** : 도메인 영역의 용어를 사용하므로 비 도메인 전문가도 코드를 쉽게 이해할 수 있다. 결과적으로 다양한 조직 구성원 간에 코드와 도메인 영역이 공유될 수 있다.
- **유지보수** : 잘 설계된 DSL로 구현한 코드는 쉽게 유지보수하고 바꿀 수 있다. 유지보수는 비즈니스 관련 코드 즉 가장 빈번히 바뀌는 애플리케이션 부분에 특히 중요하다.
- **높은 수준의 추상화** : DSL은 도메인과 같은 추상화 수준에서 동작하므로 도메인의 문제와 직접적으로 관련되지 않은 세부 사항을 숨긴다.
- **집중** : 비즈니스 도메인의 규칙을 표현할 목적으로 설계된 언어이므로 프로그래머가 특정 코드에 집중할 수 있다. 결과적으로 생산성이 좋아진다.
- **관심사분리**Separation of concerns : 지정된 언어로 비즈니스 로직을 표현함으로 애플리케이션의 인프라구조와 관련된 문제와 독립적으로 비즈니스 관련된 코드에서 집중하기가 용이하다. 결과적으로 유지보수가 쉬운 코드를 구현한다.

반면, DSL로 인해 다음과 같은 단점도 발생한다.

- **DSL 설계의 어려움** : 간결하게 제한적인 언어에 도메인 지식을 담는 것이 쉬운 작업은 아니다.
- **개발 비용** : 코드에 DSL을 추가하는 작업은 초기 프로젝트에 많은 비용과 시간이 소모되는 작업이다. 또한 DSL 유지보수와 변경은 프로젝트에 부담을 주는 요소다.
- **추가 우회 계층** : DSL은 추가적인 계층으로 도메인 모델을 감싸며 이 때 계층을 최대한 작게 만들어 성능 문제를 회피한다.
- **새로 배워야 하는 언어** : 요즘에는 한 프로젝트에도 여러가지 언어를 사용하는 추세다. 하지만 DSL을 프로젝트에 추가하면서 팀이 배워야 하는 언어가 한 개 더 늘어난다는 부담이 있다. 여러 비즈니스 도메인을 다루는 개별 DSL을 사용하는 상황이라면 이들을 유

기적으로 동작하도록 합치는 일은 쉬운 일이 아니다. 개별 DSL이 독립적으로 진화할 수 있기 때문이다.

- **호스팅 언어 한계** : 일부 자바 같은 범용 프로그래밍 언어는 장황하고 엄격한 문법을 가졌다. 이런 언어로는 사용자 친화적 DSL을 만들기가 힘들다. 사실 장황한 프로그래밍 언어를 기반으로 만든 DSL은 성가신 문법의 제약을 받고 읽기가 어려워진다. 자바 8의 람다 표현식은 이 문제를 해결할 강력한 새 도구다.

지금까지 살펴본 장점과 단점만 가지고는 프로젝트에 DSL을 개발해야 할지 여부를 결정하기 쉽지 않다. 게다가 자바가 아닌 다른 언어로 DSL을 구현하는 방법도 있다. 자바 8을 이용해 가독성 좋고 사용하기 쉬운 DSL을 개발하는데 필요한 패턴과 전략을 살펴보기 전에 완전히 다른 해결책은 없는지 한 걸음 물러서서 살펴보자.

## 10.1.2 JVM에서 이용할 수 있는 다른 DSL 해결책

10.1절에서는 DSL의 카테고리를 배운다. DSL을 자바가 아닌 다른 언어로 구현하는 방법도 배운다. 이 절의 후반부에서는 자바 기능으로 DSL을 구현하는 방법을 배운다.

DSL의 카테고리를 구분하는 가장 흔한 방법은 마틴 파울러Martin Fowler가 소개한 방법으로 내부 DSL과 외부 DSL을 나누는 것이다. 내부 DSL(임베디드 DSL이라고 불림)은 순수 자바 코드 같은 기존 호스팅 언어를 기반으로 구현하는 반면, 스탠드어론standalone이라 불리는 외부 DSL은 호스팅 언어와는 독립적으로 자체의 문법을 가진다.

더욱이 JVM으로 인해 내부 DSL과 외부 DSL의 중간 카테고리에 해당하는 DSL이 만들어질 가능성이 생겼다. 스칼라나 그루비 처럼 자바가 아니지만 JVM에서 실행되며 더 유연하고 표현력이 강력한 언어도 있다. 우리는 이들을 다중 DSL이라는 세 번째 카테고리로 칭한다.

이제부터 세 가지 DSL을 순서로 살펴보자.

### 내부 DSL

이 책은 자바 언어 책이므로 내부 DSL이란 자바로 구현한 DSL을 의미한다. 역사적으로 자바는 다소 귀찮고, 유연성이 떨어지는 문법 때문에 읽기 쉽고, 간단하고, 표현력 있는 DSL을 만드는데 한계가 있었다. 람다 표현식이 등장하면서 이 문제가 어느정도 해결될 수 있다. 3장에서 봤듯이 람다의 동작 파라미터화를 간단하게 만드는데 람다가 큰 역할을 한다. 사실 람다를 적극적으로 활용하면 익명 내부 클래스를 사용해 DSL을 구현하는 것보다 장황함을 크게 줄여 신호 대비 잡음 비율을 적정 수준으로 유지하는 DSL을 만들 수 있다. 자바 7 문법으로 문자열 목록을 출력하는 상황과 자바 8의 새 forEach 메서드를 이용하는 예제로 신호 대비 잡음 비율이 무엇을 의미하는지 살펴보자.

```java
List<String> numbers = Arrays.asList("one", "two", "three");
numbers.forEach( new Consumer<String>() {
    @Override
    public void accept( String s ) {
        System.out.println(s);
    }
});
```

위 코드 예제에서 굵은 글씨로 표시한 부분이 코드의 잡음이다. 나머지 코드는 특별한 기능을 더하지 않고 문법상 필요한 잡음인데 자바 8에서는 이런 잡음이 많이 줄어든다. 다음처럼 익명 내부 클래스를 람다 표현식으로 바꿀 수 있다.

```java
numbers.forEach(s -> System.out.println(s));
```

다음처럼 메서드 참조로 더 간단하게 만들 수 있다.

```java
numbers.forEach(System.out::println);
```

사용자가 기술적인 부분을 염두에 두고 있다면 자바를 이용해 DSL을 만들 수 있다. 자바 문법이 큰 문제가 아니라면 순수 자바로 DSL을 구현함으로 다음과 같은 장점을 얻을 수 있다.

- 기존 자바 언어를 이용하면 외부 DSL에 비해 새로운 패턴과 기술을 배워 DSL을 구현하는 노력이 현저하게 줄어든다.

- 순수 자바로 DSL을 구현하면 나머지 코드와 함께 DSL을 컴파일할 수 있다. 따라서 다른 언어의 컴파일러를 이용하거나 외부 DSL을 만드는 도구를 사용할 필요가 없으므로 추가로 비용이 들지 않는다.

- 여러분의 개발 팀이 새로운 언어를 배우거나 또는 익숙하지 않고 복잡한 외부 도구를 배울 필요가 없다.

- DSL 사용자는 기존의 자바 IDE를 이용해 자동 완성, 자동 리팩터링 같은 기능을 그대로

즐길 수 있다. 최신 IDE는 다른 유명한 JVM 언어도 지원하지만 자바 만큼의 기능을 지원하진 못한다.

- 한 개의 언어로 한 개의 도메인 또는 여러 도메인을 대응하지 못해 추가로 DSL을 개발해야 하는 상황에서 자바를 이용한다면 추가 DSL을 쉽게 합칠 수 있다.

같은 자바 바이트코드를 사용하는 JVM 기반 프로그래밍 언어를 이용함으로 DSL 합침 문제를 해결하는 방법도 있다. 아래에서 설명하는 것처럼 이런 언어를 다중 DSL이라고 부른다.

## 다중 DSL

요즘 JVM에서 실행되는 언어는 100개가 넘는다. 스칼라, 루비처럼 유명한 언어라면 쉽게 개발자를 찾을 수 있다. JRuby나 Jython같은 다른 언어도 잘 알려진 JVM의 프로그래밍 언어다. 마지막으로 코틀린Kotlin, 실론Ceylon 같이 스칼라와 호환성을 유지하면서 단순하고 쉽게 배울 수 있다는 강점을 가진 새 언어도 있다. 이들은 모두 자바보다 젊으며 제약을 줄이고, 간편한 문법을 지향하도록 설계되었다. DSL은 기반 프로그래밍 언어의 영향을 받으므로 간결한 DSL을 만드는 데 새로운 언어의 특성들이 아주 중요하다.

특히 스칼라는 커링, 임의 변환 등 DSL 개발에 필요한 여러 특성을 갖췄다. 20장에서는 스칼라와 자바의 특징을 비교한다. 일단은 간단한 예제를 통해 이들 기능을 어떻게 활용할 수 있는지 보여준다.

주어진 함수 f를 주어진 횟수만큼 반복 실행하는 유틸리티 함수를 구현한다고 가정하자. 첫 번째 시도로 다음처럼 반복 실행하는 코드를 스칼라로 구현할 수 있다(여기서 문법은 중요한 것이 아니므로 크게 신경쓰지 말자).

```scala
def times(i: Int, f: => Unit): Unit = {
    f              ← f 함수 실행
    if (i > 1) times(i - 1, f)   ← 횟수가 양수면 횟수를 감소시켜
}                                   재귀적으로 times를 실행한다.
```

스칼라에서는 i가 아주 큰 숫자라 하더라도 자바에서처럼 스택 오버플로 문제가 발생하지 않는다. 스칼라는 꼬리 호출 최적화를 통해 times 함수 호출을 스택에 추가하지 않기 때문이다. 이 기능은 18장, 19장에서 더 자세히 살펴본다. 이 함수를 이용해 다음처럼 "Hello World"를 세 번 반복 호출할 수 있다.

```
times(3, println("Hello World"))
```

times 함수를 커링하거나 두 그룹으로 인수를 놓을 수 있다(커링은 19장에서 자세히 다룬다).

```
def times(i: Int)(f: => Unit): Unit = { f
    if (i > 1 times(i - 1)(f)
}
```

여러 번 실행할 명령을 중괄호 안에 넣어 같은 결과를 얻을 수 있다.

```
times(3) {
    println("Hello World")
}
```

마지막으로 스칼라는 함수가 반복할 인수를 받는 한 함수를 가지면서 Int를 익명 클래스로 암묵적 변환하도록 정의할 수 있다. 이번에도 자세한 문법은 걱정할 필요가 없다. 이 예제의 목표는 자바의 한계를 넘는 방법이 무엇인지 살펴보는 것이다.

```
implicit def intToTimes(i: Int) = new {     ◁──┤ Int를 무명 클래스로 변환하는 암묵적 변환을 정의
    def times(f: => Unit): Unit = {     ◁──┤ 이 클래스는 다른 함수 f를
                                             인수로 받는 times 함수 한 개만 정의
        def times(i: Int, f: => Unit): Unit = {     ◁──┤ 두 번째 times 함수는 가장 가까운 범주에서
            f                                            정의한 두 개의 인수를 받는 함수를 이용
            if (i > 1) times(i - 1, f)
        }
        times(i, f)     ◁──┤ 내부 times 함수 호출
    }
}
```

이런 방식으로 작은 스칼라 내장 DSL 구현 사용자는 다음처럼 "Hello World"를 세 번 출력하는 함수를 실행할 수 있다.

```
3 times {
    println("Hello World")
}
```

예제에서 확인했듯이 결과적으로 문법적 잡음이 전혀 없으며 개발자가 아닌 사람도 코드를 쉽게 이해할 수 있다. 여기서 숫자 3은 자동으로 컴파일러에 의해 클래스 인스턴스로 변환되며 i 필드에 저장된다. 점 표기법을 이용하지 않고 times 함수를 호출했는데 이때 반복할 함수를 인수로 받는다.

자바로는 비슷한 결과를 얻긴 어렵다. 이는 누가 더 DSL 친화적인지를 명확하게 보여준다. 하지만 이 접근 방법은 다음과 같은 불편함도 초래한다.

- 새로운 프로그래밍 언어를 배우거나 또는 팀의 누군가가 이미 해당 기술을 가지고 있어야 한다. 멋진 DSL을 만들려면 이미 기존 언어의 고급 기능을 사용할 수 있는 충분한 지식이 필요하기 때문이다.
- 두 개 이상의 언어가 혼재하므로 여러 컴파일러로 소스를 빌드하도록 빌드 과정을 개선해야 한다.
- 마지막으로 JVM에서 실행되는 거의 모든 언어가 자바와 백 퍼센트 호환을 주장하고 있지만 자바와 호환성이 완벽하지 않을 때가 많다. 이런 호환성 때문에 성능이 손실될 때도 있다. 예를 들이 스칼라와 자바 컬렉션은 서로 호환되지 않으므로 상호 컬렉션을 선달하려면 기존 컬렉션을 대상 언어의 API에 맞게 변환해야 한다.

## 외부 DSL

프로젝트에 DSL을 추가하는 세 번째 옵션은 외부 DSL을 구현하는 것이다. 그러려면 자신만의 문법과 구문으로 새 언어를 설계해야 한다. 새 언어를 파싱하고, 파서의 결과를 분석하고, 외부 DSL을 실행할 코드를 만들어야 한다. 아주 큰 작업이다. 이들 작업은 일반적인 작업도 아니며 쉽게 기술을 얻을 수도 없다. 정 이 방법을 택해야 한다면 ANTLR 같은 자바 기반 파서 생성기를 이용하면 도움이 된다. 더욱이 논리 정연한 프로그래밍 언어를 새로 개발한다는 것은 간단한 작업이 아니다. 외부 DSL을 쉽게 제어 범위를 벗어날 수 있으며 처음 설계한 목적을 벗어나는 경우가 많다는 점도 문제다.

외부 DSL을 개발하는 가장 큰 장점은 외부 DSL이 제공하는 무한한 유연성이다. 우리에게 필요한 특성을 완벽하게 제공하는 언어를 설계할 수 있디는 것이 장점이다. 제대로 언어를 설계하면 우리의 비즈니스 문제를 묘사하고 해결하는 가독성 좋은 언어를 얻을 수 있다. 자바로 개발된 인프라구조 코드와 외부 DSL로 구현한 비즈니스 코드를 명확하게 분리한다는 것도 장점이다. 하지만 이 분리로 인해 DSL과 호스트 언어 사이에 인공 계층이 생기므로 이는 양날의 검과 같다.

10장의 나머지 부분에서는 최신 자바 기반의 내부 DSL을 개발하는 방법을 배운다. 먼저 자바 8과 이후에 네이티브 자바 API의 설계에 이런 아이디어가 어떻게 반영되었는지 확인한다.

## 10.2 최신 자바 API의 작은 DSL

자바의 새로운 기능의 장점을 적용한 첫 API는 네이티브 자바 API 자신이다. 자바 8 이전의 네이티브 자바 API는 이미 한 개의 추상 메서드를 가진 인터페이스를 갖고 있었다. 하지만 10.1절에서 살펴봤듯이 무명 내부 클래스를 구현하려면 불필요한 코드가 추가되어야 한다. 람다와 메서드 참조가 등장하면서 게임의 규칙이 바뀌었다(특히 DSL의 관점에서).

자바 8의 Comparator 인터페이스에 새 메서드가 추가되었다. 13장에서는 인터페이스가 정적 메서드와 디폴트 메서드를 가질 수 있다는 사실을 배운다. 우선은 Comparator 인터페이스 예를 통해 람다가 어떻게 네이티브 자바 API의 재사용성과 메서드 결합도를 높였는지 확인하자.

사람(Persons)을 가리키는 객체 목록을 가지고 있는데 사람의 나이를 기준으로 객체를 정렬한다고 가정하자. 람다가 없으면 내부 클래스로 Comparator 인터페이스를 구현해야 한다.

```
Collections.sort(persons, new Comparator<Person>() {
    public int compare(Person p1, Person p2) {
        return p1.getAge() - p2.getAge();
    }
});
```

이 책의 다른 많은 예제에서 볼 수 있듯이 내부 클래스를 간단한 람다 표현식으로 바꿀 수 있다.

```
Collections.sort(people, (p1, p2) -> p1.getAge() - p2.getAge());
```

이 기법은 코드의 신호 대비 잡음 비율을 줄이는데 특히 유용하다. 하지만 자바는 Comparator 객체를 좀 더 가독성 있게 구현할 수 있는 정적 유틸리티 메서드 집합도 제공한다. 이들 정적 메서드는 Comparator 인터페이스에 포함되어 있다. 정적으로 Comparator.comparing 메서드를 임포트해 위 예제를 다음처럼 구현할 수 있다.

```
Collections.sort(persons, comparing(p -> p.getAge()));
```

람다를 메서드 참조로 대신해 코드를 개선할 수 있다.

```
Collections.sort(persons, comparing(Person::getAge));
```

장점은 여기서 그치지 않는다. 자바 8에서 추가된 reverse 메서드를 사용해 사람들을 나이 역순으로 정렬할 수 있다.

```
Collections.sort(persons, comparing(Person::getAge).reverse());
```

다음처럼 이름으로 비교를 수행하는 Comparator를 구현해 같은 나이의 사람들을 알파벳 순으로 정렬할 수도 있다.

```
Collections.sort(persons, comparing(Person::getAge)
                          .thenComparing(Person::getName));
```

마지막으로 List 인터페이스에 추가된 새 sort 메서드를 이용해 코드를 깔끔하게 정리할 수 있다.

```
persons.sort(comparing(Person::getAge)
             .thenComparing(Person::getName));
```

이 작은 API는 컬렉션 정렬 도메인의 최소 DSL이다. 작은 영역에 국한된 예제지만 이미 람다와 메서드 참조를 이용한 DSL이 코드의 가독성, 재사용성, 결합성을 높일 수 있는지 보여준다.

10.2절에서는 스트림 API를 통해 더 풍부하고 광범위하게 자바 8 클래스에 DSL이 사용된 예를 확인한다.

## 10.2.1 스트림 API는 컬렉션을 조작하는 DSL

Stream 인터페이스는 네이티브 자바 API에 작은 내부 DSL을 적용한 좋은 예다. 사실 Stream은 컬렉션의 항목을 필터, 정렬, 변환, 그룹화, 조작하는 작지만 강력한 DSL로 볼 수 있다. 로그 파일을 읽어서 "ERROR"라는 단어로 시작하는 파일의 첫 40행을 수집하는 작업을 수행한다고 가정하자. [예제 10-1]에서 보여주는 것처럼 반복 형식으로 이 작업을 처리할 수 있다.

예제 10-1 반복 형식으로 예제 로그 파일에서 에러 행을 읽는 코드

```
List<String> errors = new ArrayList<>();
int errorCount = 0;
BufferedReader bufferedReader
    = new BufferedReader(new FileReader(fileName));
String line = bufferedReader.readLine();
while (errorCount < 40 && line != null) {
    if (line.startsWith("ERROR")) {
        errors.add(line);
```

```
                errorCount++;
        }
        line = bufferedReader.readLine();
    }
```

편의상 에러 처리 코드는 생략했다. 그럼에도 코드는 이미 장황해 의도를 한 눈에 파악하기 어렵다. 문제가 분리되지 않아 가독성과 유지보수성 모두 저하되었다. 같은 의무를 지닌 코드가 여러 행에 분산되어 있다.

- FileReader가 만들어짐
- 파일이 종료되었는지 확인하는 while 루프의 두 번째 조건
- 파일의 다음 행을 읽는 while 루프의 마지막 행

마찬가지로 첫 40행을 수집하는 코드도 세 부분으로 흩어져있다.

- errorCount 변수를 초기화하는 코드
- while 루프의 첫 번째 조건
- "Error"을 로그에서 발견하면 카운터를 증가시키는 행

Stream 인터페이스를 이용해 함수형으로 코드를 구현하면 [예제 10-2]가 보여주는 것처럼 더 쉽고 간결하게 코드를 구현할 수 있다.

**예제 10-2** 함수형으로 로그 파일의 에러 행 읽음

```
List<String> errors = Files.lines(Paths.get(fileName))  ◁── 파일을 열어서 문자열 스트림을 만듦
                "ERROR"로  ┌─▷ .filter(line -> line.startsWith("ERROR"))
            시작하는 행을 필터링 │   .limit(40)   ◁── 결과를 첫 40행으로 제한
                               .collect(toList());  ◁── 결과 문자열을 리스트로 수집
```

String은 파일에서 파싱할 행을 의미하며 Files.lines는 정적 유틸리티 메서드로 Stream<String>을 반환한다. 파일을 한 행씩 읽는 부분의 코드는 이게 전부다. 마찬가지로 limit(40)이라는 코드로 에러 행을 첫 40개만 수집한다. 이보다 더 가독성을 높일 수 있을까?

스트림 API의 플루언트 형식은 잘 설계된 DSL의 또 다른 특징이다. 모든 중간 연산은 게으르며 다른 연산으로 파이프라인될 수 있는 스트림으로 반환된다. 최종 연산은 적극적이며 전체 파이

프라인이 계산을 일으킨다.

Stream 인터페이스의 collect 메서드와 함께 사용하는 다른 작은 DSL 설계 API 즉 Collectors API를 살펴볼 차례다.

## 10.2.2 데이터를 수집하는 DSL인 Collectors

Stream 인터페이스를 데이터 리스트를 조작하는 DSL로 간주할 수 있음을 확인했다. 마찬가지로 Collector 인터페이스는 데이터 수집을 수행하는 DSL로 간주할 수 있다. 6장에서 Collector 인터페이스를 이용해 스트림의 항목을 수집, 그룹화, 파이선하는 방법을 살펴봤다. 또한 Collectors 클래스에서 제공하는 정작 팩토리 메서드를 이용해 필요한 Collector 객체를 만들고 합치는 기능도 배웠다. 이제 DSL 관점에서 어떻게 이들 메서드가 설계되었는지 확인한다. 특히 Comparator 인터페이스는 다중 필드 정렬을 지원하도록 합쳐질 수 있으며 Collectors는 다중 수준 그룹화를 달성할 수 있도록 합쳐질 수 있다. 예를 들어 다음 예제처럼 자동차를 브랜드별 그리고 색상별로 그룹화할 수 있다.

```
Map<String, Map<Color, List<Car>>> carsByBrandAndColor =
        cars.stream().collect(groupingBy(Car::getBrand,
                            groupingBy(Car::getColor)));
```

두 Comprators를 연결하는 것과 비교할 때 무엇이 다른가? 두 Comparator를 플루언트 방식으로 연결해서 다중 필드 Comparator를 정의했다.

```
Comparator<Person> comparator =
        comparing(Person::getAge).thenComparing(Person::getName);
```

반면 Collectors API를 이용해 Collectors를 중첩함으로 다중 수준 Collector를 만들 수 있다.

```
Collector<? super Car, ?, Map<Brand, Map<Color, List<Car>>>> c
    arGroupingCollector =
        groupingBy(Car::getBrand, groupingBy(Car::getColor));
```

특히 셋 이상의 컴포넌트를 조합할 때는 보통 플루언트 형식이 중첩 형식에 비해 가독성이 좋다. 형식이 그렇게 중요할까? 사실 가장 안쪽의 Collector가 첫 번째로 평가되어야 하지만 논리적으로는 최종 그룹화에 해당하므로 서로 다른 형식은 이를 어떻게 처리하는지를 상반적으로 보여준다. 예제에서 플루언트 형식으로 Collector를 연결하지 않고 Colellector 생성을 여

러 정적 메서드로 중첩함으로 안쪽 그룹화가 처음 평가되고 코드에서는 반대로 가장 나중에 등
장하게 된다.

다음 예제에서 보여주는 것처럼 groupingBy 팩터리 메서드에 작업을 위임하는
GroupingBuilder를 만들면 문제를 더 쉽게 해결할 수 있다. GroupingBuilder는 유연한 방식
으로 여러 그룹화 작업을 만든다.

**예제 10.3** 유연한 그룹화 컬렉터 빌더

```java
import static java.util.stream.Collectors.groupingBy;
public class GroupingBuilder<T, D, K> {
    private final Collector<? super T, ?, Map<K, D>> collector;

    private GroupingBuilder(Collector<? super T, ?, Map<K, D>> collector) {
        this.collector = collector;
    }

    public Collector<? super T, ?, Map<K, D>> get() {
        return collector;
    }

    public <J> GroupingBuilder<T, Map<K, D>, J>
            after(Function<? super T, ? extends J> classifier) {
        return new GroupingBuilder<>(groupingBy(classifier, collector));
    }

    public static <T, D, K> GroupingBuilder<T, List<T>, K>
            groupOn(Function<? super T, ? extends K> classifier) {
        return new GroupingBuilder<>(groupingBy(classifier));
    }
}
```

플루언트 형식 빌더에 어떤 문제가 있을까? 문제를 잘 보여주는 다음 코드를 살펴보자.

```java
Collector<? super Car, ?, Map<Brand, Map<Color, List<Car>>>>
    carGroupingCollector =
        groupOn(Car::getColor).after(Car::getBrand).get()
```

중첩된 그룹화 수준에 반대로 그룹화 함수를 구현해야 하므로 유틸리티 사용 코드가 직관적이
지 않다. 자바 형식 시스템으로는 이런 순서 문제를 해결할 수 없다는 사실을 깨닫게 될 것이다.

네이티브 자바 API를 좀 더 자세히 살펴보고 내부 설계 결정 이유를 생각하면서 가독성 있는 DSL을 구현하는 유용한 패턴과 기법을 배울 수 있다. 10.3절에서는 효과적인 DSL을 개발하는 기법을 살펴본다.

## 10.3 자바로 DSL을 만드는 패턴과 기법

DSL은 특정 도메인 모델에 적용할 친화적이고 가독성 높은 API를 제공한다. 따라서 우리는 먼저 간단한 도메인 모델을 정의하면서 이 절을 시작할 것이다. 그리고 앞으로 사용할 DSL을 만드는 패턴을 살펴본다.

예제 도메인 모델은 세 가지로 구성된다. 첫 번째는 주어진 시장에 주식 가격을 모델링하는 순수 자바 빈즈다.

```java
public class Stock {

    private String symbol;
    private String market;

    public String getSymbol() {
        return symbol;
    }

    public void setSymbol(String symbol) {
        this.symbol = symbol;
    }

    public String getMarket() {
        return market;
    }

    public void setMarket(String market) {
        this.market = market;
    }
}
```

두 번째는 주어진 가격에서 주어진 양의 주식을 사거나 파는 거래trade다.

```java
public class Trade {
```

```java
public enum Type { BUY, SELL }
private Type type;

private Stock stock;
private int quantity;
private double price;

public Type getType() {
    return type;
}

public void setType(Type type) {
    this.type = type;
}

public int getQuantity() {
    return quantity;
}

public void setQuantity(int quantity) {
    this.quantity = quantity;
}

public double getPrice() {
    return price;
}

public void setPrice(double price) {
    this.price = price;
}

public Stock getStock() {
    return stock;
}

public void setStock(Stock stock) {
    this.stock = stock;
}

public double getValue() {
    return quantity * price;
}
}
```

마지막으로 고객이 요청한 한 개 이상의 거래의 주문이다.

```java
public class Order {

    private String customer;
    private List<Trade> trades = new ArrayList<>();

    public void addTrade(Trade trade) {
        trades.add(trade);
    }

    public String getCustomer() {
        return customer;
    }

    public void setCustomer(String customer) {
        this.customer = customer;
    }

    public double getValue() {
        return trades.stream().mapToDouble(Trade::getValue).sum();
    }
}
```

도메인 모델은 직관적이다. 주문을 의미하는 객체를 만드는 것은 조금 귀찮은 작업이다. 다음 [예제 10-4]처럼 BigBank라는 고객이 요청한 두 거래를 포함하는 주문을 만들어보자.

**예제 10.4** 도메인 객체의 API를 직접 이용해 주식 거래 주문을 만든다

```java
Order order = new Order();
order.setCustomer("BigBank");

Trade trade1 = new Trade();
trade1.setType(Trade.Type.BUY);

Stock stock1 = new Stock();
stock1.setSymbol("IBM");
stock1.setMarket("NYSE");

trade1.setStock(stock1);
trade1.setPrice(125.00);
trade1.setQuantity(80);
order.addTrade(trade1);
```

```
Trade trade2 = new Trade();
trade2.setType(Trade.Type.BUY);

Stock stock2 = new Stock();
stock2.setSymbol("GOOGLE");
stock2.setMarket("NASDAQ");

trade2.setStock(stock2);
trade2.setPrice(375.00);
trade2.setQuantity(50);
order.addTrade(trade2);
```

위 코드는 상당히 장황한 편이다. 비개발자인 도메인 전문가가 위 코드를 이해하고 검증하기를 기대할 수 없기 때문이다. 조금 더 직접적이고, 직관적으로 도메인 모델을 반영할 수 있는 DSL이 필요하다. 다양한 방법으로 이를 달성할 수 있다. 10.3절의 나머지 부분에서는 각 접근 방법의 장단점을 배운다.

## 10.3.1 메서드 체인

DSL에서 가장 흔한 방식 중 하나를 살펴보자. 이 방법을 이용하면 한 개의 메서드 호출 체인으로 거래 주문을 정의할 수 있다.

**예제 10-5** 메서드 체인으로 주식 거래 주문 만들기

```
Order order = forCustomer( "BigBank" )
        .buy( 80 )
        .stock( "IBM" )
        .on( "NYSE" )
        .at( 125.00 )
        .sell( 50 )
        .stock( "GOOGLE" )
        .on( "NASDAQ" )
        .at( 375.00 )
        .end();
```

상당히 코드가 개선되었다. 여러분의 도메인 전문가도 코드를 쉽게 이해할 수 있을 것이다. 이

결과를 달성하려면 어떻게 DSL을 구현해야 할까? 플루언트 API로 도메인 객체를 만드는 몇 개의 빌더를 구현해야 한다. [예제 10-6]이 보여주는 것처럼 최상위 수준 빌더를 만들고 주문을 감싼 다음 한 개 이상의 거래를 주문에 추가할 수 있어야 한다.

**예제 10-6** 메서드 체인 DSL을 제공하는 주문 빌더

```java
public class MethodChainingOrderBuilder {

    public final Order order = new Order();    ⟵⟞ 빌더로 감싼 주문

    private MethodChainingOrderBuilder(String customer) {
        order.setCustomer(customer);
    }

    public static MethodChainingOrderBuilder forCustomer(String customer) {
        return new MethodChainingOrderBuilder(customer);  ⟵⟞ 고객의 주문을 만드는
    }                                                          정적 팩토리 메서드

    public TradeBuilder buy(int quantity) {
        return new TradeBuilder(this, Trade.Type.BUY, quantity);  ⟵⟞ 주식을 사는
    }                                                                 TradeBuilder 만들기

    public TradeBuilder sell(int quantity) {
        return new TradeBuilder(this, Trade.Type.SELL, quantity);  ⟵⟞ 주식을 파는
    }                                                                 TradeBuilder 만들기

    public MethodChainingOrderBuilder addTrade(Trade trade) {
        order.addTrade(trade);    ⟵⟞ 주문에 주식 추가
        return this;    ⟵⟞ 유연하게 추가 주문을 만들어
    }                        추가할 수 있도록 주문 빌더 자체를 반환

    public Order end() {
        return order;    ⟵⟞ 주문 만들기를 종료하고 반환
    }
}
```

주문 빌더의 buy(), sell() 메서드는 다른 주문을 만들어 추가할 수 있도록 자신을 만들어 반환한다.

```java
public class TradeBuilder {
    private final MethodChainingOrderBuilder builder;
    public final Trade trade = new Trade();

    private TradeBuilder(MethodChainingOrderBuilder builder,
                         Trade.Type type, int quantity) {
        this.builder = builder;
        trade.setType( type );
        trade.setQuantity( quantity );
    }

    public StockBuilder stock(String symbol) {
        return new StockBuilder(builder, trade, symbol);
    }
}
```

빌더를 계속 이어가려면 Stock 클래스의 인스턴스를 만드는 TradeBuilder의 공개 메서드를 이용해야 한다.

```java
public class StockBuilder {
    private final MethodChainingOrderBuilder builder;
    private final Trade trade;
    private final Stock stock = new Stock();

    private StockBuilder(MethodChainingOrderBuilder builder,
                         Trade trade, String symbol) {
        this.builder = builder;
        this.trade = trade; stock.setSymbol(symbol);
    }

    public TradeBuilderWithStock on(String market) {
        stock.setMarket(market);
        trade.setStock(stock);
        return new TradeBuilderWithStock(builder, trade);
    }
}
```

StockBuilder는 주식의 시장을 지정하고, 거래에 주식을 추가하고, 최종 빌더를 반환하는 on() 메서드 한 개를 정의한다.

```java
public class TradeBuilderWithStock {
    private final MethodChainingOrderBuilder builder;
    private final Trade trade;
```

```java
    public TradeBuilderWithStock(MethodChainingOrderBuilder builder, Trade trade)
{
        this.builder = builder;
        this.trade = trade;
    }

    public MethodChainingOrderBuilder at(double price) {
        trade.setPrice(price);
        return builder.addTrade(trade);
    }
}
```

한 개의 공개 메서드 TradeBuilderWithStock은 거래되는 주식의 단위 가격을 설정한 다음 원래 주문 빌더를 반환한다. 코드에서 볼 수 있듯이 MethodChainingOrderBuilder가 끝날 때까지 다른 거래를 플루언트 방식으로 추가할 수 있다. 여러 빌드 클래스 특히 두 개의 거래 빌더를 따로 만듦으로써 사용자가 미리 지정된 절차에 따라 플루언트 API의 메서드를 호출하도록 강제한다. 덕분에 사용자가 다음 거래를 설정하기 전에 기존 거래를 올바로 설정하게 된다. 이 접근 방법은 주문에 사용한 파라미터가 빌더 내부로 국한된다는 다른 잇점도 제공한다. 이 접근 방법은 정적 메서드 사용을 최소화하고 메서드 이름이 인수의 이름을 대신하도록 만듦으로 이런 형식의 DSL의 가독성을 개선하는 효과를 더한다. 마지막으로 이런 기법을 적용한 플루언트 DSL에는 분법적 잡음이 최소화된다.

안타깝게도 빌더를 구현해야 한다는 것이 메서드 체인의 단점이다. 상위 수준의 빌더를 하위 수준의 빌더와 연결할 접착 많은 접착 코드가 필요하다. 도메인의 객체의 중첩 구조와 일치하게 들여쓰기를 강제하는 방법이 없다는 것도 단점이다.

다음으로 다른 특징을 갖는 두 번째 DSL 패턴을 살펴보자.

## 10.3.2 중첩된 함수 이용

**중첩된 함수** DSL 패턴은 이름에서 알 수 있듯이 다른 함수 안에 함수를 이용해 도메인 모델을 만든다. [예제 10-7]은 이 접근 방법을 적용한 DSL을 보여준다.

**예제 10-7** 중첩된 함수로 주식 거래 만들기

```
Order order = order("BigBank",
                    buy(80,
                        stock("IBM", on("NYSE")), at(125.00)),
                    sell(50,
                        stock("GOOGLE", on("NASDAQ")), at(375.00))
                    );
```

이 방식의 DSL을 구현하는 코드는 10.3.1절에서 배운 코드에 비해 간단하다.

다음 예제 코드의 NestedFunctionOrderBuilder는 이런 DSL 형식으로 사용자에게 API를 제공할 수 있음을 보여준다(모든 정적 메서드를 임포트했다고 가정한다).

**예제 10-8** 중첩된 함수 DSL을 제공하는 주문 빌더

```
public class NestedFunctionOrderBuilder {

    public static Order order(String customer, Trade... trades) {
        Order order = new Order();   ←┤ 해당 고객의 주문 만들기
        order.setCustomer(customer);
        Stream.of(trades).forEach(order::addTrade);   ←┤ 주문에 모든 거래 추가
        return order;
    }

    public static Trade buy(int quantity, Stock stock, double price) {
        return buildTrade(quantity, stock, price, Trade.Type.BUY);   ←┐ 주식 매수 거래
    }                                                                 │ 만들기

    public static Trade sell(int quantity, Stock stock, double price) {
        return buildTrade(quantity, stock, price, Trade.Type.SELL);   ←┐ 주식 매도 거래
    }                                                                  │ 만들기

    private static Trade buildTrade(int quantity, Stock stock, double price,
            Trade.Type buy) {
        Trade trade = new Trade();
        trade.setQuantity(quantity);
        trade.setType(buy);
        trade.setStock(stock);
        trade.setPrice(price);
        return trade;
```

```
        }

        public static double at(double price) {      ◁──┐ 거래된 주식의 단가를 정의하는
            return price;                                더미 메서드
        }

        public static Stock stock(String symbol, String market) {
            Stock stock = new Stock();   ◁──┤ 거래된 주식 만들기
            stock.setSymbol(symbol);
            stock.setMarket(market);
            return stock;
        }

        public static String on(String market) {    ◁──┐ 주식이 거래된 시장을 정의하는
            return market;                                더미 메서드 정의
        }
    }
```

메서드 체인에 비해 함수의 중첩 방식이 도메인 객체 계층 구조에 그대로 반영(예제에서 주문은 한 개 이상의 거래를 포함하며 각 거래는 한 개의 주식을 참조)된다는 것이 장점이다.

안타깝게 이 방식에도 문제점이 있다. 결과 DSL에 더 많은 괄호를 사용해야 한다는 사실을 눈치챘을 것이다. 더욱이 인수 목록을 정적 메서드에 넘겨줘야 한다는 제약도 있다. 도메인 객체에 선택 사항 필드가 있으면 인수를 생략할 수 있으므로 이 가능성을 처리할 수 있도록 여러 메서드 오버라이드를 구현해야 한다. 마지막으로 인수의 의미가 이름이 아니라 위치에 의해 정의되었다. NestedFunctionOrderBuilder의 at(), on() 메서드에서 했던 것처럼 인수의 역할을 확실하게 만드는 여러 더미 메서드를 이용해 마지막 문제를 조금은 완화할 수 있다.

지금까지 살펴본 두 가지 DSL 패턴에 람다 표현식은 사용하지 않았다. 10.3.3절에서는 자바 8에서 추가된 함수형 기능을 활용하는 세 번째 기법을 설명한다.

## 10.3.3 람다 표현식을 이용한 함수 시퀀싱

다음 DSL 패턴은 람다 표현식으로 정의한 함수 시퀀스를 사용한다. 이 형식의 DSL을 이용해 기존 주식 거래 예제의 거래를 다음 [예제 10-9]처럼 정의할 수 있다.

```
Order order = order( o -> {
    o.forCustomer( "BigBank" );
    o.buy( t -> {
        t.quantity( 80 );
        t.price( 125.00 );
        t.stock( s -> {
            s.symbol( "IBM" );
            s.market( "NYSE" );
        });
    });
    o.sell( t -> {
        t.quantity( 50 );
        t.price( 375.00 );
        t.stock( s -> {
            s.symbol( "GOOGLE" );
            s.market( "NASDAQ" );
        });
    });
});
```

이런 DSL을 만들려면 람다 표현식을 받아 실행해 도메인 모델을 만들어 내는 여러 빌더를 구현해야 한다. DSL 구현해서 했던 방식과 마찬가지로 이들 빌더는 메서드 체인 패턴을 이용해 만들려는 객체의 중간 상태를 유지한다. 메서드 체인 패턴에는 주문을 만드는 최상위 수준의 빌더를 가졌지만 이번에는 Consumer 객체를 빌더가 인수로 받음으로 DSL 사용자가 람다 표현식으로 인수를 구현할 수 있게 했다. [예제 10-10]은 지금까지 설명을 실제 어떻게 구현하는지 보여준다.

예제 **10-10** 함수 시퀀싱 DSL을 제공하는 주문 빌더

```
public class LambdaOrderBuilder {

    private Order order = new Order();   ◁─┤ 빌더로 주문을 감쌈

    public static Order order(Consumer<LambdaOrderBuilder> consumer) {
        LambdaOrderBuilder builder = new LambdaOrderBuilder();
        consumer.accept(builder);   ◁─┤ 주문 빌더로 전달된 람다 표현식 실행
        return builder.order;   ◁─┐ OrderBuilder의 Consumer를
    }                                실행해 만들어진 주문을 반환
```

```java
    public void forCustomer(String customer) {
        order.setCustomer(customer);    ⊲─┤ 주문을 요청한 고객 설정
    }

    public void buy(Consumer<TradeBuilder> consumer) {
        trade(consumer, Trade.Type.BUY);    ⊲─┤ 주식 매수 주문을 만들도록 TradeBuilder 소비
    }

    public void sell(Consumer<TradeBuilder> consumer) {
        trade(consumer, Trade.Type.SELL);    ⊲─┤ 주식 매도 주문을 만들도록 TradeBuilder 소비
    }

    private void trade(Consumer<TradeBuilder> consumer, Trade.Type type) {
        TradeBuilder builder = new TradeBuilder();
        builder.trade.setType(type);
        consumer.accept(builder);    ⊲─┤ TradeBuilder로 전달할 람다 표현식 실행
        order.addTrade(builder.trade);    ⊲─┐ TradeBuilder의 Consumer를 실행해
    }                                      │ 만든 거래를 주문에 추가
}
```

주문 빌더의 buy(), sell 메서드는 두 개의 Consumer〈TradeBuilder〉 람다 표현식을 받는다.
이 람다 표현식을 실행하면 다음처럼 주식 매수, 주식 매도 거래가 만들어진다.

```java
public class TradeBuilder {
    private Trade trade = new Trade();

    public void quantity(int quantity) {
        trade.setQuantity( quantity );
    }

    public void price(double price) {
        trade.setPrice( price );
    }

    public void stock(Consumer<StockBuilder> consumer) {
        StockBuilder builder = new StockBuilder();
        consumer.accept(builder);
        trade.setStock(builder.stock);
    }
}
```

마지막으로 TradeBuilder는 세 번째 빌더의 Consumer 즉 거래된 주식을 받는다.

```java
public class StockBuilder {
    private Stock stock = new Stock();

    public void symbol(String symbol) {
        stock.setSymbol( symbol );
    }

    public void market(String market) {
        stock.setMarket( market );
    }
}
```

이 패턴은 이전 두 가지 DSL 형식의 두 가지 장점을 더한다. 메서드 체인 패턴처럼 플루언트 방식으로 거래 주문을 정의할 수 있다. 또한 중첩 함수 형식처럼 다양한 람다 표현식의 중첩 수준과 비슷하게 도메인 객체의 계층 구조를 유지한다.

안타깝게도 많은 설정 코드가 필요하며 DSL 자체가 자바 8 람다 표현식 문법에 의한 잡음의 영향을 받는다는 것이 이 패턴의 단점이다.

어떤 DSL 형식을 사용할 것인지는 각자의 기호에 달렸다. 자신이 만들려는 도메인 언어에 어떤 도메인 모델이 맞는지 찾으려면 실험을 해봐야 한다. 더욱이 10.3.4절에서 설명하는 것처럼 두 개 이상의 형식을 한 DSL에 조합할 수도 있기 때문이다.


## 10.3.4 조합하기

지금까지 살펴본 것처럼 세가지 DSL 패턴 각자가 장단점을 갖고 있다. 하지만 한 DSL에 한 개의 패턴만 사용하라는 법은 없다. [예제 10-11]에서 보여주는 것처럼 새로운 DSL을 개발해 주식 거래 주문을 정의할 수 있다


**예제 10-11** 여러 DSL 패턴을 이용해 주식 거래 주문 만들기

```
Order order =
    forCustomer( "BigBank",    ◁── 최상위 수준 주문의 속성을 지정하는 중첩 함수
             buy( t -> t.quantity( 80 )  ◁── 한 개의 주문을 만드는 람다 표현식
                      .stock( "IBM" )   ◁── 거래 객체를 만드는
                                            람다 표현식 바디의 메서드 체인
```

```
                    .on( "NYSE" )
                    .at( 125.00 )),
          sell( t -> t.quantity( 50 )
                    .stock( "GOOGLE" )
                    .on( "NASDAQ" )
                    .at( 125.00 )) );
```

이 예제에서 중첩된 함수 패턴을 람다 기법과 혼용했다. TradeBuilder의 Consumer가 만든 각
거래는 다음 [예제 10-12]에서 보여주는 것처럼 람다 표현식으로 구현된다.

**예제 10-12** 여러 형식을 혼합한 DSL을 제공하는 주문 빌더

```java
public class MixedBuilder {

    public static Order forCustomer(String customer,
                                    TradeBuilder... builders) {
        Order order = new Order();
        order.setCustomer(customer);
        Stream.of(builders).forEach(b -> order.addTrade(b.trade));
        return order;
    }

    public static TradeBuilder buy(Consumer<TradeBuilder> consumer) {
        return buildTrade(consumer, Trade.Type.BUY);
    }

    public static TradeBuilder sell(Consumer<TradeBuilder> consumer) {
        return buildTrade(consumer, Trade.Type.SELL);
    }

    private static TradeBuilder buildTrade(Consumer<TradeBuilder> consumer,
                                           Trade.Type buy) {
        TradeBuilder builder = new TradeBuilder();
        builder.trade.setType(buy);
        consumer.accept(builder);
        return builder;
    }
}
```

마지막으로 헬퍼 클래스 TradeBuilder와 StockBuilder는 내부적으로 메서드 체인 패턴을 구

현해 플루언트 API를 제공한다. 이제 람다 표현식 바디를 구현해 가장 간단하게 거래를 구현할 수 있다.

```java
public class TradeBuilder {
    private Trade trade = new Trade();

    public TradeBuilder quantity(int quantity) {
        trade.setQuantity(quantity);
        return this;
    }

    public TradeBuilder at(double price) {
        trade.setPrice(price);
        return this;
    }

    public StockBuilder stock(String symbol) {
        return new StockBuilder(this, trade, symbol);
    }
}

public class StockBuilder {
    private final TradeBuilder builder;
    private final Trade trade;
    private final Stock stock = new Stock();

    private StockBuilder(TradeBuilder builder, Trade trade, String symbol){
        this.builder = builder;
        this.trade = trade;
        stock.setSymbol(symbol);
    }

    public TradeBuilder on(String market) {
        stock.setMarket(market);
        trade.setStock(stock);
        return builder;
    }
}
```

[예제 10-12]는 이 장에서 설명한 세 가지 DSL 패턴을 혼용해 가독성 있는 DSL을 만드는 방법을 보여준다. 여러 패턴의 장점을 이용할 수 있지만 이 기법에도 결점이 있다. 결과 DSL이 여러 가지 기법을 혼용하고 있으므로 한 가지 기법을 적용한 DSL에 비해 사용자가 DSL을 배

우는데 오랜 시간이 걸린다는 것이다.

지금까지는 람다 표현식을 사용했지만 Comparator와 스트림 API에서 확인했듯이 메서드 참조를 이용하면 많은 DSL의 가독성을 높일 수 있다. 10.3.5절에서는 주식 거래 도메인 모델에 메서드 참조를 사용하는 실용적인 예제를 통해 이를 설명한다.

## 10.3.5 DSL에 메서드 참조 사용하기

10.3.5절에서는 주식 거래 도메인 모델에 다른 간단한 기능을 추가한다. 다음 [예제 10-13]에서 보여주는 것처럼 주문의 총 합에 0개 이상의 세금을 추가해 최종값을 계산하는 기능을 추가한다.

**예제 10-13** 주문의 총 합에 적용할 세금

```java
public class Tax {
    public static double regional(double value) {
        return value * 1.1;
    }

    public static double general(double value) {
        return value * 1.3;
    }
    public static double surcharge(double value) {
        return value * 1.05;
    }
}
```

[예제 10-14]에서 보여주는 것처럼 세금을 적용할 것인지 결정하는 불리언 플래그를 인수로 받는 정적 메서드를 이용해 간단하게 해결할 수 있다.

**예제 10-14** 불리언 플래그 집합을 이용해 주문에 세금 적용

```java
public static double calculate(Order order, boolean useRegional,
                               boolean useGeneral, boolean useSurcharge) {
    double value = order.getValue();
    if (useRegional) value = Tax.regional(value);
    if (useGeneral) value = Tax.general(value);
```

```
        if (useSurcharge) value = Tax.surcharge(value);
        return value;
    }
```

이제 다음 코드처럼 지역 세금과 추가 요금을 적용하고 일반 세금은 뺀 주문의 최종값을 계산할 수 있다.

```
double value = calculate(order, true, false, true);
```

이 구현의 가독성의 문제는 쉽게 드러난다. 불리언 변수의 올바른 순서를 기억하기도 어려우며 어떤 세금이 적용되었는지도 파악하기 어렵다. 이 문제는 다음 [예제 10-15]에서 보여주는 것처럼 유창하게 불리언 플래그를 설정하는 최소 DSL을 제공하는 TaxCalculator를 이용하는 것이 더 좋은 방법이다.

**예제 10-15** 적용할 세금을 유창하게 정의하는 세금 계산기

```
public class TaxCalculator {
    private boolean useRegional;
    private boolean useGeneral;
    private boolean useSurcharge;

    public TaxCalculator withTaxRegional() {
        useRegional = true;
        return this;
    }

    public TaxCalculator withTaxGeneral() {
        useGeneral= true;
        return this;
    }

    public TaxCalculator withTaxSurcharge() {
        useSurcharge = true;
        return this;
    }

    public double calculate(Order order) {
        return calculate(order, useRegional, useGeneral, useSurcharge);
    }
}
```

다음 코드처럼 TaxCalculator는 지역 세금과 추가 요금은 주문에 추가하고 싶다는 점을 명확하게 보여준다.

```
double value = new TaxCalculator().withTaxRegional()
                                  .withTaxSurcharge()
                                  .calculate(order);
```

코드가 장황하다는 것이 이 기법의 문제다. 도메인의 각 세금에 해당하는 불리언 필드가 필요하므로 확장성도 제한적이다. 자바의 함수형 기능을 이용하면 더 간결하고 유연한 방식으로 같은 가독성을 달성할 수 있다. 다음 [예제 10-16]은 TaxCalculator를 어떻게 리팩터링할 수 있는지 보여준다.

예제 10-16 유창하게 세금 함수를 적용하는 세금 계산기

```
public class TaxCalculator {
    public DoubleUnaryOperator taxFunction = d -> d;   ◁── 주문값에 적용된
                                                            모든 세금을 계산하는 함수

    public TaxCalculator with(DoubleUnaryOperator f) {
        taxFunction = taxFunction.andThen(f);   ◁── 새로운 세금 계산 함수를 얻어서 인수로
        return this;   ◁── 유창하게 세금 함수가         전달된 함수와 현재 함수를 합침
    }                       연결될 수 있도록 결과를 반환

    public double calculate(Order order) {
        return taxFunction.applyAsDouble(order.getValue());   ◁── 주문의 총 합에 세금 계산 함수를
    }                                                              적용해 최종 주문값을 계산
}
```

이 기법은 주문의 총 합에 적용할 함수 한 개의 필드만 필요로하며 TaxCalculator 클래스를 통해 모든 세금 설정이 적용된다. 이 함수의 시작값은 확인 함수다. 처음 시점에서는 세금이 적용되지 않았으므로 최종값은 총합과 같다. with() 메서드로 새 세금이 추가되면 현재 세금 계산함수에 이 세금이 조합되는 방식으로 한 함수에 모든 추가된 세금이 적용된다. 마지막으로 주문을 calculate() 메서드에 전달하면 다양한 세금 설정의 결과로 만들어진 세금 계산 함수가 주문의 합계에 적용된다. 리팩터링한 TaxCalculator는 다음처럼 사용할 수 있다.

```
double value = new TaxCalculator().with(Tax::regional)
                                  .with(Tax::surcharge)
                                  .calculate(order);
```

위 예제에서 메서드 참조를 사용했는데 메서드 참조는 읽기 쉽고 코드를 간결하게 만든다. 새로운 세금 함수를 Tax 클래스에 추가해도 함수형 TaxCalculator를 바꾸지 않고 바로 사용할 수 있는 유연성도 제공한다.

자바 8 이후로 제공되는 다양한 기능으로 DSL을 구현하는 방법을 살펴봤다. 이런 기법이 자바 도구와 프레임워크에 어떻게 널리 적용되었는지 살펴보는 것은 흥미로운 일이다.

# 10.4 실생활의 자바 8 DSL

10.3절에서는 자바로 DSL을 개발하는데 사용할 유용한 패턴을 살펴봤고 각각의 장단점도 확인했다. [표 10-1]에서는 지금까지 배운 내용을 요약한다.

표 **10-1** DSL 패턴의 장점과 단점

| 패턴 이름 | 장점 | 단점 |
|---|---|---|
| 메서드 체인 | • 메서드 이름이 키워드 인수 역할을 한다.<br>• 선택형 파라미터와 잘 동작한다.<br>• DSL 사용자가 정해진 순서로 메서드를 호출하도록 강제할 수 있다.<br>• 정적 메서드를 최소화하거나 없앨 수 있다.<br>• 문법적 잡음을 최소화한다. | • 구현이 장황하다.<br>• 빌드를 연결하는 접착 코드가 필요하다.<br>• 들여쓰기 규칙으로만 도메인 객체 계층을 정의한다. |
| 중첩 함수 | • 구현의 장황함을 줄일 수 있다.<br>• 함수 중첩으로 도메인 객체 계층을 반영한다. | • 정적 메서드의 사용이 빈번하다.<br>• 이름이 아닌 위치로 인수를 정의한다.<br>• 선택형 파라미터를 처리할 메서드 오버로딩이 필요하다. |
| 람다를 이용한 함수 시퀀싱 | • 선택형 파라미터와 잘 동작한다.<br>• 정적 메서드를 최소화하거나 없앨 수 있다.<br>• 람다 중첩으로 도메인 객체 계층을 반영한다.<br>• 빌더의 접착 코드가 없다. | • 구현이 장황하다.<br>• 람다 표현식으로 인한 문법적 잡음이 DSL에 존재한다. |

세 가지의 유명한 자바 라이브러리에 지금까지 살펴본 패턴이 얼마나 사용되고 있는지 살펴보면서 배운 내용을 정리한다. SQL 매핑 도구, 동작 주도behavior-driven 개발 프레임워크, 엔터프라이즈 통합 패턴Enterprise Integration Patterns을 구현하는 도구 세 가지 자바 라이브러리를 확인한다.

## 10.4.1 jOOQ

SQL은 DSL은 가장 흔히, 광범위하게 사용하는 분야다. 따라서 SQL 질의를 작성하고 실행하는데 필요한 멋진 DSL을 제공하는 자바 라이브러리가 있다는 것이 그리 놀라운 일은 아니다. jOOQ는 SQL을 구현하는 내부적 DSL로 자바에 직접 내장된 형식 안전 언어다. 데이터베이스 스키마를 역공학하는 소스코드 생성기 덕분에 자바 컴파일러가 복잡한 SQL 구문의 형식을 확인할 수 있다. 역공학 프로세스 제품이 생성한 정보를 기반으로 우리는 데이터베이스 스키마를 탐색할 수 있다. 다음 SQL 질의 예를 살펴보자.

```
SELECT * FROM BOOK
WHERE BOOK.PUBLISHED_IN = 2016
ORDER BY BOOK.TITLE
```

jOOQ DSL을 이용해 위 질의를 다음처럼 구현할 수 있다.

```
create.selectFrom(BOOK)
      .where(BOOK.PUBLISHED_IN.eq(2016))
      .orderBy(BOOK.TITLE)
```

스트림 API와 조합해 사용할 수 있다는 것이 jOOQ DSL의 또다른 장점이다. 이 기능 덕분에 다음 [예제 10-17]에서 보여주는 것처럼 SQL 질의 실행으로 나온 결과를 한 개의 플루언트 구문으로 데이터를 메모리에서 조작할 수 있다.

**예제 10-17 jOOQ DSL을 이용해 데이터베이스에서 책 선택**

```
Class.forName("org.h2.Driver");                                          SQL 데이터베이스
try (Connection c =                                                         연결 만들기
        getConnection("jdbc:h2:~/sql-goodies-with-mapping", "sa", "")) {
    DSL.using(c)
        .select(BOOK.AUTHOR, BOOK.TITLE)  ←   만들어진 데이터베이스 연결을 이용해
        .where(BOOK.PUBLISHED_IN.eq(2016))    jOOQ SQL 문 시작
        .orderBy(BOOK.TITLE)
    .fetch()          데이터베이스에서 데이터 가져오기
    .stream()  ←      jOOQ 문은 여기서 종료
    .collect(groupingBy(  ←  스트림 API로 데이터베이스에서 가져온 데이터 처리 시작
        r -> r.getValue(BOOK.AUTHOR),
        LinkedHashMap::new,
        mapping(r -> r.getValue(BOOK.TITLE), toList())))
        .forEach((author, titles) ->  ←  저자의 이름 목록과 각 저자가 집필한 책들을 출력
    System.out.println(author + " is author of " + titles));
}
```

여백 주석: jOOQ DSL로 SQL 문 정의

jOOQ DSL을 구현하는 데 메서드 체인 패턴을 사용했음을 쉽게 파악할 수 있다. 잘 만들어진 SQL 질의 문법을 흉내내려면 메서드 체인 패턴의 여러 특성(선택적 파라미터를 허용하고 미리 정해진 순서로 특정 메서드가 호출될 수 있게 강제)이 반드시 필요하기 때문이다.

## 10.4.2 큐컴버

동작 주도 개발Behavior-driven development(BDD)은 테스트 주도 개발의 확장으로 다양한 비즈니스 시나리오를 구조적으로 서술하는 간단한 도메인 전용 스크립팅 언어를 사용한다. 큐컴버Cucumber는 다른 BDD 프레임워크와 마찬가지로 이들 명령문을 실행할 수 있는 테스트 케이스로 변환한다. 결과적으로 이 개발 기법으로 만든 스크립트 결과물은 실행할 수 있는 테스트임과 동시에 비즈니스 기능의 수용 기준이 된다. BDD는 우선 순위에 따른, 확인할 수 있는 비즈니스 가치를 전달하는 개발 노력에 집중하며 비즈니스 어휘를 공유함으로 도메인 전문가와 프로그래머 사이의 간격을 줄인다.

개발자가 비즈니스 시나리오를 평문 영어로 구현할 수 있도록 도와주는 BDD 도구인 큐컴버를 이용한 실용적인 예제를 통해 이 추상적 개념을 조금 더 명확하게 정리할 수 있다. 다음은 큐컴버 스크립팅 언어로 간단한 비즈니스 시나리오를 정의한 예제다.

```
Feature: Buy stock
  Scenario: Buy 10 IBM stocks
    Given the price of a "IBM" stock is 125$
    When I buy 10 "IBM"
    Then the order value should be 1250$
```

큐컴버는 세 가지로 구분되는 개념을 사용한다. 전제 조건 정의(Given), 시험하려는 도메인 객체의 실질 호출(When), 테스트 케이스의 결과를 확인하는 어설션assertion(Then).

테스트 시나리오를 정의하는 스크립트는 제한된 수의 키워드를 제공하며 자유로운 형식으로 문장을 구현할 수 있는 외부 DSL을 활용한다. 이들 문장은 테스트 케이스의 변수를 캡처하는 정규 표현식으로 매칭되며 테스트 자체를 구현하는 메서드로 이를 전달한다. 10.3절의 앞부분에서 소개했던 주식 거래 도메인 모델을 이용해 다음 [예제 10-18]이 보여주는 것처럼 큐컴버로 주식 거래 주문의 값이 제대로 계산되었는지 확인하는 테스트 케이스를 개발할 수 있다.

```
public class BuyStocksSteps {
    private Map<String, Integer> stockUnitPrices = new HashMap<>();
    private Order order = new Order();

    @Given("^the price of a \"(.*?)\" stock is (\\d+)\\$$")   ←── 시나리오의 전제 조건인
    public void setUnitPrice(String stockName, int unitPrice) {    주식 단가 정의
        stockUnitValues.put(stockName, unitPrice);   ←─┤ 주식 단가 저장
    }                          테스트 대상인 도메인 모델에
                                행할 액션 정의
    @When("^I buy (\\d+) \"(.*?)\"$")   ←
    public void buyStocks(int quantity, String stockName) {
        Trade trade = new Trade();   ←──┤ 적절하게 도메인 모델 도출
        trade.setType(Trade.Type.BUY);

        Stock stock = new Stock();
        stock.setSymbol(stockName);

        trade.setStock(stock);
        trade.setPrice(stockUnitPrices.get(stockName));
        trade.setQuantity(quantity);
        order.addTrade(trade);
    }

    @Then("^the order value should be (\\d+)\\$$")
    public void checkOrderValue(int expectedValue) {   ←──┤ 예상되는 시나리오 결과 정의
        assertEquals(expectedValue, order.getValue());   ←──┤ 테스트 어설션 확인
    }
}
```

자바 8이 람다 표현식을 지원하면서 두 개의 인수 메서드(기존에 어노테이션 값을 포함한 정규 표현식과 테스트 메서드를 구현하는 람다)를 이용해 어노테이션을 세서하는 다른 문법을 큐컴버로 개발할 수 있다. 두 번째 형식의 표기법을 이용해 테스트 시나리오를 다음처럼 다시 구현할 수 있다.

```
public class BuyStocksSteps implements cucumber.api.java8.En {
    private Map<String, Integer> stockUnitPrices = new HashMap<>();
    private Order order = new Order();
    public BuyStocksSteps() {
        Given("^the price of a \"(.*?)\" stock is (\\d+)\\$$",
```

```
            (String stockName, int unitPrice) -> {
                stockUnitValues.put(stockName, unitPrice);
            });
        // ... When과 Then 람다는 편의상 생략
    }
}
```

두 번째 문법은 코드가 더 단순해진다는 명백한 장점이 있다. 특히 테스트 메서드가 무명 람다로 바뀌면서 의미를 가진 메서드 이름(보통 이 과정은 테스트 시나리오의 가독성에 아무 도움이 되지 않음)을 찾는 부담이 없어졌다.

큐컴버의 DSL은 아주 간단하지만 외부적 DSL과 내부적 DSL이 어떻게 효과적으로 합쳐질 수 있으며 람다와 함께 가독성 있는 함축된 코드를 구현할 수 있는지를 잘 보여준다.

## 10.4.3 스프링 통합

**스프링 통합**Spring Integration은 유명한 엔터프라이즈 통합 패턴을 지원할 수 있도록 의존성 주입에 기반한 스프링 프로그래밍 모델을 확장한다[1]. 스프링 통합의 핵심 목표는 복잡한 엔터프라이즈 통합 솔루션을 구현하는 단순한 모델을 제공하고 비동기, 메시지 주도 아키텍처를 쉽게 적용할 수 있게 돕는 것이다.

스프링 통합은 스프링 기반 애플리케이션 내의 경량의 원격, 메시징, 스케줄링을 지원한다. 단비같은 풍부하고 유창한 DSL을 통해 기존의 스프링 XML 설정 파일 기반에도 이들 기능을 지원한다.

스프링 통합은 채널, 엔드포인트endpoints, 폴러pollers, 채널 인터셉터channel interceptors 등 메시지 기반의 애플리케이션에 필요한 가장 공통 패턴을 모두 구현한다. 가독성이 높아지도록 엔드포인트는 DSL에서 동사로 구현하며 여러 엔드포인트를 한 개 이상의 메시지 흐름으로 조합해서 통합 과정이 구성된다. [예제 10-19]는 스프링 통합이 어떻게 동작하는지를 보여주는 단순하지만 완성된 예제다.

---

**1** 더 자세한 사항은 그레거 호프, 바비 울프 공저, 『기업 통합 패턴 Enterprise Integration Patterns』(에이콘출판사, 2014) 참고

```java
@Configuration
@EnableIntegration
public class MyConfiguration {

    @Bean
    public MessageSource<?> integerMessageSource() {
        MethodInvokingMessageSource source =
                new MethodInvokingMessageSource();     호출 시 AtomicInteger를 증가시키는 새
        source.setObject(new AtomicInteger());         MessageSource를 생성
        source.setMethodName("getAndIncrement");
        return source;
    }

    @Bean
    public DirectChannel inputChannel() {      MessageSource에서 도착하는
        return new DirectChannel();            데이터를 나르는 채널
    }

                                               기존에 정의한
    @Bean                                      MessageSource를
    public IntegrationFlow myFlow() {          IntegrationFlow의 입력으로 사용
        return IntegrationFlows
                .from(this.integerMessageSource(),              MessageSource를
                    c -> c.poller(Pollers.fixedRate(10)))       폴링하면서 MessageSource가
                .channel(this.inputChannel())                   나르는 데이터를 가져옴
  짝수만 거름    .filter((Integer p) -> p % 2 == 0)    MessageSource에서 가져온 정수
                .transform(Object::toString)          를 문자열로 변환
queueChannel을   .channel(MessageChannels.queue("queueChannel"))
IntegrationFlow의 .get();    IntegrationFlow 만들기를 끝나고 반환
   결과로 설정
    }
}
```

스프링 통합 DSL을 이용해 myFlow()는 IntegrationFlow를 만든다. 예제는 메서드 체인 패턴을 구현하는 IntegrationFlows 클래스가 제공하는 유연한 빌더를 사용한다. 그리고 결과 플로는 고정된 속도로 MessageSource를 폴링하면서 일련의 정수를 제공하고, 짝수만 거른 다음, 문자열로 변환해 최종적으로 결과를 자바 8 스트림 API와 비슷한 방법으로 출력 채널에 전달한다. inputChannel 이름만 알고 있다면 이 API를 이용해 플로 내의 모든 컴포넌트로 메시지를 전달할 수 있다.

```java
@Bean
public IntegrationFlow myFlow() {
    return flow -> flow.filter((Integer p) -> p % 2 == 0)
                        .transform(Object::toString)
                        .handle(System.out::println);
}
```

확인할 수 있는 것처럼 스프링 통합 DSL에서 가장 널리 사용하는 패턴은 메서드 체인이다. 이 패턴은 IntegrationFlow 빌더의 주요 목표인 전달되는 메시지 흐름을 만들고 데이터를 변환하는 기능에 적합하다. 하지만 마지막 예제에서 확인할 수 있듯이 최상위 수준의 객체를 만들 때 (그리고 내부의 복잡한 메서드 인수에도)는 함수 시퀀싱과 람다 표현식을 사용한다.


## 10.5 마치며

- DSL의 주요 기능은 개발자와 도메인 전문가 사이의 간격을 좁히는 것이다. 애플리케이션의 비즈니스 로직을 구현하는 코드를 만든 사람이 프로그램이 사용될 비즈니스 필드의 전문 지식을 갖추긴 어렵다. 개발자가 아닌 사람도 이해할 수 있는 언어로 이런 비즈니스 로직을 구현할 수 있다고 해서 도메인 전문가가 프로그래머가 될 수 있는 것은 아니지만 적어도 로직을 읽고 검증하는 역할은 할 수 있다.

- DSL은 크게 내부적(DSL이 사용될 애플리케이션을 개발한 언어를 그대로 활용) DSL과 외부적(직접 언어를 설계해 사용함) DSL로 분류할 수 있다. 내부적 DSL은 개발 노력이 적게 드는 반면 호스팅 언어의 문법 제약을 받는다. 외부적 DSL은 높은 유연성을 제공하지만 구현하기가 어렵다.

- JVM에서 이용할 수 있는 스칼라, 그루비 등의 다른 언어로 다중 DSL을 개발할 수 있다. 이들 언어는 자바보다 유연하며 간결한 편이다. 하지만 이들을 자바와 통합하려면 빌드 과정이 복잡해지며 자바와의 상호 호환성 문제도 생길 수 있다.

- 자바의 장황함과 문법적 엄격함 때문에 보통 자바는 내부적 DSL을 개발하는 언어로는 적합하지 않다. 하지만 자바 8의 람다 표현식과 메서드 참조 덕분에 상황이 많이 개선되었다.

- 최신 자바는 자체 API에 작은 DSL을 제공한다. 이들 Stream, Collectors 클래스 등에서 제공하는 작은 DSL은 특히 컬렉션 데이터의 정렬, 필터링, 변환, 그룹화에 유용하다.

- 자바로 DSL을 구현할 때 보통 메서드 체인, 중첩 함수, 함수 시퀀싱 세 가지 패턴이 사용된다. 각각의 패턴은 장단점이 있지만 모든 기법을 한 개의 DSL에 합쳐 장점만을 누릴 수 있다.

- 많은 자바 프레임워크와 라이브러리를 DSL을 통해 이용할 수 있다. 10장에서는 SQL 매핑 도구인 jOOQ, BDD 프레임워크 큐컴버, 엔터프라이즈 통합 패턴을 구현한 스프링 확장인 스프링 통합을 살펴봤다.

Part **IV**

# 매일 자바와 함께

4부에서는 프로젝트를 구성하는 코드를 더 쉽고 안정적으로 만들 수 있도록 자바 8과 자바 9에 추가된 다양한 새 기능을 살펴본다.

- 11장에서는 더 좋은 API를 설계하고 널 포인터 예외를 줄이는 데 도움을 주는 새로운 java.util.Optional 클래스를 설명한다.

- 12장에서는 날짜와 시간 API를 설명한다. 기존에 에러가 많이 발생했던 날짜와 시간 관련 API를 크게 개선했다.

- 13장에서는 디폴트 메서드가 무엇이며, 어떻게 디폴트 메서드로 변화할 수 있는 API를 만들 수 있는지 배운다. 실용적인 디폴트 메서드 사용 패턴과 효과적으로 디폴트 메서드를 사용하는 방법을 설명한다.

- 새로 추가된 14장에서는 기존의 '패키지 모음'을 넘어서 거대한 시스템을 문서화하고, 쉽게 통제할 수 있도록 자바 9에 추가된 자바 모듈 시스템을 설명한다.

# Part IV

# 매일 자바와 함께

# null 대신 Optional 클래스

> ### 이 장의 내용
> ◆ null 참조의 문제점과 null을 멀리해야 하는 이유
> ◆ null 대신 Optional : null로부터 안전한 도메인 모델 재구현하기
> ◆ Optional 활용 : null 확인 코드 제거하기
> ◆ Optional에 저장된 값을 확인하는 방법
> ◆ 값이 없을 수도 있는 상황을 고려하는 프로그래밍

자바로 프로그램을 개발하면서 한 번이라도 NullPointerException을 겪은 사람은 손을 들자. 다양한 예외 중에서 가장 자주 겪는 예외가 NullPointerException이라면 손을 계속 들고 있자. 누가 손을 들고 있는지 서로 확인할 순 없지만 우리 중 거의 대다수가 손을 내리지 못할 것이라는 사실을 어렵지 않게 추측할 수 있다. NullPointerException은 초급자, 중급자, 남녀노소를 불문하고 모든 자바 개발자를 괴롭히는 예외긴 하지만 null이라는 표현을 사용하면서 치러야 할 당연한 대가가 아닐까? 그렇다고 '어떻게 할 수 있는 것도 아니잖아'라고 생각하는 독자도 있을 것이다. 명령형 프로그래밍 세계라면 이러한 의견이 당연한 것처럼 들릴 수도 있다. 하지만 거시적인 프로그래밍 관점에서는 조금 다르게 null 문제를 접근한다.

1965년 토니 호어Tony Hoare라는 영국 컴퓨터과학자가 힙에 할당되는 레코드를 사용하며 형식을 갖는 최초의 프로그래밍 언어 중 하나인 알골ALGOL W을 설계하면서 처음 null 참조가 등장했다. 그는 '구현하기가 쉬웠기 때문에 null을 도입했다'라고 그 당시를 회상한다. '컴파일러의 자동 확인 기능으로 모든 참조를 안전하게 사용할 수 있을 것'을 목표로 정했다. 그 당시에는 null 참조 및 예외로 값이 없는 상황을 가장 단순하게 구현할 수 있다고 판단했고 결과적으로 null

및 관련 예외가 탄생했다. 여러 해가 지난 후 호어는 당시 null 및 예외를 만든 결정을 가리켜 '십억 달러짜리 실수'라고 표현했다. 모든 자바 프로그래머라면 무심코 어떤 객체의 필드를 사용하려 할 때 NullPointerException이라는 귀찮은 예외가 발생하는 상황을 몸소 겪었을 것이다(모든 객체가 null일 수 있기 때문에).

호어는 십억 달러짜리 실수라고 했지만 50년이라는 null 참조의 역사에 비추어볼 때 null로 인한 실질적인 피해비용은 이보다 클 수 있다. 자바를 포함해서 최근 수십 년간 탄생한 대부분의 언어 설계에는 null 참조 개념을 포함한다[1]. 예전 언어와 호환성을 유지하려는 목적도 있었겠지만 호어가 말한 것처럼 '구현하기 쉬웠기 때문에' null 참조 개념을 포함했을 것이다. 먼저 null 때문에 어떤 문제가 발생할 수 있는지 간단한 예제로 살펴보자.

# 11.1 값이 없는 상황을 어떻게 처리할까?

다음처럼 자동차와 자동차 보험을 갖고 있는 사람 객체를 중첩 구조로 구현했다고 하자.

예제 11-1 Person/Car/Insurance 데이터 모델

```
public class Person {
    private Car car;
    public Car getCar() { return car; }
}

public class Car {
    private Insurance insurance;
    public Insurance getInsurance() { return insurance; }
}

public class Insurance {
    private String name;
    public String getName() { return name; }
}
```

----

1  가장 형식적인 함수형 언어인 하스켈, ML 등은 예외적으로 null 참조 개념을 사용하지 않는 언어다. 이들 언어는 **대수적 데이터 형식**(algebraic data type)을 포함한다. 대수적 데이터 형식은 데이터 형식을 간결하게 표현할 뿐 아니라 null 같은 특별한 값을 포함할 것인지 등을 명시하는 규격 명세를 포함한다.

다음 코드에서는 어떤 문제가 발생할까?

```
public String getCarInsuranceName(Person person) {
    return person.getCar().getInsurance().getName();
}
```

코드에는 아무 문제가 없는 것처럼 보이지만 차를 소유하지 않은 사람도 많다. 이때 getCar
를 호출하면 어떤 일이 일어날까? 안타깝게도 대부분의 프로그래머는 null 참조를 반환하는
방식으로 자동차를 소유하고 있지 않음을 표현할 것이다. 그러면 getInsurance는 null 참조
의 보험 정보를 반환하려 할 것이므로 런타임에 NullPointerException이 발생하면서 프로그
램 실행이 중단된다. 또 다른 문제도 있다. 만약 Person이 null이라면 어떻게 될까? 아니면
getInsurance가 null을 반환한다면 어떻게 될까?

## 11.1.1 보수적인 자세로 NullPointerException 줄이기

예기치 않은 NullPointerException을 피하려면 어떻게 해야 할까? 대부분의 프로그래머는 필
요한 곳에 다양한 null 확인 코드를 추가해서 null 예외 문제를 해결하려 할 것이다(더 보수적
인 프로그래머라면 반드시 필요하지 않은 코드에까지 null 확인 코드를 추가할 것이다). 다음
은 null 확인 코드를 추가해서 NullPointerException을 줄이려는 코드다.

**예제 11-2** null 안전 시도 1: 깊은 의심

```
public String getCarInsuranceName(Person person) {
    if (person != null) {
        Car car = person.getCar();                              ←┐
        if (car != null) {                                       │  null 확인 코드 때문에
            Insurance insurance = car.getInsurance();            ←┤  나머지 호출 체인의
            if (insurance != null) {                             │  들여쓰기 수준이 증가한다.
                return insurance.getName();                     ←┘
            }
        }
    }
    return "Unknown";
}
```

위 코드에서는 변수를 참조할 때마다 null을 확인하며 중간 과정에 하나라도 null 참조가 있으

면 'Unknown'이라는 문자열을 반환한다. 상식적으로 모든 회사에는 이름이 있으므로 보험회사의 이름이 null인지는 확인하지 않았다. 우리가 확실히 알고 있는 영역을 모델링할 때는 이런 지식을 활용해서 null 확인을 생략할 수 있지만, 데이터를 자바 클래스로 모델링할 때는 이같은(모든 회사는 반드시 이름을 갖는다) 사실을 단정하기가 어렵다.

[예제 11-2]의 메서드에서는 모든 변수가 null인지 의심하므로 변수를 접근할 때마다 중첩된 if가 추가되면서 코드 들여쓰기 수준이 증가한다. 따라서 이와 같은 반복 패턴recurring pattern 코드를 '깊은 의심deep doubt'이라고 부른다. 즉, 변수가 null인지 의심되어 중첩 if 블록을 추가하면 코드 들여쓰기 수준이 증가한다. 이를 반복하다보면 코드의 구조가 엉망이 되고 가독성도 떨어진다. 따라서 뭔가 다른 해결 방법이 필요하다. 다음 예제는 다른 방법으로 이 문제를 해결하는 코드다.

**예제 11-3** null 안전 시도 2: 너무 많은 출구

```
public String getCarInsuranceName(Person person) {
    if (person == null) {
        return "Unknown";
    }
    Car car = person.getCar();
    if (car == null) {
        return "Unknown";
    }
    Insurance insurance = car.getInsurance();
    if (insurance == null) {
        return "Unknown";
    }
    return insurance.getName();
}
```

null 확인 코드마다
출구가 생긴다.

위 코드는 조금 다른 방법으로 중첩 if 블록을 없앴다. 즉, null 변수가 있으면 즉시 'Unknown'을 반환한다. 하지만 이 예제도 그렇게 좋은 코드는 아니다. 메서드에 네 개의 출구가 생겼기 때문이다. 출구 때문에 유지보수가 어려워진다. 게다가 null일 때 반환되는 기본값 'Unknown'이 세 곳에서 반복되고 있는데 같은 문자열을 반복하면서 오타 등의 실수가 생길 수 있다. 물론 'Unknown'이라는 문자열을 상수로 만들어서 이 문제를 해결할 수는 있다.

앞의 코드는 쉽게 에러를 일으킬 수 있다. 만약 누군가가 null일 수 있다는 사실을 깜빡 잊었다

면 어떤 일이 일어날까? 이 장의 앞에서 null로 값이 없다는 사실을 표현하는 것은 좋은 방법이 아니라고 설명했다. 따라서 값이 있거나 없음을 표현할 수 있는 좋은 방법이 필요하다.

## 11.1.2 null 때문에 발생하는 문제

자바에서 null 참조를 사용하면서 발생할 수 있는 이론적, 실용적 문제를 확인하자.

- **에러의 근원이다** : NullPointerException은 자바에서 가장 흔히 발생하는 에러다.
- **코드를 어지럽힌다** : 때로는 중첩된 null 확인 코드를 추가해야 하므로 null 때문에 코드 가독성이 떨어진다.
- **아무 의미가 없다** : null은 아무 의미도 표현하지 않는다. 특히 정적 형식 언어에서 값이 없음을 표현하는 방법으로는 적절하지 않다.
- **자바 철학에 위배된다** : 자바는 개발자로부터 모든 포인터를 숨겼다. 하지만 예외가 있는데 그것이 바로 null 포인터다.
- **형식 시스템에 구멍을 만든다** : null은 무형식이며 정보를 포함하고 있지 않으므로 모든 참조 형식에 null을 할당할 수 있다. 이런 식으로 null이 할당되기 시작하면서 시스템의 다른 부분으로 null이 퍼졌을 때 애초에 null이 어떤 의미로 사용되었는지 알 수 없다.

다른 프로그래밍 언어에서는 null 참조를 어떻게 해결하는지 살펴보면서 null 참조 문제 해결 방법의 실마리를 찾아보자.

## 11.1.3 다른 언어는 null 대신 무얼 사용하나?

최근 그루비 같은 언어에서는 안전 내비게이션 연산자safe navigation operator (?.)를 도입해서 null 문제를 해결했다. 다음은 사람들이 그들의 자동차에 적용한 보험회사의 이름을 가져오는 그루비 코드 예제다.

```
def carInsuranceName = person?.car?.insurance?.name
```

그루비를 모르는 독자라도 위 코드를 쉽게 이해할 수 있을 것이다. 어떤 사람은 자동차를 가지고 있지 않을 수 있으며 따라서 Person 객체의 car 참조는 null이 할당되어 있을 수 있다. 마찬가지로 자동차에 보험이 없을 수도 있다. 그루비 안전 내비게이션 연산자를 이용하면 null 참조 예외 걱정 없이 객체에 접근할 수 있다. 이때 호출 체인에 null인 참조가 있으면 결과로 null이 반환된다.

자바 7에서도 비슷한 제안이 있었지만 채택되지 않았다. 모든 자바 개발자가 안전 내비게이션 연산자를 간절히 원하는 것은 아니다. 특히 NullPointerException이 발생했다면 예외를 일으키는 메서드에 null을 확인하는 if문을 추가해서 문제를 쉽게 해결할 수 있기 때문이다. 사실 우리 데이터 모델이나 알고리즘이 null을 제대로 처리하는지 고민할 필요 없이 단순하게 늘 그래왔던 것처럼 null 예외 문제를 해결할 수 있지만 이는 문제의 본질을 해결하는 것이 아니라 문제를 뒤로 미루고 숨기는 것이나 마찬가지다. 나중에 코드를 다시 사용하는 사람은 점점 문제를 해결하기 어려운 상황에 놓인다. 물론 나중에 코드를 다시 사용하는 사람은 바로 우리 자신이 될 가능성이 크다. 그루비의 안전 내비게이션 연산자를 이용하면 부작용을 최소화하면서 null 예외 문제를 더 근본적으로 해결할 수 있다.

하스켈, 스칼라 등의 함수형 언어는 아예 다른 관점에서 null 문제를 접근한다. 하스켈은 선택형값*optional value*을 저장할 수 있는 Maybe라는 형식을 제공한다. Maybe는 주어진 형식의 값을 갖거나 아니면 아무 값도 갖지 않을 수 있다. 따라서 null 참조 개념은 자연스럽게 사라진다. 스칼라도 T 형식의 값을 갖거나 아무 값도 갖지 않을 수 있는 Option[T]라는 구조를 제공한다. Option[T]는 20장에서 설명한다. 그리고 Option 형식에서 제공하는 연산을 사용해서 값이 있는지 여부를 명시적으로 확인해야 한다(즉, null 확인). 형식 시스템에서 이를 강제하므로 null과 관련한 문제가 일어날 가능성이 줄어든다.

갑자기 다른 언어 얘기를 들어보니 모두 달콤한 기능인 것 같으면서도 완전히 추상적으로 들렸을 것이다. 이쯤에서 독자 여러분은 '그럼 자바 8에서는 어떤 기능을 제공할까?'라고 궁금해할 것이다. 자바 8은 '선택형값' 개념의 영향을 받아서 java.util.Optional<T>라는 새로운 클래스를 제공한다. 이 장에서는 java.util.Optional<T>를 이용해서 값이 없는 상황을 모델링하는 방법을 설명한다. 또한 null을 Optional로 바꿀 때 우리 도메인 모델에서 선택형값에 접근하는 방법도 달라져야 함을 설명할 것이다. 마지막으로 새로운 Optional 클래스의 기능을 살펴보고, 새로운 기능을 효과적으로 사용하는 방법을 보여주는 몇 가지 예제를 소개한다. 궁극적으로 더 좋은 API를 설계하는 방법을 취득하게 된다. 즉, 우리 API 사용자는 메서드의 시그니처만 보고도 선택형값을 기대해야 하는지 판단할 수 있다.

## 11.2 Optional 클래스 소개

자바 8은 하스켈과 스칼라의 영향을 받아서 java.util.Optional<T>라는 새로운 클래스를 제공한다. Optional은 선택형값을 캡슐화하는 클래스다. 예를 들어 어떤 사람이 차를 소유하고있지 않다면 Person 클래스의 car 변수는 null을 가져야 할 것이다. 하지만 새로운 Optional을 이용할 수 있으므로 null을 할당하는 것이 아니라 [그림 11-1]에서 보여주는 것처럼 변수형을 Optional<Car>로 설정할 수 있다.

그림 **11-1** Optional Car

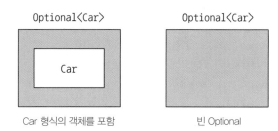

값이 있으면 Optional 클래스는 값을 감싼다. 반면 값이 없으면 Optional.empty 메서드로 Optional을 반환한다. Optional.empty는 Optional의 특별한 싱글턴 인스턴스를 반환하는 정적 팩토리 메서드다. null 참조와 Optional.empty()는 서로 무엇이 다른지 궁금할 것이다. 의미상으론 둘이 비슷하지만 실제로는 차이점이 많다. null을 참조하려 하면 NullPointerException이 발생하지만 Optional.empty()는 Optional 객체이므로 이를 다양한 방식으로 활용할 수 있다. 어떤 방식으로 Optional을 활용할 수 있는지 곧 살펴볼 것이다.

null 대신 Optional을 사용하면서 Car 형식이 Optional<Car>로 바뀌었다. 이는 값이 없을 수 있음을 명시적으로 보여준다. 반면 Car 형식을 사용했을 때는 Car에 null 참조가 할당될 수 있는데 이것이 올바른 값인지 아니면 잘못된 값인지 판단할 아무 정보도 없다.

이제 Optional을 이용해서 [예제 11-1]의 코드를 다음처럼 고칠 수 있다.

예제 **11-4** Optional로 Person/Car/Insurance 데이터 모델 재정의

```
public class Person {
    private Optional<Car> car;
    public Optional<Car> getCar() {
        return car; }
```
◁── 사람이 차를 소유했을 수도
소유하지 않았을 수도 있으므로
Optional로 정의한다.

```
        }

    public class Car {                              자동차가 보험에 가입되어 있을 수도
        private Optional<Insurance> insurance;  ◄── 가입되어 있지 않았을 수도 있으므로
        public Optional<Insurance> getInsurance() {    Optional로 정의한다.
            return insurance;
        }
    }

    public class Insurance {          보험회사에는 반드시
        private String name;   ◄──    이름이 있다.
        public String getName() {
            return name;
        }
    }
```

Optional 클래스를 사용하면서 모델의 의미semantic가 더 명확해졌음을 확인할 수 있다. 사람은 Optional<Car>를 참조하며 자동차는 Optional<Insurance>를 참조하는데, 이는 사람이 자동차를 소유했을 수도 아닐 수도 있으며, 자동차는 보험에 가입되어 있을 수도 아닐 수도 있음을 명확히 설명한다.

또한 보험회사 이름은 Optional<String>이 아니라 String 형식으로 선언되어 있는데, 이는 보험회사는 반드시 이름을 가져야 함을 보여준다. 따라서 보험회사 이름을 참조할 때 NullPointerException이 발생할 수도 있다는 정보를 확인할 수 있다. 하지만 보험회사 이름이 null인지 확인하는 코드를 추가할 필요는 없다. 오히려 고쳐야 할 문제를 감추는 꼴이 되기 때문이다. 보험회사는 반드시 이름을 가져야 하며 이름이 없는 보험회사를 발견했다면 예외를 처리하는 코드를 추가하는 것이 아니라 보험회사 이름이 없는 이유가 무엇인지 밝혀서 문제를 해결해야 한다. Optional을 이용하면 값이 없는 상황이 우리 데이터에 문제가 있는 것인지 아니면 알고리즘의 버그인지 명확하게 구분할 수 있다. 모든 null 참조를 Optional로 대치하는 것은 바람직하지 않다. Optional의 역할은 더 이해하기 쉬운 API를 설계하도록 돕는 것이다. 즉, 메서드의 시그니처만 보고도 선택형값인지 여부를 구별할 수 있다. Optional이 등장하면 이를 언랩해서 값이 없을 수 있는 상황에 적절하게 대응하도록 강제하는 효과가 있다.

# 11.3 Optional 적용 패턴

지금까지 Optional 형식을 이용해서 우리 도메인 모델의 의미를 더 명확하게 만들 수 있었으며 null 참조 대신 값이 없는 상황을 표현할 수 있음을 확인했다. 그럼 실제로는 Optional을 어떻게 활용할 수 있을까? Optional로 감싼 값을 실제로 어떻게 사용할 수 있을까?

## 11.3.1 Optional 객체 만들기

Optional을 사용하려면 Optional 객체를 만들어야 한다. 다양한 방법으로 Optional 객체를 만들 수 있다.

### 빈 Optional

이전에도 언급했듯이 정적 팩토리 메서드 Optional.empty로 빈 Optional 객체를 얻을 수 있다.

```
Optional<Car> optCar = Optional.empty();
```

### null이 아닌 값으로 Optional 만들기

또는 정적 팩토리 메서드 Optional.of로 null이 아닌 값을 포함하는 Optional을 만들 수 있다.

```
Optional<Car> optCar = Optional.of(car);
```

이제 car가 null이라면 즉시 NullPointerException이 발생한다(Optional을 사용하지 않았다면 car의 프로퍼티에 접근하려 할 때 에러가 발생했을 것이다).

### null값으로 Optional 만들기

마지막으로 정적 팩토리 메서드 Optional.ofNullable로 null값을 저장할 수 있는 Optional을 만들 수 있다.

```
Optional<Car> optCar = Optional.ofNullable(car);
```

car가 null이면 빈 Optional 객체가 반환된다.

그런데 Optional에서 어떻게 값을 가져오는지는 아직 살펴보지 않았다. get 메서드를 이용해서 Optional의 값을 가져올 수 있는데, 이는 곧 살펴볼 것이다. 그런데 Optional이 비어있으면 get을 호출했을 때 예외가 발생한다. 즉, Optional을 잘못 사용하면 결국 null을 사용했을 때와 같은 문제를 겪을 수 있다. 따라서 먼저 Optional로 명시적인 검사를 제거할 수 있는 방법을 살펴본다. 곧 Optional에서 제공하는 기능이 스트림 연산에서 영감을 받았음을 알게 될 것이다.

## 11.3.2 맵으로 Optional의 값을 추출하고 변환하기

보통 객체의 정보를 추출할 때는 Optional을 사용할 때가 많다. 예를 들어 보험회사의 이름을 추출한다고 가정하자. 다음 코드처럼 이름 정보에 접근하기 전에 insurance가 null인지 확인해야 한다.

```
String name = null;
if(insurance != null) {
    name = insurance.getName();
}
```

이런 유형의 패턴에 사용할 수 있도록 Optional은 map 메서드를 지원한다. 다음 코드를 살펴보자(이 코드에서는 [예제 11-4]에서 소개한 모델을 사용함).

```
Optional<Insurance> optInsurance = Optional.ofNullable(insurance);
 Optional<String> name = optInsurance.map(Insurance::getName);
```

Optional의 map 메서드는 4장과 5장에서 살펴본 스트림의 map 메서드와 개념적으로 비슷하다. 스트림의 map은 스트림의 각 요소에 제공된 함수를 적용하는 연산이다. 여기서 Optional 객체를 최대 요소의 개수가 한 개 이하인 데이터 컬렉션으로 생각할 수 있다. Optional이 값을 포함하면 map의 인수로 제공된 함수가 값을 바꾼다. Optional이 비어있으면 아무 일도 일어나지 않는다. [그림 11-2]는 스트림과 Optional에서 사각형을 삼각형으로 변형하는 함수를 map 메서드에 적용했을 때 어떤 일이 일어나는지 보여준다(스트림의 연산과 얼마나 비슷한지 확인할 수 있다).

**그림 11-2** 스트림과 Optional의 map 메서드 비교

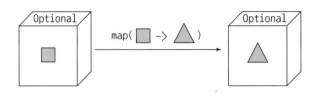

```
public String getCarInsuranceName(Person person) {
    return person.getCar().getInsurance().getName();
}
```

그러면 여러 메서드를 안전하게 호출하는데, 이 코드를 어떻게 활용할 수 있을까?

이제 flatMap이라는 Optional의 또 다른 메서드를 살펴보자!

## 11.3.3 flatMap으로 Optional 객체 연결

map을 사용하는 방법을 배웠으므로 다음처럼 map을 이용해서 코드를 재구현할 수 있다.

```
Optional<Person> optPerson = Optional.of(person);
Optional<String> name =
    optPerson.map(Person::getCar)
            .map(Car::getInsurance)
            .map(Insurance::getName);
```

**그림 11-3** 이차원 Optional

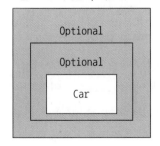

안타깝게도 위 코드는 컴파일되지 않는다. 왜 그럴까? 변수 optPerson의 형식은 Optional<Person>이므로 map 메서드를 호출할 수 있다. 하지만 getCar는 Optional<Car> 형식의 객체를 반환한다(예제 11-4 참조). 즉, map 연산의 결과는 Optional<Optional<Car>> 형식의 객체다. getInsurance는 또 다른 Optional 객체를 반환하므로 getInsurance 메서드를 지원하지 않는다. [그림 11-3]은 이와 같은 중첩 Optional 객체 구조를 보여준다.

이 문제를 어떻게 해결할 수 있을까? 스트림의 flatMap이라는 메서드를 기억하는가? 스트림의 flatMap은 함수를 인수로 받아서 다른 스트림을 반환하는 메서드다. 보통 인수로 받은 함수를 스트림의 각 요소에 적용하면 스트림의 스트림이 만들어진다. 하지만 flatMap은 인수로 받은 함수를 적용해서 생성된 각각의 스트림에서 콘텐츠만 남긴다. 즉, 함수를 적용해서 생성된 뒤 모든 스트림이 하나의 스트림으로 병합되어 평준화된다. 우리도 이차원 Optional을 일차원 Optional로 평준화해야 한다.

[그림 11-4]는 [그림 11-2]의 map 메서드처럼 스트림의 flatMap 메서드와 Optional의 flatMap 메서드의 유사성을 보여준다.

**그림 11-4** 스트림과 Optional의 flatMap 메서드 비교

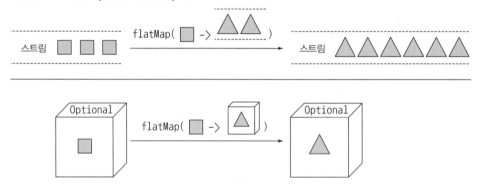

flatMap 메서드로 전달된 함수는 각각의 정사각형을 두 개의 삼각형을 포함하는 스트림으로 변환한다. 즉, map을 적용한 결과로 세 개의 스트림(각각 두 개의 삼각형을 가지고 있는)을 포함하는 하나의 스트림이 생성된다. 하지만 flatMap 메서드 덕분에 이차원 스트림이 여섯 개의 삼각형을 포함하는 일차원 스트림으로 바뀐다. 마찬가지로 Optional의 flatMap 메서드로 전달된 함수는 Optional에 저장된 정사각형을 Optional에 저장된 삼각형으로 바꾼다. map 메서드였다면 Optional 내부에 다른 Optional 그리고 그 내부에 삼각형이 저장되었겠지만 flatMap

메서드 덕분에 이차원 Optional이 하나의 삼각형을 포함하는 하나의 Optional로 바뀐다.

## Optional로 자동차의 보험회사 이름 찾기

Optional의 map과 flatMap을 살펴봤으니 이제 이를 실제로 사용해보자. [예제 11-2]와 [예제 11-3]에서 구현했던 빈틈이 많은 코드를 [예제 11-4]에서 보여준 Optional 기반 데이터 모델로 재구현할 수 있다.

**예제 11-5** Optional로 자동차의 보험회사 이름 찾기

```
public String getCarInsuranceName(Optional<Person> person) {
    return person.flatMap(Person::getCar)
                 .flatMap(Car::getInsurance)
                 .map(Insurance::getName)
                 .orElse("Unknown");  ← 결과 Optional이 비어있으면
}                                        기본값 사용
```

[예제 11-5]를 [예제 11-2], [예제 11-3]과 비교하면서 Optional을 이용해서 값이 없는 상황을 처리하는 것이 어떤 장점을 제공하는지 확인할 수 있다. 즉, null을 확인하느라 조건 분기문을 추가해서 코드를 복잡하게 만들지 않으면서도 쉽게 이해할 수 있는 코드를 완성했다.

우선 [예제 11-2]와 [예제 11-3]의 getCarInsuranceName 메서드의 시그니처를 고쳤다. 주어진 조건에 해당하는 사람이 없을 수 있기 때문이다. 예를 들어 id로 사람을 검색했는데 id에 맞는 사람이 없을 수 있다. 따라서 Person 대신 Optional<Person>을 사용하도록 메서드 인수 형식을 바꿨다.

또한 Optional을 사용하므로 도메인 모델과 관련한 암묵적인 지식에 의존하지 않고 명시적으로 형식 시스템을 정의할 수 있었다. 정확한 정보 전달은 언어의 가장 큰 목표 중 하나다(물론 프로그래밍 언어도 예외는 아니다). Optional을 인수로 받거나 Optional을 반환하는 메서드를 정의한다면 결과적으로 이 메서드를 사용하는 모든 사람에게 이 메서드가 빈 값을 받거나 빈 결과를 반환할 수 있음을 잘 문서화해서 제공하는 것과 같다.

## Optional을 이용한 Person/Car/Insurance 참조 체인

지금까지 Optional<Person>으로 시작해서 Person의 Car, Car의 Insurance, Insurance의 이름 문자열을 참조(map, flatMap을 이용)하는 방법을 살펴봤다. [그림 11-5]는 이 파이프라인 연산을 보여준다.

**그림 11-5** Optional을 활용한 Person/Car/Insurance 참조 체인

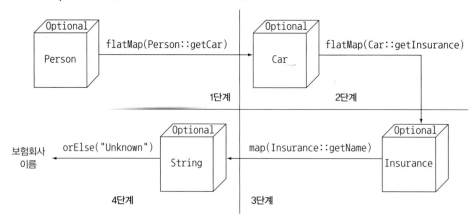

그림을 보면 우선 Person을 Optional로 감싼 다음에 flatMap(Person::getCar)를 호출했다. 이미 설명한 것처럼 이 호출을 두 단계의 논리적 과정으로 생각할 수 있다. 첫 번째 단계에서는 Optional 내부의 Person에 Function을 적용한다. 여기서는 Person의 getCar 메서드가 Function이다. getCar 메서드는 Optional<Car>를 반환하므로 Optional 내부의 Person이 Optional<Car>로 변환되면서 중첩 Optional이 생성된다. 따라서 flatMap 연산으로 Optional을 평준화한다. 평준화 과정이란 이론적으로 두 Optional을 합치는 기능을 수행하면서 둘 중하나라도 null이면 빈 Optional을 생성하는 연산이다. flatMap을 빈 Optional에 호출하면 아무 일도 일어나지 않고 그대로 반환된다. 반면 Optional이 Person을 감싸고 있다면 flatMap에 전달된 Function이 Person에 적용된다. Function을 적용한 결과가 이미 Optional이므로 flatMap 메서드는 결과를 그대로 반환할 수 있다.

두 번째 단계도 첫 번째 단계와 비슷하게 Optional<Car>를 Optional<Insurance>로 변환한다. 세 번째 단계에서는 Optional<Insurance>를 Optional<String>으로 변환한다. 세 번째 단계에서 Insurance.getName()은 String을 반환하므로 flatMap을 사용할 필요가 없다.

호출 체인 중 어떤 메서드가 빈 Optional을 반환한다면 전체 결과로 빈 Optional을 반환하고 아니면 관련 보험회사의 이름을 포함하는 Optional을 반환한다. 이제 반환된 Optional의 값을 어떻게 읽을 수 있을까? 호출 체인의 결과로 Optional<String>이 반환되는데 여기에 회사 이름이 저장되어 있을 수도 있고 없을 수도 있다. [예제 11-5]에서는 Optional이 비어있을 때 기본값default value을 제공하는 orElse라는 메서드를 사용했다. Optional은 기본값을 제공하거나 Optional을 언랩unwrap하는 다양한 메서드를 제공한다. 이제 Optional에서 제공하는 다양한 기능을 자세히 살펴보자.

---

### 도메인 모델에 Optional을 사용했을 때 데이터를 직렬화할 수 없는 이유

[예제 11-4]에서는 Optional로 우리 도메인 모델에서 값이 꼭 있어야 하는지 아니면 값이 없을 수 있는지 여부를 구체적으로 표현할 수 있었다. 놀랍게도 Optional 클래스의 설계자는 이와는 다른 용도로만 Optional 클래스를 사용할 것을 가정했다. 자바 언어 아키텍트인 브라이언 고츠Brian Goetz는 Optional의 용도가 선택형 반환값을 지원하는 것이라고 명확하게 못박았다.

Optional 클래스는 필드 형식으로 사용할 것을 가정하지 않았으므로 Serializable 인터페이스를 구현하지 않는다. 따라서 우리 도메인 모델에 Optional을 사용한다면 직렬화serializable 모델을 사용하는 도구나 프레임워크에서 문제가 생길 수 있다. 이와 같은 단점에도 불구하고 여전히 Optional을 사용해서 도메인 모델을 구성하는 것이 바람직하다고 생각한다. 특히 객체 그래프에서 일부 또는 전체 객체가 null일 수 있는 상황이라면 더욱 그렇다. 직렬화 모델이 필요하다면 다음 예제에서 보여주는 것처럼 Optional로 값을 반환받을 수 있는 메서드를 추가하는 방식을 권장한다.

```java
public class Person {
    private Car car;
    public Optional<Car> getCarAsOptional() {
        return Optional.ofNullable(car);
    }
}
```

## 11.3.4 Optional 스트림 조작

자바 9에서는 Optional을 포함하는 스트림을 쉽게 처리할 수 있도록 Optional에 stream() 메서드를 추가했다. Optional 스트림을 값을 가진 스트림으로 변환할 때 이 기능을 유용하게 활용할 수 있다. 11.3.4절에서는 다른 예제를 이용해 Optional 스트림을 어떻게 다루고 처리하는지 설명한다.

[예제 11-6]은 [예제 11-4]에서 정의한 Person/Car/Insurance 도메인 모델을 사용한다. List<Person>을 인수로 받아 자동차를 소유한 사람들이 가입한 보험 회사의 이름을 포함하는 Set<String>을 반환하도록 메서드를 구현해야 한다.

예제 11-6 사람 목록을 이용해 가입한 보험 회사 이름 찾기

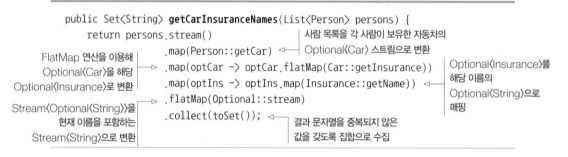

보통 스트림 요소를 조작하려면 변환, 필터 등의 일련의 여러 긴 체인이 필요한데 이 예제는 Optional로 값이 감싸있으므로 이 과정이 조금 더 복잡해졌다. 예제에서 getCar() 메서드가 단순히 Car가 아니라 Optional<Car>를 반환하므로 사람이 자동차를 가지지 않을 수도 있는 상황임을 기억하자. 따라서 첫 번째 map 변환을 수행하고 Stream<Optional<Car>>를 얻는다. 이어지는 두 개의 map 연산을 이용해 Optional<Car>를 Optional<Insurance>로 변환한 다음 [예제 11-5]에서 했던 것처럼 스트림이 아니라 각각의 요소에 했던 것처럼 각각을 Optional<String>로 변환한다.

세 번의 변환 과정을 거친 결과 Stream<Optional<String>>를 얻는데 사람이 차를 갖고 있지 않거나 또는 차가 보험에 가입되어 있지 않아 결과가 비어있을 수 있다. Optional 덕분에 이런 종류의 연산을 널 걱정없이 안전하게 처리할 수 있지만 마지막 결과를 얻으려면 빈 Optional을 제거하고 값을 언랩해야 한다는 것이 문제다. 다음 코드처럼 fliter, map을 순서적으로 이용해

결과를 얻을 수 있다.

```
Stream<Optional<String>> stream = ...
Set<String> result = stream.filter(Optional::isPresent)
                           .map(Optional::get)
                           .collect(toSet());
```

하지만 [예제 11-6]에서 확인했듯이 Optional 클래스의 stream() 메서드를 이용하면 한 번의 연산으로 같은 결과를 얻을 수 있다. 이 메서드는 각 Optional이 비어있는지 아닌지에 따라 Optional을 0개 이상의 항목을 포함하는 스트림으로 변환한다. 따라서 이 메서드의 참조를 스트림의 한 요소에서 다른 스트림으로 적용하는 함수로 볼 수 있으며 이를 원래 스트림에 호출하는 flatMap 메서드로 전달할 수 있다. 지금까지 배운것처럼 이런 방법으로 스트림의 요소를 두 수준인 스트림의 스트림으로 변환하고 다시 한 수준인 평면 스트림으로 바꿀 수 있다. 이 기법을 이용하면 한 단계의 연산으로 값을 포함하는 Optional을 언랩하고 비어있는 Optional은 건너뛸 수 있다.

## 11.3.5 디폴트 액션과 Optional 언랩

11.3.3절에서는 빈 Optional인 상황에서 기본값을 반환하도록 orElse로 Optional을 읽었다. Optional 클래스는 이 외에도 Optional 인스턴스에 포함된 값을 읽는 다양한 방법을 제공한다.

- get()은 값을 읽는 가장 간단한 메서드면서 동시에 가장 안전하지 않은 메서드다. 메서드 get은 래핑된 값이 있으면 해당 값을 반환하고 값이 없으면 NoSuchElementException을 발생시킨다. 따라서 Optional에 값이 반드시 있다고 가정할 수 있는 상황이 아니면 get 메서드를 사용하지 않는 것이 바람직하다. 결국 이 상황은 중첩된 null 확인 코드를 넣는 상황과 크게 다르지 않다.

- [예제 11-5]에서는 orElse(T other)를 사용했다. orElse 메서드를 이용하면 Optional이 값을 포함하지 않을 때 기본값을 제공할 수 있다.

- orElseGet(Supplier<? extends T> other)는 orElse 메서드에 대응하는 게으른 버전의 메서드다. Optional에 값이 없을 때만 Supplier가 실행되기 때문이다. 디폴트 메서드를 만드는 데 시간이 걸리거나(효율성 때문에) Optional이 비어있을 때만 기본값을 생성하

고 싶다면(기본값이 반드시 필요한 상황) orElseGet(Supplier<? extends T> other)를
사용해야 한다.

- orElseThrow(Supplier<? extends X> exceptionSupplier)는 Optional이 비어있을 때
  예외를 발생시킨다는 점에서 get 메서드와 비슷하다. 하지만 이 메서드는 발생시킬 예외
  의 종류를 선택할 수 있다.

- ifPresent(Consumer<? super T> consumer)를 이용하면 값이 존재할 때 인수로 넘겨준
  동작을 실행할 수 있다. 값이 없으면 아무 일도 일어나지 않는다.

자바 9에서는 다음의 인스턴스 메서드가 추가되었다.

- ifPresentOrElse(Consumer<? super T> action, Runnable emptyAction), 이 메서드
  는 Optional이 비었을 때 실행할 수 있는 Runnable을 인수로 받는다는 점만 ifPresent
  와 다르다.

## 11.3.6 두 Optional 합치기

이제 Person과 Car 정보를 이용해서 가장 저렴한 보험료를 제공하는 보험회사를 찾는 몇몇 복
잡한 비즈니스 로직을 구현한 외부 서비스가 있다고 가정하자.

```
public Insurance findCheapestInsurance(Person person, Car car) {
    // 다양한 보험회사가 제공하는 서비스 조회
    // 모든 결과 데이터 비교
    return cheapestCompany;
}
```

이제 두 Optional을 인수로 받아서 Optional<Insurance>를 반환하는 null 안전 버전<sup>nullsafe</sup>
version의 메서드를 구현해야 한다고 가정하자. 인수로 전달한 값 중 하나라도 비어있으면 빈
Optional<Insurance>를 반환한다. Optional 클래스는 Optional이 값을 포함하는지 여부를 알
려주는 isPresent라는 메서드도 제공한다. 따라서 isPresent를 이용해서 다음처럼 코드를 구
현할 수 있다.

```
public Optional<Insurance> nullSafeFindCheapestInsurance(
        Optional<Person> person, Optional<Car> car) {
    if (person.isPresent() && car.isPresent()) {
        return Optional.of(findCheapestInsurance(person.get(), car.get()));
```

```
        } else {
            return Optional.empty();
        }
    }
```

이 메서드의 장점은 person과 car의 시그니처만으로 둘 다 아무 값도 반환하지 않을 수 있다는 정보를 명시적으로 보여준다는 것이다. 안타깝게도 구현 코드는 null 확인 코드와 크게 다른 점이 없다. Optional 클래스에서 제공하는 기능을 이용해서 이 코드를 더 자연스럽게 개선할 수 없을까? [퀴즈 11-1]을 살펴보면서 더 멋진 해결책을 찾아보자.

Optional 클래스와 Stream 인터페이스는 map과 flatMap 메서드 이외에도 다양한 비슷한 기능을 공유한다. 다음 절에서는 세 번째 메서드 filter를 살펴본다.

---

**퀴즈 11-1** Optional 언랩하지 않고 두 Optional 합치기

이 절에서 배운 map과 flatMap 메서드를 이용해서 기존의 nullSafeFindCheapestInsurance() 메서드를 한 줄의 코드로 재구현하시오.

**정답**

다음 코드처럼 어떤 조건문도 사용하지 않고 한 줄의 코드로 nullSafeFindCheapestInsurance() 메서드를 재구현할 수 있다.

```
public Optional<Insurance> nullSafeFindCheapestInsurance(
        Optional<Person> person, Optional<Car> car) {
    return person.flatMap(p -> car.map(c -> findCheapestInsurance(p, c)));
}
```

첫 번째 Optional에 flatMap을 호출했으므로 첫 번째 Optional이 비어있다면 인수로 전달한 람다 표현식이 실행되지 않고 그대로 빈 Optional을 반환한다. 반면 person값이 있으면 flatMap 메서드에 필요한 Optional<Insurance>를 반환하는 Function의 입력으로 person을 사용한다. 이 함수의 바디에서는 두 번째 Optional에 map을 호출하므로 Optional이 car값을 포함하지 않으면 Function은 빈 Optional을 반환하므로 결국 nullSafeFindCheapestInsurance는 빈 Optional을 반환한다. 마지막으로 person과 car가 모두 존재하면 map 메서드로 전달한 람다 표현식이 findCheapestInsurance 메서드를 안전하게 호출할 수 있다.

---

## 11.3.7 필터로 특정값 거르기

종종 객체의 메서드를 호출해서 어떤 프로퍼티를 확인해야 할 때가 있다. 예를 들어 보험회사 이름이 'CambridgeInsurance'인지 확인해야 한다고 가정하자. 이 작업을 안전하게 수행하려면 다음 코드에서 보여주는 것처럼 Insurance 객체가 null인지 여부를 확인한 다음에 getName 메서드를 호출해야 한다.

```
Insurance insurance = ...;
if(insurance != null && "CambridgeInsurance".equals(insurance.getName())){
    System.out.println("ok");
}
```

Optional 객체에 filter 메서드를 이용해서 다음과 같이 코드를 재구현할 수 있다.

```
Optional<Insurance> optInsurance = ...;
optInsurance.filter(insurance ->
                "CambridgeInsurance".equals(insurance.getName()))
        .ifPresent(x -> System.out.println("ok"));
```

filter 메서드는 프레디케이트를 인수로 받는다. Optional 객체가 값을 가지며 프레디케이트와 일치하면 filter 메서드는 그 값을 반환하고 그렇지 않으면 빈 Optional 객체를 반환한다. Optional은 최대 한 개의 요소를 포함할 수 있는 스트림과 같다고 설명했으므로 이 사실을 적용하면 filter 연산의 결과를 쉽게 이해할 수 있다. Optional이 비어있다면 filter 연산은 아무 동작도 하지 않는다. Optional에 값이 있으면 그 값에 프레디케이트를 적용한다. 프레디케이트 적용 결과가 true면 Optional에는 아무 변화도 일어나지 않는다. 하지만 결과가 false면 값은 사라져버리고 Optional은 빈 상태가 된다. [퀴즈 11-2]를 풀면서 filter 연산을 제대로 이해했는지 확인하자.

---

**퀴즈 11-2** Optional 필터링

우리의 Person/Car/Insurance 모델을 구현하는 Person 클래스에는 사람의 나이 정보를 가져오는 getAge라는 메서드도 있었다. 다음 시그니처를 이용해서 [예제 11-5]의 getCarInsuranceName 메서드를 고치시오.

public String **getCarInsuranceName**(Optional<Person> person, int minAge)

즉, 인수 person이 minAge 이상의 나이일 때만 보험회사 이름을 반환한다.

---

다음 코드에서 보여주는 것처럼 인수 minAge 이상의 나이를 먹은 사람만 선택하도록 프레디케이트를 설정해서 filter 메서드에 전달하는 방식으로 Optional에서 person을 필터링할 수 있다.

```
public String getCarInsuranceName(Optional<Person> person, int minAge) {
    return person.filter(p -> p.getAge() >= minAge)
                .flatMap(Person::getCar)
                .flatMap(Car::getInsurance)
                .map(Insurance::getName)
                .orElse("Unknown");
}
```

다음 절에서는 Optional 클래스의 다른 기능과 기존의 코드를 재구현하는 데 도움이 되는 다양한 기법을 사용한 실용 예제를 살펴본다. [표 11-1]은 Optional 클래스의 메서드를 보여준다.

표 11-1 Optional 클래스의 메서드

| 메서드 | 설명 |
| --- | --- |
| empty | 빈 Optional 인스턴스 반환 |
| filter | 값이 존재하며 프레디케이트와 일치하면 값을 포함하는 Optional을 반환하고, 값이 없거나 프레디케이트와 일치하지 않으면 빈 Optional을 반환함 |
| flatMap | 값이 존재하면 인수로 제공된 함수를 적용한 결과 Optional을 반환하고, 값이 없으면 빈 Optional을 반환함 |
| get | 값이 존재하면 Optional이 감싸고 있는 값을 반환하고, 값이 없으면 NoSuchElementException이 발생함 |
| ifPresent | 값이 존재하면 지정된 Consumer를 실행하고, 값이 없으면 아무 일도 일어나지 않음 |
| ifPresentOrElse | 값이 존재하면 지정된 Consumer를 실행하고, 값이 없으면 아무 일도 일어나지 않음 |
| isPresent | 값이 존재하면 true를 반환하고, 값이 없으면 false를 반환함 |
| map | 값이 존재하면 제공된 매핑 함수를 적용함 |
| of | 값이 존재하면 값을 감싸는 Optional을 반환하고, 값이 null이면 NullPointerException을 발생함 |
| ofNullable | 값이 존재하면 값을 감싸는 Optional을 반환하고, 값이 null이면 빈 Optional을 반환함 |
| or | 값이 존재하면 같은 Optional을 반환하고, 값이 없으면 Supplier에서 만든 Optional을 반환 |
| orEle | 값이 존재하면 값을 반환하고, 값이 없으면 기본값을 반환함 |
| orElseGet | 값이 존재하면 값을 반환하고, 값이 없으면 Supplier에서 제공하는 값을 반환함 |
| orElseThrow | 값이 존재하면 값을 반환하고, 값이 없으면 Supplier에서 생성한 예외를 발생함 |
| stream | 값이 존재하면 존재하는 값만 포함하는 스트림을 반환하고, 값이 없으면 빈 스트림을 반환. |

## 11.4 Optional을 사용한 실용 예제

지금까지 배운 것처럼 새 Optional 클래스를 효과적으로 이용하려면 잠재적으로 존재하지 않는 값의 처리 방법을 바꿔야 한다. 즉, 코드 구현만 바꾸는 것이 아니라 네이티브 자바 API와 상호작용하는 방식도 바꿔야 한다.

사실 저자는 Optional 클래스 지원 여부가 더 일찍 결정되었다면 많은 API 구현 코드가 달라졌을 것이라고 확신한다. 호환성을 유지하다보니 기존 자바 API는 Optional을 적절하게 활용하지 못하고 있다. 그렇다고 기존 API에서 Optional을 사용할 수 없는 것은 아니다. Optional 기능을 활용할 수 있도록 우리 코드에 작은 유틸리티 메서드를 추가하는 방식으로 이 문제를 해결할 수 있다. 지금부터 몇 가지 실용 예제를 살펴보자.

### 11.4.1 잠재적으로 null이 될 수 있는 대상을 Optional로 감싸기

기존의 자바 API에서는 null을 반환하면서 요청한 값이 없거나 어떤 문제로 계산에 실패했음을 알린다. 예를 들어 Map의 get 메서드는 요청한 키에 대응하는 값을 찾지 못했을 때 null을 반환한다. 지금까지 살펴본 것처럼 null을 반환하는 것보다는 Optional을 반환하는 것이 더 바람직하다. get 메서드의 시그니처는 우리가 고칠 수 없지만 get 메서드의 반환값은 Optional로 감쌀 수 있다. Map<String, Object> 형식의 맵이 있는데, 다음처럼 key로 값에 접근한다고 가정하자.

```
Object value = map.get("key");
```

문자열 'key'에 해당하는 값이 없으면 null이 반환될 것이다. map에서 반환하는 값을 Optional로 감싸서 이를 개선할 수 있다. 코드가 복잡하기는 하지만 기존처럼 if-then-else를 추가하거나, 아니면 아래와 같이 깔끔하게 Optional.ofNullable을 이용하는 두 가지 방법이 있다.

```
Optional<Object> value = Optional.ofNullable(map.get("key"));
```

이와 같은 코드를 이용해서 null일 수 있는 값을 Optional로 안전하게 변환할 수 있다.

## 11.4.2 예외와 Optional 클래스

자바 API는 어떤 이유에서 값을 제공할 수 없을 때 null을 반환하는 대신 예외를 발생시킬 때도 있다. 이것에 대한 전형적인 예가 문자열을 정수로 변환하는 정적 메서드 Integer.parseInt(String)다. 이 메서드는 문자열을 정수로 바꾸지 못할 때 NumberFormatException을 발생시킨다. 즉, 문자열이 숫자가 아니라는 사실을 예외로 알리는 것이다. 기존에 값이 null일 수 있을때는 if문으로 null 여부를 확인했지만 예외를 발생시키는 메서드에서는 try/catch 블록을 사용해야 한다는 점이 다르다.

정수로 변환할 수 없는 문자열 문제를 빈 Optional로 해결할 수 있다. 즉, parseInt가 Optional을 반환하도록 모델링할 수 있다. 물론 기존 자바 메서드 parseInt를 직접 고칠 수는 없지만 다음 코드처럼 parseInt를 감싸는 작은 유틸리티 메서드를 구현해서 Optional을 반환할 수 있다.

**예제 11-7** 문자열을 정수 Optional로 변환

```
public static Optional<Integer> stringToInt(String s) {
    try {
        return Optional.of(Integer.parseInt(s));    ◁──  문자열을 정수로 변환할 수 있으면
    } catch (NumberFormatException e) {                   정수로 변환된 값을 포함하는
        return Optional.empty();    ◁──                   Optional을 반환한다.
    }                          그렇지 않으면
}                              빈 Optional을 반환한다.
```

독자 여러분도 위와 같은 메서드를 포함하는 유틸리티 클래스 OptionalUtility를 만들기 바란다. 그러면 필요할 때 OptionalUtility.stringToInt를 이용해서 문자열을 Optional<Integer>로 변환할 수 있다. 기존처럼 거추장스러운 try/catch 로직을 사용할 필요가 없다.

## 11.4.3 기본형 Optional을 사용하지 말아야 하는 이유

스트림처럼 Optional도 기본형으로 특화된 OptionalInt, OptionalLong, OptionalDouble 등의 클래스를 제공한다. 예를 들어 [예제 11-7]에서 Optional<Integer> 대신 OptionalInt를 반환할 수 있다. 5장에서 스트림이 많은 요소를 가질 때는 기본형 특화 스트림을 이용해서 성

능을 향상시킬 수 있다고 설명했다. 하지만 Optional의 최대 요소 수는 한 개이므로 Optional 에서는 기본형 특화 클래스로 성능을 개선할 수 없다.

기본형 특화 Optional은 10.2절에서 살펴본 Optional 클래스의 유용한 메서드 map, flatMap, filter 등을 지원하지 않으므로 기본형 특화 Optional을 사용할 것을 권장하지 않는 다. 게다가 스트림과 마찬가지로 기본형 특화 Optional로 생성한 결과는 다른 일반 Optional 과 혼용할 수 없다. 예를 들어 [예제 11-7]이 OptionalInt를 반환한다면 이를 다른 Optional 의 flatMap에 메서드 참조로 전달할 수 없다.

## 11.4.4 응용

Optional 클래스의 메서드를 실제 업무에서 어떻게 활용할 수 있는지 살펴보자. 예를 들어 프로그램의 설정 인수로 Properties를 전달한다고 가정하자. 그리고 다음과 같은 Properties로 우리가 만든 코드를 테스트할 것이다.

```
Properties props = new Properties();
props.setProperty("a", "5");
props.setProperty("b", "true");
props.setProperty("c", "-3");
```

이제 프로그램에서는 Properties를 읽어서 값을 초 단위의 지속 시간$^{duration}$으로 해석한다. 다음과 같은 메서드 시그니처로 지속 시간을 읽을 것이다.

```
public int readDuration(Properties props, String name)
```

지속 시간은 양수여야 하므로 문자열이 양의 정수를 가리키면 해당 정수를 반환하지만 그 외에는 0을 반환한다. 이를 다음처럼 JUnit 어설션$^{assertion}$으로 구현할 수 있다.

```
assertEquals(5, readDuration(param, "a"));
assertEquals(0, readDuration(param, "b"));
assertEquals(0, readDuration(param, "c"));
assertEquals(0, readDuration(param, "d"));
```

이들 어설션은 다음과 같은 의미를 갖는다. 프로퍼티 'a'는 양수로 변환할 수 있는 문자열을 포함하므로 readDuration 메서드는 5를 반환한다. 프로퍼티 'b'는 숫자로 변환할 수 없는 문자열을 포함하므로 0을 반환한다. 프로퍼티 'c'는 음수 문자열을 포함하므로 0을 반환한다. 'd'라는 이름의 프로퍼티는 없으므로 0을 반환한다.

**예제 11-8** 프로퍼티에서 지속 시간을 읽는 명령형 코드

```java
public int readDuration(Properties props, String name) {
    String value = props.getProperty(name);
    if (value != null) {          요청한 이름에 해당하는
        try {                     프로퍼티가 존재하는지 확인한다.
            int i = Integer.parseInt(value);    문자열 프로퍼티를 숫자로
            if (i > 0) {          결과 숫자가    변환하기 위해 시도한다.
            return i;             양수인지 확인한다.
        }
        } catch (NumberFormatException nfe) { }
    }
    return 0;          하나의 조건이라도 실패하면
}                      0을 반환한다.
```

예상대로 if문과 try/catch 블록이 중첩되면서 구현 코드가 복잡해졌고 가독성도 나빠졌다. [퀴즈 11-3]을 풀면서 11장에서 배운 내용으로 이를 어떻게 개선할 수 있을지 생각해보자.

> **퀴즈 11-3** Optional로 프로퍼티에서 지속 시간 읽기
>
> 지금까지 배운 Optional 클래스의 기능과 [예제 11-7]의 유틸리티 메서드를 이용해서 [예제 11-8]의 명령형 코드를 하나의 유연한 코드로 재구현하시오.
>
> **정답**
>
> 요청한 프로퍼티가 존재하지 않을 때 Properties.getProperty(String) 메서드는 null을 반환하므로 ofNullable 팩토리 메서드를 이용해서 Optional을 반환하도록 바꿀 수 있다. 그리고 flatMap 메서드에 [예제 11-7]에서 만든 OptionalUtility.stringToInt 메서드 참조를 전달해서 Optional⟨String⟩을 Optional⟨Integer⟩로 바꿀 수 있다. 마지막으로 음수를 필터링해서 제거한다. 이 과정에서 이들 중 하나라도 빈 Optional을 반환하면 orElse 메서드에 의해 기본값 0이 반환된다. 그렇지 않고 값을 포함하는 Optional을 반환하면 Optional에 들어 있는 양수를 반환한다.

다음은 간단하게 구현한 정답 코드다.

```
public int readDuration(Properties props, String name) {
    return Optional.ofNullable(props.getProperty(name))
                   .flatMap(OptionalUtility::stringToInt)
                   .filter(i -> i > 0)
                   .orElse(0);
}
```

Optional과 스트림에서 사용한 방식은 여러 연산이 서로 연결되는 데이터베이스 질의문과 비슷한 형식을 갖는다.


# 11.5 마치며

- 역사적으로 프로그래밍 언어에서는 null 참조로 값이 없는 상황을 표현해왔다.

- 자바 8에서는 값이 있거나 없음을 표현할 수 있는 클래스 java.util.Optional<T>를 제공한다.

- 팩토리 메서드 Optional.empty, Optional.of, Optional.ofNullable 등을 이용해서 Optional 객체를 만들 수 있다.

- Optional 클래스는 스트림과 비슷한 연산을 수행하는 map, flatMap, filter 등의 메서드를 제공한다.

- Optional로 값이 없는 상황을 적절하게 처리하도록 강제할 수 있다. 즉, Optional로 예상치 못한 null 예외를 방지할 수 있다.

- Optional을 활용하면 더 좋은 API를 설계할 수 있다. 즉, 사용자는 메서드의 시그니처만 보고도 Optional값이 사용되거나 반환되는지 예측할 수 있다.

# 새로운 날짜와 시간 API

자바 API는 복잡한 애플리케이션을 만드는 데 필요한 여러 가지 유용한 컴포넌트를 제공한다. 아쉽게도 자바 API가 항상 완벽한 것은 아니다. 대부분의 자바 개발자가 지금까지의 날짜와 시간 관련 기능에 만족하지 못했다. 드디어 자바 8에서는 지금까지의 날짜와 시간 문제를 개선하는 새로운 날짜와 시간 API를 제공한다.

자바 1.0에서는 java.util.Date 클래스 하나로 날짜와 시간 관련 기능을 제공했다. 날짜를 의미하는 Date라는 클래스의 이름과 달리 Date 클래스는 특정 시점을 날짜가 아닌 밀리초 단위로 표현한다. 게다가 1900년을 기준으로 하는 오프셋, 0에서 시작하는 달 인덱스 등 모호한 설계로 유용성이 떨어졌다. 다음은 자바 9의 릴리스 날짜인 2017년 9월 21일을 가리키는 Date 인스턴스를 만드는 코드다.

```
Date date = new Date(117, 8, 21);
```

다음은 날짜 출력 결과다.

```
Thu Sep 21 00:00:00 CET 2017
```

결과가 직관적이지 않다. 또한 Date 클래스의 toString으로는 반환되는 문자열을 추가로 활용하기가 어렵다. 출력 결과에서 알 수 있듯이 Date는 JVM 기본시간대인 CET, 즉 중앙 유럽 시간대Central European Time를 사용했다. 그렇다고 Date 클래스가 자체적으로 시간대 정보를 알고 있는 것도 아니다.

자바 1.0의 Date 클래스에 문제가 있다는 점에는 의문의 여지가 없었지만 과거 버전과 호환성을 깨뜨리지 않으면서 이를 해결할 수 있는 방법이 없었다. 결과적으로 자바 1.1에서는 Date 클래스의 여러 메서드를 사장deprecated시키고 java.util.Calendar라는 클래스를 대안으로 제공했다. 안타깝게도 Calendar 클래스 역시 쉽게 에러를 일으키는 설계 문제를 갖고 있었다. 예를 들어 Calendar에서는 1900년도에서 시작하는 오프셋은 없앴지만 여전히 달의 인덱스는 0부터 시작했다. 더 안타까운 점은 Date와 Calendar 두 가지 클래스가 등장하면서 개발자들에게 혼란이 가중된 것이다. 어떤 클래스를 사용해야 할지 혼동을 가져왔다. 게다가 DateFormat 같은 일부 기능은 Date 클래스에만 작동했다(DateFormat은 언어의 종류와 독립적으로 날짜와 시간의 형식을 조절하고 파싱할 때 사용한다).

DateFormat에도 문제가 있었다. 예를 들어 DateFormat은 스레드에 안전하지 않다. 즉, 두 스레드가 동시가 하나의 포매터formatter로 날짜를 파싱할 때 예기치 못한 결과가 일어날 수 있다.

마지막으로 Date와 Calendar는 모두 가변mutable 클래스다. 2017년 9월 21일을 2017년 10월 25일로 바꾸면 어떤 문제가 생길까? 18장에서 함수형 프로그래밍을 살펴보면서 알게 되겠지만 가변 클래스라는 설계 때문에 유지보수가 아주 어려워진다.

부실한 날짜와 시간 라이브러리 때문에 많은 개발자는 Joda-Time 같은 서드파티 날짜와 시간 라이브러리를 사용했다. 오라클은 좀 더 훌륭한 날짜와 시간 API를 제공하기로 정했다. 결국 자바 8에서는 Joda-Time의 많은 기능을 java.time 패키지로 추가했다.

이 장에서는 새로운 날짜와 시간 API가 제공하는 새로운 기능을 살펴본다. 먼저 사람과 기기에서 사용할 수 있는 날짜와 시간을 생성하는 기본적인 방법을 살펴본 다음에, 날짜 시간 객체를 조작하고, 파싱하고, 출력하거나, 다양한 시간대와 대안 캘린더 등 새로운 날짜와 시간 API를 사용하는 방법을 살펴본다.

## 12.1 LocalDate, LocalTime, Instant, Duration, Period 클래스

먼저 간단한 날짜와 시간 간격을 정의해보자. java.time 패키지는 LocalDate, LocalTime, LocalDateTime, Instant, Duration, Period 등 새로운 클래스를 제공한다.

### 12.1.1 LocalDate와 LocalTime 사용

새로운 날짜와 시간 API를 사용할 때 처음 접하게 되는 것이 LocalDate다. LocalDate 인스턴스는 시간을 제외한 날짜를 표현하는 불변 객체다. 특히 LocalDate 객체는 어떤 시간대 정보도 포함하지 않는다.

정적 팩토리 메서드 of로 LocalDate 인스턴스를 만들 수 있다. 다음 코드에서 보여주는 것처럼 LocalDate 인스턴스는 연도, 달, 요일 등을 반환하는 메서드를 제공한다.

예제 12-1 LocalDate 만들고 값 읽기

```
LocalDate date = LocalDate.of(2017, 9, 21);  ⟵ 2017-09-21
int year = date.getYear();                   ⟵ 2017
Month month = date.getMonth();               ⟵ SEPTEMBER
int day = date.getDayOfMonth();              ⟵ 21
DayOfWeek dow = date.getDayOfWeek();         ⟵ THURSDAY
int len = date.lengthOfMonth();              ⟵ 31 (3월의 일 수)
boolean leap = date.isLeapYear();            ⟵ false (윤년이 아님)
```

팩토리 메서드 now는 시스템 시계의 정보를 이용해서 현재 날짜 정보를 얻는다.

```
LocalDate today = LocalDate.now();
```

지금부터 살펴볼 다른 날짜와 시간 관련 클래스도 이와 비슷한 기능을 제공한다. get 메서드에 TemporalField를 전달해서 정보를 얻는 방법도 있다. TemporalField는 시간 관련 객체에서 어떤 필드의 값에 접근할지 정의하는 인터페이스다. 열거자 ChronoField는 TemporalField 인터페이스를 정의하므로 다음 코드에서 보여주는 것처럼 ChronoField의 열거자 요소를 이용해서 원하는 정보를 쉽게 얻을 수 있다.

**예제 12-2** TemporalField를 이용해서 LocalDate값 읽기

```
int year = date.get(ChronoField.YEAR);
int month = date.get(ChronoField.MONTH_OF_YEAR);
int day = date.get(ChronoField.DAY_OF_MONTH);
```

다음처럼 내장 메서드 getYear(), getMonthValue(), getDayOfMonth() 등을 이용해 가독성을 높일 수 있다.

```
int year = date.getYear();
int month = date.getMonthValue();
int day = date.getDayOfMonth();
```

마찬가지로 13:45:20 같은 시간은 LocalTime 클래스로 표현할 수 있다. 오버로드 버전의 두 가지 정적 메서드 of로 LocalTime 인스턴스를 만들 수 있다. 즉, 시간과 분을 인수로 받는 of 메서드와 시간과 분, 초를 인수로 받는 of 메서드가 있다. LocalDate 클래스처럼 LocalTime 클래스는 다음과 같은 게터 메서드를 제공한다.

**예제 12-3** LocalTime 만들고 값 읽기

```
LocalTime time = LocalTime.of(13, 45, 20);   ◁─┤ 13:45:20
int hour = time.getHour();          ◁──┤ 13
int minute = time.getMinute();   ◁──┤ 45
int second = time.getSecond();   ◁──┤ 20
```

날짜와 시간 문자열로 LocalDate와 LocalTime의 인스턴스를 만드는 방법도 있다. 다음처럼 parse 정적 메서드를 사용할 수 있다.

```
LocalDate date = LocalDate.parse("2017-09-21");
LocalTime time = LocalTime.parse("13:45:20");
```

parse 메서드에 DateTimeFormatter를 전달할 수도 있다. DateTimeFormatter의 인스턴스는 날짜, 시간 객체의 형식을 지정한다. DateTimeFormatter는 이전에 설명했던 java.util. DateFormat 클래스를 대체하는 클래스다. DateTimeFormatter를 사용하는 방법은 12.2.2절에서 좀 더 자세히 설명한다. 문자열을 LocalDate나 LocalTime으로 파싱할 수 없을 때 parse 메서드는 DateTimeParseException (RuntimeException을 상속받은 예외)을 일으킨다.

## 12.1.2 날짜와 시간 조합

LocalDateTime은 LocalDate와 LocalTime을 쌍으로 갖는 복합 클래스다. 즉, LocalDateTime은 날짜와 시간을 모두 표현할 수 있으며 다음 코드에서 보여주는 것처럼 직접 LocalDateTime을 만드는 방법도 있고 날짜와 시간을 조합하는 방법도 있다.

**예제 12-4** LocalDateTime을 직접 만드는 방법과 날짜와 시간을 조합하는 방법

```
// 2017-09-21T13:45:20
LocalDateTime dt1 = LocalDateTime.of(2017, Month.SEPTEMBER, 21, 13, 45, 20);
LocalDateTime dt2 = LocalDateTime.of(date, time);
LocalDateTime dt3 = date.atTime(13, 45, 20);
LocalDateTime dt4 = date.atTime(time);
LocalDateTime dt5 = time.atDate(date);
```

LocalDate의 atTime 메서드에 시간을 제공하거나 LocalTime의 atDate 메서드에 날짜를 제공해서 LocalDateTime을 만드는 방법도 있다. LocalDateTime의 toLocalDate나 toLocalTime 메서드로 LocalDate나 LocalTime 인스턴스를 추출할 수 있다.

```
LocalDate date1 = dt1.toLocalDate();   ◁──┤ 2017-09-21
LocalTime time1 = dt1.toLocalTime();   ◁──┤ 13:45:20
```

## 12.1.3 Instant 클래스 : 기계의 날짜와 시간

사람은 보통 주, 날짜, 시간, 분으로 날짜와 시간을 계산한다. 하지만 기계에서는 이와 같은 단위로 시간을 표현하기가 어렵다. 기계의 관점에서는 연속된 시간에서 특정 지점을 하나의 큰 수로 표현하는 것이 가장 자연스러운 시간 표현 방법이다. 새로운 java.time.Instant 클래스에서는 이와 같은 기계적인 관점에서 시간을 표현한다. 즉, Instant 클래스는 유닉스 에포크 시간Unix epoch time(1970년 1월 1일 0시 0분 0초 UTC)을 기준으로 특정 지점까지의 시간을 초로 표현한다.

팩토리 메서드 ofEpochSecond에 초를 넘겨줘서 Instant 클래스 인스턴스를 만들 수 있다. Instant 클래스는 나노초(10억분의 1초)의 정밀도를 제공한다. 또한 오버로드된 ofEpochSecond 메서드 버전에서는 두 번째 인수를 이용해서 나노초 단위로 시간을 보정할 수

있다. 두 번째 인수에는 0에서 999,999,999 사이의 값을 지정할 수 있다. 따라서 다음 네 가지 ofEpochSecond 호출 코드는 같은 Instant를 반환한다.

```
Instant.ofEpochSecond(3);
Instant.ofEpochSecond(3, 0);
Instant.ofEpochSecond(2, 1_000_000_000);    ←─┤ 2초 이후의 1억 나노초(1초)
Instant.ofEpochSecond(4, -1_000_000_000);   ←─┤ 4초 이전의 1억 나노초(1초)
```

LocalDate 등을 포함하여 사람이 읽을 수 있는 날짜 시간 클래스에서 그랬던 것처럼 Instant 클래스도 사람이 확인할 수 있도록 시간을 표시해주는 정적 팩토리 메서드 now를 제공한다. 하지만 Instant는 기계 전용의 유틸리티라는 점을 기억하자. 즉, Instant는 초와 나노초 정보를 포함한다. 따라서 Instant는 사람이 읽을 수 있는 시간 정보를 제공하지 않는다. 예를 들어 다음 코드를 보자.

```
int day = Instant.now().get(ChronoField.DAY_OF_MONTH);
```

위 코드는 다음과 같은 예외를 일으킨다.

```
java.time.temporal.UnsupportedTemporalTypeException: Unsupported field: DayOfMonth
```

Instant에서는 Duration과 Period 클래스를 함께 활용할 수 있다.


## 12.1.4 Duration과 Period 정의

지금까지 살펴본 모든 클래스는 Temporal 인터페이스를 구현하는데, Temporal 인터페이스는 특정 시간을 모델링하는 객체의 값을 어떻게 읽고 조작할지 정의한다. 지금까지 다양한 Temporal 인스턴스를 만드는 방법을 살펴봤다. 이번에는 두 시간 객체 사이의 지속시간 duration을 만들어볼 차례다. Duration 클래스의 정적 팩토리 메서드 between으로 두 시간 객체 사이의 지속시간을 만들 수 있다. 다음 코드에서 보여주는 것처럼 두 개의 LocalTime, 두 개의 LocalDateTime, 또는 두 개의 Instant로 Duration을 만들 수 있다.

```
Duration d1 = Duration.between(time1, time2); Duration d1 = Duration.
between(dateTime1, dateTime2); Duration d2 = Duration.between(instant1, instant2);
```

LocalDateTime은 사람이 사용하도록, Instant는 기계가 사용하도록 만들어진 클래스로 두 인스턴스는 서로 혼합할 수 없다. 또한 Duration 클래스는 초와 나노초로 시간 단위를 표현하므로 between 메서드에 LocalDate를 전달할 수 없다. 년, 월, 일로 시간을 표현할 때는 Period 클래스를 사용한다. 즉, Period 클래스의 팩토리 메서드 between을 이용하면 두 LocalDate의 차이를 확인할 수 있다.

```
Period tenDays = Period.between(LocalDate.of(2017, 9, 11),
                                LocalDate.of(2017, 9, 21));
```

마지막으로 Duration과 Period 클래스는 자신의 인스턴스를 만들 수 있도록 다양한 팩토리 메서드를 제공한다. 즉, 다음 예제에서 보여주는 것처럼 두 시간 객체를 사용하지 않고도 Duration과 Period 클래스를 만들 수 있다.

**예제 12-5** Duration과 Period 만들기

```
Duration threeMinutes = Duration.ofMinutes(3);
Duration threeMinutes = Duration.of(3, ChronoUnit.MINUTES);

Period tenDays = Period.ofDays(10);
Period threeWeeks = Period.ofWeeks(3);
Period twoYearsSixMonthsOneDay = Period.of(2, 6, 1);
```

[표 12-1]은 Duration과 Period 클래스가 공통으로 제공하는 메서드를 보여준다.

**표 12-1** 간격을 표현하는 날짜와 시간 클래스의 공통 메서드

| 메서드 | 정적 | 설명 |
| --- | --- | --- |
| between | 네 | 두 시간 사이의 간격을 생성함 |
| from | 네 | 시간 단위로 간격을 생성함 |
| of | 네 | 주어진 구성 요소에서 간격 인스턴스를 생성함 |
| parse | 네 | 문자열을 파싱해서 간격 인스턴스를 생성함 |
| addTo | 아니오 | 현재값의 복사본을 생성한 다음에 지정된 Temporal 객체에 추가함 |
| get | 아니오 | 현재 간격 정보값을 읽음 |
| isNegative | 아니오 | 간격이 음수인지 확인함 |
| isZero | 아니오 | 간격이 0인지 확인함 |
| minus | 아니오 | 현재값에서 주어진 시간을 뺀 복사본을 생성함 |
| multipliedBy | 아니오 | 현재값에 주어진 값을 곱한 복사본을 생성함 |
| negated | 아니오 | 주어진 값의 부호를 반전한 복사본을 생성함 |
| plus | 아니오 | 현재값에 주어진 시간을 더한 복사본을 생성함 |
| subtractFrom | 아니오 | 지정된 Temporal 객체에서 간격을 뺌 |

지금까지 살펴본 모든 클래스는 불변이다. 불변 클래스는 함수형 프로그래밍 그리고 스레드 안전성과 도메인 모델의 일관성을 유지하는 데 좋은 특징이다. 하지만 새로운 날짜와 시간 API에서는 변경된 객체 버전을 만들 수 있는 메서드를 제공한다. 예를 들어 기존 LocalDate 인스턴스에 3일을 더해야 하는 상황이 발생할 수 있다. 다음 절에서 이 방법을 설명한다. 또한 dd/MM/yyyy 같은 형식으로 날짜와 시간 포매터를 만드는 방법, 프로그램적으로 포매터를 만드는 방법, 포매터로 날짜를 파싱하고 출력하는 방법도 살펴본다.

## 12.2 날짜 조정, 파싱, 포매팅

withAttribute 메서드로 기존의 LocalDate를 바꾼 버전을 직접 간단하게 만들 수 있다. 다음 코드에서는 바뀐 속성을 포함하는 새로운 객체를 반환하는 메서드를 보여준다. 모든 메서드는 기존 객체를 바꾸지 않는다.

**예제 12-6** 절대적인 방식으로 LocalDate의 속성 바꾸기

```
LocalDate date1 = LocalDate.of(2017, 9, 21);        ◁─┤ 2017-09-21
LocalDate date2 = date1.withYear(2011);             ◁─┤ 2011-09-21
LocalDate date3 = date2.withDayOfMonth(25);         ◁─┤ 2011-09-25
LocalDate date4 = date3.with(ChronoField.MONTH_OF_YEAR, 2);   ◁─┤ 2011-02-25
```

[예제 12-6]의 마지막 행에서 보여주는 것처럼 첫 번째 인수로 TemporalField를 갖는 메서드를 사용하면 좀 더 범용적으로 메서드를 활용할 수 있다. 마지막 with 메서드는 [예제 12-2]의 get 메서드와 쌍을 이룬다. 이들 두 메서드는 날짜와 시간 API의 모든 클래스가 구현하는 Temporal 인터페이스에 정의되어 있나. Temporal 인터페이스는 LocalDate, LocalTime, LocalDateTime, Instant처럼 특정 시간을 정의한다. 정확히 표현하자면 get과 with 메서드로 Temporal 객체의 필드값을 읽거나 고칠 수 있다[1]. 어떤 Temporal 객체가 지정된 필드를 지원하지 않으면 UnsupportedTemporalTypeException이 발생한다. 예를 들어 Instant에 ChronoField.MONTH_OF_YEAR를 사용하거나 LocalDate에 ChronoField.NANO_OF_SECOND를 사

---

**1** 이런 'with' 메서드는 기존의 Temporal 객체를 바꾸는 것이 아니라 필드를 갱신한 복사본을 만든다는 사실을 기억하자. 이런 과정을 함수형 갱신이라 부른다(19장 참고)

용하면 예외가 발생한다.

선언형으로 LocalDate를 사용하는 방법도 있다. 예를 들어 다음 예제처럼 지정된 시간을 추가하거나 뺄 수 있다.

**예제 12-7** 상대적인 방식으로 LocalDate 속성 바꾸기

```
LocalDate date1 = LocalDate.of(2017, 9, 21);   ◁─┤ 2017-09-21
LocalDate date2 = date1.plusWeeks(1);   ◁─┤ 2017-09-28
LocalDate date3 = date2.minusYears(6);   ◁─┤ 2011-09-28
LocalDate date4 = date3.plus(6, ChronoUnit.MONTHS);   ◁─┤ 2012-03-28
```

[예제 12-7]에서는 with, get 메서드와 비슷한 plus, minus 메서드를 사용했다. plus, minus 메서드도 Temporal 인터페이스에 정의되어 있다. 이들 메서드를 이용해서 Temporal을 특정 시간만큼 앞뒤로 이동시킬 수 있다. 메서드의 인수에 숫자와 TemporalUnit을 활용할 수 있다. ChronoUnit 열거형은 TemporalUnit 인터페이스를 쉽게 활용할 수 있는 구현을 제공한다.

LocalDate, LocalTime, LocalDateTime, Instant 등 날짜와 시간을 표현하는 모든 클래스는 서로 비슷한 메서드를 제공한다. [표 12-2]는 이들 공통 메서드를 설명한다.

**표 12-2** 특정 시점을 표현하는 날짜 시간 클래스의 공통 메서드

| 메서드 | 정적 | 설명 |
| --- | --- | --- |
| from | 예 | 주어진 Temporal 객체를 이용해서 클래스의 인스턴스를 생성함 |
| now | 예 | 시스템 시계로 Temporal 객체를 생성함 |
| of | 예 | 주어진 구성 요소에서 Temporal 객체의 인스턴스를 생성함 |
| parse | 예 | 문자열을 파싱해서 Temporal 객체를 생성함 |
| atOffset | 아니오 | 시간대 오프셋과 Temporal 객체를 합침 |
| atZone | 아니오 | 시간대 오프셋과 Temporal 객체를 합침 |
| format | 아니오 | 지정된 포매터를 이용해서 Temporal 객체를 문자열로 변환함(Instant는 지원하지 않음) |
| get | 아니오 | Temporal 객체의 상태를 읽음 |
| minus | 아니오 | 특정 시간을 뺀 Temporal 객체의 복사본을 생성함 |
| plus | 아니오 | 특정 시간을 더한 Temporal 객체의 복사본을 생성함 |
| with | 아니오 | 일부 상태를 바꾼 Temporal 객체의 복사본을 생성함 |

[퀴즈 12-1]을 풀면서 날짜 조정과 관련해서 배운 내용을 확인하자.

다음 코드를 실행했을 때 date의 변숫값은?

```
LocalDate date = LocalDate.of(2014, 3, 18);
date = date.with(ChronoField.MONTH_OF_YEAR, 9);
date = date.plusYears(2).minusDays(10);
date.withYear(2011);
```

**정답**

2016-09-08

지금까지 살펴본 것처럼 절대적 방식과 상대적 방식으로 날짜를 조정할 수 있다. 각 메서드의 결과로 새로운 LocalDate 객체가 생성되므로 한 행에 여러 날짜 조정 메서드를 연결할 수 있다 마지막 행에서는 withYear의 결과로 새로운 LocalDate 인스턴스가 생성되지만 이를 변수에 할 당하지 않았으므로 결과적으로 아무 일도 일어나지 않는다.

## 12.2.1 TemporalAdjusters 사용하기

지금까지 살펴본 날짜 조정 기능은 비교적 간단한 편에 속한다. 때로는 다음 주 일요일, 돌아 오는 평일, 어떤 달의 마지막 날 등 좀 더 복잡한 날짜 조정 기능이 필요할 것이다. 이때는 오 버로드된 버전의 with 메서드에 좀 더 다양한 동작을 수행할 수 있도록 하는 기능을 제공하는 TemporalAdjuster를 전달하는 방법으로 문제를 해결할 수 있다. 날짜와 시간 API는 다양한 상 황에서 사용할 수 있도록 다양한 TemporalAdjuster를 제공한다. [예제 12-8]에서 보여주는 것처럼 TemporalAdjusters에서 정의하는 정적 팩토리 메서드로 이들 기능을 이용할 수 있다[2].

예제 12-8 미리 징의된 TemporalAdjusters 사봉하기

```
import static java.time.temporal.TemporalAdjusters.*;
LocalDate date1 = LocalDate.of(2014, 3, 18);   ⟵┤ 2014-03-18
LocalDate date2 = date1.with(nextOrSame(DayOfWeek.SUNDAY));   ⟵┤ 2014-03-23
LocalDate date3 = date2.with(lastDayOfMonth());   ⟵┤ 2014-03-31
```

---

**2** 역자주_ TemporalAdjuster는 인터페이스며, TemporalAdjusters는 여러 TemporalAdjuster를 반환하는 정적 팩토리 메서드를 포 함하는 클래스이므로 서로 혼동하지 않도록 주의하자. 둘 다 java.time.temporal 패키지에 포함되어 있다.

[표 12-3]은 다양한 TemporalAdjusters의 팩토리 메서드로 만들 수 있는 TemporalAdjuster 리스트를 보여준다.

표 12-3 TemporalAdjusters 클래스의 팩토리 메서드[3]

| 메서드 | 설명 |
|---|---|
| dayOfWeekInMonth | 서수 요일에 해당하는 날짜를 반환하는 TemporalAdjuster를 반환함(음수를 사용하면 월의 끝에서 거꾸로 계산) |
| firstDayOfMonth | 현재 달의 첫 번째 날짜를 반환하는 TemporalAdjuster를 반환함 |
| firstDayOfNextMonth | 다음 달의 첫 번째 날짜를 반환하는 TemporalAdjuster를 반환함 |
| firstDayOfNextYear | 내년의 첫 번째 날짜를 반환하는 TemporalAdjuster를 반환함 |
| firstDayOfYear | 올해의 첫 번째 날짜를 반환하는 TemporalAdjuster를 반환함 |
| firstInMonth | 현재 달의 첫 번째 요일에 해당하는 날짜를 반환하는 TemporalAdjuster를 반환함 |
| lastDayOfMonth | |
| lastDayOfNextMonth | 현재 달의 마지막 날짜를 반환하는 TemporalAdjuster를 반환함 |
| lastDayOfNextYear | 다음 달의 마지막 날짜를 반환하는 TemporalAdjuster를 반환함 |
| lastDayOfYear | 올해의 마지막 날짜를 반환하는 TemporalAdjuster를 반환함 |
| lastInMonth | 현재 달의 마지막 요일에 해당하는 날짜를 반환하는 TemporalAdjuster를 반환함 |
| next previous | 현재 달에서 현재 날짜 이후로 지정한 요일이 처음으로 나타나는 날짜를 반환하는 TemporalAdjuster를 반환함 |
| nextOrSame previousOrSame | 현재 날짜 이후로 지정한 요일이 처음/이전으로 나타나는 날짜를 반환하는 TemporalAdjuster를 반환함(현재 날짜도 포함) |

위 예제에서 확인할 수 있는 것처럼 TemporalAdjuster를 이용하면 좀 더 복잡한 날짜 조정 기능을 직관적으로 해결할 수 있다. 그뿐만 아니라 필요한 기능이 정의되어 있지 않을 때는 비교적 쉽게 커스텀 TemporalAdjuster 구현을 만들 수 있다. 실제로 TemporalAdjuster 인터페이스는 다음처럼 하나의 메서드만 정의한다(하나의 메서드만 정의하므로 함수형 인터페이스다).

예제 12-9 TemporalAdjuster 인터페이스

```
@FunctionalInterface
public interface TemporalAdjuster {
    Temporal adjustInto(Temporal temporal);
}
```

------

**3** 역자주_ 표의 설명만으로 메서드의 기능이 이해되지 않는다면 다양한 예제가 포함되어 있는 API 문서(http://goo.gl/e1krg1)를 참고하자.

TemporalAdjuster 인터페이스 구현은 Temporal 객체를 어떻게 다른 Temporal 객체로 변환할지 정의한다. 결국 TemporalAdjuster 인터페이스를 UnaryOperator<Temporal>과 같은 형식으로 간주할 수 있다. 잠시 [퀴즈 12-2]를 풀면서 지금까지 배운 내용을 확인하고 커스텀 TemporalAdjuster를 구현해보자.

---

**퀴즈 12-2** 커스텀 TemporalAdjuster 구현하기

TemporalAdjuster 인터페이스를 구현하는 NextWorkingDay 클래스를 구현하시오. 이 클래스는 날짜를 하루씩 다음날로 바꾸는데 이때 토요일과 일요일은 건너뛴다. 즉, 다음 코드를 실행하면 다음날로 이동한다.

```
date = date.with(new NextWorkingDay());
```

만일 이동된 날짜가 평일이 아니라면, 즉 토요일이나 일요일이라면 월요일로 이동한다.

**정답**

다음처럼 NextWorkingDay를 구현할 수 있다.

```
public class NextWorkingDay implements TemporalAdjuster {
    @Override
    public Temporal adjustInto(Temporal temporal) {
        DayOfWeek dow =                                     현재 날짜 읽기
                DayOfWeek.of(temporal.get(ChronoField.DAY_OF_WEEK));
        int dayToAdd = 1;    ←── 보통은 하루 추가         그러나 오늘이
        if (dow == DayOfWeek.FRIDAY) dayToAdd = 3;          금요일이면 3일 추가
        else if (dow == DayOfWeek.SATURDAY) dayToAdd = 2;   ←── 토요일이면 2일 추가
        return temporal.plus(dayToAdd, ChronoUnit.DAYS);    ←──
    }                                                         적정한 날 수만큼
}                                                             추가된 날짜를 반환
```

TemporalAdjuster 클래스는 날짜를 다음날로 이동한다. 하지만 현재 요일이 금요일이나 토요일이라면 각각 3일 또는 2일을 이농하게 된다. TemporalAdjuster는 함수형 인터페이스이므로 람다 표현식을 이용할 수 있다.

```
date = date.with(temporal -> {
    DayOfWeek dow =
            DayOfWeek.of(temporal.get(ChronoField.DAY_OF_WEEK));
    int dayToAdd = 1;
    if (dow == DayOfWeek.FRIDAY) dayToAdd = 3;
    else if (dow == DayOfWeek.SATURDAY) dayToAdd = 2;
```

```
        return temporal.plus(dayToAdd, ChronoUnit.DAYS);
});
```

이와 같은 동작은 앞으로도 자주 사용할 가능성이 크므로 지금까지 했던 것처럼 변환 로직을 적절한 클래스로 캡슐화할 것을 권한다. 그밖에 자주 사용하는 다른 모든 기능도 캡슐화하자. 그렇게 하면 팀 전체가 재사용할 수 있는 날짜를 조정하는 작은 라이브러리를 만들 수 있다.

만일 TemporalAdjuster를 람다 표현식으로 정의하고 싶다면 다음 코드에서 보여주는 것처럼 UnaryOperator〈LocalDate〉를 인수로 받는 TemporalAdjusters 클래스의 정적 팩토리 메서드 ofDateAdjuster를 사용하는 것이 좋다.

```
TemporalAdjuster nextWorkingDay = TemporalAdjusters.ofDateAdjuster(
    temporal -> {
        DayOfWeek dow =
                DayOfWeek.of(temporal.get(ChronoField.DAY_OF_WEEK));
        int dayToAdd = 1;
        if (dow == DayOfWeek.FRIDAY) dayToAdd = 3;
        else if (dow == DayOfWeek.SATURDAY) dayToAdd = 2;
        return temporal.plus(dayToAdd, ChronoUnit.DAYS);
    });
date = date.with(nextWorkingDay);
```

자주 사용하는 또 다른 동작으로 각자의 상황에 맞는 다양한 형식으로 날짜와 시간 객체를 출력해야 할 때가 있다. 반면 문자열로 표현된 날짜를 날짜 객체로 다시 변환해야 할 때도 있다. 다음 절에서는 새로운 날짜와 시간 API로 이와 같은 변환을 수행하는 방법을 살펴본다.

## 12.2.2 날짜와 시간 객체 출력과 파싱

날짜와 시간 관련 작업에서 포매팅과 파싱은 서로 떨어질 수 없는 관계다. 심지어 포매팅과 파싱 전용 패키지인 java.time.format이 새로 추가되었다. 이 패키지에서 가장 중요한 클래스는 DateTimeFormatter다. 정적 팩토리 메서드와 상수를 이용해서 손쉽게 포매터를 만들 수 있다. DateTimeFormatter 클래스는 BASIC_ISO_DATE와 ISO_LOCAL_DATE 등의 상수를 미리 정의하고 있다. DateTimeFormatter를 이용해서 날짜나 시간을 특정 형식의 문자열로 만들 수 있다. 다음은 두 개의 서로 다른 포매터로 문자열을 만드는 예제다.

```
LocalDate date = LocalDate.of(2014, 3, 18);
String s1 = date.format(DateTimeFormatter.BASIC_ISO_DATE);    ←┤ 20140318
String s2 = date.format(DateTimeFormatter.ISO_LOCAL_DATE);    ←┤ 2014-03-18
```

반대로 날짜나 시간을 표현하는 문자열을 파싱해서 날짜 객체를 다시 만들 수 있다. 날짜와 시간 API에서 특정 시점이나 간격을 표현하는 모든 클래스의 팩토리 메서드 parse를 이용해서 문자열을 날짜 객체로 만들 수 있다.

```
LocalDate date1 = LocalDate.parse("20140318",
DateTimeFormatter.BASIC_ISO_DATE); LocalDate date2 = LocalDate.parse("2014-03-18",
DateTimeFormatter.ISO_LOCAL_DATE);
```

기존의 java.util.DateFormat 클래스와 달리 모든 DateTimeFormatter는 스레드에서 안전하게 사용할 수 있는 클래스다. 또한 다음 예제에서 보여주는 것처럼 DateTimeFormatter 클래스는 특정 패턴으로 포매터를 만들 수 있는 정적 팩토리 메서드도 제공한다.

**예제 12-10** 패턴으로 DateTimeFormatter 만들기

---

```
DateTimeFormatter formatter = DateTimeFormatter.ofPattern("dd/MM/yyyy");
LocalDate date1 = LocalDate.of(2014, 3, 18);
String formattedDate = date1.format(formatter);
LocalDate date2 = LocalDate.parse(formattedDate, formatter);
```

---

LocalDate의 format 메서드는 요청 형식의 패턴에 해당하는 문자열을 생성한다. 그리고 정적 메서드 parse는 같은 포매터를 적용해서 생성된 문자열을 파싱함으로써 다시 날짜를 생성한다. 다음 코드에서 보여주는 것처럼 ofPattern 메서드도 Locale로 포매터를 만들 수 있도록 오버로드된 메서드를 제공한다.

**예제 12-11** 지역화된 DateTimeFormatter 만들기

---

```
DateTimeFormatter italianFormatter =
        DateTimeFormatter.ofPattern("d. MMMM yyyy", Locale.ITALIAN);
LocalDate date1 = LocalDate.of(2014, 3, 18);
String formattedDate = date.format(italianFormatter); // 18. marzo 2014
LocalDate date2 = LocalDate.parse(formattedDate, italianFormatter);
```

---

DateTimeFormatterBuilder 클래스로 복합적인 포매터를 정의해서 좀 더 세부적으로 포매터를 제어할 수 있다. 즉, DateTimeFormatterBuilder 클래스로 대소문자를 구분하는 파싱, 관대한 규칙을 적용하는 파싱(정해진 형식과 정확하게 일치하지 않는 입력을 해석할 수 있도록 체험적 방식의 파서 사용), 패딩, 포매터의 선택사항 등을 활용할 수 있다. 예를 들어 [예제 12-11] 에서 사용한 italianFormatter를 DateTimeFormatterBuilder에 이용하면 프로그램적으로 포매터를 만들 수 있다.

**예제 12-12 DateTimeFormatter 만들기**

```
DateTimeFormatter italianFormatter = new DateTimeFormatterBuilder()
        .appendText(ChronoField.DAY_OF_MONTH)
        .appendLiteral(". ")
        .appendText(ChronoField.MONTH_OF_YEAR)
        .appendLiteral(" ")
        .appendText(ChronoField.YEAR)
        .parseCaseInsensitive()
        .toFormatter(Locale.ITALIAN);
```

지금까지 시간과 간격으로 날짜를 만들고, 조작하고, 포맷하는 방법을 살펴봤다. 그러나 날짜와 시간 관련 세부사항을 처리하는 방법(예를 들면 다양한 시간대를 처리하거나 다른 캘린더 시스템 사용)은 아직 살펴보지 않았다. 다음 절에서는 새로운 날짜와 시간 API로 다양한 시간대와 캘린더를 활용하는 방법을 설명한다.


## 12.3 다양한 시간대와 캘린더 활용 방법

지금까지 살펴본 모든 클래스에는 시간대와 관련한 정보가 없었다. 새로운 날짜와 시간 API의 큰 편리함 중 하나는 시간대를 간단하게 처리할 수 있다는 점이다. 기존의 java.util.TimeZone 을 대체할 수 있는 java.time.ZoneId 클래스가 새롭게 등장했다. 새로운 클래스를 이용하면 서머타임Daylight Saving Time(DST) 같은 복잡한 사항이 자동으로 처리된다. 날짜와 시간 API에서 제공하는 다른 클래스와 마찬가지로 ZoneId는 불변 클래스다.

## 12.3.1 시간대 사용하기

표준 시간이 같은 지역을 묶어서 **시간대**<sup>time zone</sup> 규칙 집합을 정의한다. ZoneRules 클래스에는 약 40개 정도의 시간대가 있다. ZoneId의 getRules()를 이용해서 해당 시간대의 규정을 획득할 수 있다. 다음처럼 지역 ID로 특정 ZoneId를 구분한다.

```
ZoneId romeZone = ZoneId.of("Europe/Rome");
```

지역 ID는 '{지역}/{도시}' 형식으로 이루어지며 IANA Time Zone Database에서 제공하는 지역 집합 정보를 사용한다(https://www.iana.org/time-zones 참고). 다음 코드에서 보여주는 것처럼 ZoneId의 새로운 메서드인 toZoneId로 기존의 TimeZone 객체를 ZoneId 객체로 변환할 수 있다.

```
ZoneId zoneId = TimeZone.getDefault().toZoneId();
```

다음 코드에서 보여주는 것처럼 ZoneId 객체를 얻은 다음에는 LocalDate, LocalDateTime, Instant를 이용해서 ZonedDateTime 인스턴스로 변환할 수 있다. ZonedDateTime은 지정한 시간대에 상대적인 시점을 표현한다.

**예제 12-13** 특정 시점에 시간대 적용

```
LocalDate date = LocalDate.of(2014, Month.MARCH, 18);
ZonedDateTime zdt1 = date.atStartOfDay(romeZone);
LocalDateTime dateTime = LocalDateTime.of(2014, Month.MARCH, 18, 13, 45);
ZonedDateTime zdt2 = dateTime.atZone(romeZone);
Instant instant = Instant.now();
ZonedDateTime zdt3 = instant.atZone(romeZone);
```

[그림 12-1]에서 보여주는 ZonedDateTime의 컴포넌트를 보면 LocaleDate, LocalTime, LocalDateTime, ZoneId의 차이를 쉽게 이해할 수 있다.

**그림 12-1** ZonedDateTime의 개념

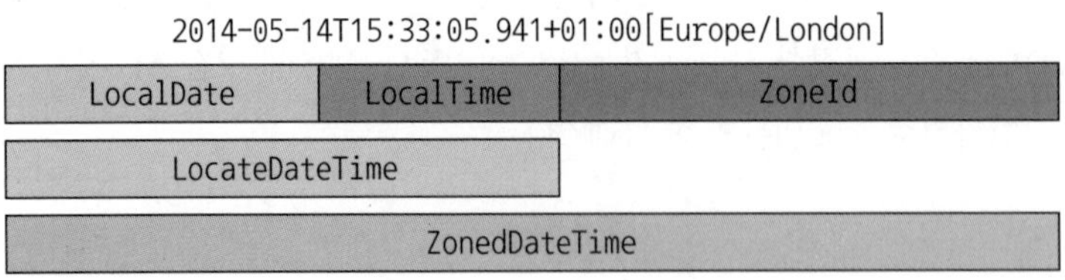

```
2014-05-14T15:33:05.941+01:00[Europe/London]
```

| LocalDate | LocalTime | ZoneId |
|---|---|---|
| LocateDateTime | | |
| ZonedDateTime | | |

ZoneId를 이용해서 LocalDateTime을 Instant로 바꾸는 방법도 있다.

다음처럼 변환하는 방법도 있다.

```
Instant instant = Instant.now();
LocalDateTime timeFromInstant = LocalDateTime.ofInstant(instant, romeZone);
```

기존의 Date 클래스를 처리하는 코드를 사용해야 하는 상황이 있을 수 있으므로 Instant로 작업하는 것이 유리하다. 폐기된 API와 새 날짜와 시간 API 간의 동작에 도움이 되는 toInstant(), 정적 메서드 fromInstant() 두 개의 메서드가 있다.


## 12.3.2 UTC/Greenwich 기준의 고정 오프셋

때로는 UTC<sup>Universal Time Coordinated</sup>(협정 세계시)/GMT<sup>Greenwich Mean Time</sup>(그리니치 표준시)를 기준으로 시간대를 표현하기도 한다. 예를 들어 '뉴욕은 런던보다 5시간 느리다'라고 표현할 수 있다. ZoneId의 서브클래스인 ZoneOffset 클래스로 런던의 그리니치 0도 자오선과 시간값의 차이를 표현할 수 있다.

```
ZoneOffset newYorkOffset = ZoneOffset.of("-05:00");
```

실제로 미국 동부 표준시의 오프셋값은 −05:00이다. 하지만 위 예제에서 정의한 ZoneOffset 으로는 서머타임을 제대로 처리할 수 없으므로 권장하지 않는 방식이다. ZoneOffset은 ZoneId 이므로 [예제 12-13]처럼 ZoneOffset을 사용할 수 있다. 또한 ISO-8601 캘린더 시스템에서 정의하는 UTC/GMT와 오프셋으로 날짜와 시간을 표현하는 OffsetDateTime을 만드는 방법도 있다[4].

```
LocalDateTime dateTime = LocalDateTime.of(2014, Month.MARCH, 18, 13, 45);
OffsetDateTime dateTimeInNewYork = OffsetDateTime.of(date, newYorkOffset);
```

새로운 날짜와 시간 API는 ISO 캘린더 시스템에 기반하지 않은 정보도 처리할 수 있는 기능을 제공한다.

---

4 역자주_ ISO-8601과 관련한 자세한 정보는 http://en.wikipedia.org/wiki/ISO_8601을 참고하자.

### 12.3.3 대안 캘린더 시스템 사용하기

ISO-8601 캘린더 시스템은 실질적으로 전 세계에서 통용된다. 하지만 자바 8에서는 추가로 4개의 캘린더 시스템을 제공한다. ThaiBuddhistDate, MinguoDate, JapaneseDate, HijrahDate 4개의 클래가 각각의 캘린더 시스템을 대표한다. 위 4개의 클래스와 LocalDate 클래스는 ChronoLocalDate 인터페이스를 구현하는데, ChronoLocalDate는 임의의 연대기에서 특정 날짜를 표현할 수 있는 기능을 제공하는 인터페이스다. LocalDate를 이용해서 이들 4개의 클래스 중 하나의 인스턴스를 만들 수 있다. 일반적으로 다음 코드에서 보여주는 것처럼 정적 메서드로 Temporal 인스턴스를 만들 수 있다.

```
LocalDate date = LocalDate.of(2014, Month.MARCH, 18);
JapaneseDate japaneseDate = JapaneseDate.from(date);
```

또는 특정 Locale과 Locale에 대한 날짜 인스턴스로 캘린더 시스템을 만드는 방법도 있다. 새로운 날짜와 시간 API에서 Chronology는 캘린더 시스템을 의미하며 정적 팩토리 메서드 ofLocale을 이용해서 Chronology의 인스턴스를 획득할 수 있다.

```
Chronology japaneseChronology = Chronology.ofLocale(Locale.JAPAN);
ChronoLocalDate now = japaneseChronology.dateNow();
```

날짜와 시간 API의 설계자는 ChronoLocalDate보다는 LocalDate를 사용하라고 권고한다. 예를 들어 개발자는 1년은 12개월로 이루어져 있으며 1달은 31일 이하이거나, 최소한 1년은 정해진 수의 달로 이루어졌을 것이라고 가정할 수 있다. 하지만 이와 같은 가정은 특히 멀티캘린더 시스템에서는 적용되지 않는다. 따라서 프로그램의 입출력을 지역화하는 상황을 제외하고는 모든 데이터 저장, 조작, 비즈니스 규칙 해석 등의 작업에서 LocalDate를 사용해야 한다.

### 이슬람력

자바 8에 추가된 새로운 캘린더 중 HijrahDate(이슬람력)가 가장 복잡한데 이슬람력에는 변형variant이 있기 때문이다. Hijrah 캘린더 시스템은 태음월lunar month에 기초한다. 새로운 달month을 결정할 때 새로운 달moon을 전 세계 어디에서나 볼 수 있는지 아니면 사우디아라비아에서 처음으로 새로운 달을 볼 수 있는지 등의 변형 방법을 결정하는 메서드가 있다. withVariant 메서드로 원하는 변형 방법을 선택할 수 있다. 자바 8에는 HijrahDate의 표준 변형 방법으로 Umm Al-Qura를 제공한다.

다음 코드는 현재 이슬람 연도의 시작과 끝을 ISO 날짜로 출력하는 예제다.

```
HijrahDate ramadanDate =
    HijrahDate.now().with(ChronoField.DAY_OF_MONTH, 1)
               .with(ChronoField.MONTH_OF_YEAR, 9);
System.out.println("Ramadan starts on " +
               IsoChronology.INSTANCE.date(ramadanDate) +
               " and ends on " +
    IsoChronology.INSTANCE.date(
               ramadanDate.with(
                 TemporalAdjusters.lastDayOfMonth()))));
```

현재 Hijrah **날짜를 얻음.**
얻은 날짜를 Ramadan의
**첫 번째 날, 즉 9번째 달로 바꿈**

INSTANCE는
IsoChronology
**클래스의**
**정적 인스턴스임**

Ramadan 1438은
2017-05-26에
**시작해서** 2017-06-
24에 **종료됨.**

## 12.4 마치며

- 자바 8 이전 버전에서 제공하는 기존의 java.util.Date 클래스와 관련 클래스에서는 여러 불일치점들과 가변성, 어설픈 오프셋, 기본값, 잘못된 이름 결정 등의 설계 결함이 존재했다.

- 새로운 날짜와 시간 API에서 날짜와 시간 객체는 모두 불변이다.

- 새로운 API는 각각 사람과 기계가 편리하게 날짜와 시간 정보를 관리할 수 있도록 두 가지 표현 방식을 제공한다.

- 날짜와 시간 객체를 절대적인 방법과 상대적인 방법으로 처리할 수 있으며 기존 인스턴스를 변환하지 않도록 처리 결과로 새로운 인스턴스가 생성된다.

- TemporalAdjuster를 이용하면 단순히 값을 바꾸는 것 이상의 복잡한 동작을 수행할 수 있으며 자신만의 커스텀 날짜 변환 기능을 정의할 수 있다.

- 날짜와 시간 객체를 특정 포맷으로 출력하고 파싱하는 포매터를 정의할 수 있다. 패턴을 이용하거나 프로그램으로 포매터를 만들 수 있으며 포매터는 스레드 안정성을 보장한다.

- 특정 지역/장소에 상대적인 시간대 또는 UTC/GMT 기준의 오프셋을 이용해서 시간대를 정의할 수 있으며 이 시간대를 날짜와 시간 객체에 적용해서 지역화할 수 있다.

- ISO-8601 표준 시스템을 준수하지 않는 캘린더 시스템도 사용할 수 있다.

# CHAPTER 13

# 디폴트 메서드

> ### 이 장의 내용
>
> ◆ 디폴트 메서드란 무엇인가?
>
> ◆ 진화하는 API가 호환성을 유지하는 방법
>
> ◆ 디폴트 메서드의 활용 패턴
>
> ◆ 해결 규칙

전통적인 자바에서 인터페이스와 관련 메서드는 한 몸처럼 구성된다. 인터페이스를 구현하는 클래스는 인터페이스에서 정의하는 모든 메서드 구현을 제공하거나 아니면 슈퍼클래스의 구현을 상속받아야 한다. 평소에는 이 규칙을 지키는 데 아무 문제가 없지만 라이브러리 설계자 입장에서 인터페이스에 새로운 메서드를 추가하는 등 인터페이스를 바꾸고 싶을 때는 문제가 발생한다. 인터페이스를 바꾸면 이전에 해당 인터페이스를 구현했던 모든 클래스의 구현도 고쳐야 하기 때문이다. 지금까지 살펴본 것처럼 자바 8 API에도 List 인터페이스에 sort 같은 메서드를 추가했으므로 문제가 발생할 수 있다. 컬렉션 프레임워크인 Guava, Apache Common 등을 포함해서 기존의 List 인터페이스를 구현했던 모든 프로그래머가 sort 메서드를 구현하도록 List 인터페이스를 상속한 모든 클래스를 고쳐야 한다고 발표한다면 얼마나 당황스러울지 상상해보라.

하지만 걱정할 필요 없다. 자바 8에서는 이 문제를 해결하는 새로운 기능을 제공한다. 자바 8에서는 기본 구현을 포함하는 인터페이스를 정의하는 두 가지 방법을 제공한다. 첫 번째는 인터페이스 내부에 **정적 메서드**static method를 사용하는 것이다. 두 번째는 인터페이스의 기본 구현을 제공할 수 있도록 **디폴트 메서드**default method 기능을 사용하는 것이다. 즉, 자바 8에서는 메서드 구현을 포함하는 인터페이스를 정의할 수 있다. 결과적으로 기존 인터페이스를 구현하는 클래스는 자동으로 인터페이스에 추가된 새로운 메서드의 디폴트 메서드를 상속받게 된다. 이렇게 하면 기존의 코드 구현을 바꾸도록 강요하지 않으면서도 인터페이스를 바꿀 수 있다. 이와 같은 방식으로 추가된 두 가지 예로 List 인터페이스의 sort와 Collection 인터페이스의 stream 메서드를 살펴봤다.

1장에서 살펴본 List 인터페이스의 sort 메서드는 자바 8에서 새로 추가된 메서드다. 다음은 sort의 구현 코드다.

```
default void sort(Comparator<? super E> c){
    Collections.sort(this, c);
}
```

반환 형식 void 앞에 default라는 새로운 키워드가 등장했다. default 키워드는 해당 메서드가 디폴트 메서드임을 가리킨다. 여기서 sort 메서드는 Collections.sort 메서드를 호출한다. 이 새로운 디폴트 메서드 덕분에 리스트에 직접 sort를 호출할 수 있게 되었다.

```
List<Integer> numbers = Arrays.asList(3, 5, 1, 2, 6);
numbers.sort(Comparator.naturalOrder()); ←┐ sort는 List 인터페이스의
                                           └ 디폴트 메서드다.
```

위 코드에서 Comparator.naturalOrder라는 새로운 메서드가 등장했다. naturalOrder는 자연 순서(표준 알파벳 순서)로 요소를 정렬할 수 있도록 Comparator 객체를 반환하는 Comparator 인터페이스에 추가된 새로운 정적 메서드다. 다음은 4장에서 사용한 Collection의 stream 메서드 정의 코드다.

```
default Stream<E> stream() {
    return StreamSupport.stream(spliterator(), false);
}
```

우리가 자주 사용했던 stream 메서드는 내부적으로 StreamSupport.stream이라는 메서드를 호출해서 스트림을 반환한다. stream 메서드의 내부에서는 Collection 인터페이스의 다른 디폴트 메서드 spliterator도 호출한다.

결국 인터페이스가 아니라 추상 클래스 아닌가? 인터페이스와 추상 클래스는 같은 점이 많아졌지만 여전히 다른 점도 있다. 어떤 점이 다른지는 곧 살펴볼 것이다. 디폴트 메서드를 사용하는 이유는 뭘까? 디폴트 메서드는 주로 라이브러리 설계자들이 사용한다. 자세한 내용은 나중

에 살펴보겠지만 일단 [그림 13-1]에서 보여주는 것처럼 디폴트 메서드를 이용하면 자바 API 의 호환성을 유지하면서 라이브러리를 바꿀 수 있다.

**그림 13-1** 인터페이스에 메서드 추가

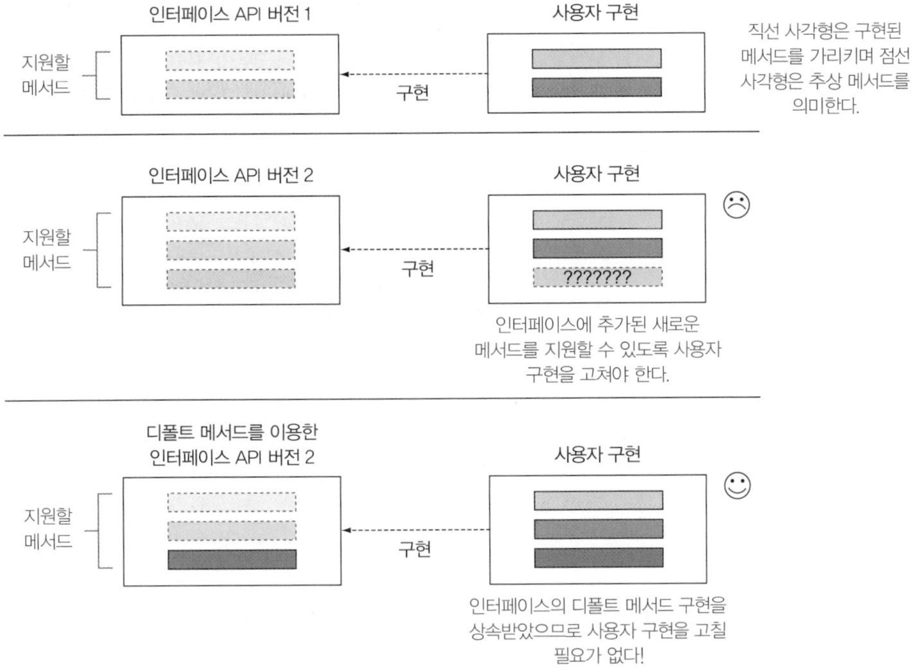

디폴트 메서드가 없던 시절에는 인터페이스에 메서드를 추가하면서 여러 문제가 발생했다. 인 터페이스에 새로 추가된 메서드를 구현하도록 인터페이스를 구현하는 기존 클래스를 고쳐야 했기 때문이었다. 본인이 직접 인터페이스와 이를 구현하는 클래스를 관리할 수 있는 상황이라 면 이 문제를 어렵지 않게 해결할 수 있지만 인터페이스를 대중에 공개했을 때는 상황이 다르 다. 그래서 디폴트 메서드가 탄생한 것이다. 디폴트 메서드를 이용하면 인터페이스의 기본 구 현을 그대로 상속하므로 인터페이스에 자유롭게 새로운 메서드를 추가할 수 있게 된다.

여러분이 라이브러리 설계자라면 기존 구현을 고치지 않고도 인터페이스를 바꿀 수 있으므로 디폴트 메서드를 잘 이해하는 것이 중요하다. 또한 나중에 설명하겠지만 디폴트 메서드는 다중 상속 동작이라는 유연성을 제공하면서 프로그램 구성에도 도움을 준다(이제 클래스는 여러 디 폴트 메서드를 상속받을 수 있게 되었다). 물론 라이브러리 설계자가 아닌 일반 개발자도 디폴 트 메서드를 이해한다면 언젠가 도움이 될 것이다.

이 장에서는 다음과 같은 순서로 디폴트 메서드를 살펴본다. 우선 API가 바뀌면서 어떤 문제가 생기는지 확인한다. 또한 디폴트 메서드란 무엇이며 API가 바뀌면서 발생한 문제를 디폴트 메서드로 어떻게 해결할 수 있는지 설명한다. 그리고 디폴트 메서드를 만들어 다중 상속을 달성하는 방법을 보여준다. 마지막으로 같은 시그니처를 갖는 여러 디폴트 메서드를 상속받으면서 발생하는 모호성 문제를 자바 컴파일러가 어떻게 해결하는지 살펴본다.

## 13.1 변화하는 API

API를 바꾸는 것이 왜 어려운지 예제를 통해 살펴보자. 우리가 인기 있는 자바 그리기 라이브러리 설계자가 되었다고 가정하자. 우리가 만든 라이브러리에는 모양의 크기를 조절하는 데 필요한 setHeight, setWidth, getHeight, getWidth, setAbsoluteSize 등의 메서드를 정의하는 Resizable 인터페이스가 있다. 그뿐만 아니라 Rectangle이나 Square처럼 Resizable을 구현하는 클래스도 제공한다. 라이브러리가 인기를 얻으면서 일부 사용자는 직접 Resizable 인터페이스를 구현하는 Ellipse라는 클래스를 구현하기도 했다.

API를 릴리스한 지 몇 개월이 지나면서 Resizable에 몇 가지 기능이 부족하다는 사실을 알게 되었다. 예를 들어 Resizable 인터페이스에 크기 조절 인수로 모양의 크기를 조절할 수 있는 setRelativeSize라는 메서드가 있으면 좋을 것 같다. 그래서 Resizable에 setRelativeSize를 추가한 다음에 Square와 Rectangle 구현도 고쳤다. 이제 모든 문제가 해결된 걸까? 이전에 우리의 Resizable 인터페이스를 구현한 사용자는 어떻게 되는 걸까? 안타깝게도 라이브러리 사용자가 만든 클래스를 우리가 어떻게 할 수는 없다. 바로 자바 라이브러리 설계자가 라이브러리를 바꾸고 싶을 때 같은 문제가 발생한다. 이미 릴리스된 인터페이스를 고치면 어떤 문제가 발생하는지 더 자세히 살펴보자.

## 13.1.1 API 버전 1

Resizable 인터페이스 초기 버전은 다음과 같은 메서드를 포함한다.

```java
public interface Resizable extends Drawable {
    int getWidth();
    int getHeight();
    void setWidth(int width);
    void setHeight(int height);
    void setAbsoluteSize(int width, int height);
}
```

### 사용자 구현

우리 라이브러리를 즐겨 사용하는 사용자 중 한 명은 직접 Resizable을 구현하는 Ellipse 클래스를 만들었다.

```java
public class Ellipse implements Resizable {
    ...
}
```

이 사용자는 다양한 Resizable 모양(자신이 만든 Ellipse를 포함해서)을 처리하는 게임을 만들었다.

```java
public class Game {
    public static void main(String...args) {
    List<Resizable> resizableShapes =
        Arrays.asList(new Square(), new Rectangle(), new Ellipse()); // 크기를 조절할 수 있는 모양 리스트
    Utils.paint(resizableShapes);
    }
}

public class Utils{
    public static void paint(List<Resizable> l){
        l.forEach(r -> {
```

```
                    r.setAbsoluteSize(42, 42);   ◁── 각 모양에 setAbsoluteSize 호출
                    r.draw();
            });
        }
    }
```

## 13.1.2 API 버전 2

몇 개월이 지나자 Resizable을 구현하는 Square와 Rectangle 구현을 개선해달라는 많은 요청
을 받았다. 그래서 [그림 13-2]와 다음 코드에서 보여주는 것처럼 API 버전 2를 만들었다.

그림 13-2 Resizable에 메서드를 추가하면서 API가 바뀌었다. 따라서 인터페이스를 비꾼 다음에 애플리케이션을 재
컴파일하면 에러가 발생한다.

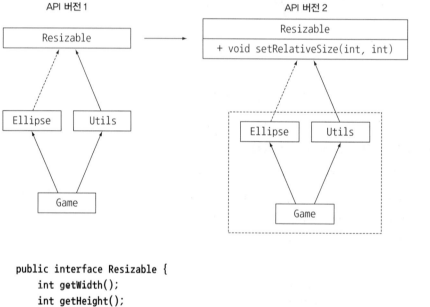

```
public interface Resizable {
    int getWidth();
    int getHeight();
    void setWidth(int width);
    void setHeight(int height);
    void setAbsoluteSize(int width, int height);
    void setRelativeSize(int wFactor, int hFactor);   ◁── API 버전 2에 추가된 새로운 메서드
}
```

## 사용자가 겪는 문제

Resizable을 고치면 몇 가지 문제가 발생한다. 첫 번째로 Resizable을 구현하는 모든 클래스는 setRelativeSize 메서드를 구현해야 한다. 하지만 라이브러리 사용자가 직접 구현한 Ellipse는 setRelativeSize 메서드를 구현하지 않는다. 인터페이스에 새로운 메서드를 추가하면 **바이너리 호환성**은 유지된다. 바이너리 호환성이란 새로 추가된 메서드를 호출하지만 않으면 새로운 메서드 구현이 없이도 기존 클래스 파일 구현이 잘 동작한다는 의미다. 하지만 언젠가는 누군가가 Resizable을 인수로 받는 Utils.paint에서 setRelativeSize를 사용하도록 코드를 바꿀 수 있다. 이때 Ellipse 객체가 인수로 전달되면 Ellipse는 setRelativeSize 메서드를 정의하지 않았으므로 런타임에 다음과 같은 에러가 발생할 것이다.

```
Exception in thread "main" java.lang.AbstractMethodError: lambdasinaction.chap9.
Ellipse.setRelativeSize(II)V
```

두 번째로 사용자가 Ellipse를 포함하는 전체 애플리케이션을 재빌드할 때 다음과 같은 컴파일 에러가 발생한다.

```
lambdasinaction/chap9/Ellipse.java:6: error: Ellipse is not abstract and does not
override abstract method setRelativeSize(int,int) in Resizable
```

공개된 API를 고치면 기존 버전과의 호환성 문제가 발생한다. 이런 이유 때문에 공식 자바 컬렉션 API 같은 기존의 API는 고치기 어렵다. 물론 API를 바꿀 수 있는 몇 가지 대안이 있지만 완벽한 해결책은 될 수 없다. 예를 들어 자신만의 API를 별도로 만든 다음에 예전 버전과 새로운 버전을 직접 관리하는 방법도 있다. 하지만 이는 여러 가지로 불편하다. 첫째, 라이브러리를 관리하기가 복잡하다. 둘째, 사용자는 같은 코드에 예전 버전과 새로운 버전 두 가지 라이브러리를 모두 사용해야 하는 상황이 생긴다. 결국 프로젝트에서 로딩해야 할 클래스 파일이 많아지면서 메모리 사용과 로딩 시간 문제가 발생한다.

디폴트 메서드로 이 모든 문제를 해결할 수 있다. 디폴트 메서드를 이용해서 API를 바꾸면 새롭게 바뀐 인터페이스에서 자동으로 기본 구현을 제공하므로 기존 코드를 고치지 않아도 된다.

> **바이너리 호환성, 소스 호환성, 동작 호환성**
>
> 자바 프로그램을 바꾸는 것과 관련된 호환성 문제는 크게 바이너리 호환성, 소스 호환성, 동작 호환성 세 가지로 분류할 수 있다(더 자세한 사항은 http://goo.gl/JNn4vm 참고) 인터페이스에 메서드를 추가했을 때는 바이너리 호환성을 유지하지만 인터페이스를 구현하는 클래스를 재컴파일하면 에러가 발생한다. 즉, 다양한 호환성이 있다는 사실을 이해해야 한다. 어떤 호환성이 있는지 자세히 살펴보자.
>
> 뭔가를 바꾼 이후에도 에러 없이 기존 바이너리가 실행될 수 있는 상황을 **바이너리 호환성**이라고 한다(바이너리 실행에는 인증verification, 준비preparation, 해석resolution 등의 과정이 포함된다). 예를 들어 인터페이스에 메서드를 추가했을 때 추가된 메서드를 호출하지 않는 한 문제가 일어나지 않는데 이를 바이너리 호환성이라고 한다.
>
> 간단히 말해, **소스 호환성**이란 코드를 고쳐도 기존 프로그램을 성공적으로 재컴파일할 수 있음을 의미한다. 예를 들어 인터페이스에 메서드를 추가하면 소스 호환성이 아니다. 추가한 메서드를 구현하도록 클래스를 고쳐야 하기 때문이다.
>
> 마지막으로 **동작 호환성**이란 코드를 바꾼 다음에도 같은 입력값이 주어지면 프로그램이 같은 동작을 실행한다는 의미다. 예를 들어 인터페이스에 메서드를 추가하더라도 프로그램에서 추가된 메서드를 호출할 일은 없으므로(혹은 우연히 구현 클래스가 이를 오버라이드했을 수도 있다) 동작 호환성은 유지된다.

## 13.2 디폴트 메서드란 무엇인가?

공개된 API에 새로운 메서드를 추가하면 기존 구현에 어떤 문제가 생기는지 살펴봤다. 자바 8에서는 호환성을 유지하면서 API를 바꿀 수 있도록 새로운 기능인 **디폴트 메서드**default method를 제공한다. 이제 인터페이스는 자신을 구현하는 클래스에서 메서드를 구현하지 않을 수 있는 새로운 메서드 시그니처를 제공한다. 그럼 디폴트 메서드는 누가 구현할까? 인터페이스를 구현하는 클래스에서 구현하지 않은 메서드는 인터페이스 자체에서 기본으로 제공한다(그래서 이를 디폴트 메서드라고 부른다).

디폴트 메서드인지 어떻게 알 수 있을까? 디폴트 메서드는 간단하게 알아볼 수 있다. 우선 디폴트 메서드는 default라는 키워드로 시작하며 다른 클래스에 선언된 메서드처럼 메서드 바디를 포함한다. 예를 들어 컬렉션 라이브러리에 Sized라는 인터페이스를 정의했다고 가정하자. 다음 코드에서 보여주는 것처럼 Sized 인터페이스는 추상 메서드 size와 디폴트 메서드 isEmpty를 포함한다.

```
public interface Sized {
    int size();
    default boolean isEmpty() {  ◁──┤ 디폴트 메서드
        return size() == 0;
    }
}
```

이제 Sized 인터페이스를 구현하는 모든 클래스는 isEmpty의 구현도 상속받는다. 즉, 인터페이스에 디폴트 메서드를 추가하면 소스 호환성이 유지된다.

자바 그리기 라이브러리와 게임 예제로 돌아가자. 결론적으로 말해서 디폴트 메서드를 이용해서 setRelativeSize의 디폴트 구현을 제공한다면 호환성을 유지하면서 라이브러리를 고칠 수 있다(즉, 우리 라이브러리 사용자는 Resizable 인터페이스를 구현하는 클래스를 고칠 필요가 없다).

```
default void setRelativeSize(int wFactor, int hFactor){
    setAbsoluteSize(getWidth() / wFactor, getHeight() / hFactor);
}
```

인터페이스가 구현을 가질 수 있고 클래스는 여러 인터페이스를 동시에 구현할 수 있으므로 결국 자바도 다중 상속을 지원하는 걸까? 인터페이스를 구현하는 클래스가 디폴트 메서드와 같은 메서드 시그니처를 정의하거나 아니면 디폴트 메서드를 오버라이드한다면 어떻게 될까? 이런 문제는 아직 걱정하지 않아도 된다. 이 문제를 해결할 수 있는 몇 가지 규칙이 있는데 이는 13.4절에서 자세히 살펴본다.

자바 8 API에서 디폴트 메서드가 상당히 많이 활용되었을 것임을 추측할 수 있다. 예를 들어 Collection 인터페이스의 stream 메서드처럼 부지불식간에 많은 디폴트 메서드를 사용했다. List 인터페이스의 sort 메서드도 디폴트 메서드다. 3장에서 소개한 Predicate, Function, Comparator 등 많은 함수형 인터페이스도 Predicate.and 또는 Function.andThen 같은 다양한 디폴트 메서드를 포함한다(함수형 인터페이스는 오직 하나의 추상 메서드를 포함한다. 디폴트 메서드는 추상 메서드에 해당하지 않는다는 점을 기억하자).

[퀴즈 13-1]을 풀면서 지금까지 디폴트 메서드를 제대로 이해했는지 확인하자.

**퀴즈 13-1** removeIf

여러분이 자바 언어와 API의 달인이라고 가정하자. 어느 날 다수의 사용자로부터 ArrayList, TreeSet, LinkedList 및 다른 모든 컬렉션에서 사용할 수 있는 removeIf 메서드를 추가해달라는 요청을 받았다. removeIf 메서드는 주어진 프레디케이트와 일치하는 모든 요소를 컬렉션에서 제거하는 기능을 수행한다. 새로운 removeIf를 기존 컬렉션 API에 가장 적절하게 추가하는 방법은 무엇일까?

**정답**

우선 반대로 컬렉션 API를 고치는 가장 좋지 않은 방법은 무엇일까? 컬렉션 API의 모든 구현 클래스에 removeIf를 복사&붙여넣기하는 것이다. 이 방법은 얼마 못 가서 자바 커뮤니티의 거센 저항에 직면할 것이다. 다른 방법을 없을까? 모든 컬렉션 클래스는 java.util.Collection 인터페이스를 구현한다. 그러면 Collection 인터페이스에 메서드를 추가할 수 있을까? 지금까지 확인한 것처럼 디폴트 메서드를 인터페이스에 추가함으로써 소스 호환성을 유지할 수 있다. 그러면 Collection을 구현하는 모든 클래스(물론 컬렉션 라이브러리의 클래스뿐 아니라 Collection 인터페이스를 직접 구현한 모든 사용자의 클래스도 포함)는 자동으로 removeIf를 사용할 수 있게 된다.

```java
default boolean removeIf(Predicate<? super E> filter) {
    boolean removed = false;
    Iterator<E> each = iterator();
    while(each.hasNext()) {
        if(filter.test(each.next())) {
```

```
                each.remove();
                removed = true;
            }
        }
        return removed;
    }
```

## 13.3 디폴트 메서드 활용 패턴

여러분은 이미 디폴트 메서드를 이용하면 라이브러리를 바꿔도 호환성을 유지할 수 있음을 확인했다. 디폴트 메서드를 다른 방식으로도 활용할 수 있을까? 우리가 만드는 인터페이스에도 디폴트 메서드를 추가할 수 있다. 이 절에서는 디폴트 메서드를 이용하는 두 가지 방식, 즉 선택형 메서드optional method와 동작 다중 상속multiple inheritance of behavior을 설명한다.

### 13.3.1 선택형 메서드

여러분은 아마 인터페이스를 구현하는 클래스에서 메서드의 내용이 비어있는 상황을 본 적이 있을 것이다. 예를 들어 Iterator 인터페이스를 보자. Iterator는 hasNext와 next뿐 아니라 remove 메서드도 정의한다. 사용자들이 remove 기능은 잘 사용하지 않으므로 자바 8 이전에는 remove 기능을 무시했다. 결과적으로 Iterator를 구현하는 많은 클래스에서는 remove에 빈 구현을 제공했다.

디폴트 메서드를 이용하면 remove 같은 메서드에 기본 구현을 제공할 수 있으므로 인터페이스를 구현하는 클래스에서 빈 구현을 제공할 필요가 없다. 예를 들어 자바 8의 Iterator 인터페이스는 다음처럼 remove 메서드를 정의한다.

```
interface Iterator<T> {
    boolean hasNext();
    T next();
    default void remove() {
        throw new UnsupportedOperationException();
    }
}
```

기본 구현이 제공되므로 Iterator 인터페이스를 구현하는 클래스는 빈 remove 메서드를 구현할 필요가 없어졌고, 불필요한 코드를 줄일 수 있다.

## 13.3.2 동작 다중 상속

디폴트 메서드를 이용하면 기존에는 불가능했던 동작 다중 상속 기능도 구현할 수 있다. [그림 13-3]에서 보여주는 것처럼 클래스는 다중 상속을 이용해서 기존 코드를 재사용할 수 있다.

**그림 13-3** 단일 상속과 다중 상속

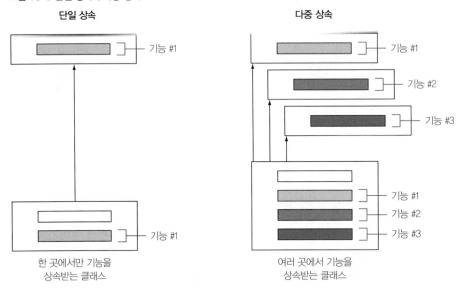

자바에서 클래스는 한 개의 다른 클래스만 상속할 수 있지만 인터페이스는 여러 개 구현할 수 있다. 다음은 자바 API에 정의된 ArrayList 클래스다.

```
public class ArrayList<E> extends AbstractList<E>   ◁─┤ 한 개의 클래스를 상속받는다.
    implements List<E>, RandomAccess, Cloneable,
            Serializable {   ◁─┤ 네 개의 인터페이스를 구현한다.
}
```

## 다중 상속 형식

여기서 ArrayList는 한 개의 클래스를 상속받고, 여섯 개의 인터페이스를 구현한다. 결과적으로 ArrayList는 AbstractList, List, RandomAccess, Cloneable, Serializable, Iterable, Collection의 **서브형식**subtype이 된다. 따라서 디폴트 메서드를 사용하지 않아도 다중 상속을 활용할 수 있다.

자바 8에서는 인터페이스가 구현을 포함할 수 있으므로 클래스는 여러 인터페이스에서 동작 (구현 코드)을 상속받을 수 있다. 다중 동작 상속이 어떤 장점을 제공하는지 예제로 살펴보자. 중복되지 않는 최소한의 인터페이스를 유지한다면 우리 코드에서 동작을 쉽게 재사용하고 조합할 수 있다.

## 기능이 중복되지 않는 최소의 인터페이스

우리가 만드는 게임에 다양한 특성을 갖는 여러 모양을 정의한다고 가정하자. 어떤 모양은 회전할 수 없지만 크기는 조절할 수 있다. 어떤 모양은 회전할 수 있으며 움직일 수 있지만 크기는 조절할 수 없다. 최대한 기존 코드를 재사용해서 이 기능을 구현하려면 어떻게 해야 할까?

먼저 setRotationAngle과 getRotationAngle 두 개의 추상 메서드를 포함하는 Rotatable 인터페이스를 정의한다. 인터페이스는 다음 코드에서 보여주는 것처럼 setRotationAngle과 getRotationAngle 메서드를 이용해서 디폴트 메서드 rotateBy도 구현한다.

```
public interface Rotatable {
    void setRotationAngle(int angleInDegrees);
    int getRotationAngle();
    default void rotateBy(int angleInDegrees) {    ◁─┤ rotateBy 메서드의 기본 구현
        setRotationAngle((getRotationAngle () + angleInDegrees) % 360);
    }
}
```

위 인터페이스는 구현해야 할 다른 메서드에 따라 뼈대 알고리즘이 결정되는 템플릿 디자인 패턴과 비슷해 보인다.

Rotatable을 구현하는 모든 클래스는 setRotationAngle과 getRotationAngle의 구현을 제공해야 한다. 하지만 rotateBy는 기본 구현이 제공되므로 따로 구현을 제공하지 않아도 된다.

마찬가지로 이전에 살펴본 두 가지 인터페이스 Moveable과 Resizable을 정의해야 한다. 두 인

터페이스 모두 디폴트 구현을 제공한다. 다음은 Moveable 코드다.

```
public interface Moveable {
    int getX();
    int getY();
    void setX(int x);
    void setY(int y);

    default void moveHorizontally(int distance){
        setX(getX() + distance);
    }

    default void moveVertically(int distance){
        setY(getY() + distance);
    }
}
```

다음은 Resizable 코드다.

```
public interface Resizable {
    int getWidth();
    int getHeight();
    void setWidth(int width);
    void setHeight(int height);
    void setAbsoluteSize(int width, int height);

    default void setRelativeSize(int wFactor, int hFactor){
        setAbsoluteSize(getWidth() / wFactor, getHeight() / hFactor);
    }
}
```

## 인터페이스 조합

이제 이들 인터페이스를 조합해서 게임에 필요한 다양한 클래스를 구현할 수 있다. 예를 들어 다음 코드처럼 움직일 수 있고moveable, 회전할 수 있으며rotatable, 크기를 조절할 수 있는resizable 괴물Monster 클래스를 구현할 수 있다.

```
public class Monster implements Rotatable, Moveable, Resizable {
    ...        ◁── 모든 추상 메서드의 구현은 제공해야 하지만
}              │   디폴트 메서드의 구현은 제공할 필요가 없다.
```

Monster 클래스는 Rotatable, Moveable, Resizable 인터페이스의 디폴트 메서드를 자동으로 상속받는다. 즉, Monster 클래스는 rotateBy, moveHorizontally, moveVertically, setRelativeSize 구현을 상속받는다.

상속받은 다양한 메서드를 직접 호출할 수 있다.

```
Monster m = new Monster();    ←┤ 생성자는 내부적으로 좌표, 높이, 너비, 기본 각도를 설정한다.
m.rotateBy(180);         ←─┤ Rotatable의 rotateBy 호출
m.moveVertically(10);      ←─┤ Moveable의 moveVertically 호출
```

이번에는 움직일 수 있으며 회전할 수 있지만, 크기는 조절할 수 없는 Sun 클래스를 정의한다. 이때 코드를 복사&붙여넣기할 필요가 전혀 없다. Moveable과 Rotatable을 구현할 때 자동으로 디폴트 메서드를 재사용할 수 있기 때문이다. [그림 13-4]는 이 시나리오를 UML 다이어그램으로 보여준다.

```
public class Sun implements Moveable, Rotatable {
... ←┐ 모든 추상 메서드의 구현은 제공해야 하지만
}    ┘ 디폴트 메서드의 구현은 제공할 필요가 없다.
```

[그림 13-4]는 이 시나리오를 UML 다이어그램으로 보여준다.

**그림 13-4** 다중 동작 조합

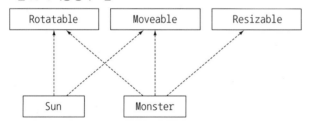

인터페이스에 디폴트 구현을 포함시키면 또 다른 장점이 생긴다. 예를 들어 moveVertically의 구현을 더 효율적으로 고쳐야 한다고 가정하자. 디폴트 메서드 덕분에 Moveable 인터페이스를 직접 고칠 수 있고 따라서 Moveable을 구현하는 모든 클래스도 자동으로 변경한 코드를 상속받는다(물론 구현 클래스에서 메서드를 정의하지 않은 상황에 한해서다).

지금까지 다양한 방법으로 디폴트 메서드를 활용할 수 있음을 살펴봤다. 만약 어떤 클래스가 같은 디폴트 메서드 시그니처를 포함하는 두 인터페이스를 구현하는 상황이라면 어떻게 될까? 클래스는 어떤 인터페이스의 디폴트 메서드를 사용하게 될까? 다음 절에서는 이 문제를 자세히 살펴본다.

## 13.4 해석 규칙

이미 살펴봤듯이, 자바의 클래스는 하나의 부모 클래스만 상속받을 수 있지만 여러 인터페이스를 동시에 구현할 수 있다. 자바 8에는 디폴트 메서드가 추가되었으므로 같은 시그니처를 갖는 디폴트 메서드를 상속받는 상황이 생길 수 있다. 이런 상황에서는 어떤 인터페이스의 디폴트 메서드를 사용하게 될까? 실전에서 자주 일어나는 일은 아니지만 이를 해결할 수 있는 규칙이 필요하다. 이 절에서는 자바 컴파일러가 이러한 충돌을 어떻게 해결하는지 설명한다. 이 절을 통해 '다음 예제에서 클래스 C는 누구의 hello를 호출할까?'라는 질문에 대한 답을 찾을 수 있을 것이다. 다음 코드는 의도적으로 문제를 보여주려고 만든 예제일 뿐 실제로는 자주 일어나지 않는다.

```java
public interface A {
    default void hello() {
```

```
            System.out.println("Hello from A");
        }
    }

    public interface B extends A {
        default void hello() {
            System.out.println("Hello from B");
        }
    }

    public class C implements B, A {
        public static void main(String... args) {
            new C().hello();   ◁── 무엇이 출력될까?
        }
    }
```

C++의 다이아몬드 문제, 즉 같은 시그니처를 갖는 두 메서드를 상속받는 클래스를 들어본 독자도 있을 것이다. 이때 어떤 메서드가 사용될까? 자바 8은 이러한 문제에 대한 해결 규칙을 제공한다. 다음 절에서 대답을 찾을 수 있다.

## 13.4.1 알아야 할 세 가지 해결 규칙

다른 클래스나 인터페이스로부터 같은 시그니처를 갖는 메서드를 상속받을 때는 세 가지 규칙을 따라야 한다.

1. 클래스가 항상 이긴다. 클래스나 슈퍼클래스에서 정의한 메서드가 디폴트 메서드보다 우선권을 갖는다.

2. 1번 규칙 이외의 상황에서는 서브인터페이스가 이긴다. 상속관계를 갖는 인터페이스에서 같은 시그니처를 갖는 메서드를 정의할 때는 서브인터페이스가 이긴다. 즉, B가 A를 상속받는다면 B가 A를 이긴다.

3. 여전히 디폴트 메서드의 우선순위가 결정되지 않았다면 여러 인터페이스를 상속받는 클래스가 명시적으로 디폴트 메서드를 오버라이드하고 호출해야 한다.

이 세 가지 규칙만 알면 모든 디폴트 메서드 해석 문제가 해결된다. 이제 예제로 더 자세히 살펴보자.

### 13.4.2 디폴트 메서드를 제공하는 서브인터페이스가 이긴다

13.4절의 시작 부분에서 B와 A를 구현하는 클래스 C가 등장했던 예제를 살펴보자. B와 A는 hello라는 디폴트 메서드를 정의한다. 또한 B는 A를 상속받는다. [그림 13-5]는 이 시나리오를 UML 다이어그램으로 보여준다.

그림 **13-5** 디폴트 메서드를 제공하는 가장 하위의 서브인터페이스가 이긴다.

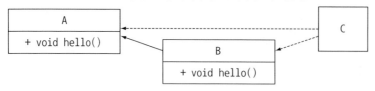

컴파일러는 누구의 hello 메서드 정의를 사용할까? 2번 규칙에서는 서브인터페이스가 이긴다고 설명한다. 즉, B가 A를 상속받았으므로 컴파일러는 B의 hello를 선택한다. 따라서 프로그램은 'Hello from B'를 출력한다.

이번에는 [그림 13-6]에서 보여주는 것처럼 C가 D를 상속받는다면 어떤 일이 일어날지 생각해보라.

그림 **13-6** 하나의 클래스를 상속받아 두 개의 인터페이스를 구현

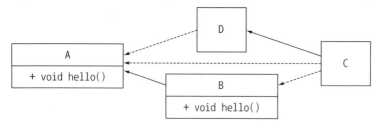

```java
public class D implements A{ }
public class C extends D implements B, A {
    public static void main(String... args) {
        new C().hello();   ← 무엇이 출력될까?
    }
}
```

1번 규칙은 클래스의 메서드 구현이 이긴다고 설명한다. D는 hello를 오버라이드하지 않았고 단순히 인터페이스 A를 구현했다. 따라서 D는 인터페이스 A의 디폴트 메서드 구현을 상속받는다. 2번 규칙에서는 클래스나 슈퍼클래스에 메서드 정의가 없을 때는 디폴트 메서드를 정의하는 서브인터페이스가 선택된다. 따라서 컴파일러는 인터페이스 A의 hello나 인터페이스 B의 hello 둘 중 하나를 선택해야 한다. 여기서 B가 A를 상속받는 관계이므로 이번에도 'Hello from B'가 출력된다. [퀴즈 13-2]를 풀면서 해석 규칙을 제대로 이해했는지 확인하자.

---

**퀴즈 13-2** 해석 규칙을 기억하라

이전 예제를 그대로 활용하자. 다만 퀴즈에서는 D가 명시적으로 A의 hello 메서드를 오버라이드한다. 프로그램의 실행 결과는 무엇일까?

```
public class D implements A {
    void hello(){
        System.out.println("Hello from D");
    }
}

public class C extends D implements B, A {
    public static void main(String... args) {
        new C().hello();
    }
}
```

**정답**

프로그램의 실행 결과는 'Hello from D'다. 규칙 1에 의해 슈퍼클래스의 메서드 정의가 우선권을 갖기 때문이다.

D가 다음처럼 구현되었다고 가정하자.

```
public abstract class D implements A {
    public abstract void hello();
}
```

그러면 A에서 디폴트 메서드를 제공함에도 불구하고 C는 hello를 구현해야 한다.

---

### 13.4.3 충돌 그리고 명시적인 문제 해결

지금까지는 1번과 2번 규칙으로 문제를 해결할 수 있었다. 이번에는 [그림 13-7]이 보여주는 것처럼 B가 A를 상속받지 않는 상황이라고 가정하자.

**그림 13-7** 두 개의 인터페이스 구현

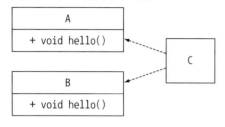

```java
public interface A {
    default void hello() {
        System.out.println("Hello from A");
    }
}

public interface B {
    default void hello() {
        System.out.println("Hello from B");
    }
}

public class C implements B, A { }
```

이번에는 인터페이스 간에 상속관계가 없으므로 2번 규칙을 적용할 수 없다. 그러므로 A와 B의 hello 메서드를 구별할 기준이 없다. 따라서 자바 컴파일러는 어떤 메서드를 호출해야 할지 알 수 없으므로 "Error: class C inherits unrelated defaults for hello( ) from types B and A." 같은 에러가 발생한다.

### 충돌 해결

클래스와 메서드 관계로 디폴트 메서드를 선택할 수 없는 상황에서는 선택할 수 있는 방법이 없다. 개발자가 직접 클래스 C에서 사용하려는 메서드를 명시적으로 선택해야 한다. 즉, 클래스 C에서 hello 메서드를 오버라이드한 다음에 호출하려는 메서드를 명시적으로 선택해야 한다. 자바 8에서는 X.super.m(...) 형태의 새로운 문법을 제공한다. 여기서 X는 호출하려는 메서드 m의 슈퍼인터페이스다. 예를 들어 다음처럼 C에서 B의 인터페이스를 호출할 수 있다.

```java
public class C implements B, A {
    void hello(){
        B.super.hello();  ◁── 명시적으로 인터페이스 B의
    }                          메서드를 선택한다.
}
```

[퀴즈 13-3]에서는 다른 재미있는 문제를 제공한다.

---

**퀴즈 13-3** 거의 비슷한 시그니처

이 퀴즈에서는 인터페이스 A와 B가 다음처럼 정의되어 있다고 가정하자.

```java
public interface A {
    default Number getNumber() {
        return 10;
    }
}

public interface B {
    default Integer getNumber() {
        return 42;
    }
}
```

다음은 클래스 C의 정의다.

```java
public class C implements B, A {
    public static void main(String... args) {
        System.out.println(new C().getNumber());
    }
}
```

프로그램 출력 결과는?

**정답**

C는 A와 B의 메서드를 구분할 수 없다. 따라서 클래스 C에서 컴파일 에러가 발생한다.

---

### 13.4.4 다이아몬드 문제

C++ 커뮤니티를 긴장시킬 만한 마지막 시나리오를 살펴보자.

```java
public interface A {
    default void hello(){
        System.out.println("Hello from A");
    }
}
public interface B extends A { }
public interface C extends A { }
public class D implements B, C {
    public static void main(String... args) {
        new D().hello();    ◁─┤ 무엇이 출력될까?
    }
}
```

[그림 13-8]은 이 시나리오의 UML 다이어그램을 보여준다. 다이어그램의 모양이 다이아몬드를 닮았으므로 이를 **다이아몬드 문제**diamond problem라고 부른다. D는 B와 C 중 누구의 디폴트 메서드 정의를 상속받을까? 실제로 선택할 수 있는 메서드 선언은 하나뿐이다. A만 디폴트 메서드를 정의하고 있다. 따라서 결국 프로그램 출력 결과는 'Hello from A'가 된다.

그림 13-8 다이아몬드 문제

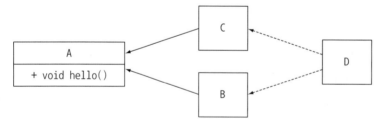

B에도 같은 시그니처의 디폴트 메서드 hello가 있다면 어떻게 될까? 2번 규칙은 디폴트 메서드를 제공하는 가장 하위의 인터페이스가 선택된다고 했다. B는 A를 상속받으므로 B가 선택된다. B와 C가 모두 디폴트 메서드 hello 메서드를 정의한다면 충돌이 발생하므로 이전에 설명한 것처럼 둘 중 하나의 메서드를 명시적으로 호출해야 한다.

다음처럼 인터페이스 C에 추상 메서드 hello (디폴트 메서드가 아님!)를 추가하면 어떤 일이 벌어질까(A와 B에는 아무 메서드도 정의하지 않는다)?

```
public interface C extends A {
    void hello();
}
```

C는 A를 상속받으므로 C의 추상 메서드 hello가 A의 디폴트 메서드 hello보다 우선권을 갖는다. 따라서 컴파일 에러가 발생하며, 클래스 D가 어떤 hello를 사용할지 명시적으로 선택해서 에러를 해결해야 한다.

---

### C++ 다이아몬드 문제

C++의 다이아몬드 문제는 이보다 더 복잡하다. 우선 C++는 클래스의 다중 상속을 지원한다. 클래스 D가 클래스 B와 C를 상속받고 B와 C는 클래스 A를 상속받는다고 가정하자. 그러면 클래스 D는 B 객체와 C 객체의 복사본에 접근할 수 있다. 결과적으로 A의 메서드를 사용할 때 B의 메서드인지 C의 메서드인지 명시적으로 해결해야 한다. 또한 클래스는 상태를 가질 수 있으므로 B의 멤버 변수를 고쳐도 C 객체의 복사본에 반영되지 않는다.

---

같은 디폴트 메서드 시그니처를 갖는 여러 메서드를 상속받는 문제를 쉽게 해결할 수 있음을 살펴봤다. 다음과 같은 세 가지 규칙만 적용하면 모든 충돌 문제를 해결할 수 있다.

1. 클래스가 항상 이긴다. 클래스나 슈퍼클래스에서 정의한 메서드가 디폴트 메서드보다 우선권을 갖는다.

2. 위 규칙 이외의 상황에서는 서브인터페이스가 이긴다. 상속관계를 갖는 인터페이스에서 같은 시그니처를 갖는 메서드를 정의할 때는 서브인터페이스가 이긴다. 즉, B가 A를 상속받는다면 B가 A를 이긴다.

3. 여전히 디폴트 메서드의 우선순위가 결정되지 않았다면 여러 인터페이스를 상속받는 클래스가 명시적으로 디폴트 메서드를 오버라이드하고 호출해야 한다.

## 13.5 마치며

- 자바 8의 인터페이스는 구현 코드를 포함하는 디폴트 메서드, 정적 메서드를 정의할 수 있다.

- 디폴트 메서드의 정의는 default 키워드로 시작하며 일반 클래스 메서드처럼 바디를 갖는다.

- 공개된 인터페이스에 추상 메서드를 추가하면 소스 호환성이 깨진다.

- 디폴트 메서드 덕분에 라이브러리 설계자가 API를 바꿔도 기존 버전과 호환성을 유지할 수 있다.

- 선택형 메서드와 동작 다중 상속에도 디폴트 메서드를 사용할 수 있다

- 클래스가 같은 시그니처를 갖는 여러 디폴트 메서드를 상속하면서 생기는 충돌 문제를 해결하는 규칙이 있다.

- 클래스나 슈퍼클래스에 정의된 메서드가 다른 디폴트 메서드 정의보다 우선한다. 이 외의 상황에서는 서브인터페이스에서 제공하는 디폴트 메서드가 선택된다.

- 두 메서드의 시그니처가 같고, 상속관계로도 충돌 문제를 해결할 수 없을 때는 디폴트 메서드를 사용하는 클래스에서 메서드를 오버라이드해서 어떤 디폴트 메서드를 호출할지 명시적으로 결정해야 한다.

# CHAPTER 14

# 자바 모듈 시스템

---

### 이 장의 내용

◆ 자바가 진화해야 한다는 여론으로 자바가 모듈 시스템을 지원하기 시작함

◆ 주요 구조 : 모듈 declarations, requires, exports 지시어

◆ 기존 자바 아카이브(JAR)에 적용되는 자동 모듈

◆ 모듈화와 JDK 라이브러리

◆ 모듈과 메이븐 빌드

◆ 기본적인 requires, exports 외의 모듈 지시어 간단 요약

---

자바 9에서 가장 많이 거론되는 새로운 기능은 바로 모듈 시스템이다. 모듈 시스템은 직소<sup>Jigsaw</sup> 프로젝트 내부에서 개발된 기능으로 완성까지 거의 십 년이 걸렸다. 이렇게 오랜 시간이 걸렸다는 사실에서 모듈화가 얼마나 중요한 기능 추가며 이 기능을 구현하는 것이 얼마나 어려운 일인지 알 수 있다. 14장에서는 모듈 시스템이란 무엇이며, 새로운 자바 모듈 시스템이 어디에 사용될 수 있고, 개발자는 이로부터 어떤 이익을 얻을 수 있는지를 설명한다.

자바 모듈 시스템은 한 권의 책으로 써야 할만큼 복잡한 주제다. 따라서 니콜라이 팔로그<sup>Nicolai Parlog</sup> 저, 『The Java Module System 』(Manning Publications, 2019)[1]를 살펴보길 권장한다. 14장에서는 모듈을 사용하는 주요 동기를 이해하고 자바 모듈을 어떻게 사용할 수 있는지 빠르게 살펴볼 수 있도록 넓게 이 내용을 다룬다.

---

**1** https://www.manning.com/books/the-java-module-system

# 14.1 압력 : 소프트웨어 유추

자바 모듈 시스템을 자세히 살펴보기 전에 어떤 동기와 배경으로 자바 언어 설계자들이 목표를 정했는지 이해해보자. 모듈화란 무엇인가? 모듈 시스템은 어떤 문제를 해결할 수 있는가? 지금까지 이 책은 문제를 그대로 서술하는 듯한 코드 즉 이해하고 유지보수하기 쉬운 코드를 구현하는 데 사용할 수 있는 새로운 언어 기능을 소개했다. 하지만 이러한 부분은 저수준의 영역에 해당한다. 궁극적으로 소프트웨어 아키텍처 즉 고수준에서는 기반 코드를 바꿔야 할 때 유추하기 쉬우므로 생산성을 높일 수 있는 소프트웨어 프로젝트가 필요하다. 14.1.1절에서는 추론하기 쉬운 소프트웨어를 만드는 데 도움을 주는 **관심사분리**separation of concerns 와 **정보 은닉**information hiding을 살펴본다.

## 14.1.1 관심사분리

관심사분리SoC, Separation of concerns는 컴퓨터 프로그램을 고유의 기능으로 나누는 동작을 권장하는 원칙이다. 다양한 형식으로 구성된 지출을 파싱하고, 분석한 다음 결과를 고객에게 요약 보고하는 회계 애플리케이션을 개발한다고 가정하자. SoC를 적용함으로 파싱, 분석, 레포트 기능을 모듈이라는 각각의 부분 즉, 서로 거의 겹치지 않는 코드 그룹으로 분리할 수 있다. 다시 말해 클래스를 그룹화한 모듈을 이용해 애플리케이션의 클래스 간의 관계를 시각적으로 보여줄 수 있다.

"이미 자바 패키지가 클래스를 그룹으로 만들어요"라고 말하는 독자도 있을 것이다. 맞는 말이지만 자바 9 모듈은 클래스가 어떤 다른 클래스를 볼 수 있는지를 컴파일 시간에 정교하게 제어할 수 있다. 특히 자바 패키지는 모듈성을 지원하지 않는다.

SoC 원칙은 모델, 뷰, 컨트롤러 같은 아키텍처 관점 그리고 복구 기법을 비즈니스 로직과 분리하는 등의 하위 수준 접근 등의 상황에 유용하다. SoC 원칙은 다음과 같은 장점을 제공한다.

- 개별 기능을 따로 작업할 수 있으므로 팀이 쉽게 협업할 수 있다.
- 개별 부분을 재사용하기 쉽다.
- 전체 시스템을 쉽게 유지보수할 수 있다.

## 14.1.2 정보 은닉

**정보 은닉**은 세부 구현을 숨기도록 장려하는 원칙이다. 이 원칙이 왜 중요할까? 소프트웨어를 개발할 때 요구사항은 자주 바뀐다. 세부 구현을 숨김으로 프로그램의 어떤 부분을 바꿨을 때 다른 부분까지 영향을 미칠 가능성을 줄일 수 있다. 즉 코드를 관리하고 보호하는 데 유용한 원칙이다. **캡슐화**encapsulation라는 말을 들어봤을 것이다. 캡슐화는 특정 코드 조각이 애플리케이션의 다른 부분과 고립되어 있음을 의미한다. 캡슐화된 코드의 내부적인 변화가 의도치 않게 외부에 영향을 미칠 가능성이 줄어든다. 자바에서는 클래스 내의 컴포넌트에 적절하게 private 키워드를 사용했는지를 기준으로 컴파일러를 이용해 캡슐화를 확인할 수 있다. 하지만 자바 9 이전까지는 **클래스와 패키지가 의도된 대로 공개되었는지**를 컴파일러로 확인할 수 있는 기능이 없었다.

## 14.1.3 자바 소프트웨어

잘 설계된 소프트웨어를 만들려면 이 두 가지 원칙을 따르는 것이 필수다. 자바 언어 기능과는 이 원칙들이 어떻게 조화를 이룰까? 자바는 객체 지향 언어로 우리는 클래스, 인터페이스를 이용한다. 특정 문제와 관련된 패키지, 클래스, 인터페이스를 그룹으로 만들어 코드를 그룹화할 수 있다. 코드 자체를 보고 소프트웨어의 동작을 추론하긴 현실적으로 어렵다. 따라서 UML 다이어그램같은 도구를 이용하면 그룹 코드 간의 의존성을 시각적으로 보여줄 수 있으므로 소프트웨어를 추론하는데 도움이 된다. [그림 14-1]은 세 가지 특정 기능으로 구분된 사용자 프로파일 관리 애플리케이션의 UML 다이어그램을 보여준다.

**그림 14-1** 세 기능 간의 의존 관계

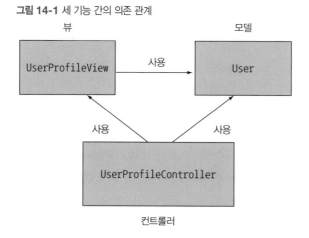

정보 은닉을 살펴보자. 자바에서는 public, protected, private 등의 접근 제한자와 패키지 수준 접근 권한 등을 이용해 메서드, 필드 클래스의 접근을 제어했다. 하지만 14.2절에서도 설명하듯이 이런 방식으로는 원하는 접근 제한을 달성하기 어려우며 심지어 최종 사용자에게 원하지 않는 메서드도 공개해야 하는 상황이 발생했다. 자바 초창기에는 애플리케이션과 의존성 체인이 상대적으로 작았고 이런 부분이 큰 문제가 아니었다. 요즘에는 자바 애플리케이션이 커지면서 문제가 부각되고 있다. 설계자는 자신의 클래스에서 개인적으로 사용할 용도라고 생각할 수 있겠지만, 과정이 어쨌든 결과적으로 클래스에 public 필드가 있다면 사용자 입장에서는 당연히 사용할 수 있다고 생각하지 않겠는가?

모듈화의 장점을 살펴봤는데 자바의 모듈 지원이 어떤 변화를 가져왔는지 궁금할 것이다. 14.2절에서 이 내용을 설명하다

# 14.2 자바 모듈 시스템을 설계한 이유

14.2절에서는 자바 언어와 컴파일러에 새로운 모듈 시스템이 추가된 이유를 설명한다. 먼저 자바 9 이전의 모듈화 한계를 살펴본다. 그리고 JDK 라이브러리와 관련한 배경 지식을 제공하고 모듈화가 왜 중요한지 설명한다.

### 14.2.1 모듈화의 한계

안타깝게도, 자바 9 이전까지는 모듈화된 소프트웨어 프로젝트를 만드는 데 한계가 있었다. 자바는 클래스, 패키지, JAR 세 가지 수준의 코드 그룹화를 제공한다. 클래스와 관련해 자바는 접근 제한자와 캡슐화를 지원했다. 하지만 패키지와 JAR 수준에서는 캡슐화를 거의 지원하지 않았다.

### 제한된 가시성 제어

14.1절에서도 설명했듯이 자바는 정보를 감출 수 있는 접근자를 제공한다. public, protected, 패키지 수준, private 이렇게 네 가지 가시성 접근자가 있다. 패키지 간의 가시성은 어떻게 제

어할까? 많은 애플리케이션은 다양한 클래스 그룹을 정의한 여러 패키지가 있는데 패키지의 가시성 제어 기능은 유명무실한 수준이다. 한 패키지의 클래스와 인터페이스를 다른 패키지로 공개하려면 public으로 이들을 선언해야 한다. 결과적으로 이들 클래스와 인터페이스는 모두 에게 공개된다. 특히 기본 구현을 제공하는 의미로 "impl"이라는 문자열을 가진 패키지에서 이런 문제가 두드러진다. 이런 상황에서 보통 패키지 내부의 접근자가 public이므로 사용자가 이 내부 구현을 마음대로 사용할 수 있다. 내부적으로 사용할 목적으로 만든 구현을 다른 프로그래머가 임시적으로 사용해서 정착해버릴 수 있으므로 결국 기존의 애플리케이션을 망가뜨리지 않고 라이브러리 코드를 바꾸기가 어려워진다. 보안 측면에서 볼 때 코드가 노출되었으므로 코드를 임의로 조작하는 위협에 더 많이 노출될 수 있다.

## 클래스 경로

앞부분에서 이해하기 쉽고 유지보수하기 간단한 소프트웨어 즉 추론하기 쉬운 소프트웨어의 장점을 소개했다. 또한 관심사분리와 모듈간의 의존성 모델링도 언급했다. 안타깝게도 애플리케이션을 번들하고 실행하는 기능과 관련해 자바는 태생적으로 약점을 갖고 있다. 클래스를 모두 컴파일한 다음 보통 한 개의 평범한 JAR 파일에 넣고 클래스 경로에 이 JAR 파일을 추가해 사용할 수 있다[2]. 그러면 JVM이 동적으로 클래스 경로에 정의된 클래스를 필요할 때 읽는다.

안타깝게도 클래스 경로와 JAR 조합에는 몇 가지 약점이 존재한다.

첫째, 클래스 경로에는 같은 클래스를 구분하는 버전 개념이 없다. 예를 들어 파싱 라이브러리의 JSONParser 클래스를 지정할 때 버전 1.0을 사용하는지 버전 2.0을 사용하는지 지정할 수가 없으므로 클래스 경로에 두 가지 버전의 같은 라이브러리가 존재할 때 어떤 일이 일어날지 예측할 수 없다. 다양한 컴포넌트가 같은 라이브러리의 다른 버전을 사용하는 상황이 발생할 수 있는 큰 애플리케이션에서 이런 문제가 두드러진다.

둘째, 클래스 경로는 명시적인 의존성을 지원하지 않는다. 각각의 JAR 안에 있는 모든 클래스는 classes라는 한 주머니로 합쳐진다. 즉 한 JAR가 다른 JAR에 포함된 클래스 집합을 사용하라고 명시적으로 의존성을 정의하는 기능을 제공하지 않는다. 이 상황에서는 클래스 경로 때문에 어떤 일이 일어나는지 파악하기 어려우며, 다음과 같은 의문이 든다.

------

**2** 클래스 경로(class path)의 영어 단어는 자바 문서에서 가져온 것이다. 간혹 classpath라는 용어를 볼 수 있는데 이는 프로그램의 인수와 관련해 사용하는 용어다.

- 빠진 게 있는가?
- 충돌이 있는가?

메이븐이나 그레이들Gradle 같은 빌드 도구는 이런 문제를 해결하는 데 도움을 준다. 하지만 자바 9 이전에는 자바, JVM 누구도 명시적인 의존성 정의를 지원하지 않았다. 이런 문제를 JAR 지옥 또는 클래스 경로 지옥이라 부르는 사람도 있다. 결국 JVM이 ClassNotFoundException 같은 에러를 발생시키지 않고 애플리케이션을 정상적으로 실행할 때까지 클래스 경로에 클래스 파일을 더하거나 클래스 경로에서 클래스를 제거해보는 수밖에 없다. 이런 문제는 개발 초기에 발견할수록 좋다. 자바 9 모듈 시스템을 이용하면 컴파일 타임에 이런 종류의 에러를 모두 검출할 수 있다.

하지만 캡슐화, 클래스 경로 시옥 문제가 여러분의 소프트웨어에만 발생하는 것은 아니다. JDK 자체는 괜찮을까?

## 14.2.2 거대한 JDK

**자바 개발 키트**(JDK)는 자바 프로그램을 만들고 실행하는 데 도움을 주는 도구의 집합이다. 가장 익숙한 도구로 자바 프로그램을 컴파일하는 javac, 자바 애플리케이션을 로드하고 실행하는 java, 입출력을 포함해 런타임 지원을 제공하는 JDK 라이브러리, 컬렉션, 스트림 등이 있다. 초기 JDK 버전은 1996년에 발표되었다. 보통 소프트웨어가 그러하듯 JDK도 시간이 흐르면서 발전하고 덩치가 많이 커졌다. 많은 기술이 추가되었다가 사장되기를 반복했다. CORBA가 좋은 예다. CORBA를 애플리케이션에 사용하는지와 관계없이 CORBA의 클래스는 JDK에 포함되었다. 이는 나중에 모바일에서 실행되는 애플리케이션이나 JDK 전부를 필요로 하지 않는 클라우드에서 문제가 되었다. 생태계 전반에서 이 문제를 어떻게 피할 수 있을까? 자바 8에서는 **컴팩트 프로파일**compact profiles이라는 기법을 제시했다. 관련 분야에 따라 JDK 라이브러리가 세 가지 프로파일로 나뉘어 각각 다른 메모리 풋프린트를 제공했다. 하지만 컴팩트 프로파일은 땜질식 처방일 뿐이다. JDK 라이브러리의 많은 내부 API는 공개되지 않아야 한다. 안타깝게도 자바 언어의 낮은 캡슐화 지원 때문에 내부 API가 외부에 공개되었다. 예를 들어 스프링Spring, 네티Netty, 모키토Mockito 등 여러 라이브러리에서 sun.misc.Unsafe라는 클래스를 사용했는데 이 클래스는 JDK 내부에서만 사용하도록 만든 클래스다. 결과적으로 호환성을 깨지 않고는 관련 API를 바꾸기가 아주 어려운 상황이 되었다.

이런 문제들 때문에 JDK 자체도 모듈화할 수 있는 자바 모듈 시스템 설계의 필요성이 제기되었다. 즉 JDK에서 필요한 부분만 골라 사용하고, 클래스 경로를 쉽게 유추할 수 있으며, 플랫폼을 진화시킬 수 있는 강력한 캡슐화를 제공할 새로운 건축 구조가 필요했다.

### 14.2.3 OSGi와 비교

이 절에서는 자바 9 모듈을 OSGi와 비교한다. OSGi를 들어본 적이 없는 독자는 이 절을 스킵해도 된다.

자바 9에서 직소 프로젝트에 기반한 모듈화 기능이 추가되기 전에도 자바에는 이미 OSGi라는 강력한 모듈 시스템이 존재했다. 물론 자바 플랫폼의 공식 기능은 아니었다. OSGi<sup>Open Service</sup> Gateway initiative는 2000년에 시작해서 자바 9가 등장할 때까지 JVM에서 모듈화 애플리케이션을 구현하는 사실상 표준으로 자리잡았다.

실제 OSGi와 새로운 자바 9 모듈 시스템은 상호 배타적인 관계가 아니다. 즉 한 애플리케이션에 두 기법이 공존할 수 있다. 실제 이 두 기능은 부분적으로만 중복된다. OSGi는 훨씬 더 광범위한 영역을 가지며 직소에서 제공하지 않는 여러 기능을 제공한다. **번들**<sup>bundles</sup>이라 불리는 OSGi 모듈은 특정 OSGi 프레임워크 내에서만 실행된다. 인증받은 여러 OSGi 프레임워크 구현이 존재하지만 그중 가장 대표적으로 아파치 펠릭스<sup>Apache Felix</sup>와 에퀴녹스<sup>Equinox</sup>(이클립스 IDE를 구동하는 데도 사용)가 있다. OSGi 프레임워크 내에서 애플리케이션을 실행할 때 재부팅하지 않고도 원격으로 개별 번들을 설치, 시작, 중지, 갱신, 제거할 수 있다. 즉 OSGi는 [표 14-1]에서 보는 것처럼 번들의 명확한 생명 주기를 정의한다.

표 14-1 OSGi의 번들 상태

| 번들 상태 | 설명 |
| --- | --- |
| INSTALLED | 번들이 성공적으로 설치됨 |
| RESOLVED | 번들에 필요한 모든 자바 클래스를 찾음 |
| STARTING | 번들이 시작되면서 BundleActivator.start라는 메서드가 호출되었지만 아직 start 메서드가 반환되진 않음 |
| ACTIVE | 번들이 성공적으로 활성화되고 실행됨. |
| STOPPING | 번들이 정지되는 중. BundleActivator.stop 메서드가 호출되었지만 아직 stop 메서드가 반환되진 않음 |
| UNINSTALLED | 번들의 설치가 제거됨. 다른 상태로 이동할 수 없음 |

시스템을 재시작하지 않고도 애플리케이션의 다른 하위 부분을 핫스왑할 수 있다는 점이 직소와 다른 OSGi만의 강점이다. 번들의 동작에 필요한 외부 패키지가 무엇이며 어떤 내부 패키지가 외부로 노출되어 다른 번들로 제공되는지를 서술하는 텍스트 파일로 각 번들을 정의한다.

동시에 프레임워크 내에 같은 번들의 다른 버전을 설치할 수 있다는 것도 OSGi 만의 흥미로운 기능이다. OSGi의 각 번들이 자체적인 클래스 로더를 갖는 반면, 자바 9 모듈 시스템의 직소는 애플리케이션당 한 개의 클래스를 사용하므로 버전 제어를 지원하지 않는다.

## 14.3 자바 모듈 : 큰 그림

자바 8는 **모듈**이라는 새로운 자바 프로그램 구조 단위를 제공한다. 모듈은 module이라는 새 키워드에 이름과 바디를 추가해서 정의한다[3]. **모듈 디스크립터**module descriptor는 module-info.java라는 특별한 파일에 저장된다[4].

모듈 디스크립터는 보통 패키지와 같은 폴더에 위치하며 한 개 이상의 패키지를 서술하고 캡슐화할 수 있지만 단순한 상황에서는 이들 패키지 중 한 개만 외부로 노출시킨다.

[그림 14-2]는 자바 모듈 디스크립터의 핵심 구조를 보여준다.

**그림 14-2** 자바 모듈 디스크립터의 핵심 구조(module-info.java)

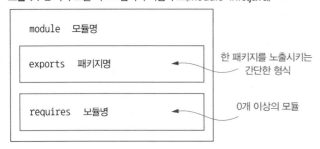

----

**3** 기술적으로 module, requires, export 같은 자바 9의 모듈 관련 용어는 제한된 키워드(restricted keywords)다. 따라서 하위 버전 호환성을 이유로 이들 식별자를 프로그램의 원하는 곳에 자유롭게 사용할 수 있지만 모듈이 허용된 곳에서는 이들 용어가 키워드로 해석된다.

**4** 엄밀하게 따지면 텍스트 형식을 모듈 선언(module declaration)이라고 하고 module-info.class에 저장된 바이너리 형식을 모듈 디스크립터라 한다.

직소 퍼즐(직소 프로젝트도 이 퍼즐에서 이름이 유래했을 것으로 추정)에 비유하자면 exports 는 돌출부, requires는 패인 부분으로 생각할 수 있다. [그림 14-3]은 여러 모듈의 예를 보여 준다.

그림 14-3 A, B, C, D 네 개의 모듈로 만든 자바 시스템의 직소 퍼즐 형식 예제. 모듈 A는 모듈 B와 C를 필요로 하며 이들은 패키지 모듈 B와 모듈 C를 이용해 각각 pkgB와 pkgC에 접근할 수 있다. 모듈 C는 비슷한 방법으로 pkgD 를 사용하는데 pkgD는 모듈 C에서 필요하지만 모듈 B에서는 pkgD를 사용할 수 없다.

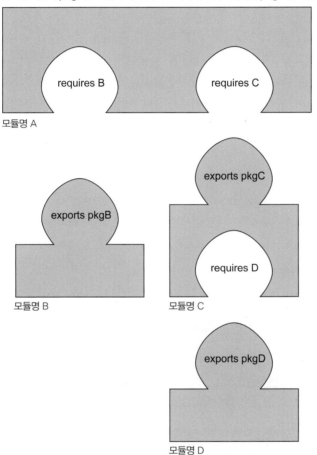

메이븐 같은 도구를 사용할 때 모듈의 많은 세부 사항을 IDE가 처리하며 사용자에게는 잘 드 러나지 않는다.

이제 14.4절에서는 여러 예제와 함께 개념을 더 자세히 살펴본다.

# 14.4 자바 모듈 시스템으로 애플리케이션 개발하기

14.4절에서는 간단한 모듈화 애플리케이션을 기초부터 만들면서 자바 9 모듈 시스템 전반을 살펴본다. 이 과정에서 작은 모듈화 애플리케이션을 구조화하고, 패키지하고, 실행하는 방법을 배운다. 14.4절에서 각각의 주제를 자세히 다루지는 않지만 큰 그림을 보여준다. 필요하다면 스스로 깊이 있게 탐구해보자.

## 14.4.1 애플리케이션 셋업

자바 모듈 시스템을 적용하려면 코드를 구현할 예제 프로젝트가 필요하다. 아마 독자 여러분은 여행을 즐기고, 식료품 쇼핑을 하며, 밖에서 친구들과 커피를 즐길 것이다. 그러다 보면 영수증이 많이 쌓인다. 비용 관리를 좋아하는 사람은 없다. 귀찮은 일을 해결해줄 애플리케이션을 구현해보자. 애플리케이션은 다음과 같은 여러 작업을 처리해야 한다.

- 파일이나 URL에서 비용 목록을 읽는다.
- 비용의 문자열 표현을 파싱한다.
- 통계를 계산한다.
- 유용한 요약 정보를 표시한다.
- 각 태스크의 시작, 마무리 지점을 제공한다.

애플리케이션의 개념을 모델링할 여러 클래스와 인터페이스를 정의해야 한다. 먼저 Reader 인터페이스는 소스에서 얻어온 직렬화된 지출을 읽는 역할을 한다. 소스가 어디냐에 따라 HttpReader, FileReader 등 여러 구현을 제공해야 한다. 또한 JSON 객체를 자바 애플리케이션에서 사용할 수 있는 도메인 객체 Expense로 재구성할 Parser 인터페이스도 필요하다. 마지막으로 주어진 Expense 객체 목록으로 통계를 계산하고 SummaryStatistics 객체를 반환하는 SummaryCalculator 클래스가 필요하다.

프로젝트를 준비했으니 자바 모듈 시스템으로 이들을 어떻게 모듈화할 수 있을까? 프로젝트에는 다음처럼 분리할 수 있는 여러 기능(관심사)이 있다.

- 다양한 소스에서 데이터를 읽음(Reader, HttpReader, FileReader)
- 다양한 포맷으로 구성된 데이터를 파싱(Parser, JSONParser, ExpenseJSON – Parser)
- 도메인 객체를 구체화(Expense)

- 통계를 계산하고 반환(SummaryCalculator, SummaryStatistics)
- 다양한 기능을 분리 조정(ExpensesApplication)

교수법에 따라 아주 세부적으로 문제를 나누는 접근 방법을 이용한다. 다음처럼 각 기능을 그룹화할 수 있다(모듈을 명명한 배경은 나중에 설명한다).

- expenses.readers
- expenses.readers.http
- expenses.readers.file
- expenses.parsers
- expenses.parsers.json
- expenses.model
- expenses.statistics
- expenses.application

이 간단한 애플리케이션에서는 모듈 시스템의 여러 부분이 두드러질 수 있도록 잘게 분해했다. 실생활에서 단순한 프로젝트를 이처럼 잘게 분해해 작은 기능까지 캡슐화한다면 장점에 비해 초기 비용이 높아지고, 이것이 과연 옳은 결정인가 논란이 생길 수 있다. 하지만 프로젝트가 점점 커지면서 많은 내부 구현이 추가되면 이때부터 캡슐화와 추론의 장점이 두드러진다. 위에서 나열한 목록을 애플리케이션 경계에 의존하는 패키지 목록으로 생각할 수 있다. 아마 각 모듈은 다른 모듈로 노출하고 싶지 않은 내부 구현을 포함할 것이다. 예를 들어 expenses.statistics 모듈은 실험적인 통계 방법을 다른 방법으로 구현한 여러 패키지를 포함할 수 있다. 이들 패키지에서 어떤 것을 사용자에게 릴리스할지는 나중에 결정할 수 있다.

## 14.4.2 세부적인 모듈화와 거친 모듈화

시스템을 모듈화할 때 모듈 크기를 결정해야 한다. 세부적인 모듈화 기법 대부분은 14.4.1절에서 보여준 것처럼 모든 패키지가 자신의 모듈을 갖는다. 거친 모듈화 기법 대부분은 한 모듈이 시스템의 모든 패키지를 포함한다. 14.4.1절에서도 설명했듯이 첫 번째 기법은 이득에 비해 설계 비용이 증가하는 반면 두 번째 기법은 모듈화의 모든 장점을 잃는다. 가장 좋은 방법은 시스템을 실용적으로 분해하면서 진화하는 소프트웨어 프로젝트가 이해하기 쉽고 고치기 쉬운 수준으로 적절하게 모듈화되어 있는지 주기적으로 확인하는 프로세스를 갖는 것이다.

요약하면 모듈화는 소프트웨어 부식의 적이다.

### 14.4.3 자바 모듈 시스템 기초

메인 애플리케이션을 지원하는 한 개의 모듈만 갖는 기본적인 모듈화 애플리케이션부터 시작하자. 다음은 디렉터리 안에 중첩된 프로젝트 디렉터리 구조를 보여준다.

```
├── expenses.application
│   ├── module-info.java
│   ├── com
│     ├── example
│       ├── expenses
│         ├── application
│           ├── ExpensesApplication.java
```

정체를 알 수 없는 module-info.java라는 파일이 프로젝트 구조의 일부에 포함되어 있다. 이 파일은 앞에서 설명한 모듈 디스크립터로 모듈의 소스 코드 파일 루트에 위치해야 하며 모듈의 의존성 그리고 어떤 기능을 외부로 노출할지를 정의한다. 지출 애플리케이션 예제에서는 아직 다른 모듈에 의존하거나 외부로 노출하는 기능이 없으므로 최상위 수준의 module-info.java 파일에 이름만 정의되어 있을 뿐 내용은 비어있다. 조금 더 복잡한 기능은 14.5절부터 살펴볼 것이다. 다음은 현재 module-info.java의 내용이다.

```
module expenses.application {

}
```

모듈화 애플리케이션을 어떻게 실행할 수 있을까? 하위 수준의 동작을 이해할 수 있는 일부 명령을 살펴보자. 보통 IDE와 빌드 시스템에서 이들 명령을 자동으로 처리하지만 이들 명령이 어떤 동작을 수행하는지 확인하는 것은 내부적으로 어떤 일이 일어나는지 이해하는 데 도움이 된다. 여러분의 프로젝트의 모듈 소스 디렉터리에서 다음 명령을 실행한다.

```
javac module-info.java
    com/example/expenses/application/ExpensesApplication.java -d target

jar cvfe expenses-application.jar
    com.example.expenses.application.ExpensesApplication -C target
```

그럼 어떤 폴더와 클래스 파일이 생성된 JAR(expenses-application.jar)에 포함되어 있는지를 보여주는 다음과 같은 결과가 출력된다.

```
added manifest
added module-info: module-info.class adding: com/(in = 0) (out= 0)(stored 0%)
adding: com/example/(in = 0) (out= 0)(stored 0%)
adding: com/example/expenses/(in = 0) (out= 0)(stored 0%)
adding: com/example/expenses/application/(in = 0) (out= 0)(stored 0%)
adding: com/example/expenses/application/ExpensesApplication.class(in = 456)
      (out= 306)(deflated 32%)
```

마지막으로 생성된 JAR를 모듈화 애플리케이션으로 실행한다.

```
java --module-path expenses-application.jar \
     --module expenses/com.example.expenses.application.ExpensesApplication
```

처음 두 과정은 자바 애플리케이션을 JAR로 패키징하는 표준 방법이므로 이미 익숙할 것이다. 새로운 부분은 컴파일 과정에 새로 추가된 module-info.java다.

java 프로그램으로 자바 .class 파일을 실행할 때 다음과 같은 두 가지 옵션이 새로 추가되었다.

- --module-path : 어떤 모듈을 로드할 수 있는지 지정한다. 이 옵션은 클래스 파일을 지정하는 --classpath 인수와는 다르다.

- --module : 이 옵션은 실행할 메인 모듈과 클래스를 지정한다.

모듈 정의는 버전 문자열을 포함하지 않는다. 자바 9 모듈 시스템에서 버전 선택 문제를 크게 고려하지 않았고 따라서 버전 기능은 지원하지 않는다. 대신 버전 문제는 빌드 도구나 컨테이너 애플리케이션에서 해결해야 할 문제로 넘겼다.

## 14.5 여러 모듈 활용하기

모듈을 이용한 기본 애플리케이션을 설정했으므로 이제 다양한 모듈과 관련된 실용적인 예제를 살펴볼 수 있다. 비용 애플리케이션이 소스에서 비용을 읽을 수 있어야 한다. 이 이 기능을 캡슐화한 expense.reader라는 새 모듈을 만들 것이다. expenses.application와 expenses.readers 두 모듈간의 상호 작용은 자바 9에서 지정한 export, requires를 이용해 이루어진다.

## 14.5.1 exports 구문

다음은 expenses.readers 모듈의 선언이다(자세한 내용은 나중에 설명할 것이므로 개념과 문법은 신경쓰지 말자).

```
module expenses.readers {
    exports com.example.expenses.readers;
    exports com.example.expenses.readers.file;      이들은 모듈명이 아니라
    exports com.example.expenses.readers.http;       패키지명이다.
}
```

exports라는 구문이 새로 등장했는데 exports는 다른 모듈에서 사용할 수 있도록 특정 패키지를 공개 형식으로 만든다. 기본적으로 모듈 내의 모든 것은 캡슐화된다. 모듈 시스템은 화이트리스트 기법을 이용해 강력한 캡슐화를 제공하므로 다른 모듈에서 사용할 수 있는 기능이 무엇인지 명시적으로 결정해야 한다(이 접근법은 실수로 어떤 기능을 외부로 노출함으로 몇 년이 지난 뒤에 해커가 시스템을 남용할 여지를 방지한다).

프로젝트의 두 모듈의 디렉터리 구조는 다음과 같다.

```
|— expenses.application
  |— module-info.java
  |— com
    |— example
      |— expenses
        |— application
          |— ExpensesApplication.java

|— expenses.readers
  |— module-info.java
  |— com
    |— example
      |— expenses
        |— readers
          |— Reader.java
        |— file
          |— FileReader.java
        |— http
          |— HttpReader.java
```

## 14.5.2 requires 구분

또는 다음처럼 module-info.java를 구현할 수 있다.

```
module expenses.readers {
    requires java.base;    ⟵─┤ 패키지명이 아니라 모듈명이다.

    exports com.example.expenses.readers;
    exports com.example.expenses.readers.file;  ⟵─┐ 모듈명이 아니라
    exports com.example.expenses.readers.http;  ⟵─┘ 패키지명이다.
}
```

requires라는 구분이 새로 등장했는데 requires는 의존하고 있는 모듈을 지정한다. 기본적으로 모든 모듈은 java.base라는 플랫폼 모듈에 의존하는데 이 플랫폼 모듈은 net, io, util 등의 자바 메인 패키지를 포함한다. 항상 기본적으로 필요한 모듈이므로 java.base는 명시적으로 정의할 필요가 없다. 자바에서 "class Foo extends Object { … }"처럼 하지 않고 "class Foo { … }"처럼 클래스를 정의하는 것과 같은 원리다.

따라서 java.base 외의 모듈을 임포트할 때 requires를 사용한다.

자바 9에서는 requires와 exports 구문을 이용해 좀 더 정교하게 클래스 접근을 제어할 수 있다. [표 14-2]는 자바 9 이전과 이후의 접근자와 가시성 변화를 보여준다.

표 14-2 자바 9는 클래스 가시성을 더 잘 제어할 수 있는 기능을 제공

| 클래스 가시성 | 자바 9 이전 | 자바 9 이후 | |
|---|---|---|---|
| 모든 클래스가 모두에 공개됨 | ✓✓ | ✓✓ | (exports와 requires 구분 혼합) |
| 제한된 클래스만 공개됨 | ✗✗ | ✓✓ | (exports와 requires 구분 혼합) |
| 한 모듈의 내에서만 공개 | ✗✗ | ✓ | (export 구문 없음) |
| Protected | ✓✓ | ✓✓ | |
| Package | ✓✓ | ✓✓ | |
| Private | ✓✓ | ✓✓ | |

## 14.5.3 이름 정하기

이제 모듈의 이름 규칙을 설명할 때가 되었다. 지금까지 expenses.application처럼 모듈과 패키지의 개념이 혼동되지 않도록 단순한 접근 방식을 사용했다(모듈은 여러 패키지를 노출시킬

수 있다). 하지만 이 방법은 권장 사항과 일치하지 않는다.

오라클은 패키지명처럼 인터넷 도메인명을 역순(예를 들어 com.iteratrlearning.training)으로 모듈의 이름을 정하도록 권고한다. 더욱이 모듈명은 노출된 주요 API 패키지와 이름이 같아야 한다는 규칙도 따라야 한다. 모듈이 패키지를 포함하지 않거나 어떤 다른 이유로 노출된 패키지 중 하나와 이름이 일치하지 않는 상황을 제외하면 모듈명은 작성자의 인터넷 도메인명을 역순으로 시작해야 한다.

여러 모듈을 프로젝트에 설정하는 방법을 살펴봤으므로 이제 이들을 패키지하고 실행하는 방법을 14.6절에서 살펴본다.

## 14.6 컴파일과 패키징

프로젝트를 설정하고 모듈을 정의하는 방법을 이해했으므로 메이븐 등의 빌드 도구를 이용해 프로젝트를 컴파일할 수 있다. 14.6절에서는 여러분이 자바 생태계에서 가장 흔한 빌드 도구인 메이븐을 알고 있다고 가정한다. 다른 유명한 빌드 도구인 그레이들도 혹시 들어본 적이 없다면 살펴볼 것을 권장한다.

먼저 각 모듈에 pom.xml을 추가해야 한다. 사실 각 모듈은 독립적으로 컴파일되므로 자체적으로 각각이 한 개의 프로젝트다. 전체 프로젝트 빌드를 조정할 수 있도록 모든 모듈의 부모 모듈에도 pom.xml을 추가한다. 전체 구조는 다음과 같다.

```
├── pom.xml
├── expenses.application
  ├── pom.xml
  ├── src
    ├── main
      ├── java
        ├── module-info.java
        ├── com
          ├── example
            ├── expenses
              ├── application
                ├── ExpensesApplication.java
├── expenses.readers
```

```
|— pom.xml
|— src
  |— main
    |— java
      |— module-info.java
      |— com
        |— example
          |— expenses
            |— readers
              |— Reader.java
            |— file
              |— FileReader.java
            |— http
              |— HttpReader.java
```

이렇게 세 개의 pom.xml 파일을 추가해 메이븐 디렉터리 프로젝트 구조를 완성했다. 모듈 디스크립터(module-info.java)는 src/main/java 디렉터리에 위치해야 한다. 올바른 모듈 소스 경로를 이용하도록 메이븐이 javac를 설정한다.

다음은 expenses.readers 프로젝트의 pom.xml 모습이다.

```xml
<?xml version="1.0" encoding="UTF-8"?>
<project xmlns="http://maven.apache.org/POM/4.0.0"
         xmlns:xsi="http://www.w3.org/2001/XMLSchema-instance"
         xsi:schemaLocation="http://maven.apache.org/POM/4.0.0
    http://maven.apache.org/xsd/maven-4.0.0.xsd">
    <modelVersion>4.0.0</modelVersion>

    <groupId>com.example</groupId>
    <artifactId>expenses.readers</artifactId>
    <version>1.0</version>
    <packaging>jar</packaging>
    <parent>
        <groupId>com.example</groupId>
        <artifactId>expenses</artifactId>
        <version>1.0</version>
    </parent>
</project>
```

순조롭게 빌드될 수 있도록 명시적으로 부모 모듈을 지정한 코드를 주목하자. 부모는 ID expenses를 포함하는 부산물[artifact]이다. 곧 살펴보겠지만 pom.xml에 부모를 정의해야 한다.

다음으로 expenses.application 모듈의 pom.xml을 정의한다. 이 파일은 이전 파일과 비슷하지만 ExpenseApplication이 필요로 하는 클래스와 인터페이스가 있으므로 expenses.readers를 의존성으로 추가해야 한다.

```xml
<?xml version="1.0" encoding="UTF-8"?>
<project xmlns="http://maven.apache.org/POM/4.0.0"
        xmlns:xsi="http://www.w3.org/2001/XMLSchema-instance"
        xsi:schemaLocation="http://maven.apache.org/POM/4.0.0
    http://maven.apache.org/xsd/maven-4.0.0.xsd">
    <modelVersion>4.0.0</modelVersion>

    <groupId>com.example</groupId>
    <artifactId>expenses.application</artifactId>
    <version>1.0</version>
<packaging>jar</packaging>

    <parent>
        <groupId>com.example</groupId>
        <artifactId>expenses</artifactId>
        <version>1.0</version>
    </parent>

    <dependencies>
        <dependency>
            <groupId>com.example</groupId>
            <artifactId>expenses.readers</artifactId>
            <version>1.0</version>
        </dependency>
    </dependencies>

</project>
```

expenses.application와 expenses.readers 두 모듈에 pom.xml을 추가했으므로 이제 빌드 과정을 가이드할 전역 pom.xml을 설정할 차례다. 메이븐은 특별한 XML 요소 <module>(자식의 부산물 ID를 참조)을 가진 여러 메이븐 모듈을 가진 프로젝트를 지원한다. 다음은 두 개의 자식 모듈 expenses.application와 expenses.readers를 참조하도록 완성한 pom.xml 정의다.

```xml
<?xml version="1.0" encoding="UTF-8"?>
<project xmlns="http://maven.apache.org/POM/4.0.0"
        xmlns:xsi="http://www.w3.org/2001/XMLSchema-instance"
        xsi:schemaLocation="http://maven.apache.org/POM/4.0.0
    http://maven.apache.org/xsd/maven-4.0.0.xsd">
```

```
    <modelVersion>4.0.0</modelVersion>

    <groupId>com.example</groupId>
    <artifactId>expenses</artifactId>
    <packaging>pom</packaging>
    <version>1.0</version>

    <modules>
        <module>expenses.application</module>
        <module>expenses.readers</module>
    </modules>

    <build>
        <pluginManagement>
            <plugins>
                <plugin>
                    <groupId>org.apache.maven.plugins</groupId>
                    <artifactId>maven-compiler-plugin</artifactId>
                    <version>3.7.0</version>
                    <configuration>
                        <source>9</source>
                        <target>9</target>
                    </configuration>
                </plugin>
            </plugins>
        </pluginManagement>
    </build>
</project>
```

축하한다. mvn clean package 명령을 실행해서 프로젝트의 모듈을 JAR로 만들 수 있다. 다음과
같은 부산물이 만들어진다.

```
./expenses.application/target/expenses.application-1.0.jar
./expenses.readers/target/expenses.readers-1.0.jar
```

두 JAR를 다음처럼 모듈 경로에 포함해서 모듈 애플리케이션을 실행할 수 있다.

```
java --module-path \
./expenses.application/target/expenses.application-1.0.jar:\
./expenses.readers/target/expenses.readers-1.0.jar \
  --module \
expenses.application/com.example.expenses.application.ExpensesApplication
```

지금까지 모듈을 만드는 방법을 배웠으며 requires로 java.base를 참조하는 방법도 살펴봤다. 하지만 실세계에서는 java.base 대신 외부 모듈과 라이브러리를 참조해야 한다. 이 과정은 어떻게 동작하며 기존 라이브러리가 명시적으로 module-info.java를 사용하도록 업데이트되지 않았다면 어떤 일이 일어날까? 14.7절 자동 모듈에서 이 질문의 답을 찾아보자.

## 14.7 자동 모듈

HttpReader를 저수준으로 구현하지 않고 아파치 프로젝트의 httpclient 같은 특화 라이브러리를 사용해 구현한다고 가정하자. 이런 라이브러리는 어떻게 프로젝트에 추가할 수 있을까? requires 구문을 배웠으므로 expenses.readers 프로젝트의 module-info.java에 이 구문을 추가한다. mvn clean package를 다시 실행해서 어떤 일이 일어나는지 확인하자. 안타깝게도 나쁜 일이 일어난다.

```
[ERROR] module not found: httpclient
```

의존성을 기술하도록 pom.xml도 갱신해야 하므로 에러가 발생한다. 메이븐 컴파일러 플러그인은 module-info.java를 포함하는 프로젝트를 빌드할 때 모든 의존성 모듈을 경로에 놓아 적절한 JAR를 내려받고 이들이 프로젝트에 인식되도록 한다. 다음과 같은 의존성이 필요하다.

```
<dependencies>
    <dependency>
        <groupId>org.apache.httpcomponents</groupId>
        <artifactId>httpclient</artifactId>
        <version>4.5.3</version>
    </dependency>
</dependencies>
```

이제 mvn clean package를 실행하면 프로젝트가 올바로 빌드된다. 하지만 httpclient는 자바 모듈이 아니라는 점이 흥미롭다. httpclient는 자바 모듈로 사용하려는 외부 라이브러리인데 모듈화가 되어 있지 않은 라이브러리다. 자바는 JAR를 자동 모듈이라는 형태로 적절하게 변환한다. 모듈 경로상에 있으나 module-info 파일을 가지지 않은 모든 JAR는 자동 모듈이 된다. 자동 모듈은 암묵적으로 자신의 모든 패키지를 노출시킨다. 자동 모듈의 이름은 JAR 이름을 이용해 정해진다. jar 도구의 --describe-module 인수를 이용해 자동으로 정해지는 이름을 바꿀 수 있다.

```
jar --file=./expenses.readers/target/dependency/httpclient-4.5.3.jar \
    --describe-module httpclient@4.5.3 automatic
```

그러면 httpclient라는 이름으로 정의된다.

마지막으로 httpclient JAR를 모듈 경로에 추가한 다음 애플리케이션을 실행한다.

```
java --module-path \
  ./expenses.application/target/expenses.application-1.0.jar:\
  ./expenses.readers/target/expenses.readers-1.0.jar \
  ./expenses.readers/target/dependency/httpclient-4.5.3.jar \
    --module \
  expenses.application/com.example.expenses.application.ExpensesApplication
```

> **NOTE_** 메이븐에는 자바 9 모듈 시스템을 더 잘 지원하는 프로젝트(https://github.com/moditect/moditect)가 있다. 이 프로젝트는 module-info 파일을 자동으로 생성한다.

## 14.8 모듈 정의와 구문들

자바 모듈 시스템은 커다란 짐승이다. 전에도 언급했듯이 이 주제만으로도 책 한 권을 집필할 수 있을 정도다. 14.8절에서는 모듈 정의 언어에서 사용할 수 있는 몇 가지 키워드를 간단하게 살펴보면서 무엇을 할 수 있는지 보여주려 한다.

앞에서 배운 것처럼 module 지시어를 이용해 모듈을 정의할 수 있다. 다음은 com.iteratrlearning.application라는 모듈명의 예제다.

```
module com.iteratrlearning.application {

}
```

모듈 정의에는 어떤 내용을 넣을 수 있을까? requires, exports 구분을 배웠지만 이 외에 requires-transitive, exports-to, open, opens, uses, provides 같은 다른 구문들도 있다. 지금부터 이들 구문을 하나씩 살펴본다.

### 14.8.1 requires

requires 구문은 컴파일 타임과 런타임에 한 모듈이 다른 모듈에 의존함을 정의한다. 예를 들어 com.iteratrlearning.application은 com.iteratrlearning.ui 모듈에 의존한다.

```
module com.iteratrlearning.application {
    requires com.iteratrlearning.ui;
}
```

그러면 com.iteratrlearning.ui에서 외부로 노출한 공개 형식을 com.iteratrlearning.application에서 사용할 수 있다.

### 14.8.2 exports

exports 구문은 지정한 패키지를 다른 모듈에서 이용할 수 있도록 공개 형식으로 만든다. 아무 패키지도 공개하지 않는 것이 기본 설정이다. 어떤 패키지를 공개할 것인지를 명시적으로 지정함으로 캡슐화를 높일 수 있다. 다음 예제에서는 com.iteratrlearning.ui.panels와 com.iteratrlearning.ui.widgets를 공개했다(참고로 문법이 비슷함에도 불구하고 exports는 **패키지명**을 인수로 받지만 requires는 **모듈명**을 인수로 받는다는 사실에 주의하자).

```
module com.iteratrlearning.ui {
    requires com.iteratrlearning.core;
    exports com.iteratrlearning.ui.panels;
    exports com.iteratrlearning.ui.widgets;
}
```

### 14.8.3 requires transitive

다른 모듈이 제공하는 공개 형식을 한 모듈에서 사용할 수 있다고 지정할 수 있다. 예를 들어 com.iteratrlearning.ui 모듈의 정의에서 requires를 requires-transitive로 바꿀 수 있다.

```
module com.iteratrlearning.ui {
    requires transitive com.iteratrlearning.core;

    exports com.iteratrlearning.ui.panels;
    exports com.iteratrlearning.ui.widgets;
}
```

```
module com.iteratrlearning.application {
    requires com.iteratrlearning.ui;
}
```

결과적으로 com.iteratrlearning.application 모듈은 com.iteratrlearning.core에서 노출한 공개 형식에 접근할 수 있다. 필요로 하는 모듈(com.iteratrlearning.ui)이 다른 모듈(com.iteratrlearning.core)의 형식을 반환하는 상황에서 전이성transitivity 선언을 유용하게 사용할 수 있다. com.iteratrlearning.application 모듈의 내부에 com.iteratrlearning.core 모듈을 다시 선언하는 것은 성가신 일이기 때문이다. 따라서 이런 상황에서는 transitive를 이용해 문제를 해결할 수 있다. com.iteratrlearning.io 모듈에 의존하는 모든 모듈은 자동으로 com.iteratrlearning.core 모듈을 읽을 수 있게 된다.

## 14.8.4 exports to

exports to 구문을 이용해 사용자에게 공개할 기능을 제한함으로 가시성을 좀 더 정교하게 제어할 수 있다. 14.8.2절에서 살펴본 예제에서 다음처럼 exports to를 이용하면 com.iteratrlearning.ui.widgets의 접근 권한을 가진 사용자의 권한을 com.iteratrlearning.ui.widgetuser로 제한할 수 있다.

```
module com.iteratrlearning.ui {
    requires com.iteratrlearning.core;

    exports com.iteratrlearning.ui.panels;
    exports com.iteratrlearning.ui.widgets to
      com.iteratrlearning.ui.widgetuser;
}
```

## 14.8.5 open과 opens

모듈 선언에 open 한정자를 이용하면 모든 패키지를 다른 모듈에 반사적으로 접근을 허용할 수 있다. 다음 예제에서 보여주는 것처럼 반사적인 접근 권한을 주는 것 이외에 open 한정자는 모듈의 가시성에 다른 영향을 미치지 않는다.

```
open module com.iteratrlearning.ui {

}
```

자바 9 이전에는 리플렉션으로 객체의 비공개 상태를 확인할 수 있었다. 즉 진정한 캡슐화는 존재하지 않았다. 하이버네이트Hibernate 같은 객체 관계 매핑Object-relational mapping (ORM) 도구에서는 이런 기능을 이용해 상태를 직접 고치곤 한다. 자바 9에서는 기본적으로 리플렉션이 이런 기능을 허용하지 않는다. 이제 그런 기능이 필요하면 이전 코드에서 설명한 open 구문을 명시적으로 사용해야 한다.

리플렉션 때문에 전체 모듈을 개방하지 않고도 opens 구문을 모듈 선언에 이용해 필요한 개별 패키지만 개방할 수 있다. exports-to로 노출한 패키지를 사용할 수 있는 모듈을 한정했던 것처럼, open에 to를 붙여서 반사적인 접근을 특정 모듈에만 허용할 수 있다.

### 14.8.6 uses와 provides

자바 모듈 시스템은 provides 구문으로 서비스 제공자를 uses 구문으로 서비스 소비자를 지정할 수 있는 기능을 제공하는데 서비스와 ServiceLoader를 알고 있는 독자라면 친숙한 내용일 것이다. 하지만 이 주제는 고급 주제에 해당하며 이 장의 범위를 벗어난다. 모듈과 서비스 로더를 합치는 기법에 관심이 있는 독자는 앞에서도 언급했던 『The Java Module System』을 살펴보길 추천한다.

## 14.9 더 큰 예제 그리고 더 배울 수 있는 방법

오라클의 자바 문서에서 가져온 다음 예제로 모듈 시스템이 어떤 것인지 더 확인할 수 있다. 아래 예제는 14장에서 설명한 기능의 대부분을 모듈 선언에 사용한다. 이 예제로 놀라기 보다는 (모듈 선언문은 대부분 단순한 exports와 requires로 구성되어 있으므로) 어떤 풍부한 기능이 더 있는지 확인할 수 있는 기회가 되길 바란다.

```
module com.example.foo {
    requires com.example.foo.http;
    requires java.logging;
```

```
    requires transitive com.example.foo.network;

    exports com.example.foo.bar;
    exports com.example.foo.internal to com.example.foo.probe;

    opens com.example.foo.quux;
    opens com.example.foo.internal to com.example.foo.network,
                                      com.example.foo.probe;

    uses com.example.foo.spi.Intf;
    provides com.example.foo.spi.Intf with com.example.foo.Impl;
}
```

14장에서는 새로운 자바 모듈 시스템의 필요성을 설명하고 주요 기능을 간단하게 소개했다. 서비스 로더나 추가 모듈 서술자 문, jeps, jlink 같은 모듈 관련 도구를 자세히 살펴보진 못했다. 자바 EE 개발자라면 애플리케이션을 자바 9로 이전할 때 EE와 관련한 여러 패키지가 모듈화된 자바 9 가상 머신에서 기본적으로 로드되지 않는다는 사실을 기억해야 한다. 예를 들어 JAXB API 클래스는 이제 자바 EE API로 간주되므로 자바 SE 9의 기본 클래스 경로에 더는 포함되지 않는다. 따라서 호환성을 유지하려면 --add-modules 명령행을 이용해 명시적으로 필요한 모듈을 추가해야 한다. 예를 들어 java.xml.bind가 필요하면 --add-modules java.xml.bind를 지정해야 한다.

이전에서 설명했듯이 자바 모듈 시스템을 설명하려면 한 장이 아니라 한 권의 책을 써야 한다. 따라서 더 자세한 내용을 알고 싶은 독자는 앞에서 언급한 『The Java Module System』을 살펴보길 추천한다.

## 14.10 마치며

- 관심사분리와 정보 은닉은 추론하기 쉬운 소프트웨어를 만드는 중요한 두 가지 원칙이다.

- 자바 9 이전에는 각각의 기능을 담당하는 패키지, 클래스, 인터페이스로 모듈화를 구현했는데 효과적인 캡슐화를 달성하기에는 역부족이었다.

- 클래스 경로 지옥 문제는 애플리케이션의 의존성을 추론하기 더욱 어렵게 만들었다.

- 자바 9 이전의 JDK는 거대했으며 높은 유지 비용과 진화를 방해하는 문제가 존재했다.

- 자바 9에서는 새로운 모듈 시스템을 제공하는데 module-info.java 파일은 모듈의 이름을 지정하며 필요한 의존성(requires)과 공개 API(exports)를 정의한다.

- requires 구문으로 필요한 다른 모듈을 정의할 수 있다.

- exports 구문으로 특정 패키지를 다른 모듈에서 사용할 수 있는 공개 형식으로 지정할 수 있다.

- 인터넷 도메인명을 역순으로 사용하는 것이 권장 모듈 이름 규칙이다.

- 모듈 경로에 포함된 JAR 중에 module-info 파일을 포함하는 않는 모든 JAR는 자동 모듈이 된다.

- 자동 모듈은 암묵적으로 모든 패키지를 공개한다.

- 메이븐은 자바 9 모듈 시스템으로 구조화된 애플리케이션을 지원한다.

Part **V**

# 개선된 자바 동시성

5부에서는 6장, 7장에서 소개한 스트림을 이용한 쉬운 동시 처리라는 주제를 넘어 자바에서 더 개선된 방식으로 병렬 프로그램을 만드는 방법을 설명한다. 이번에도 책의 다른 부분은 5부의 내용에 의존하지 않으므로 이 주제를 아직 살펴보고 싶지 않다면 생략해도 무방하다.

15장은 개정판에 새로 추가된 장으로 비동기 Futures, 발행–구독 프로토콜을 기반으로 하는 리액티브 프로그래밍과 자바 9 플로 API의 캡슐화를 포함한 내용을 다룬다.

16장에서는 선언 방식 즉 스트림 API와 비슷한 방식으로 복잡한 비동기 계산을 표현할 수 있도록 도움을 주는 CompletableFuture를 살펴본다.

17장도 개정판에 추가된 장으로 실용적인 리액티브 프로그래밍 코드와 함께 자바 9의 플로 API를 자세히 살펴본다.

# Part V

# 개선된 자바 동시성

CHAPTER 15

# CompletableFuture와
# 리액티브 프로그래밍 컨셉의 기초

**이 장의 내용**

◆ Thread, Future, 자바가 풍부한 동시성 API를 제공하도록 강요하는 진화의 힘

◆ 비동기 API

◆ 동시 컴퓨팅의 박스와 채널 뷰

◆ CompletableFuture 콤비네이터로 박스를 동적으로 연결

◆ 리액티브 프로그래밍용 자바 9 플로 API의 기초를 이루는 발행 구독 프로토콜

◆ 리액티브 프로그래밍과 리액티브 시스템

최근 소프트웨어 개발 방법을 획기적으로 뒤집는 두 가지 추세가 있다. 한 가지는 애플리케이션을 실행하는 하드웨어와 관련된 것이고 다른 하나는 애플리케이션을 어떻게 구성하는가와 관련된 것이다(특히 상호작용). 멀티코어 프로세서가 발전하면서 애플리케이션의 속도는 멀티코어 프로세서를 얼마나 잘 활용할 수 있도록 소프트웨어를 개발하는가에 따라 달라질 수 있음을 확인했다. 한 개의 큰 태스크를 병렬로 실행할 수 있는 개별 하위 태스크로 분리할 수 있다는 사실을 살펴봤다. 또한 자바 7부터 사용할 수 있는 포크/조인 프레임워크도 배웠으며 자바 8에 추가된 병렬 스트림으로 스레드에 비해 단순하고 효과적인 방법으로 병렬 실행을 달성할 수 있음도 확인했다.

두 번째 추세는 인터넷 서비스에서 사용하는 애플리케이션이 증가하고 있는 현상을 반영한다. 예를 들어 마이크로서비스 아키텍처 선택이 지난 몇 년간 증가했다. 하나의 거대한 애플리케이션 대신 작은 서비스로 애플리케이션을 나누는 것이다. 서비스가 작아진 대신 네트워크 통신이 증가한다. 마찬가지로 구글(지역화된 정보), 페이스북(소셜 정보), 트위터(뉴스) 등의 공

15장 - CompletableFuture와 리액티브 프로그래밍 컨셉의 기초 **461**

개 API를 통해 더 많은 인터넷 서비스를 접할 수 있게 되었다. 요즘에는 독립적으로만 동작하는 웹사이트나 네트워크 애플리케이션을 찾아보기 힘들다. 즉 앞으로 만들 웹 애플리케이션은 다양한 소스의 콘텐츠를 가져와서 사용자가 삶을 풍요롭게 만들도록 합치는 매시업mashup 형태가 될 가능성이 크다.

여러 언어로 특정 주제의 댓글 추세를 페이스북이나 트위터 API로 찾은 다음 내부 알고리즘과 가장 일치하는 주제로 등급을 매겨서 주어진 프랑스 사용자들에 제공할 소셜미디어 정서를 수집하고 요약하는 웹사이트를 만들 수 있다. 구글 번역을 이용해 커멘트를 프랑스어로 번역하거나 구글 맵스를 이용해 작성자의 위치 정보를 얻고, 정보를 모두 합쳐서 웹사이트에 표시할 수 있다.

또한 외부 네트워그 서비스의 반응 속도가 느린 상황을 내비해 맵 서버가 응답하거나 심지어 타임아웃할 때까지 빈 화면 대신 텍스트 결과와 일반 맵에 물음표를 추가해 보여줄 수 있다. [그림 15-1]은 원격 서비스와 상호작용하는 매시업 애플리케이션의 형식을 보여준다.

**그림 15.1** 일반 매시업 애플리케이션

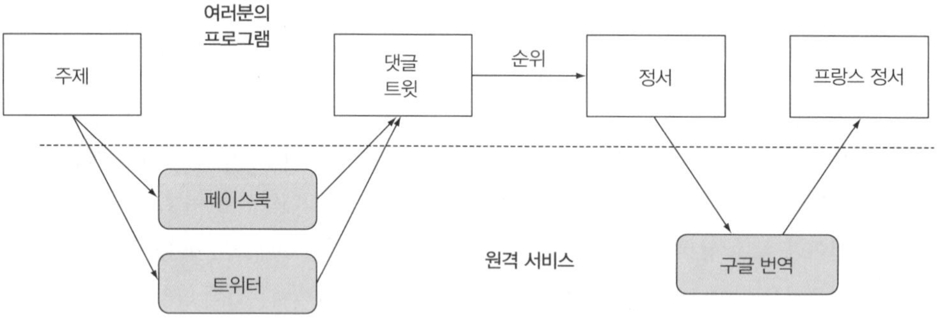

이런 애플리케이션을 구현하려면 인터넷으로 여러 웹 서비스에 접근해야 한다. 하지만 이들 서비스의 응답을 기다리는 동안 연산이 블록되거나 귀중한 CPU 클록 사이클 자원을 낭비하고 싶진 않다. 예를 들어 페이스북의 데이터를 기다리는 동안 트위터 데이터를 처리하지 말란 법은 없다.

이 상황은 멀티태스크 프로그래밍의 양면성을 보여준다. 7장에서 설명한 포크/조인 프레임워크와 병렬 스트림은 병렬성의 귀중한 도구다. 이들은 한 태스크를 여러 하위 태스크로 나눠서 CPU의 다른 코어 또는 다른 머신에서 이들 하위 태스크를 병렬로 실행한다.

반면 병렬성이 아니라 동시성을 필요로 하는 상황 즉 조금씩 연관된 작업을 같은 CPU에서 동작하는 것 또는 애플리케이션을 생산성을 극대화할 수 있도록 코어를 바쁘게 유지하는 것이 목표라면, 원격 서비스나 데이터베이스 결과를 기다리는 스레드를 블록함으로 연산 자원을 낭비하는 일은 피해야 한다.

자바는 이런 환경에서 사용할 수 있는 두 가지 주요 도구를 제공한다. 첫 째는 16장, 17장에서 설명한 Future 인터페이스로 자바 8의 CompletableFuture 구현(16장)은 간단하고 효율적인 문제 해결사다. 최근 자바 9에 추가된 발행 구독 프로토콜에 기반한 리액티브 프로그래밍 개념을 따르는 플로 API(17장)는 조금 더 정교한 프로그래밍 접근 방법을 제공한다.

[그림 15-2]는 동시성과 병렬성의 차이를 보여준다. 동시성은 단일 코어 머신에서 발생할 수 있는 프로그래밍 속성으로 실행이 서로 겹칠 수 있는 반면 병렬성은 병렬 실행을 하드웨어 수준에서 지원한다.

**그림 15-2** 동시성 대 병렬성

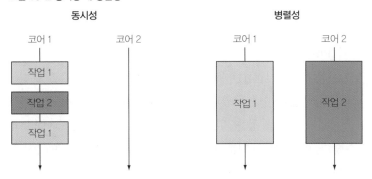

15장의 나머지 부분에서는 자바의 새로운 기능은 CompletableFuture와 플로 API의 기초를 구성하는 내용을 설명한다.

---

### 독자에게 제공하는 가이드

15장의 코드는 실생활의 자바 코드를 거의 포함하지 않는다. 따라서 코드를 원하는 독자는 16장, 17장으로 바로 생략할 것을 권한다. 반면 이미 경험했겠지만 익숙하지 않은 사상을 구현하는 코드는 이해하기 어렵다. 따라서 간단한 함수와 다이어그램 등을 이용해 리액트 네이티브 프로그래밍을 이용한 플로 API를 뒷받침하는 발행-구독 같은 큰 사상을 설명한다.

---

먼저 스레드, 고수준 추상화, 스레드 풀, Futures(15.1절) 등을 포함한 자바의 동시성 진화를 설명한다. 7장에서는 루프를 활용하는 프로그램의 병렬성을 주로 다뤘다. 15.2절에서는 메소드 호출의 병렬성을 더 잘 이용하는 방법을 설명한다. 15.3절에서는 프로그램의 일부를 채널을 이용해 소통하는 박스로 표시하는 다이어그램 방식을 설명한다.

f(x)+g(x) 등과 같은 표현식(f(x), g(x)의 연산은 오랜 시간이 걸린다는 가정)을 어떻게 계산하고 반환하거나 출력하는지 그리고 어떤 다양한 자바 동시성 기능을 이용해 결과를 얻는지 등의 예제를 이용해 대부분의 사상을 설명한다.

# 15.1 동시성을 구현하는 자바 지원의 진화

자바의 동시 프로그래밍 지원은 지난 20년간 하드웨어, 소프트웨어 시스템, 프로그래밍 컨셉의 큰 변화에 맞춰 진화해왔다. 지금까지의 발전을 요약 살펴보면서 프로그래밍과 시스템 설계에 새로운 기능이 추가된 이유와 역할을 더 잘 이해할 수 있다.

처음에 자바는 Runnable과 Thread를 동기화된 클래스와 메서드를 이용해 잠갔다. 2004년 자바 5는 좀 더 표현력있는 동시성을 지원하는 특히 스레드 실행과 태스크 제출을 분리하는 ExecutorService[1] 인터페이스, 높은 수준의 결과 즉, Runnable, Thread의 변형을 반환하는 Callable<T> and Future<T>, 제네릭 등을 지원했다. ExecutorServices는 Runnable과 Callable 둘 다 실행할 수 있다. 이런 기능들 덕분에 다음 해부터 등장한 멀티코어 CPU에서 쉽게 병렬 프로그래밍을 구현할 수 있게 되었다. 솔직히 스레드를 스스로 즐겨 사용하는 사람은 아무도 없을 것이다.

멀티코어 CPU에서 효과적으로 프로그래밍을 실행할 필요성이 커지면서 이후 자바 버전에서는 개선된 동시성 지원이 추가되었다. 7장에서 살펴본 것처럼 자바 7에서는 분할 그리고 정복 알고리즘의 포크/조인 구현을 지원하는 java.util.concurrent.RecursiveTask가 추가되었고 자바 8에서는 스트림과 새로 추가된 람다 지원에 기반한 병렬 프로세싱이 추가되었다.

자바는 Future를 조합하는 기능을 추가하면서 동시성을 강화(15.4절과 16장의 Future 구현인

---

**1** executorService 인터페이스는 Executor 인터페이스를 상속받으며 Callable을 실행하는 submit이라는 메서드를 포함한다. Executor 인터페이스는 Runnable을 실행할 수 있는 execute 메서드만 포함한다.

자바 8 CompletableFuture 참고)했고, 자바 9에서는 분산 비동기 프로그래밍을 명시적으로 지원한다. 이들 API는 15장 처음 부분에서 언급했던 매쉬업 애플리케이션 즉, 다양한 웹 서비스를 이용하고 이들 정보를 실시간으로 조합해 사용자에게 제공하거나 추가 웹 서비스를 통해 제공하는 종류의 애플리케이션을 개발하는데 필수적인 기초 모델과 툴킷을 제공한다. 이 과정을 리액티브 프로그래밍이라 부르며 자바 9에서는 발행—구독 프로토콜(java.util.concurrent.Flow 인터페이스 추가. 15.5절과 17장 참고 )로 이를 지원한다. CompletableFuture와 java.util.concurrent.Flow의 궁극적인 목표는 가능한한 동시에 실행할 수 있는 독립적인 태스크를 가능하게 만들면서 멀티코어 또는 여러 기기를 통해 제공되는 병렬성을 쉽게 이용하는 것이다.

### 15.1.1 스레드와 높은 수준의 추상화

대부분의 독자는 운영 체제 수업시간에 스레드와 프로세스를 배웠을 것이다. 단일 CPU 컴퓨터도 여러 사용자를 지원할 수 있는데 이는 운영체제가 각 사용자에 프로세스 하나를 할당하기 때문이다. 운영체제는 두 사용자가 각각 자신만의 공간에 있다고 생각할 수 있도록 가상 주소 공간을 각각의 프로세스에 제공한다. 운영체제는 주기적으로 번갈아가며 각 프로세스에 CPU를 할당함으로 실제로 마술 같은 일이 일어난다. 프로세스는 다시 운영체제에 한 개 이상의 **스레드** 즉, 본인이 가진 프로세스와 같은 주소 공간을 공유하는 프로세스를 요청함으로 태스크를 동시에 또는 협력적으로 실행할 수 있다.

멀티코어 설정(한 사용자 프로세스만 실행하는 한명의 사용자 노트북)에서는 스레드의 도움 없이 프로그램이 노트북의 컴퓨팅 파워를 모두 활용할 수 없다. 각 코어는 한 개 이상의 프로세스나 스레드에 할당될 수 있지만 프로그램이 스레드를 사용하지 않는다면 효율성을 고려해 여러 프로세서 코어 중 한 개만을 사용할 것이다.

실제로 네 개의 코어를 가진 CPU에서 이론적으로는 프로그램을 네 개의 코어에서 병렬로 실행함으로 실행 속도를 네 배까지 향상시킬 수 있다(물론 오버헤드로 인해 실제 네 배가 되긴 어렵다). 학생들이 제출한 숫자 1,000,000개를 저장한 배열을 처리하는 다음 예제를 살펴보자.

```
long sum = 0;
for (int i = 0; i < 1_000_000; i++) {
    sum += stats[i];
}
```

위 코드는 한 개의 코어로 며칠 동안 작업을 수행한다. 반면 아래 코드는 첫 스레드를 다음 처럼 실행한다.

```
long sum0 = 0;
for (int i = 0; i < 250_000; i++) {
    sum0 += stats[i];
}
```

그리고 네 번째 스레드는 다음으로 끝난다.

```
long sum3 = 0;
for (int i = 750_000; i < 1_000_000; i++) {
    sum3 += stats[i];
}
```

메인 프로그램은 네 개의 스레드를 완성하고 자바의 .start()로 실행한 다음 .join()으로 완료 될 때까지 기다렸다가 다음을 계산한다.

```
sum = sum0 + ... + sum3;
```

이를 각 루프로 처리하는 것은 성가시며 쉽게 에러가 발생할 수 있는 구조다. 루프가 아닌 코드 라면 어떻게 처리할지도 난감해진다.

7장에서는 자바 스트림으로 외부 반복(명시적 루프) 대신 내부 반복을 통해 얼마나 쉽게 병렬 성을 달성할 수 있는지 설명했다.

```
sum = Arrays.stream(stats).parallel().sum();
```

결론적으로 병렬 스트림 반복은 명시적으로 스레드를 사용하는 것에 비해 높은 수준의 개념 이라는 사실을 알 수 있다. 다시 말해 스트림을 이용해 스레드 사용 패턴을 **추상화**할 수 있다. 스트림으로 추상화하는 것은 디자인 패턴을 적용하는 것과 비슷하지만 대신 쓸모 없는 코드 가 라이브러리 내부로 구현되면서 복잡성도 줄어든다는 장점이 더해진다. 7장에서는 자바 7의 java.util.concurrent.RecursiveTask 지원 덕분에 포크/조인 스레드 추상화로 분할 그리고 정복 알고리즘을 병렬화하면서 멀티코어 머신에서 배열의 합을 효율적으로 계산하는 높은 수 준의 방식을 제공하는 방법을 설명했다.

추가적인 스레드 추상화를 살펴보기에 앞서 추상화의 기반 개념에 해당하는 자바 5의 ExecutorService 개념과 스레드 풀을 살펴보자.

## 15.1.2 Executor와 스레드 풀

자바 5는 Executor 프레임워크와 스레드 풀을 통해 스레드의 힘을 높은 수준으로 끌어올리는 즉 자바 프로그래머가 태스크 제출과 실행을 분리할 수 있는 기능을 제공했다.

### 스레드의 문제

자바 스레드는 직접 운영체제 스레드에 접근한다. 운영체제 스레드를 만들고 종료하려면 비싼 비용(페이지 테이블과 관련한 상호작용)을 치러야 하며 더욱이 운영체제 스레드의 숫자는 제한되어 있는 것이 문제다. 운영체제가 지원하는 스레드 수를 초과해 사용하면 자바 애플리케이션이 예상치 못한 방식으로 크래시될 수 있으므로 기존 스레드가 실행되는 상태에서 계속 새로운 스레드를 만드는 상황이 일어나지 않도록 주의해야 한다.

보통 운영체제와 자바의 스레드 개수가 하드웨어 스레드[2] 개수보다 많으므로 일부 운영 체제 스레드가 블록되거나 자고 있는 상황에서 모든 하드웨어 스레드가 코드를 실행하도록 할당된 상황에 놓을 수 있다. 예를 들어 2016 인텔 코어 i7-6900K 서버 프로세서는 8개의 코어를 가지며 각 코어는 두 개의 대칭 멀티프로세싱symmetric multiprocessing (SMP) 하드웨어 스레드를 포함하므로 하드웨어 스레드를 총 16개 포함하는데 서버에는 프로세서를 여러 개 포함할 수 있으므로 하드웨어 스레드 64개를 보통 보유할 수 있다. 반면 노트북은 하드웨어 스레드를 한두 개 가지므로 다양한 기기에서 실행할 수 있는 프로그램에서는 미리 하드웨어 스레드 개수를 추측하지 않는 것이 좋다. 한편 주어진 프로그램에서 사용할 최적의 자바 스레드 개수는 사용할 수 있는 하드웨어 코어의 개수에 따라 달라진다.

### 스레드 풀 그리고 스레드 풀이 더 좋은 이유

자바 ExecutorService는 태스크를 제출하고 나중에 결과를 수집할 수 있는 인터페이스를 제공한다. 프로그램은 newFixedThreadPool 같은 팩토리 메서드 중 하나를 이용해 스레드 풀을 만들어 사용할 수 있다.

```
ExecutorService newFixedThreadPool(int nThreads)
```

---

**2** 여기서 코어라는 말을 사용했지만 인텔 i7-6900K 같은 CPU는 각 코어가 여러 하드웨어 스레드를 포함하므로 캐시 미스(cache miss) 같은 잠깐의 지연 동안에도 유용한 명령어를 실행할 수 있다.

이 메서드는 워커 스레드라 불리는 nThreads를 포함하는 ExecutorService를 만들고 이들을 스레드 풀에 저장한다. 스레드 풀에서 사용하지 않은 스레드로 제출된 태스크를 먼저 온 순서 대로 실행한다. 이들 태스크 실행이 종료되면 이들 스레드를 풀로 반환한다. 이 방식의 장점은 하드웨어에 맞는 수의 태스크를 유지함과 동시에 수 천개의 태스크를 스레드 풀에 아무 오버헤드 없이 제출할 수 있다는 점이다. 큐의 크기 조정, 거부 정책, 태스크 종류에 따른 우선순위 등 다양한 설정을 할 수 있다.

프로그래머는 **태스크**(Runnable이나 Callable)를 제공하면 **스레드**가 이를 실행한다.

## 스레드 풀 그리고 스레드 풀이 나쁜 이유

서의 모든 관점에서 스레드를 직접 사용하는 것보다 스레드 풀을 이용하는 것이 바람직하지만 두 가지 "사항"을 주의해야 한다.

- k 스레드를 가진 스레드 풀은 오직 k만큼의 스레드를 동시에 실행할 수 있다. 초과로 제출된 태스크는 큐에 저장되며 이전에 태스크 중 하나가 종료되기 전까지는 스레드에 할당하지 않는다. 불필요하게 많은 스레드를 만드는 일을 피할 수 있으므로 보통 이 상황은 아무 문제가 되지 않지만 잠을 자거나 I/O를 기다리거나 네트워크 연결을 기다리는 태스크가 있다면 주의해야 한다. I/O를 기다리는 블록 상황에서 이들 태스크가 워커 스레드에 할당된 상태를 유지하지만 아무 작업도 하지 않게 된다. [그림 15-3]에서 보여주는 것처럼 네 개의 하드웨어 스레드와 5개의 스레드를 갖는 스레드 풀에 20개의 태스크를 제출했다고 가정하자. 모든 태스크가 병렬로 실행되면서 20개의 태스크를 실행할 것이라 예상할 수 있다. 하지만 처음 제출한 세 스레드가 잠을 자거나 I/O를 기다린다고 가정하자. 그러면 나머지 15개의 태스크를 두 스레드가 실행해야 하므로 작업 효율성이 예상보다 절반으로 떨어진다). 처음 제출한 태스크가 기존 실행 중인 태스크가 나중의 내스크 제출을 기다리는 상황(Future의 일반적인 패턴)이라면 데드락에 걸릴 수도 있다. 핵심은 블록(자거나 이벤트를 기다리는)할 수 있는 태스크는 스레드 풀에 제출하지 말아야 한다는 것이지만 항상 이를 지킬 수 있는 것은 아니다.

- 중요한 코드를 실행하는 스레드가 죽는 일이 발생하지 않도록 보통 자바 프로그램은 main이 반환하기 전에 모든 스레드의 작업이 끝나길 기다린다. 따라서 프로그램을 종료하기 전에 모든 스레드 풀을 종료하는 습관을 갖는 것이 중요하다(풀의 워커 스레드

가 만들어진 다음 다른 태스크 제출을 기다리면서 종료되지 않은 상태일 수 있으므로).
보통 장기간 실행하는 인터넷 서비스를 관리하도록 오래 실행되는 ExecutorService
를 갖는 것은 흔한 일이다. 자바는 이런 상황을 다룰 수 있도록 15.1.3절에서 설명하는
Thread.setDaemon 메서드를 제공한다.

**그림 15-3** 자는 태스크는 스레드 풀의 성능을 저하시킨다.

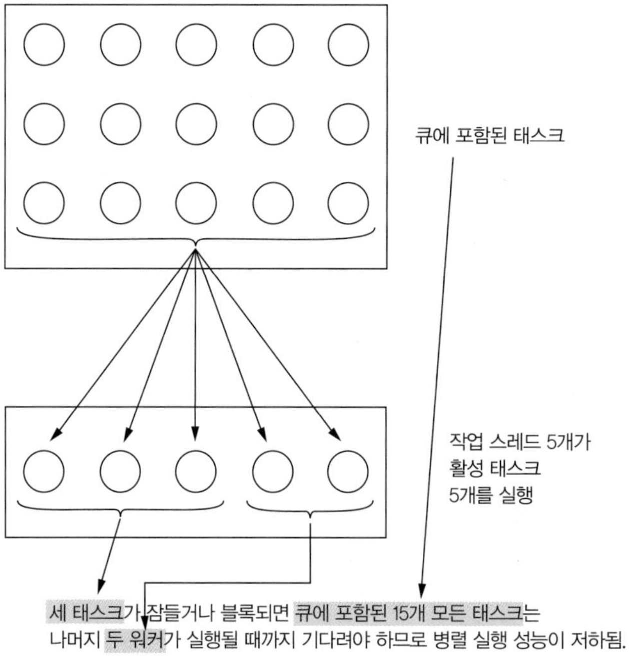

### 15.1.3 스레드의 다른 추상화 : 중첩되지 않은 메서드 호출

7장(병렬 스트림 처리와 포크/조인 프레임워크)에서 설명한 동시성과 지금 설명하는 동시성이
어떻게 다른지 명확하게 알 수 있도록 7장에서 사용한 동시성에서는 한 개의 특별한 속성 즉,
태스크나 스레드가 메서드 호출 안에서 시작되면 그 메서드 호출은 반환하지 않고 작업이 끝나
기를 기다렸다. 다시 말해 스레드 생성과 join()이 한 쌍처럼 중첩된 메서드 호출 내에 추가되
었다. [그림 15-4]에서 보여주는 것처럼 이를 **엄격한**strict **포크/조인**이라 부른다.

시작된 태스크를 내부 호출이 아니라 외부 호출에서 종료하도록 기다리는 좀 더 여유로운 방식

의 포크/조인을 사용해도 비교적 안전하다. 그러면 [그림 15–5]에서 보여주는 것처럼 제공된 인터페이스를 사용자는 일반 호출로 간주할 수 있다[3].

그림 **15-4** 엄격한 포크/조인. 화살표는 스레드, 원은 포크와 조인을, 사각형은 메서드 호출과 반환을 의미한다.

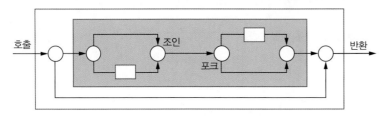

그림 **15-5** 어유도운 포크/소인

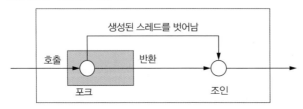

15장에서는 [그림 15–6]처럼 사용자의 메서드 호출에 의해 스레드가 생성되고 메서드를 벗어나 계속 실행되는 동시성 형태에 초점을 둔다.

그림 **15-6** 비동기 메서드

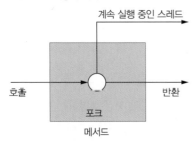

이런 종류, 특히 메서드 호출자에 기능을 제공하도록 메서드가 반환된 후에도 만들어진 태스크 실행이 계속되는 메서드를 비동기 메서드라 한다. 15.2절부터는 자바 8, 자바 9로 이런 메서드

---

**3** 내부적으로 부작용을 이용하는 메서드와 18장의 '함수형으로 생각하기'에서 배우는 부작용 없는 인터페이스를 비교해보자!

를 활용하는 방법을 자세히 살펴 본다. 우선은 이들 메서드를 사용할 때 어떤 위험성이 따르는지 확인하자.

- 스레드 실행은 메서드를 호출한 다음의 코드와 동시에 실행되므로 데이터 경쟁 문제를 일으키지 않도록 주의해야 한다.
- 기존 실행 중이던 스레드가 종료되지 않은 상황에서 자바의 main( ) 메서드가 반환하면 어떻게 될까? 다음과 같은 두 가지 방법이 있는데 어느 방법도 안전하지 못하다.
  - 애플리케이션을 종료하지 못하고 모든 스레드가 실행을 끝낼 때까지 기다린다.
  - 애플리케이션 종료를 방해하는 스레드를 강제종료<sup>kill</sup>시키고 애플리케이션을 종료한다.

첫 번째 방법에서는 잊고서 종료를 못한 스레드에 의해 애플리케이션이 크래시될 수 있다. 또 다른 문제로 디스크에 쓰기 I/O 작업을 시도하는 일련의 작업을 중단했을 때 이로 인해 외부 데이터의 일관성이 파괴될 수 있다. 이들 문제를 피하려면 애플리케이션에서 만든 모든 스레드를 추적하고 애플리케이션을 종료하기 전에 스레드 풀을 포함한 모든 스레드를 종료하는 것이 좋다.

자바 스레드는 setDaemon( ) 메서드를 이용해 **데몬**<sup>daemon</sup> 또는 비데몬으로 구분시킬 수 있다[4]. 데몬 스레드는 애플리케이션이 종료될 때 강제 종료되므로 디시크의 데이터 일관성을 파괴하지 않는 동작을 수행할 때 유용하게 활용할 수 있는 반면, main( ) 메서드는 모든 비데몬 스레드가 종료될 때까지 프로그램을 종료하지 않고 기다린다.


## 15.1.4 스레드에 무엇을 바라는가?

일반적으로 모든 하드웨어 스레드를 활용해 병렬성의 장점을 극대화하도록 프로그램 구조를 만드는 것 즉, 프로그램을 작은 태스크 단위로 구조화하는 것이 목표다(하지만 태스크 변환 비용을 고려해 너무 작은 크기는 아니어야 한다). 7장에서는 병렬 스트림 처리와 포크/조인을 for 루프와 분할 그리고 정복 알고리즘을 처리하는 방법을 살펴봤는데 이 장의 나머지 부분과 16장, 17장에서는 스레드를 조작하는 복잡한 코드를 구현하지 않고 메서드를 호출하는 방법을 살펴본다.

---

[4] 어원적으로 반신반인을 의미하는 데몬과 악마를 의미하는 디몬(demon)은 같은 그리스 단어에서 유래했다. 하지만 디몬은 악한 영물을 데몬은 도움이 되는 영물을 가리킨다. 유닉스는 들어오는 ssh 연결을 기다리는 프로세스 또는 스레드를 가리키는 sshd 같은 시스템 서비스에 데몬이라는 용어를 사용하므로 컴퓨팅 세계에 이 용어가 등장하기 시작했다.

## 15.2 동기 API와 비동기 API

7장에서는 자바 8 스트림을 이용해 명시적으로 병렬 하드웨어를 이용할 수 있음을 설명했다. 두 가지 단계로 병렬성을 이용할 수 있다. 첫 번째로 외부 반복(명시적 for 루프)을 내부 반복(스트림 메서드 사용)으로 바꿔야 한다. 그리고 스트림에 parallel() 메서드를 이용하므로 자바 런타임 라이브러리가 복잡한 스레드 작업을 하지 않고 병렬로 요소가 처리되도록 할 수 있다. 루프가 실행될 때 추측에 의존해야 하는 프로그래머와 달리 런타임 시스템은 사용할 수 있는 스레드를 더 정확하게 알고 있다는 것도 내부 반복의 장점이다.

루프 기반의 계산을 제외한 다른 상황에서도 병렬성이 유용할 수 있다. 15장, 16장, 17장에서 살펴볼 중요한 자바 개발의 배경에는 비동기 API가 있다.

다음과 같은 시그니처를 갖는 f, g 두 메서드의 호출을 합하는 예제를 살펴보자.

```
int f(int x);
int g(int x);
```

참고로 이들 메서드는 물리적 결과를 반환하므로 동기 API(자세한 내용은 잠시 뒤에 설명)라고 부른다. 다음처럼 두 메서드를 호출하고 합계를 출력하는 코드가 있다.

```
int y = f(x);
int z = g(x);
System.out.println(y + z);
```

f와 g를 실행하는데 오랜 시간이 걸린다고 가정하자(메서드는 기울기 하강$^{gradient\ descent}$ 같은 수학적 최적화 작업을 수행한다고 가정할 수도 있지만 16장, 17장에서는 좀 더 실용적인 예제로 인터넷 질의를 수행하는 것으로 가정한다 ). f, g의 작업을 컴파일러가 완전하게 이해하기 어려우므로 보통 자바 컴파일러는 코드 최적화와 관련한 아무 작업도 수행하지 않을 수 있다. f와 g가 서로 상호작용하지 않는다는 사실을 알고 있거나 상호작용을 전혀 신경쓰지 않는다면 f와 g를 별도의 CPU 코어로 실행함으로 f와 g 중 오래 걸리는 작업의 시간으로 합계 구하는 시간을 단축할 수 있다. 별도의 스레드로 f와 g를 실행해 이를 구현할 수 있다. 의도는 좋지만 이전의 단순했던 코드가 다음처럼 복잡하게 변한다[5].

.......................................

**5** 복잡한 코드는 스레드에서 결과를 가져오는 부분과 관련이 있다. 오직 바깥 최종 결과 변수만 람다나 내부 클래스에서 사용할 수 있다는 제한은 있지만 실제 문제는 다름아닌 명시적 스레드 조작 부분에 존재한다.

```
class ThreadExample {

    public static void main(String[] args) throws InterruptedException {
        int x = 1337;
        Result result = new Result();

        Thread t1 = new Thread(() -> { result.left = f(x); } );
        Thread t2 = new Thread(() -> { result.right = g(x); });
        t1.start();
        t2.start();
        t1.join();
        t2.join();
        System.out.println(result.left + result.right);
    }

    private static class Result {
        private int left;
        private int right;
    }
}
```

Runnable 대신 Future API 인터페이스를 이용해 코드를 더 단순화할 수 있다. 이미 ExecutorService로 스레드 풀을 설정했다고 가정하면 다음처럼 코드를 구현할 수 있다.

```
public class ExecutorServiceExample {
    public static void main(String[] args)
            throws ExecutionException, InterruptedException {

        int x = 1337;

        ExecutorService executorService = Executors.newFixedThreadPool(2);
        Future<Integer> y = executorService.submit(() -> f(x));
        Future<Integer> z = executorService.submit(() -> g(x));
        System.out.println(y.get() + z.get());

        executorService.shutdown();
    }
}
```

여전히 이 코드도 명시적인 submit 메서드 호출 같은 불필요한 코드로 오염되었다. 명시적 반복으로 병렬화를 수행하던 코드를 스트림을 이용해 내부 반복으로 바꾼것처럼 비슷한 방법으로 이 문제를 해결해야 한다.

문제의 해결은 **비동기 API**라는 기능으로 API를 바꿔서 해결할 수 있다[6].

첫 번째 방법인 자바의 Future를 이용하면 이 문제를 조금 개선할 수 있다. 자바 5에서 소개된 Future는 자바 8의 CompletableFuture로 이들을 조합할 수 있게 되면서 더욱 기능이 풍부해졌다. 이 기능은 15.4절에서 설명하며 16장에서 실용 예제와 함께 자바 API를 더 자세히 살펴본다. 두 번째 방법은 발행-구독 프로토콜에 기반한 자바 9의 java.util.concurrent.Flow 인터페이스를 이용하는 방법으로 15.5절에서 자세히 설명하며 17장에서 실용적인 예제를 제공한다.

이런 대안들을 이 문제에 적용하면 f, g의 시그니처가 어떻게 바뀔까?

## 15.2.1 Future 형식 API

대안을 이용하면 f, g의 시그니처가 다음처럼 바뀐다.

```
Future<Integer> f(int x);
Future<Integer> g(int x);
```

그리고 다음처럼 호출이 바뀐다.

```
Future<Integer> y = f(x);
Future<Integer> z = g(x);
System.out.println(y.get() + z.get());
```

메서드 f는 호출 즉시 자신의 원래 바디를 평가하는 태스크를 포함하는 Future를 반환한다. 마찬가지로 메서드 g도 Future를 반환하며 세 번째 코드는 get() 메서드를 이용해 두 Future가 완료되어 결과가 합쳐지기를 기다린다.

예제에서는 API는 그대로 유지하고 g를 그대로 호출하면서 f에만 Future를 적용할 수 있었다. 하지만 조금 더 큰 프로그램에서는 두 가지 이유로 이런 방식을 사용하지 않는다.

- 다른 상황에서는 g에도 Future 형식이 필요할 수 있으므로 API 형식을 통일하는 것이 바람직하다.
- 병렬 하드웨어로 프로그램 실행 속도를 극대화하려면 여러 작은 하지만 합리적인 크기의 태스크로 나누는 것이 좋다.

---

**6** 동기 API는 보통 결과가 나올 때까지 물리적인 반환을 지연시킴으로 **블록킹 API**로도 알려져있다(I/O 작업이 가장 흔한 예다). 반면 비동기 API는 블록하지 않는 I/O를 구현한다(비동기 API는 보통 결과를 기다리지 않고 I/O 작업을 시작시킨다. 예를 들어 블록하지 않는 I/O 작업을 제공하는 Netty 같은 라이브러리가 있다).

## 15.2.2 리액티브 형식 API

두 번째 대안에서 핵심은 f, g의 시그니처를 바꿔서 콜백 형식의 프로그래밍을 이용하는 것이다.

```
void f(int x, IntConsumer dealWithResult);
```

처음에는 두 번째 대안이 이상해 보일 수 있다. f가 값을 반환하지 않는데 어떻게 프로그램이 동작할까? f에 추가 인수로 콜백(람다)[7]을 전달해서 f의 바디에서는 return 문으로 결과를 반환하는 것이 아니라 결과가 준비되면 이를 람다로 호출하는 태스크를 만드는 것이 비결이다. 다시 말해 f는 바디를 실행하면서 태스크를 만든 다음 즉시 반환하므로 코드 형식이 다음처럼 바뀐다.

```java
public class CallbackStyleExample {
    public static void main(String[] args) {

        int x = 1337;
        Result result = new Result();

        f(x, (int y) -> {
            result.left = y;
            System.out.println((result.left + result.right));
        } );

        g(x, (int z) -> {
            result.right = z;
            System.out.println((result.left + result.right));
        });
    }
}
```

하지만 결과가 달라졌다. f와 g의 호출 합계를 정확하게 출력하지 않고 상황에 따라 먼저 계산된 결과를 출력한다. 락을 사용하지 않으므로 값을 두 번 출력할 수 있을 뿐더러 때로는 +에 제공된 두 피연산자가 println이 호출되기 전에 업데이트될 수도 있다. 다음처럼 두 가지 방법으로 이 문제를 보완할 수 있다.

---

**7** 일부 저자는 **콜백**이라는 용어를 Stream.filter, Stream.map처럼 메서드 인수로 넘겨지는 모든 람다나 메서드 참조를 가리키는 데 사용한다. 이 책에서는 메서드가 반환된 **다음에** 호출될 수 있는 람다나 메서드 참조를 가리키는 용어로 사용한다.

- if-then-else를 이용해 적절한 락을 이용해 두 콜백이 모두 호출되었는지 확인한 다음 println을 호출해 원하는 기능을 수행할 수 있다.
- 리액티브 형식의 API는 보통 한 결과가 아니라 일련의 이벤트에 반응하도록 설계되었으므로 Future를 이용하는 것이 더 적절하다.

리액티브 형식의 프로그래밍으로 메서드 f와 g는 dealWithResult 콜백을 여러 번 호출할 수 있다. 원래의 f, g 함수는 오직 한 번만 return을 사용하도록 되어있다. 마찬가지로 Future도 한 번만 완료되며 그 결과는 get()으로 얻을 수 있다. 리액티브 형식의 비동기 API는 자연스럽게 일련의 값(나중에 스트림으로 연결)을, Future 형식의 API는 일회성의 값을 처리하는 데 적합하다.

15.5절에서는 이 주요 예제를 확장해 =C1+C2 같은 스프레드시트 호출을 모델링한다.

두 대안 모두 코드를 복잡하게 만든다고 생각할 것이다. 어느 정도는 맞는 말이다. 어떤 API를 사용할 것인지 미리 잘 생각해야 한다. 하지만 API는 명시적으로 스레드를 처리하는 코드에 비해 사용 코드를 더 단순하게 만들어주며 높은 수준의 구조를 유지할 수 있게 도와준다. 또한 (a) 계산이 오래 걸리는 메서드(수 밀리초 이상), (b) 네트워크나 사람의 입력을 기다리는 메서드에 이들 API를 잘 활용하면 애플리케이션의 효율성이 크게 향상된다. (b)의 상황에서는 리소스를 낭비하지 않고 효율적으로 하단의 시스템을 활용할 수 있다는 장점을 추가로 제공한다. 이 부분은 다음 절에서 자세히 설명한다.

## 15.2.3 잠자기(그리고 기타 블로킹 동작)는 해로운 것으로 간주

사람과 상호작용하거나 어떤 일이 일정 속도로 제한되어 일어나는 상황의 애플리케이션을 만들 때 자연스럽게 sleep() 메서드를 사용할 수 있다. 하지만 스레드는 잠들어도 여전히 시스템 자원을 점유한다. 스레드를 단지 몇 개 사용하는 상황에서는 큰 문제가 아니지만 스레드가 많아지고 그 중 대부분이 잠을 잔다면 문제가 심각해진다(자세한 사항은 15.2.1절과 [그림 15-3] 참고).

스레드 풀에서 잠을 자는 태스크는 다른 태스크가 시작되지 못하게 막으므로 자원을 소비한다는 사실을 기억하자(운영 체제가 이들 태스크를 관리하므로 일단 스레드로 할당된 태스크는 중지시키지 못한다).

물론 스레드 풀에서 잠자는 스레드만 실행을 막는것은 아니다. 모든 블록 동작도 마찬가지다. 블록 동작은 다른 태스크가 어떤 동작을 완료하기를 기다리는 동작(예를 들어, Future에 get() 호출)과 외부 상호작용(예를 들어, 네트워크, 데[이터베이스 서버에서 읽기 작업을 기다리거나, 키보드 입력 같은 사람의 상호작용을 기다림)을 기다리는 동작 두 가지로 구분할 수 있다.

이 상황에서 무엇을 할 수 있을까? 이상적으로는 절대 태스크에서 기다리는 일을 만들지 말거나 아니면 코드에서 예외를 일으키는 방법으로 이를 처리할 수 있다(15.2.4절에서 실제 이 일이 가능한지 확인할 수 있다). 태스크를 앞과 뒤 두 부분으로 나누고 블록되지 않을 때만 뒷부분을 자바가 스케줄링하도록 요청할 수 있다.

다음은 한 개의 작업을 갖는 코드 A다.

```
work1();
Thread.sleep(10000);    ←┤ 10초 동안 잠
work2();
```

이를 코드 B와 비교하자.

```
public class ScheduledExecutorServiceExample {
    public static void main(String[] args) {
        ScheduledExecutorService scheduledExecutorService
            = Executors.newScheduledThreadPool(1);

        work1();
        scheduledExecutorService.schedule(
ScheduledExecutorServiceExample::work2, 10, TimeUnit.SECONDS);

        scheduledExecutorService.shutdown();
    }

    public static void work1(){
        System.out.println("Hello from Work1!");
    }

    public static void work2(){
        System.out.println("Hello from Work2!");
    }
}
```

work1()이 끝난 다음 10초 뒤에 work2()를 개별 태스크로 스케줄함

두 태스크 모두 스레드 풀에서 실행된다고 가정하자.

코드 A가 어떻게 실행되는지 살펴보자. 먼저 코드는 스레드 풀 큐에 추가되며 나중에 차례가 되면 실행된다. 하지만 코드가 실행되면 워커 스레드를 점유한 상태에서 아무것도 하지 않고 10초를 잔다. 그리고 깨어나서 work2()를 실행한 다음 작업을 종료하고 워커 스레드를 해제한다. 반면에 코드 B는 work1()을 실행하고 종료한다. 하지만 work2()가 10초 뒤에 실행될 수 있도록 큐에 추가한다.

코드 B가 더 좋은 이유는 뭘까? 코드 A나 B 모두 같은 동작을 수행한다. 두 코드의 다른 점은 A가 자는 동안 귀중한 스레드 자원을 점유하는 반면 B는 다른 작업이 실행될 수 있도록 허용한다는 점이다(스레드를 사용할 필요가 없이 메모리만 조금 더 사용했다).

태스크를 만들 때는 이런 특징을 잘 활용해야 한다. 태스크가 실행되면 귀중한 자원을 점유하므로 태스크가 끝나서 자원을 해제하기 전까지 태스크를 계속 실행해야 한다. 태스크를 블록하는 것보다는 다음 작업을 태스크로 제출하고 현재 태스크는 종료하는 것이 바람직하다.

가능하다면 I/O 작업에도 이 원칙을 적용하는 것이 좋다. 고전적으로 읽기 작업을 기다리는 것이 아니라 블록하지 않는 '읽기 시작' 메서드를 호출하고 읽기 작업이 끝나면 이를 처리할 다음 태스크를 런타임 라이브러리에 스케줄하도록 요청하고 종료한다.

이런 디자인 패턴을 따르려면 읽기 어려운 코드가 많아지는 것처럼 보일 수 있다. 하지만 15.4절과 16장에서 설명하는 자바 CompletableFuture 인터페이스는 이전에 살펴본 Future에 get()을 이용해 명시적으로 블록하지 않고 콤비네이터를 사용함으로 이런 형식의 코드를 런타임 라이브러리 내에 추상화한다.

마지막으로 스레드의 제한이 없고 저렴하다면 코드 A와 B는 사실상 같다. 하지만 스레드에는 제한이 있고 저렴하지 않으므로 잠을 자거나 블록해야 하는 여러 태스크가 있을 때 가능하면 코드 B 형식을 따르는 것이 좋다.


## 15.2.4 현실성 확인

새로운 시스템을 설계할 때 시스템을 많은 작은 동시 실행되는 태스크로 설계해서 블록할 수 있는 모든 동작을 비동기 호출로 구현한다면 병렬 하드웨어를 최대한 활용할 수 있다. 하지만 현실적으로는 '모든 것은 비동기'라는 설계 원칙을 어겨야 한다('최상은 좋은 것의 적이다'라는 속담을 기억하자). 자바는 2002년 자바 1.4에서부터 비블록 IO 기능(java.nio)을 제공했는데 이들은 조금 복잡하고 잘 알려지지 않았다. 실제로 자바의 개선된 동시성 API를 이용해 유익을 얻을 수 있는 상황을 찾아보고 모든 API를 비동기로 만드는 것을 따지지 말고 개선된 동시성 API를 사용해보길 권장한다.

네트워크 서버의 블록/비블록 API를 일관적으로 제공하는 Netty(https://netty.io/) 같은 새로운 라이브러리를 사용하는것도 도움이 된다.

## 15.2.5 비동기 API에서 예외는 어떻게 처리하는가?

Future나 리액티브 형식의 비동기 API에서 호출된 메서드의 실제 바디는 별도의 스레드에서 호출되며 이때 발생하는 어떤 에러는 이미 호출자의 실행 범위와는 관계가 없는 상황이 된다. 예상치못한 일이 일어나면 예외를 발생시켜 다른 동작이 실행되어야 한다. 어떻게 이를 실현할 수 있을까? Future를 구현한 CompletableFuture에서는 런타임 get() 메서드에 예외를 처리할 수 있는 기능을 제공하며 예외에서 회복할 수 있도록 exceptionally() 같은 메서드도 제공한다(16장에서 설명).

리액티브 형식의 비동기 API에서는 return 대신 기존 콜백이 호출되므로 예외가 발생했을 때 실행될 추가 콜백을 만들어 인터페이스를 바꿔야 한다. 다음 예제처럼 리액티브 API에 여러 콜백을 포함해야 한다.

```
void f(int x, Consumer<Integer> dealWithResult,
           Consumer<Throwable> dealWithException);
```

f의 바디는 다음을 수행할 수 있다.

```
dealWithException(e);
```

콜백이 여러 개면 이를 따로 제공하는 것보다는 한 객체로 이 메서드를 감싸는 것이 좋다. 예를 들어 자바 9 플로 API에서는 여러 콜백을 한 객체(네 개의 콜백을 각각 대표하는 네 메서드를 포함하는 Subscriber<T> 클래스)로 감싼다. 다음은 그 예제다.

```
void    onComplete()
void    onError(Throwable throwable)
```

```
void    onNext(T item)
```

값이 있을 때(onNext), 도중에 에러가 발생했을 때(onError), 값을 다 소진했거나 에러가 발생해서 더 이상 처리할 데이터가 없을 때(onComplete) 각각의 콜백이 호출된다. 이전의 f에 이를 적용하면 다음과 같이 시그니처가 바뀐다.

```
void f(int x, Subscriber<Integer> s);
```

f의 바디는 다음처럼 Throwable을 가리키는 t로 예외가 일어났음을 가리킨다.

```
s.onError(t);
```

여러 콜백을 포함하는 API를 파일이나 키보드 장치에서 숫자를 읽는 작업과 비교해보자. 이들 장치가 수동적인 데이터 구조체가 아니라 "여기 번호가 나왔어요"나 "숫자가 아니라 잘못된 형식의 아이템이 나왔어요" 같은 일련의 데이터를 만들어낸 다음 마지막으로 "더 이상 처리할 데이터가 없어요(파일의 끝)" 알림을 만든다.

보통 이런 종류의 호출을 메시지 또는 **이벤트**라 부른다. 예를 들어 파일 리더가 3, 7, 42를 읽은 다음 잘못된 형식의 숫자 이벤트를 내보내고 이어서 2, 파일의 끝 이벤트를 차례로 생성했다고 가정하자.

이런 이벤트를 API의 일부로 보자면 API는 이벤트의 순서(**채널 프로토콜**channel protocol이라 불리는)에는 전혀 개의치 않는다. 실제 부속 문서에서는 "onComplete 이벤트 다음에는 아무 이벤트도 일어나지 않음" 같은 구문을 사용해 프로토콜을 정의한다.

## 15.3 박스와 채널 모델

동시성 모델을 가장 잘 설계하고 개념화하려면 그림이 필요하다. 우리는 이 기법을 **박스와 채널 모델**box-and-channel model이라고 부른다. 이전 예제인 f(x) + g(x)의 계산을 일반화해서 정수와 관련된 간단한 상황이 있다고 가정하자. f나 g를 호출하거나 p 함수에 인수 x를 이용해 호출하고 그 결과를 q1과 q2에 전달하며 다시 이 두 호출의 결과로 함수 r을 호출한 다음 결과를 출력한다. 편의상 클래스 C의 메서드와 연상 함수 C::m을 구분하지 않는다. [그림 15-7]에서 보여주는 것처럼 간단한 태스크를 그림으로 표현할 수 있다.

**그림 15-7** 간단한 박스와 채널 다이어그램

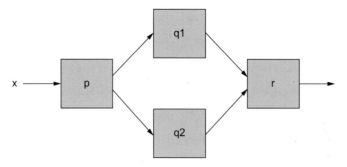

자바로 [그림 15-7]을 두 가지 방법으로 구현해 어떤 문제가 있는지 확인하자. 다음은 첫 번째 구현 방법이다.

```
int t = p(x);
System.out.println( r(q1(t), q2(t)) );
```

겉보기엔 깔끔해 보이는 코드지만 자바가 q1, q2를 차례로 호출하는데 이는 하드웨어 병렬성의 활용과 거리가 멀다.

Future를 이용해 f, g를 병렬로 평가하는 방법도 있다.

```
int t = p(x);
Future<Integer> a1 = executorService.submit(() -> q1(t));
Future<Integer> a2 = executorService.submit(() -> q2(t));
System.out.println( r(a1.get(),a2.get()));
```

이 예제에서는 박스와 채널 다이어그램의 모양상 p와 r을 Future로 감싸지 않았다. p는 다른 어떤 작업보다 먼저 처리해야 하며 r은 모든 작업이 끝난 다음 가장 마지막으로 처리해야 한다. 아래처럼 코드를 흉내내보지만 이는 우리가 원하는 작업과 거리가 있다.

```
System.out.println( r(q1(t), q2(t)) + s(x) );
```

위 코드에서 병렬성을 극대화하려면 모든 다섯 함수(p, q1, q2, r, s)를 Future로 감싸야 하기 때문이다.

시스템에서 많은 작업이 동시에 실행되고 있지 않다면 이 방법도 잘 동작할 수 있다. 하지만 시스템이 커지고 각각의 많은 박스와 채널 다이어그램이 등장하고 각각의 박스는 내부적으로 자신만의 박스와 채널을 사용한다면 문제가 달라진다. 이런 상황에서는 15.1.2절에서 설명한 것처럼 많은 태스크가 get( ) 메서드를 호출해 Future가 끝나기를 기다리는 상태에 놓을 수 있다. 결과적으로 하드웨어의 병렬성을 제대로 활용하지 못하거나 심지어 데드락에 걸릴 수 있다. 또한 이런 대규모 시스템 구조가 얼마나 많은 수의 get( )을 감당할 수 있는지 이해하기 어렵다. 자바 8에서는 15.4절에서 설명할 CompletableFuture와 **콤비네이터**combinators를 이용해 문제를 해결한다. 두 Function이 있을 때 compose( ), andThen( ) 등을 이용해 다른 Function을 얻을 수 있다는 사실을 확인했다(3장 참고). add1은 정수 1을 더하고 dble은 정수를 두 배로 만든다고 가정하면 인수를 두 배로 만들고 결과에 2를 더하는 Function을 다음처럼 구현할 수 있다.

```
Function<Integer, Integer> myfun = add1.andThen(dble);
```

하지만 박스와 채널 다이어그램은 콤비네이터로도 직접 멋지게 코딩할 수 있다. [그림 15-7]을 네 개 Function p, q1, q2, BiFunction r로 간단히게 구현할 수 있다.

```
p.thenBoth(q1,q2).thenCombine(r)
```

안타깝게도 thenBoth나 thenCombine은 자바 Function과 BiFunction 클래스의 일부가 아니다.

15.4절에서는 콤비네이터와 CompletableFuture의 사상이 얼마나 비슷하며 get( )을 이용해 태스크가 기다리게 만드는 일을 피할 수 있는지 설명한다.

마지막으로 박스와 채널 모델을 이용해 생각과 코드를 구조화할 수 있다는 사실을 강조하고 싶다. 박스와 채널 모델로 대규모 시스템 구현의 추상화 수준을 높일 수 있다. 박스(또는 프로그램의 콤비네이터)로 원하는 연산을 표현(계산은 나중에 이루어짐)하면 계산을 손으로 코딩한 결과보다 더 효율적일 것이다. 콤비네이터는 수학적 함수뿐 아니라 Future와 리액티브 스트림 데이터에도 적용할 수 있다. 15.5절에서는 박스와 채널 다이어그램의 각 채널을 마블 다이어그램(메시지를 가리키는 여러 마블을 포함)으로 표현하는 방법을 설명한다. 박스와 채널 모델은 병렬성을 직접 프로그래밍하는 관점을 콤비네이터를 이용해 내부적으로 작업을 처리하는 관점으로 바꿔준다. 마찬가지로 자바 8 스트림은 자료 구조를 반복해야 하는 코드를 내부적으로 작업을 처리하는 스트림 콤비네이터로 바꿔준다.

# 15.4 CompletableFuture와 콤비네이터를 이용한 동시성

동시 코딩 작업을 Future 인터페이스로 생각하도록 유도한다는 점이 Future 인터페이스의 문제다. 하지만 역사적으로 주어진 연산으로 Future를 만들고, 이를 실행하고, 종료되길 기다리는 등 Future는 FutureTask 구현을 뛰어 넘는 몇 가지 동작을 제공했다. 이후 버전의 자바에서는 7장에서 설명한 RecursiveTask 같은 더 구조화된 지원을 제공했다.

자바 8에서는 Future 인터페이스의 구현인 CompletableFuture를 이용해 Future를 조합할 수 있는 기능을 추가했다. 그럼 ComposableFuture가 아니라 CompletableFuture라고 부르는 이유는 뭘까? 일반적으로 Future는 실행해서 get()으로 결과를 얻을 수 있는 Callable로 만들어진다. 하지만 CompletableFuture는 실행할 코드 없이 Future를 만들 수 있도록 허용하며 complete() 메서드를 이용해 나중에 어떤 값을 이용해 다른 스레드가 이를 완료할 수 있고 get()으로 값을 얻을 수 있도록 허용한다(그래서 CompletableFuture라 부른다). f(x)와 g(x)를 동시에 실행해 합계를 구하는 코드를 다음처럼 구현할 수 있다.

```
public class CFComplete {

    public static void main(String[] args)
        throws ExecutionException, InterruptedException {
        ExecutorService executorService = Executors.newFixedThreadPool(10);
        int x = 1337;

        CompletableFuture<Integer> a = new CompletableFuture<>();
        executorService.submit(() -> a.complete(f(x)));
        int b = g(x);
        System.out.println(a.get() + b);

        executorService.shutdown();
    }
}
```

또는 다음처럼 구현할 수 있다.

```
public class CFComplete {

    public static void main(String[] args)
        throws ExecutionException, InterruptedException {
        ExecutorService executorService = Executors.newFixedThreadPool(10);
        int x = 1337;
```

```
        CompletableFuture<Integer> a = new CompletableFuture<>();
        executorService.submit(() -> b.complete(g(x)));
        int a = f(x);
        System.out.println(a + b.get());

        executorService.shutdown();
    }
}
```

위 두 코드는 f(x)의 실행이 끝나지 않거나 아니면 g(x)의 실행이 끝나지 않는 상황에서 get()을 기다려야 하므로 프로세싱 자원을 낭비할 수 있다(15.2.3절 참고). 자바 8의 CompletableFuture를 이용하면 이 상황을 해결할 수 있다. 먼저 퀴즈를 살펴보자.

---

**퀴즈 15-1**

다음으로 진행하기 전에 다음과 같은 상황에서 스레드를 완벽하게 활용할 수 있는 태스크를 어떻게 구현할 수 있는지 생각한다. f(x), g(x)를 실행하는 두 개의 활성 스레드가 있는데 한 스레드는 다른 스레드가 return 문을 실행해 종료될 때까지 기다렸다가 시작한다.

정답은 f(x)를 실행하는 한 태스크, g(x)를 실행하는 두 번째 태스크, 합계를 계산하는 세 번째 태스크(이전의 두 태스크를 재활용 할 수 있다) 세 개를 이용하는 것이다. 하지만 처음 두 태스크가 실행되기 전까지 세 번째 태스크는 실행할 수 없다. 자바로 이 문제를 어떻게 해결할 수 있을까?

Future를 조합해 이 문제를 해결할 수 있다.

---

이 책에서 지금까지 두 번 살펴본 조합 동작을 기억해보자. 동작을 조합하는 것은 다른 언어에서는 이미 많이 사용하는 강력한 프로그래밍 구조 사상이지만 자바에서는 지비 8의 람다가 추가되면서 겨우 걸음마를 땐 수준이다. 다음 예제처럼 스트림에 연산을 조합하는 것도 하나의 조합 예다.

```
myStream.map(...).filter(...).sum()
```

또 다른 예로 compose(), andThen() 같은 메서드를 두 Function에 이용해 다른 Function을 얻을 수 있다(15.5절 참고).

CompletableFuture<T>에 thenCombine 메서드를 사용함으로 두 연산 결과를 더 효과적으로 더할 수 있다. 16장에서 더 자세히 다룰 내용이므로 우선은 걱정하지 말자. thenCombine 메서드는 다음과 같은 시그니처(제네릭과 와일드카드와 관련된 문제를 피할 수 있게 간소화됨)를 갖고 있다.

```
CompletableFuture<V> thenCombine(CompletableFuture<U> other,
                                 BiFunction<T, U, V> fn)
```

이 메서드는 두 개의 CompletableFuture 값(T, U 결과 형식)을 받아 한 개의 새 값을 만든다. 처음 두 작업이 끝나면 두 결과 모두에 fn을 적용하고 블록하지 않은 상태로 결과 Future를 반환한다. 이전 코드를 다음처럼 구현할 수 있다.

```java
public class CFCombine {
    public static void main(String[] args) throws ExecutionException,
        InterruptedException {

        ExecutorService executorService = Executors.newFixedThreadPool(10);
        int x = 1337;

        CompletableFuture<Integer> a = new CompletableFuture<>();
        CompletableFuture<Integer> b = new CompletableFuture<>();
        CompletableFuture<Integer> c = a.thenCombine(b, (y, z)-> y + z);
        executorService.submit(() -> a.complete(f(x)));
        executorService.submit(() -> b.complete(g(x)));

        System.out.println(c.get());
        executorService.shutdown();
    }
}
```

thenCombine 행이 핵심이다. Future a와 Future b의 결과를 알지 못한 상태에서 thenCombine은 두 연산이 끝났을 때 스레드 풀에서 실행된 연산을 만든다. 결과를 추가하는 세 번째 연산 c는 다른 두 작업이 끝날 때까지는 스레드에서 실행되지 않는다(먼저 시작해서 블록되지 않는 점이 특징). 따라서 기존의 두 가지 버전의 코드에서 발생했던 블록 문제가 어디서도 일어나지 않는다. Future의 연산이 두 번째로 종료되는 상황에서 실제 필요한 스레드는 한 개지만 스레드 풀의 두 스레드가 여전히 활성 상태다. [그림 15-8]은 이 상황을 다이어그램으로 보여준다. 이전의 두 버전에서 y+z 연산은 f(x) 또는 g(x)를 실행(블록될 가능성이 있는)한 같은 스레드에서 수행했다. 반면 thenCombine을 이용하면 f(x)와 g(x)가 끝난 다음에야 덧셈 계산이 실행된다.

**그림 15-8** f(x), g(x), 결과 합산 세 가지 연산의 타이밍 다이어그램

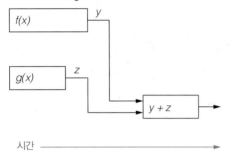

상황에 따라서는 get()을 기다리는 스레드가 큰 문제가 되지 않으므로 기존 자바 8의 Future를 이용한 방식도 해결 방법이 될 수 있다. 하지만 어떤 상황에서는 많은 수의 Future를 사용해야 한다(예를 들어 서비스에 여러 질의를 처리하는 상황). 이런 상황에서는 CompletableFuture와 콤비네이터를 이용해 get()에서 블록하지 않을 수 있고 그렇게 함으로 병렬 실행의 효율성은 높이고 데드락은 피하는 최상의 해결책을 구현할 수 있다.

## 15.5 발행–구독 그리고 리액티브 프로그래밍

Future와 CompletableFuture은 독립적 실행과 병렬성이라는 정식적 모델에 기반한다. 연산이 끝나면 get()으로 Future의 결과를 얻을 수 있다. 따라서 Future는 **한 번**만 실행해 결과를 제공한다.

반면 리액티브 프로그래밍은 시간이 흐르면서 여러 Future 같은 객체를 통해 여러 결과를 제공한다. 먼저 온도계 객체를 예로 생각해보자. 이 객체는 매 초마다 온도 값을 반복적으로 제공한다. 또 다른 예로 웹 서버 컴포넌트 응답을 기다리는 리스너 객체를 생각할 수 있다. 이 객체는 네트워크에 HTTP 요청이 발생하길 기다렸다가 이후에 결과 데이터를 생산한다. 그리고 다른 코드에서 온도 값 또는 네트워크 결과를 처리한다. 그리고 온도계와 리스너 객체는 다음 결과를 처리할 수 있도록 온도 결과나 다른 네트워크 요청을 기다린다.

눈여겨봐야 할 두 가지 사실이 있다. 이 두 예제에서 Future 같은 동작이 모두 사용되었지만 한 예제에서는 한 번의 결과가 아니라 여러 번의 결과가 필요하다. 두 번째 예제에서 눈여겨봐야 할 또 다른 점은 모든 결과가 똑같이 중요한 반면 온도계 예제에서는 대부분의 사람에게 가장 최근의 온도만 중요하다. 이런 종류의 프로그래밍을 리액티브라 부르는 이유는 뭘까? 이는 낮은 온도를 감지했을 때 이에 **반응**react(예를 들어 히터를 킴)하는 부분이 존재하기 때문이다.

여기서 여러분은 스트림을 떠올릴 것이다. 프로그램이 스트림 모델에 잘 맞는 상황이라면 가장 좋은 구현이 될 수 있다. 하지만 보통 리액티브 프로그래밍 패러다임은 비싼 편이다. 주어진 자바 스트림은 한 번의 단말 동작으로 소비될 수 있다. 15.3절에서 살펴본것처럼 스트림 패러다임은 두 개의 파이프라인으로 값을 분리(포크처럼)하기 어려우며 두 개로 분리된 스트림에서 다시 결과를 합치기도(조인처럼) 어렵다. 스트림은 선형적인 파이프라인 처리 기법에 알맞다.

자바 9에서는 java.util.concurrent.Flow의 인터페이스에 발행—구독 모델(또는 줄여서 pub—sub이라 불리는 프로토콜)을 적용해 리액티브 프로그래밍을 제공한다. 자바 9 플로 API는 17장에서 자세히 살펴보겠지만 여기서는 간단히 다음처럼 세 가지로 플로 API를 정리할 수 있다.

- **구독자**가 구독할 수 있는 **발행자**
- 이 연결을 **구독**(subscription)이라 한다.
- 이 연결을 이용해 **메시지**(또는 **이벤트**로 알려짐)를 전송한다.

[그림 15-9]는 구독을 채널로 발행자와 구독자를 박스로 표현한 그림을 보여준다. 여러 컴포넌트가 한 구독자로 구독할 수 있고 한 컴포넌트는 여러 개별 스트림을 발행할 수 있으며 한 컴포넌트는 여러 구독자에 가입할 수 있다. 15.5.1절에서는 이 개념이 실제 어떻게 동작하는지를 자바 9 플로 인터페이스로 한 단계씩 설명한다.

**그림 15-9** 발행자-구독자 모델

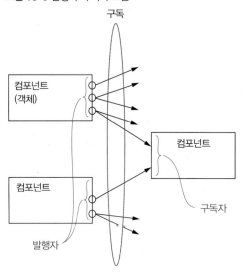

## 15.5.1 두 플로를 합치는 예제

두 정보 소스로부터 발생하는 이벤트를 합쳐서 다른 구독자가 볼 수 있도록 발행하는 예를 통해 발행-구독의 특징을 간단하게 확인할 수 있다. 사실 이 기능은 수식을 포함하는 스프레드시트의 셀에서 흔히 제공하는 동작이다. "=C1+C2"라는 공식을 포함하는 스프레드시트 셀 C3을 만들자. C1이나 C2의 값이 갱신되면(사람에 의해서 또는 각 셀이 포함하는 또 다른 공식에 의해서) C3에도 새로운 값이 반영된다. 다음 코드는 셀의 값을 더할 수만 있다고 가정한다.

먼저 값을 포함하는 셀을 구현한다.

```
private class SimpleCell {
    private int value = 0;
    private String name;
    public SimpleCell(String name) {
        this.name = name;
    }
}
```

아직은 코드가 단순한 편이며 다음처럼 몇 개의 셀을 초기화할 수 있다.

```
SimpleCell c2 = new SimpleCell("C2");
SimpleCell c1 = new SimpleCell("C1");
```

c1이나 c2의 값이 바뀌었을 때 c3가 두 값을 더하도록 어떻게 지정할 수 있을까? c1과 c2에 이벤트가 발생했을 때 c3를 구독하도록 만들어야 한다. 그러려면 다음과 같은 인터페이스 Publisher<T>가 필요하다.

```
interface Publisher<T> {
    void subscribe(Subscriber<? super T> subscriber);
}
```

이 인터페이스는 통신할 구독자를 인수로 받는다. Subscriber<T> 인터페이스는 onNext라는 정보를 전달할 단순 메서드를 포함하며 구현자가 필요한대로 이 메서드를 구현할 수 있다.

```
interface Subscriber<T> {
    void onNext(T t);
}
```

이 두 개념을 어떻게 합칠 수 있을까? 사실 Cell은 Publisher(셀의 이벤트에 구독할 수 있음)이며 동시에 Subscriber(다른 셀의 이벤트에 반응함)임을 알 수 있다.

```
private class SimpleCell implements Publisher<Integer>, Subscriber<Integer> {
    private int value = 0;
    private String name;
    private List<Subscriber> subscribers = new ArrayList<>();

    public SimpleCell(String name) {
        this.name = name;
    }

    @Override
    public void subscribe(Subscriber<? super Integer> subscriber) {
        subscribers.add(subscriber);
    }                                         새로운 값이 있음을
                                              모든 구독자에게 알리는
    private void notifyAllSubscribers() {  ◁  메서드
        subscribers.forEach(subscriber -> subscriber.onNext(this.value));
    }

    @Override
    public void onNext(Integer newValue) {
        this.value = newValue;  ◁── 구독한 셀에 새 값이 생겼을 때
                                     값을 갱신해서 반응함
```

```
        System.out.println(this.name + ":" + this.value);   ◁─── 값을 콘솔로 출력하지만
        notifyAllSubscribers();  ◁───┐                            실제로는 UI의 셀을 갱신할
    }                         값이 갱신되었음을                     수 있음
}                             모든 구독자에게 알림
```

다음 간단한 예제를 시도해보자.

```
Simplecell c3 = new SimpleCell("C3");
SimpleCell c2 = new SimpleCell("C2");
SimpleCell c1 = new SimpleCell("C1");

c1.subscribe(c3);

c1.onNext(10); // C1의 값을 10으로 갱신
c2.onNext(20); // C2의 값을 20으로 갱신
```

C3는 직접 C1을 구독하므로 다음과 같은 결과가 출력된다.

```
C1:10
C3:10
C2:20
```

'C3=C1+C2'은 어떻게 구현할까? 왼쪽과 오른쪽의 연산 결과를 저장할 수 있는 별도의 클래스가
필요하다.

```
public class ArithmeticCell extends SimpleCell {
    private int left;
    private int right;

    public ArithmeticCell(String name) {
        super(name);
    }

    public void setLeft(int left) {
        this.left = left;                      셀 값을 갱신하고
        onNext(left + this.right);   ◁───      모든 구독자에
    }                                          알림

    public void setRight(int right) {
        this.right = right;                    셀 값을 갱신하고
        onNext(right + this.left);   ◁───      모든 구독자에
    }                                          알림
}
```

다음처럼 조금 더 실용적인 예제를 시도할 수 있다.

```
ArithmeticCell c3 = new ArithmeticCell("C3");
SimpleCell c2 = new SimpleCell("C2");
SimpleCell c1 = new SimpleCell("C1");

c1.subscribe(c3::setLeft);
c2.subscribe(c3::setRight);

c1.onNext(10); // C1의 값을 10으로 갱신
c2.onNext(20); // C2의 값을 20으로 갱신
c1.onNext(15); // C1의 값을 15로 갱신
```

다음은 출력 결과다.

```
C1:10
C3:10
C2:20
C3:30
C1:15
C3:35
```

결과를 통해 C1의 값이 15로 갱신되었을 때 C3이 즉시 반응해 자신의 값을 갱신한다는 사실을 확인할 수 있다. 발행자—구독자 상호작용의 멋진 점은 발행자 구독자의 그래프를 설정할 수 있다는 점이다. 예를 들어 "C5=C3+C4"처럼 C3과 C4에 의존하는 새로운 셀 C5를 만들 수 있다.

```
ArithmeticCell c5 = new ArithmeticCell("C5");
ArithmeticCell c3 = new ArithmeticCell("C3");

SimpleCell c4 = new SimpleCell("C4");
SimpleCell c2 = new SimpleCell("C2");
SimpleCell c1 = new SimpleCell("C1");

c1.subscribe(c3::setLeft);
c2.subscribe(c3::setRight);

c3.subscribe(c5::setLeft);
c4.subscribe(c5::setRight);
```

이제 스프레드시트에 다음과 같은 다양한 갱신 작업을 수행할 수 있다.

```
c1.onNext(10); // C1의 값을 10으로 갱신
c2.onNext(20); // C2의 값을 20으로 갱신
```

```
c1.onNext(15); // C1의 값을 15로 갱신
c4.onNext(1);  // C4의 값을 1으로 갱신
c4.onNext(3);  // C4의 값을 3으로 갱신
```

위 동작을 수행하면 다음과 같은 결과가 출력된다.

```
C1:10
C3:10
C5:10
C2:20
C3:30
C5:30
C1:15
C3:35
C5:35
C4:1
C5:36
C4:3
C5:38
```

최종적으로 C1은 15, C2는 20, C4는 3이므로 C5는 38의 값을 갖는다.

> 데이터가 발행자(생산자)에서 구독자(소비자)로 흐름에 착안해 개발자는 이를 **업스트림**upstream
> 또는 **다운스트림**downstream이라 부른다. 위 예제에서 데이터 newValue는 업스트림 onNext() 메
> 서드로 전달되고 notifyAllSubscribers() 호출을 통해 다운스트림 onNext() 호출로 전달된다.

지금까지 발행-구독 핵심 개념을 확인했다. 하지만 부수적인 내용은 다루지 않았지만 역압
력backpressure 같은 내용은 중요하므로 다음 절에서 따로 설명한다.

우선은 리액티브 프로그래밍과 직접적으로 관련이 있는 내용만 살펴본다. 15.2절에서 설명한
것처럼 실생활에서 플로를 사용하려면 onNext 이벤트 외에 onError나 onComplete 같은 메서
드를 통해 데이터 흐름에서 예외가 발생하거나 데이터 흐름이 종료되었음을 알 수 있어야 한다
(예를 들어 온도계 샘플이 교체되어서 onNext로 더 이상 데이터가 발생하지 않는 상황). 자바
9 플로 API의 Subscriber에서는 실제 onError와 onComplete를 지원한다. 기존의 옵저버 패턴
에 비해 새로운 API 프로토콜이 더 강력해진 이유가 이들 바로 이런 메서드 덕분이다.

간단하지만 플로 인터페이스의 개념을 복잡하게 만든 두 가지 기능은 압력과 역압력이다. 처

음에는 이 두 기능이 별로 중요해 보이지 않을 수 있지만 스레드 활용에서 이들 기능은 필수다. 기존의 온도계 예제에서 온도계가 매 초마다 온도를 보고했는데 기능이 업그레이드되면서 매 밀리초마다 온도계를 보고한다고 가정하자. 우리 프로그램은 이렇게 빠른 속도로 발생하는 이벤트를 아무 문제없이 처리할 수 있을까? 마찬가지로 모든 SMS 메시지를 폰으로 제공하는 발행자에 가입하는 상황을 생각해보자. 처음에 약간의 SMS 메시지가 있는 새 폰에서는 가입이 잘 동작할 수 있지만 몇 년 후에는 매 초마다 수천 개의 메시지가 onNext로 전달된다면 어떤일이 일어날까? 이런 상황을 **압력**pressure이라 부른다.

공에 담긴 메시지를 포함하는 수직 파이프를 상상해보자. 이런 상황에서는 출구로 추가될 공의 숫자를 제한하는 역압력 같은 기법이 필요하다. 자바 9 플로 API에서는 발행자가 무한의 속도로 아이템을 방출하는 대신 요청했을 때만 다음 아이템을 보내도록 하는 request() 메서드(Subscription이라는 새 인터페이스에 포함)를 제공한다(밀어내기push 모델이 아니라 당김pull 모델). 지금부터 압력과 역압력을 더 자세히 살펴본다.

## 15.5.2 역압력

Subscriber 객체(onNext, onError, onComplete 메서드를 포함)를 어떻게 Publisher에게 전달해 발행자가 필요한 메서드를 호출할 수 있는지 살펴봤다. 이 객체는 Publisher에서 Subscriber로 정보를 전달한다. 정보의 흐름 속도를 역압력(흐름 제어)으로 제어 즉 Subscriber에서 Publisher로 정보를 요청해야 할 필요가 있을 수 있다. Publisher는 여러 Subscriber를 갖고 있으므로 역압력 요청이 한 연결에만 영향을 미쳐야 한다는 것이 문제가 될 수 있다. 자바 9 플로 API의 Subscriber 인터페이스는 네 번째 메서드를 포함한다.

```
void onSubscribe(Subscription subscription);
```

Publisher와 Subscriber 사이에 채널이 연결되면 첫 이벤트로 이 메서드가 호출된다. Subscription 객체는 다음처럼 Subscriber와 Publisher와 통신할 수 있는 메서드를 포함한다.

```
interface Subscription {
    void cancel ();
    void request (long n);
}
```

콜백을 통한 '역방향' 소통 효과에 주목하자. Publisher는 Subscription 객체를 만들어 Subscriber로 전달하면 Subscriber는 이를 이용해 Publisher로 정보를 보낼 수 있다.


### 15.5.3 실제 역압력의 간단한 형태

한 번에 한 개의 이벤트를 처리하도록 발행-구독 연결을 구성하려면 다음과 작업이 필요하다.

- Subscriber가 OnSubscribe로 전달된 Subscription 객체를 subscription 같은 필드에 로컬로 저장한다.

- Subscriber가 수많은 이벤트를 받지 않도록 onSubscribe, onNext, onError의 마지막 동 작에 channel.request(1)을 추가해 오직 한 이벤트만 요청한다.

- 요청을 보낸 채널에만 onNext, onError 이벤트를 보내도록 Publisher의 notifyAllSubscribers 코드를 바꾼다(보통 여러 Subscriber가 자신만의 속도를 유지할 수 있도록 Publisher는 새 Subscription을 만들어 각 Subscriber와 연결한다).

구현이 간단해 보일 수 있지만 역압력을 구현하려면 여러가지 장단점을 생각해야 한다.

- 여러 Subscriber가 있을 때 이벤트를 가장 느린 속도로 보낼 것인가? 아니면 각 Subscriber에게 보내지 않은 데이터를 저장할 별도의 큐를 가질 것인가?

- 큐가 너무 커지면 어떻게 해야 할까?

- Subscriber가 준비가 안 되었다면 큐의 데이터를 폐기할 것인가?

위 질문의 답변은 데이터의 성격에 따라 달라진다. 한 온도 데이터를 잃어버리는 것은 그리 대수로운 일이 아니지만 은행 계좌에서 크레딧이 사라지는 것은 큰 일이다.

당김 기반 리액티브 역압력이라는 개념을 들어본 적이 있을 것이다. 이 기법에서는 Subscriber 가 Publisher로부터 요청을 당긴다pull는 의미에서 **리액티브 당김 기반**reactive pull-based이라 불리 언다. 결과적으로 이런 방식으로 역압력을 구현할 수도 있다.

## 15.6 리액티브 시스템 vs 리액티브 프로그래밍

프로그래밍과 교육 커뮤니티에서 리액티브 시스템과 리액티브 프로그래밍이라는 말을 점점 자주 접할 수 있는데 이 둘은 상당히 다른 의미를 가지고 있음을 이해해야 한다.

리액티브 시스템reactive system은 런타임 환경이 변화에 대응하도록 전체 아키텍처가 설계된 프로그램을 가리킨다. 리액티브 시스템이 가져야 할 공식적인 속성은 Reactive Manifesto(http://www.reactivemanifesto.org)에서 확인할 수 있다(17장 참고). 반응성responsive, 회복성resilient, 탄력성elastic으로 세 가지 속성을 요약할 수 있다.

반응성은 리액티브 시스템이 큰 작업을 처리하느라 간단한 질의의 응답을 지연하지 않고 실시간으로 입력에 반응하는 것을 의미한다. 회복성은 한 컴포넌트의 실패로 전체 시스템이 실패하지 않음을 의미한다. 네트워크가 고장났어도 이와 관계가 없는 질의에는 아무 영향이 없어야 하며 반응이 없는 컴포넌트를 향한 질의가 있다면 다른 대안 컴포넌트를 찾아야 한다. 탄력성은 시스템이 자신의 작업 부하에 맞게 적응하며 작업을 효율적으로 처리함을 의미한다. 바에서 음식과 음료를 서빙하는 직원을 동적으로 재배치 하므로 두 가지 주문의 대기줄이 일정하게 유지되도록 하듯이 각 큐가 원활하게 처리될 수 있도록 다양한 소프트웨어 서비스와 관련된 작업자 스레드를 적절하게 재배치할 수 있다.

여러 가지 방법으로 이런 속성을 구현할 수 있지만 java.util.concurrent.Flow 관련된 자바 인터페이스에서 제공하는 **리액티브 프로그래밍** 형식을 이용하는 것도 주요 방법 중 하나다. 이들 인터페이스 설계는 Reactive Manifesto의 네 번째이자 마지막 속성 즉 메시지 주도message-driven 속성을 반영한다. 메시지 주도 시스템은 박스와 채널 모델에 기반한 내부 API를 갖고 있는데 여기서 컴포넌트는 처리할 입력을 기다리고 결과를 다른 컴포넌트로 보내면서 시스템이 반응한다.


## 15.7 마치며

16장에서는 실용적인 자바 예제로 CompletableFuture API를 살펴보며, 17장에서는 자바 9 플로(발행-구독) API를 배운다.

- 자바의 동시성 지원은 계속 진화해 왔으며 앞으로도 그럴 것이다. 스레드 풀은 보통 유용하지만 블록되는 태스크가 많아지면 문제가 발생한다.
- 메서드를 비동기(결과를 처리하기 전에 반환)로 만들면 병렬성을 추가할 수 있으며 부수적으로 루프를 최적화한다.
- 박스와 채널 모델을 이용해 비동기 시스템을 시각화할 수 있다.
- 자바 8 CompletableFuture 클래스와 자바 9 플로 API 모두 박스와 채널 다이어그램으로 표현할 수 있다.
- CompletableFuture 클래스는 한 번의 비동기 연산을 표현한다. 콤비네이터로 비동기 연산을 조합함으로 Future를 이용할 때 발생했던 기존의 블로킹 문제를 해결할 수 있다.
- 플로 API는 발행-구독 프로토콜, 역압력을 이용하면 자바의 리액티브 프로그래밍의 기초를 제공한다.
- 리액티브 프로그래밍을 이용해 리액티브 시스템을 구현할 수 있다.

# CHAPTER 16

# CompletableFuture :
# 안정적 비동기 프로그래밍

---

## 이 장의 내용

- ◆ 비동기 작업을 만들고 결과 얻기
- ◆ 비블록 동작으로 생산성 높이기
- ◆ 비동기 API 설계와 구현
- ◆ 동기 API를 비동기적으로 소비하기
- ◆ 두 개 이상의 비동기 연산을 파이프라인으로 만들고 합치기
- ◆ 비동기 작업 완료에 대응하기

---

15장에서는 사용할 수 있는 여러 다중 처리 리소스(CPU 등)를 고려해 프로그램이 이들 자원을 고수준(스레드를 이용한 복잡하고 유지보수하기 어려운 잘못된 구조를 회피함)으로 효과적으로 활용할 수 있도록 최신의 동시성 기법을 살펴봤다. 병렬 스트림과 포크/조인 기법을 이용해 컬렉션을 반복하거나 분할 그리고 정복 알고리즘을 활용하는 프로그램에서 높은 수준의 병렬을 적용할 수 있음을 확인했다. 이에 더해 이들 기법을 이용하면 코드를 병렬로 실행할 수 있는 가능성이 열린다. 자바 8, 자바 9에서는 CompletableFuture와 리액티브 프로그래밍 패러다임 두 가지 API를 제공한다. 16장에서는 실용적인 예제를 통해 자바 8에서 제공하는 Future의 구현 CompletableFuture이 비동기 프로그램에 얼마나 큰 도움을 주는지 설명한다. 또한 자바 9에서 추가된 내용도 소개할 것이다.

# 16.1 Future의 단순 활용

자바 5부터는 미래의 어느 시점에 결과를 얻는 모델에 활용할 수 있도록 Future 인터페이스를 제공하고 있다. 비동기 계산을 모델링하는 데 Future를 이용할 수 있으며, Future는 계산이 끝났을 때 결과에 접근할 수 있는 참조를 제공한다. 시간이 걸릴 수 있는 작업을 Future 내부로 설정하면 호출자 스레드가 결과를 기다리는 동안 다른 유용한 작업을 수행할 수 있다. 이를 단골세탁소에 한 무더기의 옷을 드라이클리닝 서비스를 맡기는 동작에 비유할 수 있다. 세탁소 주인은 드라이클리닝이 언제 끝날지 적힌 영수증(Future)을 줄 것이다. 드라이클리닝이 진행되는 동안 우리는 원하는 일을 할 수 있다. Future는 저수준의 스레드에 비해 직관적으로 이해하기 쉽다는 장점이 있다. Future를 이용하려면 시간이 오래 걸리는 작업을 Callable 객체 내부로 감싼 다음에 ExecutorService에 제출해야 한다. 다음 코드는 자바 8 이전의 예제 코드다.

**예제 16-1** Future로 오래 걸리는 작업을 비동기적으로 실행하기

```
ExecutorService executor = Executors.newCachedThreadPool();
Future<Double> future = executor.submit(new Callable<Double>() {
    public Double call() {
        return doSomeLongComputation();          // 시간이 오래 걸리는
    }                                             // 작업은 다른 스레드
});                                               // 에서 비동기적으로
doSomethingElse();     // 비동기 작업을              // 실행한다.
try {                  // 수행하는 동안
                       // 다른 작업을 한다.
    Double result = future.get(1, TimeUnit.SECONDS);
} catch (ExecutionException ee) {        // 비동기 작업의 결과를
    // 계산 중 예외 발생                    // 가져온다. 결과가 준비되어
} catch (InterruptedException ie) {      // 있지 않으면 호출 스레드가
    // 현재 스레드에서 대기 중 인터럽트 발생    // 블록된다. 하지만
} catch (TimeoutException te) {          // 최대 1초까지만 기다린다.
    // Future가 완료되기 전에 타임아웃 발생
}
```

// Callable을 ExecutorService로 제출한다.
// 스레드 풀에 태스크를 제출하려면 ExecutorService를 만들어야 한다.

[그림 16-1]에서 보여주는 것처럼 이와 같은 유형의 프로그래밍에서는 ExecutorService에서 제공하는 스레드가 시간이 오래 걸리는 작업을 처리하는 동안 우리 스레드로 다른 작업을 동시에 실행할 수 있다. 다른 작업을 처리하다가 시간이 오래 걸리는 작업의 결과가 필요한 시점이 되었을 때 Future의 get 메서드로 결과를 가져올 수 있다. get 메서드를 호출했을 때 이미 계산

이 완료되어 결과가 준비되었다면 즉시 결과를 반환하지만 결과가 준비되지 않았다면 작업이 완료될 때까지 우리 스레드를 블록시킨다.

그림 16-1 Future로 시간이 오래 걸리는 작업을 비동기적으로 실행하기

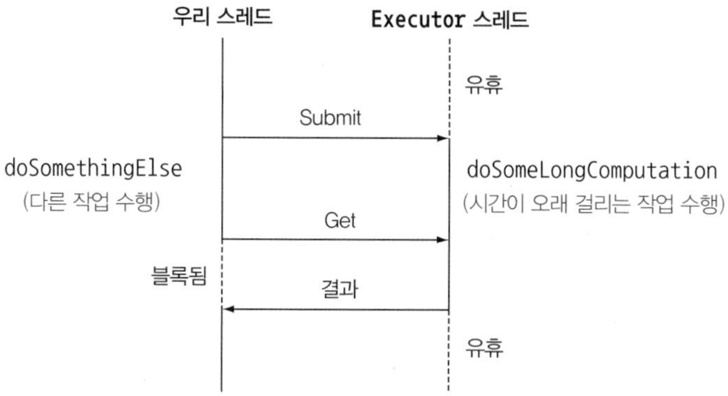

이 시나리오에 어떤 문제가 있는지 파악했는가? 오래 걸리는 작업이 영원히 끝나지 않으면 어떻게 될까? 작업이 끝나지 않는 문제가 있을 수 있으므로 [예제 16-1]이 보여주는 것처럼 get 메서드를 오버로드해서 우리 스레드가 대기할 최대 타임아웃 시간을 설정하는 것이 좋다.

## 16.1.1 Future 제한

첫 번째로 살펴볼 간단한 예제에서는 Future 인터페이스가 비동기 계산이 끝났는지 확인할 수 있는 isDone 메서드, 계산이 끝나길 기다리는 메서드, 결과 회수 메서드 등을 제공함을 보여준다. 하지만 이들 메서드만으로는 간결한 동시 실행 코드를 구현하기에 충분하지 않다. 예를 들어 여러 Future의 결과가 있을 때 이들의 의존성은 표현하기가 어렵다. 즉, '오래 걸리는 A라는 계산이 끝나면 그 결과를 다른 오래 걸리는 계산 B로 전달하시오. 그리고 B의 결과가 나오면 다른 질의의 결과와 B의 결과를 조합하시오'와 같은 요구사항을 쉽게 구현할 수 있어야 한다. Future로 이와 같은 동작을 구현하는 것은 쉽지 않다. 다음과 같은 선언형 기능이 있다면 유용할 것이다.

- 두 개의 비동기 계산 결과를 하나로 합친다. 두 가지 계산 결과는 서로 독립적일 수 있으며 또는 두 번째 결과가 첫 번째 결과에 의존하는 상황일 수 있다.

- Future 집합이 실행하는 모든 태스크의 완료를 기다린다.

- Future 집합에서 가장 빨리 완료되는 태스크를 기다렸다가 결과를 얻는다(예를 들어 여러 태스크가 다양한 방식으로 같은 결과를 구하는 상황).

- 프로그램적으로 Future를 완료시킨다(즉, 비동기 동작에 수동으로 결과 제공).

- Future 완료 동작에 반응한다(즉, 결과를 기다리면서 블록되지 않고 결과가 준비되었다는 알림을 받은 다음에 Future의 결과로 원하는 추가 동작을 수행할 수 있음).

이 장에서는 지금까지 설명한 기능을 선언형으로 이용할 수 있도록 자바 8에서 새로 제공하는 CompletableFuture 클래스(Future 인터페이스를 구현한 클래스)를 살펴본다. Stream과 CompletableFuture는 비슷한 패턴, 즉 람다 표현식과 파이프라이닝을 활용한다. 따라서 Future와 CompletableFuture의 관계를 Collection과 Stream의 관계에 비유할 수 있다.

## 16.1.2 CompletableFuture로 비동기 애플리케이션 만들기

어떤 제품이나 서비스를 이용해야 하는 상황이라고 가정하자. 예산을 줄일 수 있도록 여러 온라인상점 중 가장 저렴한 가격을 제시하는 상점을 찾는 애플리케이션을 완성해가는 예제를 이용해서 CompletableFuture의 기능을 살펴보자. 이 애플리케이션을 만드는 동안 다음과 같은 기술을 배울 수 있다.

- 첫째, 고객에게 비동기 API를 제공하는 방법을 배운다(온라인상점을 운영하고 있는 독자에게 특히 유용한 기술).

- 둘째, 동기 API를 사용해야 할 때 코드를 비블록으로 만드는 방법을 배운다. 두 개의 비동기 동작을 파이프라인으로 만드는 방법과 두 개의 동작 결과를 하나의 비동기 계산으로 합치는 빙법을 실펴본다. 예를 들어 온라인상점에서 우리가 사려는 물선에 대응하는 할인 코드를 반환한다고 가정하자. 우리는 다른 원격 할인 서비스에 접근해서 할인 코드에 해당하는 할인율을 찾아야 한다. 그래야 원래 가격에 할인율을 적용해서 최종 결과를 계산할 수 있다.

- 셋째, 비동기 동작의 완료에 대응하는 방법을 배운다. 즉, 모든 상점에서 가격 정보를 얻을 때까지 기다리는 것이 아니라 각 상점에서 가격 정보를 얻을 때마다 즉시 최저가격을 찾는 애플리케이션을 갱신하는 방법을 설명한다(그렇지 않으면 서버가 다운되는 등 문제

가 발생했을 때 사용자에게 검은 화면만 보여주게 될 수 있다).

---

**동기 API와 비동기 API**

전통적인 **동기 API**에서는 메서드를 호출한 다음에 메서드가 계산을 완료할 때까지 기다렸다가 메서드가 반환되면 호출자는 반환된 값으로 계속 다른 동작을 수행한다. 호출자와 피호출자가 각각 다른 스레드에서 실행되는 상황이었더라도 호출자는 피호출자의 동작 완료를 기다렸을 것이다. 이처럼 동기 API를 사용하는 상황을 **블록 호출**<sup>blocking call</sup>이라고 한다.

반면 **비동기 API**에서는 메서드가 즉시 반환되며 끝내지 못한 나머지 작업을 호출자 스레드와 동기적으로 실행될 수 있도록 다른 스레드에 할당한다. 이와 같은 비동기 API를 사용하는 상황을 **비블록 호출**<sup>non-blocking call</sup>이라고 한다. 다른 스레드에 할당된 나머지 계산 결과는 콜백 메서드를 호출해서 전달하거나 호출자가 '계산 결과가 끝날 때까지 기다림' 메서드를 추가로 호출하면서 전달된다. 주로 I/O 시스템 프로그래밍에서 이와 같은 방식으로 동작을 수행한다. 즉, 계산 동작을 수행하는 동안 비동기적으로 디스크 접근을 수행한다. 그리고 더 이상 수행할 동작이 없으면 디스크 블록이 메모리로 로딩될 때까지 기다린다.

---

## 16.2 비동기 API 구현

최저가격 검색 애플리케이션을 구현하기 위해 먼저 각각의 상점에서 제공해야 하는 API부터 정의하자. 다음은 제품명에 해당하는 가격을 반환하는 메서드 정의 코드다.

```java
public class Shop {
    public double getPrice(String product) {
        // 구현해야 함
    }
}
```

getPrice 메서드는 상점의 데이터베이스를 이용해서 가격 정보를 얻는 동시에 다른 외부 서비스에도 접근할 것이다(예를 들어 물건 발행자나 제조사 관련 프로모션 할인 등). 우리는 실제 호출할 서비스까지 구현할 수 없으므로 이처럼 오래 걸리는 작업을 다음처럼 delay라는 메서드로 대체할 것이다. delay는 인위적으로 1초를 지연시키는 메서드다.

```
public static void delay() {
    try {
        Thread.sleep(1000L);
    } catch (InterruptedException e) {
        throw new RuntimeException(e);
    }
}
```

위에서 구현한 delay를 이용해서 지연을 흉내 낸 다음에 임의의 계산값을 반환하도록 getPrice
를 구현할 수 있다. 아무 계산값이나 반환하는 동작이 비정상적으로 보일 순 있다. 아래 코드에서
볼 수 있는 것처럼 제품명에 charAt을 적용해서 임의의 계산값을 반환한다.

**예제 16-3** getPrice 메서드의 지연 흉내 내기

```
public double getPrice(String product) {
    return calculatePrice(product);
}

private double calculatePrice(String product) {
    delay();
    return random.nextDouble() * product.charAt(0) + product.charAt(1);
}
```

사용자가 이 API(최저가격 검색 애플리케이션)를 호출하면 비동기 동작이 완료될 때까지 1초
동안 블록된다. 최저가격 검색 애플리케이션에서 위 메서드를 사용해서 네트워크상의 모든 온라
인상점의 가격을 검색해야 하므로 블록 동작은 바람직하지 않다. 물론 뒤에서는 동기 API를 비
동기적으로 소비하는 방법노 설명한다. 예제에서는 편의상 사용자가 편리하게 이용할 수 있도록
비동기 API를 만들기로 경정했다고 가정한다.

## 16.2.1 동기 메서드를 비동기 메서드로 변환

동기 메서드 getPrice를 비동기 메서드로 변환하려면 다음 코드처럼 먼저 이름(getPriceAsync)
과 반환값을 바꿔야 한다.

```
public Future<Double> getPriceAsync(String product) { ... }
```

이 장을 시작하면서 설명한 것처럼 자바 5부터 비동기 계산의 결과를 표현할 수 있는 java.util.
concurrent.Future 인터페이스를 제공한다(즉, 호출자 스레드가 블록되지 않고 다른 작업을
실행할 수 있다). 간단히 말해, Future는 결과값의 핸들일 뿐이며 계산이 완료되면 get 메서드
로 결과를 얻을 수 있다. getPriceAsync 메서드는 즉시 반환되므로 호출자 스레드는 다른 작업
을 수행할 수 있다. 자바 8의 새로운 CompletableFuture 클래스는 다음 예제에서 보여주는 것
처럼 getPriceAsync를 쉽게 구현하는 데 도움이 되는 기능을 제공한다.

**예제 16-4** getPriceAsync 메서드 구현

```
public Future<Double> getPriceAsync(String product) {
    CompletableFuture<Double> futurePrice = new CompletableFuture<>();        ← 계산 결과를 포함할
    new Thread( () -> {                                                          CompletableFuture를
                    double price = calculatePrice(product); ←                    생성한다.
                    futurePrice.complete(price); ←
    }).start();                              오랜 시간이 걸리는   다른 스레드에서
    return futurePrice; ←                     계산이 완료되면    비동기적으로
}                                              Future에       계산을 수행한다.
           계산 결과가 완료되길 기다리지       값을 설정한다.
           않고 Future를 반환한다.
```

위 코드에서 비동기 계산과 완료 결과를 포함하는 CompletableFuture 인스턴스를 만들었다.
그리고 실제 가격을 계산할 다른 스레드를 만든 다음에 오래 걸리는 계산 결과를 기다리지 않
고 결과를 포함할 Future 인스턴스를 바로 반환했다. 요청한 제품의 가격 정보가 도착하면
complete 메서드를 이용해서 CompletableFuture를 종료할 수 있다. 다음 코드에서 보여주는
것처럼 클라이언트는 getPriceAsync를 활용할 수 있다.

**예제 16-5** 비동기 API 사용

```
Shop shop = new Shop("BestShop");
long start = System.nanoTime();
Future<Double> futurePrice = shop.getPriceAsync("my favorite product"); ←
long invocationTime = ((System.nanoTime() - start) / 1_000_000);     상점에 제품가격
System.out.println("Invocation returned after " + invocationTime     정보 요청
                                            + " msecs");

// 제품의 가격을 계산하는 동안
```

```
doSomethingElse();
// 다른 상점 검색 등 다른 작업 수행                    가격 정보가 있으면 Future에서
try {                                              가격 정보를 읽고, 가격 정보가 없으면
    double price = futurePrice.get();  ←           가격 정보를 받을 때까지 블록한다.
    System.out.printf("Price is %.2f%n", price);
} catch (Exception e) {
    throw new RuntimeException(e);
}
long retrievalTime = ((System.nanoTime() - start) / 1_000_000);
System.out.println("Price returned after " + retrievalTime + " msecs");
```

위 코드에서 확인할 수 있는 것처럼 클라이언트는 특정 제품의 가격 정보를 상점에 요청한다. 상점은 비동기 API를 제공하므로 즉시 Future를 반환한다. 클라이언트는 반환된 Future를 이용해서 나중에 결과를 얻을 수 있다. 그 사이 클라이언트는 다른 상점에 가격 정보를 요청하는 등 첫 번째 상점의 결과를 기다리면서 대기하지 않고 다른 작업을 처리할 수 있다. 나중에 클라이언트가 특별히 할일이 없으면 Future의 get 메서드를 호출한다. 이때 Future가 결과값을 가지고 있다면 Future에 포함된 값을 읽거나 아니면 값이 계산될 때까지 블록한다. 다음은 [예제 16-5]의 결과다.

```
Invocation returned after 43 msecs
Price is 123.26
Price returned after 1045 msecs
```

가격 계산이 끝나기 전에 getPriceAsync가 반환된다는 사실을 확인할 수 있다. 16.4절에서는 클라이언트가 블록되는 상황을 거의 완벽하게 회피하는 방법을 설명한다. 즉, 블록하지 않고 Future의 작업이 끝났을 때만 이를 통지받으면서 람다 표현식이나 메서드 참조로 정의된 콜백 메서드를 실행한다. 이는 나중에 살펴볼 것이고 우선은 비동기 태스크를 실행하면서 발생하는 에러를 올바로 관리하는 방법을 살펴보자.

## 16.2.2 에러 처리 방법

지금까지 개발한 코드는 아무 문제없이 작동한다. 그런데 가격을 계산하는 동안 에러가 발생하면 어떻게 될까? 아마 이상한 일이 벌어질 것이다. 예외가 발생하면 해당 스레드에만 영향을 미친다. 즉, 에러가 발생해도 가격 계산은 계속 진행되며 일의 순서가 꼬인다. 결과적으로 클라

이언트는 get 메서드가 반환될 때까지 영원히 기다리게 될 수도 있다.

클라이언트는 타임아웃값을 받는 get 메서드의 오버로드 버전을 만들어 이 문제를 해결할 수 있다. 이처럼 블록 문제가 발생할 수 있는 상황에서는 타임아웃을 활용하는 것이 좋다. 그래야 문제가 발생했을 때 클라이언트가 영원히 블록되지 않고 타임아웃 시간이 지나면 TimeoutException을 받을 수 있다. 하지만 이때 제품가격 계산에 왜 에러가 발생했는지 알 수 있는 방법이 없다. 따라서 completeExceptionally 메서드를 이용해서 CompletableFuture 내부에서 발생한 예외를 클라이언트로 전달해야 한다. 다음은 [예제 16-4]의 문제점을 개선한 코드다.

예제 16-6 CompletableFuture 내부에서 발생한 에러 전파

```java
public Future<Double> getPriceAsync(String product) {
    CompletableFuture<Double> futurePrice = new CompletableFuture<>();
    new Thread(() -> {
                  try {
                      double price = calculatePrice(product);
                      futurePrice.complete(price);
                  } catch (Exception ex) {
                      futurePrice.completeExceptionally(ex);
                  }
    }).start();
    return futurePrice;
}
```

계산이 정상적으로 종료되면 Future에 가격 정보를 저장한 채로 Future를 종료한다. (→ `futurePrice.complete(price);`)

도중에 문제가 발생하면 발생한 에러를 포함시켜 Future를 종료한다. (← `futurePrice.completeExceptionally(ex);`)

이제 클라이언트는 가격 계산 메서드에서 발생한 예외 파라미터를 포함하는 ExecutionException을 받게 된다. 예를 들어 'product not available'이라는 RuntimeException 예외가 발생했다면 클라이언트는 다음과 같은 ExecutionException을 받을 것이다.

```
Exception in thread "main" java.lang.RuntimeException:
    java.util.concurrent.ExecutionException: java.lang.RuntimeException:
    product not available
    at java89inaction.chap16.AsyncShopClient.main(AsyncShopClient.java:16)
Caused by: java.util.concurrent.ExecutionException:      java.lang.RuntimeException:
    product not available
    at java.base/java.util.concurrent.CompletableFuture.reportGet
    (CompletableFuture.java:395)
    at java.base/java.util.concurrent.CompletableFuture.get
    (CompletableFuture.java:1999)
```

```
    at java89inaction.chap16.AsyncShopClient.main(AsyncShopClient.java:14)
Caused by: java.lang.RuntimeException: product not available
    at java89inaction.chap16.AsyncShop.calculatePrice(AsyncShop.java:38)
    at java89inaction.chap16.AsyncShop.lambda$0(AsyncShop.java:33)
    at java.base/java.util.concurrent.CompletableFuture$AsyncSupply.run
    (CompletableFuture.java:1700)
    at java.base/java.util.concurrent.CompletableFuture$AsyncSupply.exec
    (CompletableFuture.java:1692)
    at java.base/java.util.concurrent.ForkJoinTask.doExec(ForkJoinTask.java:283)
    at java.base/java.util.concurrent.ForkJoinPool.runWorker
    (ForkJoinPool.java:1603)
    at java.base/java.util.concurrent.ForkJoinWorkerThread.run
    (ForkJoinWorkerThread.java:175)
```

## 팩토리 메서드 supplyAsync로 CompletableFuture 만들기

지금까지 CompletableFuture를 직접 만들었다. 하지만 좀 더 간단하게 CompletableFuture를
만드는 방법도 있다. 예를 들어 [예제 16-4]의 getPriceAsync 메서드를 다음처럼 간단하게 한
행으로 구현할 수 있다.

**예제 16-7** 팩토리 메서드 supplyAsync로 CompletableFuture 만들기

```
public Future<Double> getPriceAsync(String product) {
    return CompletableFuture.supplyAsync(() -> calculatePrice(product));
}
```

supplyAsync 메서드는 Supplier를 인수로 받아서 CompletableFuture를 반환한다.
CompletableFuture는 Supplier를 실행해서 비동기적으로 결과를 생성한다. ForkJoinPool
의 Executor 중 하나가 Supplier를 실행할 것이다. 하지만 두 번째 인수를 받는 오버로드
버전의 supplyAsync 메서드를 이용해서 다른 Executor를 지정할 수 있다. 결국 모든 다른
CompletableFuture의 팩토리 메서드에 Executor를 선택적으로 전달할 수 있다. 16.3.4절에서
는 Executor를 사용해서 애플리케이션의 성능을 개선할 수 있는 방법을 설명한다.

[예제 16-7]의 getPriceAsync 메서드가 반환하는 CompletableFuture는 [예제 16-6]에서
만든 CompletableFuture와 똑같다. 즉, 둘 다 같은 방법으로 에러를 관리한다.

지금부터는 Shop 클래스에서 구현한 API를 제어할 권한이 우리에게 없는 상황이며 모든 API

는 동기 방식의 블록 메서드라고 가정할 것이다. 실제로 몇몇 서비스에서 제공하는 HTTP API는 이와 같은 방식으로 동작한다. 블록 메서드를 사용할 수밖에 없는 상황에서 비동기적으로 여러 상점에 질의하는 방법, 즉 한 요청의 응답을 기다리며 블록하는 상황을 피해 최저가격 검색 애플리케이션의 성능을 높일 수 있는 방법을 살펴보자.

## 16.3 비블록 코드 만들기

우리는 16.2절의 처음 부분에 등장한 동기 API를 이용해서 최저가격 검색 애플리케이션을 개발해야 한다. 다음과 같은 상점 리스트가 있다고 가정하자.

```
List<Shop> shops = Arrays.asList(new Shop("BestPrice"),
                                 new Shop("LetsSaveBig"),
                                 new Shop("MyFavoriteShop"),
                                 new Shop("BuyItAll"));
```

그리고 다음처럼 제품명을 입력하면 상점 이름과 제품가격 문자열 정보를 포함하는 List를 반환하는 메서드를 구현해야 한다.

```
public List<String> findPrices(String product);
```

4, 5, 6장에서 배운 스트림 기능을 이용하면 원하는 동작을 구현할 수 있을 것 같다. 그래서 결국 다음과 같은 코드를 구현할 것이다(아래 코드에 어떤 문제가 있는지 생각해보자!).

**예제 16-8** 모든 상점에 순차적으로 정보를 요청하는 findPrices

```
public List<String> findPrices(String product) {
    return shops.stream()
        .map(shop -> String.format("%s price is %.2f",
                                   shop.getName(), shop.getPrice(product)))
        .collect(toList());
}
```

상당히 간단한 코드다. 이제 findPrices 메서드로 원하는 제품의 가격을 검색할 수 있다(아래 코드에서 볼 수 있는 것처럼 저자는 myPhone27S라는 미래형 최신폰의 가격을 검색했다). 또한 나중에 프로그램을 고치면서 성능이 얼마나 개선되었는지 확인할 수 있도록 가격을 찾는 데 소요된 시간도 측정했다.

**예제 16-9** findPrices의 결과와 성능 확인

```
long start = System.nanoTime();
System.out.println(findPrices("myPhone27S"));
long duration = (System.nanoTime() - start) / 1_000_000;
System.out.println("Done in " + duration + " msecs");
```

다음은 예제 실행 결과다.

```
[BestPrice price is 123.26, LetsSaveBig price is 169.47, MyFavoriteShop price
    is 214.13, BuyItAll price is 184.74]
Done in 4032 msecs
```

독자 여러분도 예상했겠지만 네 개의 상점에서 가격을 검색하는 동안 각각 1초의 대기시간이 있으므로 전체 가격 검색 결과는 4초보다 조금 더 걸린다. 이제 어떻게 성능을 개선할 수 있을까?

## 16.3.1 병렬 스트림으로 요청 병렬화하기

7장에서 살펴본 것처럼 병렬 스트림을 이용해서 순차 계산을 병렬로 처리해서 성능을 개선할 수 있다. 다음 코드를 살펴보자.

**예제 16-10** findPrices 메서드 병렬화

```
public List<String> findPrices(String product) {
    return shops.parallelStream()
        .map(shop -> String.format("%s price is %.2f",
                                shop.getName(), shop.getPrice(product)))
        .collect(toList());
}
```

이제 [예제 16-9]의 코드를 다시 실행해서 새로운 버전의 findPrices 성능을 확인하자.

```
[BestPrice price is 123.26, LetsSaveBig price is 169.47, MyFavoriteShop price
    is 214.13, BuyItAll price is 184.74]
Done in 1180 msecs
```

성공이다! 간단하게 성능을 개선했다. 이제 네 개의 상점에서 병렬로 검색이 진행되므로 1초
남짓의 시간에 검색이 완료된다.

이를 더 개선할 수 없을까? CompletableFuture 기능을 활용해서 findPrices 메서드의 동기
호출을 비동기 호출로 바꿔보자.

## 16.3.2 CompletableFuture로 비동기 호출 구현하기

팩토리 메서드 supplyAsync로 CompletableFuture를 만들 수 있음을 배웠다. 배운 지식을 활용
하자.

```
List<CompletableFuture<String>> priceFutures =
        shops.stream()
        .map(shop -> CompletableFuture.supplyAsync(
            () -> String.format("%s price is %.2f",
            shop.getName(), shop.getPrice(product))))
        .collect(toList());
```

위 코드로 CompletableFuture를 포함하는 리스트 List<CompletableFuture<String>>를 얻
을 수 있다. 리스트의 CompletableFuture는 각각 계산 결과가 끝난 상점의 이름 문자열을 포함
한다. 하지만 우리가 재구현하는 findPrices 메서드의 반환 형식은 List<String>이므로 모든
CompletableFuture의 동작이 완료되고 결과를 추출한 다음에 리스트를 반환해야 한다.

두 번째 map 연산을 List<CompletableFuture<String>>에 적용할 수 있다. 즉, 리스트의 모든
CompletableFuture에 join을 호출해서 모든 동작이 끝나기를 기다린다. CompletableFuture
클래스의 join 메서드는 Future 인터페이스의 get 메서드와 같은 의미를 갖는다. 다만 join
은 아무 예외도 발생시키지 않는다는 점이 다르다. 따라서 두 번째 map의 람다 표현식을 try/
catch로 감쌀 필요가 없다. 다음은 findPrices를 재구현한 코드다.

```
public List<String> findPrices(String product) {
    List<CompletableFuture<String>> priceFutures =
            shops.stream()
            .map(shop -> CompletableFuture.supplyAsync(       ← CompletableFuture로
                    () -> shop.getName() + " price is " +       각각의 가격을
                            shop.getPrice(product)))            비동기적으로 계산한다.
            .collect(Collectors.toList());

    return priceFutures.stream()
            .map(CompletableFuture::join)   ← 모든 비동기 동작이
            .collect(toList());               끝나길 기다린다.
}
```

두 map 연산을 하나의 스트림 처리 파이프라인으로 처리하지 않고 두 개의 스트림 파이프라인으로 처리했다는 사실에 주목하자. 스트림 연산은 게으른 특성이 있으므로 하나의 파이프라인으로 연산을 처리했다면 모든 가격 정보 요청 동작이 동기적, 순차적으로 이루어지는 결과가 된다.

그림 16-2 스트림의 게으름 때문에 순차 계산이 일어나는 이유와 순차 계산을 회피하는 방법

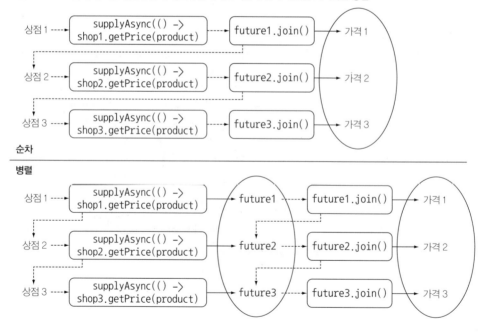

CompletableFuture로 각 상점의 정보를 요청할 때 기존 요청 작업이 완료되어야 join이 결과를 반환하면서 다음 상점으로 정보를 요청할 수 있기 때문이다. [그림 16-2]는 이 과정을 자세히 보여준다.

[그림 16-2]의 윗부분은 순차적으로 평가를 진행하는 단일 파이프라인 스트림 처리 과정을 보여준다(점선으로 표시된 부분). 즉, 이전 요청의 처리가 완전히 끝난 다음에 새로 만든 CompletableFuture가 처리된다. 반면 아래쪽은 우선 CompletableFuture를 리스트로 모은 다음에 다른 작업과는 독립적으로 각자의 작업을 수행하는 모습을 보여준다.

[예제 16-11]의 코드를 이용해서 세 번째 버전의 findPrices 성능을 확인하면 다음과 같은 결과를 얻을 수 있다.

```
[BestPrice price is 123.26, LetsSaveBig price is 169.47, MyFavoriteShop price
    is 214.13, BuyItAll price is 184.74]
Done in 2005 msecs
```

만족할만한 결과가 아니다. [예제 16-8]의 순차적인, 블록 방식의 구현에 비해서는 빨라졌다. 하지만 이전에 병렬 스트림을 사용한 구현보다는 두 배나 느리다. 순차 스트림 버전의 코드를 조금만 고쳐서 병렬 스트림을 만들 수 있다는 사실을 감안하면 실망감이 더 커진다.

CompletableFuture를 사용한 최신 버전의 findPrices를 구현하느라 코드를 비교적 많이 고쳐야 했다! 하지만 만족스러운 결과를 얻지 못했다. 이 시나리오에서는 CompletableFuture를 이용하는 것이 시간 낭비일까? 아니면 우리가 뭔가 중요한 사실을 간과했을까? 코드를 실행하는 기기가 네 개의 스레드를 병렬로 실행할 수 있는 기기라는 점에 착안해서 이 문제를 좀 더 고민해보자.[1]

## 16.3.3 더 확장성이 좋은 해결 방법

병렬 스트림 버전의 코드는 정확히 네 개의 상점에 하나의 스레드를 할당해서 네 개의 작업을 병렬로 수행하면서 검색 시간을 최소화할 수 있었다. 만약 검색해야 할 다섯 번째 상점이 추가되었다면 어떻게 될까? 다음 출력 결과에서 보여주는 것처럼 순차 버전에서는 시간이 1초 정도 늘어

---

**1** 네 개 이상의 스레드를 병렬로 수행할 수 있는 기기를 사용한다면 더 많은 상점을 처리하는 상황이어야 여기서 보여주는 것과 비슷한 결과를 얻을 수 있다.

나며 총 5초 이상이 소요된다.

```
[BestPrice price is 123.26, LetsSaveBig price is 169.47, MyFavoriteShop price
    is 214.13, BuyItAll price is 184.74, ShopEasy price is 176.08]
Done in 5025 msecs ◁── 순차 스트림을 이용한
                        프로그램 출력 결과
```

병렬 스트림 버전에서는 네 개의 상점을 검색하느라 네 개의 모든 스레드(일반적으로 스레드 풀에서 제공하는 스레드 수는 4개)가 사용된 상황이므로 다섯 번째 상점을 처리하는 데 추가로 1초 이상 소요된다. 즉, 네 개의 스레드 중 누군가가 작업을 완료해야 다섯 번째 질의를 수행할 수 있다.

```
[BestPrice price is 123.26, LetsSaveBig price is 169.47, MyFavoriteShop price
    is 214.13, BuyItAll price is 184.74, ShopEasy price is 176.08]
Done in 2177 msecs ◁── 병렬 스트림을 이용한
                        프로그램 출력 결과
```

CompletableFuture 버전에서는 어떤 일이 일어날까? 다음은 CompletableFuture 버전의 출력 결과다.

```
[BestPrice price is 123.26, LetsSaveBig price is 169.47, MyFavoriteShop price
    is 214.13, BuyItAll price is 184.74, ShopEasy price is 176.08]
Done in 2006 msecs ◁── CompletableFuture를 이용
                        한 프로그램 출력 결과
```

CompletableFuture 버전이 병렬 스트림 버전보다 아주 조금 빠르다. 하지만 여전히 만족할 수 있는 수준은 아니다. 예를 들어 아홉 개의 상점이 있다고 가정하면 병렬 스트림 버전은 3143밀리초, CompletableFuture 버전은 3009밀리초가 소요된다. 두 가지 버전 모두 내부적으로 Runtime.getRuntime().availableProcessors()가 반환하는 스레드 수를 사용하면서 비슷한 결과가 된다. 결과적으로는 비슷하지만 CompletableFuture는 병렬 스트림 버전에 비해 작업에 이용할 수 있는 다양한 Executor를 지정할 수 있다는 장점이 있다. 따라서 Executor로 스레드 풀의 크기를 조절하는 등 애플리케이션에 맞는 최적화된 설정을 만들 수 있다. 이 기능으로 애플리케이션의 성능을 실제로 향상시킬 수 있는지 살펴보자.

### 16.3.4 커스텀 Executor 사용하기

우리 애플리케이션이 실제로 필요한 작업량을 고려한 풀에서 관리하는 스레드 수에 맞게 Executor를 만들 수 있으면 좋을 것이다. 풀에서 관리하는 스레드 수를 어떻게 결정할 수 있을까?

---

#### 스레드 풀 크기 조절

『자바 병렬 프로그래밍Java Concurrency in Practice』(브라이언 게츠 공저, http://mng.bz/979c)에서는 스레드 풀의 최적값을 찾는 방법을 제안한다. 스레드 풀이 너무 크면 CPU와 메모리 자원을 서로 경쟁하느라 시간을 낭비할 수 있다. 반면 스레드 풀이 너무 작으면 CPU의 일부 코어는 활용되지 않을 수 있다. 게츠는 다음 공식으로 대략적인 CPU 활용 비율을 계산할 수 있다고 제안한다.

$$N_{threads} = N_{CPU} * U_{CPU} * (1 + W/C)$$

공식에서 $N_{CPU}$, $U_{CPU}$, $W/C$는 각각 다음을 의미한다.

- $N_{CPU}$는 Runtime.getRuntime().availableProcessors()가 반환하는 코어 수
- $U_{CPU}$는 0과 1 사이의 값을 갖는 CPU 활용 비율
- $W/C$는 대기시간과 계산시간의 비율

---

우리 애플리케이션은 상점의 응답을 대략 99퍼센트의 시간만큼 기다리므로 $W/C$ 비율을 100으로 간주할 수 있다. 즉, 대상 CPU 활용률이 100퍼센트라면 400스레드를 갖는 풀을 만들어야 함을 의미한다. 하지만 상점 수보다 많은 스레드를 가지고 있어 봐야 사용할 가능성이 전혀 없으므로 상점 수보다 많은 스레드를 갖는 것은 낭비일 뿐이다. 따라서 한 상점에 하나의 스레드가 할당될 수 있도록, 즉 가격 정보를 검색하려는 상점 수만큼 스레드를 갖도록 Executor를 설정한다. 스레드 수가 너무 많으면 오히려 서버가 크래시될 수 있으므로 하나의 Executor에서 사용할 스레드의 최대 개수는 100 이하로 설정하는 것이 바람직하다.

**예제 16-12** 우리의 최저가격 검색 애플리케이션에 맞는 커스텀 Executor

```
private final Executor executor =
        Executors.newFixedThreadPool(Math.min(shops.size(), 100),
                            new ThreadFactory() {
```

> 상점 수만큼의 스레드를 갖는 풀을 생성한다 (스레드 수의 범위는 0과 100 사이).

```
    public Thread newThread(Runnable r) {
        Thread t = new Thread(r);
        t.setDaemon(true);  ◁—— 프로그램 종료를 방해하지 않는
        return t;                    데몬 스레드를 사용한다.
    }
});
```

우리가 만드는 풀은 **데몬 스레드**daemon thread를 포함한다. 자바에서 일반 스레드가 실행 중이면 자바 프로그램은 종료되지 않는다. 따라서 어떤 이벤트를 한없이 기다리면서 종료되지 않는 일반 스레드가 있으면 문제가 될 수 있다. 반면 데몬 스레드는 자바 프로그램이 종료될 때 강제로 실행이 종료될 수 있다. 두 스레드의 성능은 같다. 이제 새로운 Executor를 팩토리 메서드 supplyAsync의 두 번째 인수로 전달할 수 있다. 예를 들어 다음 코드처럼 제품가격 정보를 읽는 CompletableFuture를 만들 수 있다.

```
CompletableFuture.supplyAsync(() -> shop.getName() + " price is " +
                                    shop.getPrice(product), executor);
```

CompletableFuture 버전의 코드 성능을 확인하니 다섯 개의 상점을 검색할 때는 1021밀리초, 아홉 개의 상점을 검색할 때는 1022밀리초가 소요된다. 이전에 계산한 것처럼 400개의 상점까지 이 같은 성능을 유지할 수 있다. 결국 애플리케이션의 특성에 맞는 Executor를 만들어 CompletableFuture를 활용하는 것이 바람직하다는 사실을 확인할 수 있다. 비동기 동작을 많이 사용하는 상황에서는 지금 살펴본 기법이 가장 효과적일 수 있음을 기억하자.

---

### 스트림 병렬화와 CompletableFuture 병렬화

지금까지 컬렉션 계산을 병렬화하는 두 가지 방법을 살펴봤다. 하나는 병렬 스트림으로 변환해서 컬렉션을 처리하는 방법이고 다른 하나는 컬렉션을 반복하면서 CompletableFuture 내부의 연산으로 만드는 것이다. CompletableFuture를 이용하면 전체적인 계산이 블록되지 않도록 스레드 풀의 크기를 조절할 수 있다.

다음을 참고하면 어떤 병렬화 기법을 사용할 것인지 선택하는 데 도움이 된다.

- I/O가 포함되지 않은 계산 중심의 동작을 실행할 때는 스트림 인터페이스가 가장 구현하기 간단하며 효율적일 수 있다(모든 스레드가 계산 작업을 수행하는 상황에서는 프로세서 코어 수 이상의 스레드를 가질 필요가 없다).

- 반면 작업이 I/O를 기다리는 작업을 병렬로 실행할 때는 CompletableFuture가 더 많은 유연성을 제공하며 대기/계산(W/C)의 비율에 적합한 스레드 수를 설정할 수 있다. 특히 스트림의 게으른 특성 때문에 스트림에서 I/O를 실제로 언제 처리할지 예측하기 어려운 문제도 있다.

지금까지 클라이언트에 비동기 API를 제공하거나 느린 서버에서 제공하는 동기 서비스를 이용하는 클라이언트에 CompletableFuture를 활용하는 방법을 살펴봤다. 지금까지는 Future 내부에서 수행하는 작업이 모두 일회성 작업이었다. 다음 절에서는 스트림 API에서 배웠던 것처럼 선언형으로 여러 비동기 연산을 CompletableFuture로 파이프라인화하는 방법을 설명한다.

# 16.4 비동기 작업 파이프라인 만들기

우리와 계약을 맺은 모든 상점이 하나의 할인 서비스를 사용하기로 했다고 가정하자. 할인 서비스에서는 서로 다른 할인율을 제공하는 다섯 가지 코드를 제공한다. 이를 다음처럼 Discount.Code로 표현할 수 있다.

예제 16-13 enum으로 할인 코드 정의하기

```
public class Discount {
    public enum Code {
        NONE(0), SILVER(5), GOLD(10), PLATINUM(15), DIAMOND(20);

        private final int percentage;

        Code(int percentage) {
            this.percentage = percentage;
        }
    }
    // 생략된 Discount 클래스 구현은 [예제 16-14] 참조
}
```

또한 상점에서 getPrice 메서드의 결과 형식도 바꾸기로 했다. 이제 getPrice는 ShopName:

price:DiscountCode 형식의 문자열을 반환한다. 예제에서는 미리 계산된 임의의 가격과 임의의 Discount.Code를 반환할 것이다.

```java
public String getPrice(String product) {
    double price = calculatePrice(product);
    Discount.Code code = Discount.Code.values()[
                            random.nextInt(Discount.Code.values().length)];
    return String.format("%s:%.2f:%s", name, price, code);
}

private double calculatePrice(String product) {
    delay();
    return random.nextDouble() * product.charAt(0) + product.charAt(1);
}
```

다음은 getPrice 실행 결과다.

```
BestPrice:123.26:GOLD
```

## 16.4.1 할인 서비스 구현

이제 우리의 최저가격 검색 애플리케이션은 여러 상점에서 가격 정보를 얻어오고, 결과 문자열을 파싱하고, 할인 서버에 질의를 보낼 준비가 되었다. 할인 서버에서 할인율을 확인해서 최종 가격을 계산할 수 있다(할인 코드와 연계된 할인율은 언제든 바뀔 수 있으므로 매번 서버에서 정보를 얻어 와야 한다). 상점에서 제공한 문자열 파싱은 다음처럼 Quote 클래스로 캡슐화할 수 있다.

```java
public class Quote {
    private final String shopName;
    private final double price;
    private final Discount.Code discountCode;

    public Quote(String shopName, double price, Discount.Code code) {
        this.shopName = shopName;
        this.price = price;
        this.discountCode = code;
    }

    public static Quote parse(String s) {
        String[] split = s.split(":");
```

```
        String shopName = split[0];
        double price = Double.parseDouble(split[1]);
        Discount.Code discountCode = Discount.Code.valueOf(split[2]);
        return new Quote(shopName, price, discountCode);
    }

    public String getShopName() {
        return shopName;
    }

    public double getPrice() {
        return price;
    }

    public Discount.Code getDiscountCode() {
        return discountCode;
    }
}
```

상점에서 얻은 문자열을 정적 팩토리 메서드 parse로 넘겨주면 상점 이름, 할인전 가격, 할인된 가격 정보를 포함하는 Quote 클래스 인스턴스가 생성된다.

다음 코드에서 보여주는 것처럼 Discount 서비스에서는 Quote 객체를 인수로 받아 할인된 가격 문자열을 반환하는 applyDiscount 메서드도 제공한다.

**예제 16-14** Discount 서비스

```
public class Discount {
    public enum Code {
        // 소스 생략
    }

    public static String applyDiscount(Quote quote) {
        return quote.getShopName() + " price is " +
                Discount.apply(quote.getPrice(),          ◁──┐ 기존 가격에 할인 코드를
                               quote.getDiscountCode());       │ 적용한다.
    }

    private static double apply(double price, Code code) {
        delay();                                          ◁──┐ Discount 서비스의 응답
        return format(price * (100 - code.percentage) / 100);  │ 지연을 흉내 낸다.
    }
}
```

## 16.4.2 할인 서비스 사용

Discount는 원격 서비스이므로 다음 코드에서 보여주는 것처럼 1초의 지연을 추가한다. 16.3절에서 그랬듯이 일단은 가장 쉬운 방법(즉, 순차적과 동기 방식)으로 findPrices 메서드를 구현한다.

**예제 16-15** Discount 서비스를 이용하는 가장 간단한 findPrices 구현

```
public List<String> findPrices(String product) {
    return shops.stream()                              각 상점에서
            .map(shop -> shop.getPrice(product))       할인 전 가격 얻기.
            .map(Quote::parse)                         상점에서 반환한 문자열을
            .map(Discount::applyDiscount)              Quote 객체로 변환한다.
            .collect(toList());                        Discount 서비스를 이용해서
}                                                      각 Quote에 할인을 적용한다.
```

세 개의 map 연산을 상점 스트림에 파이프라인으로 연결해서 원하는 결과를 얻었다.

- 첫 번째 연산에서는 각 상점을 요청한 제품의 가격과 할인 코드로 변환한다.

- 두 번째 연산에서는 이들 문자열을 파싱해서 Quote 객체를 만든다.

- 세 번째 연산에서는 원격 Discount 서비스에 접근해서 최종 할인가격을 계산하고 가격에 대응하는 상점 이름을 포함하는 문자열을 반환한다.

독자 여러분도 이미 짐작했겠지만 이 구현은 성능 최적화와는 거리가 멀다. 이미 설명했듯이 벤치마크로 실제 성능을 확인하는 것이 좋다.

```
[BestPrice price is 110.93, LetsSaveBig price is 135.58, MyFavoriteShop price
    is 192.72, BuyItAll price is 184.74, ShopEasy price is 167.28]
Done in 10028 msecs
```

예상했듯이 순차적으로 다섯 상점에 가격 정보를 요청하느라 5초가 소요되었고, 다섯 상점에서 반환한 가격 정보에 할인 코드를 적용할 수 있도록 할인 서비스에 5초가 소요되었다. 병렬 스트림을 이용하면 성능을 쉽게 개선할 수 있다는 사실은 이미 확인했다. 하지만 병렬 스트림에서는 스트림이 사용하는 스레드 풀의 크기가 고정되어 있어서 상점 수가 늘어났을 때처럼 검색 대상이 확장되었을 때 유연하게 대응할 수 없다는 사실도 확인했다. 따라서 CompletableFuture에서 수행하는 태스크를 설정할 수 있는 커스텀 Executor를 정의함으로써

우리의 CPU 사용을 극대화할 수 있다.

### 16.4.3 동기 작업과 비동기 작업 조합하기

이제 CompletableFuture에서 제공하는 기능으로 findPrices 메서드를 비동기적으로 재구현하자. 다음은 비동기적으로 재구현한 코드다. 곧 코드를 자세히 설명할 것이므로 이해되지 않는 코드가 있더라도 걱정하지 말자.

**예제 16-16** CompletableFuture로 findPrices 메서드 구현하기

```
public List<String> findPrices(String product) {
    List<CompletableFuture<String>> priceFutures =
        shops.stream()
            .map(shop -> CompletableFuture.supplyAsync(
                                () -> shop.getPrice(product), executor))
            .map(future -> future.thenApply(Quote::parse))
            .map(future -> future.thenCompose(quote ->
                    CompletableFuture.supplyAsync(
                        () -> Discount.applyDiscount(quote), executor)))
                .collect(toList());

    return priceFutures.stream()
            .map(CompletableFuture::join)
            .collect(toList());
}
```

이번에는 코드가 조금 복잡해졌으므로 코드를 하나씩 살펴보자. [그림 16-3]는 세 가지 변환 과정을 보여준다. 이번에도 [예제 16-15]에서 사용한 세 개의 map 연산을 적용한다. 다만 이번에는 CompletableFuture 클래스의 기능을 이용해서 이들 동작을 비동기로 만들어야 한다.

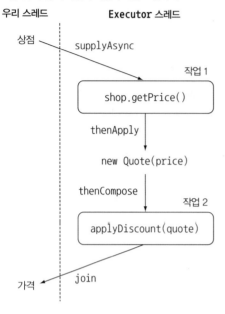

**그림 16-3** 동기 작업과 비동기 작업 조합하기

## 가격 정보 얻기

첫 번째 연산은 이 장의 다양한 예제에서 많이 사용한 코드다. 즉, 팩토리 메서드 supplyAsync 에 람다 표현식을 전달해서 비동기적으로 상점에서 정보를 조회했다. 첫 번째 변환의 결과 는 Stream⟨CompletableFuture⟨String⟩⟩이다. 각 CompletableFuture는 작업이 끝났을 때 해당 상점에서 반환하는 문자열 정보를 포함한다. 그리고 [예제 16-12]에서 개발한 커스텀 Executor로 CompletableFuture를 설정한다.

## Quote 파싱하기

두 번째 변환 과정에서는 첫 번째 결과 문자열을 Quote로 변환한다. 파싱 동작에서는 원격 서비 스나 I/O가 없으므로 원하는 즉시 지연 없이 동작을 수행할 수 있다. 따라서 첫 번째 과정에서 생 성된 CompletableFuture에 thenApply 메서드를 호출한 다음에 문자열을 Quote 인스턴스로 변환하는 Function으로 전달한다.

thenApply 메서드는 CompletableFuture가 끝날 때까지 블록하지 않는다는 점을 주의해야 한 다. 즉, CompletableFuture가 동작을 완전히 완료한 다음에 thenApply 메서드로 전달된 람다 표현식을 적용할 수 있다. 따라서 CompletableFuture⟨String⟩을 CompletableFuture⟨Quote⟩로 변환할 것이다. 이는 마치 CompletableFuture의 결과물로 무엇을 할지 지정하는 것과 같다. 스트림 파이프라인에도 같은 기능이 존재했다.

## CompletableFuture를 조합해서 할인된 가격 계산하기

세 번째 map 연산에서는 상점에서 받은 할인전 가격에 원격 Discount 서비스에서 제공하는 할인율을 적용해야 한다. 이번에는 원격 실행이 포함되므로 이전 두 변환과 다르며 동기적으로 작업을 수행해야 한다(우리는 1초의 지연으로 원격 실행을 흉내 낸다).

람다 표현식lambda expression으로 이 동작을 팩토리 메서드 supplyAsync에 전달할 수 있다. 그러면 다른 CompletableFuture가 반환된다. 결국 두 가지 CompletableFuture로 이루어진 연쇄적으로 수행되는 두 개의 비동기 동작을 만들 수 있다.

- 상점에서 가격 정보를 얻어 와서 Quote로 변환하기
- 변환된 Quote를 Discount 서비스로 전달해서 할인된 최종가격 획득하기

자바 8의 CompletableFuture API는 이와 같이 두 비동기 연산을 파이프라인으로 만들 수 있도록 thenCompose 메서드를 제공한다. thenCompose 메서드는 첫 번째 연산의 결과를 두 번째 연산으로 전달한다. 즉, 첫 번째 CompletableFuture에 thenCompose 메서드를 호출하고 Function에 넘겨주는 식으로 두 CompletableFuture를 조합할 수 있다. Function은 첫 번째 CompletableFuture 반환 결과를 인수로 받고 두 번째 CompletableFuture를 반환하는데, 두 번째 CompletableFuture는 첫 번째 CompletableFuture의 결과를 계산의 입력으로 사용한다. 따라서 Future가 여러 상점에서 Quote를 얻는 동안 메인 스레드는 UI 이벤트에 반응하는 등 유용한 작업을 수행할 수 있다.

세 개의 map 연산 결과 스트림의 요소를 리스트로 수집하면 List⟨CompletableFuture⟨String⟩⟩ 형식의 자료를 얻을 수 있다. 마지막으로 CompletableFuture가 완료되기를 기다렸다가 [예제 16-11]에서 그랬듯이 join으로 값을 추출할 수 있다. 다음은 [예제 16-8]의 findPrices를 새로 구현한 코드다.

```
[BestPrice price is 110.93, LetsSaveBig price is 135.58, MyFavoriteShop price
    is 192.72, BuyItAll price is 184.74, ShopEasy price is 167.28]
Done in 2035 msecs
```

CompletableFuture 클래스의 다른 메서드처럼 [예제 16-16]에서 사용한 thenCompose 메서드도 Async로 끝나는 버전이 존재한다. Async로 끝나지 않는 메서드는 이전 작업을 수행한 스레드와 같은 스레드에서 작업을 실행함을 의미하며 Async로 끝나는 메서드는 다음 작업이 다른 스레드에서 실행되도록 스레드 풀로 작업을 제출한다. 여기서 두 번째 CompletableFuture의 결과는 첫 번째 CompletableFuture에 의존하므로 두 CompletableFuture를 하나로 조합하든 Async 버전의 메서드를 사용하든 최종 결과나 개괄적인 실행시간에는 영향을 미치지 않는다. 따라서 스레드 전환 오버헤드가 적게 발생하면서 효율성이 좀 더 좋은 thenCompose를 사용했다.

## 16.4.4 독립 CompletableFuture와 비독립 CompletableFuture 합치기

[예제 16-16]에서는 첫 번째 CompletableFuture에 thenCompose 메서드를 실행한 다음에 실행 결과를 첫 번째 실행 결과를 입력으로 받는 두 번째 CompletableFuture로 전달했다. 실전에서는 독립적으로 실행된 두 개의 CompletableFuture 결과를 합쳐야 하는 상황이 종종 발생한다. 물론 첫 번째 CompletableFuture의 동작 완료와 관계없이 두 번째 CompletableFuture를 실행할 수 있어야 한다.

이런 상황에서는 thenCombine 메서드를 사용한다. thenCombine 메서드는 BiFunction을 두 번째 인수로 받는다. BiFunction은 두 개의 CompletableFuture 결과를 어떻게 합칠지 정의한다. thenCompose와 마찬가지로 thenCombine 메서드에도 Async 버전이 존재한다. thenCombineAsync 메서드에서는 BiFunction이 정의하는 조합 동작이 스레드 풀로 제출되면서 별도의 태스크에서 비동기적으로 수행된다.

예제에서는 한 온라인상점이 유로(EUR) 가격 정보를 제공하는데, 고객에게는 항상 달러(USD) 가격을 보여줘야 한다. 우리는 주어진 상품의 가격을 상점에 요청하는 한편 원격 환율 교환 서비스를 이용해서 유로와 달러의 현재 환율을 비동기적으로 요청해야 한다. 두 가지 데이터를 얻었으면 가격에 환율을 곱해서 결과를 합칠 수 있다. 이렇게 해서 두 CompletableFuture의 결과가 생성되고 BiFunction으로 합쳐진 다음에 세 번째 CompletableFuture를 얻을 수 있다. 다음 코드를 살펴보자.

```
Future<Double> futurePriceInUSD =
        CompletableFuture.supplyAsync(() -> shop.getPrice(product))
        .thenCombine(
            CompletableFuture.supplyAsync(
                () -> exchangeService.getRate(Money.EUR, Money.USD)),
            (price, rate) -> price * rate
        ));
```

두 결과를 곱해서 가격과 환율 정보를 합친다.

제품가격 정보를 요청하는 첫 번째 태스크를 생성한다

USD, EUR의 환율 정보를 요청하는 독립적인 두 번째 태스크를 생성한다.

여기서 합치는 연산은 단순한 곱셈이므로 별도의 태스크에서 수행하여 자원을 낭비할 필요가 없다. 따라서 thenCombineAsync 대신 thenCombine 메서드를 사용한다. [그림 16-4]는 [예제 16-17]에서 생성된 태스크가 풀의 스레드에서 어떻게 실행되고 결과가 합쳐지는지 보여준다.

그림 16-4 독립적인 두 개의 비동기 태스크 합치기

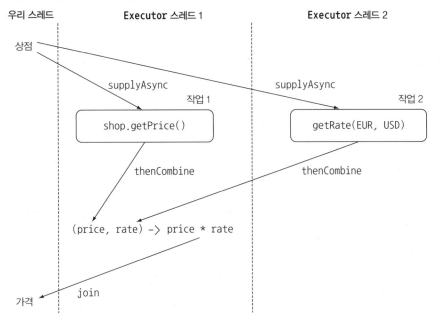

## 16.4.5 Future의 리플렉션과 CompletableFuture의 리플렉션

[예제 16-16]과 [예제 16-17]은 자바 8 이전의 Future에 비해 CompletableFuture가 어떤 큰 이점을 제공하는지 명확히 보여준다. CompletableFuture는 람다 표현식을 사용한다. 이미 살펴본 것처럼 람다 덕분에 다양한 동기 태스크, 비동기 태스크를 활용해서 복잡한 연산 수행 방법을 효과적으로 쉽게 정의할 수 있는 선언형 API를 만들 수 있다. [예제 16-17]을 자바 7로 구현하면서 실질적으로 CompletableFuture를 이용했을 때 얻을 수 있는 코드 가독성의 이점이 무엇인지 확인할 수 있다. [예제 16-18]은 자바 7 코드다.

**예제 16-18** 자바 7로 두 Future 합치기

```
ExecutorService executor = Executors.newCachedThreadPool();          ◁
final Future<Double> futureRate = executor.submit(new Callable<Double>() {
    public Double call() {                                태스크를 스레드 풀에
        return exchangeService.getRate(Money.EUR, Money.USD); ◁     제출할 수 있도록
    }                                                           ExecutorService
});                          EUR, USD 환율 정보를 가져올 Future를 생성한다.  를 생성한다.
Future<Double> futurePriceInUSD = executor.submit(new Callable<Double>() {
    public Double call() {
        double priceInEUR = shop.getPrice(product);
        return priceInEUR * futureRate.get();  ◁              두 번째 Future로
    }                                                    상점에서 요청 제품의
                        가격을 검색한 Future를 이용해서        가격을 검색한다.
});                      가격과 환율을 곱한다.
```

[예제 16-18]에서는 Executor에 EUR과 USD 간의 환율 검색 외부 서비스를 이용하는 Callable을 submit의 인수로 전달해서 첫 번째 Future를 만들었다. 그리고 상점에서 해당 제품의 가격을 EUR로 반환하는 두 번째 Future를 만들었다. 마지막으로 [예제 16-17]에서처럼 EUR 가격 정보에 환율을 곱한다. [예제 16-17]에서 thenCombine 대신 thenCombineAsync를 사용하는 것은 [예제 16-18]에서 가격과 환율을 곱하는 세 번째 Future를 만드는 것과 같다. 단지 두 개의 Future를 조합하는 예제이므로 얼핏 보기에는 두 구현이 크게 다른 것 같지 않을 수 있다.

**16.4.6 타임아웃 효과적으로 사용하기**

16.2.2절에서 설명한 것처럼 Future의 계산 결과를 읽을 때는 무한정 기다리는 상황이 발생할 수 있으므로 블록을 하지 않는 것이 좋다. 자바 9에서는 CompletableFuture에서 제공하는 몇 가지 기능을 이용해 이런 문제를 해결할 수 있다. orTimeout 메서드는 지정된 시간이 지난후에 CompletableFuture를 TimeoutException으로 완료하면서 또 다른 CompletableFuture를 반환할 수 있도록 내부적으로 ScheduledThreadExecutor를 활용한다. 이 메서드를 이용하면 계산 파이프라인을 연결하고 여기서 TimeoutException이 발생했을 때 사용자가 쉽게 이해할 수 있는 메시지를 제공할 수 있다. 다음 코드에서 보여주는 것처럼 [예제 16-17]의 Future가 3초 후에 작업을 끝내지 못할 경우 TimeoutException이 발생하도록 메서드 체인의 끝에 orTimeout 메서드를 추가할 수 있다. 물론 타임아웃 길이는 필요에 따라 조절할 수 있다.

**예제 16-19** CompletableFuture에 타임아웃 추가

```
Future<Double> futurePriceInUSD =
    CompletableFuture.supplyAsync(() -> shop.getPrice(product))
    .thenCombine(
        CompletableFuture.supplyAsync(
            () -> exchangeService.getRate(Money.EUR, Money.USD)),
        (price, rate) -> price * rate        3초 뒤에 작업이 완료되지 않으면 Future가
    ))                                       TimeoutException을 발생시키도록 설정.
    .orTimeout(3, TimeUnit.SECONDS);   ←─── 자바 9에서는 비동기 타임아웃 관리 기능이 추가됨
```

일시적으로 서비스를 이용할 수 없는 상황에서는 꼭 서버에서 얻은 값이 아닌 미리 지정된 값을 사용할 수 있는 상황도 있다. 예를 들어 EUR을 USD로 환전하는 서비스가 1초 이내에 완료되어야 하지만 그렇지 않다고 전체 계산을 Exception으로 처리하진 않는 상황이라 가정하자. 이런 상황에서는 미리 정의한 환전율을 이용해 연산을 이어갈 수 있다. 다음 예제에서 보여주는 것처럼 자바 9에 추가된 completeOnTimeout 메서드를 이용하면 이 기능을 쉽게 구현할 수 있다.

```
Future<Double> futurePriceInUSD =
    CompletableFuture.supplyAsync(() -> shop.getPrice(product))
    .thenCombine(
        CompletableFuture.supplyAsync(
            () -> exchangeService.getRate(Money.EUR, Money.USD))
            .completeOnTimeout(DEFAULT_RATE, 1, TimeUnit.SECONDS),   ◁─┐
        (price, rate) -> price * rate                      환전 서비스가 일 초 안에 │
    ))                                                       결과를 제공하지 않으면 │
    .orTimeout(3, TimeUnit.SECONDS);                         기본 환율값을 사용 ──┘
```

orTimeout 메서드처럼 completeOnTimeout 메서드는 CompletableFuture를 반환하므로 이 결과를 다른 CompletableFuture 메서드와 연결할 수 있다. 지금까지 두 가지 타임아웃을 설정했다. 한 개는 3초 이내에 연산을 마치지 못하는 상황에서 발생하고, 다른 타임아웃은 1초 이후에 환율을 얻지 못했을 때 발생한다. 하지만 두 번째 타임아웃이 발생하면 미리 지정된 값을 사용한다.

최저가격 검색 애플리케이션을 거의 완성했으나 아직 한 가지 기능이 빠져있다. 모든 검색 결과가 완료될 때까지 사용자를 기다리게 만들지 말고, 이용할 수 있는 가격 정보는 즉시 사용자에게 보여줄 수 있어야 한다(여러분이 이용하는 대부분의 자동차보험 웹사이트나 항공권 가격비교 웹사이트는 이와 같은 방식으로 동작한다). 다음 절에서는 get이나 join으로 CompletableFuture가 완료될 때까지 블록하지 않고 다른 방식으로 CompletableFuture의 종료에 대응하는 방법을 설명한다.

# 16.5 CompletableFuture의 종료에 대응하는 방법

이 장에서 살펴본 모든 코드 예제에서는 원격 메서드 응답을 1초의 지연으로 흉내 냈다. 하지만 실전에서 사용하는 다양한 원격 서비스는 얼마나 지연될지 예측하기 어렵다. 서버 부하에서 네트워크 문제에 이르기까지 다양한 지연 요소가 있기 때문이다. 또한 질의당 얼마를 더 지불하느냐에 따라 우리 애플리케이션이 제공하는 서비스의 질이 달라질 수도 있다.

여러 상점에 정보를 제공했을 때 몇몇 상점은 다른 상점보다 훨씬 먼저 결과를 제공할 가능성이 크다. 0.5초에서 2.5초 사이의 임의의 지연으로 이를 시뮬레이션하자. 즉, 이 절에서는 항상 1초를 지연하는 delay 대신 다음 코드처럼 randomDelay 메서드를 사용한다.

**예제 16-21** 0.5초에서 2.5초 사이의 임의의 지연을 흉내 내는 메서드

```java
private static final Random random = new Random();
public static void randomDelay() {
    int delay = 500 + random.nextInt(2000);
    try {
        Thread.sleep(delay);
    } catch (InterruptedException e) {
        throw new RuntimeException(e);
    }
}
```

지금까지 다양한 상점에서 물건의 가격 정보를 얻어오는 findPrices 메서드를 구현했는데 현재는 모든 상점에서 가격 정보를 가져온 다음에 그것을 사용할 수 있다. 이제 모든 상점에서 가격 정보를 제공할 때까지 기다리지 않고 각 상점에서 가격 정보를 제공할 때마다 즉시 보여줄 수 있는 최저가격 검색 애플리케이션을 만들어보자(심지어 일부 상점은 오래 기다리다 못해 타임아웃이 일어날 수 있다).

## 16.5.1 최저가격 검색 애플리케이션 리팩터링

먼저 모든 가격 정보를 포함할 때까지 리스트 생성을 기다리지 않도록 프로그램을 고쳐야 한다. 그러려면 상점에 필요한 일련의 연산 실행 정보를 포함하는 CompletableFuture의 스트림을 직접 제어해야 한다. 다음처럼 코드를 고칠 수 있다.

**예제 16-22** Future 스트림을 반환하도록 findPrices 메서드 리팩터링하기

```java
public Stream<CompletableFuture<String>> findPricesStream(String product) {
    return shops.stream()
            .map(shop -> CompletableFuture.supplyAsync(
                                () -> shop.getPrice(product), executor))
            .map(future -> future.thenApply(Quote::parse))
```

```
        .map(future -> future.thenCompose(quote ->
                CompletableFuture.supplyAsync(
                    () -> Discount.applyDiscount(quote), executor)));
}
```

이제 findPricesStream 메서드 내부에서 세 가지 map 연산을 적용하고 반환하는 스트림에 네 번째 map 연산을 적용하자. 새로 추가한 연산은 단순하게 각 CompletableFuture에 동작을 **등록**한다. CompletableFuture에 등록된 동작은 CompletableFuture의 계산이 끝나면 값을 소비한다. 자바 8의 CompletableFuture API는 thenAccept라는 메서드로 이 기능을 제공한다. thenAccept 메서드는 연산 결과를 소비하는 Consumer를 인수로 받는다. 우리 예제에서는 할인 서비스에서 반환하는 문자열이 값이다. 이 문자열은 상점 이름과 할인율을 적용한 제품의 가격을 포함한다. 우리가 원하는 동작은 이 값을 출력하는 것이다.

```
findPricesStream("myPhone").map(f -> f.thenAccept(System.out::println));
```

thenCompose, thenCombine 메서드와 마찬가지로 thenAccept에도 thenAcceptAsync라는 Async 버전이 존재한다. thenAcceptAsync 메서드는 CompletableFuture가 완료된 스레드가 아니라 새로운 스레드를 이용해서 Consumer를 실행한다. 불필요한 콘텍스트 변경은 피하는 동시에 CompletableFuture가 완료되는 즉시 응답하는 것이 좋으므로 thenAcceptAsync를 사용하지 않는다(오히려 thenAcceptAsync를 사용하면 새로운 스레드를 이용할 수 있을 때까지 기다려야 하는 상황이 일어날 수 있다).

thenAccept 메서드는 CompletableFuture가 생성한 결과를 어떻게 소비할지 미리 지정했으므로 CompletableFuture<Void>를 반환한다. 따라서 네 번째 map 연산은 <CompletableFuture<Void>>를 반환한다. 이제 CompletableFuture<Void>가 동작을 끝낼 때까지 딱히 할 수 있는 일이 없다. 이렇게 해서 우리가 원하는 동작을 구현했다. 또한 가장 느린 상점에서 응답을 받아서 반환된 가격을 출력할 기회를 제공하고 싶다고 가정하자. 그러기 위해서는 다음 코드에서 보여주는 것처럼 스트림의 모든 CompletableFuture<Void>를 배열로 추가하고 실행 결과를 기다려야 한다.

```
CompletableFuture[] futures = findPricesStream("myPhone")
        .map(f -> f.thenAccept(System.out::println))
        .toArray(size -> new CompletableFuture[size]);
CompletableFuture.allOf(futures).join();
```

팩토리 메서드 allOf는 CompletableFuture 배열을 입력으로 받아 CompletableFuture<Void>를 반환한다. 전달된 모든 CompletableFuture가 완료되어야 CompletableFuture<Void>가 완료된다. 따라서 allOf 메서드가 반환하는 CompletableFuture에 join을 호출하면 원래 스트림의 모든 CompletableFuture의 실행 완료를 기다릴 수 있다. 이를 이용해서 최저가격 검색 애플리케이션은 '모든 상점이 결과를 반환했거나 타임아웃되었음' 같은 메시지를 사용자에게 보여줌으로써 사용자는 추가로 가격 정보를 기다리지 않아도 된다는 사실을 보여줄 수 있다.

반면 배열의 CompletableFuture 중 하나의 작업이 끝나길 기다리는 상황도 있을 수 있다(예를 들어 두 개의 환율 정보 서버에 동시 접근했을 때 한 서버의 응답만 있으면 충분하다). 이때는 팩토리 메서드 anyOf를 사용한다. anyOf 메서드는 CompletableFuture 배열을 입력으로 받아서 CompletableFuture<Object>를 반환한다. CompletableFuture<Object>는 처음으로 완료한 CompletableFuture의 값으로 동작을 완료한다.

## 16.5.2 응용

16.5절을 시작하면서 설명했듯이 [예제 16-21]에서 구현한 randomDelay로 0.5초에서 2.5초 사이에 임의의 지연을 발생시켜 원격 서비스 호출을 흉내 낼 것이다. 이제 [예제 16-23] 코드를 실행시키면 예전처럼 가격 정보가 지정된 시간에 나타나지 않을 뿐 아니라 상점 가격 정보가 들어오는 대로 결과가 출력된다. 어떤 부분이 달라졌는지 좀 더 명확하게 확인할 수 있도록 각각의 계산에 소요된 시간을 출력하는 부분을 코드에 추가했다.

```
long start = System.nanoTime();
CompletableFuture[] futures = findPricesStream("myPhone27S")
        .map(f -> f.thenAccept(
            s -> System.out.println(s + " (done in " +
                ((System.nanoTime() - start) / 1_000_000) + " msecs)")))
        .toArray(size -> new CompletableFuture[size]);
```

```
CompletableFuture.allOf(futures).join();
System.out.println("All shops have now responded in " +
                ((System.nanoTime() - start) / 1_000_000) + " msecs");
```

다음은 코드 수행 결과다.

```
BuyItAll price is 184.74 (done in 2005 msecs)
MyFavoriteShop price is 192.72 (done in 2157 msecs)
LetsSaveBig price is 135.58 (done in 3301 msecs)
ShopEasy price is 167.28 (done in 3869 msecs)
BestPrice price is 110.93 (done in 4188 msecs)
All shops have now responded in 4188 msecs
```

임의의 지연이 추가되면 마지막 가격 정보에 비해 처음 가격 정보를 두 배 빨리 얻는다는 것을
출력 결과에서 확인할 수 있다!

## 16.6 로드맵

17장에서는 CompletableFuture(연산 또는 값으로 종료하는 일회성 기법)의 기능이 한 번에
종료되지 않고 일련의 값을 생산하도록 일반화하는 자바 9 플로 API를 살펴본다.

## 16.7 마치며

이 장에서는 다음 핵심 개념을 배웠다.

- 한 개 이상의 원격 외부 서비스를 사용하는 긴 동작을 실행할 때는 비동기 방식으로 애플
  리케이션의 성능과 반응성을 향상시킬 수 있다.

- 우리 고객에게 비동기 API를 제공하는 것을 고려해야 한다. CompletableFuture의 기능
  을 이용하면 쉽게 비동기 API를 구현할 수 있다.

- CompletableFuture를 이용할 때 비동기 태스크에서 발생한 에러를 관리하고 전달할 수
  있다.

- 동기 API를 CompletableFuture로 감싸서 비동기적으로 소비할 수 있다.

- 서로 독립적인 비동기 동작이든 아니면 하나의 비동기 동작이 다른 비동기 동작의 결과에 의존하는 상황이든 여러 비동기 동작을 조립하고 조합할 수 있다.

- CompletableFuture에 콜백을 등록해서 Future가 동작을 끝내고 결과를 생산했을 때 어떤 코드를 실행하도록 지정할 수 있다.

- CompletableFuture 리스트의 모든 값이 완료될 때까지 기다릴지 아니면 첫 값만 완료되길 기다릴지 선택할 수 있다.

- 자바 9에서는 orTimeout, completeOnTimeout 메서드로 CompletableFuture에 비동기 타임아웃 기능을 추가했다.

# 리액티브 프로그래밍

리액티브 프로그래밍이란 무엇이고 어떻게 동작하는지 확인하기 앞서, 새로운 리액티브 프로그래밍 패러다임의 중요성이 증가하는 이유를 확인할 필요가 있다. 수년 전까지 대규모 애플리케이션은 수십 대의 서버, 기가바이트의 데이터, 수초의 응답 시간, 당연히 여겨졌던 몇 시간의 유지보수 시간 등의 특징을 가졌다. 오늘날에는 다음과 같은 적어도 세 가지 이유로 상황이 변하고 있다.

- **빅데이터** : 보통 빅데이터는 페타바이트 단위로 구성되며 매일 증가한다.

- **다양한 환경** : 모바일 디바이스에서 수천 개의 멀티 코어 프로세서로 실행되는 클라우드 기반 클러스터에 이르기까지 다양한 환경에 애플리케이션이 배포된다.

- **사용 패턴** : 사용자는 1년 내내 항상 서비스를 이용할 수 있으며 밀리초 단위의 응답 시간을 기대한다.

예전 소프트웨어 아키텍처로는 오늘날의 이런 요구사항을 만족시킬 수 없다. 인터넷 트래픽을 가장 많이 일으키는 디바이스가 모바일인 요즘은 이런 양상이 두드러지고 있으며 사물인터넷 (IoT) 같은 기기들로 가까운 미래에는 상황이 더욱 심화될 것이다.

리액티브 프로그래밍에서는 다양한 시스템과 소스에서 들어오는 데이터 항목 스트림을 비동기적으로 처리하고 합쳐서 이런 문제를 해결한다. 실제로 이런 패러다임에 맞게 설계된 애플리케이션은 발생한 데이터 항목을 바로 처리함으로 사용자에게 높은 응답성을 제공한다. 게다가 한 개의 컴포넌트나 애플리케이션뿐 아니라 전체의 리액티브 시스템을 구성하는 여러 컴포넌트를 조절하는 데도 리액티브 기법을 사용할 수 있다. 이런 방식으로 구성된 시스템에서는 고장, 정전 같은 상태에 대처할 뿐 아니라 다양한 네트워크 상태에서 메시지를 교환하고 전달할 수 있으며 무거운 작업을 하고 있는 상황에서도 가용성을 제공한다(전통적으로 개발자는 자신의 시스템이나 애플리케이션이 서로 느슨하게 격합되었다고 가정하지만 실제 이들 컴포넌트 자체가 애플리케이션인 상황이 많다. 이런 맥락에서 **컴포넌트**와 **애플리케이션**의 의미는 거의 같다).

리액티브 애플리케이션과 시스템의 발전된 특징은 지금부터 살펴볼 리액티브 매니페스토에 요약되어 있다.


# 17.1 리액티브 매니페스토

리액티브 매니페스토[reactive manifesto](https://www.reactivemanifesto.org)는 2013년과 2014년에 걸쳐 조나스 보너[Jonas Bonér], 데이브 팔리[Dave Farley], 롤랜드 쿤[Roland Kuhn], 마틴 톰슨[Martin Thompson]에 의해 개발되었으며 리액티브 애플리케이션과 시스템 개발의 핵심 원칙을 공식적으로 정의한다.

- **반응성(responsive)** : 리액티브 시스템은 빠를 뿐 아니라 더 중요한 특징으로 일정하고 예상할 수 있는 반응 시간을 제공한다. 결과적으로 사용자가 기대치를 가질 수 있다. 기대치를 통해 사용자의 확신이 증가하면서 사용할 수 있는 애플리케이션이라는 확인을 제공할 수 있다.

- **회복성(resilient)** : 장애가 발생해도 시스템은 반응해야 한다. 컴포넌트 실행 복제, 여러 컴포넌트의 시간(발송자와 수신자가 독립적인 생명주기를 가짐)과 공간(발송자와 수신자가 다른 프로세스에서 실행됨) 분리, 각 컴포넌트가 비동기적으로 작업을 다른 컴포

넌트에 위임하는 등 리액티브 매니페스토는 회복성을 달성할 수 있는 다양한 기법을 제시한다.

- **탄력성(elastic)** : 애플리케이션의 생명주기 동안 다양한 작업 부하를 받게 되는데 이 다양한 작업 부하로 애플리케이션의 반응성이 위협받을 수 있다. 리액티브 시스템에서는 무서운 작업 부하가 발생하면 자동으로 관련 컴포넌트에 할당된 자원 수를 늘린다.

- **메시지 주도(Message-driven)** : 회복성과 탄력성을 지원하려면 약한 결합, 고립, 위치 투명성 등을 지원할 수 있도록 시스템을 구성하는 컴포넌트의 경계를 명확하게 정의해야 한다. 비동기 메시지를 전달해 컴포넌트 끼리의 통신이 이루어진다. 이 덕분에 회복성(장애를 메시지로 처리)과 탄력성(주고 받은 메시지의 수를 감시하고 메시지의 양에 따라 적절하게 리소스를 할당)을 얻을 수 있다.

[그림 17-1]은 네 가지 기능이 어떤 관계를 맺고 있으며 어떻게 다른 기능에 의존하는지 보여준다. 이들 원칙은 작은 애플리케이션의 내부 구조에서 여러 애플리케이션이 어떻게 큰 시스템을 구성할지에 이르기까지 다양한 크기의 애플리케이션 상황에 적용할 수 있다. 하지만 이들 원칙을 어디에서 어떤 수준으로 적용할 수 있는지 자세히 확인할 필요가 있다.

**그림 17-1** 리액티브 시스템의 핵심 기능

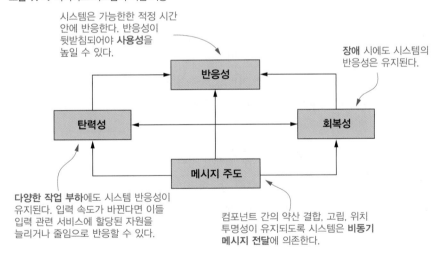

### 17.1.1 애플리케이션 수준의 리액티브

애플리케이션 수준 컴포넌트의 리액티브 프로그래밍의 주요 기능은 비동기로 작업을 수행할 수 있다는 점이다. 17장의 나머지 부분에서는 이벤트 스트림을 블록하지 않고 비동기로 처리하는 것이 최신 멀티코어 CPU의 사용률을 극대화(엄밀히 따지자면 내부적으로 경쟁하는 CPU의 스레드 사용률)할 수 있는 방법이다. 이 목표를 달성할 수 있도록 리액티브 프레임워크와 라이브러리는 스레드(상대적으로 비싸고 희귀한 자원)를 퓨처, 액터, 일련의 콜백을 발생시키는 이벤트 루프 등과 공유하고 처리할 이벤트를 변환하고 관리한다.

---

**배경지식 확인**

이벤트, 메시지, 시그널, 이벤트 루프(또는 이 장이 뒤에서 등장하는 발행, 구독, 리스너, 역압력) 등의 용어가 무엇을 의미하는지 이해하지 못했다면 15장의 도입 부분 내용을 확인하자.

---

이들 기술은 스레드보다 가벼울 뿐 아니라 개발자에게 큰 이득을 제공한다. 개발자 입장에서는 이들 기술을 이용함으로 동시, 비동기 애플리케이션 구현의 추상 수준을 높일 수 있으므로 동기 블록, 경쟁 조건, 데드락 같은 저 수준의 멀티스레드 문제를 직접 처리할 필요가 없어지면서 비즈니스 요구사항을 구현하는 데 더 집중할 수 있다.

스레드를 다시 쪼개는 종류의 기술을 이용할 때는 메인 이벤트 루프 안에서는 절대 동작을 블럭하지 않아야 한다는 중요한 전제 조건이 항상 따른다. 데이터베이스나 파일 시스템 접근, 작업 완료까지 얼마나 걸릴지 예측이 힘든 원격 서비스 호출 등 모든 I/O 관련 동작이 블록 동작에 속한다. 실용적인 예제를 이용하면 왜 이런 블록 동작을 피해야 하는지 쉽게 이해할 수 있다.

두 스레드를 포함하는 풀이 있고 이벤트 스트림 세 개를 처리하는 상황을 가정하자. 한 번에 오직 두 개의 스트림을 처리할 수 있는 상황이므로 가능하면 이들 스트림은 두 스레드를 효율적이고 공정하게 공유해야 한다. 어떤 스트림의 이벤트를 처리하다보니 파일 시스템 기록 또는 블록되는 API를 이용해 데이터베이스에서 파일을 가져오는 등 느린 I/O 작업이 시작되었다. [그림 17-2]가 보여주는 것처럼 이런 상황에서 스레드 2는 I/O 동작이 끝나기를 기다리며 소모된다. 스레드 1은 여전히 첫 번째 스트림을 처리할 수 있지만 이전에 시작된 블록 동작이 끝나기 전까지 세 번째 스트림은 처리되지 못한다.

**그림 17-2** 블록 동작 때문에 스레드가 다른 동작을 수행하지 못하고 낭비된다.

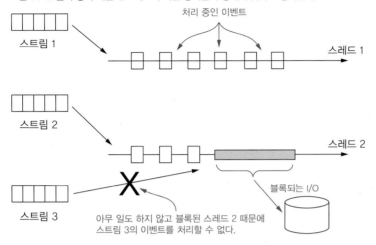

RxJava, Akka 같은 리액티브 프레임워크는 별도로 지정된 스레드 풀에서 블록 동작을 실행시켜 이 문제를 해결한다. 메인 풀의 모든 스레드는 방해받지 않고 실행되므로 모든 CPU 코어가 가장 최적의 상황에서 동작할 수 있다[1]. CPU 관련 작업과 I/O 관련 작업을 분리하면 조금 더 정밀하게 풀의 크기 등을 설정할 수 있고 두 종류의 작업의 성능을 관찰할 수 있다[2].

리액티브 원칙을 따르는 것은 리액티브 프로그래밍의 일부일 뿐이며 가장 어려운 부분은 따로 있다. 리액티브 시스템을 만들려면 훌륭하게 설계된 리액티브 애플리케이션 집합이 서로 잘 조화를 이루게 만들어야 한다.

--------------------------------

**1** 역자주_ 플랫폼의 특성과 라이브러리 구현에 따라서 스레드 풀 종류의 개수가 달라질 수 있다. 예를 들어 최근 안드로이드 개발에 사용되는 코틀린에서 제공하는 코루틴(Coroutines)에서는 I/O 관련 작업을 실행하도록 지정된 Dispatchers.IO, UI 작업을 실행하는 Dispatchers.Main, 기타 CPU를 사용하는 작업을 실행하는 Dispatchers.Default 등을 제공한다.

**2** 역자주_ CPU 관련 작업이든 I/O 관련 작업이든 현재 스레드를 블록한다는 사실은 같지만, 두 작업에는 큰 차이가 있다. CPU 관련 작업은 실제로 할당된 CPU 코어 또는 스레드를 100퍼센트 활용해 뭔가를 연산하느라 다른 일을 처리할 수 없어 블록되는 반면, I/O 관련 작업에서는 사용자 입력 같은 외부 응답을 기다리면서 CPU 코어나 스레드가 처리할 일이 없이 블록되는 상황이다. 이런 이유에서 개발자는 CPU가 최대로 활용될 수 있도록 특정 작업이 CPU 관련 작업인지 I/O 관련 작업인지를 적절하게 선택해야 한다.

## 17.1.2 시스템 수준의 리액티브

**리액티브 시스템**은 여러 애플리케이션이 한 개의 일관적인, 회복할 수 있는 플랫폼을 구성할 수 있게 해줄 뿐 아니라 이들 애플리케이션 중 하나가 실패해도 전체 시스템은 계속 운영될 수 있도록 도와주는 소프트웨어 아키텍처. 리액티브 애플리케이션은 비교적 짧은 시간 동안만 유지되는 데이터 스트림에 기반한 연산을 수행하며 보통 이벤트 주도로 분류된다. 반면 리액티브 시스템은 애플리케이션을 조립하고 상호소통을 조절한다. 리액티브 시스템의 주요 속성으로 메시지 주도를 꼽을 수 있다.

메시지는 정의된 목적지 하나를 향하는 반면, 이벤트는 관련 이벤트를 관찰하도록 등록한 컴포넌트가 수신한다는 점이 다르다. 리액티브 시스템에서는 수신자와 발신자가 각각 수신 메시지, 발신 메시지와 결합하지 않도록 이들 메시지를 비동기로 처리해야 한다. 각 컴포넌트를 완전히 고립하려면 이들이 결합되지 않도록 해야 하며 그래야만 시스템이 장애(**회복성**)와 높은 부하(**탄력성**)에서도 **반응성**을 유지할 수 있다.

좀 더 정확히 말해 리액티브 아키텍처에서는 컴포넌트에서 발생한 장애를 고립시킴으로 문제가 주변의 다른 컴포넌트로 전파되면서 전체 시스템 장애로 이어지는 것을 막음으로 회복성을 제공한다. 이런 맥락에서 회복성은 결함 허용 능력<sup>fault-tolerance</sup>과 같은 의미를 지닌다. 시스템에 장애가 발생했을 때 서서히 성능이 저하되는 것이 아니라 문제를 격리함으로 장애에서 완전 복구되어 건강한 상태로 시스템이 돌아온다. 이런 '마법'은 에러 전파를 방지하고 이들을 메시지로 바꾸어 다른 컴포넌트로 보내는 등 감독자 역할을 수행함으로 이루어진다. 이렇게 컴포넌트 자체로 문제가 한정되고 외부로는 안전성을 보장하는 방식으로 문제를 관리할 수 있다.

고립과 비결합이 회복성의 핵심이라면 탄력성의 핵심은 위치 투명성이다. 위치 투명성은 리액티브 시스템의 모든 컴포넌트가 수신자의 위치에 상관없이 다른 모든 서비스와 통신할 수 있음을 의미한다. 위치 투명성 덕분에 시스템을 복제할 수 있으며 현재 작업 부하에 따라 (자동으로) 애플리케이션을 확장할 수 있다. 위치를 따지지 않는 확장성은 리액티브 애플리케이션(시간에 기반한 비동기, 동시적, 비결합)과 리액티브 시스템(위치 투명성을 통한 공간적 비결합할 수 있음)의 또 다른 차이를 보여준다.

이 장의 나머지 부분에서는 자바 9의 플로 API를 살펴보면서 리액티브 프로그래밍 예제를 이용해 이들 사상을 실제 적용해본다.

## 17.2 리액티브 스트림과 플로 API

**리액티브 프로그래밍**은 리액티브 스트림을 사용하는 프로그래밍이다. 리액티브 스트림은 잠재적으로 무한의 비동기 데이터를 순서대로 그리고 블록하지 않는 역압력을 전제해 처리하는 표준 기술이다. 역압력은 발행-구독 프로토콜에서 이벤트 스트림의 구독자가 발행자가 이벤트를 제공하는 속도보다 느린 속도로 이벤트를 소비하면서 문제가 발생하지 않도록 보장하는 장치다. 이런 상황이 발생했을 때 부하가 발생한 컴포넌트가 완전 불능이 되거나 예기치 않은 방식으로 이벤트를 잃어버리는 등의 문제가 발생하지 않는다. 부하가 발생한 컴포넌트는 이벤트 발생 속도를 늦추라고 알리거나, 얼마나 많은 이벤트를 수신할 수 있는지 알리거나, 다른 데이터를 받기 전에 기존의 데이터를 처리하는 데 얼마나 시간이 걸리는지를 업스트림 발행자에게 알릴 수 있어야 한다.

스트림 처리의 비동기적인 특성상 역압력 기능의 내장은 필수라는 사실을 알 수 있다. 실제 비동기 작업이 실행되는 동안 시스템에는 암묵적으로 블록 API로 인해 역압력이 제공되는 것이다. 안타깝게도 비동기 작업을 실행하는 동안에는 그 작업이 완료될 때까지 다른 유용한 작업을 실행할 수 없으므로 기다리면서 많은 자원을 낭비하게 된다. 반면 비동기 API를 이용하면 하드웨어 사용률을 극대화할 수 있지만 다른 느린 다운스트림 컴포넌트에 너무 큰 부하를 줄 가능성도 생긴다. 따라서 이런 상황을 방지할 수 있도록 역압력이나 제어 흐름 기법이 필요하다. 이들 기법은 데이터 수신자가 스레드를 블록하지 않고도 데이터 수신자가 처리할 수 없을 만큼 많은 데이터를 받는 일을 방지하는 프로토콜을 제공한다.

넷플릭스, 레드햇, 트위터, 라이트벤드Lightbend 및 기타 회사들이 참여한 리액티브 스트림 프로젝트Reactive Streams project (www.reactive-streams.org)에서는 모든 리액티브 스트림 구현이 제공해야 하는 최소 기능 집합을 네 개의 관련 인터페이스로 정의했다. 자바 9의 새로운 java.util.concurrent.Flow 클래스뿐 아니라 Akka 스트림(라이트벤드), 리액터Reactor (피보탈Pivotal), RxJava(넷플릭스), Vert.x(레드햇) 등 많은 서드 파티 라이브러리에서 이들 인터페이스를 구현한다. 다음 절에서는 이들 인터페이스에서 정의하는 메서드를 자세히 살펴보면서 리액티브 컴포넌트에서 이들 메서드를 어떻게 사용해야 하는지 확인한다.

## 17.2.1 Flow 클래스 소개

자바 9에서는 리액티브 프로그래밍을 제공하는 클래스 java.util.concurrent.Flow를 추가했다. 이 클래스는 정적 컴포넌트 하나를 포함하고 있으며 인스턴스화할 수 없다. 리액티브 스트림 프로젝트의 표준에 따라 프로그래밍 발행-구독 모델을 지원할 수 있도록 Flow 클래스는 중첩된 인터페이스 네 개를 포함한다.

- Publisher
- Subscriber
- Subscription
- Processor

Publisher가 항목을 발행하면 Subscriber가 한 개씩 또는 한 번에 여러 항목을 소비하는데 Subscription이 이 과정을 관리할 수 있도록 Flow 클래스는 관련된 인터페이스와 정적 메서드를 제공한다. Publisher는 수많은 일련의 이벤트를 제공할 수 있지만 Subscriber의 요구사항에 따라 역압력 기법에 의해 이벤트 제공 속도가 제한된다. Publisher는 자바의 함수형 인터페이스(한 개의 추상 메서드만 정의)로, Subscriber는 Publisher가 발행한 이벤트의 리스너로 자신을 등록할 수 있다. Subscription은 Publisher와 Subscriber 사이의 제어 흐름, 역압력을 관리한다. 이들 세 인터페이스 및 Processor 인터페이스를 [예제 17-1], [예제 17-2], [예제 17-3], [예제 17-4]에서 보여준다.

**예제 17-1** Flow.Publisher 인터페이스

```
@FunctionalInterface
public interface Publisher<T> {
    void subscribe(Subscriber<? super T> s);
}
```

반면 Subscriber 인터페이스는 Publisher가 관련 이벤트를 발행할 때 호출할 수 있도록 콜백 메서드 네 개를 정의한다.

```java
public interface Subscriber<T> {
    void onSubscribe(Subscription s);
    void onNext(T t);
    void onError(Throwable t);
    void onComplete();
}
```

이들 이벤트는 다음 프로토콜에서 정의한 순서로 지정된 메서드 호출을 통해 발행되어야 한다.

onSubscribe onNext* (onError | onComplete)?

위 표기는 onSubscribe 메서드가 항상 처음 호출되고 이어서 onNext가 여러 번 호출될 수 있음을 의미한다. 이벤트 스트림은 영원히 지속되거나 아니면 onComplete 콜백을 통해 더 이상의 데이터가 없고 종료됨을 알릴 수 있으며 또는 Pushlisher에 장애가 발생했을 때는 onError를 호출할 수 있다(터미널로 문자열을 읽을 때 파일의 끝이나 I/O 에러와 비슷하다고 생각하면 쉽다).

Subscriber가 Publisher에 자신을 등록할 때 Publisher는 처음으로 onSubscribe 메서드를 호출해 Subscription 객체를 전달한다. Subscription 인터페이스는 메서드 두 개를 정의한다. Subscription은 첫 번째 메서드로 Publisher에게 주어진 개수의 이벤트를 처리할 준비가 되었음을 알릴 수 있다. 두 번째 메서드로는 Subscription을 취소, 즉 Publisher에게 더 이상 이벤트를 받지 않음을 통지한다.

```java
public interface Subscription {
    void request(long n);
    void cancel();
}
```

자바 9 플로 명세서에서는 이들 인터페이스 구현이 어떻게 서로 협력해야 하는지를 설명하는 규칙 집합을 정의한다. 다음은 이들 규칙을 요약한 것이다.

- Publisher는 반드시 Subscription의 request 메서드에 정의된 개수 이하의 요소만 Subscriber에 전달해야 한다. 하지만 Publisher는 지정된 개수보다 적은 수의 요소를 onNext로 전달할 수 있으며 동작이 성공적으로 끝났으면 onComplete를 호출하고 문제가 발생하면 onError를 호출해 Subscription을 종료할 수 있다.

- Subscriber는 요소를 받아 처리할 수 있음을 Publisher에 알려야 한다. 이런 방식으로 Subscriber는 Publisher에 역압력을 행사할 수 있고 Subscriber가 관리할 수 없이 너무 많은 요소를 받는 일을 피할 수 있다. 더욱이 onComplete나 onError 신호를 처리하는 상황에서 Subscriber는 Publisher나 Subscription의 어떤 메서드도 호출할 수 없으며 Subscription이 취소되었다고 가정해야 한다. 마지막으로 Subscriber는 Subscription. request() 메서드 호출이 없이도 언제든 종료 시그널을 받을 준비가 되어있어야 하며 Subscription.cancel()이 호출된 이후에라도 한 개 이상의 onNext를 받을 준비가 되어 있어야 한다.

- Publisher와 Subscriber는 정확하게 Subscription을 공유해야 하며 각각이 고유한 역할을 수행해야 한다. 그러려면 onSubscribe와 onNext 메서드에서 Subscriber는 request 메서드를 동기적으로 호출할 수 있어야 한다. 표준에서는 Subscription.cancel() 메서드는 몇 번을 호출해도 한 번 호출한 것과 같은 효과를 가져야 하며, 여러 번 이 메서드를 호출해도 다른 추가 호출에 별 영향이 없도록 스레드에 안전해야 한다고 명시한다. 같은 Subscriber 객체에 다시 가입하는 것은 권장하지 않지만 이런 상황에서 예외가 발생해야 한다고 명세서가 강제하진 않는다. 이전의 취소된 가입이 영구적으로 적용되었다면 이후의 기능에 영향을 주지 않을 가능성도 있기 때문이다.

[그림 17-3]은 플로 API에서 정의하는 인터페이스를 구현한 애플리케이션의 평범한 생명주기를 보여준다.

**그림 17-3** 플로 API를 사용하는 리액티브 애플리케이션의 생명주기

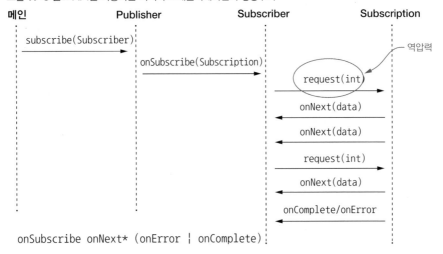

Flow 클래스의 네 번째이자 마지막 멤버 Processor 인터페이스는 단지 Publisher와 Subscriber를 상속받을 뿐 아무 메서드도 추가하지 않는다.

**예제 17-4** Flow.Processor 인터페이스

```
public interface Processor<T, R> extends Subscriber<T>, Publisher<R> { }
```

실제 이 인터페이스는 리액티브 스트림에서 처리하는 이벤트의 변환 단계를 나타낸다. Processor가 에러를 수신하면 이로부터 회복하거나(그리고 Subscription은 취소로 간주) 즉시 onError 신호로 모든 Subscriber에 에러를 전파할 수 있다. 마지막 Subscriber가 Subscription을 취소하면 Processor는 자신의 업스트림 Subscription도 취소함으로 취소 신호를 전파해야 한다(명세에서는 취소가 엄격하게 요구되지 않음에도 불구).

자바 9 플로 API/리액티브 스트림 API에서는 Subscriber 인터페이스의 모든 메서드 구현이 Publisher를 블록하지 않도록 강제하지만 이들 메서드가 이벤트를 동기적으로 처리해야 하는지 아니면 비동기적으로 처리해야 하는지는 지정하지 않는다. 하지만 이들 인터페이스에 정의된 모든 메서드는 void를 반환하므로 온전히 비동기 방식으로 이들 메서드를 구현할 수 있다.

17.2.2절에서는 지금까지 배운 내용을 실용적인 예제로 적용한다.

## 17.2.2 첫 번째 리액티브 애플리케이션 만들기

Flow 클래스에 정의된 인터페이스 대부분은 직접 구현하도록 의도된 것이 아니다. 그럼에도 자바 9 라이브러리는 이들 인터페이스를 구현하는 클래스를 제공하지 않는다. 이전에 언급한 Akka, RxJava 등의 리액티브 라이브러리에서는 이들 인터페이스를 구현했다. 자바 9 java.util.concurrency.Flow 명세는 이들 라이브러리가 준수해야 할 규칙과 다양한 리액티브 라이브러리를 이용해 개발된 리액티브 애플리케이션이 서로 협동하고 소통할 수 있는 공용어를 제시한다. 더욱이 이들 리액티브 라이브러리는 보통 추가적인 기능을 제공한다(java.util.concurrency.Flow 인터페이스에 정의된 최소 하위 집합을 넘어 리액티브 스트림을 변형하고 합치는 기능과 관련된 클래스와 메서드 등).

배경은 그렇지만 자바 9 플로 API를 직접 이용하는 첫 리액티브 애플리케이션을 개발하면서 지금까지 배운 네 개의 인터페이스가 어떻게 동작하는지 쉽게 확인할 수 있다. 끝에 가서는 리액티브 원칙을 적용해 온도를 보고하는 간단한 프로그램을 완성한다. 이 프로그램은 두 컴포넌트를 포함한다.

- TempInfo. 원격 온도계를 흉내 낸다(0에서 99 사이의 화씨 온도를 임의로 만들어 연속적으로 보고).
- TempSubscriber. 레포트를 관찰하면서 각 도시에 설치된 센서에서 보고한 온도 스트림을 출력한다.

다음 예제처럼 먼저 현재 보고된 온도를 전달하는 간단한 클래스를 정의한다.

**예제 17-5** 현재 보고된 온도를 전달하는 자바 빈

```
import java.util.Random;

public class TempInfo {

    public static final Random random = new Random();

    private final String town;
    private final int temp;

    public TempInfo(String town, int temp) {
        this.town = town;
        this.temp = temp;
    }

    public static TempInfo fetch(String town) {  ◄─── 정적 팩토리 메서드를
                                                       이용해 해당 도시의
                                                       TempInfo 인스턴스를 만든다.
```

```
        if (random.nextInt(10) == 0)   ◄──┤ 10분의 1 확률로 온도 가져오기 작업이 실패한다.
            throw new RuntimeException("Error!");
        return new TempInfo(town, random.nextInt(100));   ◄── 0에서 99 사이에서 임의
    }                                                           의 화씨 온도를 반환한다.

    @Override
    public String toString() {
        return town + " : " + temp;
    }

    public int getTemp() {
        return temp;
    }

    public String getTown() {
        return town;
    }
}
```

간단한 도메인 모델을 정의한 다음에는 다음 예제에서 보여주는 것처럼 Subscriber가 요청할 때마다 해당 도시의 온도를 전송하도록 Subscription을 구현한다.

**예제 17-6** Subscriber에게 TempInfo 스트림을 전송하는 Subscription

```
import java.util.concurrent.Flow.*;

public class TempSubscription implements Subscription {

    private final Subscriber<? super TempInfo> subscriber;
    private final String town;

    public TempSubscription( Subscriber<? super TempInfo> subscriber,
            String town ) {
        this.subscriber = subscriber;
        this.town = town;
    }

    @Override
    public void request( long n ) {          │ Subscriber가 만든
        for (long i = 0L; i < n; i++) {   ◄──┤ 요청을 한 개씩 반복
            try {
```

```java
                subscriber.onNext( TempInfo.fetch( town ) );    ← 현재 온도를
            } catch (Exception e) {                                 Subscriber로
                subscriber.onError( e );    ← 온도 가져오기를        전달
                break;                         실패하면 Subscriber로
            }                                  에러를 전달
        }
    }

    @Override                           구독이 취소되면 완료
    public void cancel() {              (onComplete) 신호를
        subscriber.onComplete();    ← Subscriber로 전달
    }
}
```

이번에는 새 요소를 얻을 때마다 Subscription이 전달한 온도를 출력하고 새 레포트를 요청하는 Subscriber 클래스를 다음처럼 구현한다.

**예제 17-7** 받은 온도를 출력하는 Subscriber

```java
import java.util.concurrent.Flow.*;

public class TempSubscriber implements Subscriber<TempInfo> {

    private Subscription subscription;

    @Override
    public void onSubscribe( Subscription subscription ) {   ← 구독을 저장하고
        this.subscription = subscription;                      첫 번째 요청을
        subscription.request( 1 );                             전달
    }

    @Override
    public void onNext( TempInfo tempInfo ) {    ← 수신한 온도를
        System.out.println( tempInfo );             출력하고
        subscription.request( 1 );                  다음 정보를 요청
    }

    @Override
    public void onError( Throwable t ) {    ← 에러가 발생하면
        System.err.println(t.getMessage());    에러 메시지
    }                                          출력
```

```
    @Override
    public void onComplete() {
        System.out.println("Done!");
    }
}
```

다음 예제는 리액티브 애플리케이션이 실제 동작할 수 있도록 Publisher를 만들고 TempSubscriber를 이용해 Publisher에 구독하도록 Main 클래스를 구현한 코드다.

**예제 17-8** Publisher를 만들고 TempSubscriber를 구독시킴

```
import java.util.concurrent.Flow.*;

public class Main {                                          뉴욕에 새 Publisher를
    public static void main( String[] args ) {              만들고 TempSubscriber를
        getTemperatures( "New York" ).subscribe( new TempSubscriber() );   구독시킴

    }

    private static Publisher<TempInfo> getTemperatures( String town ) {
        return subscriber -> subscriber.onSubscribe(            구독한 Subscriber에게
                new TempSubscription( subscriber, town ) );     TempSubscription을
    }                                                           전송하는 Publisher를 반환
}
```

여기서 getTemperatures 메서드는 Subscriber를 인수로 받아 Subscriber의 onSubscribe 메서드를 호출(새 TempSubscription 인스턴스를 인수로)한다. 람다의 시그니처가 Publisher의 함수형 인터페이스의 유일한 메서드와 같은 시그니처를 가지므로 자바 컴파일러는 자동으로 람다를 Publisher로 바꿀 수 있다(3장에서 배움). main 메서드는 뉴욕의 온도를 보고할 Publisher를 만들고 새 TempSubscriber 클래스 인스턴스를 자신에게 구독시킨다. main 메서드를 실행하면 다음과 같은 결과가 출력된다.

```
New York : 44
New York : 68
New York : 95
New York : 30
Error!
```

위에서 TempSubscription은 뉴욕의 온도를 네 번 성공적으로 전달했지만 다섯 번째에 에러가 발생했다. Flow API의 세 가지 인터페이스를 이용해 원하는 기능을 구현한 것 같다. 그런데 코드에는 아무 문제도 없는 걸까? 다음 퀴즈를 살펴보면서 이 문제를 조금 더 생각해보자.

---

**퀴즈 17-1**

지금까지 개발한 코드에 작은 문제가 있다. 하지만 이 문제는 TempInfo 팩토리 메서드 내에서 에러를 임의로 발생시키는 코드 때문에 감춰진 상태다. 임의로 에러를 발생시키는 코드를 없앤 다음 main을 오래 실행하면 어떤 일이 일어날까?

**정답**

TempSubscriber가 새로운 요소를 onNext 메서드로 받을 때마다 TempSubscription으로 새 요청을 보내면 request 메서드가 TempSubscriber 자신에게 또 다른 요소를 보내는 문제가 있다. 이런 재귀 호출은 다음과 같은 스택이 오버플로 될때까지 반복해서 일어난다.

```
Exception in thread "main" java.lang.StackOverflowError
    at java.base/java.io.PrintStream.print(PrintStream.java:666)
    at java.base/java.io.PrintStream.println(PrintStream.java:820)
    at flow.TempSubscriber.onNext(TempSubscriber.java:36)
    at flow.TempSubscriber.onNext(TempSubscriber.java:24)
    at flow.TempSubscription.request(TempSubscription.java:60)
    at flow.TempSubscriber.onNext(TempSubscriber.java:37)
    at flow.TempSubscriber.onNext(TempSubscriber.java:24)
    at flow.TempSubscription.request(TempSubscription.java:60)
```

---

스택 오버플로가 발생하는 문제를 어떻게 해결할 수 있을까? Executor를 TempSubscription으로 추가한 다음 다른 스레드에서 TempSubscriber로 세 요소를 전달하는 방법이 있다. 그러려면 다음 예제처럼 TempSubscription을 바꿔야 한다(일부 코드만 표시함, 전체 구현은 [예제 17-6] 참고).

**예제 17-9** TempSubscription에 Executor 추가하기

```
import java.util.concurrent.ExecutorService;
import java.util.concurrent.Executors;

public class TempSubscription implements Subscription {    ◁─ 기존
                                                              TempSubscription
                                                              코드 생략
```

```
private static final ExecutorService executor =
        Executors.newSingleThreadExecutor();
    @Override
    public void request( long n ) {                    다른 스레드에서 다음 요소를 구독
        executor.submit( () -> {          ◁───────     자에게 보낸다.
            for (long i = 0L; i < n; i++) {
                try {
                    subscriber.onNext( TempInfo.fetch( town ) );
                } catch (Exception e) {
                    subscriber.onError( e );
                    break;
                }
            }
        });
    }
}
```

지금까지는 플로 API에 정의된 네 개의 인터페이스 중 세 개만 활용했다. Processor 인터페이스는 어떻게 사용하는걸까? 화씨가 아닌 섭씨로 온도를 보고하는 Publisher를 만들면서 Processor 인터페이스를 사용하는 방법을 알아보자.

## 17.2.3 Processor로 데이터 변환하기

17.2.1절에서 설명한 것처럼 Processor는 Subscriber이며 동시에 Publisher다. 사실 Processor의 목적은 Publisher를 구독한 다음 수신한 데이터를 가공해 다시 제공하는 것이다. 화씨로 제공된 데이터를 섭씨로 변환해 다시 방출하는 다음의 예제를 통해 Processor를 구현해보자.

**예제 17-10** 화씨를 섭씨로 변환하는 Processor

```
import java.util.concurrent.Flow.*;                    TempInfo를 다른 TempInfo로
                                                       변환하는 프로세서
public class TempProcessor implements Processor<TempInfo, TempInfo> {  ◁─┘

    private Subscriber<? super TempInfo> subscriber;
```

```java
    @Override
    public void subscribe( Subscriber<? super TempInfo> subscriber ) {
        this.subscriber = subscriber;
    }

    @Override
    public void onNext( TempInfo temp ) {
        subscriber.onNext( new TempInfo( temp.getTown(),
                (temp.getTemp() - 32) * 5 / 9) );     ◁── 섭씨로 변환한 다음
    }                                                     TempInfo를 다시 전송

    @Override
    public void onSubscribe( Subscription subscription ) {
        subscriber.onSubscribe( subscription );   ◁─┐
    }

    @Override
    public void onError( Throwable throwable ) {
        subscriber.onError( throwable );          ◁──  다른 모든 신호는 업스트림
    }                                                   구독자에 전달

    @Override
    public void onComplete() {
        subscriber.onComplete();                  ◁─┘
    }
}
```

TempProcessor에서 로직을 포함하는 유일한 메서드인 onNext는 화씨를 섭씨로 변환한 다음 온도를 재전송한다. Subscriber 인터페이스를 구현하는 다른 모든 메서드는 단순히 수신한 모든 신호를 업스트림 Subscriber로 전달하며 Publisher의 subscribe 메서드는 업스트림 Subscriber를 Processor로 등록하는 동작을 수행한다.

다음 코드는 Main 클래스에 TempProcessor를 활용하는 예를 보여준다.

**예제 17-11** Main 클래스 : Publisher를 만들고 TempSubscriber를 구독시킴

```java
import java.util.concurrent.Flow.*;

public class Main {
    public static void main( String[] args ) {
```

```java
                                           ┌─ 뉴욕의 섭씨 온도를 전송할
                                           │  Publisher를 만듦
    getCelsiusTemperatures( "New York" )  ◄─┘
            .subscribe( new TempSubscriber() );  ◄──┐ TempSubscriber를
}                                                   │ Publisher로 구독

    public static Publisher<TempInfo> getCelsiusTemperatures(String town) {
        return subscriber -> {                              ┌─ TempProcessor를 만들고
            TempProcessor processor = new TempProcessor();  ◄┤ Subscriber와 반환된
            processor.subscribe( subscriber );              │ Publisher 사이로 연결
            processor.onSubscribe( new TempSubscription(processor, town) );
        };
    }
}
```

이제 Main을 실행하면 다음과 같이 섭씨 온도 결과가 출력된다.

```
New York : 10
New York : -12
New York : 23
Error!
```

17.2.3절에서는 플로 API에 정의된 인터페이스를 직접 구현하면서 플로 API의 핵심 사상을 구성하는 발행-구독 프로토콜을 이용해 비동기 스트림 처리를 살펴봤다. 하지만 이 예제에서는 조금 이상한 부분이 있었는데 다음 절에서 무엇이 이상한지 확인할 수 있다.

## 17.2.4 자바는 왜 플로 API 구현을 제공하지 않는가?

자바 9의 플로 API는 조금 이상하다. 자바 라이브러리는 보통 인터페이스와 구현을 제공하는 반면 플로 API는 구현을 제공하지 않으므로 우리가 직접 인터페이스를 구현했다. 일례로 리스트 API를 확인해보자. 이미 알고 있듯이 ArrayList<T>를 포함한 다양한 클래스가 List<T> 인터페이스를 구현한다. 조금 더 엄밀하게 ArrayList<T> 클래스는 List<T> 인터페이스를 구현하는 추상 클래스 AbstractList<T>를 상속받는다. 반면 자바 9에서는 Publisher<T> 인터페이스만 선언하고 구현을 제공하지 않으므로 직접 인터페이스를 구현해야 한다. 인터페이스가 프로그래밍의 구조를 만드는데 도움이 될 순 있지만 프로그램을 더 빨리 구현하는 데는 도움이 되지 않는다.

무슨 일이 일어난걸까? API를 만들 당시 Akka, RxJava 등 다양한 리액티브 스트림의 자바 코드 라이브러리가 이미 존재했기 때문이다. 원래 같은 발행-구독 사상에 기반해 리액티브 프로그래밍을 구현했지만, 이들 라이브러리는 독립적으로 개발되었고 서로 다른 이름규칙과 API를 사용했다. 자바 9의 표준화 과정에서 기존처럼 자신만의 방법이 아닌 이들 라이브러리는 공식적으로 java.util.concurrent.Flow의 인터페이스를 기반으로 리액티브 개념을 구현하도록 진화했다. 이 표준화 작업 덕분에 다양한 라이브러리가 쉽게 협력할 수 있게 되었다.

리액티브 스트림 구현을 만드는 것은 복잡한 일이므로 대부분의 사용자는 단순히 기존 구현을 사용할 것이다. 인터페이스를 구현하는 대부분의 클래스가 그렇듯 보통 실제 구현 클래스는 최소 구현에서 요구하는 것 이상의 기능을 제공한다.

17.3절에서는 넷플릭스에서 개발했으며 가장 널리 사용되는 라이브러리이며 자바 9 플로 인터페이스를 구현한 RxJava(reactive extensions to Java, 자바의 리액티브 확장을 의미) 2.0 버전을 사용한다.


# 17.3 리액티브 라이브러리 RxJava 사용하기

RxJava는 자바로 리액티브 애플리케이션을 구현하는 데 사용하는 라이브러리다. RxJava는 기반한 넷플릭스의 Reactive Extensions(Rx) 프로젝트(원래 마이크로소프트가 닷넷 환경에서 개발했던 프로젝트)의 일부로 시작되었다. 이 장의 처음에 설명했던 Reactive Streams API와 자바 9에 적용된 java.util.concurrent.Flow를 지원하도록 RxJava 2.0 버전이 개발되었다.

자바에서 외부 라이브러리를 사용할 때는 import 문에서 그 사실이 두드러진다. 예를 들어 다음은 자바 플로 인터페이스를 포함하는 코드다.

```
import java.lang.concurrent.Flow.*;
```

곧 살펴보겠지만 Publisher의 구현인 Observable 같은 클래스를 이용하려면 다음과 같은 import를 사용해야 한다.

```
import io.reactivex.Observable;
```

이 시점에서 한 가지 중요한 아키텍처의 속성을 강조하고 싶다. 좋은 시스템 아키텍처 스타일을 유지하려면 시스템에서 오직 일부에 사용된 개념의 세부 사항을 전체 시스템에서 볼 수 있게 만들지 않아야 한다. 따라서 Observable의 추가 구조가 필요한 상황에서만 Observable을 사용하고 그렇지 않으면 Publisher의 인터페이스를 사용하는 것이 좋다. 눈치채지 못했을 수 있지만 이미 List 인터페이스에도 이 원칙이 적용되어 있다. 예를 들어 전달하는 값이 ArrayList라는 사실을 이미 알고 있지만 이 값의 파라미터 형식을 List로 설정함으로 구현 세부사항을 밖으로 노출하지 않을 수 있다. 나중에 ArrayList를 LinkedList로 바꾸더라도 기존 코드를 크게 바꿀 필요가 없게 된다.

지금부터는 RxJava의 리액티브 스트림의 구현을 이용해서 온도 보고 시스템을 정의한다. RxJava는 Flow.Publisher를 구현하는 두 클래스를 제공한다.

RxJava 문서를 읽다보면 자바 9에서 리액티브 당김 기반 역압력 기능(request 메서드)이 있는 Flow를 포함하는 io.reactivex.Flowable 클래스를 확인할 수 있다([예제 17-7], [예제 17-9] 참고). 역압력은 Publisher가 너무 빠른 속도로 데이터를 발행하면서 Subscriber가 이를 감당할 수 없는 상황에 이르는 것을 방지하는 기능이다. 나머지 클래스는 역압력을 지원하지 않는 기존 버전의 RxJava에서 제공하던 Publisher io.reactivex.Observable 클래스다. 이 클래스는 단순한 프로그램, 마우스 움직임 같은 사용자 인터페이스 이벤트에 더 적합하다. 이들 이벤트 스트림에는 역압력을 적용하기 어렵기 때문이다(마우스 움직임을 느리게 하거나 멈출 수 없기 때문!). 이런 이유로 RxJava는 이벤트 스트림을 두 가지 구현 클래스로 제공한다.

RxJava는 천 개 이하의 요소를 가진 스트림이나 마우스 움직임, 터치 이벤트 등 역압력을 적용하기 힘든 GUI 이벤트 그리고 자주 발생하지 않는 종류의 이벤트에 역압력을 적용하지 말 것을 권장한다.

플로 API를 설명하면서 역압력 시나리오는 자세히 설명했으므로 Flowable을 자세히 살펴보진 않는다. 대신 역압력을 사용하지 않은 상태에서 Observable 인터페이스를 사용하는 방법을 설명할 것이다. 모든 구독자는 구독 객체의 request(Long.MAX_VALUE) 메서드를 이용해 역압력 기능을 끌 수 있다. 물론 Subscriber가 정해진 시간 안에 수신한 모든 이벤트를 처리할 수 있다고 확신할 수 있는 상황이 아니라면 역압력 기능을 끄지 않는 것이 좋다.

### 17.3.1 Observable 만들고 사용하기

Observable, Flowable 클래스는 다양한 종류의 리액티브 스트림을 편리하게 만들 수 있도록 여러 팩토리 메서드를 제공한다(Observable과 Flowable은 Publisher를 구현하므로 팩토리 메서드는 리액티브 스트림을 만든다).

다음처럼 미리 정의한 몇 개의 요소를 이용해 간단한 Observable을 만들 수 있다.

```
Observable<String> strings = Observable.just( "first", "second" );
```

여기서 just() 팩토리 메서드[3]는 한 개 이상의 요소를 이용해 이를 방출하는 Observable로 변환한다. Observable의 구독자는 onNext("first"), onNext("second"), onComplete()의 순서로 메시지를 받는다.

사용자와 실시간으로 상호작용하면서 지정된 속도로 이벤트를 방출하는 상황에서 유용하게 사용할 수 있는 다른 Observable 팩토리 메서드도 있다.

```
Observable<Long> onePerSec = Observable.interval(1, TimeUnit.SECONDS);
```

팩토리 메서드 interval은 onePerSec라는 변수로 Observable을 반환해 할당한다. 이 Observable은 0에서 시작해 1초 간격으로 long 형식의 값을 무한으로 증가시키며 값을 방출한다. 이제 각 도시에서 매 초마다 온도 보고를 방출하는 다른 Observable을 onePerSec로 대신할 것이다.

최종 목표를 달성하기 전에 중간 과정으로 이들 온도를 매 초마다 출력할 수 있다. 그러려면 onePerSec에 가입해서 매 초마다 온도를 받고 이를 이용해 관심이 있는 도시의 온도를 출력해야 한다. RxJava에서 Observable[4]이 플로 API의 Publisher 역할을 하며 Observer는 Flow의 Subscriber 인터페이스 역할을 한다. RxJava Observer인터페이스는 [예제 17-2]에서 보여준 자바 9 Subscriber와 같은 메서드를 정의하며 onSubscribe 메서드가 Subscription 대신 Disposable 인수를 갖는다는 점만 다르다. 이전에도 설명했듯이 Observable은 역압력을 지원하지 않으므로 Subscription의 request 메서드를 포함하지 않는다. 다음은 Observer 인터페이스 코드다.

---

**3** 자바 8의 스트림과 옵셔널 API에서 of() 메서드를 비슷한 팩토리 메서드로 사용하기 시작했으나 RxJava는 다른 이름 규칙을 사용했다는 것이 조금 안타깝다.

**4** Observer 인터페이스와 Observable클래스는 자바 9에서 제거되었다. 새로운 코드는 플로 API를 사용해야 한다. 이 변화에 맞춰 RxJava가 어떻게 진화할 것인지는 지켜봐야 한다

```
public interface Observer<T> {
    void onSubscribe(Disposable d);
    void onNext(T t);
    void onError(Throwable t);
    void onComplete();
}
```

하지만 RxJava의 API는 자바 9 네이티브 플로 API보다 유연하다(많은 오버로드된 기능을 제공). 예를 들어 다른 세 메서드는 생략하고 onNext 메서드의 시그니처에 해당하는 람다 표현식을 전달해 Observable을 구독할 수 있다. 즉 이벤트를 수신하는 Consumer의 onNext 메서드만 구현하고 나머지 완료, 에러 처리 메서드는 아무것도 하지 않는 기본 동작을 가진 Observer를 만들어 Observable에 가입할 수 있다. 이 기능을 활용하면 Observable onPerSec에 가입하고 뉴욕에서 매 초마다 발생하는 온도를 출력하는 기능을 코드 한 줄로 구현할 수 있다.

```
onePerSec.subscribe(i -> System.out.println(TempInfo.fetch( "New York" )));
```

위 코드에서 onePerSec Observable은 초당 한 개의 이벤트를 방출하며 메시지를 수신하면 Subscriber가 뉴욕의 온도를 추출해 출력한다. 하지만 위 코드를 main 메서드에 추가해서 실제 실행해보면 아무것도 출력되지 않는데 이는 매 초마다 정보를 발행하는 Observable이 RxJava의 연산 스레드 풀 즉 데몬 스레드에서 실행되기 때문이다[5]. main 프로그램은 실행하자마자 따로 실행할 코드가 없으므로 바로 종료되고 프로그램이 종료되었으므로 어떤 결과를 출력하기도 전에 데몬 스레드도 종료되면서 이런 현상이 일어난다.

위 코드 뒤에 스레드의 sleep 메서드를 추가해 프로그램이 종료되는걸 막는 방법도 있다. 현재 스레드(예제에서는 메인 스레드)에서 콜백을 호출하는 blockingSubscribe 메서드를 사용하면 더 깔끔하게 문제를 해결할 수 있다. 이 예제에는 blockingSubscribe가 적합하다. 하지만 실제로는 다음과 같이 blockingSubscribe를 사용할 것이다.

```
onePerSec.blockingSubscribe(
    i -> System.out.println(TempInfo.fetch( "New York" ))
);
```

그러면 다음과 같은 출력 결과가 나타난다.

```
New York : 87
```

---

**5** 공식 문서로는 이 현상을 이해하기 힘들지만 온라인 개발자 커뮤니티인 stackoverflow.com에서 관련 내용을 더 자세히 확인할 수 있다.

```
New York : 18
New York : 75
java.lang.RuntimeException: Error!
at flow.common.TempInfo.fetch(TempInfo.java:18)
at flow.Main.lambda$main$0(Main.java:12)
at io.reactivex.internal.observers.LambdaObserver
        .onNext(LambdaObserver.java:59)
at io.reactivex.internal.operators.observable
        .ObservableInterval$IntervalObserver.run(ObservableInterval.java:74)
```

안타깝게도 설계상 온도를 가져오는 기능이 임의로 실패하기 때문이다(예제에서는 세 번의 읽기 후 실패가 발생했다). 예제에서 구현한 Observer는 onError 같은 에러 관리 기능을 포함하지 않으므로 위와 같은 처리되지 않은 예외가 사용자에게 직접 보여진다.

이제 예제의 난도를 조금 높일 차례다. 에러 처리만 추가하는 것이 목표가 아니다. 이 기능을 일반화해야 한다. 온도를 직접 출력하지 않고 사용자에게 팩토리 메서드를 제공해 매 초마다 온도를 방출(편의상 최대 다섯 번 온도를 방출하고 종료시킴)하는 Observable을 반환할 것이다. 다음 예제에서 보여주는 것처럼

**예제 17-12** 1초마다 한 개의 온도를 방출하는 Observable 만들기

```
public static Observable<TempInfo> getTemperature(String town) {
    return Observable.create(emitter ->                      매 초마다 무한으로 증가하는 일련의
            Observable.interval(1, TimeUnit.SECONDS)         long값을 방출하는 Observable
            .subscribe(i -> {
                if (!emitter.isDisposed()) {                 소비된 옵저버가 아직 폐기되지
                                                             않았으면 어떤 작업을 수행
                    if ( i >= 5 ) {                          (이전 에러)
                        emitter.onComplete();
                    } else {                                 아니면 온도를
                        try {                                Observer로 보고
                            emitter.onNext(TempInfo.fetch(town));
                        } catch (Exception e) {
                            emitter.onError(e);              에러가 발생하면
                        }                                    Observer에 알림
                    }
                }
            }));
}
```

Observer를 소비하는 함수로부터 Observable 만들기

온도를 다섯 번 보고했으면 옵저버를 완료하고 스트림을 종료

필요한 이벤트를 전송하는 ObservableEmitter를 소비하는 함수로 Observable을 만들어 반환했다. RxJava의 ObservableEmitter 인터페이스는 RxJava의 기본 Emitter(onSubscribe 메서드가 빠진 Observer와 같음)를 상속한다.

```
public interface Emitter<T> {
    void onNext(T t);
    void onError(Throwable t);
    void onComplete();
}
```

Emitter는 새 Disposable을 설정하는 메서드와 시퀀스가 이미 다운스트림을 폐기했는지 확인하는 메서드 등을 제공한다.

내부적으로 매 초마다 증가하는 무한의 long값을 발행하는 onePerSec 같은 Observable을 구독했다. 우선 구독 함수 내에서는 ObservableEmitter 인터페이스(subscribe 메서드의 인수로 넘겨짐)에서 제공하는 isDisposed 메서드를 이용해 소비된 Observer가 이미 폐기되었는지 확인한다(이전 루프에서 에러가 발생했을 때 이런 상황이 벌어질 수 있다). 온도를 이미 다섯 번 방출했으면 스트림을 종료하면서 Observer를 완료시킨다. 그렇지 않으면 try/catch 블록 안에서 요청된 도시의 최근 온도를 Observer로 보낸다. 온도를 얻는 과정에서 에러가 발생하면 에러를 Observer로 전달한다.

다음 코드에서 보여주는 것처럼 getTemperature 메서드가 반환하는 Observable에 가입시킬 Observer를 쉽게 완성해서 전달된 온도를 출력할 수 있다.

**예제 17-13** 수신한 온도를 출력하는 Observer

```
import io.reactivex.Observer;
import io.reactivex.disposables.Disposable;

public class TempObserver implements Observer<TempInfo> {
    @Override
    public void onComplete() {
        System.out.println( "Done!" );
    }

    @Override
    public void onError( Throwable throwable ) {
        System.out.println( "Got problem: " + throwable.getMessage() );
```

```
    }

    @Override
    public void onSubscribe( Disposable disposable ) {
    }

    @Override
    public void onNext( TempInfo tempInfo ) {
        System.out.println( tempInfo );
    }
}
```

Observer는 [예제 17-7]의 TempSubscriber 클래스()와 비슷하지만 더 단순하다. RxJava의 Observable은 역압력을 지원하지 않으므로 전달된 요소를 처리한 다음 추가 요소를 요청하는 request() 메서드가 필요 없기 때문이다.

다음 예제에서는 메인 프로그램을 만들어 [예제 17-12]에서 만든 getTemperature 메서드가 반환하는 Observable에 Observer를 구독한다.

**예제 17-14 뉴욕의 온도를 출력하는 Main 클래스**

```
public class Main {
                                       매 초마다 뉴욕의 온도 보고를 방출하는
    public static void main(String[] args) {      Observable 만들기
        Observable<TempInfo> observable = getTemperature( "New York" );  ←
        observable.blockingSubscribe( new TempObserver() );  ←
    }                                  단순 Observer로 이
}                                  Observable에 가입해서
                                       온도 출력하기
```

이번에는 다섯 번 온도를 출력하는 동안 에러가 발생하지 않고 onComplete 신호가 전송되므로 다음과 같은 결과를 얻는다.

```
New York : 69
New York : 26
New York : 85
New York : 94
```

```
New York : 29
Done!
```

이제 RxJava 예제를 조금 더 발전시켜서 이 라이브러리로 한 개 이상의 리액티브 스트림을 다루는 방법을 살펴보자.

## 17.3.2 Observable을 변환하고 합치기

RxJava나 기타 리액티브 라이브러리는 자바 9 플로 API에 비해 스트림을 합치고, 만들고, 거르는 등의 풍부한 도구상자를 제공하는 것이 장점이다. 이미 살펴봤듯이 한 스트림을 다른 스트림의 입력으로 사용할 수 있다. 17.2.3절에서는 자바 9의 Flow.Processor를 이용해 화씨를 섭씨로 바꿀 수 있음을 살펴봤다. 이 외에도 스트림에서 관심있는 요소만 거른 다른 스트림을 만들거나 매핑 함수로 요소를 변환하거나 두 스트림을 다양한 방법으로 합치는 등의 작업을 할 수 있다(Flow.Processor만으로는 달성하기 어려운 일).

이런 변환, 합치기 함수는 상당히 복잡하므로 말로 설명하기는 상당히 어렵다. 예를 들어 RxJava의 mergeDelayError 함수 관련 설명을 살펴보자.

> "Observable을 한 Observable로 방출하는 Observable을 평면화해서 모든 Observable 소스에서 성공적으로 방출된 모든 항목을 Observer가 수신할 수 있도록 한다. 이때 이들 중 에러 알림이 발생해도 방해받지 않으며 이들 Observable에 동시 구독할 수 있는 숫자에는 한계가 있다."

아무리 읽어봐도 무슨 말인지 선뜻 이해하기가 어렵다. 리액티브 스트림 커뮤니티는 마블 다이어그램이라는 시각적 방법을 이용해 이런 어려움을 해결하고자 노력한다. [그림 17-4]와 같은 **마블 다이어그램**marble diagram은 수평선으로 표시된 리액티브 스트림에 임의의 순서로 구성된 요소가 기하학적 모형이 나타난다. 특수 기호는 에러나 완료 신호를 나타낸다. 박스는 해당 연산이 요소를 어떻게 변화하거나 여러 스트림을 어떻게 합치는지 보여준다.

**그림 17-4** 리액티브 라이브러리에서 제공하는 연산자 문서화에 일반적으로 사용되는 마블 다이어그램 범례

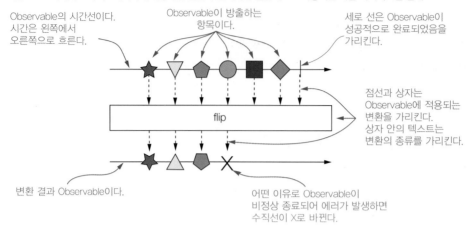

이 표기법을 이용하면 모든 RxJava 라이브러리의 함수를 [그림 17-5]처럼 시각적으로 표현할 수 있다. 아래 그림은 map(Observable이 발행하는 요소를 변환)과 merge(두 개 이상의 Observable이 방출한 이벤트를 하나로 합침)의 예다.

**그림 17-5** map, merge 함수의 마블 다이어그램

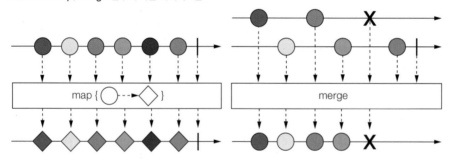

map, merge를 이용해 어떻게 기존에 구현한 RxJava 예제를 개선하고 기능을 추가할 수 있을지 궁금할 것이다. map을 이용하면 다음 예제에서 볼 수 있는 것처럼 플로 API Processor를 이용하는 것보다 조금 더 깔끔하게 화씨를 섭씨로 바꿀 수 있다.

**예제 17-15** Observable에 map을 이용해 화씨를 섭씨로 변환

```
public static Observable<TempInfo> getCelsiusTemperature(String town) {
    return getTemperature( town )
```

```
            .map( temp -> new TempInfo( temp.getTown(),
                      (temp.getTemp() - 32) * 5 / 9) );
}
```

간단한 위의 메서드는 [예제 17-12]의 getTemperature 메서드가 반환하는 Observable을 받아 화씨를 섭씨로 바꾼 다음 매 초 한 개씩 온도를 다시 방출하는 또 다른 Observable을 반환한다.

Observable이 방출하는 요소를 어떻게 조작할 수 있는지 조금 더 잘 이해할 수 있도록 아래 퀴즈에서는 다른 변환 함수를 사용해본다.

---

**퀴즈 17-2** 영하 온도만 거르기

Observable 클래스의 filter 메서드는 Predicate를 인수로 받아 Predicate의 조건을 만족하는 요소만 방출하는 두 번째 Observable을 만든다. 사용자가 동상에 걸릴 위험이 있을 때 알려주는 경고 시스템을 개발해달라고 누군가 부탁했다고 가정하자. 어떻게 하면 이 연산자를 이용해 등록된 도시의 온도가 섭씨 0도 이하일 때만 온도를 방출하도록 Observable을 만들 수 있을까(물이 어는 온도가 섭씨로는 편리하게 0도다)?

**정답**

다음처럼 [예제 17-15]에서 만든 메서드에서 반환하는 Observable을 이용해 음의 온도만 수용하는 Predicate를 filter 연산자에 적용해 이 문제를 해결할 수 있다.

```
public static Observable<TempInfo> getNegativeTemperature(String town) {
    return getCelsiusTemperature( town )
        .filter( temp -> temp.getTemp() < 0 );
}
```

---

이번에는 마지막으로 구현한 메서드를 일반화해서 사용자가 한 도시뿐 아니라 여러 도시에서 온도를 방출하는 Observable을 가질 수 있도록 해야 한다고 가정하자. [예제 17-16]은 [예제 17-15]의 메서드를 각 도시에 호출한 다음 이들 호출로 부터 얻은 모든 Observable을 merge 함수를 이용해 하나로 합쳐서 마지막 요구사항을 구현한다.

**예제 17-16** 한 개 이상 도시의 온도 보고를 합친다.

```
public static Observable<TempInfo> getCelsiusTemperatures(String... towns) {
    return Observable.merge(Arrays.stream(towns)
                            .map(TempObservable::getCelsiusTemperature)
                            .collect(toList()));
}
```

이 메서드는 온도를 얻으려는 도시 집합을 포함하는 가변 인수를 받는다. 이 가변 인수를 문자열 스트림으로 변환한 다음 각 문자열을 [예제 17-11]([예제 17-15]에서 개선함)의 getCelsiusTemperature 메서드로 전달한다. 이런식으로 각 도시는 매 초마다 도시의 온도를 방출하는 Observable로 변신한다. 마지막으로 Observable의 스트림은 리스트로 모아지며 다시 리스트는 Observable 클래스가 제공하는 정적 팩토리 메서드 merge로 전달된다. 이 메서드는 Observable의 Iterable을 인수로 받아 마치 한 개의 Observable처럼 동작하도록 결과를 합친다. 즉, 결과 Observable은 전달된 Iterable에 포함된 모든 Observable의 이벤트 발행물을 시간 순서대로 방출한다.

마지막 Main 클래스에 이 메서드를 적용해본다.

**예제 17-17** 세 도시의 온도를 출력하는 Main 클래스

```
public class Main {
    public static void main(String[] args) {
        Observable<TempInfo> observable = getCelsiusTemperatures(
                "New York", "Chicago", "San Francisco" );
        observable.blockingSubscribe( new TempObserver() );
    }
}
```

Main 클래스 자체는 [예제 17-16]의 getCelsiusTemperatures 메서드가 반환하는 Observable에 가입하는 동작과 세 도시에 등록된 온도를 출력한다는 사실만 제외하면 [예제 17-14]와 달라진 것이 없다. 프로그램을 실행하면 다음과 같은 결과가 출력된다.

```
New York : 21
Chicago : 6
San Francisco : -15
```

```
New York : -3
Chicago : 12
San Francisco : 5
Got problem: Error!
```

각 도시에서 온도를 가져오는 동작을 수행하다 에러가 발생해 데이터 스트림이 동작을 멈추기 전까지 main 메서드는 매 초마다 도시의 온도를 출력한다.

RxJava의 완벽한 가이드를 제공하려면 책 한 권이 따로 필요하므로 17장에서 모두를 설명할 순 없었다. 하지만 이런 종류의 도구가 어떻게 동작하고 리액티브 프로그래밍의 원칙을 파악하는 데는 도움이 되었을 것이다. 17장에서는 겉핥기로 살펴봤을 뿐이지만 리액티브 프로그래밍 형식이 어떤 도움을 줄 수 있는지 이해할 수 있었으며, 더 알고싶다는 욕구를 일으킬 수 있었기를 바란다.


# 17.4 마치며

- 리액티브 프로그래밍의 기초 사상은 이미 20에서 30년 전에 수립되었지만 데이터 처리량과 사용자 기대치 덕분에 최근에서야 인기를 얻고 있다.

- 리액티브 소프트웨어가 지녀야 할 네 가지 관련 특징(반응성, 회복성, 탄력성, 메시지 주도)을 서술하는 리액티브 매니페스토가 리액티브 프로그래밍 사상을 공식화한다.

- 여러 애플리케이션을 통합하는 리액티브 시스템과 한 개의 애플리케이션을 구현할 때에 각각 다른 접근 방식으로 리액티브 프로그래밍 원칙을 적용할 수 있다.

- 리액티브 애플리케이션은 리액티브 스트림이 전달하는 한 개 이상의 이벤트를 비동기로 처리함을 기본으로 전제한다. 리액티브 애플리케이션 개발에서 리액티브 스트림의 역할이 핵심적이므로 넷플릭스, 피보탈, 라이트벤드, 레드햇 등은 다양한 구현의 상호운용성을 극대화할 수 있도록 컨소시엄을 구성해 개념을 표준화한다.

- 리액티브 스트림은 비동기적으로 처리되므로 역압력 기법이 기본적으로 탑재되어 있다. 역압력은 발행자가 구독자보다 빠른 속도로 아이템을 발행하므로 발생하는 문제를 방지한다.

- 설계와 표준화 절차 결과가 자바에 반영되었다. 자바 9 플로 API는 Publisher, Subscriber, Subscription, Processor 네 개의 핵심 인터페이스를 정의한다.

- 대부분의 상황에서는 이들 인터페이스를 직접 구현할 필요가 없으며 실제 이들 인터페이스는 리액티브 패러다임을 구현하는 다양한 라이브러리의 공용어 역할을 한다.

- 가장 흔한 리액티브 프로그래밍 도구로 RxJava를 꼽을 수 있으며 이 라이브러리는 자바 9 플로 API의 기본 기능에 더해 다양한 강력한 연산자를 제공한다. 예를 들어 한 스트림에서 방출한 요소를 변환하거나, 거를 수 있으며 여러 스트림의 데이터를 일부 합치거나 전체를 모을 수 있다.

Part **VI**

# 함수형 프로그래밍과
# 자바 진화의 미래

18장에서는 함수형 프로그래밍의 용어를 포함한 함수형 프로그래밍이 무엇인지 파헤친다.

자바 8로 함수형 프로그램을 구현하는 방법도 설명한다.

19장에서는 고차원 함수, 커링, 자료구조 영구 저장, 게으른 리스트, 패턴 매칭 등 고급 함수형 프로그래밍 기법을 설명한다. 19장은 실전에서 적용할 수 있는 실용적인 프로그램 기법뿐 아니라 프로그래머로서의 지식의 깊이를 더할 수 있는 학문적인 내용을 동시에 제공한다.

20장에서는 자바 8과 스칼라 언어의 기능을 비교한다. 스칼라는 JVM 위에 구현된 자바 같은 언어로, 빠르게 변화하면서 프로그래밍 언어 생태계에서 자바가 담당했던 일부 영역을 잠식하고 있는 언어다.

마지막 21장에서는 지금까지 배운 자바 8을 되돌아보면서 함수형 프로그래밍을 적극적으로 사용할 수 있도록 격려한다. 자바 8, 자바 9의 새로운 기능과 자바 10에 적용된 약간의 개선에 더해 미래에는 자바에 어떤 기능이 추가될 수 있는지 살펴본다.

# Part VI

## 함수형 프로그래밍과
## 자바 진화의 미래

# CHAPTER 18

# 함수형 관점으로 생각하기

## 이 장의 내용

- ◆ 왜 함수형 프로그래밍을 사용하는가?
- ◆ 함수형 프로그래밍은 어떻게 정의하는가?
- ◆ 선언형 프로그래밍과 참조 투명성
- ◆ 함수형 스타일의 자바 구현 가이드라인
- ◆ 반복과 재귀

지금까지 이 책에서 **함수형** functional 이라는 용어를 자주 언급했다. 이제 독자 여러분은 함수형이 무엇을 의미하는지 전체적으로 이해했을 것이다. 람다, 일급 함수와 관련 있으며 때로는 객체 변화를 제한하는 것이 함수형과 밀접한 관련을 갖는다. 그런데 함수형을 적용하면 어떤 점이 좋을까?

이 장에서는 이 질문의 답을 찾아본다. 먼저 함수형 프로그래밍이란 무엇인지 설명한 다음에 관련 용어를 설명할 것이다. 그리고 부작용, 불변성, 선언형 프로그래밍, 참조 투명성, 자바 8에서 제공하는 기능 등 함수형 프로그래밍의 개념을 살펴본다. 19장에서는 고차원 함수, 커링, 영속 데이터 구조체, 게으른 리스트, 패턴 패칭, 콤비네이터 등 함수형 프로그래밍의 기법을 좀 더 자세히 살펴본다.

## 18.1 시스템 구현과 유지보수

누군가 우리에게 이미 구현되어 있지만 실제 경험해본 적은 없는 대규모 소프트웨어 시스템 업그레이드 관리를 요청했다고 가정하자. 이 요청을 받아들여야 할까? 노련한 자바 개발자 사이에서는 '먼저 프로그램 내에 synchronized라는 키워드가 발견된다면 제안을 거절하라(동시성 버그를 고치는 일은 정말 어려우므로). synchronized가 없다면 시스템의 구조를 자세히 검토해보라' 같은 풍문이 떠돌 정도라고 한다. 곧 자세히 살펴보겠지만 지금까지는 자바 8의 스트림을 이용하면 잠금locking 문제를 신경 쓰지 않을 수 있었다. 단, 자바 8의 스트림을 이용하려면 상태 없는 동작이어야 한다는 조건을 만족해야 한다(즉, 스트림 처리 파이프라인의 함수는 다른 누군가가 변수의 값을 바꿀 수 있는 상태에 있는 변수를 사용하지 않는다). 또한 쉽게 유지보수할 수 있으려면 프로그램이 어떤 모습이어야 할까? 프로그램이 시스템의 구조를 이해하기 쉽게 클래스 계층으로 반영한다면 좋을 것이다. 시스템의 각 부분의 상호 의존성을 가리키는 결합성coupling과 시스템의 다양한 부분이 서로 어떤 관계를 갖는지 가리키는 응집성cohesion이라는 소프트웨어 엔지니어링 도구로 프로그램 구조를 평가할 수 있다.

그러나 실질적으로 많은 프로그래머가 유지보수 중 코드 크래시 디버깅 문제를 가장 많이 겪게 된다. 코드 크래시는 예상하지 못한 변숫값 때문에 발생할 수 있다. 왜 그리고 어떻게 변숫값이 바뀐 걸까? 유지보수 중 이런 일이 얼마나 자주 일어나는지 생각해보라.[1] 함수형 프로그래밍이 제공하는 **부작용 없음**no side effect과 **불변성**immutability이라는 개념이 이 문제를 해결하는 데 도움을 준다. 지금부터 자세히 살펴보자.

### 18.1.1 공유된 가변 데이터

변수가 예상하지 못한 값을 갖는 이유는 결국 우리가 유지보수하는 시스템의 여러 메서드에서 공유된 가변 데이터 구조를 읽고 갱신하기 때문이다. 리스트를 참조하는 여러 클래스가 있다고 가정하자. 리스트의 소유자는 어느 클래스일까? 이들 중 하나의 클래스가 리스트를 갱신하면 어떻게 될까? 다른 클래스는 리스트가 갱신되었다는 사실을 알고 있을까? 다른 클래스에 리스트가 갱신되었음을 어떻게 알려줄 수 있을까? 리스트 갱신 사실을 알리는 것이 좋을까 아니면 안전하게 리스트 사본을 만드는 것이 나을까? 이처럼 공유 가변 데이터 구조를 사용하면 프로그램

---

[1] 더 자세한 사항은 마이클 페더스(Michael Feathers)가 지은 『Working Effectively with Legacy Code』(Prentice Hall, 2004)를 참고하자.

전체에서 데이터 갱신 사실을 추적하기가 어려워진다. [그림 18-1]은 이를 잘 보여준다.

**그림 18-1** 여러 클래스에서 공유하는 가변 리스트. 어느 클래스가 소유자인지 구분하기 어렵다.

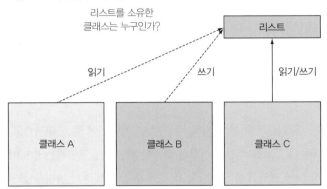

어떤 자료구조도 바꾸지 않는 시스템이 있다고 가정하자. 예상하지 못하게 자료구조의 값이 바뀔 일이 없으니 얼마나 유지보수하기 쉽겠는가! 자신을 포함하는 클래스의 상태 그리고 다른 객체의 상태를 바꾸지 않으며 return 문을 통해서만 자신의 결과를 반환하는 메서드를 **순수**pure 메서드 또는 **부작용 없는**side-effect free 메서드라고 부른다.

구체적으로 부작용은 무엇일까? 함수 내에 포함되지 못한 기능을 부작용이라고 한다. 다음은 부작용의 예다.

- 자료구조를 고치거나 필드에 값을 할당(setter 메서드 같은 생성자 이외의 초기화 동작)
- 예외 발생
- 파일에 쓰기 등의 I/O 동작 수행

불변 객체를 이용해서 부작용을 없애는 방법도 있다. 불변 객체는 인스턴스화한 다음에는 객체의 상태를 바꿀 수 없는 객체이므로 함수 동작에 영향을 받지 않는다. 즉, 인스턴스화한 불변 객체의 상태는 결코 예상하지 못한 상태로 바뀌지 않는다. 따라서 불변 객체는 복사하지 않고 공유할 수 있으며, 객체의 상태를 바꿀 수 없으므로 스레드 안전성을 제공한다.

어떤 사람은 실제 시스템에서 부작용을 없앤다는 것이 현실적으로 **가능한지** 의아해 할 수 있다. 이 장의 끝부분에 이르러서는 모든 독자가 실제 시스템에서 부작용을 없앨 수 있다는 사실을 확신하기 바란다. 부작용 없는 시스템 컴포넌트에서는 메서드가 서로 간섭하는 일이 없으므로 잠금을 사용하지 않고도 멀티코어 병렬성을 사용할 수 있다. 또한 프로그램의 어떤 부분이 독립적인지 바로 이해할 수 있다.

부작용 없는 시스템의 개념은 함수형 프로그래밍에서 유래되었다. 함수형 프로그래밍은 18.2절에서 자세히 살펴보기로 하고, 먼저 함수형 프로그래밍의 기반을 이루는 개념인 **선언형 프로그래밍**declarative programming을 살펴보자.


## 18.1.2 선언형 프로그래밍

프로그램으로 시스템을 구현하는 방식은 크게 두 가지로 구분할 수 있다. '이 일을 먼저하고, 그다음에 저 값을 갱신하고, 그다음에...'처럼 작업을 어떻게 수행할 것인지에 집중하는 방법이 있다. 예를 들어 리스트에서 가장 비싼 트랜잭션을 계산할 때 다음과 같은 일련의 명령을 실행할 것이다. '리스트에서 트랜잭션을 가져와서 가장 비싼 트랜잭션과 비교한다. 가져온 트랜잭션이 가장 비싼 트랜잭션보다 비싸다면 가져온 트랜잭션이 가장 비싼 트랜잭션이 된다. 리스트의 다음 트랜잭션으로 지금까지의 과정을 반복한다.'

이처럼 '어떻게how'에 집중하는 프로그래밍 형식은 고전의 객체지향 프로그래밍에서 이용하는 방식이다. 때로는 이를 명령형 프로그래밍이라고 부르기도 하는데 다음 코드에서 보여주는 것처럼 (할당, 조건문, 분기문, 루프 등) 명령어가 컴퓨터의 저수준 언어와 비슷하게 생겼기 때문이다.

```java
Transaction mostExpensive = transactions.get(0);
if(mostExpensive == null)
    throw new IllegalArgumentException("Empty list of transactions")

for(Transaction t: transactions.subList(1, transactions.size())) {
    if(t.getValue() > mostExpensive.getValue()) {
        mostExpensive = t;
    }
}
```

'어떻게'가 아닌 '무엇을'에 집중하는 방식도 있다. 4장과 5장에서 스트림 API로 다음과 같은 질의를 만들 수 있었다.

```java
Optional<Transaction> mostExpensive =
    transactions.stream()
                .max(comparing(Transaction::getValue));
```

질의문 구현 방법은 라이브러리가 결정한다. 이와 같은 구현 방식을 **내부 반복**internal iteration이라고 한다. 질의문 자체로 문제를 어떻게 푸는지 명확하게 보여준다는 것이 내부 반복 프로그래밍의 큰 장점이다.

이처럼 '무엇을'에 집중하는 방식을 선언형 프로그래밍이라고 부른다. 선언형 프로그래밍에서는 우리가 원하는 것이 무엇이고 시스템이 어떻게 그 목표를 달성할 것인지 등의 규칙을 정한다. 문제 자체가 코드로 명확하게 드러난다는 점이 선언형 프로그래밍의 강점이다.

### 18.1.3 왜 함수형 프로그래밍인가?

함수형 프로그래밍은 선언형 프로그래밍을 따르는 대표적인 방식이며, 이전에 설명한 것처럼 부작용이 없는 계산을 지향한다. 선언형 프로그래밍과 부작용을 멀리한다는 두 가지 개념은 좀 더 쉽게 시스템을 구현하고 유지보수하는 데 도움을 준다.

3장에서 람다 표현식을 이용해서 보여준 것처럼 작업을 조합하거나 동작을 전달하는 등의 언어 기능은 선언형을 활용해서 자연스럽게 읽고 쓸 수 있는 코드를 구현하는 데 많은 도움을 준다. 스트림으로는 여러 연산을 연결해서 복잡한 질의를 표현할 수 있었다. 이러한 기능은 함수형 프로그래밍의 특징을 고스란히 보여준다. 14.5절에서는 콤비네이터를 중심으로 함수형 프로그래밍의 특징을 좀 더 자세히 살펴볼 것이다.

실제로 함수형 프로그래밍을 사용하고 자바 8의 새로운 기능과 연결하려면 먼저 함수형 프로그래밍을 제대로 정의하고 자바로 어떻게 구현하는지 살펴봐야 한다. 함수형 프로그래밍을 이용하면 부작용이 없는 복잡하고 어려운 기능을 수행하는 프로그램을 구현할 수 있다.

## 18.2 함수형 프로그래밍이란 무엇인가?

'함수형 프로그래밍이란 무엇인가?'라는 질문에 '함수를 이용하는 프로그래밍이다'라고 간단히 답변할 수 있다. '그럼 함수란 무엇인가?'라는 질문이 다시 꼬리를 문다.

int와 double을 인수로 받아서 double을 반환하는 메서드가 있는데 이 메서드는 [그림 18-2]에서 보여주는 것처럼 자신이 호출된 횟수로 가변 변수를 갱신하는 부작용을 포함하고 있다.

**그림 18-2** 부작용을 포함하는 함수

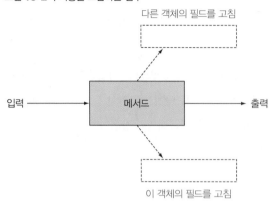

다른 객체의 필드를 고침

입력 ⟶ 메서드 ⟶ 출력

이 객체의 필드를 고침

함수형 프로그래밍에서 **함수**란 수학적인 함수와 같다. 즉, 함수는 0개 이상의 인수를 가지며, 한 개 이상의 결과를 반환하지만 **부작용이 없어야 한다**. 함수는 [그림 18-3]에서 보여주는 것처럼 여러 입력을 받아서 여러 출력을 생성하는 블랙박스와 같다.

**그림 18-3** 부작용이 없는 함수

입력 ⟶ 함수 ⟶ 출력

자바와 같은 언어에서는 바로 수학적인 함수냐 아니냐가 메서드와 함수를 구분하는 핵심이다 (log, sin 등의 수학적 함수는 절대 부작용을 포함하지 않을 것이다). 특히 인수가 같다면 수학적 함수를 반복적으로 호출했을 때 항상 같은 결과가 반환된다. 하지만 Random.nextInt 같은 메서드에는 이런 규칙이 적용되지 않는데 이와 관련된 내용은 참조 투명성을 살펴보면서 설명한다.

**함수형**이라는 말은 '수학의 함수처럼 부작용이 없는'을 의미한다. 결과적으로 함수형 프로그래밍은 지금까지의 프로그래밍과 사뭇 다른 모습일 것이다. 함수형 프로그래밍에서는 함수 그리고 if-then-else 등의 수학적 표현만 사용해야 하는가? 아니면 시스템의 다른 부분에 **영향을 미치지 않는다면** 내부적으로는 함수형이 아닌 기능도 사용할 수 있을까? 즉, 내부적으로는 부작용이 발생하지만 호출자가 이를 알아차리지 못한다면 실제로 부작용이 발생한 것이라고 말할 수 있을까? 호출자에 아무 영향을 미치지 않는다면 호출자는 내부적인 부작용을 파악하거나 신경 쓸 필요가 없다.

결론적으로 '함수 그리고 if-then-else 등의 수학적 표현만 사용'하는 방식을 순수 함수형 프로그래밍이라고 하며 '시스템의 다른 부분에 영향을 미치지 않는다면 내부적으로는 함수형이 아닌 기능도 사용'하는 방식을 함수형 프로그래밍이라 한다.

## 18.2.1 함수형 자바

실질적으로 자바로는 완벽한 순수 함수형 프로그래밍을 구현하기 어렵다. 예를 들어 자바의 I/O 모델 자체에는 부작용 메서드가 포함된다(Scanner.nextLine을 호출하면 파일의 행을 소비한다. 즉, Scanner.nextLine을 두 번 호출하면 다른 결과가 반환될 가능성이 있다). 하지만 시스템의 컴포넌트가 순수한 함수형인 것처럼 동작하도록 코드를 구현할 수 있다. 자바에서는 순수 함수형이 아니라 **함수형 프로그램**을 구현할 것이다. 실제 부작용이 있지만 아무도 이를 보지 못하게 함으로써 **함수형**을 달성할 수 있다. 부작용을 일으키지 않는 어떤 함수나 메서드가 있는데, 다만 진입할 때 어떤 필드의 값을 증가시켰다가 빠져나올 때 필드의 값을 돌려놓는다고 가정하자. 단일 스레드로 실행되는 프로그램의 입장에서는 이 메서드가 아무 부작용을 일으키지 않으므로 이 메서드는 함수형이라 간주할 수 있다. 하지만 다른 스레드가 필드의 값을 확인한다든가 아니면 동시에 이 메서드를 호출하는 상황이 발생할 수 있다면 이 메서드는 함수형이 아니다. 메서드의 바디를 잠금lock으로써 이 문제를 해결할 수 있으며 따라서 이 메서드는 함수형이라고 할 수 있다. 하지만 이런 식으로 문제를 해결하면 멀티코어 프로세서의 두 코어를 활용해서 메서드를 병렬로 호출할 수 없게 된다. 결국 프로그램 입장에서 부작용이 사라졌지만 프로그래머 관점에서는 프로그램의 실행 속도가 느려지게 된 것이다!

함수나 메서드는 지역 변수만을 변경해야 **함수형**이라 할 수 있다. 그리고 함수나 메서드에서 참조하는 객체가 있다면 그 객체는 불변 객체여야 한다. 즉, 객체의 모든 필드가 final이어야 하고 모든 참조 필드는 불변 객체를 직접 참조해야 한다. 예외적으로 메서드 내에서 생성한 객체의 필드는 갱신할 수 있다는 사실을 살펴볼 것이다. 단, 새로 생성한 객체의 필드 갱신이 외부에 노출되지 않아야 하고 다음에 메서드를 다시 호출한 결과에 영향을 미치지 않아야 한다.

함수형이라고 말할 수 있으려면 이 외에도 다른 조건을 만족해야 한다. 함수형이라면 **함수나 메서드가 어떤 예외도 일으키지 않아야 한다.** 예외가 발생하면 이전에 설명한 것처럼 블랙박스 모델에서 return으로 결과를 반환할 수 없게 될 수 있기 때문이다. 이러한 제약은 함수형을 수학적으로 활용하는 데 큰 걸림돌이 될 것이다. **수학적 함수**mathematical function는 주어진 인수값에 대응하는 하나의 결과를 반환한다. 실제 대부분의 수학 연산은 **부분 함수**partial function로 활용된다. 어떤 입력값이 있을 때 이는 정확하게 하나의 결과로 도출된다. 하지만 입력값이 undefined라면 결과가 아예 나오지 않는다. 예를 들어 0으로 어떤 수를 나눈다든가 sqrt의 인수가 음수인 상황 등이 이에 해당한다. 이처럼 비정상적인 입력값이 있을 때 자바에서는 예외를 일으키는 것이 자연스러운 방식일 것이다. 치명적인 에러가 있을 때 처리되지 않은 예외를 발생시키는 것은 괜찮지만 예외를 처리하는 과정에서 함수형에 위배되는 제어 흐름이 발생한다면 결국 '인수를 전달해서 결과를 받는다'는 블랙박스의 단순한 모델이 깨진다고 주장하는 이도 있다. 결과적으로 [그림 18-4]에서 보여주는 것처럼 예외 때문에 세 번째 화살표가 추가된다.

**그림 18-4** 예외를 일으키는 함수

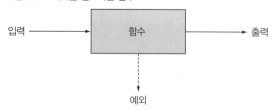

예외를 사용하지 않고 나눗셈 같은 함수를 표현하려면 어떻게 해야 할까? 바로 Optional<T>를 사용하면 이 문제를 해결할 수 있다. double sqrt(double) 대신 Optional<Double> sqrt(double)을 이용하면 예외 없이도 결과값으로 연산을 성공적으로 수행했는지 아니면 요청된 연산을 성공적으로 수행하지 못했는지 확인할 수 있다. 즉, 호출자는 메서드 호출 결과로 빈 Optional이 반환되는지 확인해야 한다. 이는 상당히 귀찮은 작업처럼 보일 수도 있다. 하지만 모든 코드가 Optional을 사용하도록 반드시 고쳐야 하는 것은 아니며 여러분이 함수형 프로그래밍과 순수 함수형 프로그래밍의 장단점을 실용적으로 고려해서 다른 컴포넌트에 영향을 미치지 않도록 지역적으로만 예외를 사용하는 방법도 고려할 수 있다.

마지막으로 함수형에서는 비함수형 동작을 감출 수 있는 상황에서만 부작용을 포함하는 라이브러리 함수를 사용해야 한다(즉, 먼저 자료구조를 복사한다든가 발생할 수 있는 예제를 적절하게 내부적으로 처리함으로써 자료구조의 변경을 호출자가 알 수 없도록 감춰야 한다). 18.2.4절 '함수형 실전 연습'에서는 insertAll이라는 메서드 내에서 List.add를 호출하기 전에 미리 리스트를 복사함으로써 라이브러리 함수에서 일으키는 부작용을 감추는 예제를 보여준다.

이와 같은 설명을 주석으로 표현하거나 마커 어노테이션<sup>marker annotation</sup>으로 메서드를 정의할 수 있다. 마커 어노테이션을 사용했다면 4장부터 7장까지 살펴본 Stream.map 같은 병렬 스트림 처리 연산에 전달할 때 이와 같은 제약이 있는지 쉽게 확인할 수 있다.

우리가 만든 함수형 코드에서는 일종의 로그 파일로 디버깅 정보를 출력하도록 구현하는 것이 좋다. 물론 이처럼 디버깅 정보를 출력하는 것은 함수형의 규칙에 위배되지만 로그 출력을 제외하고는 함수형 프로그래밍의 장점을 문제없이 누릴 수 있다.

## 18.2.2 참조 투명성

'부작용을 감춰야 한다'라는 제약은 **참조 투명성**<sup>referential transparency</sup> 개념으로 귀결된다. 즉, 같은 인수로 함수를 호출했을 때 항상 같은 결과를 반환한다면 참조적으로 투명한 함수라고 표현한다. 예를 들어 "raoul".replace('r', 'R')이라는 코드는 항상 같은 결과가 나오므로 String.replace는 참조적으로 투명하다(String.replace는 this 객체를 갱신하는 것이 아니라 대문자 'R'을 소문자 'r'로 바꿔서 **새로운** String을 반환한다).

다시 말해, 함수는 어떤 입력이 주어졌을 때 언제, 어디서 호출하든 같은 결과를 생성해야 한다. 따라서 Random.nextInt는 함수형이 될 수 없다. 마찬가지로 자바의 Scanner 객체로 사용자의 키보드 입력을 받는다면 참조 투명성을 위배한다. nextLine 메서드를 호출했을 때 매번 다른 결과가 나올 수 있기 때문이다. 하지만 두 개의 final int 변수를 더하는 연산에서는 두 변수를 바꿀 수 없으므로 이 연산은 항상 같은 결과를 생성한다.

참조 투명성은 프로그램 이해에 큰 도움을 준다. 또한 참조 투명성은 비싸거나 오랜 시간이 걸리는 연산을 **기억화**<sup>memorization</sup> 또는 **캐싱**<sup>caching</sup>을 통해 다시 계산하지 않고 저장하는 최적화 기능도 제공한다. 이 기능이 중요하긴 하지만 이 장의 주제에서는 조금 벗어나는 내용이므로 최적화 기능은 14.5절에서 자세히 설명하겠다.

자바에는 참조 투명성과 관련한 작은 문제가 있다. List를 반환하는 메서드를 두 번 호출한다고 가정하자. 두 번의 호출 결과로 같은 요소를 포함하지만 서로 다른 메모리 공간에 생성된 리스트를 참조할 것이다. 결과 리스트가 가변 객체라면 (반환된 두 리스트가 같은 객체라 할 수 없으므로) 리스트를 반환하는 메서드는 참조적으로 투명한 메서드가 아니라는 결론이 나온다. 결과 리스트를 (불변의) 순수값으로 사용할 것이라면 두 리스트가 같은 객체라고 볼 수 있으므로 리스트 생성 함수는 참조적으로 투명한 것으로 간주할 수 있다. 일반적으로 **함수형 코드에서는 이런 함수를 참조적으로 투명한 것으로 간주한다.** 이와 관련해서는 14.5절에서 다시 살펴볼 것이다. 이제 변화와 관련된 문제를 좀 더 넓은 관점에서 살펴볼 것이다.

### 18.2.3 객체지향 프로그래밍과 함수형 프로그래밍

먼저 함수형 프로그래밍과 기존의 익스트림 객체지향 프로그래밍을 비교하자. 사실 자바 8은 함수형 프로그래밍을 익스트림 객체지향 프로그래밍의 일종으로 간주한다. 대부분의 자바 프로그래머는 무의식적으로 함수형 프로그래밍의 일부 기능과 익스트림 객체지향 프로그래밍의 일부 기능을 사용하게 될 것이다. 1장에서 설명한 것처럼 (멀티코어 등의) 하드웨어 변경과 (데이터베이스의 질의와 비슷한 방식으로 데이터를 조작하는 등의) 프로그래머의 기대치 때문에 결국 자바 소프트웨어 엔지니어의 프로그래밍 형식이 좀 더 함수형으로 다가갈 것이다. 이 책의 목표는 여러분이 이러한 기후 변화에 쉽게 대응하도록 돕는 것이다.

프로그래밍 형식을 스펙트럼으로 표현하자면 스펙트럼의 한 쪽 끝에는 모든 것을 객체로 간주하고 프로그램이 객체의 필드를 갱신하고, 메서드를 호출하고, 관련 객체를 갱신하는 방식으로 동작하는 익스트림 객체지향 방식이 위치한다. 스펙트럼의 반대쪽 끝에는 참조적 투명성을 중시하는, 즉 변화를 허용하지 않는 함수형 프로그래밍 형식이 위치한다. 실제로 자바 프로그래머는 이 두 가지 프로그래밍 형식을 혼합한다. 예를 들어 Iterator로 가변 내부 상태를 포함하는 자료구조를 탐색하면서 함수형 방식으로 자료구조에 들어 있는 값의 합계를 계산할 수 있다 (이미 설명했듯이 자바에서는 지역 변수 변화가 수반될 수 있다). 모듈성이 좋고 멀티코어 프로세서에 적합한 프로그램을 구현하는 데 도움을 주는 함수형 프로그래밍의 기능을 소개하는 것이 다음 절과 19장의 목표다.

### 18.2.4 함수형 실전 연습

함수형을 처음 접하는 학생들에게 종종 제공되는 간단한 예제를 살펴보자. {1, 4, 9}처럼 List〈Integer〉가 주어졌을 때 이것의 모든 서브집합의 멤버로 구성된 List〈List〈Integer〉〉를 만드는 프로그램을 만든다고 가정하자. 예를 들어 {1, 4, 9}의 서브집합은 {1, 4 ,9}, {1, 4}, {1, 9}, {4, 9}, {1}, {4}, {9}, { }다.

빈 집합 { }를 포함해서 총 8개의 서브집합이 존재한다. 각 서브집합은 List⟨Integer⟩ 형식으로 이루어져 있으므로 최종 정답의 형식은 List⟨List⟨Integer⟩⟩다.

보통 '{1, 4, 9}의 서브집합 중 1을 포함하는 집합과 아닌 집합'으로 구분해서 문제를 풀려 시도할 것이다.[2] 1을 포함하지 않는 부분집합은 {4, 9}의 부분집합이고, 1을 포함하는 부분집합은 {4, 9}의 모든 부분집합에 1을 포함시켜 얻을 수 있다. 이와 같은 접근 방식은 가장 쉽고, 자연스러운 함수형 자바 프로그래밍이다(여기서 가장 많이 하는 실수는 빈 리스트는 부분집합이 없다고 착각하는 것이다)[3].

```java
static List<List<Integer>> subsets(List<Integer> list) {    ─▶ 입력 리스트가 비어있다면
    if (list.isEmpty()) {                                       빈 리스트 자신이 서브집합이다!
        List<List<Integer>> ans = new ArrayList<>();
        ans.add(Collections.emptyList());
        return ans;
    }
    Integer first = list.get(0);                               빈 리스트가 아니면 먼저 하나의
    List<Integer> rest = list.subList(1,list.size());          요소를 꺼내고 나머지 요소의
                                                               모든 서브집합을 찾아서 subans로
    List<List<Integer>> subans = subsets(rest);     ◀──        전달한다. subans는 절반의 정답을
    List<List<Integer>> subans2 = insertAll(first, subans);   포함한다.
    return concat(subans, subans2);◀──
}                    subans, subans2를 연결하면         정답의 나머지 절반을 포함하는 subans2는
                     정답이 완성된다.                    subans의 모든 리스트에 처음 꺼낸 요소를
                                                        앞에 추가해서 만든다.
```

입력으로 {1, 4, 9}를 제공하면 결과로 {{ }, {9}, {4}, {4, 9}, {1}, {1, 9}, {1, 4}, {1, 4, 9}}를 얻는다. 위에서 제공하지 않은 두 개의 메서드를 직접 완성하고 코드를 실행해보자.

이제 자신이 구현한 코드가 제대로 되었는지 함께 확인하자. 아마 독자 여러분은 insertAll과 concat 두 개의 함수형 메서드의 구현이 없다는 사실을 파악했을 것이다. 또한 subsets 자체도 기존의 구조를 갱신하지 않으므로 함수형이다(수학과 친숙한 독자라면 수학적 **귀납법**induction의 인수처럼 처리됨을 알 수 있다).

insertAll을 정의해보자. 첫 번째 함정이 나타났다. 만약 여러분이 insertAll의 인수를 변환하

---

**2** 일부 똑똑한 학생은 이진수 표현을 이용하는 기법을 사용할 것이다(000,001,010,011,100,101,110,111이라는 이진 표현을 사용할 수 있다). 즉, 이런 학생은 리스트의 모든 **순열**(permutation)을 계산한다. 예를 들어 {1, 4, 9}에는 총 6개의 순열이 존재한다. 순열과 관련한 정보는 http://goo.gl/RxiGhZ를 참고하자.

**3** 편의상 이 예제에서는 List⟨Integer⟩를 사용했지만 실제로는 List⟨T⟩를 사용한 다음 List⟨String⟩, List⟨Integer⟩를 고쳐진 subsets 메서드에 사용할 수 있다.

도록, 즉 subans의 모든 요소가 first를 포함하도록 인수를 변환했다고 가정하자. 결국 subans
가 의도하지 않은 값을 포함하면서 이상한 결과가 나온다. 따라서 다음처럼 insertAll을 정의해
야 한다.

```java
static List<List<Integer>> insertAll(Integer first,
                                     List<List<Integer>> lists) {
    List<List<Integer>> result = new ArrayList<>();
    for (List<Integer> list : lists) {
        List<Integer> copyList = new ArrayList<>();      ← 리스트를 복사한 다음에 복사한
        copyList.add(first);                               리스트에 요소를 추가한다.
        copyList.addAll(list);                             구조체가 가변이더라도
        result.add(copyList);                              저수준 구조를 복사하진 않는다
    }                                                      (Integer는 가변이 아니다).
    return result;
}
```

subans의 모든 요소를 포함하는 새로운 List를 만들었다는 점에 주목하라. 여기서는 Integer
객체가 불변이라는 사실을 이용했다(Integer가 불변이 아니라면 각 요소를 모두 복제해야 한
다). insertAll을 함수형으로 만들어야 하므로 이처럼 호출자가 아니라 insertAll 내부에 리
스트를 복사하는 코드를 추가하는 것이 자연스럽다.

마지막으로 concat 메서드를 정의한다. 다음은 간단하게 concat을 구현한 코드이므로 **실무에
서는 사용하지 않도록 주의하자.**

```java
static List<List<Integer>> concat(List<List<Integer>> a,
                                  List<List<Integer>> b) {
    a.addAll(b);
    return a;
}
```

다음처럼 구현하는 것이 바람직하다.

```java
static List<List<Integer>> concat(List<List<Integer>> a,
                                  List<List<Integer>> b) {
    List<List<Integer>> r = new ArrayList<>(a);
    r.addAll(b);
    return r;
}
```

왜 두 번째 버전이 더 좋은 코드일까? 두 번째 버전의 concat은 순수 함수다. 내부적으로는 리
스트 r에 요소를 추가하는 변화가 발생하지만 반환 결과는 오로지 인수에 의해 이루어지며 인수

의 정보는 변경하지 않는다. 이와 달리 첫 번째 버전은 concat(subans, subans2)를 호출한 다음에 subans의 값을 다시 참조하지 않는다는 가정을 한다. 실제로 우리 예제에서는 subans의 값을 다시 참조하지 않으므로 더 가벼운 버전의 concat을 사용하는 것이 바람직하다. 독자 여러분은 각자의 상황에 따라 복제를 하는 것이 좋을지 아니면 잠재적인 버그를 찾기 위해 시간을 소비하는 것이 비용이 적을지 고려해서 어떤 방식을 선택할지 결정할 수 있다.

'메서드의 첫 번째 인수를 임의의 값으로 바꿀 수 있는 상황에서만 메서드를 사용해야 하며 subsets를 고칠 때는 이 사실을 고려해야 함'이라는 자세한 설명을 주석으로 추가했어도 여전히 누군가가 코드를 사용할 때는 이런 사실을 고려하기보다는 애초부터 끔찍한 디버깅 문제가 발생할 가능성이 없도록 구현된 코드를 선호할 것이다. 14.2절 '영속 자료구조'에서 이 문제를 다시 살펴본다.

인수에 의해 출력이 결정되는 함수형 메서드의 관점에서 프로그램 문제를 생각하자(즉, 무엇을 해야 하는가에 중점을 둔다). 이와 같은 방식으로 문제를 접근하면 설계 단계에서 어떻게 문제를 해결할 것이고 무엇을 변화할 것인지 결정하는 기존 방식에 비해 더 생산적일 때가 많다(설계 단계는 이와 같은 결정을 내리기에 너무 이른 상황이기 때문이다). 무엇을 해야 하는가에 집중할 수 있도록 도움을 주는 함수형 프로그래밍의 한 기법인 재귀를 좀 더 자세히 살펴보자.

## 18.3 재귀와 반복

순수 함수형 프로그래밍 언어에서는 while, for 같은 반복문을 포함하지 않는다. 왜 그럴까? 이러한 반복문 때문에 변화가 자연스럽게 코드에 스며들 수 있기 때문이다. 예를 들어 while 루프의 조건문을 갱신해야 할 때가 있다. 그렇지 않으면 루프가 아예 실행되지 않거나 무한으로 반복될 수 있다. 이 외의 일반적인 상황에서는 루프를 안전하게 사용할 수 있다. 함수형 스타일에서는 다른 누군가가 변화를 알아차리지만 못한다면 아무 상관이 없다고 설명했다. 즉, 지역 변수는 자유롭게 갱신할 수 있다. 다음은 자바의 Iterator로 for(Apple a : apples) {} 라는 for-each 루프를 표현한 코드다.

```
Iterator<Apple> it = apples.iterator();
while (it.hasNext()) {
    Apple apple = it.next();
```

```
    // ...
}
```

위 코드에서 호출자는 변화를 확인할 수 없으므로 아무 문제가 없다(즉, next로 Iterator의 상태를 변환했고, while 바디 내부에서 apple 변수에 할당하는 동작을 할 수 있다). 하지만 다음 코드처럼 for-each 루프를 사용하는 검색 알고리즘은 문제가 될 수 있다.

```java
public void searchForGold(List<String> l, Stats stats) {
    for(String s: l) {
        if("gold".equals(s)) {
            stats.incrementFor("gold");
        }
    }
}
```

루프의 바디에서 함수형과 상충하는 부작용이 발생한다. 즉, 루프 내부에서 프로그램의 다른 부분과 공유되는 stats 객체의 상태를 변화시킨다.

이러한 문제 때문에 하스켈 같은 순수 함수형 프로그래밍 언어에서는 부작용 연산을 원천적으로 제거했다! 그럼 어떻게 프로그램을 구현해야 할까? 이론적으로 반복을 이용하는 모든 프로그램은 재귀로도 구현할 수 있는데 재귀를 이용하면 변화가 일어나지 않는다. 재귀를 이용하면 루프 단계마다 갱신되는 반복 변수를 제거할 수 있다. 다음은 팩토리얼 함수로, 반복과 재귀 방식으로 해결할 수 있는 고전적 학교 문제다. 여기서 입력은 1보다 크다고 가정한다.

**예제 18-1 반복 방식의 팩토리얼**

```java
static int factorialIterative(int n) {
    int r = 1;
    for (int i = 1; i <= n; i++) {
        r *= i;
    }
    return r;
}
```

**예제 18-2 재귀 방식의 팩토리얼**

```java
static long factorialRecursive(long n) {
    return n == 1 ? 1 : n * factorialRecursive(n-1);
}
```

첫 번째 예제는 일반적인 루프를 사용한 코드로 매 반복마다 변수 r과 i가 갱신된다. 두 번째 예제는 재귀(자신을 호출하는 함수) 방식의 코드로 좀 더 수학적인 형식으로 문제를 해결한다.

하지만 지금까지 이 책을 순서대로 학습한 독자라면 다음 코드처럼 자바 8 스트림으로 좀 더 단순하게 팩토리얼을 정의할 수 있다는 사실을 알고 있을 것이다.

**예제 18-3** 스트림 팩토리얼

```
static long factorialStreams(long n) {
    return LongStream.rangeClosed(1, n)
                     .reduce(1, (long a, long b) -> a * b);
}
```

이제 효율성 측면을 살펴보자. 함수형 프로그래밍의 장점이 분명히 있지만 무조건 반복보다는 재귀가 좋다고 주장하는 함수형 프로그래밍 광신도의 주장에 주의해야 한다. 일반적으로 반복 코드보다 재귀 코드가 더 비싸다. 왜 그럴까? factorialRecursive 함수를 호출할 때마다 호출 스택에 각 호출시 생성되는 정보를 저장할 새로운 스택 프레임이 만들어진다. 즉, 재귀 팩토리얼의 입력값에 비례해서 메모리 사용량이 증가한다. 따라서 큰 입력값을 사용하면 다음처럼 StackOverflowError가 발생한다.

```
Exception in thread "main" java.lang.StackOverflowError
```

그러면 재귀는 쓸모가 없는 것일까? 물론 그렇지 않다! 함수형 언어에서는 **꼬리 호출 최적화**tail-call optimization라는 해결책을 제공한다.

**예제 18-4** 꼬리 재귀 팩토리얼

```
static long factorialTailRecursive(long n) {
    return factorialHelper(1, n);
}
static long factorialHelper(long acc, long n) {
    return n == 1 ? acc : factorialHelper(acc * n, n-1);
}
```

factorialHelper에서 재귀 호출이 가장 마지막에서 이루어지므로 꼬리 재귀다. 반면 이전의

factorialRecursive에서 마지막으로 수행한 연산은 n과 재귀 호출의 결과값의 곱셈이다.

중간 결과를 각각의 스택 프레임으로 저장해야 하는 일반 재귀와 달리 꼬리 재귀에서는 컴파일러가 하나의 스택 프레임을 재활용할 가능성이 생긴다. 사실 factorialHelper의 정의에서는 중간 결과(팩토리얼의 부분결과)를 함수의 인수로 직접 전달한다.

[그림 18-5]와 [그림 18-6]은 팩토리얼의 재귀 정의와 꼬리 재귀 정의의 차이를 보여준다.

그림 18-5 여러 스택 프레임을 사용하는 팩토리얼의 재귀 정의

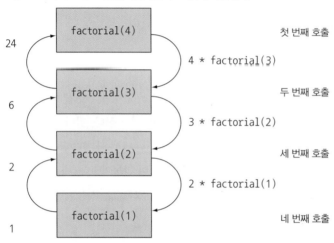

그림 18-6 단일 스택 프레임을 재사용하는 팩토리얼의 꼬리 재귀 정의

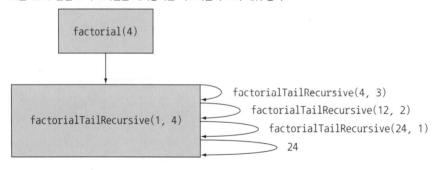

안타깝게도 자바는 이와 같은 최적화를 제공하지 않는다. 그럼에도 여전히 고전적인 재귀보다는 여러 컴파일러 최적화 여지를 남겨둘 수 있는 꼬리 재귀를 적용하는 것이 좋다. 스칼라, 그루비 같은 최신 JVM 언어는 이와 같은 재귀를 반복으로 변환하는 최적화를 제공한다(속도의 손

실 없이). 결과적으로 순수 함수형을 유지하면서도 유용성뿐 아니라 효율성까지 두 마리의 토끼를 모두 잡을 수 있다.

결론적으로 자바 8에서는 반복을 스트림으로 대체해서 변화를 피할 수 있다. 또한 반복을 재귀로 바꾸면 더 간결하고, 부작용이 없는 알고리즘을 만들 수 있다. 실제로 재귀를 이용하면 좀 더 쉽게 읽고, 쓰고, 이해할 수 있는 예제를 만들 수 있다. 또한 약간의 실행시간 차이보다는 프로그래머의 효율성이 더 중요할 때도 많다.

이 절에서는 메서드의 함수화와 관련한 함수형 프로그래밍만 살펴봤다. 지금까지 살펴본 모든 함수형 프로그래밍 기법은 기존의 자바 버전에도 적용할 수 있다. 다음 장에서는 자바 8에 도입된 일급 함수를 이용한 놀랍고 강력한 가능성을 살펴본다.

## 18.4 마치며

이 장에서는 다음 핵심 개념을 배웠다.

- 공유된 가변 자료구조를 줄이는 것은 장기적으로 프로그램을 유지보수하고 디버깅하는 데 도움이 된다.
- 함수형 프로그래밍은 부작용이 없는 메서드와 선언형 프로그래밍 방식을 지향한다.
- 함수형 메서드는 입력 인수와 출력 결과만을 갖는다.
- 같은 인수값으로 함수를 호출했을 때 항상 같은 값을 반환하면 참조 투명성을 갖는 함수다. while 루프 같은 반복문은 재귀로 대체할 수 있다.
- 자바에서는 고전 방식의 재귀보다는 꼬리 재귀를 사용해야 추가적인 컴파일러 최적화를 기대할 수 있다.

# CHAPTER 19

# 함수형 프로그래밍 기법

---

**이 장의 내용**

◆ 일급 시민, 고차원 함수, 커링, 부분 적용

◆ 영속 자료구조

◆ 자바 스트림을 일반화하는 게으른 평가와 게으른 리스트

◆ 패턴 매칭, 자바에서 패턴 매칭을 흉내 내는 방법

◆ 참조 투명성과 캐싱

---

18장에서는 함수형 관점으로 생각하는 방법을 살펴봤다. 유지보수가 용이한 코드를 구현하는 데 부작용이 없는 메서드가 어떻게 도움이 되는지 확인했다. 이 장에서는 좀 더 고급적인 함수형 프로그래밍 기법을 소개한다. 학술적 지식뿐 아니라 실무에서 적용할 수 있는 실용적 기법을 모두 배울 수 있다. 이 장에서는 고차원 함수, 커링, 영구 자료구조, 게으른 리스트, 패턴 매칭, 참조 투명성을 이용한 캐싱, 콤비네이터 등을 살펴본다.

## **19.1** 함수는 모든 곳에 존재한다

18장에서 **함수형 프로그래밍**이란 함수나 메서드가 수학의 함수처럼 동작함을, 즉 부작용 없이 동작함을 의미했다. 함수형 언어 프로그래머는 함수형 프로그래밍이라는 용어를 좀 더 폭넓게 사용한다. 즉, 함수를 마치 일반값처럼 사용해서 인수로 전달하거나, 결과로 반환받거나, 자료 구조에 저장할 수 있음을 의미한다. 일반값처럼 취급할 수 있는 함수를 **일급 함수**first-class function

라고 한다. 바로 자바 8이 이전 버전과 구별되는 특징 중 하나가 일급 함수를 지원한다는 점이다. 자바 8에서는 :: 연산자로 **메서드 참조**를 만들거나 (int x) -> x + 1 같은 람다 표현식으로 직접 함숫값을 표현해서 메서드를 함숫값으로 사용할 수 있다. 자바 8에서는 다음과 같은 메서드 참조로 Integer.parseInt를 저장할 수 있다[1].

```
Function<String, Integer> strToInt = Integer::parseInt;
```

## 19.1.1 고차원 함수

지금까지 함숫값을 자바 8 스트림 처리 연산으로 전달(4~7장)하거나 filterApples에 함숫값으로 Apple::isGreenApple을 전달해서 동자 파라미터화를 달성(1·2장)하는 용도로만 사용했다. 이는 함숫값 활용의 일부에 불과하다. 다음 코드 그리고 [그림 19-1]이 보여주는 것처럼 함수를 인수로 받아서 다른 함수로 반환하는 정적 메서드 Comparator.comparing도 있었다.

**그림 19-1** comparing은 함수를 인수로 받아 다른 함수를 반환한다.

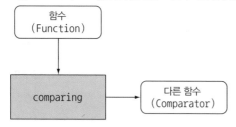

```
Comparator<Apple> c = comparing(Apple::getWeight);
```

3장에서는 함수를 조립해서 연산 파이프라인을 만들 때 위 코드와 비슷한 기능을 활용했다.

```
Function<String, String> transformationPipeline =
    addHeader.andThen(Letter::checkSpelling)
            .andThen(Letter::addFooter);
```

함수형 프로그래밍 커뮤니티에 따르면 Comparator.comparing처럼 다음 중 하나 이상의 동작

---

**1** strToInt 변수에 Integer::parseInt 한 메서드만 저장하는 상황이라면 strToInt의 형식을 ToIntFunction<String>으로 정의해서 언박싱을 피할 수 있다. 이렇게 기본형의 성능을 개선할 수 있지만 중간에 어떤 일이 일어나는지 더 잘 확인할 수 있다는 장점도 있으므로 여기서는 Function을 사용한다.

을 수행하는 함수를 **고차원 함수**higher-order functions라 부른다.

- 하나 이상의 함수를 인수로 받음
- 함수를 결과로 반환

자바 8에서는 함수를 인수로 전달할 수 있을 뿐 아니라 결과로 반환하고, 지역 변수로 할당하거나, 구조체로 삽입할 수 있으므로 자바 8의 함수도 고차원 함수라고 할 수 있다. 예를 들어 간단한 계산기 프로그램에서 문자열 'sin'을 Function<Double, Double>로 매핑하는 Map<String, Function<Double, Double>>이 있다고 가정하자(최종적으로 메서드 참조 Math::sin을 획득함). 8장에서 팩토리 디자인 패턴을 설명할 때 이와 비슷한 코드를 만들었다.

3장 마지막 부분의 미분 예제를 좋아하는 독자라면 미분 형식이 다음과 같다고 생각할 수 있다.

    Function<Function<Double,Double>, Function<Double,Double>>

예를 들어 위 함수는 (Double x) -> x * x라는 함수를 인수로 받아 (Double x) -> 2 * x 같은 함수를 결과로 반환한다. 결과가 함수 형식(가장 왼쪽의 Function)이므로 미분 함수를 다른 함수로 다시 전달할 수 있다. 다음의 미분 형식과 시그니처는 결국 위 함수와 같다.

    Function<Double,Double> differentiate(Function<Double,Double> func)

---

### 부작용과 고차원 함수

7장에서 스트림 연산으로 전달하는 함수는 부작용이 없어야 하며, 부작용을 포함하는 함수를 사용하면 문제가 발생한다는 사실을 설명했다(부작용을 포함하는 함수를 사용하면 부정확한 결과가 발생하거나 레이스 컨디션race conditions: 경쟁 상태 때문에 예상치 못한 결과라 발생할 수 있다). 고차원 함수를 적용할 때도 같은 규칙이 적용된다. 고차원 함수나 메서드를 구현할 때 어떤 인수가 전달될지 알 수 없으므로 인수가 부작용을 포함할 가능성을 염두에 두어야 한다! 함수를 인수로 받아 사용하면서 코드가 정확히 어떤 작업을 수행하고 프로그램의 상태를 어떻게 바꿀지 예측하기 어려워진다. 디버깅도 어려워질 것이다. 따라서 인수로 전달된 함수가 어떤 부작용을 포함하게 될지 정확하게 문서화하는 것이 좋다. 물론 부작용을 포함하지 않을 수 있다면 가장 좋을 것이다!

---

이제 함수를 모듈화하고 코드를 재사용하는 데 도움을 주는 기법인 **커링**currying을 살펴보자.

## 19.1.2 커링

커링이 무엇인지 살펴보기에 앞서 예제를 확인하자. 대부분의 애플리케이션은 국제화를 지원해야 하는데 이때 단위 변환 문제가 발생할 수 있다.

보통 변환 요소conversion factor와 기준치 조정 요소baseline adjustment factor가 단위 변환 결과를 좌우한다. 예를 들어 다음은 섭씨를 화씨로 변환하는 공식이다.

```
CtoF(x) = x*9/5 + 32
```

다음과 같은 패턴으로 단위를 표현할 수 있다.

1. 변환 요소를 곱함
2. 기준치 조정 요소를 적용

다음과 같은 메서드로 변환 패턴을 표현할 수 있다.

```
static double converter(double x, double f, double b) {
    return x * f + b;
}
```

여기서 x는 변환하려는 값이고, f는 변환 요소며, b는 기준치 조정 요소다. 온도뿐 아니라 킬로미터와 마일 등의 단위도 변환해야 할 것이다. 세 개의 인수를 받는 converter라는 메서드를 만들어 문제를 해결하는 방법도 있지만 인수에 변환 요소와 기준치를 넣는 일은 귀찮은 일이며 오타도 발생하기 쉽다.

각각을 변환하는 메서드를 따로 만드는 방법도 있지만 그러면 로직을 재활용하지 못한다는 단점이 있다.

기존 로직을 활용해서 변환기를 특정 상황에 적용할 수 있는 방법이 있다. 다음은 커링이라는 개념을 활용해서 한 개의 인수를 갖는 변환 함수를 생산하는 '팩토리factory'를 정의하는 코드다.

```
static DoubleUnaryOperator curriedConverter(double f, double b) {
    return (double x) -> x * f + b;
}
```

위 메서드에 변환 요소(f)와 기준치(b)만 넘겨주면 우리가 원하는 작업을 수행할 함수가 반환된다. 예를 들어 다음은 팩토리를 이용해서 원하는 변환기를 생성하는 코드다.

```
DoubleUnaryOperator convertCtoF = curriedConverter(9.0/5, 32);
DoubleUnaryOperator convertUSDtoGBP = curriedConverter(0.6, 0);
DoubleUnaryOperator convertKmtoMi = curriedConverter(0.6214, 0);
```

DoubleUnaryOperator는 applyAsDouble이라는 메서드를 정의하므로 다음처럼 변환기를 사용할 수 있다.

```
double gbp = convertUSDtoGBP.applyAsDouble(1000);
```

결과적으로 기존의 변환 로직을 재활용하는 유연한 코드를 얻었다! 우리가 어떤 작업을 했는지 다시 생각해보자. x, f, b라는 세 인수를 converter 메서드로 전달하지 않고 f, b 두 가지 인수로 함수를 요청했으며 반환된 함수에 인수 x를 이용해서 x * f + b라는 결과를 얻었다. 이런 방식으로 변환 로직을 재활용할 수 있으며 다양한 변환 요소로 다양한 함수를 만들 수 있다.

---

### 커링의 이론적 정의

커링은 x와 y라는 두 인수를 받는 함수 f를 한 개의 인수를 받는 g라는 함수로 대체하는 기법이다. 이때 g라는 함수 역시 하나의 인수를 받는 함수를 반환한다. 함수 g와 원래 함수 f가 최종적으로 반환하는 값은 같다. 즉, f(x,y) = (g(x))(y)가 성립한다.

물론 이 과정을 일반화할 수 있다. 여섯 개의 인수를 가진 함수를 커리해서 우선 2, 4, 6번째 인수를 받아 5번째 인수를 받는 함수를 반환하고 다시 이 함수는 남은 1, 3번째 인수를 받는 함수를 반환한다.

이와 같은 여러 과정이 끝까지 완료되지 않은 상태를 가리켜 '함수가 **부분적으로**partially 적용되었다'라고 말한다.

---

이번에는 함수형 프로그래밍의 또 다른 면을 살펴보자. 자료구조를 고칠 수 없는 상황에서도 자료구조로 프로그램을 구현할 수 있을까?

## 19.2 영속 자료구조

이 절에서는 함수형 프로그램에서 사용하는 자료구조를 살펴본다. 함수형 프로그램에서는 함수형 자료구조, 불변 자료구조 등의 용어도 사용하지만 보통은 영속 자료구조라고 부른다(참고로 여기서 말하는 '**영속**persistent'이라는 단어는 데이터베이스에서 프로그램 종료 후에도 남아있음을 의미하는 영속과는 다른 의미다).

함수형 메서드에서는 전역 자료구조나 인수로 전달된 구조를 갱신할 수 없다. 왜 그럴까? 자료구조를 바꾼다면 같은 메서드를 두 번 호출했을 때 결과가 달라지면서 참조 투명성에 위배되고 인수를 결과로 단순하게 매핑할 수 있는 능력이 상실되기 때문이다.

### 19.2.1 파괴적인 갱신과 함수형

자료구조를 갱신할 때 발생할 수 있는 문제를 확인해보자. A에서 B까지 기차여행을 의미하는 **가변** TrainJourney 클래스가 있다고 가정하자. TrainJourney는 간단한 단방향 연결 리스트로 구현되며 여행 구간의 가격 등 상세 정보를 포함하는 int 필드를 포함한다. 다음 코드에서 보여주는 것처럼 기차여행에서는 여러 TrainJourney 객체를 연결할 수 있는 onward(이어지는 여정을 의미)라는 필드가 필요하다. 직통열차나 여정의 마지막 구간에서는 onward가 null이 된다.

```
class TrainJourney {
    public int price;
    public TrainJourney onward;
    public TrainJourney(int p, TrainJourney t) {
        price = p;
        onward = t;
    }
}
```

이때 X에서 Y까지 그리고 Y에서 Z까지의 여행을 나타내는 별도의 TrainJourney 객체가 있다고 가정하자. 아마 두 개의 TrainJourney 객체를 연결해서 하나의 여행을 만들 수 있을 것이다(즉, X에서 Y 그리고 Z로 이어지는 여행).

기존의 단순한 명령형 메서드라면 다음처럼 기차여행을 연결link할 것이다.

```
static TrainJourney link(TrainJourney a, TrainJourney b) {
    if (a==null) return b;
```

```
        TrainJourney t = a;
        while(t.onward != null) {
            t = t.onward;
        }
        t.onward = b;
        return a;
    }
```

위 코드는 a의 TrainJourney에서 마지막 여정을 찾아 a의 리스트 끝부분을 가리키는 null을 리스트 b로 대체한다(a가 아무 요소도 포함하지 않는 상황은 따로 고려해야 한다). 여기서 문제가 발생한다. firstJourney라는 변수는 X에서 Y로의 경로를 포함하고, secondJourney라는 변수는 Y에서 Z로의 경로를 포함한다. link(firstJourney, secondJourney)를 호출하면 firstJourney가 secondJourney를 포함하면서 파괴적인 갱신(즉, firstJourney를 변경시킴)이 일어난다. 결과적으로 firstJourney 변수는 X에서 Y로의 여정이 아니라 X에서 Z로의 여정을 의미하게 된다! 이렇게 되면 firstJourney에 의존하는 코드가 동작하지 않게 된다! 예를 들어 firstJourney가 서울역에서 구미역까지의 기차 여정을 의미하고 있었는데 갑자기 이 여정이 서울역에서 구미역을 거쳐 부산역까지 도착하는 여정으로 바뀐다면 firstJourney를 참고하던 사용자들은 혼란에 빠질 것이다. 이렇게 자료구조를 바꾸면서 생기는 버그를 어떻게 처리할 것인지 문제를 해결해야 한다.

함수형에서는 이 같은 부작용을 수반하는 메서드를 제한하는 방식으로 문제를 해결한다. 계산 결과를 표현할 자료구조가 필요하면 기존의 자료구조를 갱신하지 않도록 새로운 자료구조를 만들어야 한다. 이는 표준 객체지향 프로그래밍의 관점에서도 좋은 기법이다. 함수형을 따르지 않는 프로그램의 문제 중 하나는 부작용을 포함하는 코드와 관련해서 '이 점을 기억해야함', '문서화해둠' 같은 주석을 프로그래머가 과도하게 남용할 수 있다는 것이다. 이 같은 주석은 나중에 코드를 유지보수하는 프로그래머를 괴롭힌다. 따라서 다음처럼 깔끔한 함수형 해결 방법을 사용하는 것이 좋다.

```
static TrainJourney append(TrainJourney a, TrainJourney b) {
    return a==null ? b : new TrainJourney(a.price, append(a.onward, b));
}
```

이 코드는 명확하게 함수형이며 기존 자료구조를 변경하지 않는다(전역 심지어 지역적인 변화도 일어나지 않는다). 하지만 TrainJourney 전체를 새로 만들지 **않는다**. a가 $n$ 요소의 시퀀스고 b가 $m$ 요소의 시퀀스라면 $n+m$ 요소의 시퀀스를 반환한다. 여기서 첫 번째 $n$ 요소는 새로운 노드며 마지막 *m* 요소는 TrainJourney b와 공유되는 요소다. 주의할 점은 사용자 역시 append 의 결과를 갱신하지 말아야 한다는 것이다. 만약 append의 결과를 갱신하면 시퀀스 b로 전달된 기차 정보도 바뀐다. [그림 19-2]와 [그림 19-3]은 파괴적인 append와 함수형 append의 차이 를 보여준다.

**그림 19-2** 자료구조가 파괴적으로 갱신된다.

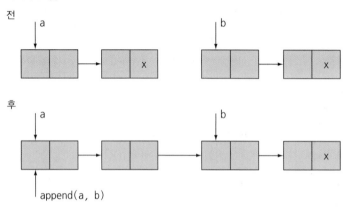

**그림 19-3** 함수형은 자료구조를 갱신하지 않는다.

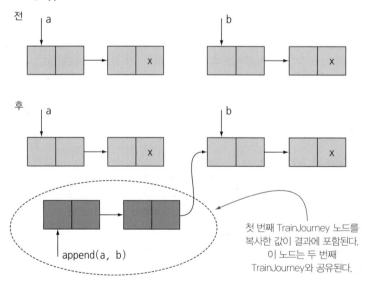

## 19.2.2 트리를 사용한 다른 예제

이번에는 다른 자료구조를 살펴보자. HashMap 같은 인터페이스를 구현할 때는 이진 탐색 트리가 사용된다. Tree는 문자열 키와 int값을 포함한다. 예를 들어 이름 키와 나이 정보값을 포함할 수 있다.

```java
class Tree {
    private String key;
    private int val;
    private Tree left, right;
    public Tree(String k, int v, Tree l, Tree r) {
        key = k; val = v; left = l; right = r;
    }
}

class TreeProcessor {
    public static int lookup(String k, int defaultval, Tree t) {
        if (t == null) return defaultval;
        if (k.equals(t.key)) return t.val;
        return lookup(k, defaultval,
                          k.compareTo(t.key) < 0 ? t.left : t.right);
    }
    // 트리의 다른 작업을 처리하는 기타 메서드
}
```

이제 이진 탐색 트리를 이용해서 문자열값으로 int를 얻을 수 있다. 주어진 키와 연관된 값을 어떻게 갱신할 수 있는지 살펴보자(우리가 찾으려는 키가 트리에 존재한다고 가정한다).

```java
public static void update(String k, int newval, Tree t) {
    if (t == null) { /* 새로운 노드를 추가해야 함 */ }
    else if (k.equals(t.key)) t.val = newval;
    else update(k, newval, k.compareTo(t.key) < 0 ? t.left : t.right);
}
```

새로운 노드를 추가할 때는 주의해야 한다. 가장 쉬운 방법은 update 메서드가 탐색한 트리를 그대로 반환하는 것이다(새로운 노드를 추가하지 않으면 기존 트리가 그대로 반환된다). 하지만 이 방법은 그리 깔끔하지 못하다(사용자는 update가 즉석에서 트리를 갱신할 수 있으며, 전달한 트리가 그대로 반환된다는 사실, 원래 트리가 비어있으면 새로운 노드가 반환될 수 있다는 사실을 모두 기억해야 하기 때문이다).

```java
public static Tree update(String k, int newval, Tree t) {
    if (t == null)
        t = new Tree(k, newval, null, null);
    else if (k.equals(t.key))
        t.val = newval;
    else if (k.compareTo(t.key) < 0)
        t.left = update(k, newval, t.left);
    else
        t.right = update(k, newval, t.right);
    return t;
}
```

두 가지 update 버전 모두 기존 트리를 변경한다. 즉, 트리에 저장된 맵의 모든 사용자가 변경에 영향을 받는다.


## 19.2.3 함수형 접근법 사용

이 문제를 함수형으로 어떻게 처리할 수 있을까? 우선 새로운 키/값 쌍을 저장할 새로운 노드를 만들어야 한다. 또한 트리의 루트에서 새로 생성한 노드의 경로에 있는 노드들도 새로 만들어야 한다(보통 노드를 새로 만드는 동작은 생각보다 비싸지 않은 편이다. $d$라는 깊이를 갖는 트리고 균형이 어느 정도 잡혀있다면 $2^d$만큼의 개체를 가지고 있으므로 재생성 과정은 그중 일부 노드를 생성하는 과정에 불과하다).

```java
public static Tree fupdate(String k, int newval, Tree t) {
    return (t == null) ?
        new Tree(k, newval, null, null) :
            k.equals(t.key) ?
              new Tree(k, newval, t.left, t.right) :
            k.compareTo(t.key) < 0 ?
              new Tree(t.key, t.val, fupdate(k,newval, t.left), t.right) :
              new Tree(t.key, t.val, t.left, fupdate(k,newval, t.right));
}
```

위 코드에서는 if-then-else 대신 하나의 조건문을 사용했는데 이렇게 해서 위 코드가 부작용이 없는 하나의 표현식임을 강조했다. 하지만 취향에 따라 if-then-else 문으로 코드를 구현할 수 있다.

update와 fupdate의 차이는 뭘까? 이전에 update 메서드는 모든 사용자가 같은 자료구조를 공유하며 프로그램에서 누군가 자료구조를 갱신했을 때 영향을 받는다는 점을 설명했다. 따라서 비함수형 코드에서는 누군가 언제든 트리를 갱신할 수 있으므로 트리에 어떤 구조체의 값을 추가할 때마다 값을 복사했다. 반면 fupdate는 순수한 함수형이다. fupdate에서는 새로운 Tree를 만든다. 하지만 **인수를 이용해서 가능한 한 많은 정보를 공유한다.** [그림 19-4]는 이를 그림으로 보여준다. 사람의 이름과 나이를 노드로 저장하는 트리를 만들었다고 가정하자. 여기서 fupdate를 호출하면 기존의 트리를 갱신하는 것이 아니라 새로운 노드를 만든다.

이와 같은 함수형 자료구조를 **영속**persistent(저장된 값이 다른 누군가에 의해 영향을 받지 않는 상태)이라고 하며 따라서 프로그래머는 fupdate가 인수로 전달된 자료구조를 변화시키지 않을 것이라는 사실을 확신할 수 있다. **'결과 자료구조를 바꾸지 말라'**는 것이 자료구조를 사용하는 모든 사용자에게 요구하는 단 한 가지 조건이다. 이를 무시하고 fupdate의 결과를 바꾸는 사람도 있을 것이다(예를 들어 Emily의 20을 다른 숫자로 바꿈). 결과 자료구조를 바꾸지 말라는 조건을 무시한다면 fupdate로 전달된 자료구조에 의도치 않은 그리고 원치 않는 갱신이 일어난다!

그림 19-4 Tree에 어떤 작업을 수행하는 동안 기존 자료구조에는 아무런 영향도 미치지 않는다.

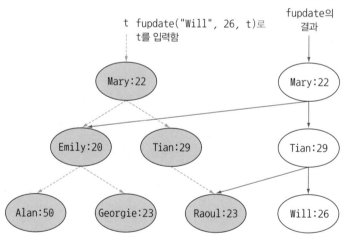

fupdate가 좀 더 효율적일 때가 많다. '기존 구조를 변화시키지 않는다'라는 법칙 덕분에 조금 다른 구조체(예를 들어 사용자 A가 확인하는 트리와 사용자 B가 확인하는 갱신된 버전처럼) 간의 공통부분을 공유할 수 있다는 점에서 다른 구조체와 조금 다르다. Tree 클래스의 key, val, left, right 필드를 final로 선언함으로써 '기존 구조를 변화시키지 않는다'는 규칙을 강제할 수 있다. 하지만 final은 필드에만 적용되며 객체에는 적용되지 않으므로 각 객체의 필드에 final을 적절하게 사용해야 함을 기억하자.

어떤 사람은 '나는 일부 사용자만 볼 수 있게 트리를 갱신하면서도 다른 일부 사용자는 이를 알아차릴 수 없게 하고 싶다'고 말한다. 두 가지 방법이 있다. 하나는 고전적인 자바 해법이다(어떤 값을 갱신할 때 먼저 복사해야 하는지 주의 깊게 확인). 다른 하나는 함수형 해법이다. 즉, 갱신을 수행할 때마다 논리적으로 새로운 자료구조를 만든 다음에(변화가 일어나지 않도록) 사용자에게 적절한 버전의 자료구조를 전달할 수 있다. API로 이 방법을 강제할 수 있다. 자료구조의 고객이 볼 수 있도록 갱신을 수행해야 한다면 최신 버전을 반환하는 API를 사용할 수 있다. 반면에 보이지 않도록 갱신을 수행해야 한다면, 예를 들어 오래 실행되는 통계분석 같은 경우에는 변화가 일어나지 않도록 단순히 인수를 복사한 값을 반환하면 된다.

이 기법은 레이저로 단 한 번 CD-R에 파일을 '갱신'하는 동작과 비슷하다. 여러 파일의 버전을 **모두** CD에 저장했다가 적절한 파일 시작 주소 블록을 전달할 수 있다(스마트 CD 제작 소프트웨어라면 여러 파일 버전의 공통부분을 공유하는 기능을 제공할 수도 있다). 자바는 CD보다는 상황이 좋다. 자바에서 자료구조의 예전 버전은 적어도 자동으로 가비지 컬렉트되기 때문이다.

## 19.3 스트림과 게으른 평가

스트림은 데이터 컬렉션을 처리하는 편리한 도구임을 살펴봤다. 효율적인 구현 및 여러 이유로 자바 8 설계자들은 스트림을 조금 특별한 방법으로 자바 8에 추가했다. 그중 하나로 스트림은 단 한 번만 소비할 수 있다는 제약이 있어서 스트림은 재귀적으로 정의할 수 없다. 이 절에서는 이와 같은 제약 때문에 어떤 문제가 발생하는지 살펴볼 것이다.

### 19.3.1 자기 정의 스트림

소수를 생성하는 6장의 예제로 재귀 스트림을 살펴보자. 다음 코드처럼 소수 스트림을 계산할 수 있었다.

```
public static Stream<Integer> primes(int n) {
    return Stream.iterate(2, i -> i + 1)
```

```
                    .filter(MyMathUtils::isPrime)
                    .limit(n);
}

public static boolean isPrime(int candidate) {
    int candidateRoot = (int) Math.sqrt((double) candidate);
    return IntStream.rangeClosed(2, candidateRoot)
                    .noneMatch(i -> candidate % i == 0);
}
```

그다지 멋지게 해결하는 코드는 아니다. 우선 후보 수$^{candidate number}$로 정확히 나누어떨어지는지 매번 모든 수를 반복 확인했다(실제로 합성수는 나누어떨어지는지 확인할 필요조차 없다).

이론적으로 소수로 나눌 수 있는 모든 수는 제외할 수 있다. 무슨 말인지 어리둥절해 하는 독자도 있을 것이다. 다음은 소수로 나눌 수 있는 수를 제외하는 과정을 설명한다.

1. 소수를 선택할 숫자 스트림이 필요하다.

2. 스트림에서 첫 번째 수(스트림의 머리$^{head}$)를 가져온다. 이 숫자는 소수다(처음에 이 숫자는 2).

3. 이제 스트림의 꼬리$^{tail}$에서 가져온 수로 나누어떨어지는 모든 수를 걸러 제외시킨다.

4. 이렇게 남은 숫자만 포함하는 새로운 스트림에서 소수를 찾는다. 이제 1번부터 다시 이 과정을 반복하게 된다. 따라서 이 알고리즘은 재귀다.

이 알고리즘은 여러 가지 면에서 '부족한' 알고리즘이다.[2] 다만 스트림이 어떻게 동작하는지 쉽게 보여줄 수 있는 좋은 간단한 알고리즘이다. 스트림 API로 이 알고리즘을 구현해보자.

## 1 단계 : 스트림 숫자 얻기

5장에서 설명한 IntStream.iterate 메서드를 이용하면 2에서 시작하는 무한 숫자 스트림을 생성할 수 있다.

```
static Intstream numbers() {
    return IntStream.iterate(2, n -> n + 1);
}
```

--------------------------------

2 알고리즘에 어떤 문제가 있는지 궁금하다면 www.cs.hmc.edu/~oneill/papers/Sieve-JFP.pdf를 참고하자.

## 2 단계 : 머리 획득

IntStream은 첫 번째 요소를 반환하는 findFirst라는 메서드를 제공한다.

```
static int head(IntStream numbers) {
    return numbers.findFirst().getAsInt();
}
```

## 3 단계 : 꼬리 필터링

스트림의 꼬리를 얻는 메서드를 정의한다.

```
static IntStream tail(IntStream numbers) {
    return numbers.skip(1);
}
```

다음처럼 획득한 머리로 숫자를 필터링할 수 있다.

```
IntStream numbers = numbers();
int head = head(numbers);
IntStream filtered = tail(numbers).filter(n -> n % head != 0);
```

## 4 단계 : 재귀적으로 소수 스트림 생성

가장 어려운 부분이다. 다음 코드에서 보여주는 것처럼 반복적으로 머리를 얻어서 스트림을 필터링하려 할 수 있다.

```
static IntStream primes(IntStream numbers) {
    int head = head(numbers);
    return IntStream.concat(
        IntStream.of(head),
        primes(tail(numbers).filter(n -> n % head != 0))
    );
}
```

### 나쁜 소식

안타깝게도 4 단계 코드를 실행하면 "java.lang.IllegalStateException: stream has already been operated upon or closed."라는 에러가 발생한다. 사실 우리는 스트림을 머리와 꼬리로 분리하는 두 개의 최종 연산 findFirst와 skip을 사용했다. 4장에서는 최종 연산을 스트림에 호출하면 스트림이 완전 소비된다는 사실을 설명했다!

## 게으른 평가

위 나쁜 소식보다 더 심각한 문제가 있다. 정적 메서드 IntStream.concat은 두 개의 스트림 인스턴스를 인수로 받는다. 두 번째 인수가 primes를 직접 재귀적으로 호출하면서 무한 재귀에 빠진다! '재귀적 정의 허용하지 않음' 같은 자바 8의 스트림 규칙은 우리에게 아무 해도 끼치지 않으며 오히려 이 규칙 덕분에 데이터베이스 같은 질의를 표현하고 병렬화할 수 있는 능력을 얻을 수 있다. 그래서 자바 8 설계자는 이 같은 제한을 두기로 결정했다. 사실 스칼라, 하스켈 같은 함수형 언어에서는 자바 8에 비해 좀 더 일반적인 기능과 모델을 제공한다. 결론적으로 concat의 두 번째 인수에서 primes를 게으르게 평가하는 방식으로 문제를 해결할 수 있다(좀 더 기술적인 프로그래밍 언어의 용어로는 **게으른 평가**lazy evaluation를 **비엄격한 평가**nonstrict evaluation 또는 **이름에 의한 호출**call by name이라 한다). 즉, 소수를 처리할 필요가 있을 때 스트림을 실제로 평가한다. 스칼라에서도 이와 같은 기능을 제공한다(스칼라는 20장에서 살펴본다). 다음 예제는 스칼라로 알고리즘을 구현한 코드다. 여기서 #:: 연산자는 게으른 연결을 담당한다(즉, 실제 스트림을 소비해야 하는 상황이 되었을 때 인수를 평가한다).

```
def numbers(n: Int): Stream[Int] = n #:: numbers(n+1)

def primes(numbers: Stream[Int]): Stream[Int] = {
    numbers.head #:: primes(numbers.tail filter (n -> n % numbers.head != 0))
}
```

위 코드는 자바와 다른 함수형 언어가 어떻게 다른지 보여주는 것뿐이므로 코드를 이해하기 어렵다고 걱정할 필요는 없다. 인수가 어떻게 평가되는지 살펴보자. 자바에서는 메서드를 호출하면 모든 인수가 즉시 평가된다. 하지만 스칼라에서는 #::을 사용한 연결식이 즉시 반환될 뿐이며 필요한 시점이 되어서야 각 요소가 평가된다. 이제 자바로 게으른 리스트 평가를 구현하는 방법으로 되돌아가자.

## 19.3.2 게으른 리스트 만들기

'자바 8의 스트림은 게으르다'라는 설명을 들어봤을 것이다. 자바 8의 스트림은 요청할 때만 값을 생성하는 블랙박스와 같다. 스트림에 일련의 연산을 적용하면 연산이 수행되지 않고 일단 저장된다. 스트림에 **최종 연산**을 적용해서 실제 계산을 해야 하는 상황에서만 실제 연산이 이루어진다. 특히 스트림에 여러 연산(filter, map, reduce 등)을 적용할 때 이와 같은 특성을 활용할 수 있다. 게으른 특성 때문에 각 연산별로 스트림을 탐색할 필요 없이 한 번에 여러 연산을 처리할 수 있다.

이 절에서는 좀 더 일반적인 스트림의 형태인 게으른 리스트의 개념을 살펴본다(게으른 리스트는 스트림과 비슷한 개념으로 구성된다). 또한 게으른 리스트는 고차원 함수라는 개념도 지원한다. 함숫값을 자료구조에 저장해서 함숫값을 사용하지 않은 상태로 보관할 수 있다. 하지만 저장한 함숫값을 호출(즉, 요청)하면 더 많은 자료구조를 만들 수 있다. [그림 19-5]는 이 개념을 보여준다.

**그림 19-5** LinkedList의 요소는 메모리에 존재한다. 하지만 LazyList의 요소는 Function이 요청해야 생성된다.

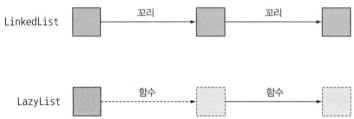

백문이 불여일견, 게으른 리스트가 실제로 동작하는 모습을 살펴보자. 이전에 설명한 알고리즘에서 무한한 소수 리스트를 생성해야 한다.

## 기본적인 연결 리스트

다음 코드처럼 MyLinkedList라는 단순한 연결 리스트 형태의 클래스를 정의할 수 있다는 것을 기억하라(예제 코드에서는 필요한 최소 기능만 정의하는 MyList 인터페이스를 정의했다).

```java
interface MyList<T> {
    T head();

    MyList<T> tail();

    default boolean isEmpty() {
        return true;
    }
}
```

```
class MyLinkedList<T> implements MyList<T> {
    private final T head;
    private final MyList<T> tail;
    public MyLinkedList(T head, MyList<T> tail) {
        this.head = head;
        this.tail = tail;
    }

    public T head() {
        return head;
    }

    public MyList<T> tail() {
        return tail;
    }

    public boolean isEmpty() {
        return false;
    }
}

class Empty<T> implements MyList<T> {
    public T head() {
        throw new UnsupportedOperationException();
    }

    public MyList<T> tail() {
        throw new UnsupportedOperationException();
    }
}
```

다음처럼 MyLinkedList값을 만들 수 있다.

```
MyList<Integer> l =
    new MyLinkedList<>(5, new MyLinkedList<>(10, new Empty<>()));
```

### 기본적인 게으른 리스트

3장에서 배운 Supplier<T>를 이용해서 게으른 리스트를 만들면 꼬리가 모두 메모리에 존재하지 않게 할 수 있다(Supplier<T>를 void -> T라는 함수형 디스크립터를 가진 팩토리로 생각할 수 있다). Supplier<T>로 리스트의 다음 노드를 생성할 것이다. 다음은 게으른 리스트를 만드는 코드다.

```
import java.util.function.Supplier;

class LazyList<T> implements MyList<T> {
    final T head;
    final Supplier<MyList<T>> tail;
    public LazyList(T head, Supplier<MyList<T>> tail) {
        this.head = head;
        this.tail = tail;
    }

    public T head() {
        return head;
    }

    public MyList<T> tail() {
        return tail.get();   ◄─── 위의 head와 달리 tail에서는
    }                             Supplier로 게으른 동작을
                                  만들었다.
    public boolean isEmpty() {
        return false;
    }
}
```

이제 Supplier의 get 메서드를 호출하면 (마치 팩토리로 새로운 객체를 생성하듯이) LazyList
의 노드가 만들어진다.

이제 연속적인 숫자의 다음 요소를 만드는 LazyList의 생성자에 tail 인수로 Supplier를 전
달하는 방식으로 *n*으로 시작하는 무한히 게으른 리스트를 만들 수 있다.

```
public static LazyList<Integer> from(int n) {
    return new LazyList<Integer>(n, () -> from(n+1));
}
```

아래 코드를 실행하면 '2 3 4'라고 출력됨을 확인할 수 있다. 실제로 숫자는 요청했을 때 만들어
진다. System.out.println을 추가해서 이 사실을 확인할 수 있다. 만약 요청했을 때 코드가 실
행되는 것이 아니라 2부터 시작해서 모든 수를 미리 계산하려 한다면 프로그램은 영원히 종료
되지 않을 것이다!

```
LazyList<Integer> numbers = from(2);
int two = numbers.head();
int three = numbers.tail().head();
```

```
    int four = numbers.tail().tail().head();

    System.out.println(two + " " + three + " " + four);
```

## 소수 생성으로 돌아와서

지금까지 만든 코드로 게으른 소수 리스트를 생성할 수 있는지 다시 한 번 확인하자(스트림 API
로는 이 작업을 완료할 수 없었다). 여러분은 다음 코드처럼 기존에 스트림 API를 사용했던 코
드에 새로운 LazyList를 적용하려 할 것이다.

```
public static MyList<Integer> primes(MyList<Integer> numbers) {
    return new LazyList<>(
        numbers.head(),
        () -> primes(
            numbers.tail()
                .filter(n -> n % numbers.head() != 0)
        )
    );
}
```

## 게으른 필터 구현

안타깝게도 LazyList(엄밀히 말해 List 인터페이스)는 filter 메서드를 정의하지 않으므로
위 코드는 컴파일 에러가 발생한다! 이 문제를 해결하자.

```
public MyList<T> filter(Predicate<T> p) {
    return isEmpty() ?
            this :                      ┤ 새로운 Empty<>()를 반환할 수도 있지만
                                      ◄─┤ 여기서는 this로 대신할 수 있다.
            p.test(head()) ?
                new LazyList<>(head(), () -> tail().filter(p)) :
                tail().filter(p);
}
```

이제 코드를 컴파일할 수 있다! tail과 head 호출을 연결해서 처음 세 개의 소수를 계산할 수
있다.

```
LazyList<Integer> numbers = from(2);
int two = primes(numbers).head();
int three = primes(numbers).tail().head();
int five = primes(numbers).tail().tail().head();
```

```
System.out.println(two + " " + three + " " + five);
```

위 코드를 실행하면 '2 3 5' 세 개의 소수를 출력한다. 이제 이 코드로 좀 더 다양한 시도를 해볼 수 있다. 예를 들어 모든 소수를 출력해볼 수 있다(프로그램은 반복적으로 리스트의 머리와 꼬리를 출력하면서 printAll 메서드를 무한으로 실행할 것이다).

```
static <T> void printAll(MyList<T> list) {
    while (!list.isEmpty()){
        System.out.println(list.head());
        list = list.tail();
    }
}
printAll(primes(from(2)));
```

이 장에서는 함수형 프로그래밍을 설명하고 있으므로 다음처럼 재귀적으로 문제를 깔끔히 해결할 수 있다.

```
static <T> void printAll(MyList<T> list) {
    if (list.isEmpty())
        return;
    System.out.println(list.head());
    printAll(list.tail());
}
```

그런데 위 코드는 생각처럼 무한히 실행되지 않는다. 18장에서 설명한 것처럼 자바는 꼬리 호출 제거를 지원하지 않으므로 스택 오버플로가 발생하기 때문이다.


## 드디어 완성!

지금까지 게으른 리스트와 함수를 만들었고 모든 소수를 포함하는 자료구조를 정의했다. 그런데 지금까지 만든 자료구조가 어떤 유용성을 제공하는 걸까? 여러분은 자바 8 덕분에 함수를 자료구조 내부로 추가할 수 있다는 사실을 알았고 이런 함수는 자료구조를 만드는 시점이 아니라 요청 시점에 실행된다는 사실도 확인했다. 체스 같은 게임 프로그램을 구현할 때도 이러한 기능을 활용할 수 있다. 체스의 말이 움직일 수 있는 모든 가능성을 개념적으로 표현하는 트리 자료구조(즉, 미리 계산하기에는 너무 큰 자료구조)를 준비하고 요청할 때만 이 자료구조를 생성할 수 있다. 게으른 리스트는 또한 자바 8의 기능 스트림과의 연결고리를 제공한다. 이제 게으른 리스트와 스트림의 장점과 단점을 살펴볼 수 있다.

아직까지 성능은 살펴보지 않았다. 지금까지 적극적으로<sup>eagerly</sup> 기능을 실행하는 것보다는 게으른 편이 좋다고 가정했다. 물론 전통적인 실행 방법에서처럼 모든 값을 계산하는 것보다는 요청했을 때 값을 계산하는 것이 여러 면에서 좋다. 안타깝게도 현실에서는 상황이 이처럼 단순하지 않다. 자료구조의 10퍼센트 미만의 데이터만 활용하는 상황에서는 게으른 실행으로 인한 오버헤드가 더 커질 수 있다. 결정적으로 LazyList값이 진짜로 게으르진 않을 수 있다. from(2) 등으로 LazyList값을 탐색할 때 10번째 항목까지는 모든 노드를 두 번 생성하므로 10개가 아니라 20개의 노드가 생성된다. 이 작업은 게으르게 처리할 수 없다. LazyList 탐색을 요청할 때마다 tail의 Supplier가 반복적으로 호출된다는 점이 문제다. 처음 탐색 요청을 호출할 때만 tail의 Supplier가 호출되도록 하여(그리고 결과값을 캐시해서) 이 문제를 해결할 수 있다. LazyList에 private Optional<LazyList<T>> alreadyComputed 필드를 추가하고 tail 메서드가 적절하게 리스트를 업데이트하도록 정리할 수 있다. 순수 함수형 언어 하스켈은 이와 같은 방식으로 자신의 자료구조를 적당히 게으르게 정리한다. 하스켈의 처리 방식에 관심이 있다면 인터넷에 다양한 기사가 있으니 살펴보기 바란다.

게으른 자료구조는 강력한 프로그래밍 도구라는 사실을 기억하자. 애플리케이션을 구현하는 데 도움을 준다면 게으른 자료구조를 사용하자. 하지만 게으른 자료구조 때문에 효율성이 떨어진다면 전통적인 방식으로 코드로 구현하자.

이제 거의 모든 함수형 프로그래밍 언어에서는 제공하지만 자바에서는 지원하지 않는 기능인 패턴 매칭을 살펴보자.

## 19.4 패턴 매칭

일반적으로 함수형 프로그래밍을 구분하는 또 하나의 중요한 특징으로 (구조적인) **패턴 매칭**<sup>pattern matching</sup>을 들 수 있다(정규표현식 그리고 정규표현식과 관련된 패턴 매칭과는 다르다). 1장에서 수학에서는 다음과 같은 정의를 할 수 있다고 설명했다.

```
f(0) = 1
f(n) = n*f(n-1) 그렇지 않으면
```

반면 자바에서는 if-then-else나 switch문을 사용해야 한다. 자료형이 복잡해지면서 이러한 작업을 처리하는 데 필요한 코드(그리고 관련 잡동사니)의 양도 증가했다. 패턴 매칭을 사용하면 이러한 불필요한 잡동사니를 줄일 수 있다.

트리 탐색 예제로 이 문제를 살펴보자. 숫자와 바이너리 연산자로 구성된 간단한 수학언어가 있다고 가정하자.

```
class Expr { ... }
class Number extends Expr { int val; ... }
class BinOp extends Expr { String opname; Expr left, right; ... }
```

표현식을 단순화하는 메서드를 구현해야 한다고 하자. 예를 들어 5 + 0은 5로 단순화할 수 있다. 즉, new BinOp("+", new Number(5), new Number(0))은 Number(5)로 단순화할 수 있다. Expr 구조체를 다음처럼 탐색할 수 있다.

```
Expr simplifyExpression(Expr expr) {
    if (expr instanceof BinOp
        && ((BinOp)expr).opname.equals("+"))
        && ((BinOp)expr).right instanceof Number
        && ... // 코드가 깔끔하지 못하다.
        && ... ) {
        return (Binop)expr.left;
    }
    ...
}
```

코드가 매끄럽지 않다!

## 19.4.1 방문자 디자인 패턴

자바에서는 **방문자 디자인 패턴**visitor design pattern으로 자료형을 언랩할 수 있다. 특히 특정 데이터 형식을 '방문'하는 알고리즘을 캡슐화하는 클래스를 따로 만들 수 있다.

방문자 패턴은 어떻게 동작하는 걸까? 방문자 클래스는 지정된 데이터 형식의 인스턴스를 입력으로 받는다. 그리고 인스턴스의 모든 멤버에 접근한다. 방문자 패턴은 다음과 같이 작동한다. 우선 SimplifyExprVisitor를 인수로 받는 accept를 BinOp에 추가한 다음에 BinOp 자신을 SimplifyExprVisitor로 전달한다(Number에서 비슷한 메서드를 추가한다).

```
class BinOp extends Expr {
    ...
    public Expr accept(SimplifyExprVisitor v) {
        return v.visit(this);
    }
}
```

이제 SimplifyExprVisitor는 BinOp 객체를 언랩할 수 있다.

```
public class SimplifyExprVisitor {
    ...
    public Expr visit(BinOp e) {
        if("+".equals(e.opname) && e.right instanceof Number && ...) {
            return e.left;
        }
        return e;
    }
}
```

## 19.4.2 패턴 매칭의 힘

패턴 매칭이라는 좀 더 단순한 해결 방법도 있다. 자바는 패턴 매칭을 지원하지 않으므로 스칼라 프로그래밍 언어로 패턴 매칭이 뭔지 보여주려 한다. 자바에서 패턴 매칭을 지원했다면 어떤 방식으로 문제를 해결했을지 유추할 수 있을 것이다.

수식을 표현하는 Expr이라는 자료형이 주어졌을 때 스칼라 프로그래밍 언어로는 다음처럼 수식을 분해하는 코드를 구현할 수 있다(자바와 문법이 가장 비슷하므로 스칼라를 선택했다).

```
def simplifyExpression(expr: Expr): Expr = expr match {
    case BinOp("+", e, Number(0)) => e      // 0 더하기
    case BinOp("*", e, Number(1)) => e      // 1 곱하기
    case BinOp("/", e, Number(1)) => e      // 1로 나누기
    case _ => expr                          // expr을 단순화할 수 없다.
}
```

트리와 비슷한 자료구조를 다룰 때 이와 같은 패턴 매칭을 사용하면 매우 간결하고 명확한 코드를 구현할 수 있다. 특히 컴파일러를 만들거나 비즈니스 규칙 처리 엔진을 만들 때 유용하다.

```
Expression match { case Pattern => Expression ... }
```

위 스칼라 문법은 자바 문법과 아주 비슷하다.

```
switch (Expression) { case Constant : Statement ... }
```

스칼라의 와일드카드 case는 자바의 default:와 같은 역할을 한다. 스칼라와 자바의 가장 큰 구문론적 차이는 스칼라가 표현지향인 반면 자바는 구문지향이라는 점이다. 프로그래머의 관점에서 느끼는 차이점은 자바의 case 패턴에서는 몇 가지 기본형, 열거형, 기본형을 감싼 특수한 클래스, 문자열 등을 사용할 수 있다는 것이다. 패턴 매칭을 지원하는 언어의 가장 큰 실용적인 장점은 아주 커다란 switch문이나 if-then-else 문을 피할 수 있다는 것이다.

스칼라의 패턴 매칭의 쉬운 표현 방식은 자바보다 뛰어난 기능이라는 사실을 쉽게 확인할 수 있다. 그리고 자바도 언젠가는 좀 더 표현력 있는 switch문을 지원할 것을 기대해본다. 21장에서는 실제로 이를 제안했음을 설명한다.

하지만 자바 8의 람다를 이용하면 패턴 매칭과 비슷한 코드를 만들 수 있다. 람다를 이와 같은 방식으로 활용할 수 있다는 사실을 보여주는 좋은 예가 될 것이다.


## 자바로 패턴 매칭 흉내 내기

스칼라의 패턴 매칭인 match 표현식이 어떻게 동작하는지 다음 예제로 살펴보자.

```
def simplifyExpression(expr: Expr): Expr = expr match {
    case BinOp("+", e, Number(0)) => e
    ...
```

위 코드는 expr이 BinOp인지 확인하고 expr에서 세 컴포넌트(opname, left, right)를 추출한 다음에, 이 컴포넌트에 패턴 매칭을 시도한다. 첫째는 String +, 둘째는 변수 e(항상 매치되는), 셋째는 Number(0)으로 매치한다. 즉, 스칼라(그리고 다른 많은 함수형 언어)의 패턴 매칭은 디수준<sup>multilevel</sup>이다. 자바 8의 람다를 이용한 패턴 매칭 흉내 내기는 단일 수준의 패턴 매칭만 지원한다. 즉, 이전 예제에서 BinOp(op, l, r)이나 Number(n)은 괜찮지만 BinOp("+", e, Number(0))은 지원하지 않는다. 먼저 규칙을 정하자. 람다를 이용하며 코드에 if-then-else가 없어야 한다. '조건 ? e1 : e2'와 메서드 호출로 if-then-else를 대신할 수 있다.

```
myIf(condition, () -> e1, () -> e2);
```

어딘가에(아마도 라이브러리에) 다음을 정의한다(T 형식의 제네릭).

```
static <T> T myIf(boolean b, Supplier<T> truecase, Supplier<T> falsecase) {
    return b ? truecase.get() : falsecase.get();
}
```

T 형식은 조건 표현식의 결과 형식을 의미한다. 이와 같은 기법을 if-then-else에도 적용할 수 있다.

물론 일반 코드에서는 if-then-else를 사용하는 것이 코드의 명확성을 더 높일 수 있다. 하지만 자바의 switch와 if-then-else가 패턴 매칭에는 도움이 되질 않으며 람다를 이용하면 단일 수준의 패턴 매칭을 간단하게 표현할 수 있으므로 여러 개의 if-then-else 구분이 연결되는 상황을 깔끔하게 정리할 수 있다.

BinOp와 Number 두 서브클래스를 포함하는 Expr 클래스의 패턴 매칭<sup>pattern matching</sup> 값으로 돌아와서 patternMatchExpr이라는 메서드를 정의할 수 있다(여기서도 제네릭 T는 패턴 매칭의 결과 형식이다).

```
interface TriFunction<S, T, U, R> {
    R apply(S s, T t, U u);
}

static <T> T patternMatchExpr(
                    Expr e,
                    TriFunction<String, Expr, Expr, T> binopcase,
                    Function<Integer, T> numcase,
                    Supplier<T> defaultcase) {
    return
      (e instanceof BinOp) ?
        binopcase.apply(((BinOp)e).opname, ((BinOp)e).left,
                                            ((BinOp)e).right) :
      (e instanceof Number) ?
        numcase.apply(((Number)e).val) :
        defaultcase.get();
}
```

다음 코드를 살펴보자.

```
patternMatchExpr(e, (op, l, r) -> {return binopcode;},
                    (n) -> {return numcode;},
                    () -> {return defaultcode;});
```

위 코드는 e가 BinOp인지(BinOp라면 식별자 op, l, r로 BinOp에 접근할 수 있는 binopcode를

실행) 아니면 Number인지(Number라면 n값에 접근할 수 있는 numcode를 실행) 확인한다. 이 메서드에는 BinOp나 Number가 아닌 트리 노드를 생성했을 때 실행되는 defaultcode도 존재한다.

다음 예제는 patternMatchExpr을 이용해서 덧셈과 곱셈 표현식을 단순화하는 방법을 보여준다.

**예제 19-1** 패턴 매칭을 구현해서 표현식을 단순화함

```
public static Expr simplify(Expr e) {
    TriFunction<String, Expr, Expr, Expr> binopcase =    ◁─┤ BinOp 표현식 처리
        (opname, left, right) -> {
            if ("+".equals(opname)) {    ◁─┤ 더하기 처리
                if (left instanceof Number && ((Number) left).val == 0) {
                    return right;
                }
                if (right instanceof Number && ((Number) right).val == 0) {
                    return left;
                }
            }
            if ("*".equals(opname)) {    ◁─┤ 곱셈 처리
                if (left instanceof Number && ((Number) left).val == 1) {
                    return right;
                }
                if (right instanceof Number && ((Number) right).val == 1) {
                    return left;
                }
            }
            return new BinOp(opname, left, right);
        };
    Function<Integer, Expr> numcase = val -> new Number(val);    ◁─┤ 숫자 처리
    Supplier<Expr> defaultcase = () -> new Number(0);    ◁─┤ 수식을 인식할 수
                                                              없을 때 기본 처리
    return patternMatchExpr(e, binopcase, numcase, defaultcase);    ◁─┤ 패턴 매칭 적용
}
```

다음처럼 simplify 메서드를 호출할 수 있다.

```
Expr e = new BinOp("+", new Number(5), new Number(0));
Expr match = simplify(e);
System.out.println(match);    ◁─┤ 5 출력
```

지금까지 고차원 함수, 커링, 영속 자료구조, 게으른 리스트, 패턴 매칭 등 많은 정보를 살펴봤다! 이제 지금까지 다루지 않은 좀 더 중요하고 복잡한 정보를 살펴볼 차례다.

## 19.5 기타 정보

이 절에서는 함수형 그리고 참조 투명성이라는 특성과 관련된 두 가지 세부 주제를 살펴볼 것이다. 하나는 효율성과 관련된 것이고 다른 하나는 같은 결과를 반환하는 것과 관련된 염려사항이다. 두 가지 모두 흥미로운 주제지만 개념적으로 핵심적인 내용은 아니어서 이렇게 마지막 부분에서 다룬다. 또한 두 개 이상의 함수를 인수로 받아서 다른 함수를 반환하는 메서드나 함수를 가리키는 콤비네이터combinator의 개념도 살펴본다. 콤비네이터는 자바 8 API에 여러 기능을 추가하도록 영감을 준 기능이다.

### 19.5.1 캐싱 또는 기억화

트리 형식의 토포로지topology를 갖는 네트워크 범위 내에 존재하는 노드의 수를 계산하는 computeNumberOfNodes(Range)라는 부작용 없는 메서드가 있다고 가정하자. 다행히 네트워크는 불변(즉, 구조가 변하지 않음)이지만 computeNumberOfNodes를 호출했을 때 구조체를 재귀적으로 탐색해야 하므로 노드 계산 비용이 비싸다. 게다가 이와 같은 계산을 반복해서 수행해야 할 것 같다. 이때 참조 투명성이 유지되는 상황이라면 간단하게 추가 오버헤드를 피할 수 있는 방법이 생긴다. 표준적인 해결책으로 **기억화**memorization라는 기법이 있다. 기억화는 메서드에 래퍼로 캐시(HashMap 같은)를 추가하는 기법이다. 래퍼가 호출되면 인수, 결과 쌍이 캐시에 존재하는지 먼저 확인한다. 캐시에 값이 존재하면 캐시에 저장된 값을 즉시 반환한다. 캐시에 값이 존재하지 않으면 computeNumberOfNodes를 호출해서 결과를 계산한 다음에 새로운 인수, 결과 쌍을 캐시에 저장하고 결과를 반환한다. 엄밀히 따져서 캐싱, 즉 다수의 호출자가 공유하는 자료구조를 갱신하는 기법이므로 이는 순수 함수형 해결방식은 아니지만 감싼 버전의 코드는 참조 투명성을 유지할 수 있다.

다음은 캐싱을 사용하는 예제 코드다.

```
final Map<Range,Integer> numberOfNodes = new HashMap<>();
Integer computeNumberOfNodesUsingCache(Range range) {
    Integer result = numberOfNodes.get(range);
    if (result != null) {
        return result;
    }
    result = computeNumberOfNodes(range);
    numberOfNodes.put(range, result);
    return result;
}
```

NOTE_ 아래 예제에서 볼 수 있는 것처럼 자바 8에서는 computeIfAbsent라는 유용한 메서드를 Map 인
터페이스에 추가했다. 자바 8에서 추가된 메서드는 부록 B에서 확인할 수 있다. 메서드 computeIfAbsent
를 사용하면 좀 더 명료하게 코드를 구현할 수 있다.

```
Integer computeNumberOfNodesUsingCache(Range range) {
    return numberOfNodes.computeIfAbsent(range,
                                this::computeNumberOfNodes);
}
```

메서드 computeNumberOfNodesUsingCache는 참조 투명성을 갖는다(computeNumberOfNodes
도 참조 투명하다는 가정 하에). 하지만 numberOfNodes는 공유된 가변 상태며 HashMap은 동기
화synchronized[3]되지 않았으므로 스레드 안전성이 없는 코드다. HashMap 대신 잠금으로 보호되는
HashTable이나 잠금 없이 동시 실행을 지원하는 ConcurrentHashMap을 사용할 수 있지만 다
중 코어에서 numberOfNodes를 동시에 호출하면 성능이 크게 저하될 수 있다. 이는 맵에 range
가 있는지 찾는 과정과 인수, 결과 쌍을 맵에 추가하는 동작 사이에서 레이스 컨디션이 발생하
기 때문이다. 즉, 여러 프로세스가 같은 값을 맵에 추가하기 위해 여러 번 계산하는 일이 발생할
수 있다.

가장 좋은 방법은 함수형 프로그래밍을 사용해서 동시성과 가변 상태가 만나는 상황을 완전히 없
애는 것이다. 하지만 캐싱 같은 저수준 성능 문제는 해결되지 않는다. 캐싱을 구현할 것인지 여
부와는 별개로 코드를 함수형으로 구현했다면 우리가 호출하려는 메서드가 공유된 가변 상태를
포함하지 않음을 미리 알 수 있으므로 동기화 등을 신경 쓸 필요가 없어진다.

----

**3** HashMap이 동기화되지 않은 부분에서 버그가 많이 발생한다. 많은 프로그래머가 HashMap이 스레드 안전하지 않다는 자바 매뉴얼의 노
트를 잊어버리거나 적어도 현재는 싱글스레드 환경이므로 이를 신경 쓰지 않는다.

### 19.5.2 '같은 객체를 반환함'은 무엇을 의미하는가?

19.2.3절의 이진트리 예제를 다시 살펴보자. [그림 19-4]에서 변수 t는 기존 트리를 가리키는데 fupdate("Will", 26, t)를 호출하면 새로운 트리가 생성되고 변수 t2로 할당되는 부작용을 보여준다. [그림 19-4]는 t 그리고 t에서 접근할 수 있는 모든 자료구조는 변하지 않았다는 사실을 명확히 보여준다. [그림 19-4]에서 수행한 코드를 다시 실행했다.

```
t3 = fupdate("Will", 26, t);
```

이번에는 t2 대신 t3라는 변수가 새로 생성된 세 개의 노드를 가리킨다. 'fupdate는 참조 투명성을 갖는가?'라는 의문이 생긴다. **참조 투명성**referentially transparent이란 '인수가 같다면 결과도 같아야 한다'라는 규칙을 만족함을 의미한다. 여기서 t2와 t3는 서로 다른 참조다. 즉, (t2 == t3)를 만족하지 않으므로 fupdate는 참조 투명성을 갖지 않는다고 결론내릴 수 있다. 그러나 자료구조를 변경하지 않는 상황에서 참조가 다르다는 것은 큰 의미가 없으며 t2와 t3가 논리적으로는 같다고 판단할 수 있다.

참조 투명성이냐 아니냐를 토론하자면 얘기가 아주 길어진다. 일반적으로 함수형 프로그래밍에서는 데이터가 변경되지 않으므로 같다는 의미는 ==(참조가 같음)이 아니라 구조적인 값이 같다는 것을 의미한다. 따라서 함수형 프로그래밍의 관점에서 fupdate는 참조 투명성을 갖는다고 말할 수 있다.

### 19.5.3 콤비네이터

함수형 프로그래밍에서는 두 함수를 인수로 받아 다른 함수를 반환하는 등 함수를 조합하는 고차원higher-order 함수를 많이 사용하게 된다. 이처럼 함수를 조합하는 기능을 콤비네이터라고 부른다. 자바 8 API에 추가된 많은 기능은 **콤비네이터**combinator의 영향을 받았다. 예를 들어 CompletableFuture 클래스에는 thenCombine이라는 메서드가 추가되었다. thenCombine 메서드는 CompletableFuture와 BiFunction 두 인수를 받아 새로운 CompletableFuture를 생성한다.

함수형 프로그래밍의 콤비네이터를 이 책에서 자세히 살펴보는 것은 무리일 것 같다. 하지만 몇 가지 예제를 살펴보면서 함수를 인수로 받아서 또 다른 함수를 반환하는 동작이 함수형 프로그래밍에서 얼마나 흔하고, 자연스러운 일인지 확인할 수 있다. 다음은 **함수 조합**function composition이라는 개념을 보여주는 코드다.

```
static <A,B,C> Function<A,C> compose(Function<B,C> g, Function<A,B> f) {
    return x -> g.apply(f.apply(x));
}
```

compose 함수는 f와 g를 인수로 받아서 f의 기능을 적용한 다음에 g의 기능을 적용하는 함수를 반환한다. 이 함수를 활용하면 콤비네이터로 내부 반복을 수행하는 동작을 정의할 수 있다. 데이터를 받아서 f에 연속적으로 $n$번 적용하는 루프가 있다고 가정하자. 이 함수의 이름은 repeat로 f라는 함수를 인수로 받는다. 예를 들어 다음과 같은 함수를 호출하면 어떤 결과가 출력될까?

```
repeat(3, (Integer x) -> 2*x);
```

위 코드를 실행하면 x -> (2*(2*(2*x))) 또는 x -> 8*x라는 결과가 나온다.

다음 코드로 결과를 확인할 수 있다. 코드를 실행하면 80이 출력된다.

```
System.out.println(repeat(3, (Integer x) -> 2*x).apply(10));
```

repeat 메서드를 다음처럼 구현할 수 있다(루프를 한 번도 돌지 않는 상황은 예외적으로 처리함).

```
static <A> Function<A,A> repeat(int n, Function<A,A> f) {   ←──  n이 0이면 '아무것도 하지
    return n==0 ? x -> x                                          않음'을 알리는 함수를 반환
               : compose(f, repeat(n-1, f));  ←──  n이 0이 아니면 f를 n-1만큼 반복 실행한
}                                                   다음에 f를 한 번 더 실행한다.
```

이 개념을 활용하면 반복 과정에서 전달되는 가변 상태 함수형 모델 등 반복 기능을 좀 더 다양하게 활용할 수 있다. 이 장에서는 자바 8에서 제공하는 함수형 프로그래밍을 전체적으로 소개했다. 이것으로 함수형 프로그래밍에 대한 설명을 마친다.

# 19.6 마치며

이 장에서는 다음 핵심 개념을 배웠다.

- 일급 함수란 인수로 전달하거나, 결과로 반환하거나, 자료구조에 저장할 수 있는 함수다.
- 고차원 함수란 한 개 이상의 함수를 인수로 받아서 다른 함수를 반환하는 함수다. 자바에

서는 comparing, andThen, compose 등의 고차원 함수를 제공한다.

- 커링은 함수를 모듈화하고 코드를 재사용할 수 있도록 지원하는 기법이다.
- 영속 자료구조는 갱신될 때 기존 버전의 자신을 보존한다. 결과적으로 자신을 복사하는 과정이 따로 필요하지 않다.
- 자바의 스트림은 스스로 정의할 수 없다.
- 게으른 리스트는 자바 스트림보다 비싼 버전으로 간주할 수 있다. 게으른 리스트는 데이터를 요청했을 때 Supplier를 이용해서 요소를 생성한다. Supplier는 자료구조의 요소를 생성하는 역할을 수행한다.
- 패턴 매칭은 자료형을 언랩하는 함수형 기능이다. 자바의 switch문을 일반화할 수 있다.
- 참조 투명성을 유지하는 상황에서는 계산 결과를 캐시할 수 있다.
- 콤비네이터는 둘 이상의 함수나 자료구조를 조합하는 함수형 개념이다.

# CHAPTER 20

# OOP와 FP의 조화 :
# 자바와 스칼라 비교

---

**이 장의 내용**

◆ 스칼라 소개

◆ 자바와 스칼라의 관계

◆ 스칼라의 함수와 자바의 함수 비교

◆ 클래스와 트레이트

---

스칼라는 객체지향과 함수형 프로그래밍을 혼합한 언어다. 보통 정적 형식의 프로그래밍 언어로 함수형의 기능을 수행하면서도 JVM에서 수행되는 언어이므로 자바 느낌을 원하는 프로그래머가 찾는다. 스칼라는 자바에 비해 많은 기능을 제공한다. 즉, 스칼라는 복잡한 형식 시스템, 형식 추론, 패턴 매칭(19.4절에서 소개함), 도메인 전용 언어를 단순하게 정의할 수 있는 구조 등을 제공한다. 스칼라 코드에서는 모든 자바 라이브러리를 사용할 수 있다.

자바 책에서 왜 스칼라를 설명하는지 의아한 독자도 있을 것이다. 이 책은 자바에서 함수형 프로그래밍을 적용하는 방법을 설명한다. 자바와 마찬가지로 스칼라는 컬렉션을 함수형으로 처리하는 개념(스트림과 비슷한 연산), 일급 함수, 디폴트 메서드 등을 제공한다. 하지만 스칼라는 자바에 비해 더 다양하고 심화된 함수형 기능을 제공한다. 스칼라와 자바에 적용된 함수형의 기능을 살펴보면서 자바의 한계가 무엇인지 확인할 수 있는 유익한 시간이 될 것이라 믿는다. 함수형이라는 미지의 세계를 향한 여러분의 호기심을 만족시키는 것이 이 장의 목표다.

스칼라를 어떻게 구현하는지 그리고 스칼라가 어떤 언어인지 소개하는 것은 이 장의 목표와는 거리가 멀다. 또한 내포와 암시를 위해 스칼라에서만 지원하는 패턴 매칭과 같은 많은 기능이 있지만, 이것도 다루지 않는다. 이 장에서는 자바의 새로운 기능과 스칼라의 기능을 비교하는 데

초점을 맞추면서 큰 그림을 보는 것을 목표로 한다. 예를 들어 스칼라를 이용하면 자바에 비해 더 간결하고 가독성이 좋은 코드를 구현할 수 있다는 사실을 발견할 수 있다.

이 장에서는 우선 스칼라를 소개한다. 스칼라로 간단한 프로그램을 구현하고 컬렉션을 다루는 방법을 살펴본다. 다음으로 스칼라의 함수(즉, 일급 함수), 클로저closure, 커링을 살펴본다. 마지막으로 스칼라의 인터페이스와 디폴트 메서드의 기능을 담당하는 **트레이트**trait라는 기능을 살펴본다.

## 20.1 스칼라 소개

이 절에서는 스칼라의 특성을 살펴볼 수 있는 간단한 스칼라 프로그램을 소개한다. 각각 명령형과 함수형으로 구현된 'Hello World' 예제를 살펴본다. 그리고 스칼라가 지원하는 리스트List, 집합Set, 맵Map, 스트림Stream, 튜플Tuple, 옵션Option 등의 자료구조를 살펴보면서 자바의 자료구조와 비교한다. 마지막으로 자바의 인터페이스를 대체하는 스칼라의 **트레이트**를 소개한다. 트레이트는 객체를 인스턴스화할 때 메서드 상속 기능을 지원한다.

### 20.1.1 Hello beer

간단한 예제를 이용해서 스칼라 문법과 기능을 자바와 비교해보자. 고전의 'Hello World' 예제를 맥주beer로 바꿨다. 다음과 같은 문장을 출력하려 한다.

```
Hello 2 bottles of beer
Hello 3 bottles of beer
Hello 4 bottles of beer
Hello 5 bottles of beer
Hello 6 bottles of beer
```

**명령형 스칼라**

다음은 명령형으로 위 문장을 출력하는 스칼라 프로그램이다.

```
object Beer {
    def main(args: Array[String]) {
```

```
        var n : Int = 2
        while( n <= 6) {
            println(s"Hello ${n} bottles of beer")   ◁─┤ 문자열 보간법
            n += 1
        }
    }
}
```

위 코드를 실행하는 방법은 스칼라 공식 웹사이트에서 확인하기 바란다(https://docs.scala-lang.org/getting-started.html 참고). 위 코드는 자바와 아주 비슷하다. 즉, 문자열을 인수로 받는 main이라는 메서드가 있다(자바의 String s와 달리 s : String이라는 문법 구조를 갖는다). main 메서드는 반환값이 없는데 자바에서는 void를 사용했겠지만 스칼라에서는 아무것도 선언하지 않는다.

> **NOTE_** 보통 스칼라의 비재귀 메서드에서는 반환형식을 추론할 수 있으므로 명시적으로 반환형식을 정의하지 않아도 된다.

main 메서드의 바디를 살펴보기 전에 object 선언 과정을 살펴보자. 자바에서는 클래스 내에 main 메서드를 선언했다. 하지만 스칼라에서는 object로 직접 싱글턴 객체를 만들 수 있다. 위 예제에서는 object로 Beer 클래스를 정의하고 동시에 인스턴스화했다. 한 번에 단 하나의 인스턴스만 생성된다. 이렇게 스칼라 언어의 기능을 이용해서 첫 번째 고전 디자인 패턴(싱글턴 디자인 패턴)을 보여주는 예제를 완성했다! object 내부에 선언된 메서드는 정적 메서드로 간주할 수 있다. 바로 main 메서드의 시그니처에 명시적인 static이 없는 것도 이것 때문이다.

이제 main의 바디를 살펴보자. main의 바디는 자바와 비슷해 보이지만 구문이 세미콜론으로 끝나지 않는다(세미콜론은 선택사항임). while 루프의 바디에서는 가변 변수 n을 증가시킨다. n값이 바뀔 때마다 미리 정의된 메서드 println으로 화면에 n값을 출력한다. println 메서드는 스칼라의 **문자열 보간법**string interpolation이라는 기능을 보여준다. 문자열 보간법은 문자열 자체에 변수와 표현식을 바로 삽입하는 기능이다. 위 코드에서 s"Hello ${n} bottles of beer"라는 문자열에 변수 n을 직접 사용했다. 문자열에 접두어 s를 붙이면 이러한 마법 같은 일이 일어난다. 보통 자바에서는 "Hello " + n + " bottles of beer"처럼 명시적으로 문자열과 변수를 연결해야 한다.

## 함수형 스칼라

그런데 스칼라가 함수형 프로그래밍과 관련해서 제공할 수 있는 기능은 무엇일까? 이전 예제 코드를 자바의 함수형으로는 다음처럼 구현할 수 있다.

```java
public class Foo {
    public static void main(String[] args) {
        IntStream.rangeClosed(2, 6)
                .forEach(n -> System.out.println("Hello " + n +
                                                " bottles of beer"));
    }
}
```

스칼라로는 다음처럼 구현할 수 있다.

```scala
object Beer {
    def main(args: Array[String]) {
        2 to 6 foreach { n => println(s"Hello ${n} bottles of beer") }
    }
}
```

스칼라 코드는 자바와 비슷하지만 자바 코드보다 간결하다. 우선 스칼라에서는 2 to 6이라는 표현식으로 숫자 범위를 만들 수 있다. 여기에서도 멋진 기법이 사용되었는데 2는 Int 형식의 객체다. 스칼라에서는 **모든 것**이 객체다. 자바와 달리 스칼라에는 기본형이 없다. 스칼라는 자바보다 완전한 객체지향 언어다. 스칼라의 Int 객체는 다른 Int를 인수로 받아 범위를 반환하는 to라는 메서드를 지원한다. 따라서 2.to(6)이라고 구현할 수도 있다. 하지만 인수 하나를 받는 메서드는 (위 예제처럼 점을 제외한) 인픽스 형식으로 구현할 수 있다. 다음으로 foreach는 자바의 forEach와 비슷하다(스칼라는 소문자 e고, 자바는 대문자 E다). foreach는 범위에 사용할 수 있는 메서드로 람다 표현식을 인수로 받아서 각 요소에 적용한다(이번에도 인픽스 개념을 사용한다). 람다 표현식 문법은 자바와 비슷하다. 다만 -> 대신 =>를 사용한다.[1] 처음 예제의 while 루프처럼 변수를 갱신하지 않으므로 위 예제는 함수형이다.

## 20.1.2 기본 자료구조 : 리스트, 집합, 맵, 튜플, 스트림, 옵션

맥주 몇 잔으로 갈증을 어느 정도 해소했는가? 대부분의 프로그래머는 자료를 다루고 저장하

---

1 스칼라에서 '익명 함수'나 '클로저' 등의 용어는 자바의 람다 표현식과 비슷한 의미다.

는 기능을 사용해야 한다. 이제 스칼라로 컬렉션을 다루는 방법을 살펴보면서 자바의 기능과 비교해보자.

## 컬렉션 만들기

스칼라의 간결성을 강조하는 특성 덕분에 간단하게 컬렉션을 만들 수 있다. 다음은 맵을 만드는 코드다.

```
val authorsToAge = Map("Raoul" -> 23, "Mario" -> 40, "Alan" -> 53)
```

한 줄의 코드에 새로운 문법이 많이 등장했다. 우선 −>라는 문법으로 키를 값에 대응시켜 맵을 만들 수 있다는 사실이 놀랍다. 자바였다면 다음처럼 요소를 추가했을 것이다.

```
Map<String, Integer> authorsToAge = new HashMap<>();
authorsToAge.put("Raoul", 23);
authorsToAge.put("Mario", 40);
authorsToAge.put("Alan", 53);
```

하지만 8장에서 배웠듯이 자바 9는 스칼라에서 영감을 받은 여러 팩토리 메서드를 제공하므로 다음처럼 코드를 정리할 수 있다.

```
Map<String, Integer> authorsToAge
    = Map.ofEntries(entry("Raoul", 23),
                    entry("Mario", 40),
                    entry("Alan", 53));
```

두 번째로 변수 authorsToAge의 형식을 지정하지 않았다. val authorsToAge : Map[String, Int]처럼 명시적으로 형식을 지정할 수 있지만 스칼라는 자동으로 변수형을 추론하는 기능이 있다(스칼라는 코드를 정적으로 확인한다! 즉, 모든 변수의 형식은 컴파일을 할 때 결정된다). 형식 추론은 뒤에서 다시 살펴볼 것이다. 세 번째로 var 대신 val이라는 키워드를 사용했다. var와 val은 뭐가 다를까? val은 변수가 읽기 전용, 즉 변수에 값을 할당할 수 없음을 의미한다(자바의 final과 같다). var라는 키워드는 읽고 쓸 수 있는 변수를 가리킨다.

다른 컬렉션은 어떻게 사용할 수 있을까? 다음은 리스트(단방향 연결 리스트) 또는 집합(중복된 요소가 없는)을 만드는 간단한 코드다.

```
val authors = List("Raoul", "Mario", "Alan")
val numbers = Set(1, 1, 2, 3, 5, 8)
```

authors 변수는 세 개의 요소, numbers 변수는 다섯 개의 요소를 포함한다.

## 불변과 가변

지금까지 만든 컬렉션은 기본적으로 **불변**immutable이라는 점을 기억하자. 즉, 일단 컬렉션을 만들면 변경할 수 없다. 컬렉션이 불변이므로 프로그램에서 언제 컬렉션을 사용하든 항상 같은 요소를 갖게 되고 함수형 프로그래밍에서 유용하게 활용할 수 있다.

스칼라의 불변 컬렉션을 갱신해야 할 때는 어떻게 할까? 19장에서 등장한 영속이라는 용어를 스칼라의 컬렉션에도 적용할 수 있다. 즉, 스칼라에서는 [그림 14-3], [그림 14-4]에서 보여준 방식처럼 기존 버전과 가능한 한 많은 자료를 공유하는 새로운 컬렉션을 만드는 방법으로 자료 구조를 갱신한다. 결과적으로 **암묵적인 데이터 의존성**을 줄일 수 있다. 즉, 언제, 어디서 컬렉션 (또는 다른 공유된 자료구조 등)을 갱신했는지 크게 신경 쓰지 않아도 된다.

지금까지의 설명을 예제 코드로 직접 확인하자. 다음은 집합에 요소를 추가하는 코드다.

```
val numbers = Set(2, 5, 3);          여기서 +는 집합에 8을 더하는 메서드의
val newNumbers = numbers + 8         연산 결과로 새로운 Set 객체를 생성한다.
println(newNumbers)    ←—┤ (2, 5, 3, 8)
println(numbers)       ←—┤ (2, 5, 3)
```

위 예제에서 숫자 집합은 바뀌지 않았다. 대신 새로운 요소가 추가된 새로운 집합이 생성된다.

스칼라에서는 불변 컬렉션만 사용하도록 강제하는 것은 아니며 단지 불변성을 쉽게 적용할 수 있도록 도와주는 것임을 기억하자. 패키지 scala.collection.mutable에서는 가변 버전의 컬렉션을 제공한다.

> ### 변경불가와 불변
>
> 자바에서는 **변경불가**unmodifiable 컬렉션을 만드는 다양한 방법을 제공한다. 다음 코드에서 newNumbers는 numbers 집합에서 읽기 전용 값으로 요소를 추출한 변수다.
>
> ```
> Set<Integer> numbers = new HashSet<>();
> Set<Integer> newNumbers = Collections.unmodifiableSet(numbers);
> ```
>
> 따라서 newNumbers 변수에는 새로운 요소를 추가할 수 없다. 하지만 변경불가 컬렉션은 값을 고칠 수 있는 컬렉션의 래퍼에 불과하다. 즉, numbers 변수를 이용하면 새로운 요소를 추가할 수 있다!

반면 **불변**immutable 컬렉션은 얼마나 많은 변수가 컬렉션을 참조하는가와 관계없이 컬렉션을 절대 바꿀 수 없다는 점이 다르다.

19장에서 영속 자료구조를 만드는 방법을 설명했다. 영속 자료구조를 변경하면 자신의 기존 버전을 보존한다. 결과적으로 영속 자료구조를 변경하면 갱신된 새로운 자료구조가 생성된다.

## 컬렉션 사용하기

컬렉션을 만드는 방법을 살펴봤으니 이제 컬렉션을 사용하는 방법을 확인하자. 스칼라의 컬렉션 동작은 스트림 API와 비슷하다. 예를 들어 다음 예제에서는 filter와 map이 등장한다(그림 20-1 참조).

```
val fileLines = Source.fromFile("data.txt").getLines.toList()
val linesLongUpper =
    fileLines.filter(l => l.length() > 10)
            .map(l => l.toUpperCase())
```

첫 번째 행을 살펴보자. 첫 번째 행은 기본적으로 파일의 모든 행을 문자열 행으로 변환한다(자바의 Files.readAllLines와 비슷하다). 두 번째 행은 두 연산의 파이프라인을 생성한다.

- filter 연산: 길이가 10 이상인 행만 선택한다.
- map 연산: 긴 행을 대문자로 변환한다.

다음처럼 코드를 구현할 수도 있다.

```
val linesLongUpper =
    fileLines filter (_.length() > 10) map(_.toUpperCase())
```

위 코드에서는 인픽스 개념과 언더스코어(_)를 사용했다. 언더스코어는 인수로 대치된다. 즉, 이 코드에서 _.length()는 l => l.length()로 해석할 수 있다. filter와 map으로 전달된 함수에서 언더스코어는 처리되는 **행**으로 바운드된다.

**그림 20-1** 스칼라의 리스트에 스트림과 비슷한 연산 적용

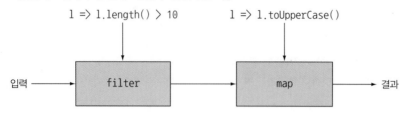

스칼라의 컬렉션 API에서는 이 외에도 많은 유용한 연산을 제공한다. 관심이 있는 독자는 스칼라 문서를 확인해보기 바란다(https://docs.scala-lang.org/overviews/collections/introduction.html). 스칼라의 API는 스트림 API에 비해 풍부한 기능을 제공한다(예를 들면 두 리스트의 요소를 합치는 지핑<sup>zipping</sup>이라는 연산을 제공한다). 따라서 스칼라 문서를 검토하면서 몇 가지 유용한 아이디어를 얻을 수 있다.

마지막으로 자바에서는 스트림에 `parallel`을 호출해서 파이프라인을 병렬로 실행할 수 있었다. 다음 코드에서 보여주는 것처럼 스칼라도 `par`라는 메서드로 비슷한 기능을 제공한다.

```
val linesLongUpper =
    fileLines.par filter (_.length() > 10) map(_.toUpperCase())
```

## 튜플

자바 프로그래머를 괴롭히는 기능 중 하나인 **튜플**<sup>tuple</sup>을 살펴보자. 예를 들어 사람의 이름과 전화번호를 그룹화하는 튜플을 만들려고 한다. 새로 클래스를 만들고 객체로 인스턴스화하지 않고 ("Raoul", "+ 44 007007007"), ("Alan", "+44 003133700") 같은 식으로 바로 튜플을 만들 수 있다면 좋을 것 같다.

안타깝게도 자바는 튜플을 지원하지 않는다. 따라서 직접 자료구조를 만들어야 한다. 다음은 간단한 Pair라는 클래스다.

```
public class Pair<X, Y> {
    public final X x;
    public final Y y;
    public Pair(X x, Y y) {
        this.x = x;
        this.y = y;
    }
}
```

선언을 했으면 명시적으로 클래스를 인스턴스화해야 한다.

```
Pair<String, String> raoul = new Pair<>("Raoul", "+ 44 007007007");
Pair<String, String> alan = new Pair<>("Alan", "+44 003133700");
```

두 개의 요소를 갖는 쌍은 구현했지만 세 개의 요소를 그룹화한 튜플은 어떻게 해야 할까? 이를 일반화해서 임의 요소를 그룹화하는 튜플은 어떻게 만들 수 있을까? 결과적으로 자바로 튜플을 구현한다는 것은 쉽지 않은 작업이며 프로그램의 가독성과 유지보수성을 떨어뜨린다.

스칼라는 **튜플 축약어**, 즉 간단한 문법으로 튜플을 만들 수 있는 기능을 제공한다.

```
val raoul = ("Raoul", "+ 44 887007007")
val alan = ("Alan", "+44 883133700")
```

스칼라는 임의 크기의 튜플[2]을 제공한다. 예를 들어 다음과 같은 방법으로 튜플을 만들 수 있다.

```
val book = (2018, "Modern Java in Action", "Manning")    ⟵┤ (Int, String, String) 형식의 튜플
val numbers = (42, 1337, 0, 3, 14)    ⟵┤ (Int, Int, Int, Int, Int) 형식의 튜플
```

다음 예제처럼 _1, _2 등의 접근자로 튜플의 요소에 접근할 수 있다. 접근자는 1부터 시작한다.

```
println(book._1)    ⟵┤ 2018 출력
println(numbers._4)    ⟵┤ 3 출력
```

자바보다 훨씬 간단하지 않은가? 다행히 이후 자바 버전에서도 튜플 축약어를 적용하자는 논의가 진행되고 있다(자세한 사항은 21장 참고).


## 스트림

지금까지 살펴본 리스트, 집합, 맵, 튜플은 **적극적으로**(즉, 즉시) 평가되었다. 지금까지 자바의 스트림은 요청할 때만 평가되었다(게으른 평가). 5장에서는 이러한 특성 덕분에 메모리 오버플로 없이 무한 시퀀스를 표현할 수 있음을 확인했다.

스칼라에서도 스트림이라는 게으르게 평가되는 자료구조를 제공한다! 스칼라의 스트림은 자바의 스트림보다 다양한 기능을 제공한다. 스칼라의 스트림은 이전 요소가 접근할 수 있도록 기존 계산값을 기억한다. 또한 인덱스를 제공하므로 리스트처럼 인덱스로 스트림의 요소에 접근할 수

---

**2** 최대 23개 요소를 그룹화하는 튜플을 만들 수 있다.

있다. 이러한 기능이 추가되면서 스칼라의 스트림은 자바의 스트림에 비해 메모리 효율성이 조금 떨어진다. 이전 요소를 참조하려면 요소를 '기억(캐시)'해야 하기 때문이다.

## 옵션

옵션이라는 자료구조도 있다. 스칼라의 Option은 10장에서 살펴본 자바의 Optional과 같은 기능을 제공한다. 11장에서는 Optional로 더 좋은 API를 설계할 수 있다고 설명했다. 즉, 사용자는 메서드의 시그니처만 보고도 Optional값이 반환될 수 있는지 여부를 알 수 있다. null 대신 Optional을 사용하면 null 포인터 예외를 방지할 수 있다.

다음 코드에서 보여주는 것처럼 11장에서는 사람의 나이가 최소 나이보다 클 때 보험회사 이름을 반환하는 코드에서 Optional을 활용했다.

```java
public String getCarInsuranceName(Optional<Person> person, int minAge) {
    return person.filter(p -> p.getAge() >= minAge)
                 .flatMap(Person::getCar)
                 .flatMap(Car::getInsurance)
                 .map(Insurance::getName)
                 .orElse("Unknown");
}
```

스칼라에서는 Optional과 비슷한 방식으로 Option을 사용할 수 있다.

```scala
def getCarInsuranceName(person: Option[Person], minAge: Int) =
    person.filter(_.getAge() >= minAge)
          .flatMap(_.getCar)
          .flatMap(_.getInsurance)
          .map(_.getName)
          .getOrElse("Unknown")
```

자바에서는 orElse라는 메서드를 사용했고, 스칼라에서는 getOrElse라는 메서드를 사용했다는 점을 제외하면 두 코드는 구조가 같다는 것을 확인할 수 있다. 자바의 개념을 곧바로 다른 프로그래밍 언어에 적용할 수 있다는 사실을 확인하는 순간이다! 안타깝게도 자바와의 호환성 때문에 스칼라에도 null이 존재한다. 하지만 되도록 null을 사용하지 않는 것이 좋다.

> **NOTE_** 위 코드에서 괄호가 있는 _.getCar() 대신 괄호가 없는 _.getCar를 사용했다. 스칼라에서는 인수가 없는 메서드를 호출할 때 괄호를 생략할 수 있다.

## 20.2 함수

**스칼라의 함수**는 어떤 작업을 수행하는 일련의 명령어 그룹이다. 명령어 그룹을 쉽게 추상화할 수 있는 것도 함수 덕분이며 동시에 함수는 함수형 프로그래밍의 중요한 기초석이다.

자바에서는 클래스와 관련된 함수에 **메서드**라는 이름이 사용된다. **익명 함수**의 일종인 람다 표현식도 살펴봤다. 스칼라에서는 자바에 비해 풍부한 함수 기능을 제공한다. 이 절에서는 스칼라에서 제공하는 다음과 같은 기능을 살펴본다.

- **함수 형식** : 함수 형식은 3장에서 설명한 자바 함수 디스크립터의 개념을 표현하는 편의 문법(즉, 함수형 인터페이스에 선언된 추상 메서드의 시그니처를 표현하는 개념)이다.

- **익명 함수** : 익명 함수는 자바의 람다 표현식과 달리 비지역 변수 기록에 제한을 받지 않는다.

- **커링 지원** : 커링은 여러 인수를 받는 함수를 일부 인수를 받는 여러 함수로 분리하는 기법이다.


### 20.2.1 스칼라의 일급 함수

스칼라의 함수는 **일급값**first-class value이다. 즉, Integer나 String처럼 함수를 인수로 전달하거나, 결과로 반환하거나, 변수에 저장할 수 있다. 지금까지 살펴본 것처럼 자바의 메서드 참조와 람다 표현식도 일급 함수다.

스칼라의 일급 함수 예제를 살펴보자. 사람들이 우리에게 보낸 트윗 문자열 리스트가 있다고 가정하자. 이때 트윗에 **Java**가 포함되어 있거나 짧은 문자열 등의 조건으로 트윗을 필터링하려 한다. 이런 두 가지 조건을 **프레디케이트**predicate로 표현할 수 있다(프레디케이트는 Boolean을 반환하는 함수다).

```
def isJavaMentioned(tweet: String) : Boolean = tweet.contains("Java")
def isShortTweet(tweet: String) : Boolean = tweet.length() < 20
```

이들 메서드를 스칼라에서 기본 제공하는 filter로 바로 전달할 수 있다(자바에서 메서드 참조로 이들을 전달했던 것처럼).

```
val tweets = List(
```

```
    "I love the new features in Java 8",
    "How's it going?",
    "An SQL query walks into a bar, sees two tables and says 'Can I join you?'"
  )
tweets.filter(isJavaMentioned).foreach(println)
tweets.filter(isShortTweet).foreach(println)
```

스칼라에서 제공하는 내장 메서드 filter의 시그니처를 확인하자.

```
def filter[T](p: (T) => Boolean): List[T]
```

위 코드에서 파라미터 p의 형식은 (T) => Boolean이다. 자바에서는 함수형 인터페이스를 사용했는데 스칼라에서는 어떤 형식을 사용해야 할까? (T) => Boolean은 T라는 형식의 객체를 받아 Boolean을 반환함을 의미한다. 자바로는 Predicate<T> 또는 Function<T, Boolean>과 같은 의미. 따라서 p의 형식은 isJavaMentioned, isShortTweet의 시그니처와 일치하므로 이들을 filter의 인수로 전달할 수 있다. 자바 언어 설계자는 기존 버전의 언어와 일관성consistency을 유지할 수 있도록 이와 같은 함수 형식을 지원하지 않기로 결정했다(언어의 새로운 버전에 새로운 문법을 너무 많이 추가하면 코드를 분석하는 데 부담이 발생한다는 이유도 있다).

## 20.2.2 익명 함수와 클로저

스칼라도 **익명 함수**anonymous function의 개념을 지원한다. 스칼라는 람다 표현식과 비슷한 문법을 제공한다. 다음은 트윗이 긴지를 확인하는 익명 함수를 isLongTweet이라는 변수로 할당하는 예제다.

```
val isLongTweet : String => Boolean =          ┌ String을 Boolean으로 반환하
   (tweet : String) => tweet.length() > 60     └ 는 함수 형식의 변수
                                           ◁── 익명 함수
```

자바의 람다 표현식으로 함수형 인터페이스의 인스턴스를 만들 수 있다. 스칼라도 비슷한 방식을 지원한다. 사실 위 코드는 apply 메서드의 구현을 제공하는 scala.Function1(한 개의 인수를 받는 함수) 형식의 익명 클래스를 축약한 것이다.

```
val isLongTweet : String => Boolean =
    new Function1[String, Boolean] {
        def apply(tweet: String): Boolean = tweet.length() > 60
    }
```

isLongTweet 변수는 Function1 형식의 객체를 저장하므로 다음처럼 apply 메서드를 호출할 수 있다.

```
isLongTweet.apply("A very short tweet")   ⟵┤ false를 반환함
```

자바로는 다음처럼 구현할 수 있다.

```
Function<String, Boolean> isLongTweet = (String s) -> s.length() > 60;
boolean long = isLongTweet.apply("A very short tweet");
```

자바에서는 람다 표현식을 사용할 수 있도록 Predicate, Function, Consumer 등의 내장 함수형 인터페이스를 제공했다. 마찬가지로 스칼라는 트레이트를 지원한다(자세한 사항은 20.3절에서 살펴볼 것이다. 일단은 **트레이트**<sup>trait</sup>가 인터페이스와 같다고 생각하자). 스칼라에서는 Function0(인수가 없으며 결과를 반환)에서 Function22(22개의 인수를 받음)를 제공한다(모두 apply 메서드를 정의한다).

보통 함수를 호출하는 것처럼 apply 메서드를 호출할 수 있다는 점도 스칼라의 멋진 기능 중 하나다.

```
isLongTweet("A very short tweet")   ⟵┤ false를 반환함
```

컴파일러는 f(a)라는 호출을 자동으로 f.apply(a)로 변환한다. 즉, 일반적으로 컴파일러는 f(a1, ..., an)을 f.apply(a1, ..., an)으로 변환할 수 있으며 여기서 f는 apply 메서드를 지원하는 객체다(apply의 인수 개수는 제한이 없다).


## 클로저

3장에서는 자바의 람다 표현식이 클로저에 해당하는지 여부를 설명했다. **클로저**<sup>closure</sup>란 함수의 비지역 변수를 자유롭게 참조할 수 있는 함수의 인스턴스를 가리킨다. 하지만 자바의 람다 표현식에는 람다가 정의된 메서드의 지역 변수를 고칠 수 없다는 제약이 있다. 이들 변수는 암시적으로 final로 취급된다. 즉, **람다는 변수가 아닌 값을 닫는다**는 사실을 기억하자.

스칼라의 익명 함수는 값이 아니라 변수를 캡처할 수 있다. 예를 들어 스칼라에서는 다음과 같은 코드를 구현할 수 있다.

```
def main(args: Array[String]) {
    var count = 0
```

```
        val inc = () => count+=1        count를 캡처하고
        inc()                           증가시키는 클로저
        println(count)    ←─┤ 1 출력
        inc()
        println(count)    ←─┤ 2 출력
    }
```

하지만 자바로 구현한 아래 코드에서 count는 암시적으로 final이 되므로 컴파일 에러가 발생한다.

```
    public static void main(String[] args) {
        int count = 0;                          에러: count는 명시적으로
        Runnable inc = () -> count+=1;   ←─     final 또는 final에 준하는 변수
        inc.run();                              여야 함
        System.out.println(count);
        inc.run();
    }
```

7, 18, 19장에서는 프로그램을 쉽게 유지보수하고 병렬화할 수 있도록 변화를 피하라고 조언했다. 따라서 꼭 필요할 때만 클로저 기능을 사용하는 것이 바람직하다.


## 20.2.3 커링

19장에서는 **커링**currying이라는 기법을 설명했다. x, y라는 두 인수를 가진 f라는 함수가 있을 때 이는 하나의 인수를 받는 g라는 함수 그리고 g라는 함수는 다시 나머지 인수를 받는 함수로 반환되는 상황으로 볼 수 있다는 것이다. 여러 인수를 가진 함수를 커링으로 일반화할 수 있다. 즉, 여러 인수를 받는 함수를 인수의 일부를 받는 여러 함수로 분할할 수 있다. 스칼라에서는 기존 함수를 쉽게 커리할 수 있는 방법을 제공한다.

이전의 자바 예제를 이용하자. 다음처럼 두 정수를 곱하는 간단한 메서드를 정의할 수 있다.

```
    static int multiply(int x, int y) {
        return x * y;
    }
    int r = multiply(2, 10);
```

이 함수는 전달된 모든 인수를 사용한다. 다음 예제처럼 다른 함수를 반환하도록 위의 multiply 메서드를 분할할 수 있다.

```
static Function<Integer, Integer> multiplyCurry(int x) {
    return (Integer y) -> x * y;
}
```

multiplyCurry가 반환하는 함수는 x와 인수 y를 곱한 값(정수값)을 캡처한다. 다음처럼 map
과 multiplyCurry를 연결해서 각 요소에 2를 곱할 수 있다.

```
Stream.of(1, 3, 5, 7)
      .map(multiplyCurry(2))
      .forEach(System.out::println);
```

위 코드를 실행하면 2, 6, 10, 14가 출력된다. map은 인수로 Function을 받고 multiplyCurry
가 Function을 반환하므로 위 코드는 문제없이 작동한다!

자바에서 함수를 커리 형식으로 분할하려면 조금 복잡한 과정을 거쳐야 한다(특히 함수의 인수
가 많을수록 복잡해진다). 스칼라는 이 과정을 자동으로 처리하는 특수 문법을 제공한다. 스칼
라에서는 전형적인 multiply 메서드를 다음처럼 정의할 수 있다.

```
def multiply(x : Int, y: Int) = x * y

val r = multiply(2, 10);
```

다음은 커리된 결과다.

```
def multiplyCurry(x :Int)(y : Int) = x * y   ⟵┤ 커리된 함수 정의

val r = multiplyCurry(2)(10)   ⟵┤ 커리된 함수 호출
```

(x: Int)(y: Int) 같은 문법으로 multiplyCurry 메서드는 Int 파라미터 하나를 포함하는
**인수 리스트 둘**을 받았다. 반면 multiply는 Int 파라미터 둘로 구성된 **리스트 하나**를 인수로
받는다. multiplyCurry를 호출하면 어떻게 될까? Int(파라미터 x) 하나로 multiplyCurry를
처음 호출(multiplyCurry(2))하면 파라미터 y를 인수로 받는 다른 함수를 반환하며 이를 x
캡처값(여기서는 2)에 곱한다. 14.1.2절에서 살펴본 것처럼 모든 인수를 사용하지 않았으므
로 이 상황을 함수가 **부분 적용되었다**고 표현한다. 두 번째로 함수를 호출하면 x와 y를 곱한다.
즉, multiplyCurry를 처음 호출한 결과를 내부 변수에 저장했다가 재사용한다.

```
val multiplyByTwo : Int => Int = multiplyCurry(2)
val r = multiplyByTwo(10)   ⟵┤ 20
```

자바와 달리 스칼라에서는 커리된 함수를 직접 제공할 필요가 없다. 스칼라에서는 함수가 여러 커리된 인수 리스트를 포함하고 있음을 가리키는 함수 정의 문법을 제공하기 때문이다.


# 20.3 클래스와 트레이트

이번에는 자바의 클래스와 인터페이스를 스칼라와 비교하자. 클래스와 인터페이스는 애플리케이션 설계의 핵심 요소다. 스칼라의 클래스와 인터페이스는 자바에 비해 더 유연함을 제공한다는 사실을 확인할 수 있다.


## 20.3.1 간결성을 제공하는 스칼라의 클래스

스칼라는 완전한 객체지향 언어이므로 클래스를 만들고 객체로 인스턴스화할 수 있다. 스칼라는 자바에서 클래스를 만들고 인스턴스화하는 방법과 문법적으로 비슷한 구조를 제공한다. 예를 들어 다음은 스칼라의 Hello 클래스 정의 코드다.

```
class Hello {
    def sayThankYou() {
        println("Thanks for reading our book")
    }
}
val h = new Hello()
h.sayThankYou()
```

### 게터와 세터

필드를 포함하는 클래스에서는 더 재미있는 일이 일어난다. 필드 리스트만 정의하는 자바 클래스를 만들어본 적이 있는가? 이런 클래스에는 생성자와 필드 수 만큼의 게터와 세터가 선언된다. 얼마나 귀찮은 일인가! 엔터프라이즈 자바 애플리케이션의 클래스에서 흔히 이 같은 수많은 양의 코드를 발견할 수 있다. 예를 들어 다음과 같은 Student 클래스가 있다고 하자.

```
public class Student {
    private String name;
    private int id;
```

```java
    public Student(String name) {
        this.name = name;
    }

    public String getName() {
        return name;
    }

    public void setName(String name) {
        this.name = name;
    }

    public int getId() {
        return id;
    }

    public void setId(int id) {
        this.id = id;
    }
}
```

자바에서는 생성자를 정의하고 필드를 초기화했으며 두 개의 게터와 두 개의 세터도 정의했다. 간단한 클래스인데도 20행이 넘는 코드가 필요하다! IDE와 기타 도구를 이용해서 자동으로 코드를 생성할 수 있지만 실제 비즈니스 로직을 처리하는 데 별 도움이 되지 않는 수많은 코드가 존재한다는 사실은 변하지 않는다.

스칼라에서는 생성자, 게터, 세터가 암시적으로 생성되므로 코드가 훨씬 단순해진다.

```scala
class Student(var name: String, var id: Int)    ─┐ Student 객체
val s = new Student("Raoul", 1)    ◀──           │ 초기화
println(s.name)    ◀──┐    이름을 얻어
s.id = 1337    ◀──┤ id 설정    │ Raoul 출력
println(s.id)    ◀──┤ 1337 출력
```

## 20.3.2 스칼라 트레이트와 자바 인터페이스

스칼라는 트레이트라는 유용한 추상 기능도 제공한다. 스칼라의 트레이트는 자바의 인터페이스를 대체한다. 트레이트로 추상 메서드와 기본 구현을 가진 메서드 두 가지를 모두 정의할 수

있다. 자바의 인터페이스처럼 트레이트는 다중 상속을 지원하므로 자바의 인터페이스와 디폴트 메서드 기능이 합쳐진 것으로 이해할 수 있다. 그럼 트레이트는 추상 클래스와 같다고 이해할 수 있을까? 그렇지 않다. 트레이트는 클래스와 달리 다중 상속될 수 있기 때문이다. 자바 8에서는 다중 인터페이스만 구현할 수 있으므로 형식만 다중 상속할 수 있다. 하지만 자바 8에서는 디폴트 메서드 덕분에 동작을 다중 상속할 수 있게 되었지만 스칼라의 트레이트와는 달리 상태는 다중 상속할 수 없다.

Sized라는 트레이트를 정의하면서 스칼라의 트레이트가 무엇인지 살펴보자. Sized라는 트레이트는 size라는 가변 필드와 기본 구현을 제공하는 isEmpty 메서드를 포함한다.

```
trait Sized {
    var size : Int = 0   ←┤ size 필드
    def isEmpty() = size == 0  ←┐ 기본 구현을 제공하는
}                                 └ isEmpty 메서드
```

트레이트를 클래스와 조합해서 선언할 수 있다. 다음은 항상 0의 크기를 갖는 Empty 클래스를 정의하는 예제다.

```
class Empty extends Sized   ←┐ 트레이트 Sized에서
                              └ 상속받은 클래스

println(new Empty().isEmpty())   ←┤ true 출력
```

흥미롭게도 자바 인터페이스와는 달리 객체 트레이트는 **인스턴스화 과정에서도 조합**할 수 있다(하지만 조합 결과는 컴파일할 때 결정된다). 예를 들어 Box 클래스를 만든 다음에 어떤 Box 인스턴스는 트레이트 Sized가 정의하는 동작을 지원하도록 결정할 수 있다.

```
class Box                        ←┐ 객체를 인스턴스화할 때
val b1 = new Box() with Sized   └ 트레이트를 조합함
println(b1.isEmpty())   ←┤ true 출력
val b2 = new Box()
b2.isEmpty()   ←┐ 컴파일 에러: Box 클래스 선언이
                └ Sized를 상속하지 않았음
```

같은 시그니처를 갖는 메서드나 같은 이름을 갖는 필드를 정의하는 트레이트를 다중 상속하면 어떻게 될까? 스칼라에서는 9장 '디폴트 메서드'에서 이 문제를 해결한 방법과 비슷한 제한을 둔다.

## 20.4 마치며

이 장에서는 다음 핵심 개념을 배웠다.

- 자바와 스칼라는 객체지향과 함수형 프로그래밍 모두를 하나의 프로그래밍 언어로 수용한다. 두 언어 모두 JVM에서 실행되며 넓은 의미에서 상호운용성을 갖는다.

- 스칼라는 자바처럼 리스트, 집합, 맵, 스트림, 옵션 등의 추상 컬렉션을 제공한다. 또한 튜플도 추가로 제공한다.

- 스칼라는 자바에 비해 풍부한 함수 관련 기능을 제공한다. 스칼라는 함수 형식, 지역 변수에 접근할 수 있는 클로저, 내장 커링 형식 등을 지원한다.

- 스칼라의 클래스는 암묵적으로 생성자, 게터, 세터를 제공한다.

- 스칼라는 트레이트를 지원한다. 트레이트는 필드와 디폴트 메서드를 포함할 수 있는 인터페이스다.

# CHAPTER 21

# 결론 그리고 자바의 미래

> **이 장의 내용**
>
> ◆ 자바 8의 기능과 자바 8이 프로그래밍 형식에 가져올 변화
>
> ◆ 새로운 자바 9 모듈 시스템
>
> ◆ 6개월 주기의 점진적 자바 릴리스 생명주기
>
> ◆ 첫 번째 점진적 릴리스 자바 10
>
> ◆ 미래 자바 버전에 추가되리라 기대하는 기능

지금까지 살펴본 여러 내용이 독자 여러분의 새로운 자바 8, 자바 9의 기능을 코드에 직접 적용할 수 있는 밑거름이 되었기를 바란다. 21장에서는 지금까지 배운 자바 8의 내용 그리고 자바 9의 함수형 프로그래밍뿐 아니라 새로운 모듈화 기능, 기타 개선 사항 등을 되새긴다. 또한 자바 10에서 추가된 기능을 배울 뿐 아니라 어떤 멋진 기능이 자바 9, 10, 11, 12를 거치면서 추가될지 살펴본다.

## **21.1** 자바 8의 기능 리뷰

지금까지 배운 내용을 복습하면서 자바 8이 얼마나 실용적이고 유용한 언어인지 다시 확인해 보자. 자바 8의 기능을 단순하게 열거하는 방법이 아니라 논리적인 언어 설계 방식에 따라 전반적인 기능을 살펴볼 것이다. 또한 자바 8에 추가된 대부분의 새로운 기능은 자바에서 함수형 프로그래밍을 쉽게 적용할 수 있도록 도와준다는 사실을 강조할 것이다. 자바 8에 이렇게 큰

변화가 생긴 이유는 (어떻게 하다 보니 이렇게 된 것이 아니라 다분히 계획적인 변화며) 1장에서 기후 변화로 비유한 커다란 두 가지 추세 때문임을 기억하자.

- 한 가지 추세는 멀티코어 프로세서의 파워를 충분히 활용해야 한다는 것이다. 무어의 법칙에 따라 실리콘 기술이 발전하면서 개별 CPU 코어의 속도가 빨라지고 있다. 즉, 코드를 병렬로 실행해야 더 빠르게 코드를 실행할 수 있다.

- 데이터 소스를 이용해서 주어진 조건과 일치하는 모든 데이터를 추출하고, 결과에 어떤 연산을 적용하는 등 선언형으로 데이터를 처리하는 방식, 즉 간결하게 데이터 컬렉션을 다루는 추세다. 간결하게 데이터 컬렉션을 처리하려면 불변값을 생산할 수 있는 불변 객체와 불변 컬렉션이 필요하다.

필드를 변화하고 반복자를 적용하는 기존의 객체지향, 명령형 언어로는 이러한 추세를 만족시키기 어렵다. 한 코어에서 데이터를 변화시키고 다른 코어에서 이 데이터를 읽으려면 비싼 비용을 치러야 할 뿐 아니라 잠금 관련 버그도 많이 발생한다. 한편 기존 객체를 반복하면서 변화시키는 방식에만 익숙해져있는 개발자에게는 스트림 같은 프로그래밍 용어가 낯설게 느껴질 것이다. 하지만 함수형 프로그래밍을 사용하면 이 두 가지 추세를 모두 달성할 수 있다. 자바 8의 모습이 기존 자바와 크게 달라진 이유도 바로 이것 때문이다.

이제 이 책에서 배운 내용을 커다란 하나의 그림으로 살펴보면서 새로운 기후에 자바의 새로운 기능을 어떻게 적용할 수 있는지 확인하자.

### 21.1.1 동작 파라미터화(람다와 메서드 참조)

재사용할 수 있는 filter 같은 메서드를 구현하려면 filter 메서드의 인수가 필터링 조건을 받도록 만들어야 한다. 경험이 많은 자바 프로그래머는 기존의 자바로도 이런 기능을 구현할 수 있다(필터링 조건을 메서드 내에서 클래스로 감싼 다음에 해당 클래스의 인스턴스를 전달하는 방법). 하지만 보통 상당히 복잡한 코드를 구현해야 하며 따라서 유지보수하는 것도 쉽지 않다.

2장과 3장에서 살펴본 것처럼 함수형 프로그래밍에서 지원하는 메서드로 코드 블록을 전달하는 기법을 자바 8에서도 제공한다.

- apple -> apple.getWeight( ) > 150 같은 람다 코드를 전달할 수 있다.
- Apple::isHeavy 같은 기존 메서드의 메서드 참조를 전달할 수 있다.

메서드로 전달되는 값은 Function<T, R>, Predicate<T>, BiFunction<T, U, R> 등의 형식을 가지며 메서드를 수신한 코드에서는 apply, test 등의 메서드로 코드를 실행할 수 있다. 람다가 전체적인 기능에서 꼭 필요한 개념은 아니지만 자바 8의 새로운 스트림 API에서는 람다를 효과적으로 사용하면서 자바의 핵심 기능으로 힘을 더해주고 있다.

## 21.1.2 스트림

자바의 컬렉션 클래스, 반복자, for-each 구문은 오랫동안 사용된 기능이다. 자바 8 설계자는 기존의 컬렉션에 람다를 활용한 filter, map 등의 메서드를 추가해서 데이터베이스 질의 같은 기능을 제공하는 비교적 쉬운 방법을 선택할 수 있었다. 그럼에도 자바 8 설계자는 그렇게 하지 않았다. 대신 자바 8 설계자는 완전히 새로운 스트림 API를 만들었다(4~7장에서 살펴봤음). 잠시 그 이유를 생각해보자.

컬렉션에 어떤 문제가 있으며 스트림과 비슷한 점과 다른 점은 무엇일까? 예를 들어 큰 컬렉션에 세 가지 연산을 적용한다고 가정하자. 우선 컬렉션의 필드를 더할 수 있는 객체를 매핑하고, 어떤 조건을 만족하는 합계를 필터링한 다음에, 결과를 정렬해야 한다. 따라서 컬렉션을 각각 세 번 탐색해야 한다. 스트림 API는 이들 연산을 파이프라인이라는 게으른 형식의 연산으로 구성한다. 그리고 한 번의 탐색으로 파이프라인의 모든 연산을 수행한다. 큰 데이터 집합일수록 스트림의 데이터 처리 방식이 효율적이며, 또한 메모리 캐시 등의 관점에서도 커다란 데이터 집합일수록 탐색 횟수를 최소화하는 것이 아주 중요하다.

또한 멀티코어 CPU를 활용해서 병렬로 요소를 처리하는 기능도 매우 중요한 점이다. 스트림의 parallel 메서드는 스트림을 병렬로 처리하도록 지정하는 역할을 한다. 상태 변화는 병렬성의 가장 큰 걸림돌이다. 따라서 함수형 개념은 map, filter 등의 연산을 활용하는 스트림의 병렬 처리의 핵심으로 자리 잡았다(4장에서 설명한 부작용이 없는 연산, 람다와 메서드 참조로 파라미터화된 메서드, 즉 외부 반복 대신 내부 반복을 지원하는 메서드 등이 함수형 개념의 핵심이다).

이제 스트림과 관련해서 소개한 아이디어가 CompletableFuture의 설계와 어떤 직접적인 연관성이 있는지 살펴본다.

### 21.1.3 CompletableFuture 클래스

자바 5부터 Future 인터페이스를 제공한다. Future를 이용하면 여러 작업이 동시에 실행될 수 있도록 다른 스레드나 코어로 작업을 할당할 수 있다. 즉, 멀티코어를 잘 활용할 수 있다. 다른 작업을 생성한 기존 작업에서 결과가 필요할 때는 get 메서드를 호출해서 생성된 Future가 완료(즉, 결과값을 계산)될 때까지 기다릴 수 있다.

16장에서는 Future를 구현하는 CompletableFuture 자바 8의 클래스를 소개했다. 그때도 람디가 등장했었다. CompletableFuture는 'CompletableFuture와 Future의 관계는 스트림과 컬렉션의 관계와 같다'라는 좌우명을 주장한다. 무슨 의미인지 살펴보자.

- 스트림에서는 파이프라인 연산을 구성할 수 있으므로 map, filter 등으로 동작 파라미터화를 제공한다. 따라서 반복자를 사용했을 때 생기는 불필요한 코드를 피할 수 있다.

- 마찬가지로 CompletableFuture는 Future와 관련한 공통 디자인 패턴을 함수형 프로그래밍으로 간결하게 표현할 수 있도록 thenCompose, thenCombine, allOf 등을 제공한다. 따라서 명령형에서 발생하는 불필요한 코드를 피할 수 있다.

스트림이나 CompletableFuture에 비해 단순한 시나리오지만 이와 같은 연산 형식은 자바 8의 Optional에도 적용된다. 이번에는 Optional을 살펴보자.

### 21.1.4 Optional 클래스

자바 8 라이브러리는 T 형식의 값을 반환하거나 아니면 값이 없음을 의미하는 Optional.empty라는 정적 메서드를 반환할 수 있는 Optional<T> 클래스를 제공한다. Optional<T>는 프로그램을 쉽게 이해하고 문서화하는 데 큰 도움을 준다. 즉, Optional<T>는 에러가 잘 발생할 수 있는 계산을 수행하면서 값이 없을 때 에러를 발생시킬 수 있는 null 대신 정해진 데이터 형식을 제공할 수 있다.

10장에서 살펴본 것처럼 일관적으로 Optional<T>를 사용한다면 NullPointerException이 발생하지 않을 것이다. '없는 값의 형식을 다른 값으로 표현하는 기능이 도대체 프로그램 구현에 무슨 도움을 주는 걸까?'라고 생각하는 사람도 있을 것이다. 자세히 살펴보면 Optional⟨T⟩ 클래스는 map, filter, ifPresent를 제공한다. 스트림 클래스가 제공하는 것과 비슷한 동작으로 계산을 연결할 때 함수형으로 map, filter, ifPresent 등을 사용할 수 있으며, 값이 없는 상황을 사용자 코드에서 확인하는 것이 아니라 라이브러리에서 확인할 수 있다. 값을 내부적으로 검사하는 것과 외부적으로 검사하는 것은 사용자 코드에서 시스템 라이브러리가 내부 반복을 하느냐 아니면 외부 반복을 하느냐와 같은 의미를 갖는다. 자바 9에서는 Optional API에 stream(), or(), ifPresentOrElse() 등의 새로운 메서드를 추가했다.

## 21.1.5 Flow API

자바 9에서는 리액티브 스트림과 리액티브 당김 기반 역압력 프로토콜(소비자가 빠른 생산자를 대응하지 못해 발생하는 문제를 방지하는 기법)을 표준화했다. Flow API는 호환성을 높일 수 있도록 라이브러리가 구현할 수 있는 네 개의 인터페이스 Publisher, Subscriber, Subscription, Processor를 포함한다.

다음 절에서는 호환성을 유지하면서 라이브러리를 확장할 수 있는 그러나 함수형 프로그래밍과는 아무 관련이 없는 기능을 살펴본다.

## 21.1.6 디폴트 메서드

자바 8에는 다른 기능도 추가되었다. 이 기능은 심지어 개별 프로그래밍의 구현에는 아무 영향도 미치지 않는다. 디폴트 메서드 default method를 인터페이스에 추가할 수 있게 되면서 라이브러리 설계자들은 든든한 지원군을 얻었다. 자바 8 이전에는 인터페이스에서 메서드 시그니처만 정의했다. 하지만 디폴트 메서드 덕분에 인터페이스 설계자는 메서드의 기본 구현을 제공할 수 있다.

특히 인터페이스에 새로운 기능을 추가했을 때 기존의 모든 고객(인터페이스를 구현하는 클래스)이 새로 추가된 기능을 구현하지 않을 수 있게 되었다는 점에서 디폴트 메서드는 라이브러리 설계자에게 아주 훌륭한 도구다. 디폴트 메서드 덕분에 인터페이스가 바뀌어도 사용자는 신경쓸 필요가 없다. 13장에서 디폴트 메서드를 자세히 설명했다.

## 21.2 자바 9 모듈 시스템

자바 8에서는 많은 새 기능(예를 들어 람다, 인터페이스의 디폴트 메서드 등) 그리고 Stream, CompletableFuture 같은 유용한 새 클래스를 추가했다. 자바 9에서는 새 언어 기능은 추가되지 않았지만 스트림의 takeWhile, dropWhile 그리고 CompletableFuture의 completeOnTimeout 등 자바 8에서 시작된 여러 기능을 강화했다. 자바 9의 핵심은 새 모듈 시스템이다. 새 모듈 시스템에서는 module-info.java 파일이 추가되었지만 언어적으로는 바뀐 것이 없다. 하지만 모듈 시스템 덕분에 아키텍처 관점에서 애플리케이션을 설계하고 구현하는 방식이 바뀌었고 하위 부분간의 경계와 상호작용 방법 정의가 명확해졌다.

안타깝게도 자바 9는 다른 릴리스에 비해 과거 호환성을 많이 해쳤다. 하지만 적절한 모듈화라는 장점을 얻으려면 불가피한 희생이다. 패키지간의 캡슐화를 강화는 호환성 희생의 한 가지 이유다. 사실 자바의 가시성 접근자는 메서드와 클래스 간의 캡슐화를 정의하는 용도일 뿐 패키지 간에는 모든 접근성이 공개된다. 이런 제약 때문에 시스템 속성을 모듈화하는 것이 어려웠다. 특히 어떤 모듈을 공개하고, 어떤 세부 구현은 다른 모듈이나 애플리케이션이 접근할 수 없게 숨겨야 할지 지정할 수 없었다.

패키지간의 캡슐화를 저해한 두 번째 요인으로 모듈화 시스템 부재를 꼽을 수 있다. 모듈 시스템이 없이는 같은 환경에서 실행되는 모든 코드의 보안과 관련된 기능을 노출하는 것을 막을 방법이 없었다. 그러면 악의적 코드가 모듈의 핵심 부분에 접근할 수 있게 되고 그러면 모든 보안 기법을 우회할 수 있다.

마지막으로 새로운 자바 모듈 시스템 덕분에 자바 런타임이 작은 부분으로 나눠질 수 있게 되었으므로 애플리케이션에서 필요한 부분만 사용할 수 있다. 예를 들어 CORBA가 새 자바 프로젝트에 필요하다면 필요한 기능만 추가하면 된다. 전통적인 크기의 컴퓨팅 디바이스의 제약에 한정된 애기로 들릴 수 있겠지만 요즘에도 컨테이너화된 환경에서 실행하는 자바 애플리케이션에서도 이 기능은 중요할 수 있다. 즉 자바 모듈 시스템 덕분에 사물인터넷 애플리케이션이나 클라우드에서 자바 런타임을 사용할 수 있기 때문이다.

14장에서 살펴본 것처럼 자바 모듈 시스템은 언어 수준의 기법으로 큰 시스템과 자바 런타임 자체를 모듈화함으로 이들 문제를 해결한다. 다음은 자바 모듈 시스템이 제공하는 장점이다.

- **안정적 설정** : 모듈 요구사항을 명시적으로 선언함으로 의존성 빠짐, 충돌, 순환 등의 문

제를 런타임이 아니라 빌드 과정에서 일찍 확인할 수 있다.

- **강한 캡슐화** : 자바 모듈 시스템은 특정 패키지만 노출한 다음 각 모듈에서 공개할 부분과 내부 구현의 영역 접근을 분리할 수 있다.

- **보안성 개선** : 사용자가 모듈의 특정 부분을 사용할 수 없도록 함으로 해커가 보안 제어를 뚫기가 어려워졌다.

- **성능 개선** : 클래스가 런타임이 로드된 다른 클래스를 참조하는 상황보다는 적은 수의 컴포넌트를 참조할 때 최적화 기술이 더 효과를 발휘한다.

- **확장성** : 자바 모듈 시스템은 자바 SE 플랫폼을 작은 부분으로 나눔으로 실행중인 애플리케이션에서 필요한 부분만 사용할 수 있다.

모듈화는 보통 다루기 어려운 주제이며 자바 8의 람다가 그랬던 것처럼 갑자기 모듈화가 성행할 것 같진 않다. 하지만 장기적으로는 유지보수라는 관점에서 모듈화에 투자하는 것이 결국은 바람직할 것이라 믿는다.

지금까지 이 책에서 살펴본 자바 8, 자바 9의 개념을 요약했다. 21.3절에서는 미래의 개선과 자바 9 이후에 추가될 자바의 훌륭한 기능을 심도있게 살펴본다.

## 21.3 자바 10 지역 변수형 추론

자바에서는 기본적으로 변수가 메서드를 정의할 때 다음 예제처럼 형식을 지정해야 한다.

```
double convertUSDToGBP(double money) { ExchangeRate e = ...; }
```

위 예제에는 convertUSDToGBP의 결과, 인수 money, 지역 변수 e라는 세 가지 형식이 사용되었다. 시간이 지나면서 이와 같은 엄격한 형식 지정이 조금 느슨해졌다. 우선 컨텍스트로 형식을 유추할 수 있는 상황에서는 제네릭의 형식 파라미터를 생략할 수 있다. 다음 예제를 살펴보자.

```
Map<String, List<String>> myMap = new HashMap<String, List<String>>();
```

자바 7부터는 위 코드를 다음처럼 간소화할 수 있다.

```
Map<String, List<String>> myMap = new HashMap<>();
```

마찬가지로 콘텍스트로 형식을 유추할 수 있는 다음과 같은 람다 표현식이 있다고 가정하자.

```
Function<Integer, Boolean> p = (Integer x) -> booleanExpression;
```

위 코드를 다음처럼 줄일 수 있다.

```
Function<Integer, Boolean> p = x -> booleanExpression;
```

형식이 생략되면 컴파일러가 생략된 형식을 추론[infer]한다

한 개의 식별자로 구성된 형식에 형식 추론을 사용하면 다양한 장점이 생긴다. 우선 한 형식을 다른 형식으로 교체할 때 편집 작업이 줄어든다. 하지만 형식의 크기가 커지면서 제네릭이 다른 제네릭 형식에 의해 파라미터화될 수 있다. 이런 상황에서는 형식 추론으로 가독성이 좋아질 수 있다[1]. 스칼라와 C# 언어는 지역 변수의 형식을 var 키워드로 대체할 수 있다. 그러면 컴파일러가 변수 할당문의 오른쪽 내용을 기초로 형식을 추론한다. 예를 들어 다음처럼 myMap을 선언할 수 있다.

```
var myMap = new HashMap<String, List<String>>();
```

이를 지역 변수형 추론[local variable type inference]이라 부르며 자바 10에 추가된 기능이다.

하지만 지역 변수형 추론 과정에서 몇 가지 문제가 발생할 수 있다. Vehicle을 상속하는 Car가 있을 때 다음과 같이 정의했다고 가정하자.

```
var x = new Car();
```

x의 형식은 Car일까 아니면 Vehicle일까? 상식적으로 변수의 형식은 초기화의 형식과 같다고 간주할 수 있다. 또한 초기화 코드가 없을 때는 var를 사용할 수 없다는 제약이 있으므로 큰 문제는 없다. 자바 10에서는 이를 공식적으로 지원하며 초깃값이 없을 때는 var을 사용할 수 없음도 설명하고 있다.

---------------------------------

**1** 형식 추론이 명확하게 이루어진다는 점은 중요하다. 형식을 추론하는 방법이 오직 하나뿐이거나, 하나로 쉽게 문서화할 수 있거나, 사용자가 생략한 형식을 다시 만들 수 있는 상황에서 빛을 발한다. 하지만 시스템이 사용자가 의도했던 형식과 다른 형식을 추론하기 시작하면 문제가 발생한다. 따라서 두 가지 이상의 형식으로 추론할 수 있는 상황에서는 임의로 형식을 추론하여 언젠가 문제를 일으키는 것보다는 에러를 발생시키는 것이 바람직하다.

## 21.4 자바의 미래

이 절에서 살펴보는 내용은 JDK 개선 제안$^{JDK\ Enhancement\ Proposal}$ 웹사이트인 http://openjdk.
java.net/jeps/0에서 더 자세히 확인할 수 있다. 좋은 제안임에도 불구하고 기존 기능과의 상
호 작용이나 기타 문제 때문에 자바에 채택되지 못한 이유를 설명한다.

### 21.4.1 선언 사이트 변종

자바에서는 제네릭의 서브형식을 와일드카드로 지정할 수 있는 유연성(보통 이를 **사용 사이트
변종**$_{use-site\ variance}$이라 함)을 허용한다. 즉, 다음처럼 제네릭을 지정할 수 있다.

```
List<? extends Number> numbers = new ArrayList<Integer>();
```

하지만 다음처럼 ? extends가 없으면 컴파일 에러가 발생한다.

```
List<Number> numbers = new ArrayList<Integer>();    ⟵┤ 호환되지 않는 형식
```

C#, 스칼라 같은 많은 프로그래밍 언어는 선언 사이트 변종이라는 다른 변종 기법을 지원한
다. 선언 사이트 변종을 이용하면 제네릭 클래스를 정의할 때 프로그래머가 변종을 지정할 수
있다. 본질적으로 변종적인$^{variant}$ 클래스에서 이 기능을 유용하게 사용할 수 있다. 예를 들어
Iterator는 본질적으로 공변적$^{covariant}$이며 Comparator는 본질적으로 반변적$^{contravariant}$이다. 선
언 사이트 변종에서는 ? extends나 ? super를 사용할 필요가 없다. 선언 사이트 변종은 클래
스를 정의할 때 이와 같은 규격명세를 표현하므로 자바에 선언 사이트 변종을 추가하면 좋을
것이다. 결과적으로 프로그래머가 좀 더 쉽게 코드를 파악할 수 있게 된다. 2018년 이 책을 집
필하던 당시에 JDK 개선 제안이 적용되면 이후 자바 버전에서 기본 선언 사이트 변종이 적용
될 수 있는 상황이었다$^{2}$.

### 21.4.2 패턴 매칭

19장에서 설명한 것처럼 보통 함수형 언어는 switch를 개선한 기능인 패턴 매칭을 제공한다.
패턴 매칭을 이용하면 '이 값이 주어진 클래스의 인스턴스인가?'라는 질문을 직접 할 수 있으며

---

**2** 역자주_ 2019년 5월 현재 아직 릴리스는 되지 않았다.

객체의 필드가 어떤 값을 가지고 있는지도 재귀적으로 물을 수 있다. 다음과 같은 간단한 자바 예제 코드를 살펴볼 수 있다.

```
if (op instanceof BinOp){
    Expr e = ((BinOp) op).getLeft();
}
```

위 코드에서 op의 형식이 명확한 상황인데도 형변환 코드에서 BinOp형을 반복 사용했다.

물론 더 복잡한 계층을 표현해야 하는 상황이거나 여러 if문을 연결하면서 코드가 더 복잡해질 수 있다. 전통적인 객체지향 디자인에서는 switch 대신 방문자 패턴<sup>visitor pattern</sup> 등을 사용할 것을 권장한다는 사실을 기억하자. 방문자 패턴에서는 데이터 형식에 종속된 제어 흐름이 switch가 아닌 메서드에 의해 결정된다. 하지만 함수형 프로그래밍에서는 상황이 달라진다. 함수형 프로그래밍에서는 데이터 형식의 값에 패턴 매칭을 적용하는 것이 프로그램을 가장 쉽게 설계하는 지름길이다.

스칼라 형식의 패턴 매칭을 완벽하게 자바로 적용하는 것은 쉽지 않은 일이지만 문자열을 허용하는 switch문이 등장한 것처럼 조만간 더 유연한, 즉 instanceof 문법을 사용해서 객체를 사용하는 switch문이 등장할 날도 머지않았음을 상상할 수 있다. 실제 JDK 개선 제안에서는 패턴 매칭을 새 자바 언어 기능으로 추가하는 방안(http://openjdk.java.net/jeps/305)을 검토하고 있다. 다음은 19장에서 살펴본 예제다. 예제에서 BinOp와 Number는 Expr 클래스를 상속했다고 가정했다.

```
switch (someExpr) {
    case (op instanceof BinOp):
        doSomething(op.getOpName(), op.getLeft(), op.getRight());
    case (n instanceof Number):
        dealWithLeafNode(n.getValue());
    default:
        defaultAction(someExpr);
}
```

위 예제는 패턴 매칭에서 몇 가지 아이디어를 가져왔다. 즉, case (op instanceof BinOp):에서 op는 (BinOp 형식의) 새로운 지역 변수로 someExpr과 같은 값으로 바운드된다. 마찬가지로 n은 Number 형식의 변수가 된다. default 케이스에서는 아무 변수도 바운드되지 않는다. 이 제안을 적용한다면 if-then-else 그리고 서브형식 캐스팅에 사용되는 여러 불필요한 코드를 제거할 수 있다. 전통적인 객체지향 설계자라면 이 예제처럼 데이터 형식에 따라 코드 실행을 결정할 때 차라리 서브형식으로 오버라이드된 방문자 형식의 메서드로 구현하는 것이 더 좋다고 생각할 수 있다. 하지만 함수형 프로그래밍의 관점에서는 관련 코드가 여러 클래스 정의로 흩어지는 결과를 초래할 뿐이다. 사실 이 문제는 '표현 문제'라는 양립적으로 논쟁 중인 오래된 주제다[3].

### 21.4.3 풍부한 형식의 제네릭

이 절에서는 자바 제네릭의 두 가지 한계를 살펴보고 이를 해결할 수 있는 방법을 설명한다.

**구체화된 제네릭**

자바 5에서 제네릭을 소개했을 때 제네릭이 기존 JVM과 호환성을 유지해야 했다. 결과적으로 ArrayList⟨String⟩이나 ArrayList⟨Integer⟩ 모두 런타임 표현이 같게 되었다. 이를 **제네릭 다형성의 삭제 모델**generic polymorphism erasure model이라고 한다. 이 때문에 약간의 런타임 비용을 지불하게 되었으며 제네릭 형식의 파라미터로 객체만 사용할 수 있게 되었다(즉, 기본형은 제네릭 형식으로 사용할 수 없다). 예를 들어 자바가 ArrayList⟨int⟩를 지원한다고 가정하자. 그러면 int 42 같은 기본형을 포함하는 ArrayList 객체를 힙에 할당할 수 있겠지만 ArrayList 컨테이너가 String 같은 객체값을 포함하는 것인지 아니면 42 같은 기본형 int값을 포함하는 것인지 알 수 없게 된다.

그래도 크게 문제될 점은 없는 것 같다. 만일 ArrayList⟨int⟩에서는 기본형 42를 얻을 수 있고, ArrayList⟨String⟩에서는 'abc'라는 문자열 객체를 얻을 수 있다면 왜 ArrayList 컨테이너를 구별할 수 있는지 여부를 걱정해야 할까? 불행하게도 가비지 컬렉션(GC) 때문이다. 런타임에 ArrayList의 콘텐츠 형식 정보를 확인할 수 없으므로 ArrayList의 13이라는 요소가 Integer 참조인지(GC가 '사용 중in use'으로 표시) 아니면 int 기본값인지(GC 수행 불가) 분간할 수 없다.

C#에서는 ArrayList⟨String⟩, ArrayList⟨Integer⟩, ArrayList⟨int⟩가 각각 다른 의미를 갖는다. 하지만 자바처럼 이와 같은 선언이 모두 같은 상황이라면 가비지 컬렉션이 필드가 참조

---

**3** 더 자세한 사항은 http://en.wikipedia.org/wiki/Expression_problem을 참고하자.

인지 기본형인지 알 수 있도록 충분한 형식 정보를 런타임에 유지해야 한다. 이를 제네릭 **다형성 구체화 모델**reified model of generic polymorphism 또는 줄여서 **구체화된 제네릭**reified generic이라고 부른다. 구체화란 '암묵적인implicit 어떤 것을 명시적explicit으로 바꾼다'는 의미다. 구체화된 제네릭이 더 명확하다.

구체화된 제네릭으로 기본형과 기본형에 대응되는 객체형을 완전하게 통합할 수 있다. 이제 제네릭의 기본형과 기본형에 대응하는 객체형에서 발생하는 문제를 살펴볼 것이다. 자바의 가장 큰 걸림돌은 과거 버전과의 호환성이다. 리플렉션을 사용하는 JVM과 기존 프로그램은 제네릭이 사라지길 원한다.

## 제네릭이 함수 형식에 제공하는 문법적 유연성

자바 5에 제네릭이 지원되면서 멋진 기능을 제공했다. 제네릭은 자바 8의 다양한 람다 형식과 메서드 참조를 표현하는 데도 도움이 된다. 다음은 한 개의 인수를 받는 함수를 표현한 예제다.

```
Function<Integer, Integer> square = x -> x * x;
```

두 개의 인수를 받는 함수의 형식은 BiFunction<T, U, R>로 사용할 수 있다. 여기서 T는 첫 번째 인수의 형식이고, U는 두 번째 인수의 형식이며, R은 결과 형식이다. 하지만 TriFunction은 직접 선언해야 한다.

따라서 인수를 받지 않고 R 형식의 결과를 반환하는 메서드 참조에는 Function<T, R>을 사용할 수 없고 Supplier<R>을 사용해야 한다.

기본적으로 자바 8 람다는 코드 구현을 풍부하게 할 수 있도록 해주었지만 형식 시스템은 코드 유연성을 따라잡지 못하고 있다. 예를 들어 많은 함수형 언어에서는 (Integer, Double) => String이라는 형식을 구현할 수 있는데, 자바 8에는 BiFunction<Integer, Double, String>에 해당한다. Integer => String은 Function<Integer, String>을 의미하며, 심지어 () => String은 Supplier<String>을 의미한다. 여기서 =>는 Function, BiFunction, Supplier 등의 인픽스 버전으로 이해할 수 있다. 자바 문법에 이와 같은 형식이 추가된다면 20장에서 살펴본 것처럼 스칼라와 비슷한 수준의 이해하기 쉬운 형식 시스템을 구성할 수 있다.

## 기본형 특화와 제네릭

자바의 모든 기본형에는 대응하는 객체형이 존재한다(예를 들어 int라는 기본형에 대응하는 객체형은 java.lang.Integer다). 이를 언박스드unboxed 타입과 박스드boxed 타입이라고 부른다. 이와 같은 구분으로 런타임 효율성은 조금 증가했지만 형식은 오히려 혼란스러워졌다. 예를 들어 자바 8에서 왜 Function<Apple, Boolean>이 아니라 Predicate<Apple>로 구현해야 할까? 그것은 test 메서드로 Predicate<Apple> 객체형을 호출했을 때 기본형 boolean을 반환하기 때문이다.

반면 모든 제네릭과 마찬가지로 Function도 객체형으로만 파라미터화할 수 있다. 즉, Function<Apple, Boolean>의 객체형은 기본형 boolean이 아니라 객체형 Boolean이다. Predicate<Apple>은 boolean을 Boolean으로 박싱할 필요가 없으므로 좀 더 효율적이다. 이런 이유로 자바 언어를 개념적으로 복잡하게 만드는 LongToIntFunction과 BooleanSupplier 같은 인터페이스가 등장했다.

비슷한 문제로 메서드 반환 형식이 아무 값도 없는 것임을 가리키는 void와 값으로 null을 갖는 객체형 Void가 있다. Void, void와 관련한 질문을 게시판에서 종종 볼 수 있다. Supplier<T> 같은 특별한 유형의 Function은 ( ) => T처럼 표현할 수 있는데 이때 기본형과 객체형의 차이가 더욱 두드러진다. 구체화된 제네릭으로 이런 문제를 해결 할 수 있다는 사실은 이미 설명했다.

## 21.4.4 더 근본적인 불변성 지원

독자 여러분 중 일부 전문가는 자바 8에 다음과 같은 세 가지 종류의 값이 있다고 설명했을 때 동의하기 어렵다고 느꼈을 수도 있다.

- 기본형의 값
- 객체(참조)
- 함수(참조)

기본적으로 '메서드는 이 세 가지 종류의 값을 인수로 받아 결과로 반환할 수 있다'라는 원칙은 타협할 수 없다. 하지만 이 원칙에도 문제가 있다는 사실은 인정해야 한다. 가변 배열의 참조를 반환하는 상황이라면 어디까지 (수학적인) 값을 반환하는 것으로 인정할 수 있는지 혼란이 생긴다. 문자열이나 불변 배열은 명확하게 값으로 인정할 수 있지만 가변 객체나 배열은 이를 수학적인 값으로 인정할 수 있을지 여부가 불명확하다. 예를 들어 메서드에서는 오름차순으로 정렬된 요소를 포함하는 배열을 반환했지만 나중에 누군가가 요소를 바꿀 수 있기 때문이다.

자바에서 함수형 프로그래밍을 구현하려면 '불변값'을 언어적으로 지원해야 한다. 18장에서 설명한 것처럼 final로는 필드값 갱신만 막을 수 있으므로 final만으로 불변값이라는 목표를 달성하긴 어렵다. 다음 예제를 살펴보자.

```
final int[] arr = {1, 2, 3};
final List<T> list = new ArrayList<>();
```

위 예제에서 첫 번째 행의 arr은 arr = ... 같이 다른 값은 할당할 수 없지만 arr[1] = 2처럼 요소는 바꿀 수 있다. 두 번째 행에서도 list에 다른 값을 할당할 수 없지만 다른 메서드에서 list의 요소 수를 바꿀 수 있다. 기본형에는 final 키워드로 값이 바뀌는 것을 막을 수 있지만 객체 참조에서는 큰 효과가 없다.

함수형 프로그래밍에서는 기존 구조체를 변화시키지 않는 것이 중요하므로 필드값이든 객체 참조든 직접 또는 간접적으로 모든 값의 변경을 방지하는 transitively_final 같은 만능 키워드가 있으면 좋을 것 같다.

결국 transitively_final 같은 키워드 덕분에 값은 불변이 되며 값을 포함하는 변수는 다른 불변값을 포함하도록 바뀔 수 있다. 앞부분에서 설명한 것처럼 우리를 포함해서 자바의 저자는 자바값이 가변 배열로 바뀌는 엉뚱한 가능성을 얘기했다. 다음 절에서는 값 형식value type이라는 개념을 살펴본다. 값 형식은 불변값만 포함할 수 있는데 변수가 final로 선언되지 않았다면 변수의 값 형식은 바뀔 수 있다.


## 21.4.5 값 형식

이 절에서는 기본형primitive type과 객체형object type의 차이점을 살펴보면서 값 형식이 필요한 이유를 설명한다. 객체지향 프로그래밍에 객체가 필요한 것처럼 함수형 프로그래밍에 값 형식이 도움을 준다. 이 절에서 살펴보는 대부분의 문제는 서로 관련되어 있어서 한 가지 문제만 따로 설명하기 어렵다. 따라서 각각의 문제를 다양한 관점에서 살펴볼 것이다.

## 컴파일러가 Integer와 int를 같은 값으로 취급할 수는 없을까?

암묵적 박싱과 언박싱이 자바 1.1 이후로 서서히 퍼져나갔음을 생각해보면 이제 그냥 단순하게 자바에서 객체형값과 기본형값을 같은 값으로 취급할 때가 된 것 아닐까라는 생각을 해볼수 있다. 예를 들어 컴파일러가 Integer와 int를 JVM에 맞게 같은 값으로 최적화해준다면 문제를 해결할 수 있다.

상당히 괜찮은 아이디어지만 실현은 쉽지 않다. 자바에 Complex라는 형식을 추가할 때 박싱과 관련된 어떤 문제가 발생하는지 살펴보자. 다음은 실수부real part와 허수부imaginary part로 구성되는 복소수complex number를 표현하는 Complex 형식 정의 코드다.

```java
class Complex {
    public final double re;
    public final double im;
    public Complex(double re, double im) {
        this.re = re;
        this.im = im;
    }
    public static Complex add(Complex a, Complex b) {
        return new Complex(a.re+b.re, a.im+b.im);
    }
}
```

Complex는 참조 형식이므로 Complex에 어떤 동작을 수행하려면 객체를 생성해야 한다. 이제 Complex에 대응하는 complex라는 기본형이 필요하다.

Complex를 언박싱한 객체가 필요한데 자바와 JVM은 이런 기능을 지원하지 않는다. '컴파일러가 뭔가 해줄 수 있지 않을까'라고 기대해볼 수 있다. 안타깝게도 이는 생각처럼 쉽지 않다. 탈출분석escape analysis, 즉 언박싱 동작이 괜찮은지 결정하는 컴파일러 최적화 기법이 있지만 이는 자바 1.1 이후에 제공되는 객체에만 적용된다. 다음 문제를 살펴보자.

```java
double d1 = 3.14;
double d2 = d1;
Double o1 = d1;
Double o2 = d2;
Double ox = o1;
System.out.println(d1 == d2 ? "yes" : "no");
System.out.println(o1 == o2 ? "yes" : "no");
System.out.println(o1 == ox ? "yes" : "no");
```

정답은 'yes', 'no', 'yes'다. 경험이 많은 자바 프로그래머라면 '마지막 두 행에는 == 말고 equals를 사용해야 해!'라고 말할 것이다. 하지만 필자의 고집을 꺾을 순 없다. 위 예제에서 모든 기본형과 객체형은 3.14라는 불변값을 포함하는 서로 구분할 수 없는 상황인데도 (같음을 판단하는) == 연산자는 새로운 객체 o1과 o2를 서로 다르다고 판단한다. 기본형에서는 비트를 비교해서 같음을 판단하지만 객체에서는 참조로 같음을 판단한다. 따라서 기본형으로 해결할 수 있는 상황인데도 어쩔 수 없이 컴파일러 요구사항에 맞춰 Double 같은 객체를 생성하는 상황이 발생한다. 값 형식을 살펴보면서 그리고 19장에서 영속 자료구조를 함수적으로 갱신하는 메서드의 참조 투명성을 설명하면서 이미 이와 같은 문제를 설명했다.

## 변수형 : 모든 것을 기본형이나 객체형으로 양분하지 않는다

다음과 같은 자바의 가정을 조금 바꾸면 이 문제를 해결할 수 있을 것이다.

1. 기본형이 아닌 모든 것은 객체형이므로 Object를 상속받는다.
2. 모든 참조는 객체 참조다.

위 가정을 좀 더 자세히 살펴보자. 값에는 두 가지 형식이 존재한다.

- 객체형은 (final로 정의되지 않았을 때) 변화할 수 있는 필드를 포함하며 ==로 값이 같음을 검사할 수 있다.
- 값 형식은 불변이며 참조 식별자를 포함하지 않는다. 기본형값은 넓은 의미에서 값 형식의 일종이다.

사용자가 값 형식을 정의하도록 허용할 수 있다(사용자는 int나 boolean처럼 기본형이라는 점을 강조하려고 소문자로 시작하는 값 형식으로 이름을 정의할 수 있다). 값 형식에서는 하드웨어가 비트 단위로 비교해서 int가 같은지 검사하는 것처럼 ==도 기본적으로 요소 단위의 비교로 값이 같은지 확인한다. 이 과정을 마치 좀 더 복잡한 비교를 수행하는 소수점 비교에 비유할 수 있다. Complex 형식은 기본형이 아닌 값 형식의 전형적인 예다. 이 형식은 C#의 struct와 비슷하다.

값 형식에는 참조 식별자가 없으므로 저장 공간을 적게 차지한다. [그림 21-1]은 세 가지 요소를 갖는 배열을 보여준다. 배열 요소 0은 밝은 회색, 배열 요소 1은 흰색, 배열 요소 2는 어두운 회색으로 표시했다. 왼쪽 다이어그램은 Pair와 Complex가 객체일 때의 저장 공간 모습을 보여주며 오른쪽은 Pair와 Complex가 값 형식일 때의 저장 공간 모습을 보여준다(이들이 기본형과 비슷하다는 의미에서 소문자 pair와 complex로 표시했다). 또한 값 형식은 데이터 접근(여러 수준에 걸친 포인터 참조 대신 단일 인덱스 주소 명령어를 사용하므로)뿐만 아니라 (데이터의 근접성 덕분에) 하드웨어 캐시 활용에도 좋은 성능을 제공할 가능성이 크다.

**그림 21-1** 객체와 값 형식

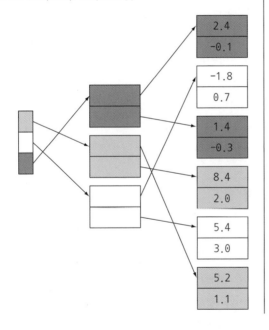

값 형식에는 참조 식별자가 없으므로 컴파일러가 자유롭게 값 형식을 박싱하거나 언박싱할 수 있다. 한 함수에서 complex를 다른 함수의 인수로 전달하면 컴파일러가 자연스럽게 두 개의 double로 전달할 것이다(JVM에서는 64비트 머신 레지스터로 표현할 수 있는 메서드 반환 명령어만 지원하므로 JVM에서 박싱하지 않고 값을 반환하는 것은 쉽지 않다). 하지만 (커다란 불변

배열처럼) 더 큰 값 형식을 인수로 전달하면 컴파일러가 인수를 박싱한 다음에 이러한 변환을 눈치 채지 못할 만큼 자연스럽게 변환해서 참조로 사용자에게 전달할 수 있다. 이미 비슷한 기법이 C#에 적용되어 있다. 마이크로소프트는 다음처럼 말한다[4].

> "값 형식에 기반한 변수는 직접 값을 포함한다. 한 값 형식 변수의 값을 다른 값 형식 변수에 할당하면 포함된 값이 복사된다. 참조 형식 변수의 할당에서는 객체 자체가 아니라 객체의 참조가 복사된다는 점이 다르다."

이 책을 집필하는 현재는 자바의 값 형식 관련 JDK 개선 제안이 대기 중인 상태였다(http://openjdk.java.net/jeps/169)[5].

### 박싱, 제네릭, 값 형식 : 상호 의존 문제

함수형 프로그래밍에서는 식별자가 없는 불변값을 이용하므로 자바에서 값 형식을 지원한다면 좋을 것이다. 자바에 값 형식이 지원된다면 기본형도 일종의 값 형식이 될 것이며 현재의 제네릭은 사라질 것이다. (참조로 같음을 구별하는) 객체형을 삭제하는 것은 쉽지 않으므로 Integer처럼 기본형 int를 (박싱한) 객체 버전은 계속 컬렉션과 자바 제네릭에 사용될 것이다. 이렇게 서로 얽힌 문제를 하나라도 해결한다면 모든 문제를 해결할 수 있다.


## 21.5 더 빠르게 발전하는 자바

지난 22년 동안 10번의 주요 릴리스 즉 평균적으로 2년이 넘어야 주요 업데이트가 릴리스되었다. 어떤 때는 5년이 걸렸다. 자바 아키텍트는 이런 정책으로는 빠르게 언어가 진화할 수 없으므로 더 이상 유지할 수 없음을 깨달았다. 실제 자바를 넘어서는 기능을 제공하는 스칼라, 코틀린 같은 JVM 언어가 등장한 이유도 이 때문이다. 람다, 자바 모듈 시스템 같은 혁신적인 기능이 등장하면서 릴리스 사이클이 길어지는 것은 이해할 수 있는 현상이지만 그 외의 작은 개선 사항은 특별한 이유없이 다음 릴리스가 이루어질 때까지 기다려야 했다. 예를 들어 8장에서 살펴본 컬렉션 팩토리 메서드는 자바 9 모듈 시스템이 완성되기 전에 이미 출시 준비를 마쳤다.

---

**4** 출처 : https://docs.microsoft.com/en-us/dotnet/csharp/language-reference/keywords/value-types
**5** 역자주_ 2019년 번역을 진행하는 시점에는 초안을 작성 중인 상태다.

이런 이유로 이제부터 자바는 6개월 개발 주기를 갖기로 결정했다. 즉 자바와 JVM의 주요 릴리스는 2018년 3월 자바 10이 릴리스됨을 기점으로 2018년 9월에는 자바 11의 릴리스가 예정되었다. 자바 아키텍트는 이런 빠른 개발 주기가 언어 자체에도 이로울 뿐 아니라 새로운 기술을 끊임없이 시험하는 빠르게 변화하는 회사와 개발자에게도 도움이 된다는 사실을 깨달았다. 반면 느린 속도로 소프트웨어를 갱신하는 보수적인 회사라면 문제가 될 수 있다. 이런 이유로 자바 아키텍트는 매 3년마다 이후 3년 동안 지원을 보장하는 장기 지원long-term support(LTS) 릴리스도 결정했다. 자바 9는 LTS 릴리스가 아니므로 자바 10이 출시되면 생명 주기가 끝난다. 자바 10에도 같은 일이 일어날 것이다. 반면 LTS 버전으로 선택된 자바 11은 2021년 9월까지 지원된다. [그림 21-1]는 앞으로 몇 년동안 예정된 자바 릴리스 계획을 보여준다[6].

**그림 21-2** 앞으로의 자바 릴리스 생명 주기

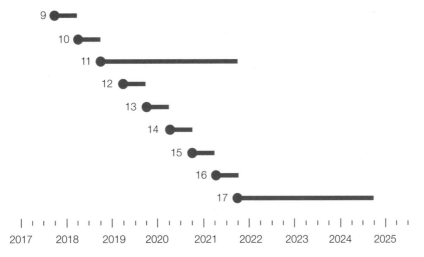

특히 모든 소프트웨어 시스템과 언어가 빨리 개선되어야 하는 요즘 상황에서 자바가 더 짧은 개발 주기를 갖게 되는 것이 바람직한 현상이라 동의한다. 짧은 개발 주기 덕분에 자바는 적당한 속도로 진화할 수 있으며 앞으로도 개발에 유용하고 적절한 언어가 될 수 있을 것이다.

---

**6** 역자주_ 2018년 9월에 예정대로 자바 11이 LTS로 릴리스되었으며, 2019년 3월에 자바 12가 릴리스되었다.

# 21.6 결론

이 책에서는 자바 8, 자바 9에 추가된 주요 새 기능을 살펴봤다. 자바 8에은 자바 역사를 통틀어 가장 큰 변화가 일어났던 버전이다. 자바 8과 비교할 만한 릴리스를 두 개 꼽자면 2005년 자바 5에 제네릭이 추가되었던 버전뿐이다. 자바 9의 주요 기능은 오래 기다렸던 모듈 시스템으로 개발자보다는 소프트웨어 아키텍트가 더 많은 관심을 가질 것으로 보인다. 자바 9는 또한 플로 API를 통해 리액티브 스트림의 프로토콜을 표준화했다. 자바 10에서는 이미 다른 언어에서 생산성을 높이도록 지원하기 시작한 지역 변수형 추론 기능을 도입했다. 자바 11에서는 암묵적 형식의 람다 표현식의 파라미터 목록에 지역 변수형 문법을 사용할 수 있도록 지원한다. 더욱 중요한 사실은 자바 11에서는 이 책에서 다룬 동시성과 리액티브 프로그래밍 사상을 `CompletableFuture`를 온전히 적용한 새로운 비동기 HTTP 클라이언트로 제공할 것이라는 점이다. 자바 12는 함수형 프로그래밍 언어의 핵심 기능으로 switch 구문에 구분 대신 표현식을 사용할 수 있도록 허용할 것이다. 사실 switch 표현식은 21.4.2절에서 다룬 자바 패턴 매칭 도입의 초석이다. 이런 모든 언어 업데이트는 함수형 프로그래밍 사상과 영향이 자바의 미래에도 계속 적용될 것임을 보여준다[7]!

21장에서는 자바가 더욱 진화해야 하는 이유를 살펴봤다. 다음처럼 결론 내릴 수 있다.

> "자바 8, 자바 9, 자바 10, 자바 11이 중요한 초석을 하나씩 추가하면서 릴리스되었지만 이런 변화는 앞으로도 계속되어야 한다."

지금까지 배움이라는 여행을 즐겼길 바란다. 그리고 앞으로 일어날 자바의 진화를 살펴보는 데 더 많은 관심이 생겼길 희망한다.

---

**7** 역자주_ 예정대로 자바 11에는 비동기 HTTP 클라이언트가 포함되었고, 자바 12에는 개선된 switch가 포함되었다.

# 기타 언어 업데이트

부록 A에서는 어노테이션 반복, 형식 어노테이션, 일반화된 대상 형식 추론이라는 자바 8의 언어 업데이트를 설명한다. 부록 B에서는 자바의 라이브러리 업데이트를 살펴본다. 나스호른Nashorn, 콤팩트 프로파일Compact Profiles 등 새로운 JVM 기능은 다루지 않는다. 이 책에서는 **라이브러리와 언어** 업데이트만 다룬다. 나스호른이나 콤팩트 프로파일에 관심이 있는 독자는 http://openjdk.java.net/projects/nashorn/과 http://openjdk.java.net/jeps/161을 살펴보기 바란다.

## A.1 어노테이션

자바 8의 어노테이션은 두 가지가 개선되었다.

- 어노테이션을 반복할 수 있다.
- 모든 형식에 어노테이션을 사용할 수 있다.

두 가지 업데이트를 자세히 살펴보기 전에 자바 8 이전 버전에서 제공했던 어노테이션 기능을 잠시 확인하자.

자바의 **어노테이션**annotation은 부가 정보를 프로그램에 장식할 수 있는 기능이다(자바 8 이전에는 선언에만 어노테이션을 사용할 수 있었다). 즉, 어노테이션은 **문법적 메타데이터**syntactic metadata다. 예를 들어 JUnit 프레임워크에서는 많은 어노테이션을 사용한다. 다음 코드를 보

면 setup 메서드에는 @Before라는 어노테이션이 사용되었으며 testAlgorithm 메서드에는
@Test라는 어노테이션이 사용되었다.

```java
@Before
public void setUp() {
    this.list = new ArrayList<>();
}

@Test
public void testAlgorithm() {
    ...
    assertEquals(5, list.size());
}
```

나음과 깉은 용노로 어노테이션을 활용할 수 있다.

- JUnit의 콘텍스트에서 어노테이션으로 설정 작업을 하는 메서드와 단위 테스트를 실행하
  는 메서드를 구분할 수 있다.

- 문서화에 어노테이션을 사용할 수 있다. 예를 들어 더 이상 사용하지 말아야 할 메서드에
  @Deprecated 어노테이션을 사용한다.

- 자바 컴파일러도 어노테이션을 사용해서 에러를 검출하고, 경고를 줄이고, 코드를 생성할
  수 있다.

- 자바 EE에서 엔터프라이즈 애플리케이션을 설정할 때 어노테이션을 많이 사용한다.


## A.1.1 어노테이션 반복

이전 자바에서는 선언에서 지정한 하나의 어노테이션만 허용했다. 예를 들어 다음은 유효하지
않은 코드다.

```java
@interface Author { String name(); }

@Author(name="Raoul") @Author(name="Mario") @Author(name="Alan")    ←┤ 에러:
class Book{ }                                                          중복된 어노테이션
```

종종 자바 EE 프로그래머는 이와 같은 제약을 피할 수 있는 방법을 만든다. 다음처럼 반복하고
싶은 어노테이션을 포함하는 배열을 새로운 어노테이션으로 정의할 수 있다.

```
@interface Author { String name(); }
@interface Authors {
    Author[] value();
}

@Authors(
    { @Author(name="Raoul"), @Author(name="Mario") , @Author(name="Alan") }
)
class Book{}
```

Book 클래스의 중첩 어노테이션 때문에 코드가 복잡해졌다. 이런 이유로 자바 8에서는 반복 어노테이션과 관련한 제한을 해제했다. 이제 반복 조건만 만족한다면 선언을 할 때 하나의 어노테이션 형식에 여러 어노테이션을 지정할 수 있다. 어노테이션 반복은 기본으로 제공되는 기능이 아니므로 반복할 수 있는 어노테이션임을 명시적으로 지정해야 한다.

## 반복할 수 있는 어노테이션 만들기

반복할 수 있는 어노테이션을 설계하면 바로 어노테이션을 활용할 수 있다. 하지만 사용자에게 어노테이션을 제공하는 상황이라면 어노테이션을 반복할 수 있음을 설정하는 과정이 필요하다.

   **1.** 어노테이션을 @Repeatable로 표시

   **2.** 컨테이너 어노테이션 제공

다음처럼 반복할 수 있는 @Author 어노테이션을 만들 수 있다.

```
@Repeatable(Authors.class)
@interface Author { String name(); }
@interface Authors {
    Author[] value();
}
```

이제 Book 클래스에 여러 @Author 어노테이션을 사용할 수 있다.

```
@Author(name="Raoul") @Author(name="Mario") @Author(name="Alan")
class Book{ }
```

컴파일을 할 때 Book은 @Authors({ @Author(name="Raoul"), @Author(name="Mario"), @Author(name="Alan") })이라는 어노테이션이 사용된 것으로 간주한다. 즉, 자바 프로그래머가 구현해야 했던 복잡한 어노테이션을 간편하게 표현할 수 있다. 하지만 기존 리플렉션 메서드와 동작 호환성을 유지하려면 어노테이션을 컨테이너로 감싸야 한다. 자바 API의 getAnnotation(Class<T> annotationClass) 메서드는 어노테이션된 요소의 T 형식 어노테이션을 반환한다. 그러나 T라는 형식에 여러 어노테이션이 있다면 어떤 어노테이션이 반환될까?

결론부터 말하자면 Class 클래스는 반복된 어노테이션에 사용할 수 있는 getAnnotationsByType을 제공한다. 예를 들어 다음은 Book 클래스의 모든 Author 어노테이션을 출력하는 예제다.

```
public static void main(String[] args) {
    Author[] authors = Book.class.getAnnotationsByType(Author.class);    ← 반복할 수 있는 Author 어노테이션을 포함하는 배열을 가져옴
    Arrays.asList(authors).forEach(a -> { System.out.println(a.name()); });
}
```

여기서 반복할 수 있는 어노테이션과 컨테이너는 런타임 보유 정책RUNTIME retention policy을 반드시 가지고 있어야 한다.

## A.1.2 형식 어노테이션

자바 8에서는 모든 형식에 어노테이션을 적용할 수 있다. 즉, new 연산자, instanceof, 형식 캐스트, 제네릭 형식 인수, implements, throws 등에 어노테이션을 사용할 수 있다. 다음은 @NonNull 어노테이션으로 문자열 name이 null이 될 수 없음을 지시하는 예제다.

```
@NonNull String name = person.getName();
```

다음처럼 리스트의 요소 형식도 어노테이션으로 지정할 수 있다.

```
List<@NonNull Car> cars = new ArrayList<>();
```

형식 어노테이션은 어디에 필요한 기능일까? 형식 어노테이션은 프로그램을 분석할 때 유용하다. 위 예제에서 getName은 null을 반환하지 않음을 그리고 리스트의 모든 요소가 null이 아님을 확신할 수 있다. 덕분에 코드를 실행하면서 예상하지 못한 에러 발생 가능성을 줄일 수 있다.

자바 8은 어노테이션을 편리하게 사용할 수 있는 공식 어노테이션이나 도구를 따로 제공하지 않는다. 즉, 자바 8에서는 형식 어노테이션 기능만 제공한다. 다행히 다양한 형식 어노테이션을 정의하는 Checker 프레임워크라는 도구가 있다. Checker 프레임워크를 이용해서 형식 확인을 개선할 수 있다. 자세한 정보는 http://www.checker-framework.org를 참고하자. 어노테

이션을 코드에 어떻게 사용할 수 있는지 알고 싶은 독자는 http://goo.gl/V4b2g1을 확인하기 바란다.

## A.2 일반화된 대상 형식 추론

자바 8은 제네릭 인수 추론 기능을 개선했다. 자바 8 이전에도 콘텍스트 정보를 이용한 형식 추론은 지원했다. 예를 들어 다음처럼 emptyList 메서드를 정의할 수 있었다.

```
static <T> List<T> emptyList();
```

emptyList를 T라는 형식 파라미터로 파라미터화했다. 다음처럼 메서드를 호출할 때 명시적으로 형식을 사용해서 형식 파라미터의 형식을 지정할 수 있다.

```
List<Car> cars = Collections.<Car>emptyList();
```

하지만 자바는 암시적으로 제네릭 인수를 추론할 수 있다. 즉, 다음은 위 코드와 같은 동작을 수행한다.

```
List<Car> cars = Collections.emptyList();
```

자바 8 이전까지는 콘텍스트에만 의존해서 추론이 실행되었다(즉, 대상 형식화). 예를 들어 다음과 같은 코드는 사용할 수 없었다.

```
static void cleanCars(List<Car> cars) {

}
cleanCars(Collections.emptyList());
```

위 코드를 실행하면 에러가 발생한다.

```
cleanCars (java.util.List<Car>) cannot be applied to
    (java.util.List<java.lang.Object>)
```

명시적인 형식 인수를 제공해서 위 에러를 해결할 수 있다.

자바 8에서는 대상 형식이 메서드 인수에도 적용되므로 명시적인 제네릭 인수를 제공하지 않아도 된다.

```
List<Car> cleanCars = dirtyCars.stream()
                               .filter(Car::isClean)
                               .collect(Collectors.toList());
```

따라서 Collectors.<Car>toList()  대신 Collectors.toList()를 사용할 수 있다.

# 기타 라이브러리 업데이트

부록 B에서는 자바 라이브러리의 주요 업데이트를 설명한다.

## B.1 컬렉션

컬렉션 API의 가장 큰 업데이트는 4~6장에서 살펴본 스트림의 등장이다. 스트림 외에도 다양한 업데이트가 적용되었다.

### B.1.1 추가 메서드

자바 API 설계자는 많은 새로운 메서드를 컬렉션 인터페이스와 클래스에 추가했다(추가된 대부분의 메서드는 디폴트 메서드다). [표 B-1]은 새로운 메서드 리스트를 보여준다.

**표 B-1** 컬렉션 클래스와 인터페이스에 추가된 새로운 메서드

| 클래스/인터페이스 | 새로운 메서드 |
|---|---|
| Map | getOrDefault, forEach, compute, computeIfAbsent, computeIfPresent, merge, putIfAbsent, remove(key,value), replace, replaceAll |
| Iterable | forEach, spliterator |
| Iterator | forEachRemaining |
| Collection | removeIf, stream, parallelStream |
| List | replaceAll, sort |
| BitSet | stream |

## 맵

Map은 다양한 편의 메서드가 추가되면서 가장 많이 업데이트된 인터페이스다. 예를 들어 키에 매핑되는 값이 있는지 여부를 확인하는 기존의 get 메서드를 getOrDefault로 대신할 수 있다. getOrDefault는 키에 매핑되는 값이 없으면 기본값을 반환한다. 다음은 기존의 코드다.

```
Map<String, Integer> carInventory = new HashMap<>();
Integer count = 0;
if(map.containsKey("Aston Martin")) {
    count = map.get("Aston Martin");
}
```

이제 간단하게 다음과 같은 메서드를 이용할 수 있다.

```
Integer count = map.getOrDefault("Aston Martin", 0);
```

위 코드는 키에 매핑되는 값이 없을 때만 예상대로 작동한다. 예를 들어 키가 명시적으로 null 로 매핑되어 있으면 기본값이 아니라 null이 반환된다.

19장에서 간단하게 설명한 적이 있는 computeIfAbsent도 유용한 메서드다. computeIfAbsent 를 이용하면 간편하게 캐싱 패턴을 활용할 수 있다. 다양한 웹사이트에서 데이터를 얻어서 처리 해야 한다고 가정하자. 이때 데이터를 캐시할 수 있다면 비용이 비싼 데이터를 얻어오는 과정을 생략할 수 있다.

```
public String getData(String url) {
    String data = cache.get(url);          │ 데이터가 이미 캐시되어
    if(data == null) {              ◄────── │ 있는지 확인한다.
        data = getData(url);
        cache.put(url, data);       ◄────── 캐시되어 있는 데이터가 없으면
    }                                        데이터를 가져와서 나중에 사용
    return data;                             할 수 있도록 맵에 캐시한다.
}
```

computeIfAbsent를 이용하면 다음처럼 간결하게 코드를 구현할 수 있다.

```
public String getData(String url) {
    return cache.computeIfAbsent(url, this::getData);
}
```

이 책에서 설명하지 않은 모든 메서드는 공식 자바 API 문서(http://goo.gl/Hf20r4)를 확인 하자. 참고로 ConcurrentHashMap도 업데이트되었는데 이는 B.2절에서 설명한다.

## 컬렉션

removeIf 메서드로 프레디케이트와 일치하는 모든 요소를 컬렉션에서 제거할 수 있다. removeIf 메서드는 스트림 API의 filter와는 다르다는 사실을 기억하자. 스트림 API의 filter 메서드는 새로운 스트림을 생성하므로 현재 스트림이나 소스를 갱신하지 않는다.

## 리스트

replaceAll 메서드는 리스트의 각 요소를 주어진 연산자를 리스트에 적용한 결과로 대체한다. replaceAll 메서드는 스트림의 map과 비슷하지만 새로운 요소를 생성하는 map과 달리 리스트의 요소를 갱신한다는 점이 다르다.

예를 들어 다음 코드는 리스트가 바뀌면서 [2, 4, 6, 8, 10]을 출력한다.

```
List<Integer> numbers = Arrays.asList(1, 2, 3, 4, 5);
numbers.replaceAll(x -> x * 2);
System.out.println(numbers);    ←┤ [2, 4, 6, 8, 10] 출력
```

## B.1.2 Collections 클래스

Collections는 오랫동안 컬렉션 관련 동작을 수행하고 반환하는 역할을 담당해온 클래스다. Collections는 불변의unmodifiable, 동기화된synchronized, 검사된checked, 빈empty NavigableMap과 NavigableSet을 반환할 수 있는 새로운 메서드를 포함한다. 또한 동적 형식 검사에 기반을 둔 Queue 뷰를 반환하는 checkedQueue라는 메서드도 제공한다.

## B.1.3 Comparator

Comparator 인터페이스는 디폴트 메서드와 정적 메서드를 추가로 제공한다. 3장에서는 정렬 키를 추출하는 함수를 이용해서 정적 메서드 Comparator.comparing으로 Comparator 객체를 반환하는 방법을 설명했다.

다음의 새로운 인스턴스 메서드도 추가되었다.

- **reversed**
  현재 Comparator를 역순으로 반전시킨 Comparator를 반환한다.

- **thenComparing**
  두 객체가 같을 때 다른 Comparator를 사용하는 Comparator를 반환한다.

- **thenComparingInt, thenComparingDouble, thenComparingLong**
  thenComparing과 비슷한 동작을 수행하지만 기본형에 특화된 함수를 인수로 받는다(ToIntFunction, ToDoubleFunction, ToLongFunction).

다음의 정적 메서드도 추가되었다.

- **comparingInt, comparingDouble, comparingLong**
  comparing과 비슷한 동작을 수행하지만 기본형에 특화된 함수를 인수로 받는다(ToIntFunction, ToDoubleFunction, ToLongFunction).

- **naturalOrder**
  Comparable 객체에 자연 순서를 적용한 Comparable 객체를 반환한다.

- **nullsFirst**
  null 객체를 null이 아닌 객체보다 작은 값으로 취급하는 Comparator를 반환한다.

- **nullsLast**
  null 객체를 null이 아닌 객체보다 큰 값으로 취급하는 Comparator를 반환한다.

- **reverseOrder**
  naturalOrder( ).reversed( )와 같다.

# B.2 동시성

자바 8에는 동시성과 관련한 기능도 많이 업데이트되었다. 7장에서 설명한 병렬 스트림과 11장에서 살펴본 CompletableFuture도 동시성 업데이트 중 하나다.

동시성과 관련한 다른 기능도 업데이트되었다. 이제 Arrays 클래스가 병렬 연산을 지원한다. 이 기능은 B.3절에서 살펴본다.

이 절에서는 아토믹 변수 관련 기능을 제공하는 java.util.concurrent.atomic 패키지의 업데이트를 살펴본다. 또한 여러 가지 새로운 메서드를 지원하는 ConcurrentHashMap의 업데이트도 살펴본다.

## B.2.1 아토믹

java.util.concurrent.atomic 패키지는 AtomicInteger, AtomicLong 등 단일 변수에 아토믹 연산을 지원하는 숫자 클래스를 제공한다.

- **getAndUpdate**
  제공된 함수의 결과를 현재값에 아토믹하게 적용하고 기존값을 반환한다.

- **updateAndGet**
  제공된 함수의 결과를 현재값에 아토믹하게 적용하고 업데이트된 값을 반환한다.

- **getAndAccumulate**
  제공된 함수를 현재값과 인수값에 적용하고 기존값을 반환한다.

- **accumulateAndGet**
  제공된 함수를 현재값과 인수값에 적용하고 업데이트된 값을 반환한다.

다음은 atomicInteger와 10 중 작은 수를 아토믹으로 설정하는 예제다.

```
int min = atomicInteger.accumulateAndGet(10, Integer::min);
```

### Adder와 Accumulator

자바 API는 여러 스레드에서 읽기 동작보다 갱신 동작을 많이 수행하는 상황이라면 Atomic 클래스 대신 LongAdder, LongAccumulator, DoubleAdder, DoubleAccumulator를 사용하라고 권고한다(예를 들면 통계 작업). 이들 클래스는 동적으로 커질 수 있도록 설계되었으므로 스레드 간의 경쟁을 줄일 수 있다.

LongAdder, DoubleAdder는 덧셈 연산을 지원하며 LongAccumulator와 DoubleAccumulator는 제공된 함수로 값을 모은다. 예를 들어 다음처럼 LongAdder로 여러 값의 합계를 계산할 수 있다.

**예제 B-1** LongAdder로 값의 합계 계산

```
LongAdder adder = new LongAdder();    ←── 디폴트 생성자에서 초기
adder.add(10);    ←── 여러 스레드에서       sum값을 0으로 설정
// ...                어떤 작업을 수행
long sum = adder.sum();    ←── 어떤 시점에서
                              합계를 구함
```

또는 다음처럼 LongAccumulator를 사용할 수 있다.

**예제 B-2** LongAccumulator로 값의 합계 계산

```
LongAccumulator acc = new LongAccumulator(Long::sum, 0);
acc.accumulate(10);     ← | 여러 스레드에서
// ...                      | 값을 누적
                                        특정 시점에서
long result = acc.get();          ← 결과를 얻음
```

## B.2.2 ConcurrentHashMap

ConcurrentHashMap은 동시 실행 환경에 친화적인 새로운 HashMap이다. ConcurrentHashMap
은 내부 자료구조의 일부만 잠근 상태로 동시 덧셈이나 갱신 작업을 수행할 수 있는 기능을 제공
한다. 따라서 기존의 동기화된 Hashtable에 비해 빠른 속도로 읽기 쓰기 연산을 수행한다.

### 성능

성능을 개선하면서 ConcurrentHashMap의 내부 구조가 바뀌었다. 보통 맵의 개체는 키로 생성한
해시코드로 접근할 수 있는 버킷에 저장된다. 하지만 키가 같은 해시코드를 반환하는 상황에서는
$O(n)$ 성능의 리스트로 버킷을 구현해야 하므로 성능이 나빠진다. 자바 8에서 버킷이 너무 커지
면 동적으로 리스트를 정렬 트리로($O(\log(n))$의 성능으로) 교체한다. 키가 Comparable일
때만(예를 들면 String이나 Number 클래스) 이 기능을 사용할 수 있다.

### 스트림 같은 연산

ConcurrentHashMap은 마치 스트림을 연상시키는 세 종류의 연산을 지원한다.

- **forEach**
  각 키/값 쌍에 주어진 동작을 실행한다.

- **reduce**
  제공된 리듀싱 함수로 모든 키/값 쌍의 결과를 도출한다.

- **search**
  함수가 null이 아닌 결과를 도출할 때까지 각 키/값 쌍에 함수를 적용한다.

각 연산은 키, 값, Map.Entry, 키/값 쌍을 인수로 받는 함수를 인수로 받으며 다음과 같은 네 가지 형식의 연산을 지원한다.

- 키/값 쌍으로 연산(forEach, reduce, search)
- 키로 연산(forEachKey, reduceKeys, searchKeys)
- 값으로 연산(forEachValue, reduceValues, searchValues)
- Map.entry 객체로 연산(forEachEntry, reduceEntries, searchEntries)

이들 연산은 ConcurrentHashMap의 상태를 잠그지 않고 요소에 직접 연산을 수행한다. 연산에 적용된 함수는 순서에 의존하지 않아야 하며, 계산 과정에서 바뀔 수 있는 다른 객체나 값에 의존하지 않아야 한다.

또한 모든 연산에 병렬성 한계값<sup>parallelism threshold</sup>을 지정해야 한다. 현재 맵의 크기가 한계값보다 작다고 추정되면 순차적으로 연산을 수행한다. 즉, 1이라는 값은 공용 스레드 풀을 사용해서 병렬성을 최대화하며 Long.MAX_VALUE라는 값은 하나의 스레드로 연산을 수행한다는 의미다.

다음은 reduceValues를 이용해서 맵의 최댓값을 찾는 예제다.

```
ConcurrentHashMap<String, Integer> map = new ConcurrentHashMap<>();
Optional<Integer> maxValue = Optional.of(map.reduceValues(1, Integer::max));
```

또한 (reduceValuesToInt, reduceKeysToLong 등) int, long, double 기본형에 특화된 reduce 연산이 있다.


## 카운팅

ConcurrentHashMap 클래스는 맵의 매핑 개수를 long으로 반환하는 mappingCount라는 새로운 메서드를 제공한다. 맵의 매핑 개수가 정수 범위를 초과할 수 있으므로 앞으로는 int를 반환하는 size 대신 mappingCount를 사용하는 것이 좋다.


## 집합 뷰

ConcurrentHashMap 클래스는 ConcurrentHashMap을 집합 뷰로 반환하는 새로운 메서드 keySet을 제공한다(즉, 맵을 바꾸면 집합에도 그 결과가 반영되며 마찬가지로 집합을 바꾸어도 맵에 영향을 미친다). 또한 newKeySet을 이용하면 ConcurrentHashMap의 원소를 포함하는 새로운 집합을 만들 수 있다.

# B.3 Arrays

Arrays 클래스는 배열을 조작하는 데 사용하는 다양한 정적 메서드를 제공한다. Arrays 클래스에서 제공하는 네 개의 새로운 메서드를 살펴보자(이들 메서드는 기본형에 특화된 변종을 포함한다).

## B.3.1 parallelSort 사용하기

parallelSort 메서드는 자연 순서[natural order]나 객체 배열의 추가 Comparator를 사용해서 특정 배열을 병렬로 정렬하는 기능을 수행한다.

## B.3.2 setAll, parallelSetAll 사용하기

setAll은 지정된 배열의 모든 요소를 순차적으로 설정하고, parallelSetAll은 모든 요소를 병렬로 설정한다. 두 메서드 모두 제공된 함수로 각 요소를 계산하는데, 이 함수는 요소 인덱스를 받아 해당 값을 반환한다. parallelSetAll은 병렬로 실행되므로 parallelSetAll에 전달하는 함수는 7장과 18장에서 설명한 것처럼 부작용이 없어야 한다.

예를 들어 다음은 setAll 메서드로 0, 2, 4, 6, … 같은 값을 만드는 예제다.

```
int[] evenNumbers = new int[10];
Arrays.setAll(evenNumbers, i -> i * 2);
```

## B.3.3 parallelPrefix 사용하기

parallelPrefix 메서드는 제공된 이항 연산자를 이용해서 배열의 각 요소를 병렬로 누적하는 동작을 수행한다. 다음은 1, 2, 3, 4, 5, 6, 7, … 형식의 값을 만드는 예제다.

**예제 B-3** 배열의 요소를 병렬로 누적하는 parallelPrefix

```
int[] ones = new int[10];
Arrays.fill(ones, 1);
Arrays.parallelPrefix(ones, (a, b) -> a + b);  ←── ones는 [1, 2, 3, 4, 5, 6, 7, 8, 9, 10]이라
                                                   는 값을 포함한다.
```

# B.4 Number와 Math

자바 8 API에서는 Number와 Math 클래스에 새로운 메서드가 추가되었다.


## B.4.1 Number

Number 클래스에는 다음 메서드가 추가되었다.

- Short, Integer, Long, Float, Double 클래스에는 정적 메서드 sum, min, max가 추가되었다. 5장에서는 reduce 연산에서 sum, min, max 등의 메서드를 사용했었다.

- Integer와 Long 클래스에는 부호가 없는 값을 처리하는 compareUnsigned, divideUnsigned, remainderUnsigned, toUnsignedString 등의 메서드가 추가되었다.

- Integer와 Long 클래스에는 문자열을 부호가 없는 int나 long으로 파싱하는 정적 메서드 parseUnsignedInt와 parseUnsignedLong이 추가되었다.

- Byte와 Short 클래스는 인수를 비부호 int나 long으로 변환하는 toUnsignedInt와 toUnsignedLong 메서드를 제공한다. 마찬가지로 Integer 클래스에도 toUnsignedLong 정적 메서드가 추가되었다.

- Double과 Float 클래스에는 인수가 유한 소수점인지 검사하는 정적 메서드 isFinite가 추가되었다.

- Boolean 클래스에는 두 불리언값에 and, or, xor 연산을 적용하는 정적 메서드 logicalAnd, logicalOr, logicalXor이 추가되었다.

- BigInteger 클래스에는 BigInteger를 다양한 기본형으로 바꿀 수 있는 byteValueExact, shortValueExact, intValueExact, longValueExact 메서드가 추가되었다. 그러나 변환 과정에서 정보 손실이 발생하면 산술 연산 예외가 발생한다.


## B.4.2 Math

Math 클래스에는 연산 결과에 오버플로가 발생했을 때 산술 예외를 발생시키는 addExact, subtractExact, multiplyExact, incrementExact, decrementExact, negateExact 등의 메서드가 추가되었으며, int와 long을 인수로 받는다. 또한 long을 int로 변경하는 정적 메서드 toIntExact와 floorMod, floorDiv, nextDown 등의 정적 메서드도 추가되었다.

## B.5 Files

Files 클래스에는 파일에서 스트림을 만들 수 있는 기능이 추가되었다. 5장에서는 파일을 스트림으로 게으르게 읽을 수 있는 기능을 제공하는 Files.lines라는 새로운 정적 메서드를 소개했었다. 그 외에도 다음처럼 스트림을 반환하는 유용한 정적 메서드가 있다.

- **Files.list**
  주어진 디렉터리의 개체를 포함하는 Stream<Path>를 생성한다. 이 과정은 재귀가 아니다. 스트림은 게으르게 소비되므로 특히 큰 디렉터리를 처리할 때 유용한 메서드다.

- **Files.walk**
  Files.list와 마찬가지로 주어진 디렉터리의 개체를 포함하는 Stream<Path>를 생성한다. 이 과정은 재귀적으로 실행되며 깊이 수준을 설정할 수 있다. 깊이 우선<sup>depth-first</sup> 방식으로 탐색을 수행한다.

- **Files.find**
  디렉터리를 재귀적으로 탐색하면서 주어진 프레디케이트와 일치하는 개체를 찾아서 Stream<Path>를 생성한다.


## B.6 리플렉션

부록 A에서는 자바 8에 적용된 여러 어노테이션 기법을 살펴봤다. 바뀐 어노테이션 기법을 지원할 수 있도록 리플렉션 API도 업데이트되었다. 그 밖에도 리플렉션 API에서 이름, 변경자 등의 메서드 파라미터 정보를 사용할 수 있게 되었다. java.lang.reflect.Parameter라는 클래스가 새로 추가되었는데 Method와 Constructor의 공통 기능을 제공하는 슈퍼클래스 역할을 하는 java.lang.reflect.Executable에서 java.lang.reflect.Parameter를 참조한다.


## B.7 String

String 클래스에는 구분 기호<sup>delimiter</sup>로 문자열을 연결<sup>join</sup>할 수 있는 join이라는 새로운 정적 메서드가 추가되었다. 다음은 join 메서드 활용 예제다.

```
String authors = String.join(", ", "Raoul", "Mario", "Alan");
System.out.println(authors);   ◁─┤ Raoul, Mario, Alan
```

# 스트림에 여러 연산 병렬로 실행하기

스트림에서는 한 번만 연산을 수행할 수 있으므로 결과도 한 번만 얻을 수 있다는 것이 자바 8 스트림의 가장 큰 단점이다. 스트림을 두 번 탐색하려 하면 다음과 같은 에러가 발생한다.

```
java.lang.IllegalStateException: stream has already been operated upon or closed
```

한 스트림에서 여러 결과를 얻어야 하는 상황이 있을 수 있다. 예를 들어 5.7.3절에서 살펴본 것처럼 로그 파일을 스트림으로 파싱해서 한 번에 여러 통계를 얻는 상황이 있을 수 있다. 또는 4~6장에서 스트림의 기능을 설명하면서 사용한 메뉴 데이터 모델의 요리 스트림을 탐색하면서 다양한 정보를 얻고 싶은 상황도 있을 수 있다.

그러려면 한 번에 한 개 이상의 람다를 스트림으로 적용해야 한다. 즉, fork 같은 메서드를 이용해서 스트림을 포크(분기)시키고 포크된 스트림에 다양한 함수를 적용해야 한다. 심지어 여러 연산을 각각의 스레드에서 병렬로 실행할 수 있다면 더 좋을 것이다.

안타깝게도 자바 8의 스트림에서는 이 기능을 제공하지 않는다. 다행히 부록 C에서 Spliterator (특히 늦은 바인딩 기능을 활용), BlockingQueue, Future를 이용해서 자바 8에서 제공하지 않는 기능을 직접 편리한 API로 만드는 방법을 설명할 것이다.[1]

---

1 부록 C에서 제공하는 구현 코드는 폴 샌도즈(Paul Sandoz)가 람다 데브(lambda-dev) 메일링 리스트(http://mail.openjdk.java. net/pipermail/lambda-dev/2013-November/011516.html)에 보낸 이메일을 기반으로 한다.

# C.1 스트림 포킹

스트림에서 여러 연산을 병렬로 실행하려면 먼저 원래 스트림을 감싸면서 다른 동작을 정의할 수 있도록 StreamForker를 만들어야 한다. 다음 코드를 살펴보자.

**예제 C-1** 스트림에 여러 연산을 수행하는 데 필요한 StreamForker 정의

```
public class StreamForker<T> {
    private final Stream<T> stream;
    private final Map<Object, Function<Stream<T>, ?>> forks =
                                            new HashMap<>();

    public StreamForker(Stream<T> stream) {
        this.stream = stream;
    }

    public StreamForker<T> fork(Object key, Function<Stream<T>, ?> f) {
        forks.put(key, f);      ←┤ 스트림에 적용할 함수 저장
        return this;            ←┐ 유연하게 fork 메서드를
    }                            │ 여러 번 호출할 수 있도록
                                 │ this 반환
    public Results getResults() {
        // 구현해야 함
    }
}
```

fork는 두 인수를 받는다.

- 스트림을 특정 연산의 결과 형식으로 변환하는 Function
- 연산의 결과를 제공하는 키. 내부 맵에 키/함수 쌍 저장

fork 메서드는 StreamForker 자신을 반환한다. 따라서 여러 연산을 포킹<sup>forking : 분기</sup>해서 파이프라인을 만들 수 있다. [그림 C-1]은 StreamForker의 동작 원리를 보여준다.

여기서 사용자는 스트림에서 세 가지 키로 인덱스된 세 개의 동작을 정의한다. StreamForker는 원래 스트림을 탐색하면서 세 개의 스트림으로 포크시킨다. 이제 포크된 스트림에 세 연산을 병렬로 적용할 수 있으며 결과 맵에 각 키의 인덱스를 이용해서 함수 적용 결과를 얻을 수 있다.

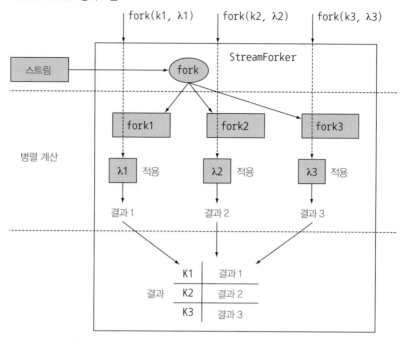

**그림 C-1** StreamForker 동작 모습

getResults 메서드를 호출하면 fork 메서드로 추가한 모든 연산이 실행된다. getResults는 다음과 같은 Results 인터페이스의 구현을 반환한다.

```
public static interface Results {
    public <R> R get(Object key);
}
```

Results 인터페이스는 fork 메서드에서 사용하는 key 객체를 받는 하나의 메서드 정의를 포함한다. 이 메서드는 키에 대응하는 연산 결과를 반환한다.

## C.1.1 ForkingStreamConsumer로 Results 인터페이스 구현하기

다음처럼 getResults 메서드를 구현할 수 있다.

```
public Results getResults() {
    ForkingStreamConsumer<T> consumer = build();
    try {
        stream.sequential().forEach(consumer);
```

```
        } finally {
            consumer.finish();
        }
        return consumer;
    }
```

ForkingStreamConsumer는 Results 인터페이스와 Consumer 인터페이스를 구현한다. 잠시 후
에 자세히 살펴보겠지만 스트림의 모든 요소를 소비해서 for 메서드로 전달된 연산 수 만큼의
BlockingQueue로 분산시키는 것이 ForkingStreamConsumer의 주요 역할이다. forEach 메서
드를 병렬 스트림에 수행하면 큐에 삽입되는 요소의 순서가 흐트러질 수 있으므로 스트림을 순
차로 처리하도록 지시한다. finish 메서드는 더 이상 처리할 항목이 없음을 지시하는 특별한
요소를 추가한다. 다음 코드에서 보여주는 것처럼 build 메서드로 ForkingStreamConsumer를
만들 수 있다.

**예제 C-2** ForkingStreamConsumer를 만드는 데 사용하는 build 메서드

```
    private ForkingStreamConsumer<T> build() {
        List<BlockingQueue<T>> queues = new ArrayList<>();    ─┤ 각각의 연산을 저장할
                                                               │ 큐 리스트를 생성
─▷  Map<Object, Future<?>> actions =
            forks.entrySet().stream().reduce(
                new HashMap<Object, Future<?>>(),
연산 결과를 포함하는       (map, e) -> {
Future를 연산을               map.put(e.getKey(),
식별할 수 있는 키에                  getOperationResult(queues, e.getValue()));
대응시켜 맵에 저장             return map;
                },
                (m1, m2) -> {
                    m1.putAll(m2);
                    return m1;
                });
        return new ForkingStreamConsumer<>(queues, actions);
    }
```

[예제 C-2]에서는 먼저 이전에 설명한 BlockingQueue의 리스트를 만든다. 그리고 스트림에서
실행할 다양한 동작을 식별할 수 있는 키와 대응하는 연산 결과를 포함하는 Future를 값으로 포
함하는 맵을 만든다. BlockingQueue의 List와 Future의 Map을 ForkingStreamConsumer 생성

자로 전달한다. 다음 예제에서 보여주는 것처럼 getOperationResult 메서드로 각각의 Future
를 만든다.

**예제 C-3** getOperationResult 메서드로 생성한 Future

```
private Future<?> getOperationResult(List<BlockingQueue<T>> queues,
                                     Function<Stream<T>, ?> f) {
    BlockingQueue<T> queue = new LinkedBlockingQueue<>();          ← 큐를 만들어
    queues.add(queue);                                               큐 리스트에 추가
    Spliterator<T> spliterator = new BlockingQueueSpliterator<>(queue);  ←
    Stream<T> source = StreamSupport.stream(spliterator, false);          큐의 요소를
    return CompletableFuture.supplyAsync(() -> f.apply(source));    ←       탐색하는
}                                                                          Spliterator
                                                                           생성
Spliterator를 소스로 갖는 스        스트림에서 주어진 함수를 비동기로
트림을 생성                          적용해서 결과를 얻을 Future 생성
```

getOperationResult 메서드는 새로운 BlockingQueue를 생성하여 큐 리스트에 추가한다. 그
리고 큐를 새로운 BlockingQueueSpliterator로 전달한다. 잠시 뒤에 살펴보겠지만 이것은 큐
에서 탐색할 항목을 읽는 늦은 바인딩late-binding Spliterator다.

Spliterator를 탐색하는 순차 스트림을 만든 다음에 스트림에서 수행할 연산을 포함하는 함수
를 적용한 결과를 계산할 Future를 만든다. Future 인터페이스를 구현한 CompletableFuture
의 정적 메서드로 Future를 만들 수 있다. CompletableFuture 역시 자바 8에 추가된 클래스로,
11장에서 자세히 설명했다.

## C.1.2 ForkingStreamConsumer, BlockingQueueSpliterator 구현하기

이제 지금까지 살펴본 두 클래스 ForkingStreamConsumer와 BlockingQueueSpliterator를
구현할 차례다. ForkingStreamConsumer는 다음처럼 구현할 수 있다.

**예제 C-4** 스트림 요소를 여러 큐로 추가하는 ForkingStreamConsumer

```
static class ForkingStreamConsumer<T> implements Consumer<T>, Results {
    static final Object END_OF_STREAM = new Object();

    private final List<BlockingQueue<T>> queues;
```

```java
    private final Map<Object, Future<?>> actions;

    ForkingStreamConsumer(List<BlockingQueue<T>> queues,
                          Map<Object, Future<?>> actions) {
        this.queues = queues;
        this.actions = actions;
    }

    @Override
    public void accept(T t) {
        queues.forEach(q -> q.add(t));     ◁── 스트림에서 탐색한 요소를
    }                                          모든 큐로 전달

    void finish() {
        accept((T) END_OF_STREAM);     ◁── 스트림의 끝을 알리는
    }                                      마지막 요소를 큐에 삽입

    @Override
    public <R> R get(Object key) {
        try {
            return ((Future<R>) actions.get(key)).get();   ◁── 키에 대응하는 동작의
        } catch (Exception e) {                                결과를 반환. Future의
            throw new RuntimeException(e);                      계산 완료 대기
        }
    }
}
```

ForkingStreamConsumer 클래스는 Consumer 인터페이스와 Results 인터페이스를 구현하며, BlockingQueue의 List 참조와 스트림에 다양한 연산을 수행하는 Future의 Map 참조를 유지한다.

Consumer 인터페이스는 accept 메서드를 정의한다. ForkingStreamConsumer가 스트림 요소를 받을 때마다 요소를 BlockingQueue로 추가한다. 그리고 기존 스트림의 모든 요소를 큐에 추가한 다음에는 finish 메서드를 호출해서 마지막 요소를 추가한다. BlockingQueueSpliterator가 큐의 마지막 요소를 확인하는 순간 더 이상 처리할 요소가 없음을 판단할 수 있다.

Results 인터페이스는 get 메서드를 정의한다. get 메서드는 인수 키로 맵에서 Future를 가져온 다음에 값을 언랩하거나 값이 없으면 결과를 기다린다.

마지막으로 스트림에서 수행될 각 연산에 대한 BlockingQueueSpliterator를 구현해야 한다.

각 BlockingQueueSpliterator는 ForkingStreamConsumer에서 만든 BlockingQueue의 참조 중 하나를 포함한다. 다음은 BlockingQueueSpliterator 구현 코드다.

**예제 C-5** BlockingQueue를 탐색하면서 요소를 읽는 Spliterator

```
class BlockingQueueSpliterator<T> implements Spliterator<T> {
    private final BlockingQueue<T> q;

    BlockingQueueSpliterator(BlockingQueue<T> q) {
        this.q = q;
    }

    @Override
    public boolean tryAdvance(Consumer<? super T> action) {
        T t;
            while (true) {
                try {
                    t = q.take();
                    break;
                } catch (InterruptedException e) {
                }
            }

        if (t != ForkingStreamConsumer.END_OF_STREAM) {
            action.accept(t);
            return true;
        }

        return false;
    }

    @Override
    public Spliterator<T> trySplit() {
        return null;
    }

    @Override
    public long estimateSize() {
        return 0;
    }

    @Override
    public int characteristics() {
```

```
            return 0;
        }
    }
}
```

위 코드에서는 스트림을 어떻게 분할할지는 정의하지 않고 늦은 바인딩 기능만 활용하도록
Spliterator를 정의했다. 따라서 trySplit은 구현하지 않았다.

큐에서 몇 개의 요소를 가져올 수 있는지 미리 알 수 없으므로 estimatedSize값은 큰 의미가 없
다. 또한 분할을 하지 않는 상황이므로 estimatedSize값을 활용하지도 않는다. 위 예제에서는
[표 7-2]에서 나열한 Spliterator 특성을 사용하지 않으므로 characteristic 메서드는 0을
반환한다.

예제에서는 tryAdvance 메서드만 구현했다. tryAdvance 메서드는 ForkingStreamConsumer
가 원래의 스트림에서 추가한 요소를 BlockingQueue에서 가져온다. 이렇게 가져온 요소를 다
음 스트림의 소스로 사용할 수 있도록 Consumer로 보낸다. getOperationResult에서 생성한
Spliterator에서 요소를 보낼 Consumer를 결정하며, fork 메서드로 전달된 함수를 새로 만든
스트림에 적용한다. tryAdvance 메서드는 ForkingStreamConsumer가 (더 이상 큐에 처리할
요소가 없음을 알릴 목적으로) 추가한 특별한 객체를 발견하기 전까지 true를 반환하며 소비
할 다른 요소가 있음을 알린다. [그림 C-2]는 StreamForker의 빌딩 블록 개요를 보여준다.

**그림 C-2** StreamForker 빌딩 블록

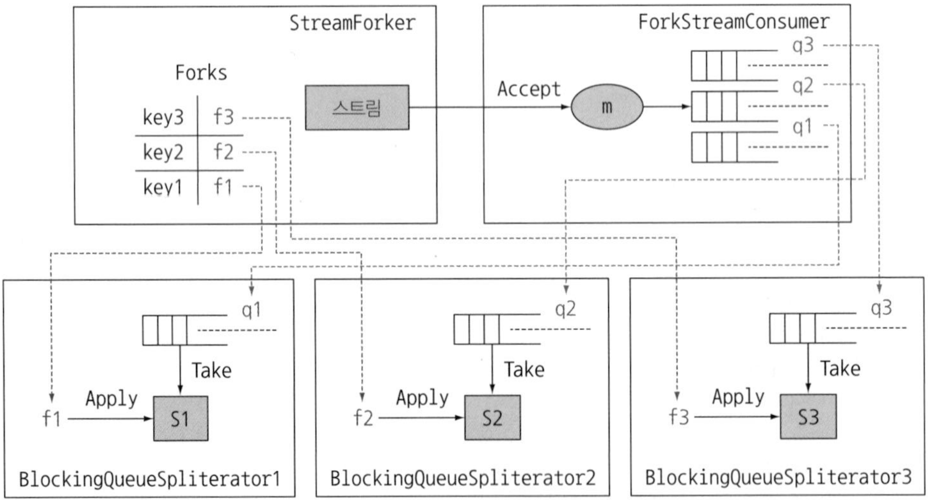

[그림 C-2]에서 왼쪽 상단의 StreamForker는 스트림에 수행할 각 연산을 포함하는 맵을 포함한다. 맵의 인덱스는 키며, 값은 수행할 함수다. 오른쪽의 ForkingStreamConsumer는 이들 연산을 저장할 큐를 가지고 있으며 원래 스트림에서 모든 요소를 소비해서 모든 큐로 요소를 분산시킨다.

그림 아래쪽을 보면 각 큐는 항목을 가져오면서 다른 스트림의 소스 역할을 하는 BlockingQueue Spliterator를 포함하고 있다. 마지막으로 원래 스트림에서 포크된 각 스트림은 함수의 인수로 전달되며 각각 수행해야 할 연산을 실행한다. 이렇게 StreamForker의 모든 컴포넌트를 완성했다!

## C.1.3 StreamForker 활용

이제 StreamForker를 이용해서 4장에서 정의했던 메뉴 데이터 모델을 다시 정의하자. 다음 코드에서 보여주는 것처럼 네 개의 연산을 병렬로 수행할 수 있도록 원래 스트림을 포킹할 것이다. 모든 요리명을 콤마로 분리한 리스트를 만들고, 메뉴의 총 칼로리를 계산하고, 가장 칼로리가 높은 요리를 찾고, 요리를 종류별로 그룹화하는 연산을 수행할 것이다.

예제 C-6 StreamForker 활용

```
Stream<Dish> menuStream = menu.stream();

StreamForker.Results results = new StreamForker<Dish>(menuStream)
        .fork("shortMenu", s -> s.map(Dish::getName)
                                 .collect(joining(", ")))
        .fork("totalCalories", s -> s.mapToInt(Dish::getCalories).sum())
        .fork("mostCaloricDish", s -> s.collect(reducing(
                (d1, d2) -> d1.getCalories() > d2.getCalories() ? d1 : d2)
                .get()))
        .fork("dishesByType", s -> s.collect(groupingBy(Dish::getType)))
        .getResults();

String shortMenu = results.get("shortMenu");
int totalCalories = results.get("totalCalories");
Dish mostCaloricDish = results.get("mostCaloricDish");
Map<Dish.Type, List<Dish>> dishesByType = results.get("dishesByType");

System.out.println("Short menu: " + shortMenu);
System.out.println("Total calories: " + totalCalories);
System.out.println("Most caloric dish: " + mostCaloricDish);
System.out.println("Dishes by type: " + dishesByType);
```

StreamForker는 스트림을 포크하고 포크된 스트림에 다른 연산을 할당할 수 있도록 편리하고 유연한 API를 제공한다. 각각의 연산은 스트림에 함수를 적용하는 형식으로 되어있는데, 이 연산을 객체로 식별할 수 있다. 위 예제에서는 문자열로 연산을 식별한다. 더 포크할 스트림이 없으면 StreamForker에 getResults를 호출해서 정의한 연산을 모두 수행하고 StreamForker.Results를 얻을 수 있다. 내부에서는 연산을 비동기적으로 실행하므로 getResults 메서드를 호출하면 결과를 기다리는 것이 아니라 즉시 반환된다.

StreamForker.Results 인터페이스에 키를 전달해서 특정 연산의 결과를 얻을 수 있다. 연산 결과가 끝난 상황이라면 get 메서드가 결과를 반환하며, 아직 연산이 끝나지 않았으면 결과가 나올 때까지 호출이 블록된다.

나음은 프로그램 실행 결과나.

```
Short menu: pork, beef, chicken, french fries, rice, season fruit, pizza,
    prawns, salmon
Total calories: 4300
Most caloric dish: pork
Dishes by type: {OTHER=[french fries, rice, season fruit, pizza], MEAT=[pork,
    beef, chicken], FISH=[prawns, salmon]}
```

## C.2 성능 문제

지금까지 살펴본 방법이 스트림을 여러 번 탐색하는 방식에 비해 성능이 더 좋을 것이라고 생각하면 오산이다. 특히 메모리에 있는 데이터로 스트림을 만든 상황에서는 블록 큐를 사용하면서 발생하는 오버헤드가 병렬 실행으로 인한 이득보다 클 수 있다.

반대로 아주 큰 파일을 스트림으로 사용하는 등 비싼 I/O 동작을 수행하는 상황에서는 한 번만 스트림을 활용하는 것이 더 좋은 선택일 수 있다. 지금까지 강조한 것처럼 이번에도 어느 쪽이 성능이 좋은지 판단하는 가장 좋은 방법은 '직접 측정'해보는 것이다.

지금까지 한 개의 스트림에 여러 연산을 동시에 실행하는 방법을 예제로 살펴봤다. 이 예제는 람다 표현식의 유연성과 기존의 기능을 약간 응용하고 활용하면 자바 API에서 제공하지 않는 기능을 직접 구현할 수 있다는 사실을 보여준다.

# 람다와 JVM 바이트코드

자바 컴파일러는 람다 표현식을 어떻게 구현하는지 그리고 자바 가상 머신(JVM)은 컴파일러의 결과물을 어떻게 처리하는지 궁금한 독자가 많을 것이다. 람다 표현식은 익명 클래스로 쉽게 바꿀 수 있다는 사실을 기억할 것이다. 부록 D에서는 생성된 클래스 파일을 분석하면서 람다 표현식이 어떻게 컴파일되는지 설명한다.

## D.1 익명 클래스

2장에서는 익명 클래스로 클래스를 정의하고 인스턴스화하는 방법을 설명했다. 따라서 익명 클래스로 함수형 인터페이스를 구현할 수 있다.

람다 표현식은 함수형 인터페이스의 추상 구현을 제공하므로 자바 컴파일러가 컴파일을 할 때 람다 표현식을 익명 클래스로 변환할 수 있다면 문제가 해결될 것 같다. 하지만 익명 클래스는 애플리케이션 성능에 악영향을 주는 특성을 포함한다.

- **컴파일러는 익명 클래스에 대응하는 새로운 클래스 파일을 생성한다.** 보통 익명 클래스는 ClassName$1 등의 파일명을 갖는데 여기서 ClassName은 익명 클래스를 포함하는 클래스의 이름이다. 클래스 파일을 사용하려면 먼저 각각의 클래스를 로드하고 검증하는 과정이 필요하므로 애플리케이션 스타트업의 성능에 악영향을 미친다. 람다를 익명 클래스로 변환한다면 람다 표현식에 대응하는 새로운 클래스 파일이 생성된다.

- 새로운 익명 클래스는 클래스나 인터페이스의 새로운 서브형식을 만든다. Comparator를 표현하는 수백 개의 람다가 있다면 결국 수백 가지의 Comparator 서브형식이 생긴다는 의미다. 이와 같은 상황에서는 JVM이 런타임 성능을 개선하기 어려울 수 있다.

## D.2 바이트코드 생성

자바 컴파일러는 자바 소스 파일을 자바 바이트코드로 컴파일한다. JVM은 생성된 바이트코드를 실행하면서 애플리케이션을 동작시킨다. 익명 클래스와 람다 표현식은 각기 다른 바이트코드 명령어로 컴파일된다. 다음의 명령어로 클래스 파일의 바이트코드와 상수 품을 확인할 수 이다

```
javap -c -v ClassName
```

다음 예제에서 보여주는 것처럼 자바 7 문법으로 Function 인터페이스의 인스턴스를 익명 내부 클래스로 구현해보자.

**예제 D-1** 익명 내부 클래스로 구현한 Function

```
import java.util.function.Function;

public class InnerClass {
    Function<Object, String> f = new Function<Object, String>() {
        @Override
        public String apply(Object obj) {
            return obj.toString();
        }
    };
}
```

다음은 익명 내부 클래스로 구현한 Function의 바이트코드다.

```
0: aload_0
1: invokespecial   #1      // Method java/lang/Object."<init>":()V
4: aload_0
5: new             #2      // class InnerClass$1
```

```
 8: dup
 9: aload_0
10: invokespecial    #3       // Method InnerClass$1."<init>":(LInnerClass;)V
13: putfield         #4       // Field f:Ljava/util/function/Function;
16: return
```

위 코드에서 다음을 확인할 수 있다.

- new라는 바이트코드 연산으로 InnerClass$1이라는 객체 형식을 인스턴스화했다. 동시에 새로 생성한 객체 참조를 스택으로 푸시했다.

- dup 연산은 스택에 있는 참조를 복제한다.

- 객체를 초기화하는 invokespecial 명령어로 값을 소비한다.

- 스택의 톱<sup>top</sup>에는 여전히 객체 참조가 있으며 putfield 명령어로 객체 참조를 LambdaBytecode의 f1 필드에 저장한다.

InnerClass$1은 컴파일러가 익명 클래스에 붙인 이름이다. 독자 여러분도 직접 InnerClass$1 클래스 파일의 내용을 확인할 수 있다. 다음은 Function 인터페이스 구현 코드다.

```
class InnerClass$1 implements
            java.util.function.Function<java.lang.Object, java.lang.String> {
    final InnerClass this$0;
    public java.lang.String apply(java.lang.Object);
        Code:
            0: aload_1
            1: invokevirtual #3 // Method
                                  java/lang/Object.toString:()Ljava/lang/String;
            4: areturn
}
```

# D.3 구원투수 InvokeDynamic

이번에는 자바 8의 문법인 람다 표현식을 사용한 상황을 살펴보자. 다음은 람다로 Function을 구현한 코드다.

```java
import java.util.function.Function;

public class Lambda {
    Function<Object, String> f = obj -> obj.toString();
}
```

다음은 생성된 바이트코드 명령어다.

```
 0: aload_0
 1: invokespecial   #1      // Method java/lang/Object."<init>":()V
 4: aload_0
 5: invokedynamic   #2,  0 // InvokeDynamic
                            #0:apply:()Ljava/util/function/Function;
10: putfield        #3      // Field f:Ljava/util/function/Function;
13: return
```

8.1.2절에서 람다 표현식을 익명 내부 클래스로 변환하면 어떤 문제가 있는지 설명했다. 결과적으로 람다 표현식은 익명 내부 클래스와는 다른 방식으로 컴파일됨을 확인할 수 있다. 추가로 클래스를 생성하던 부분이 invokedynamic이라는 명령어로 대치되었음을 확인할 수 있다.

---

### invokedynamic 명령어

JVM의 동적 형식 언어를 지원할 수 있도록 JDK7에 invokedynamic이라는 명령어가 추가되었다. invokedynamic은 메서드를 호출할 때 더 깊은 수준의 재전송과 동적 언어에 의존하는 로직이 대상 호출을 결정할 수 있는 기능을 제공한다. 다음 예제를 살펴보자.

```
def add(a, b) { a + b }
```

여기서 컴파일할 때는 a와 b의 형식을 알 수 없으며 시간에 따라 a와 b이 형식이 달라질 수 있다. 위 예제는 실제 호출할 메서드를 결정하는 언어 종속적 로직을 구현하는 부트스트랩 메서드의 형태로 구성된다. 부트스트랩 메서드는 연결된 호출 사이트call site를 반환한다. 두 개의 int로 add 메서드를 호출하면 이후로 이어지는 호출에도 두 개의 int가 전달된다. 결과적으로 매 호출마다 호출할 메서드를 다시 찾을 필요가 없다. 호출 사이트는 언제 호출 연결을 다시 계산해야 하는지 정의하는 로직을 포함할 수 있다.[1]

---

1 역주_ 호출 사이트와 관련한 정보는 http://goo.gl/eMLN6V를 참고하자.

[예제 D-2]에서 사용한 invokedynamic은 원래 용도와는 조금 다른 의도를 갖는다. 예제에서는 invokedynamic으로 람다 표현식을 바이트코드로 변환하는 작업을 런타임까지 고의로 지연했다. 즉, 이 같은 방식으로 invokedynamic을 사용해서 람다 표현식을 구현하는 코드의 생성을 런타임으로 미룰 수 있다. 이러한 설계 덕분에 다음과 같은 장점을 얻게 된다.

- 람다 표현식의 바디를 바이트코드로 변환하는 작업이 독립적으로 유지된다. 따라서 변환 작업이 동적으로 바뀌거나 나중에 JVM 구현에서 이를 더 최적화하거나 변환 작업을 고칠 수 있다. 변환 작업은 독립적이므로 바이트코드의 과거버전 호환성을 염려할 필요가 없다.
- 람다 덕분에 추가적인 필드나 정적 초기자 등의 오버헤드가 사라진다.
- 상태 없는(캡처하지 않는) 람다에서 람다 객체 인스턴스를 만들고, 캐시하고, 같은 결과를 반환할 수 있다. 자바 8 이전에도 사람들은 이런 방식을 사용했다. 예를 들어 정적 final 변수에 특정 Comparator 인스턴스를 선언할 수 있다.
- 람다를 처음 실행할 때만 변환과 결과 연결 작업이 실행되므로 추가적인 성능 비용이 들지 않는다. 즉, 두 번째 호출부터는 이전 호출에서 연결된 구현을 바로 이용할 수 있다.

## D.4 코드 생성 전략

런타임에 생성된 정적 메서드에 람다 표현식의 바디를 추가하면 람다 표현식이 바이트코드로 변환된다. 가장 간단하게 변환할 수 있는 람다 형식은 상태를 포함하지 않는 람다(즉, 예제 D-2에서 보여주는 것처럼 자신을 감싸는 영역에서 상태를 캡처하지 않는 람다)다. 이 경우 컴파일러는 람다 표현식과 같은 시그니처를 갖는 메서드를 생성한다. 다음은 변환 처리 결과를 논리적으로 보여준다.

```
public class Lambda {
    Function<Object, String> f = [dynamic invocation of lambda$1]

    static String lambda$1(Object obj) {
        return obj.toString();
    }
}
```

final(또는 final에 준하는) 지역 변수나 필드를 캡처하는 다음과 같은 람다 표현식의 변환 과정은 좀 더 복잡하다.

```
public class Lambda {
    String header = "This is a ";
    Function<Object, String> f = obj -> header + obj.toString();
}
```

이번에는 생성된 메서드에 람다를 감싸는 콘텍스트의 추가 상태를 전달할 인수가 필요하므로 메서드의 시그니처와 람다 표현식이 시그니처와 일치하지 않는다. 가장 간단한 해결 방법은 람다 표현식의 인수에 캡처한 각 변수를 추가하는 것이다. 즉, 위 예제의 람다 표현식을 다음처럼 변환한다.

```
public class Lambda {
    String header = "This is a ";
    Function<Object, String> f = [dynamic invocation of lambda$1]

    static String lambda$1(String header, Object obj) {
        return obj -> header + obj.toString();
    }
}
```

람다 표현식을 변환 처리하는 방법과 관련한 자세한 정보는 http://goo.gl/oRPfMj를 참고하자.

# INDEX

# INDEX

# INDEX